"十一五"国家重点图书出版规划项目

·经/济/科/学/译/丛·

Econometrics

(Fifth Edition)

计量经济学方法与应用

（第五版）

巴蒂·H·巴尔塔基（Badi H. Baltagi） 著

聂巧平　攸频　魏学辉　译

中国人民大学出版社

·北京·

《经济科学译丛》编辑委员会

《经济科学译丛》总序

　　中国是一个文明古国，有着几千年的辉煌历史。近百年来，中国由盛而衰，一度成为世界上最贫穷、落后的国家之一。1949 年中国共产党领导的革命，把中国从饥饿、贫困、被欺侮、被奴役的境地中解放出来。1978 年以来的改革开放，使中国真正走上了通向繁荣富强的道路。

　　中国改革开放的目标是建立一个有效的社会主义市场经济体制，加速发展经济，提高人民生活水平。但是，要完成这一历史使命绝非易事，我们不仅需要从自己的实践中总结教训，也要从别人的实践中获取经验，还要用理论来指导我们的改革。市场经济虽然对我们这个共和国来说是全新的，但市场经济的运行在发达国家已有几百年的历史，市场经济的理论亦在不断发展完善，并形成了一个现代经济学理论体系。虽然许多经济学名著出自西方学者之手，研究的是西方国家的经济问题，但他们归纳出来的许多经济学理论反映的是人类社会的普遍行为，这些理论是全人类的共同财富。要想迅速稳定地改革和发展我国的经济，我们必须学习和借鉴世界各国包括西方国家在内的先进经济学的理论与知识。

　　本着这一目的，我们组织翻译了这套经济学教科书系列。这套译丛的特点是：第一，全面系统。除了经济学、宏观经济学、微观经济学等基本原理之外，这套译丛还包括了产业组织理论、国际经济学、发展经济学、货币金融学、公共财政、劳动经济学、计量经济学等重要领域。第二，简明通俗。与经济学的经典名著不同，这套丛书都是国外大学通用的经济学教科书，大部分都已发行了几版或十几版。作者尽可能地用简明通俗的语言来阐述深奥的经济学原理，并附有案例与习题，对于初学者来说，更容易理解与掌握。

　　经济学是一门社会科学，许多基本原理的应用受各种不同的社会、政治或经济体制的影响，许多经济学理论是建立在一定的假设条件上的，假设条件不同，结论也就不一定成立。因此，正确理解掌握经济分析的方法而不是生搬硬套某些不同条件下产生的结论，才是我们学习当代经济学的正确方法。

本套译丛于 1995 年春由中国人民大学出版社发起筹备并成立了由许多经济学专家学者组织的编辑委员会。中国留美经济学会的许多学者参与了原著的推荐工作。中国人民大学出版社向所有原著的出版社购买了翻译版权。北京大学、中国人民大学、复旦大学以及中国社会科学院的许多专家教授参与了翻译工作。前任策划编辑梁晶女士为本套译丛的出版做出了重要贡献，在此表示衷心的感谢。在中国经济体制转轨的历史时期，我们把这套译丛献给读者，希望为中国经济的深入改革与发展做出贡献。

《经济科学译丛》编辑委员会

计量经济学方法与应用（第五版）

前　言

　　本书是为本科生高年级和研究生一年级的计量经济学课程而编写。我尽力在毫无理论证明的纯经验方法和严密理论证明方法之间达到一种平衡。本书的优点在于能够以简单而又不失严密的方式说明一些复杂的问题。比如，第 12 章关于合并截面时间序列数据（面板数据）部分就是我所擅长的计量经济领域，其目的是要使大多数读者易于理解这些内容。

　　本书将教给大家一些基本的计量经济方法以及这些方法所隐含的假设条件。估计、假设检验以及预测是本书的三个主题，它们不断在各章节出现。计量经济方法的应用领域包括：（i）经济理论的实证检验，如持久收入消费理论以及购买力平价理论等；（ii）预测，如预测美国 GNP、失业率或者计算机行业的未来销售额等；（iii）估计需求价格弹性或规模报酬等。更重要的一点，计量经济方法可以模拟政策变动所带来的影响，如增税对汽油消费的影响，禁止香烟广告对其消费的影响等。

　　读者可自行选择所使用的计量/统计软件，比如 EViews，SAS，Stata，TSP，SHAZAM，Microfit，PcGive，LIMDEP 以及 RATS 等。本书中的实证举例就使用了多种软件包，不过大部分都是用 Stata 和 EViews 计算的。当然，这些软件包各有优缺点，但就本书中的基本内容来说，这些差别还是次要的，关键是看读者对其的熟悉程度和喜好。通常情况下，我会鼓励我的学生多使用几种软件，而且还要用 GAUSS，OX，R 或 MATLAB 等编程软件验证其计算结果。

　　本书并不想写成计量经济学百科全书形式。因此，我没有在书中涉及贝叶斯计量经济学的内容，原因很简单，在这一领域我并不具备比较优势。关于这一主题的最新进展，读者可参阅 Koop（2003）。在当今计量经济分析中，非参和半参方法也非常流行，但本书并没有包含这部分内容，主要原因是为了降低本书的技术难度。不过在随后的计量经济学课程学习中，这些是必学的内容，参见 Li and Racine（2007）。另外，关于渐近理论的更详细介绍，请参见 White（1984）。尽管有这些不足，但本书所涵盖的内容却是所有经济学家在学习训练中必须掌握的基础知识。事实上，本书仅仅是读者在计量经济学这一年轻、充满活力、不断发展的领域中所发现的一个"垫脚石"，一个"好东西的代表"而已。

我希望你在阅读本书、学习其中的分析工具时，能分享到我对这些内容的激情和乐观的态度。同时也希望这种激情和乐观态度能激励你阅读每章最后给出的相关主题的参考文献。Peter C. B. Phillips（1977）在伯明翰大学所做的题为"计量经济学：可视为工具室的学科"的就职演讲中，这样写道：

这一工具室可能缺乏经济学作为政府和商界的实用艺术所具有的那种魅力，但它绝对是同等重要的。因为这些工具（计量经济学家）模式是改进有关经济政策问题的定量信息的关键。

作为计量经济学的学生，我阅读过 Johnston（1984），Kmenta（1986），Theil（1971），Klein（1974），Maddala（1977）以及 Judge et al.（1985）等书，并从中获益匪浅。作为本科计量经济学的教师，我从 Kelejian and Oates（1989），Wallace and Silver（1988），Maddala（1992），Kennedy（1992），Wooldridge（2003）以及 Stock and Watson（2003）中学到很多。作为研究生计量经济学课程教师，Greene（1993），Judge et al.（1985），Fomby，Hill and Johnson（1984）以及 Davidson and MacKinnon（1993）已经成为我的固定伴侣。这些书的影响在随后的章节中是显而易见的。对于已将矩阵代数作为先修课程的计量经济学课程，可以从第 7 章开始。第 2 章快速复习了理解本书所需要的一些统计学背景知识。

对于不需要再学习矩阵代数的高级本科/硕士课程可以这样来安排：第 1 章；第 2 章 2.6 节关于描述性统计量部分；第 3～6 章；第 11 章 11.1 节关于联立方程模型部分；第 14 章关于时间序列分析的内容。

练习部分包含了可以帮助理解本章内容的一些理论问题。其中一些练习摘自 *Econometric Theory* 的问题和解答系列（已得到剑桥大学出版社的授权）。另外，本书中还用一些实证案例说明了每章中的基本结论，并提供文献中的数据集供练习使用。解答这些练习用到了多个计量经济软件包，读者可从解答手册中查阅。本书绝不是应用计量经济学教科书，要了解这方面的内容，读者应当阅读 Berndt（1991）在其教材中的精彩论述。我们鼓励教师和学生积极获取其他数据集，可以从互联网或是从提供研究数据的期刊中寻找，比如 *The Journal of Applied Econometrics* 和 *The Journal of Business and Economic Statistics* 这两本期刊都提供数据。实际上，*The Journal of Applied Econometrics* 这本期刊中专门有一个可重复研究的专栏，我是这一部分的编辑。在我的计量经济学课程中，我要求学生们重复一篇实证研究文章。很多学生觉得这样的练习是很有意义的，因为这对他们应用计量经济方法开始自己的实证研究有很大的帮助。

在此，我要感谢我的老师 Lawrence R. Klein，Roberto S. Mariano 和 Robert Shiller，是他们引我进入这一领域；感谢 James M. Griffin 为本书提供的数据、练习以及有益的评论；感谢所有对本书内容有直接或间接影响的同事们，包括 G. S. Maddala，Jan Kmenta，Peter Schmidt，Cheng Hsiao，Tom Wansbeek，Walter Krämer，Maxwell King，Peter C. B. Phillips，Alberto Holly，Essie Maasoumi，Aris Spanos，Farshid Vahid，Heather Anderson，Arnold Zellner 和 Bryan Brown。另外，我还要感谢我的学生们，Wei-Wen Xiong，Ming-Jang Weng，Kiseok Nam，Dong Li，Gustavo Sanchez，Long Liu 和 Liu Tian，他们阅读了本书的部分内容，解答了一些练习题；感谢 Springer 出版社的 Martina Bihn 对我的长期支持以及在编辑排版上提供的专业帮助。我对亚利桑那大学、加州大学圣地亚哥分校、莫纳什大学、苏黎世大学、维也纳高等研究所、德国多特蒙德大学的访问也使我受益匪浅。最后，特别要感谢我的妻子 Phyllis，没有她的帮助和支持就不可能完成本书。

参考文献

Berndt，E. R. （1991），*The Practice of Econometrics：Classic and Contemporary* (Addison-Wesley：Reading，MA).

Davidson，R. and J. G. MacKinnon (1993)，*Estimation and Inference in Econometrics* (Oxford University Press：Oxford，MA).

Fomby，T. B.，R. C. Hill and S. R. Johnson (1984)，*Advanced Econometric Methods* (Springer-Verlag：New York).

Greene，W. H. （1993），*Econometric Analysis* (Macmillan：New York).

Johnston，J. （1984），*Econometric Methods*，3rd. Ed.，（McGraw-Hill：New York).

Judge，G. G.，W. E. Griffiths，R. C. Hill，H. Lütkepohl and T. C. Lee （1985），*The Theory and Practice of Econometrics*，2nd Ed.，（John Wiley：New York).

Kelejian，H. and W. Oates (1989)，*Introduction to Econometrics：Principles and Applications*，2nd Ed.，（Harper and Row：New York).

Kennedy，P. (1992)，*A Guide to Econometrics* （The MIT Press：Cambridge，MA).

Klein，L. R. (1974)，*A Textbook of Econometrics* (Prentice-Hall：New Jersey).

Kmenta，J. （1986），*Elements of Econometrics*，2nd Ed.，（Macmillan：New York).

Koop，G. （2003），*Bayesian Econometrics* (Wiley：New York).

Li，Q. and J. S. Racine (2007)，*Nonparametric Econometrics* (Princeton University Press：New Jersey).

Maddala，G. S. (1977)，*Econometrics* (McGraw-Hill：New York).

Maddala，G. S. (1992)，*Introduction to Econometrics* (Macmillan：New York).

Phillips，P. C. B. （1977），"Econometrics：A View From the Toolroom," Inaugural Lecture，University of Birmingham，Birmingham，England.

Stock，J. H. and M. W. Watson （2003），*Introduction to Econometrics* (Addison-Wesley：New York).

Theil，H. （1971），*Principles of Econometrics* (John Wiley：New York).

Wallace，T. D. and L. Silver（1988），*Econometrics：An Introduction*（Addison-Wesley：New York）.

White，H.（1984），*Asymptotic Theory for Econometrics*（Academic Press：Florida）.

Wooldridge，J. M.（2003），*Introductory Econometrics*（South-Western：Ohio）.

▌数　据

　　本书所使用的数据集可以从德国 Springer 网站下载。地址为：http：//www. springer. com/978-3-642-20058-8，请从右边一列中选择链接"Samples & Supplements"。

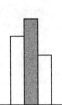

目 录

目录

第1章

什么是计量经济学？

1.1 引　言

什么是计量经济学？常见的一些定义如下：

　　计量经济研究就是以统计推断理论和方法为桥梁，以联系经济理论和实际测量数据为目标的一种方法。

Trygve Haavelmo（1944）

　　计量经济学可定义为：以并行发展的理论和现实为基础，借用合适的推断方法对现实经济现象进行定量分析。

Samuelson，Koopmans and Stone（1954）

　　计量经济学就是用观测数据对经济现象进行系统研究。

Aris Spanos（1986）

　　一般来说，计量经济学的目的是给予经济关系以经验内容，从而为验证经济理论、预测、决策以及事后政策（决策）评价服务。

J. Geweke，J. Horowitz and M. H. Pesaran（2008）

有关计量经济学的其他定义，请参看 Tintner（1953）。

　　计量经济学家必须是一个具有竞争力的数学家、统计学家以及受过训练的经济学家。学习本领域必须掌握数学、统计学以及经济理论等学科的基础知识。正如 Ragnar Frisch（1933）在计量经济学期刊 *Econometrica* 第一期中所解释的：正是统计学、经济理论和数学三者的结合才构成了计量经济学。每一个领域本身都必不可少，但都不足以真正理解当代经济社会所体现的定量关系。

"Econometrics"（计量经济学）这个词由 Ragnar Frisch 创造，他也是计量经济协会（Econometrics Society）的创始人之一，参见 Christ（1983）。计量经济学的目的是给予经济关系以经验内容，其三个要素为经济理论、经济数据以及统计方法。仅用理论而没有现实或者仅用现实而没有理论都不足以解释经济现象。正如 Frisch 所强调的，它们的结合才是计量经济学进一步成功发展的关键。

由于"创造计量经济模型并用于分析经济波动及经济政策"而获得 1980 年诺贝尔经济学奖的 Lawerence R. Klein[①]就一直强调经济理论、统计方法以及现实经济的结合。计量经济学中令人兴奋的事就是证实或拒绝诸如购买力平价、生命周期假说、货币数量论等经济理论。这些经济理论或假说都是可以用经济数据进行验证的。事实上，David F. Hendry（1980）就强调了计量经济学的这一功能：

> 计量经济学的三大黄金法则是检验、检验、再检验，但在经验研究中很少有人遵守这三个法则，好在这并不难纠正。要知道，一个经过严格检验的模型如果能够充分描述现有的数据，也能体现已有的研究成果，而且还具有良好的理论基础，那么必将增强其科学性。

计量经济学还能为很多经济指标提供定量估计，比如，需求的价格和收入弹性、生产的规模报酬、成本函数中的技术效率、工资弹性等。这些指标对政策制定至关重要。一包香烟增税 10% 对减少吸烟的效应有多大？它又能带来多少税收收益？最低工资提高 1 美元/小时对失业的影响是多大？增加啤酒税对机动车死亡事故的效应有多大？

计量经济学也可以用来预测利率、失业率、GNP 增长率等经济变量的未来值。Lawrence Klein（1971）强调了计量经济学的这一功能：

> 计量经济学的产生是为了发现经验规律，并通过系统研究将这些规律推广为经济法则。从广义上讲，使用这些法则可以做预测，预测本可能会发生的或者将来要发生的事情。如果计量经济学有用，那么它应该为经济预测提供一个比经验更坚实的基础。从这个意义上说，计量经济学也可称为经济预测的科学。

尽管计量经济学以科学原理为基础，但它仍然保留有艺术的成分。Malinvaud（1966）说，计量经济学的艺术性在于，我们要尽力找到一组既具体又现实的假设，以便我们能够充分利用现有的数据。经济数据不是在物理实验室那样理想的实验条件下生成的。它们不可能重现，而且通常情况下还存在测量误差。有时候，由于变量没有被观测或者根本就不可测量，得到的数据也只能作为代理变量。很多已经发表的经验研究发现，经济数据的变异性太小，并能用来区别两个相互对立的经济理论。Manski（1995，p. 8）论证说：

> 社会科学家和政策制定者一样，似乎都倾向于得到明确的结论，即使这需要施加很强的、无法证明的假设，也是如此。我们需要扩大胸怀，容忍多种可能同时存在。我们必须面对事实：我们不可能回答我们提出的所有问题。

从另一个角度来说，计量经济学的艺术性也使得很多著名经济学家对该学科得出明确预测值的能力产生怀疑。Wassily Leontief（1971，pp. 2~3）在美国经济学会的就职演讲中将计量经济工作的特征描述为：

尽一切可能使用越来越复杂的技术来弥补数据中的明显问题。伴随着复杂理论模型的不断堆积，我们看到同样难懂的统计工具包也在不断膨胀。看来，这些要一直延伸到数据所能提供的那点儿事实的尽头。

经济数据可以是截面形式，比如在某一特定时点搜集的企业、家庭或者国家的样本数据。这类数据的一个重要来源是《当今人口调查》（Current Population Survey）。这是为了估计失业率而对美国 50 000 户家庭进行的月度调查。经济数据也可以是时间序列形式，比如美国近 40 年的国内生产总值（GDP）、个人可支配收入、消费、政府支出等宏观经济数据。这类数据可从《总统经济报告》（Economic Report of the President）中找到。关于计量经济学中一些基本的时间序列分析方法请见第 14 章。数据还可以是在一段时期内对一组家庭、企业或国家跟踪调查获得的，即纵向数据或面板数据。NLSY1979（全国青年纵向调查，National Longitudinal Survey of Youth，1979）包括从全国抽取的 1979 年时年龄在 14～22 岁的 12 686 名年轻男性和女性。1994 年以前对这组样本一直是一年调查一次，最近改为两年调查一次。调查的主要变量包括学习和工作经历、婚姻和子女状况、培训支出、儿童保育支出以及毒品和酒精摄入量等。本书第 12 章介绍了计量经济学中分析面板数据常用的一些基本方法。

多数情况下，搜集到的数据对于所面临的经济问题来说并不理想，因为它们需要满足一些法定条件或者遵从监控。Griliches（1986，p. 1466）这样描述该情形：

> 计量经济学家对经济数据有着矛盾的态度。一方面，"数据"就是我们想要解释的世界，就是经济学家计划阐述的基本事实。另一方面，它们也是我们所有麻烦的来源。不完美数据使我们的工作变得困难，甚至不可能完成……我们往往会忘记正是这些不完美性给了我们合法性（正是数据的不完美才使得我们的工作显得必要）……既然正是数据的这些"缺点"为我们提供了生计，也就不难理解为什么我们无意去改进它，为什么自己不愿意费劲去设计、搜集原始数据。我们的工作大都使用"已有"数据，即别人搜集的数据，他们当初搜集这些数据的目的也许和我们使用这些数据的目的完全不同。

尽管越来越多的经济学家开始搜集他们自己的数据，能够更精确地测量所使用的变量，尽管数据集、数据存量以及计算精度都在增加，但是 Griliches（1986，p. 1468）给出的忠告至今仍然有效：

> 计量经济学家和数据的结合注定是令人沮丧、失望的，一方面是因为计量经济学家想要从数据中得到的东西太多，因此会对结果感到失望；另一方面是因为数据本身并不是完整无缺的。从某种程度上来说，这是我们的过错，因为我们的"胃口"越吃越大。我们能得到的样本容量越大，使用的变量也就越多，模型也就越来越复杂，结果到最后我们又回到原来不显著的水平上了。

▋ 1.2 简要历史

关于第二次世界大战前计量经济学的起源以及 20 世纪 40 年代至 70 年代的发展情

况，请见 Klein（1971）。Klein 生动地描述了很多开创性工作，如 Moore（1914）对经济周期的研究，Working（1927）对需求曲线的研究，Cobb and Douglas（1928）对生产力理论的研究，Schultz（1938）对需求理论和测量的研究，Tinbergen（1939）对商业周期的研究等。正如 Klein（1971，p. 415）所说：

> 这些人的工作标志着正规计量经济研究的开始。他们的分▢▢系统性，以统计和经济理论为基础，而且他们的研究目标：测量需求弹性、▢▢产率以及宏观经济稳定程度等，都很具体又有意义。

Christ（1985）讲述了美国在估计经济关系方面所取得的一些早期▢▢。我们都知道，现代计量经济学开始于 20 世纪 40 年代。Klein（1971）认为，利用统▢推断理论解释计量经济问题应当归功于 Haavelmo（1943，1944）以及 Mann and Wald（1943）。这种分析方法后来由 T. C. Koopmans、J. Marschak、L. Hurwicz、T. W. Anderson 以及考利斯委员会（Cowles Commission）的其他成员在 20 世纪 40 年代末 50 年代▢的时候做了扩展，见 Koopmans（1950）。Klein（1971，p. 416）写道：

> 此时，计量经济学和数理经济学不得不为了学术界的认可而争斗。回顾一下，可以明显看出，它们都是不断成长的学科，第二次世界大战之后在经济类学生中也都越来越受欢迎，但最大、最先进的大学中仅有一小部分提供了这些方面的课程。人们还是非常抵触经济学的数学化倾向。

这种抵触已经成为过去，如今计量经济学已经成为经济学不可分割的一部分，在全世界范围内传授、实践着。计量经济协会的官方期刊，《计量经济学》（*Econometrica*），已经成为经济学类的顶级期刊之一，而且，计量经济协会的会员也遍布全世界。现如今，在经济学和计量经济学的顶级期刊中，已经很难再看到没有数学方程的专业文献了。学经济或计量经济的学生要想理解本领域的研究必须精通数学。在一次计量经济理论访谈中，伦敦经济学院的 J. D. Sargan 教授回顾起自己在计量经济领域的职业生涯，说过这样的话："……与我 1948 年开始计量经济研究时相比，现在的理论计量经济学家需要同时是更专业的理论统计学家……，当然，这意味着那些希望进行博士研究的计量经济学家也会发现他们很难看懂那些必须要掌握的文献。也许，随着时间推移，我们需要吸引数学和统计学水平更高的学生从事我们领域的研究"，见 Phillips（1985，pp. 134～135）。这一观点也得到本领域另一位巨人的赞同，斯坦福大学的 T. W. Anderson 教授，他在接受《计量经济学理论》（*Econometric Theory*）采访时说："近年来，计量经济学家接受了高强度的数学和统计学训练；远远超过了统计学家所接受的经济学训练。我认为，这种互相促进、互相融合的情形将来会更多。"见 Phillips（1986，p. 280）。

考尔斯委员会的研究负责为联立方程模型的识别和估计问题提供正规的解决方案，见 Christ（1985）[②]。Koopmans and Marschak（1950）以及 Koopmans and Hood（1953）[③]这两本重要的专著总结了芝加哥考尔斯委员会的大部分工作。随着大型经济数据库的建立、计算能力的提高以及凯恩斯理论的推广，计量经济研究得以快速扩张。宏观计量经济模型也开始繁荣起来，不再局限于 Klein（1950）以及 Klein and Goldberger（1955）最早建立的宏观模型。

关于计量经济协会的创立以及《计量经济学》（*Econometrica*）的创刊等故事，见

Christ（1983）。计量经济学历史方面的推荐读物有：Pesaran（1987），Epstein（1987）以及 Morgan（1990）。Morgan（1990，p. 264）在她的《计量经济思想史》（*The History of Econometric Ideas*）一书的结论部分这样解释到：

> 20 世纪上半叶，计量经济学家发现他们面临各种各样的任务：从经济理论的精确数学表述到计量经济模型的构建；从统计方法在准备数据过程中的应用到模型的诊断与检验。计量经济学家必然与数理经济理论以及统计理论和方法的创新性发展密不可分。20 世纪 20 年代到 40 年代，数学和统计学工具与计量经济学的互补性结合构成了计量经济方法的基本思想。但是计量经济学在 20 世纪 40 年代的不断变化使得两个学科在 20 世纪后期又有了劳动分工：数理经济学家主要研究理论构建，计量经济学家主要关注统计工作。到 20 世纪 50 年代，计量经济学的初始想法，即数理经济和经济统计融合成真正的综合性经济学的想法就不复存在了。

现如今，计量经济学和生物统计学、心理测量学一样，已经成为将统计方法应用于经济学的一门学科。尽管 Frisch 的思想仍然在计量经济协会及其刊物《计量经济学》中存在，但 Maddala（1999）指出："最近几年，《计量经济学》中只有一些文章属于计量经济学（统计方法应用于经济学），其余的都属于博弈论或数理经济学。再看看计量经济协会的会员名单，你会发现其中只有一两个计量经济学家，其余都是博弈论专家或数理经济学家。"这种说法可能有点夸张，但它确实总结出当代计量经济学和数理经济学之间的分歧。关于计量经济学家以及计量经济学研究机构的国际排名，见 Baltagi（2007）。

1.3 计量经济学批判

计量经济学也受到了批评。有意思的是，约翰·梅纳德·凯恩斯（John Maynard Keynes，1940，p. 156）对简·丁伯根（Jan Tinbergen，1939）的开创性工作作出了下述评论：

> 没有人比丁伯根教授更坦率、更辛苦、更无主观偏见。就目前人类素质而言，我们不应该相信有人具有魔力。至少现在的证据还不足以使我相信有人具有魔力，也无法使我相信统计学的这种炼金术已经发展到成为一门科学的程度。但是牛顿（Newton）、博伊尔（Boyle）以及洛克（Locke）都曾使用过炼金术，所以让他继续他的工作吧。[④]

1969 年，简·丁伯根与拉格纳·弗里希共同分享了诺贝尔经济学奖。

在对计量经济学的批评中，常被引用的有 Lucas（1976）基于理性预期假设（Rational Expectations Hypothesis，REH）提出的批评。Pesaran（1990，p. 17）这样描述道：

> REH 带给计量经济学的信息非常明显。假定经济个体基于真实的经济模型以及对模型内生变量（包括政府政策）的生成过程的正确理解来形成内生性预期，那

么，当政府政策发生变化时，仍认为主流宏观计量经济模型的结构参数具有不变性就非常值得怀疑。

对此批评的回应有 Pesaran（1987）等。计量经济学家之间其他的鲜明争论有：Ed Leamer（1983）写的文章"让我们拿走计量经济学中的欺骗"以及 McAleer, Pagan and Volker（1985）对此文的回应。为了不让读者专注于计量经济学的批评，尤其是在我们即将开始学习其分析方法之前，我们以 Pesaran（1990，pp. 25～26）的这段话结束本节：

> 毫无疑问，计量经济学也有很多局限性，这主要源自不完整的经济理论以及非实验得到的经济数据。但这些局限性不应该让我们否认计量经济学作为一门科学在经济学发展中所起的基础作用。也许通过计量经济分析并不能拒绝某些经济理论，但这并不意味着我们试图检验某一理论的各种表述形式时，从中学不到什么有用的东西。同样道理，计量经济建模不可避免地存在模型设定问题，但这并不意味着整个过程毫无意义。计量经济模型是进行预测和政策分析的重要工具，所以将来不可能被丢弃不用。现在我们面临的挑战是，认识到计量经济方法的局限性并努力将其变成更为可靠有效的分析工具。除此之外，似乎我们别无选择。

1.4 展 望

计量经济学在过去的 50 年中经历了显著的增长。《计量经济学手册》（*Handbook of Econometrics*）已经出版了 6 卷，其中大部分都是 20 世纪 60 年代后的研究成果。最近的增长大都反映了计算技术的快速增长。可用的微观数据大幅增加也是个显著的进步，这促进了面板数据方法（见第 12 章）以及样本选择、离散选择等微观计量方法（见第 13 章）的增长。而正是由于对这些方法的研究，James Heckman 和 Daniel McFadden 获得了 2000 年诺贝尔经济学奖。对时间序列计量经济学的研究呈爆炸式增长，这促进了 ARCH、GARCH 以及协整理论（见第 14 章）的发展，同时也促使 Clive Granger 和 Robert Engle 获得了 2003 年诺贝尔经济学奖。当今世界和 30 年前已经大不相同。计算设备有了巨大变化。越来越多的廉价高效的计算设备可以帮助应用研究人员轻松地使用最新的计量经济方法。如今，经济学各研究领域没有一个在应用研究中不再密集使用计量经济方法。Pagan（1987，p. 81）看出，1966—1986 年间理论计量经济学的工作已经成为经济研究和经济学家训练的组成部分。基于这一准则，他宣称计量经济学取得了巨大成功。他还说道：

> 成果评价不可避免地要涉及对照和比较。20 年间的比较最好通过采访一个从 1966 年跨越时间来到 1986 年的经济学家来实现。我正好是在这一时期开始后进入计量经济学领域的，因此对所发生的一切，我有自己的理解。但由于我是看着这期间的事件逐渐展开的，所以这些事件对我的影响并不强烈。然而，现在我尽力想象自己是一位从 1966 年突然来到 1986 年的时间旅行者，体会一下这些人的感觉。我的第一印象一定是这么多人具备了足够的计量经济和计算机技能，能够建立、估计

并模拟相当复杂的非线性模型。如果有人能在 1966 年时做到这些，那么他一定会当上某个主席。我的第二印象会是这么多学术机构、政府以及私人部门在使用或购买计量经济服务。定量分析现在是基本规范而不是特殊情况。第三个印象来自于就业市场调查，即对训练有素的计量经济学的需求越来越多。像我这样的经济学家不得不承认，市场认为这种学科间的交叉是成功的。

21 世纪所面临的挑战是缩小理论与实践之间的差距。很多人认为，随着理论研究越来越抽象，越来越数学化，而且毫无实践应用的预期或动机，这种差距一直在扩大。Heckman（2001）认为，计量经济学之所以有用，仅仅在于它能帮助经济学家对经济数据进行实证研究并给出解释。他警告说，过去 20 年里计量经济理论和实践之间的差距在持续扩大。理论计量经济学和数理统计学更加紧密地结合在一起。尽管他发现使用其他学科的方法和思想推动经济学的实证研究并没有什么错误，甚至还有更多的潜在价值，但他还是对不加批判地采用这些方法可能带来的风险提出警告，并且提醒计量经济学家说：

> 来自统计学的未经批判的计量经济方法对经济学家的很多研究工作并没有用。理论证明的模式并不适用于分析经济数据，它需要综合分析、解释以及实际调查等方面的技巧。统计方法对于一流的实证研究来说仅仅是一部分，甚至有时仅是很小的一部分。

《计量经济学理论》对简·丁伯根进行采访时，Magnus and Morgan（1987，p. 117）将丁伯根描述为计量经济学的创始者之一，从 1927 年到 20 世纪 50 年代早期一直在发表此领域的文章。他们说："丁伯根研究经济问题一直采用实践的方法。这非常适合计量经济学这一新的领域，也使他能够在与经济问题相关的概念和理论研究上做出重大贡献。"计量经济学的创始者们总是会想到做一名实践者，这就是他们和现在很多远离应用工作的理论计量经济学家之间的大不相同之处。

Geweke，Horowitz and Pesaran（2008）对未来提出了下述建议：

> 计量经济理论和实践都是在为公共或私人经济政策的制定提供信息。这一过程不仅受计量经济学适用性的限制，而且还受经济理论发展以及数据和其他信息的充分性的限制。无论是现在还是将来，有效的进步都来自于计量经济学、经济理论和数据的共同发展。任何研究，如果宣称上述三者中的任意两个结合（而不是全部）即可有效促进政策改善，就必须要超越经济学科内部各子学科之间的传统界限。然而，只有这三者的结合才能确保经济学学术研究为社会做出贡献。

■ 注　释

①见 Mariano（1987）对 L. R. Klein 教授的采访。《计量经济学理论》发表了对此领域的一些巨人的访谈文章。这些访谈文章可以使我们很好地了解这些巨人的工作和生活。

②联立方程模型是计量经济学不可分割的组成部分，详细研究见本书第 11 章。

③Tjalling Koopmans 是 1975 年诺贝尔经济学奖的联合获得者之一。除了对联立方

程模型的识别和估计所做出的贡献，他获得诺贝尔经济学奖还源于他在最优化及经济理论方面所做的工作。

④我有两次见到凯恩斯对丁伯根的这些攻击性言语，一次是 Peter C. B. Phillips（1977）在伯明翰大学做就职演讲时，其题目是："计量经济学：可视为工具室的学科"；另一次是在 David F. Hendry（1980）的文章中，题目是："计量经济学：炼金术还是科学?"

参考文献

Baltagi，B. H.（2007），"Worldwide Econometrics Rankings：1989—2005," *Econometric Theory*，23：952-1012.

Christ，C. F.（1983），"The Founding of the Econometric Society and Econometrica," *Econometrica*，51：3-6.

Christ，C. F.（1985），"Early Progress in Estimating Quantitative Economic Relations in America," *American Economic Review*，12：39-52.

Cobb，C. W. and P. H. Douglas（1928），"A Theory of Production," *American Economic Review*，Supplement 18：139-165.

Epstein，R. J.（1987），*A History of Econometrics*（North-Holland：Amsterdam）.

Frisch，R.（1933），"Editorial," *Econometrica*，1：1-14.

Geweke，J.，J. Horowitz，and M. H. Pesaran（2008），"Econometrics," entry in S. Durlauf and L. Blume，eds.，*The New Palgrave Dictionary of Economics*，2nd Edition，（Palgrave Macmillan：Basingstoke）.

Griliches，Z.（1986），"Economic Data Issues," in Z. Griliches and M. D. Intriligator（eds），*Handbook of Econometrics Vol. III*（North Holland：Amsterdam）.

Haavelmo，T.（1943），"The Statistical Implications of a System of Simultaneous Equations," *Econometrica*，11：1-12.

Haavelmo，T.（1944），"The Probability Approach in Econometrics," *Econometrica*，Supplement to Volume 12：1-118.

Heckman，J. J.（2001），"Econometrics and Empirical Economics," *Journal of Econometrics*，100：3-5.

Hendry，D. F.（1980），"Econometrics-Alchemy or Science?" *Economica*，47：387-406.

Keynes，J. M.（1940），"On Method of Statistical Research：Comment," *Economic Journal*，50：154-156.

Klein，L. R.（1971），"Whither Econometrics?" *Journal of the American Statistical Association*，66：415-421.

Klein，L. R.（1950），*Economic Fluctuations in the United States 1921—1941*，Cowles Commission Monograph，No. 11（John Wiley：New York）.

Klein, L. R. and A. S. Goldberger (1955), *An Econometric Model of the United States 1929—1952* (North-Holland: Amsterdam).

Koopmans, T. C. (1950), ed. , *Statistical Inference in Dynamic Economic Models* (John Wiley: New York).

Koopmans, T. C. and W. C. Hood (1953), *Studies in Econometric Method* (John Wiley: New York).

Koopmans, T. C. and J. Marschak (1950), eds. , *Statistical Inference in Dynamic Economic Models* (John Wiley: New York).

Leamer, E. E. (1983), "Let's Take the Con Out of Econometrics," *American Economic Review*, 73: 31—43.

Leontief, W. (1971), "Theoretical Assumptions and Nonobserved Facts," *American Economic Review*, 61: 1—7.

Lucas, R. E. (1976), "Econometric Policy Evaluation: A Critique," in K. Brunner and A. M. Meltzer, eds. , *The Phillips Curve and Labor Markets*, Carnegie Rochester Conferences on Public Policy, 1: 19—46.

Maddala, G. S. (1999), "Econometrics in the 21st Century," in C. R. Rao and R. Szekeley, eds. , *Statistics for the 21ˢ Century* (Marcel Dekker: New York).

Magnus, J. R. and M. S. Morgan (1987), "The ET Interview: Professor J. Tinbergen," *Econometric Theory*, 3: 117—142.

Malinvaud, E. (1966), *Statistical Methods of Econometrics* (North-Holland: Amsterdam).

Manski, C. F. (1995), *Identification Problems in the Social Sciences* (Harvard University Press: Cambridge).

Mann, H. B. and A. Wald (1943), "On the Statistical Treatment of Linear Stochastic Difference Equations," *Econometrica*, 11: 173—220.

Mariano, R. S. (1987), "The ET Interview: Professor L. R. Klein," *Econometric Theory*, 3: 409—460.

McAleer, M. , A. R. Pagan and P. A. Volker (1985), "What Will Take The Con Out of Econometrics," *American Economic Review*, 75: 293—307.

Moore, H. L. (1914), *Economic Cycles: Their Law and Cause* (Macmillan: New York).

Morgan, M. (1990), *The History of Econometric Ideas* (Cambridge University Press: Cambridge, MA).

Pagan, A. (1987), "Twenty Years After: Econometrics, 1966—1986," paper presented at CORE's 20th Anniversary Conference, Louvain-la-Neuve.

Pesaran, M. H. (1987), *The Limits to Rational Expectations* (Basil Blackwell: Oxford, MA).

Pesaran, M. H. (1990), "Econometrics," in J. Eatwell, M. Milgate and P. Newman; *The New Palgrave: Econometrics* (W. W. Norton and Company: New York).

Phillips, P. C. B. (1977), "Econometrics: A View From the Toolroom," *Inaugural Lecture*, University of Birmingham, Birmingham, England.

Phillips, P. C. B. (1985), "ET Interviews: Professor J. D. Sargan," *Econometric Theory*, 1: 119-139.

Phillips, P. C. B. (1986), "The ET Interview: Professor T. W. Anderson," *Econometric Theory*, 2: 249-288.

Samuelson, P. A., T. C. Koopmans and J. R. N. Stone (1954), "Report of the Evaluative Committee for Econometrica," *Econometrica*, 22: 141-146.

Schultz, H. (1938), *The Theory and Measurement of Demand* (University of Chicago Press: Chicago, IL).

Spanos, A. (1986), *Statistical Foundations of Econometric Modelling* (Cambridge University Press: Cambridge, MA).

Tinbergen, J. (1939), *Statistical Testing of Business Cycle Theories*, Vol. II: *Business Cycles in the USA*, *1919—1932* (League of Nations: Geneva).

Tintner, G. (1953), "The Definition of Econometrics," *Econometrica*, 21: 31-40.

Working, E. J. (1927), "What Do Statistical 'Demand Curves' Show?" *Quarterly Journal of Economics*, 41: 212-235.

第 2 章

基本统计概念

2.1 引 言

一章的内容并不可能回顾完我们所学的有关统计学的一门或两门必修课程中的全部内容。这是一本计量经济学教材，而且学生必须至少学了一门有关统计学的课程。一个随机变量概念，无论其是离散的还是连续的，都假定相对应的概率函数或概率密度函数（p. d. f）是已知的。类似地，读者需要知道下列统计术语：累积分布函数，边缘、条件、联合概率密度函数。读者应当能够熟练计算数学期望，以及熟悉独立性的概念、贝叶斯定理和一些连续型或离散型的概率分布。这些分布包括：伯努利分布、二项式分布、泊松分布、几何分布、均匀分布、正态分布、伽马分布、卡方（χ^2）分布、指数分布、Beta 分布、t 分布和 F 分布。

2.2 节复习了两种估计方法，2.3 节复习了得到的估计量的性质，2.4 节对假设检验做出了简要的回顾，2.5 节讨论了置信区间的含义。这些部分是本书的基础背景，读者应该确保熟悉这些概念。同时，也要确保能够解出本章后面的练习题。

2.2 估计方法

考虑一个均值为 μ，方差为 σ^2 的正态分布。这是重要的"高斯"分布，这个分布是对称的、钟形的，而且完全由它的中心位置的度量（即均值 μ）和分散程度的度量（即方差 σ^2）所决定。μ 和 σ^2 称为总体参数。从总体中抽取一个独立且同分布的随机样本

X_1，$\cdots$，X_n。我们经常用 $\hat{\mu}=\hat{X}$ 来估计 μ，$s^2=\sum_{i=1}^{n}(X_i-\overline{X})^2/(n-1)$ 来估计 σ^2。例如，$\mu=$休斯敦一个家庭的平均收入，$\overline{X}=$在休斯敦随机采访的 100 个家庭的样本平均收入。

μ 的估计量可以通过下面的两种估计法求得：

（ⅰ）矩估计

简单地说，这种估计法利用下列规则：使总体矩等于样本矩，直至你已经估计出了所有的总体参数。

总体	样本
$E(X)=\mu$	$\sum_{i=1}^{n}X_i/n=\overline{X}$
$E(X^2)=\mu^2+\sigma^2$	$\sum_{i=1}^{n}X_i^2/n$
$\vdots$	$\vdots$
$E(X^r)$	$\sum_{i=1}^{n}X_i^r/n$

正态密度完全由 μ 和 σ^2 来确定，因此只需要前两个方程

$$\hat{\mu}=\overline{X} \quad \text{和} \quad \hat{\mu}^2+\hat{\sigma}^2=\sum_{i=1}^{n}X_i^2/n。$$

将第一个方程代入第二个方程，得到

$$\hat{\sigma}^2=\sum_{i=1}^{n}X_i^2/n-\overline{X}^2=\sum_{i=1}^{n}(X_i-\overline{X})^2/n。$$

（ⅱ）极大似然估计（MLE）

从一个正态分布 $X_i\sim N(\mu,\sigma^2)$ 中抽取容量为 n 的随机样本，我们有：

$$f_i(X_i;\mu,\sigma^2)=(1/\sigma\sqrt{2\pi})\exp\{-(X_i-\mu)^2/2\sigma^2\}，-\infty<X_i<+\infty。$$

因为 X_1，$\cdots$，X_n 独立且同分布，因此联合概率密度由边际概率密度的乘积给出。

$$f(X_1,\cdots,X_n;\mu,\sigma^2)=\prod_{i=1}^{n}f_i(X_i;\mu,\sigma^2)$$
$$=(1/2\pi\sigma^2)^{n/2}\exp\left\{-\sum_{i=1}^{n}(X_i-\mu)^2/2\sigma^2\right\}。 \tag{2.1}$$

通常，我们只是观测包含 n 个家庭的一个样本，这个样本可以由任意一对 (μ,σ^2) 生成，其中 $-\infty<\mu<+\infty$，$\sigma^2>0$。对于任意一对，比如说 (μ_0,σ_0^2)，$f(X_1,\cdots,X_2;\mu_0,\sigma_0^2)$ 表示获得该样本的概率（或可能性）。通过改变 (μ,σ^2)，我们得到获取此样本的不同概率。直觉上，我们选择 μ 和 σ^2 的值使获取这个样本的概率最大化。从数学上说，我们把 $f(X_1,\cdots,X_n;\mu,\sigma^2)$ 看作是 $L(\mu,\sigma^2)$，并且称之为似然函数。关于 μ 和 σ^2，最大化 $L(\mu,\sigma^2)$，我们得到最大化的一阶条件：

$$(\partial L/\partial\mu)=0 \quad \text{和} \quad (\partial L/\partial\sigma^2)=0。$$

等价地，我们可以最大化 $\log L(\mu,\sigma^2)$ 而不是 $L(\mu,\sigma^2)$，仍可以得到相同的答案。通

计量经济学方法与应用（第五版）

常，后者的似然函数的单调变换更容易最大化，且一阶条件为

$$(\partial \log L / \partial \mu) = 0 \quad \text{和} \quad (\partial \log L / \partial \sigma^2) = 0。$$

对于正态分布例子，我们有

$$\log L(\mu : \sigma^2) = -(n/2)\log \sigma^2 - (n/2)\log 2\pi - (1/2\sigma^2)\sum\nolimits_{i=1}^{n}(X_i - \mu)^2,$$

$$\partial \log L(\mu : \sigma^2)/\partial \mu = (1/\sigma^2)\sum\nolimits_{i=1}^{n}(X_i - \mu) = 0 \Rightarrow \hat{\mu}_{MLE} = \overline{X},$$

$$\partial \log L(\mu : \sigma^2)/\partial \sigma^2 = -(n/2)(1/\sigma^2) + \sum\nolimits_{i=1}^{n}(X_i - \mu)^2/2\sigma^4 = 0,$$

$$\Rightarrow \hat{\sigma}^2_{MLE} = \sum\nolimits_{i=1}^{n}(X_i - \hat{\mu}_{MLE})^2/n = \sum\nolimits_{i=1}^{n}(X_i - \overline{X})^2/n。$$

注意，矩估计量和极大似然估计量在正态分布的例子中是相同的。一般而言，这两种方法不一定会给出相同的估计量。另外，注意矩估计量总是具有相同的估计等式，例如，前两个等式总是：

$$E(X) = \mu \equiv \sum\nolimits_{i=1}^{n} X_i/n = \overline{X} \quad \text{和} \quad E(X^2) = \mu^2 + \sigma^2 \equiv \sum\nolimits_{i=1}^{n} X_i^2/n。$$

对于一个特定的分布，我们只需要替换总体矩和其分布参数的关系。也就是，需要的方程个数取决于潜在分布的参数个数。例如，指数分布有一个参数，因此仅需要一个方程，而伽马分布有两个参数，因此需要两个方程。最后，注意极大似然方法在很大程度上取决于潜在分布的形式，但是，如果这种分布存在，则该方法具有良好的性质。这些性质将会在下一节中讨论。

到目前为止，我们已经通过正态分布说明了这两种估计方法。现在我们将这些方法应用到伯努利分布中，在其他分布上的应用留作练习题。我们鼓励学生做这些练习题。

(iii) 伯努利例子

现实生活中有很多这样的例子，一个事件的结果是二元的：一个工人可能参加工作，也可能不参加；一个罪犯在假释之后可能仍会犯罪，也可能不会；从流水线上生产出来的电视机可能有缺陷，也可能没有缺陷。投掷硬币会出现正面或反面，等等。这种情况下，$\theta = \Pr[\text{正面}]$ 和 $1 - \theta = \Pr[\text{反面}]$，其中 $0 < \theta < 1$，这可以用离散概率函数来表示

$$f(X; \theta) = \begin{cases} \theta^X(1-\theta)^{1-X}, & X = 0, 1 \\ 0, & \text{其他} \end{cases}。$$

正态分布是连续分布，因为它可以取实轴上的所有 X 值。伯努利分布是离散的，因为它将 X 只定义为整数值。注意，对于所有的 $0 < \theta < 1$，$P[X=1] = f(1; \theta) = \theta$，$P[X=0] = f(0; \theta) = 1 - \theta$。从这个分布中抽取一个容量为 n 的随机样本，它的一个联合概率函数为：

$$L(\theta) = f(X_1, \cdots, X_n; \theta) = \theta^{\sum_{i=1}^{n} X_i}(1-\theta)^{n-\sum_{i=1}^{n} X_i},$$

对 $i = 1, \cdots, n$ 都有 $X_i = 0, 1$。因此，

$$\log L(\theta) = \left(\sum\nolimits_{i=1}^{n} X_i\right)\log\theta + \left(n - \sum\nolimits_{i=1}^{n} X_i\right)\log(1-\theta),$$

$$\frac{\partial \log L(\theta)}{\partial \theta} = \frac{\sum_{i=1}^{n} X_i}{\theta} - \frac{(n - \sum_{i=1}^{n} X_i)}{(1-\theta)}\text{。}$$

解这个含有 θ 的一阶条件, 得到

$$\left(\sum_{i=1}^{n} X_i\right)(1-\theta) - \theta\left(n - \sum_{i=1}^{n} X_i\right) = 0,$$

由此推导出

$$\hat{\theta}_{MLE} = \sum_{i=1}^{n} X_i / n = \overline{X}\text{。}$$

这是投掷一个硬币 n 次出现正面的频率。

对于矩估计方法, 我们需要

$$E(X) = \sum_{X=0}^{1} X f(X, \theta) = 1 \cdot f(1, \theta) + 0 \cdot f(0, \theta) = f(1, \theta) = \theta,$$

且其与 $\overline{X}$ 相等, 得到 $\hat{\theta} = \overline{X}$。再次, 极大似然估计与矩估计法得到的估计量相同。注意, 伯努利分布只需要一个参数来表征, 因此我们不需要二阶或更高阶的总体矩来等于它们的样本值。

2.3　估计量的性质

（ⅰ）无偏性

当且仅当 $E(\hat{\mu}) = \mu$ 时, $\hat{\mu}$ 对于 μ 是无偏的。

对于 $\hat{\mu} = \overline{X}$, 我们有 $E(\overline{X}) = \sum_{i=1}^{n} E(X_i)/n = \mu$, 因此 $\overline{X}$ 对于 μ 是无偏的。只要 X_i 服从的分布均值与 μ 相同, 我们就不需要去假定分布。无偏性意味着我们的估计量 "平均上" 是准确的。我们解释一下最后这句话。假设我们重复从 100 个家庭中抽取随机样本, 例如抽取 200 次, 然后我们得到 200 个 $\overline{X}$。这些 $\overline{X}$ 中有些大于 μ, 有些小于 μ, 但是它们的平均值应该非常接近于 μ。由于在现实生活中, 我们仅观察一个随机样本, 如果我们得到的 $\overline{X}$ 与 μ 相差很大, 那么这个均值几乎就不起作用了。但是, n 越大, $\overline{X}$ 的偏差程度就越小, 因为 $\text{var}(\overline{X}) = \sigma^2/n$, 并且这个 $\overline{X}$ 偏离 μ 很远的可能性较小。这就引出了有效性的概念。

（ⅱ）有效性

对于两个无偏估计量, 通过它们方差的比率来比较它们的有效性。我们说方差越小就越有效。例如, 考虑两个无偏估计量 $\hat{\mu}_1 = X_1$ 和 $\hat{\mu}_2 = \overline{X}$, $\text{var}(\hat{\mu}_1) = \sigma^2$ 而 $\text{var}(\hat{\mu}_2) = \sigma^2/n$ 且 〈关于 $\hat{\mu}_2$ 的 $\hat{\mu}_1$ 的相对有效性〉$= \text{var}(\hat{\mu}_2)/\text{var}(\hat{\mu}_1) = 1/n$, 见图 2—1。为了比较所有的无偏估计量, 我们寻找具有最小方差的那一个。如果存在这样的一个估计量, 我们就称之为 MVU (最小方差无偏估计量)。μ 的任意无偏估计量 $\hat{\mu}$ 的方差下限, 在统计学文献中称为 Cramér-Rao 下界, 并由下式给出

$$\text{var}(\hat{\mu}) \geqslant 1/n\{E(\partial \log f(X; \mu)/\partial \mu)\}^2 = -1/\{n E(\partial^2 \log f(X; \mu)/\partial \mu^2)\}, \quad (2.2)$$

其中，我们要使用式（2.2）右侧的哪个表达式取决于哪一个最容易得到。

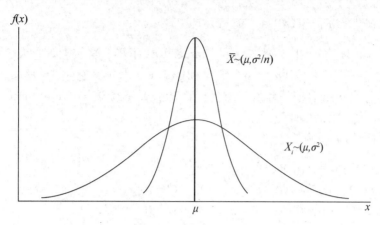

$f(x)$

$\overline{X} \sim (\mu, \sigma^2/n)$

$X_i \sim (\mu, \sigma^2)$

μ　x

图 2—1　有效性比较

例 1：考虑正态密度

$\log f(X_i; \mu) = (-1/2)\log \sigma^2 - (1/2)\log 2\pi - (1/2)(X_i - \mu)^2/\sigma^2$，

$\partial \log f(X_i; \mu)/\partial \mu = (X_i - \mu)/\sigma^2$，

$\partial^2 \log f(X_i; \mu)/\partial \mu^2 = -(1/\sigma^2)$，

其中 $E(\partial^2 \log f(X_i; \mu)/\partial \mu^2 = -(1/\sigma^2))$。因此，$\mu$ 的任意无偏估计量 $\hat{\mu}$ 的方差满足性质 $\mathrm{var}(\hat{\mu}) \geqslant \sigma^2/n$。

再来看 σ^2；令 $\theta = \sigma^2$，那么

$\log f(X_i; \theta) = -(1/2)\log \theta - (1/2)\log 2\pi - (1/2)(X_i - \mu)^2/\theta$，

$\partial \log f(X_i; \theta)/\partial \theta = -1/2\theta + (X_i - \mu)^2/2\theta^2 = \{(X_i - \mu)^2 - \theta\}/2\theta^2$，

$\partial^2 \log f(X_i; \theta)/\partial \theta^2 = 1/2\theta^2 - (X_i - \mu)^2/\theta^3 = \{\theta - 2(X_i - \mu)^2\}/2\theta^3$。

$E[\partial^2 \log f(X_i; \theta)/\partial \theta^2] = -(1/2\theta^2)$，因为 $E(X_i - \mu)^2 = \theta$，因此，对于 θ 的任意无偏估计量 $\hat{\theta}$，它的方差满足下列性质 $\mathrm{var}(\hat{\theta}^2) \geqslant 2\theta^2/n$，或者 $\mathrm{var}(\hat{\sigma}) \geqslant 2\sigma^4/n$。

注意，如果找到的无偏估计量的方差满足 Cramér-Rao 下界，那么这个估计量就是 MVU 估计量。重要的是要记住这仅仅是一个下界，这个下界有时并不一定能够达到。如果 X_i 服从正态分布，那么 $\overline{X} \sim N(\mu, \sigma^2/n)$。因此，$\overline{X}$ 是 μ 的最小方差无偏估计量。另一方面，

$$\hat{\sigma}^2_{MLE} = \sum_{i=1}^{n}(X_i - \overline{X})^2/n，$$

可以证明 $(n\hat{\sigma}^2_{MLE}/(n-1)) = s^2$ 对于 σ^2 是无偏的。实际上 $(n-1)s^2/\sigma^2 \sim \chi^2_{n-1}$，并且自由度为 $n-1$ 的卡方变量的期望值恰好是它的自由度。鉴于这个事实，

$$E\{(n-1)s^2/\sigma^2\} = E(\chi^2_{n-1}) = n-1。$$

于是有 $E(s^2) = \sigma^2$。[①] 同样，自由度为 $n-1$ 的卡方变量的方差是其自由度的两倍。鉴于这个事实，

$$\mathrm{var}\{(n-1)s^2/\sigma^2\} = \mathrm{var}(\chi^2_{n-1}) = 2(n-1)，$$

或者

$$\{(n-1)^2/\sigma^4\}\operatorname{var}(s^2)=2(n-1)。$$

因此，$\operatorname{var}(s^2)=2\sigma^4/(n-1)$，并未达到 Cramér-Rao 下界。事实上，它大于 $2\sigma^4/n$。另外注意 $\operatorname{var}(\hat{\sigma}^2_{MLE})=\{(n-1)^2/n^2\}\operatorname{var}(s^2)=\{2(n-1)\}\sigma^4/n^2$。它小于 $2\sigma^4/n$。这怎么可能呢？牢记 $\hat{\sigma}^2_{MLE}$ 是 σ^2 的有偏估计量，因此 $\operatorname{var}(\hat{\sigma}^2_{MLE})$ 不应该与 Cramér-Rao 下界相比较。这个下界只适用于无偏估计量。

例2： 对于伯努利例子

$$\log f(X_i;\theta)=X_i\log\theta+(1-X_i)\log(1-\theta)，$$
$$\partial\log f(X_i;\theta)/\partial\theta=(X_i/\theta)-(1-X_i)/(1-\theta)，$$
$$\partial^2\log f(X_i;\theta)/\partial\theta^2=(-X_i/\theta^2)-(1-X_i)/(1-\theta)^2，$$

且 $E[\partial^2\log f(X_i;\theta)/\partial\theta^2]=(-1/\theta)-1/(1-\theta)=-1/[\theta(1-\theta)]$。因此，对于 θ 的任意无偏估计量 $\hat{\theta}$，它的方差满足如下性质：

$$\operatorname{var}(\hat{\theta})\geqslant\theta(1-\theta)/n。$$

对于伯努利随机样本，我们可以证明 $\mu=E(X_i)=\theta$。同样，也很容易证明 $\sigma^2=\operatorname{var}(X_i)=\theta(1-\theta)$。因此，$\overline{X}$ 有均值 $\mu=\theta$ 和方差 $\operatorname{var}(\overline{X})=\sigma^2/n=\theta(1-\theta)/n$。这意味着 $\overline{X}$ 对于 θ 是无偏的，且达到了 Cramér-Rao 下界。因此，$\overline{X}$ 是 θ 的最小方差无偏估计量。

无偏性和有效性是有限样本特性（换句话说，对任意有限样本容量 n 成立）。一旦让 n 趋近于无穷后，我们就进入了渐近性质的领域。

例3： 对于来自任意总体均值为 μ 的分布的随机样本，很明显 $\tilde{\mu}=(\overline{X}+1/n)$ 不是 μ 的无偏估计量，因为 $E(\tilde{\mu})=E(\overline{X}+1/n)=\mu+1/n$。然而，当 $n\to\infty$ 时，$\lim E(\tilde{\mu})$ 等于 μ。我们说 $\tilde{\mu}$ 对于 μ 是渐近无偏的。

例4： 对于正态例子

$$\hat{\sigma}^2_{MLE}=(n-1)s^2/n \quad\text{和}\quad E(\hat{\sigma}^2_{MLE})=(n-1)\sigma^2/n。$$

但是当 $n\to\infty$ 时，$\lim E(\hat{\sigma}^2_{MLE})=\sigma^2$。因此，$\hat{\sigma}^2_{MLE}$ 对于 σ^2 是渐近无偏的。

类似地，一个在极限中能达到 Cramér-Rao 下界的估计量是渐近有效的。注意到 $\operatorname{var}(\overline{X})=\sigma^2/n$，当 $n\to\infty$ 时它趋近于 0。因此，我们认为 $\sqrt{n}\overline{X}$ 具有有限方差，因为 $\operatorname{var}(\sqrt{n}\overline{X})=n\operatorname{var}(\overline{X})=\sigma^2$。我们记 $\overline{X}$ 的渐近方差为 asymp. $\operatorname{var}(\hat{X})=\sigma^2/n$，它在极限中达到了 Cramér-Rao 下界，因此 $\overline{X}$ 是渐近有效的。同样的，

$$\operatorname{var}(\sqrt{n}\hat{\sigma}^2_{MLE})=n\operatorname{var}(\hat{\sigma}^2_{MLE})=2(n-1)\sigma^4，$$

当 $n\to\infty$ 时，上式趋近于 $2\sigma^4$。这意味着 asymp. $\operatorname{var}(\hat{\sigma}^2_{MLE})=2\sigma^4/n$ 且极限达到了 Cramér-Rao 下界。因此，$\hat{\sigma}^2_{MLE}$ 是渐近有效的。

（iii）一致性

另一个渐近特性是一致性。也就是说，当 $n\to\infty$ 时，对任意正常数 c 都有

$\lim \Pr[|\overline{X}-\mu|>c]=0$。换句话说，当 $n\to\infty$ 时，$\overline{X}$ 不会不同于 μ。

使用切比雪夫不等式来证明这个性质，在本书中是这样表示的：

$$\Pr[|\overline{X}-\mu|>k\sigma_{\overline{X}}]\leqslant 1/k^2。$$

如果我们令 $c=k\sigma_{\overline{X}}$，那么 $1/k^2=\sigma_{\overline{X}}^2/c^2=\sigma^2/nc^2$，因为 σ^2 和 c 都是有穷的正常数，所以当 $n\to\infty$ 时它趋近于 0。一个估计量是一致的充分条件是它是渐近无偏的，且当 $n\to\infty$ 时它的方差趋近于 0。[②]

例 1：对于从均值为 μ、方差为 σ^2 的任意分布中抽取的随机样本，$E(\overline{X})=\mu$ 且当 $n\to\infty$ 时 $\text{var}(\overline{X})=\sigma^2/n\to 0$，因此 $\overline{X}$ 对于 μ 是一致的。

例 2：对于正态分布例子，我们已经知道 $E(s^2)=\sigma^2$，且当 $n\to\infty$ 时 $\text{var}(s^2)=2\sigma^4/(n-1)\to 0$，因此 s^2 对于 σ^2 是一致的。

例 3：对于伯努利例子，我们知道 $E(\overline{X})=\theta$ 且当 $n\to\infty$ 时 $\text{var}(\overline{X})=\theta(1-\theta)/n\to 0$，因此 $\overline{X}$ 对于 θ 是一致的。

提醒：这仅仅是一致性的充分条件。不满足这个条件并不意味着估计量是不一致的。

（iv）充分性

如果 $\overline{X}$ 包含了关于 μ 的样本中的全部信息，那么 $\overline{X}$ 对于 μ 是充分的。换句话说，$f(X_1,\cdots,X_n/\overline{X})$ 独立于 μ。为了证明这个事实，我们使用 Fisher 和 Neyman 提出的因式分解定理。关于这一点，当且仅当我们可以将联合概率密度函数进行因式分解时，$\overline{X}$ 对于 μ 是充分的，

$$f(X_1,\cdots,X_n;\mu)=h(\overline{X};\mu)\cdot g(X_1,\cdots,X_n)，$$

其中 h 和 g 是任意两个函数，后者仅是 X 的函数且与 μ 在形式上以及在 X 的定义域内是独立的。

例 1：对于正态例子，很明显式（2.1）在求和过程中通过加减 $\overline{X}$，经过一些代数运算后，可以写成

$$f(X_1,\cdots,X_n;\mu,\sigma^2)=(1/2\pi\sigma^2)^{n/2}e^{-\{(1/2\sigma^2)\sum_{i=1}^n(X_i-\overline{X})^2\}}e^{-\{(n/2\sigma^2)(\overline{X}-\mu)^2\}}。$$

因此，$h(\overline{X};\mu)=e^{-(n/2\sigma^2)(\overline{X}-\mu)^2}$，$g(X_1,\cdots,X_n)$ 是在形式上独立于 μ 的余项。另外，$-\infty<X_i<+\infty$，因此在定义域内与 μ 独立。因此，$\overline{X}$ 对于 μ 是充分的。

例 2：对于伯努利例子，

$$f(X_1,\cdots,X_n;\theta)=\theta^{n\overline{X}}(1-\theta)^{n(1-\overline{X})},X_i=0,1;i=1,\cdots,n。$$

因此，$h(\overline{X},\theta)=\theta^{n\overline{X}}(1-\theta)^{n(1-\overline{X})}$，$g(X_1,\cdots,X_n)=1$ 且在形式上和定义域上都与 θ 是相互独立的。因此，$\overline{X}$ 对于 θ 是充分的。

对于抽样所来自的分布，在其特定的正则条件下，可以证明任意参数 θ 的最小方差无偏估计量（MVU）是 θ 的充分估计量的一个无偏函数。[③]极大似然估计量的特点有：（i）当它们存在时，它们是充分估计量。（ii）它们渐近有效。（iii）如果极大似然估计量的分布满足一定的正则条件，就使得无偏的极大似然估计量成为唯一的最小方差无

偏估计量。一个基本的例子就是对于从正态分布中抽取的随机样本,我们已经证明了 s^2 是 σ^2 的无偏估计量。可以证明 s^2 对于 σ^2 是充分的,且 $(n-1)s^2/\sigma^2 \sim \chi^2_{n-1}$。因此,$s^2$ 是 σ^2 的无偏充分估计量,且是 σ^2 的 MVU,尽管它并没有达到 Cramér-Rao 下界。(iv)对于连续变换,极大似然估计量是不变的。为了解释最后一个特点,考虑 e^μ 的估计量。给定 $\hat{\mu}_{MLE}=\overline{X}$,一个明显的估计量是 $e^{\hat{\mu}_{MLE}}=e^{\overline{X}}$,实际上是 e^μ 的极大似然估计量。一般来说,如果 $g(\mu)$ 是 μ 的连续函数,那么 $g(\hat{\mu}_{MLE})$ 是 $g(\mu)$ 的极大似然估计量。注意到 $E(e^{\hat{\mu}_{MLE}}) \neq e^{E(\hat{\mu}_{MLE})}=e^\mu$,换言之,对于所有的连续变换,尤其是非线性变换,期望值并不是不变的,因此产生的极大似然估计量可能不是无偏的。尽管 $\overline{X}$ 对于 μ 是无偏的,但 $e^{\overline{X}}$ 对于 e^μ 并不是无偏的。

概括起来,有两种途径可以得到极大似然估计量。一种途径是系统地引出下列充分统计量,证明它的分布满足适当的正则条件,并且随后使其成为所讨论的参数的无偏估计量。当然,极大似然估计量给我们提供了充分统计量,例如,

$$X_1,\cdots,X_n \sim \mathrm{IIN}(\mu,\sigma^2) \Rightarrow \hat{\mu}_{MLE}=\overline{X} \quad 和 \quad \hat{\sigma}^2_{MLE}=\sum_{i=1}^{n}(X_i-\overline{X})^2/n$$

分别对于 μ 和 σ^2 都是充分的。$\overline{X}$ 对于 μ 是无偏的且 $\overline{X} \sim N(\mu,\sigma^2/n)$。正态分布满足正则条件,需要 $\overline{X}$ 是 μ 的最小方差无偏估计量。$\hat{\sigma}^2_{MLE}$ 对于 σ^2 是有偏的,但 $s^2=n\hat{\sigma}^2_{MLE}/(n-1)$ 对于 σ^2 是无偏的且 $(n-1)s^2/\sigma^2 \sim \chi^2_{n-1}$,同样满足使 s^2 成为 σ^2 的一个最小方差无偏估计量的正则条件。

另一种途径是,我们找到 Cramér-Rao 下界,检查通常的估计量(也就是通过矩估计或极大似然估计获得的)是否达到了这个下界。如果达到了,那么这个估计量是有效的,且没有必要做进一步的检查。如果没有达到,用前面所述方法得到最小方差无偏估计量。实际上,在前面的例子中,$\overline{X}$ 已经达到了 Cramér-Rao 下界,而 s^2 并没有达到。然而,它们分别是 μ 和 σ^2 的最小方差无偏估计量。

(v)比较有偏和无偏估计量

假设给定 θ 的两个估计量 $\hat{\theta}_1$ 和 $\hat{\theta}_2$,$\hat{\theta}_1$ 是无偏的且方差大,而 $\hat{\theta}_2$ 是有偏的但方差小。问题是这两个估计量哪一个更可取?$\hat{\theta}_1$ 是无偏的而 $\hat{\theta}_2$ 是有偏的。这意味着如果重复抽样程序很多次,我们期望 $\hat{\theta}_1$ 平均来看是正确的,而 $\hat{\theta}_2$ 平均来看不同于 θ。然而,实际生活中,我们只观测一个样本。$\hat{\theta}_1$ 有很大的方差,抽取的样本有很大的可能性会导致 $\hat{\theta}_1$ 远离 θ。然而,$\hat{\theta}_2$ 有很小的方差,很有可能得到的 $\hat{\theta}_2$ 接近 θ。如果我们的损失函数是 $L(\hat{\theta},\theta)=(\hat{\theta}-\theta)^2$,那么我们的风险是

$$R(\hat{\theta},\theta)=E[L(\hat{\theta},\theta)]=E(\hat{\theta}-\theta)^2=MSE(\hat{\theta})$$
$$=E[\hat{\theta}-E(\hat{\theta})+E(\hat{\theta})-\theta]^2=\mathrm{var}(\hat{\theta})+(\mathrm{Bias}(\hat{\theta}))^2。$$

当损失函数是二次方程式时,最小化风险相当于最小化均方误(MSE)。从它的定义来看,MSE 表明了在偏差与方差之间所作的取舍。MVU 理论,令偏差等于 0 且最小化 $\mathrm{var}(\hat{\theta})$。换句话说,它最小化了风险函数,但仅仅在 $\hat{\theta}$ 上是无偏的。如果我们并不限制 θ 的无偏估计量,最小化 MSE 可能会得到一个有偏估计量,例如 $\hat{\theta}_2$ 打败了 $\hat{\theta}_1$,因为较小方差的获得比较小偏差的损失更有价值,见图 2—2。

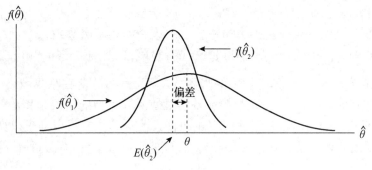

图 2—2　偏差与方差

2.4　假设检验

最好的方法是用一个例子来说明。

例 1： 经济学系更新了微观原理的教学计划。我们想检验原假设即 80% 的经济学本科学生将通过微观原理课程，与备择假设即只有 50% 的人通过。我们从一个大的微观原理班级中随机抽取 20 名学生构成一个样本，并且有这样一个简单的规则：如果 x（即通过的学生数量）大于等于 13，我们就接受原假设，否则接受备择假设。注意，我们所抽取的样本来自成功概率为 θ 的伯努利分布，而且我们仅选择两种假设 H_0：$\theta_0 = 0.80$ 和 H_1：$\theta_1 = 0.5$。这种情况被认为是检验一个简单的假设与另一个简单的假设，因为分布完全由原假设和备择假设来设定。人们会期望（$E(x) = n\theta_0$）16 个学生在 H_0 假设下和（$n\theta_1$）10 个学生在 H_1 假设下通过微观原理考试。逻辑上似乎是把 $x \geq 13$ 作为区分 H_0 和 H_1 的分界点。现阶段并没有对这一任意的选择给出理论证明，除了说它是 $[10, 16]$ 的中点。图 2—3 表明我们会犯两种类型的错误。第一类错误是当 H_0 正确时拒绝它，称为第 I 类错误，犯这类错误的概率用 α 来表示。第二类错误是当 H_1 错误时接受它，称为第 II 类错误，对应的概率用 β 来表示。例如，

$$\alpha = \Pr[拒绝\ H_0/H_0 为真] = \Pr[x < 13/\theta = 0.8]$$
$$= b(n = 20; x = 0; \theta = 0.8) + \cdots + b(n = 20; x = 12; \theta = 0.8)$$
$$= b(n = 20; x = 20; \theta = 0.2) + \cdots + b(n = 20; x = 8; \theta = 0.2)$$
$$= 0 + \cdots + 0 + 0.000\,1 + 0.000\,5 + 0.002\,0 + 0.007\,4 + 0.022\,2 = 0.032\,2,$$

在此我们使用了这样一个事实，$b(n;\ x;\ \theta) = b(n;\ n-x;\ 1-\theta)$ 以及 $b(n;\ x;\ \theta) = \binom{n}{x}\theta^x(1-\theta)^{n-x}$，$x = 0, 1, \cdots, n$ 表示二项分布，见本章末问题 4。*

	实际情况	
结论	$\theta = 0.80$	$\theta_1 = 0.50$
θ_0	正确	第 II 类错误
θ_1	第 I 类错误	正确

图 2—3　第 I 类错误和第 II 类错误

---

* 如无特殊说明，本书中正文提到的"问题"均对应该章末"问题"中的相应题目，以后不再说明。

$$\beta = \Pr[\text{接受 } H_0/H_0 \text{为假}] = \Pr[x \geqslant 13/\theta = 0.5]$$
$$= b(n=20; x=13; \theta=0.5) + \cdots + b(n=20; x=20; \theta=0.5)$$
$$= 0.073\,9 + 0.037\,0 + 0.014\,8 + 0.004\,6 + 0.001\,1 + 0.000\,2 + 0 + 0 = 0.131\,6.$$

H_0 的拒绝域，$x < 13$，称为检验的临界域，且 $\alpha = \Pr$ [落在临界域/H_0 是正确的] 同样称为临界域的大小。一个好的检验就是同时使两种类型的错误 α 和 β 最小。在上述例子中，α 很低而 β 却很高，有超过 13% 的可能发生。这个 β 可以通过改变临界域 $x < 13$ 到 $x < 14$ 得到减小，以便只有在 $x \geqslant 14$ 时 H_0 才可以被接受。在这种情况下，我们可以很容易证实。

$$\alpha = \Pr[x < 14/\theta = 0.8] = b(n=20; x=0; \theta=0.8) + \cdots + b(n=20, x=13, \theta=0.8)$$
$$= 0.032\,2 + b(n=20; x=13; \theta=0.8) = 0.032\,2 + 0.054\,5 = 0.086\,7,$$

且

$$\beta = \Pr[x \geqslant 14/\theta = 0.5] = b(n=20; x=14; \theta=0.5) + \cdots + b(n=20; x=20; \theta=0.5)$$
$$= 0.131\,6 - b(n=20; x=13; \theta=0.5) = 0.057\,7.$$

通过更保守地接受 H_0 以及更自由地接受 H_1，我们把 β 从 0.131 6 减小到 0.057 7，但是所付出的代价就是 α 从 0.032 2 增加到 0.086 7。使 α 和 β 同时减少的唯一方法就是增加 n。对于一个固定的 n，当我们改变临界域时在 α 和 β 间有一个权衡。为了更清晰地理解这一点，考虑陪审团在审判时的实际情况，那就是被告可能是无辜的也可能是有罪的。监禁或者释放的决定意味着两种类型的错误。我们可以使 $\alpha = \Pr[\text{监禁/无辜}] = 0$ 且通过释放每一个被告使 $\beta =$ 它的最大值。或者我们可以使 $\beta = \Pr[\text{释放/有罪}] = 0$ 且通过监禁每一个被告使 $\alpha =$ 它的最大值。这些都是极端例子，但希望通过它们能说明 α 和 β 之间的取舍。

□ Neyman-Pearson 理论

假设检验的经典理论，称为 Neyman-Pearson 理论，该理论给定 $\alpha = \Pr(\text{第 I 类错误}) \leqslant$ 一个常数，并使 β 最小或使 $1 - \beta$ 最大。后者称为备择假设下的检验功效。

Neyman-Pearson 引理：如果 C 是水平 α 下的临界域，k 是一个常数，那么有

在 C 中 $(L_0/L_1) \leqslant k$，

且

在 C 外 $(L_0/L_1) \geqslant k$，

那么，C 就是水平 α 下检验 $H_0: \theta = \theta_0$ 与 $H_1: \theta = \theta_1$ 的具有最大功效的临界域。

注意，在原假设和备择假设下的似然函数是被完全设定好的。因此，这个引理仅适用于检验一个简单假设与另一个简单假设。这个引理的证明由 Freund（1992）给出。直观来讲，L_0 是原假设下的似然函数，且 L_1 是备择假设下对应的似然函数。因此，对于临界域 C 内的点 (L_0/L_1) 应该很小，而对于临界域 C 外的点 (L_0/L_1) 很大。这个定理的证明表明，水平 α 的任意其他临界域，比如说 D，犯第 II 类错误的概率都不会比 C 更小。因此，C 是水平 α 下最好的或最具功效的临界。它的功效 $1 - \beta$ 在 H_1 下达到最大

值。我们用一个例子来证明这条引理。

例 2： 从 $N(\mu, \sigma^2 = 4)$ 中抽取一个容量为 n 的随机样本，运用 Neyman-Pearson 引理来寻找水平 $\alpha = 0.05$ 时的最具功效的临界域，以检验 $H_0: \mu_0 = 2$ 与备择假设 $H_1: \mu_1 = 4$。

注意，这仅仅是引理要求的一个简单假设对另一个简单假设，因为 $\sigma^2 = 4$ 是已知的，且 μ 已经由 H_0 和 H_1 指定。对于 $N(\mu, 4)$ 的似然函数密度由下式给出

$$L(\mu) = f(x_1, \cdots, x_n; \mu, 4) = (1/2\sqrt{2\pi})^n \exp\left\{-\sum_{i=1}^{n}(x_i - \mu)^2/8\right\},$$

所以

$$L_0 = L(\mu_0) = (1/2\sqrt{2\pi})^n \exp\left\{-\sum_{i=1}^{n}(x_i - 2)^2/8\right\},$$

且

$$L_1 = L(\mu_1) = (1/2\sqrt{2\pi})^n \exp\left\{-\sum_{i=1}^{n}(x_i - 4)^2/8\right\},$$

因此

$$L_0/L_1 = \exp\left\{-\left[\sum_{i=1}^{n}(x_i - 2)^2 - \sum_{i=1}^{n}(x_i - 4)^2\right]\Big/8\right\}$$
$$= \exp\left\{-\sum_{i=1}^{n}x_i/2 + 3n/2\right\},$$

且临界域被定义为

$$\text{在 } C \text{ 中 } \exp\left\{-\sum_{i=1}^{n}x_i/2 + 3n/2\right\} \leqslant k.$$

两边取对数，减去 $(3/2)n$，并除以 $(-1/2)n$，得到

$$\text{在 } C \text{ 中 } \bar{x} \geqslant K.$$

实际上，只要我们记录了不等式的方向就不必记录 K。K 可以通过设定水平 $C = \alpha = 0.05$ 来决定。在这种情况下，

$$\alpha = \Pr[\bar{x} \geqslant K/\mu = 2] = \Pr[z \geqslant (K-2)/(2/\sqrt{n})],$$

其中 $z = (\bar{x} - 2)/(2/\sqrt{n})$ 在 H_0 下服从 $N(0, 1)$ 分布。从 $N(0, 1)$ 分布表中，我们有

$$\frac{K-2}{(2/\sqrt{n})} = 1.645,$$

因此，

$$K = 2 + 1.645(2/\sqrt{n}),$$

并且，对于检验 $H_0: \mu_0 = 2$ 对 $H_1: \mu_1 = 4$，$\bar{x} \geqslant 2 + 1.645(2/\sqrt{n})$ 定义了水平 $\alpha = 0.05$ 时的最具功效的临界域。注意，在这种情况下

$$\beta = \Pr[\bar{x} < 2 + 1.645(2/\sqrt{n})/\mu = 4]$$

$$= \Pr[z < [-2 + 1.645(2/\sqrt{n})]/(2/\sqrt{n})] = \Pr[z < 1.645 - \sqrt{n}].$$

对于 $n = 4$，$\beta = \Pr[z < -0.355] = 0.361\,3$，如图 2—4 的阴影部分所示。对于 $n = 9$，$\beta = \Pr[z < -1.355] = 0.087\,7$，对于 $n = 16$，$\beta = \Pr[z < -2.355] = 0.009\,25$。

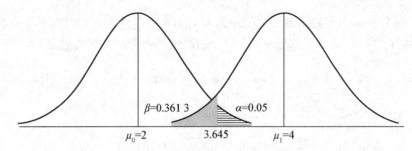

图 2—4 $\quad n = 4$ 时，检验 $\mu_0 = 2$ 与 $\mu_1 = 4$ 的临界域

这给我们提供了一个思路，对于给定的 $\alpha = 0.05$，随着样本容量 n 的增加 β 的最小值如何减小。随着 n 从 4 增加到 9 再增加到 16，$\text{var}(\bar{x}) = \sigma^2/n$ 减小，并且图 2—4 所示的两个以 $\mu_0 = 2$ 和 $\mu_1 = 4$ 为中心的分布的离散程度会变小。临界域从 $n = 4$，$\bar{x} \geqslant 3.65$ 缩小到 $n = 16$，$\bar{x} \geqslant 2.822\,5$，这表明可以做出更好的决策（基于更大的样本容量），并且对于给定的 $\alpha \leqslant 0.05$，检验功效 $1 - \beta$ 从 0.638 7 增加到 0.990 8。功效函数是拒绝 H_0 的概率。它在 H_0 下等于 α 且在 H_1 下等于 $1 - \beta$。理想的功效函数是在 H_0 下为 0，在 H_1 下为 1。Neyman-Pearson 引理允许我们固定 α 为 0.05，且在 H_1 下求得最优的检验功效。

在例 2 中，原假设和备择假设都是简单假设。在实际生活中，我们很有可能遇到检验 $H_0: \mu = 2$ 对 $H_1: \mu \neq 2$。在备择假设下，并没有完全指定分布，因为平均值 μ 是未知的，且这个假设称为复合假设。在这种情况下，因为在备择假设条件下分布是未知的，所以我们不能计算犯第 II 类错误的概率。那么，就不能应用 Neyman-Pearson 引理了。然而，一般来说，简单起见，我们可以计算一个性质令人满意的似然比检验，但该检验在水平 α 下不再是一致的最具功效的检验。在这种情况下，因为 H_1 是一个复合假设，L_1 是未知的，所以我们用极大似然值来代替 L_1，例如，

$$\lambda = \frac{\max L_0}{\max L}.$$

因为 $\max L_0$ 是原假设最大的似然值，而 $\max L$ 是整个参数空间中最大的似然值，故 $\max L_0 \leqslant \max L$，并且 $\lambda \leqslant 1$。因此，如果原假设 H_0 是正确的，λ 接近于 1，否则小于 1。因此，$\lambda \leqslant k$ 定义了似然比检验的临界域，并且确定 k 以使检验水平为 α。

例 3：从均值为 μ，方差为 σ^2 的正态分布中抽取一个随机样本 $x_1, \cdots, x_n$，推导关于 $H_0: \mu = 2$ 对 $H_1: \mu \neq 2$ 的似然比检验。在这个例子中，

$$\max L_0 = (1/2\sqrt{2\pi})^n \exp\left\{-\sum_{i=1}^n (x_i - 2)^2/8\right\} = L_0,$$

且

$$\max L = (1/2\sqrt{2\pi})^n \exp\left\{-\sum_{i=1}^n (x_i - \bar{x})^2/8\right\} = L(\hat{\mu}_{MLE}),$$

在此构成了这样一个事实，$\hat{\mu}_{MLE} = \bar{x}$。因此，

$$\lambda = \exp\left\{\left[-\sum_{i=1}^{n}(x_i-2)^2 + \sum_{i=1}^{n}(x_i-\bar{x})^2\right]/8\right\} = \exp\{-n(\bar{x}-2)^2/8\}。$$

进而，对于区域 $\lambda \leqslant k$，经过一些简单的运算后得到如下区域，它等价于

$$(\bar{x}-2)^2 \geqslant K \quad \text{或} \quad |\bar{x}-2| \geqslant K^{1/2}，$$

其中 K 是确定的，使得

$$\Pr[|\bar{x}-2| \geqslant K^{1/2}/\mu=2] = \alpha。$$

我们知道在 H_0 下，$\bar{x} \sim N(2, 4/n)$。因此，在 H_0 下，$z = (\bar{x}-2)/(2/\sqrt{n})$ 服从 $N(0, 1)$，且水平 α 的临界域是基于 $|z| \geqslant z_{\alpha/2}$ 的，其中 $z_{\alpha/2}$ 由图 2—5 给出，并且是一个 $N(0, 1)$ 随机变量的值，大于该值的概率就为 $\alpha/2$。$\alpha=0.05$ 时 $z_{\alpha/2}=1.96$，$\alpha=0.10$ 时 $z_{\alpha/2}=1.645$。这是一个双侧检验，当 $z \leqslant -z_{\alpha/2}$ 或 $z \geqslant z_{\alpha/2}$ 时拒绝 H_0。

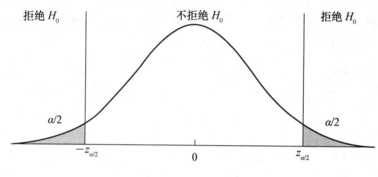

图 2—5　临界值

注意，在这个例子中

$$LR = -2\log\lambda = (\bar{x}-2)^2/(4/n) = z^2，$$

它在 H_0 下服从 χ_1^2 分布。这是因为它在 H_0 下是一个服从 $N(0, 1)$ 分布的随机变量的平方。这个有限样本的结果对于任意 n 都成立。一般来说，其他例子可能会导致更为复杂的 λ 统计量，因为很难找到与之相对应的分布以及与此相对应的临界值。对于这些例子，我们有一个渐近结果，即对于大的 n，$LR = -2\log\lambda$ 将会渐近服从 χ_v^2 分布，v 表示 H_0 给出的待检验的限制条件的个数。对于例 2，$v=1$，因此 LR 渐近服从 χ_1^2 分布。注意，我们并不需要这个结果，因为我们发现 LR 对于任意 n 都恰好服从 χ_1^2 分布。如果检验原假设 $H_0: \mu=2$，$\sigma^2=4$ 与备择假设 $H_1: \mu \neq 2$，$\sigma^2 \neq 4$，相对应的 LR 渐近服从 χ_2^2 分布，见问题 5 的（f）部分。

□ 似然比，Wald 和拉格朗日乘子检验

在引入这三个检验之前，我们先通过一个图形进行一个直观的解释，但愿整个图解能够强调这些检验之间的区别。这个直观解释以 Buse（1982）的文章为基础。

考虑一个含有我们感兴趣的参数（比如说 μ）的二次对数似然函数。图 2—6 表明这个对数似然 $\log L(\mu)$ 在 $\hat{\mu}$ 时取得最大值。似然比检验，通过观察似然比 $\lambda = L(\mu_0)/$

$\overset{\cdot}{L}(\hat{\mu})$ 来检验原假设 $H_0:\mu=\mu_0$，这里似然差异的两倍 $-2\log\lambda$ 在 H_0 下近似服从 χ_1^2 分布。这个检验将山顶和山上指定的点通过两者之间的高度进行区分。因此，它需要受约束和无约束的似然函数的极大值。这个比率取决于 μ_0 与 $\hat{\mu}$ 的距离以及对数似然函数在 $\hat{\mu}$ 的曲率，即 $C(\mu)=|\partial^2\log L(\mu)/\partial\mu^2|$。实际上，对于一个固定的 $\hat{\mu}-\mu_0$，$C(\hat{\mu})$ 越大，两个高度的差异越大。Wald 检验从山顶开始研究，也就是说，它仅需要无约束的似然函数的极大值。通过观察 $(\hat{\mu}-\mu_0)$ 的水平距离和在 $\hat{\mu}$ 处的曲率，Wald 检验设法构造到 μ_0 的距离。实际上，Wald 统计量是 $W=(\hat{\mu}-\mu_0)^2C(\hat{\mu})$ 且在 H_0 下近似服从 χ_1^2 分布。W 的通常形式有 $I(\mu)=-E[\partial^2\log L(\mu)/\partial\mu^2]$，计算在 $\hat{\mu}$ 而不是在 $C(\hat{\mu})$ 的信息矩阵，但是 $C(\hat{\mu})$ 是 $I(\mu)$ 的一致估计量。信息矩阵将在第 7 章详细讨论。我们将会看到，在相当一般的条件下，$\hat{\mu}$ 是 μ 的极大似然估计量，且 $\text{var}(\hat{\mu})=I^{-1}(\mu)$。因此，在无约束 MLE 下计算得到 $W=(\hat{\mu}-\mu_0)^2/\text{var}(\hat{\mu})$。另一方面，拉格朗日乘子检验（LM）针对的是预先指定的点 μ_0，也就是说，它只需要受约束的极大似然估计，且通过考虑似然函数在 μ_0 处切线的斜率 $S(\mu)=\partial\log L(\mu)/\partial\mu$ 来尝试决定离山顶有多远，这个斜率（即 μ_0 的曲率）是变化的。正如图 2—7 所表明的，对于拥有相同 $S(\mu_0)$ 的两个对数似然值，接近于山顶的那个值在 μ_0 有更大的曲率。

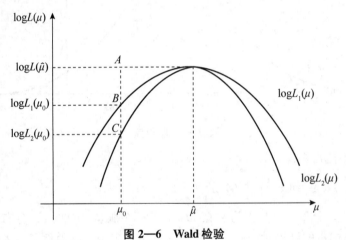

图 2—6 Wald 检验

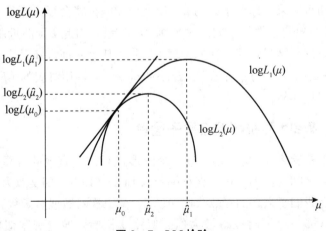

图 2—7 LM 检验

这意味着如下统计量：$LM=S^2(\mu_0)\{C(\mu_0)\}^{-1}$，其曲率以逆的形式出现。在本章的附录中，我们证明了 $E[S(\mu)]=0$ 和 $\mathrm{var}[S(\mu)]=I(\mu)$。因此，$LM=S^2(\mu_0)I^{-1}(\mu_0)=S^2(\mu_0)/\mathrm{var}[S(\mu_0)]$ 全部在受约束 MLE 下计算。LM 检验的另一种解释是，为了满足无约束似然函数值最大化的一阶条件，对受约束估计量（这里指的是 μ_0）的失败进行测度，我们知道 $S(\hat{\mu})=0$。问题是 $S(\mu_0)$ 与 0 相差有多大？$S(\mu)$ 在统计学文献中称为得分，且 LM 检验称为得分检验。为了更加正规地处理这些检验，我们重新审视例 3，从 $N(\mu, 4)$ 中抽取随机样本 $x_1, \cdots, x_n$，在此我们感兴趣的检验是 $H_0:\mu=2$ 对 $H_1:\mu\neq2$。似然函数 $L(\mu)$ 与 $LR=-2\log\lambda=n(\bar{x}-2)^2/4$ 如例 3 所示。实际上，得分函数由下式给出

$$S(\mu)=\frac{\partial\log L(\mu)}{\partial\mu}=\frac{\sum_{i=1}^{n}(x_i-\mu)}{4}=\frac{n(\bar{x}-\mu)}{4},$$

且在 H_0 下

$$S(\mu_0)=S(2)=\frac{n(\bar{x}-2)}{4},$$

$$C(\mu)=\left|\frac{\partial^2\log L(\mu)}{\partial\mu^2}\right|=\left|-\frac{n}{4}\right|=\frac{n}{4},$$

$$I(\mu)=-E\left[\frac{\partial^2\log L(\mu)}{\partial\mu^2}\right]=\frac{n}{4}=C(\mu)。$$

Wald 统计量基于

$$W=(\hat{\mu}_{MLE}-2)^2 I(\hat{\mu}_{MLE})=(\bar{x}-2)^2\cdot\left(\frac{n}{4}\right)。$$

LM 统计量基于

$$LM=S^2(\mu_0)I^{-1}(\mu_0)=\frac{n^2(\bar{x}-2)^2}{16}\cdot\frac{4}{n}=\frac{n(\bar{x}-2)^2}{4}。$$

因此，在这个例子中，已知方差 $\sigma^2=4$，$W=LM=LR$。这些检验全部基于 $|\bar{x}-2|\geqslant k$ 这一临界域，其中确定的 k 要使检验水平为 α。总的来说，正如在以下例子中所表明的，这些检验统计量并不总是相等的。

例 4：对于从方差未知的 $N(\mu, \sigma^2)$ 中抽取的随机样本 $x_1, \cdots, x_n$，检验假设 H_0：$\mu=2$ 对 $H_1:\mu\neq2$。见问题 5 中的（c），要求读者证明

$$LR=n\log\left[\frac{\sum_{i=1}^{n}(x_i-2)^2}{\sum_{i=1}^{n}(x_i-\bar{x})^2}\right]，而\ W=\frac{n^2(\bar{x}-2)^2}{\sum_{i=1}^{n}(x_i-\bar{x})^2}，LM=\frac{n^2(\bar{x}-2)^2}{\sum_{i=1}^{n}(x_i-2)^2}。$$

容易证明 $LM/n=(W/n)[1+(W/n)]$ 和 $LR/n=\log[1+(W/n)]$。令 $y=W/n$，然后利用不等式 $y\geqslant\log(1+y)\geqslant y/(1+y)$，可以得到 $W\geqslant LR\geqslant LM$。这个不等式由 Berndt and Savin（1977）推导而来，另外，我们在研究一般线性模型的假设检验时还会考虑这个问题。注意，尽管这三个检验统计量均以 $|\bar{x}-2|\geqslant k$ 为基础且对于有限的 n 成立，相同的确切的临界值可以通过 $\bar{x}$ 服从的正态分布得到。这一部分介绍了 W、LR 和 LM 检验统

计量，它们具有相同的渐近分布。除此之外，我们看到利用正态分布，当 σ^2 已知时，检验 $H_0:\mu=2$ 对 $H_1:\mu\neq2$ 时 $W=LM=LR$，而当 σ^2 未知时，对于相同的假设 $W\geqslant LR\geqslant LM$。

例 5：对于从参数为 θ 的伯努利分布中抽取的随机样本 x_1，$\cdots$，x_n，检验假设 $H_0:\theta=\theta_0$ 对 $H_1:\theta\neq\theta_0$，θ_0 是已知的正的小数。这个例子基于 Engle (1984) 的研究提出。问题 4 中的 (i)，对于 $H_0:\theta=0.2$ 对 $H_1:\theta\neq0.2$，要求读者推导 LR、W 与 LM。似然函数 $L(\theta)$ 与积分函数 $S(\theta)$ 在 2.2 节中已经推导。我们可以很容易地证明

$$C(\theta)=\left|\frac{\partial^2\log L(\theta)}{\partial\theta^2}\right|=\frac{\sum_{i=1}^n x_i}{\theta^2}+\frac{n-\sum_{i=1}^n x_i}{(1-\theta)^2},$$

且

$$I(\theta)=-E\left[\frac{\partial^2\log L(\theta)}{\partial\theta^2}\right]=\frac{n}{\theta(1-\theta)}。$$

Wald 检验基于

$$W=(\hat{\theta}_{MLE}-\theta_0)^2 I(\hat{\theta}_{MLE})=(\bar{x}-\theta_0)^2\cdot\frac{n}{\bar{x}(1-\bar{x})}=\frac{(\bar{x}-\theta_0)^2}{\bar{x}(1-\bar{x})/n},$$

利用事实 $\hat{\theta}_{MLE}=\bar{x}$。LM 统计量基于

$$LM=S^2(\theta_0)I^{-1}(\theta_0)=\frac{(\bar{x}-\theta_0)^2}{[\theta_0(1-\theta_0)/n]^2}\cdot\frac{\theta_0(1-\theta_0)}{n}=\frac{(\bar{x}-\theta_0)^2}{\theta_0(1-\theta_0)/n}。$$

注意，W 和 LM 的分子是相同的。分母即 $\text{var}(\bar{x})=\theta(1-\theta)/n$ 是不相同的。对于 Wald 检验，这个 $\text{var}(\bar{x})$ 在 $\hat{\theta}_{MLE}$ 处计算得到，而对于 LM 检验，在 θ_0 处计算。

LR 统计量基于

$$\log L(\hat{\theta}_{MLE})=\sum_{i=1}^n x_i\log\bar{x}+(n-\sum_{i=1}^n x_i)\log(1-\bar{x}),$$

且

$$\log L(\theta_0)=\sum_{i=1}^n x_i\log\theta_0+(n-\sum_{i=1}^n x_i)\log(1-\theta_0),$$

所以

$$LR=-2\log L(\theta_0)+2\log L(\hat{\theta}_{MLE})=-2\left[\sum_{i=1}^n x_i(\log\theta_0-\log\bar{x})\right.$$
$$\left.+(n-\sum_{i=1}^n x_i)(\log(1-\theta_0)-\log(1-\bar{x}))\right]。$$

对于这个例子，LR 看起来不同于 W 和 LM。然而，LR 在 $\theta_0=\bar{x}$ 处的二阶泰勒级数展开式可以得到相同的统计量。同时，对于 $n\rightarrow\infty$，$\text{plim}\bar{x}=\theta$，并且如果 H_0 是正确的，这三个统计量都是渐近相等的。同时注意到这三个检验统计量均以 $|\bar{x}-\theta_0|\geqslant k$ 为基础且对于有限的 n 成立，从二项分布中也可以获得相同的确切的临界值。关于利用 W、LR 和 LM 检验统计量进行假设检验时所出现的矛盾，更多例子可见问题 19。

Bera and Permaratne (2001，p. 58) 叙述的有趣故事可以清楚地说明这三个检验之

间的相互关系："大约 1946 年，Ronald Fisher 邀请 Jerzy Neyman，Abraham Wald 和 C. R. Rao 到他的住处喝下午茶。在他们的谈话中，Fisher 提到这样一个问题：想确定已经去了宠物学校一段时间的狗是否足够自律。Neyman 当即提出了一个方法：让狗自由一段时间，然后再用皮带拴住。如果它的行为没有大的差异，那么可以认为这只狗已经成功地完成了课程。在集中营中失去了家人的 Wald 反对任何限制只是建议放任狗的行为来看其是否守规矩。Rao 观察了加尔各答街道流浪狗惹的麻烦，并不喜欢让狗放任自流，因此建议狗应一直用皮带拴住，并观察其套上皮带有多困难。如果套得很困难，就需要更多地训练。那晚当 Rao 在照看完 Fisher 遗传学实验室的老鼠之后返回他位于剑桥的宿舍时，他突然意识到 Neyman 和 Wald 的建议与 Neyman-Pearson LR 和 Wald 检验之间的联系。他有了一个主意，其他的都是历史了。"

2.5 置信区间

2.2 节所讨论的估计方法给出了一个参数（比如说 μ）的点估计，且给定数据和估计方法，这可能是估计 μ 的最好办法。但是，通常来说给出某个置信度下的区间而不是一个点估计，对客户来说可能更好。通常所用的置信度为 95%，我们期望得到 μ 的置信区间。正如在图 2—5 中所看到的那样，对于一个 $N(0，1)$ 的随机变量 z，我们有

$$\Pr[-z_{\alpha/2} \leqslant z \leqslant z_{\alpha/2}] = 1-\alpha,$$

且对于 $\alpha = 5\%$，这个概率是 0.95，给出了所需的 95% 的置信度。实际上，$z_{\alpha/2} = 1.96$ 且

$$\Pr[-1.96 \leqslant z \leqslant 1.96] = 0.95。$$

这就是说如果从一个 $N(0，1)$ 密度函数中抽取 100 个随机数值，（使用常规的随机数发生器）我们期望 100 个数值中的 95 个落在区间 $[-1.96，1.96]$ 中。现在从一个 $N(\mu，\sigma^2)$ 分布中抽取一个随机样本 $x_1，\cdots，x_n$，我们回到估计 μ 的问题上。我们发现 $\hat{\mu}_{MLE} = \bar{x}$ 且 $\bar{x} \sim N(\mu，\sigma^2/n)$。因此，$z = (\bar{x}-\mu)/(\sigma/\sqrt{n})$ 服从 $N(0，1)$。μ 的点估计是样本观测值 $\bar{x}$，并且，在上述概率表达式中用 z 的值替代 z，可得 μ 的 95% 的置信区间：

$$\Pr\left[-z_{\alpha/2} \leqslant \frac{\bar{x}-\mu}{\sigma/\sqrt{n}} \leqslant z_{\alpha/2}\right] = 1-\alpha。$$

假定这里 σ 是已知的，经过一些简单的几何运算之后，我们可以改写概率表达式为

$$\Pr[\bar{x}-z_{\alpha/2}(\sigma/\sqrt{n}) \leqslant \mu \leqslant \bar{x}+z_{\alpha/2}(\sigma/\sqrt{n})] = 1-\alpha。$$

注意，这个概率表达式的两端都是随机变量且这些随机变量之间包含未知参数 μ 的概率是 $1-\alpha$。在相同的置信区间中抽取 100 个随机 $N(0，1)$ 数据，发现它们中的 95 个落在 $(-1.96，1.96)$ 这一范围内。我们确信如果抽取 100 个样本，并计算了 100 个 $\bar{x}$ 和 100 个区间（$\bar{x} \pm 1.96\sigma/\sqrt{n}$），100 次中的 95 次会包含 μ。

如果 σ 是未知的，用 s 来代替 σ，那么问题 12 表明这等价于将一个 $N(0，1)$ 随机变量除以一个独立的 χ^2_{n-1} 随机变量与其自由度之比，得到一个自由度为 $(n-1)$ 的 t 分布。

因此，利用自由度为 $(n-1)$ 的 t 分布表：

$$\Pr[-t_{\alpha/2;n-1}\leqslant t_{n-1}\leqslant t_{\alpha/2;n-1}]=1-\alpha,$$

用 $(\bar{x}-\mu)/(s/\sqrt{n})$ 来代替 t_{n-1}，我们得到

$$\Pr[\bar{x}-t_{\alpha/2;n-1}(s/\sqrt{n})\leqslant\mu\leqslant\bar{x}+t_{\alpha/2;n-1}(s/\sqrt{n})]=1-\alpha。$$

注意，t 分布的自由度 $(n-1)$ 来自于 s，其对应的临界值 $t_{n-1;\alpha/2}$ 依赖于具体的样本容量，不像对应的正态分布，$z_{\alpha/2}$ 与 n 无关。n 很小时，$t_{\alpha/2}$ 与 $z_{\alpha/2}$ 相差较大，这强调了在小样本中使用 t 密度函数的重要性。当 n 很大时，因为 t 密度函数变得更像正态密度函数，因此 $z_{\alpha/2}$ 和 $t_{\alpha/2}$ 之间的差异减小。对于 $n=20$，$\alpha=0.05$，与 $z_{\alpha/2}=1.96$ 相比 $t_{\alpha/2;n-1}=2.093$。因此，

$$\Pr[-2.093\leqslant t_{n-1}\leqslant 2.093]=0.95,$$

且在 95% 的置信度下，μ 的置信区间为 $\bar{x}\pm2.093(s/\sqrt{n})$。

我们可以构造关于置信区间的更多例子，但是概念应该清楚。注意，这些置信区间对于假设检验来说就像硬币的另一面。例如，当 σ 已知时，检验 $H_0:\mu=2$ 与 $H_1：\mu\neq2$，我们发现似然比检验所依据的概率表达式与生成了 μ 置信区间的概率表达式相同。在古典的假设检验中，我们选择 $\alpha=5\%$ 的置信水平并计算 $z=(\bar{x}-\mu)/(\sigma/\sqrt{n})$。这是可以计算出来的，因为 σ 已知且在原假设 H_0 下有 $\mu=2$。接下来，如果 z 落在 $(-z_{\alpha/2}，z_{\alpha/2})$ 内，则不能拒绝 H_0，否则拒绝 H_0。另一方面，对于置信区间，我们并不知道 μ，但有 $(1-\alpha)\%$ 的置信水平，我们可以构造一个区间，这个区间在这个置信水平下应该包含 μ。在这完成之后，如果 $\mu=2$ 落在 95% 的置信区间内，我们就在 5% 的水平上不能拒绝 $H_0：\mu=2$，否则我们拒绝 H_0。这一事实突出说明了任意落在 95% 的置信区间内的 μ（假设是我们的原假设），在 5% 的水平上是不能被样本拒绝的。这就是我们为什么不说"接受 H_0"，而是说"不能拒绝 H_0"。

2.6 描述性统计量

在第 4 章，我们将考虑根据 595 个人的数据来估计一个简单的工资方程，这些个人数据是从 1982 年的收入动态的面板研究中抽取的。这些数据在 Springer 网站上获得，文件名为 EARN. ASC。表 2—1 给出了利用 EViews 得到的这组数据集中一组变量子集的描述性统计量。

表 2—1　　　　　　　　　　收入数据的描述性统计量

样本	1 595							
	LWAGE	WKS	ED	EX	MS	FEM	BLK	UNION
均值	6.950 7	46.452 0	12.845 0	22.854 0	0.805 0	0.112 6	0.072 3	0.366 4
中位数	6.984 7	48.000 0	12.000 0	21.000 0	1.000 0	0.000 0	0.000 0	0.000 0
最大值	8.537 0	52.000 0	17.000 0	51.000 0	1.000 0	1.000 0	1.000 0	1.000 0

	LWAGE	WKS	ED	EX	MS	FEM	BLK	UNION
最小值	5.676 8	5.000 0	4.000 0	7.000 0	0.000 0	0.000 0	0.000 0	0.000 0
标准差	0.438 4	5.185 0	2.790 0	10.790 0	0.396 5	0.316 4	0.259 2	0.482 2
偏度	−0.114 0	−2.730 9	−0.258 1	0.420 8	−1.540 0	2.451 0	3.303 8	0.554 6
峰度	3.393 7	13.778 0	2.712 7	2.008 6	3.371 5	7.007 5	11.915 0	1.307 6
Jarque-Bera 统计量	5.130 0	3 619.4	8.65	41.93	238.59	993.90	3 052.80	101.51
概率	0.076 9	0.000 0	0.013 2	0.000 0	0.000 0	0.000 0	0.000 0	0.000 0
观测	595	595	595	595	595	595	595	595

对于这个样本，lwage 对数的最小值为 5.68 美元，最大值为 8.54 美元，其平均值是 6.95 美元。工资对数的标准差是 0.44。图 2—8 给出了一系列的工资对数直方图。工作周数为 5～52，其平均值为 46.5，标准差为 5.2。正如图 2—9 的直方图所示，这个变量是高度倾斜的。教育年限为 4～17，其平均值为 12.8，标准差为 2.79。图 2—10 清楚地表明，教育年限通常聚集在 12 年上，也就是中位数。

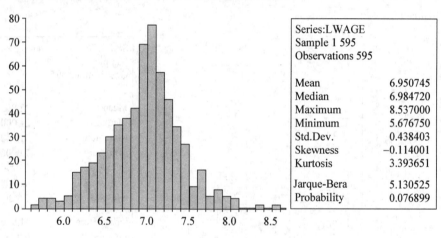

图 2—8　对数工资的直方图

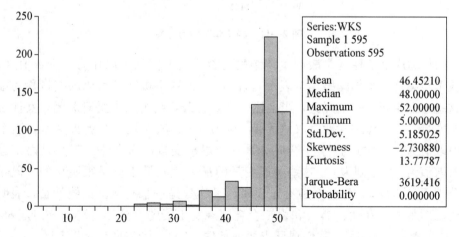

图 2—9　工作周数的直方图

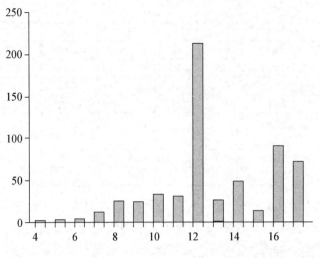

图 2—10　教育年限的直方图

工作经验为 7~51，其平均值为 22.9，标准差为 10.79。正如图 2—11 所示，这个变量的分布向左倾斜。

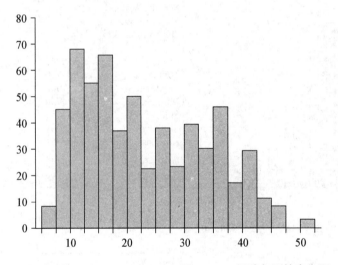

图 2—11　经验年限的直方图

婚姻状况这个定性变量表明个体结婚与否。这个信息可以作为一个数值（1，0）变量被重新编写，个体已婚用 1 表示，否则为 0。这个被重新编码的变量称为虚拟变量。这基本上相当于一个开关，当个体已婚时打开，当个人未婚时关闭。女性是另一个虚拟变量，当个体是女性时取值为 1，否则为 0。黑人是一个虚拟变量，当个体是黑人时取值为 1，否则为 0。工会成员是一个虚拟变量，当个体的工资是由工会合同规定时取值为 1，否则为 0。这些虚拟变量的最大值和最小值是很明显的。但是如果它们分别不是 0 或 1，你就知道有错误了。平均数是一个有意义的统计量，表明了样本中的已婚个体、女性、黑人和由工会合同规定工资的百分比。它们分别是 80.5%、11.3%、7.2%和 30.6%。我们想调查如下条件：（i）女性的工资低于男性；（ii）黑人的工资低于非黑人；（iii）已婚个体工资高于非已婚个体；（iv）工会合同规定的工资高于非工会合同。

首先可以通过计算这些分类中各个类别的平均对数工资来检验这些均值之差是否显著不为零。这可以通过 t 检验来完成,见表 2—2。表中前两行给出了男性和女性的平均对数工资及二者之差,以及对应的检验该差异是否显著的 t 统计量。表 2—2 中其他行给出了其他分类的类似的统计量。在第 4 章我们将会发现,从对数工资对区分不同类别的分类虚拟变量的简单回归中可以得到这个 t 检验。这个例子中,是女性虚拟变量。从表 2—2 可以很清楚地看出,只有工会和非工会合同规定的工资差异是不明显的。

表 2—2　　　　　　　　　均值之差的检验

	平均对数工资（美元）	差异
男性	7 004	−0.474
女性	6 530	(−8.86)
非黑人	6 978	−0.377
黑人	6 601	(−5.57)
非已婚	6 664	0.356
已婚	7 020	(8.28)
非工会成员	6 945	0.017
工会成员	6 962	(0.45)

同样可以绘制出对数工资和工作经验的图形,见图 2—12;对数工资对教育年限,见图 2—13;对数工资对工作周数,见图 2—14。

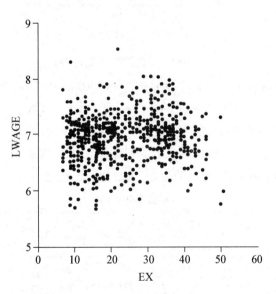

图 2—12　对数工资与工作经验

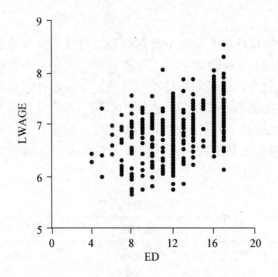

图 2—13   对数工资与教育年限

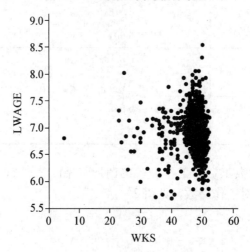

图 2—14   对数工资与工作周数

数据显示，通常对数工资随着教育水平、工作周数的增加而增加，但是随着工作经验的增加，对数工资呈现出先上升后下降的走势。注意，这些 t 检验是以不同类别（性别、种族或婚姻状况）之间的对数工资之差为基础的，对数工资与教育年限、对数工资与工作周数的图形也是基于各种情况下的成对变量。这些数据之间的相关系数矩阵对这些变量进行了很好的成对比较和概括，如表 2—3 所示。

表 2—3   相关系数矩阵

	LWAGE	WKS	ED	EX	MS	FEM	BLK	UNION
LWAGE	1.000 0	0.040 3	0.456 6	0.087 3	0.321 8	−0.341 9	−0.222 9	0.018 3
WKS	0.040 3	1.000 0	0.000 2	−0.106 1	0.078 2	−0.087 5	−0.059 4	−0.172 1
ED	0.456 6	0.000 2	1.000 0	−0.221 9	0.018 4	−0.001 2	−0.119 6	−0.271 9
EX	0.087 3	−0.106 1	−0.221 9	1.000 0	0.157 0	−0.093 8	0.041 1	0.068 9

续前表

	LWAGE	WKS	ED	EX	MS	FEM	BLK	UNION
MS	0.321 8	0.078 2	0.018 4	0.157 0	1.000 0	−0.710 4	−0.223 1	0.118 9
FEM	−0.341 9	−0.087 5	−0.001 2	−0.093 8	−0.710 4	1.000 0	0.208 6	−0.127 4
BLK	−0.222 9	−0.059 4	−0.119 6	0.041 1	−0.223 1	0.208 6	1.000 0	0.030 2
UNION	0.018 3	−0.172 1	−0.271 9	0.068 9	0.118 9	−0.127 4	0.030 2	1.000 0

相关系数矩阵的符号表示相应的两个变量之间线性关系的方向，而大小则表明了相关程度的强弱。在第 3 章，我们将看到，这些简单相关系数的平方给出了一个变量的变动由另一个变量的变动所解释的百分比。例如，对数工资和婚姻状况的简单相关系数是 0.32。这就是说婚姻状况解释对数工资变动的 $(0.32)^2$ 或 10%。

不能总强调核对数据如何重要，重要的是计算这些描述性统计量，绘制简单的图形并计算简单相关系数。一个错误的最大值或最小值可能表明有些数据录入错误。时间序列图中的低谷或顶峰可能意味着在这个时间上有重大事情发生，如战争、经济衰退或具有影响力的新发现。更多的内容将在第 8 章介绍。等于 1 的简单相关系数意味着变量之间存在完全的共线性，要警惕，如果两个变量同时进入一个线性回归模型，则会导致回归失败，见第 4 章。

▌ 注 释

①实际上 $E(s^2)=\sigma^2$ 并不需要正态性假定，与此同时，在正态性下，利用矩阵代数可以很容易证明 $(n-1)s^2/\sigma^2 \sim \chi_{n-1}^2$，具体见第 7 章的介绍。

②可以通过切比雪夫不等式证明，见 Hogg and Craig (1995)。

③这些分布中需要的正则条件的类型见 Hogg and Craig (1995)。

▌ 问 题

1. 随机变量线性组合的方差与协方差。令 a，b，c，d，e 和 f 是任意常数，且令 X 和 Y 是两个随机变量。

(a) 证明 $\mathrm{var}(a+bX)=b^2\mathrm{var}(X)$。

(b) $\mathrm{var}(a+bX+cY)=b^2\mathrm{var}(X)+c^2\mathrm{var}(Y)+2bc\mathrm{cov}(X, Y)$。

(c) $\mathrm{cov}[(a+bX+cY), (d+eX+fY)]=be\mathrm{var}(X)+cf\mathrm{var}(Y)+(bf+ce)\mathrm{cov}(X, Y)$。

2. 独立性和简单线性相关。

(a) 证明：如果 X 和 Y 是独立的，那么 $E(XY)=E(X)E(Y)=\mu_x\mu_y$，其中 $\mu_x=E(X)$，$\mu_y=E(Y)$。因此，$\mathrm{cov}(X, Y)=E(X-\mu_x)(Y-\mu_y)=0$。

(b) 证明：如果 $Y=a+bX$，其中 a 和 b 是任意常数，那么当 $b>0$ 时 $\rho_{xy}=1$ 且当 $b<0$ 时其为 −1。

3. 协方差为 0 不一定独立。令 $X=-2$，−1，0，1，2 且 $\Pr[X=x]=1/5$。假定 Y

和 X 之间是完全的二次关系，即 $Y=X^2$。证明 $\text{cov}(X, Y)=E(X^3)=0$。推导 $\rho_{XY}=\text{correlation}(X, Y)=0$。这个简单的相关系数 ρ_{XY} 度量了 X 和 Y 之间线性关系的强弱。对于这个例子，即使 X 和 Y 之间是完全的非线性关系，其值也为 0。同样，这个例子也表明，如果 $\rho_{XY}=0$，那么 X 和 Y 不一定独立。$\rho_{XY}=0$ 是 X 和 Y 独立的必要但非充分条件。然而反过来就是正确的，如果 X 和 Y 是独立的，那么 $\rho_{XY}=0$，见问题 2。

4. 伯努利分布被定义为 n 次独立的成功概率为 θ 的伯努利试验成功的次数。这个离散的概率函数如下：

$$f(X;\theta)=\binom{n}{X}\theta^X(1-\theta)^{n-X}, \ X=0,1,\cdots,n,$$

否则为 0，其中 $\binom{n}{X}=n!\,/[X!\,(n-X)!]$。

(a) 20 个求职者竞争一份工作，每人被雇用的概率为 0.1。计算雇用 $X=5$ 或 6 的概率。

(b) 证明 $\binom{n}{X}=\binom{n}{n-X}$，并以此得出结论 $b(n, X, \theta)=b(n, n-X, 1-\theta)$。

(c) 证明 $E(X)=n\theta$ 且 $\text{var}(X)=n\theta(1-\theta)$。

(d) 对于一个从参数为 θ 的伯努利试验中抽取的容量为 n 的随机样本，证明 $\bar{X}$ 是 θ 的极大似然估计量。

(e) 证明在 (d) 部分，$\bar{X}$ 对于 θ 是无偏的和一致的。

(f) 证明在 (d) 部分，$\bar{X}$ 对于 θ 是充分的。

(g) 对于任意的无偏估计量 θ，推导 Cramér-Rao 下限。在 (d) 部分，$\bar{X}$ 是 θ 的最小方差无偏估计量吗？

(h) 对于 $n=20$，检验 $H_0:\theta=0.2$ 对 $H_1:\theta=0.6$，推导出水平为 $\alpha\leqslant0.05$ 的一致的具有最大功效的临界域。根据该检验准则，犯第 Ⅱ 类错误的概率是多少？

(i) 构造用于检验 $H_0:\theta=0.2$ 对 $H_1:\theta\neq0.2$ 的似然比检验，推导检验 H_0 对 H_1 的 Wald 和 LM 检验统计量。何时 Wald 统计量大于 LM 统计量？

5. 从均值为 μ，方差为 σ^2 的正态分布中抽取容量为 n 的随机样本。

(a) 证明 s^2 是 σ^2 的充分估计量。

(b) 利用事实 $(n-1)s^2/\sigma^2$ 是 χ^2_{n-1}（不用证明），证明 $E(s^2)=\sigma^2$ 和文中所示的 $\text{var}(s^2)=2\sigma^4/(n-1)$。

(c) 已知 σ^2 未知，构造检验 $H_0:\mu=2$ 对 $H_1:\mu\neq2$ 的似然比检验统计量。推导检验 H_0 对 H_1 的 Wald 和拉格朗日乘子统计量。证明它们是例 4 中给出的表达式。

(d) 对于在 (c) 部分给出的原假设，$W\geqslant LR\geqslant LM$ 不等式的推导可以通过如下方式得到：令 $\tilde{\mu}$，$\tilde{\sigma}^2$ 为 $H_0:\mu=\mu_0$ 下受约束的极大似然估计量。令 $\hat{\mu}$，$\hat{\sigma}^2$ 为备择假设 $H_1:\mu\neq\mu_0$ 下相对应的无约束的极大似然估计量。证明 $W=-2\log[L(\tilde{\mu}, \hat{\sigma}^2)/L(\hat{\mu}, \hat{\sigma}^2)]$，$LM=-2\log[L(\tilde{\mu}, \tilde{\sigma}^2)/L(\hat{\mu}, \tilde{\sigma}^2)]$，其中 $L(\mu, \sigma^2)$ 表示似然函数。得出结论 $W\geqslant LR\geqslant LM$，见 Breusch (1979)。这以 Baltagi (1994) 的研究为基础。

(e) 已知 μ 未知，构造检验 $H_0:\sigma=3$ 对 $H_1:\sigma\neq3$ 的似然比检验统计量。

(f) 构造检验 $H_0: \mu = 2$，$\sigma^2 = 4$ 对备择假设 $H_1: \mu \neq 2$，$\sigma^2 \neq 4$ 的似然比检验统计量。

（g）对于 $n = 20$，$s^2 = 9$，构造 σ^2 的 95％的置信区间。

6. 泊松分布可以定义为当 $n \to \infty$ 且 $\theta \to 0$ 时二项分布的极限，因此 $n\theta = \lambda$ 是一个正常数。例如，这可以是某种罕见疾病发生的概率并且我们随机抽取大量居民，或者可以是发现原油的罕见概率并且 n 表示大量的钻探次数。这个离散型的概率函数如下：

$$f(X; \lambda) = \frac{e^{-\lambda}\lambda^X}{X!}, X = 0, 1, 2, \cdots 。$$

对于从这个泊松分布中抽取的随机样本，

（a）证明 $E(X) = \lambda$ 且 $\mathrm{var}(X) = \lambda$。

（b）证明 λ 的极大似然估计量是 $\hat{\lambda}_{MLE} = \bar{X}$。

（c）证明 λ 的矩估计量同样是 $\bar{X}$。

（d）证明 $\bar{X}$ 对于 λ 是无偏且一致的。

（e）证明 $\bar{X}$ 对于 λ 是充分的。

（f）导出 λ 的任意无偏估计量的 Cramér-Rao 下限。证明 $\bar{X}$ 达到了那个界限。

（g）对于 $n = 9$，检验 $H_0: \lambda = 2$ 对 $H_1: \lambda = 4$，推导出水平为 $\alpha \leqslant 0.05$ 的一致且具有最大功效的临界域。

（h）构造检验 $H_0: \lambda = 2$ 对 $H_1: \lambda \neq 2$ 的似然比检验。推导检验 H_0 与 H_1 的 Wald 和 LM 检验统计量。何时 Wald 统计量大于 LM 统计量？

7. 几何分布是一个伯努利过程中独立重复试验第一次成功的概率。成功可能发生在第一次，第二次、第三次……试验。

$$g(X; \theta) = \theta(1 - \theta)^{X-1}, X = 1, 2, 3, \cdots 。$$

（a）证明 $E(X) = 1/\theta$ 且 $\mathrm{var}(X) = (1 - \theta)/\theta^2$。

（b）给定抽自这个几何分布的容量为 n 的随机样本，推导 θ 的极大似然估计量与 θ 的矩估计量。

（c）证明 $1/\theta$ 对于 $\bar{X}$ 是无偏且一致的。

（d）对于 $n = 20$，检验 $H_0: \theta = 0.5$ 对 $H_1: \theta = 0.3$，推导出水平为 $\alpha \leqslant 0.05$ 的一致且具有最大功效的临界域。

（e）构造检验 $H_0: \theta = 0.5$ 对 $H_1: \theta \neq 0.5$ 的似然比检验。推导出检验 H_0 对 H_1 的 Wald 和 LM 检验统计量。何时 Wald 统计量大于 LM 统计量？

8. 均匀密度定义在单位区间 $[0, 1]$ 中，对此区间内的所有 X 值赋予一个单位概率。就像一个赌盘，有同等的机会停在 0 和 1 之间的任意地方。

$$f(X) = \begin{cases} 1, & 0 \leqslant X \leqslant 1 \\ 0, & 其他 \end{cases} 。$$

计算机上都有均匀（0, 1）随机数生成器，这对于理解这些分布是很重要的。

（a）证明 $E(X) = 1/2$ 且 $\mathrm{var}(X) = 1/12$。

（b）$\Pr[0.1 < X < 0.3]$ 是多少？如果我们要求 $\Pr[0.1 \leqslant X \leqslant 0.3]$，有关系吗？

9. 指数分布是这样给出的：

$$f(X;\theta)=\frac{1}{\theta}e^{-X/\theta},X>0 \ ,\ \theta>0。$$

这是一个仅定义在正象限内的偏态的连续分布。

（a）证明 $E(X)=\theta$ 且 $\mathrm{var}(X)=\theta^2$。

（b）证明 $\hat{\theta}_{MLE}=\overline{X}$。

（c）证明 θ 的矩估计量同样是 $\overline{X}$。

（d）证明 $\overline{X}$ 是 θ 的无偏且一致的估计量。

（e）证明 $\overline{X}$ 对于 θ 是充分的。

（f）推导对于 θ 的任意无偏估计量的 Cramér-Rao 下限。$\overline{X}$ 是 θ 的最小方差无偏估计量吗？

（g）对于 $n=20$，检验 $H_0:\theta=1$ 对 $H_1:\theta=2$，推导出水平为 $\alpha\leqslant0.05$ 的一致且具有最大功效的临界域。

（h）构造检验 $H_0:\theta=1$ 与 $H_1:\theta\neq1$ 的似然比检验。推导检验 H_0 与 H_1 的 Wald 和 LM 检验统计量。何时 Wald 统计量大于 LM 统计量？

10. 伽马分布是这样给定的：

$$f(X;\alpha,\beta)=\begin{cases}\dfrac{1}{\Gamma(\alpha)\beta^\alpha}X^{\alpha-1}e^{-X/\beta},\ X>0,\\ 0,其他\end{cases}$$

α 和 $\beta>0$，且 $\Gamma(\alpha)=(\alpha-1)!$，这是一个偏态的连续分布。

（a）证明 $E(X)=\alpha\beta$ 且 $\mathrm{var}(X)=\alpha\beta^2$。

（b）对于从这个伽马密度中抽取的随机样本，α 和 β 的矩估计量方法是什么？

（c）证明对于 $\alpha=1$ 和 $\beta=\theta$，伽马概率密度函数就还原为问题 9 所研究的指数概率密度函数。

（d）无须证明，我们说对于 $\alpha=r/2$ 和 $\beta=2$，这个伽马密度简化为自由度为 r 的 χ^2 分布，记为 χ_r^2。证明 $E(\chi_r^2)=r$ 且 $\mathrm{var}(\chi_r^2)=2r$。

（e）从 χ_r^2 分布中抽取随机样本，证明 $(X_1,X_2,\cdots,X_n)$ 是 r 的充分估计量。

（f）我们可以证明一个 $N(0,1)$ 随机变量的平方是自由度为 1 的 χ^2 随机变量，见本章附录。我们还可以证明独立 χ^2 随机变量的和仍是一个 χ^2 随机变量，其自由度为相应的各个 χ^2 自由度的总和，见问题 15。后面会证明这对检验是十分有用的。运用这些结果，证明 m 个独立的 $N(0,1)$ 随机变量的平方和是自由度为 m 的 χ^2 随机变量。

11. Beta 分布定义为

$$f(X)=\begin{cases}\dfrac{\Gamma(\alpha+\beta)}{\Gamma(\alpha)\Gamma(\beta)}X^{\alpha-1}(1-X)^{\beta-1},\quad 0<X<1,\\ 0,其他\end{cases}$$

其中 $\alpha>0$ 且 $\beta>0$。这是一个偏态的连续分布。

（a）对于 $\alpha=\beta=1$，这又回到了均匀的 $(0,1)$ 概率密度函数。证明 $E(X)=(\alpha/\alpha+\beta)$ 且 $\mathrm{var}(X)=\alpha\beta/(\alpha+\beta)^2(\alpha+\beta+1)$。

（b）假定 $\alpha=1$，运用矩法和极大似然估计法求 β 的估计量。

12. 自由度为 r 的 t 分布可以被定义为两个独立的随机变量的比值。分子是一个 $N(0, 1)$ 随机变量，分母是 χ_r^2 随机变量除以它的自由度然后开平方。t 分布像正态分布一样是对称分布，但是双尾更宽。当 $r \to \infty$ 时，t 分布近似为正态分布。

（a）证明：如果 $X_1, \cdots, X_n$ 是从 $N(\mu, \sigma^2)$ 分布中抽取的随机样本，那么 $z = (\bar{X} - \mu)/(\sigma/\sqrt{n})$ 服从 $N(0, 1)$ 分布。

（b）利用 $(n-1)s^2/\sigma^2 \sim \chi_{n-1}^2$ 来证明 $t = z/\sqrt{s^2/\sigma^2} = (\bar{X} - \mu)/(s/\sqrt{n})$ 服从一个自由度为 $n-1$ 的 t 分布。无须证明，我们利用了 s^2 独立于 $\bar{X}$。

（c）对于 $n=16$，$\bar{x}=20$ 和 $s^2=4$，构造关于 μ 的 95% 的置信区间。

13. F 分布可以被定义为两个独立的 χ^2 随机变量除以各自自由度后的比值。通常用来检验方差是否相等。令 s_1^2 是从 $N(\mu_1, \sigma_1^2)$ 抽取的容量为 n_1 的随机样本的样本方差，令 s_2^2 是从 $N(\mu_2, \sigma_2^2)$ 抽取的容量为 n_2 的随机样本的样本方差。我们知道 $(n_1-1)s_1^2/\sigma_1^2$ 服从 $\chi_{(n_1-1)}^2$，$(n_2-1)s_2^2/\sigma_2^2$ 服从 $\chi_{(n_2-1)}^2$。这两个独立的 χ^2 随机变量除以它们各自相应的自由度后得到的比值为

$$F = \frac{s_1^2/\sigma_1^2}{s_2^2/\sigma_2^2},$$

在原假设 $H_0: \sigma_1^2 = \sigma_2^2$ 下得到 $F = s_1^2/s_2^2$，且服从自由度为 (n_1-1) 和 (n_2-1) 的 F 分布。s_1^2 和 s_2^2 都是可观测到的，所以可以计算出 F 统计量，还可以将其与具有相应自由度的 F 分布的临界值相比较。两个检查员从一个钢条生产厂的轮班制车间中抽取了容量为 25 和 31 的两个随机样本，发现这些钢条长度的样本方差是 15.6 和 18.9 平方英寸。检验这两个轮班车间的方差是否相等。

14. 矩量母函数（MGF）。
（a）推导问题 4 中定义的二项分布的矩量母函数。证明其等于 $[(1-\theta)+\theta e^t]^n$。
（b）推导问题 5 中定义的正态分布的矩量母函数。证明其等于 $e^{\mu t + \frac{1}{2}\sigma^2 t^2}$。
（c）推导问题 6 中定义的泊松分布的矩量母函数。证明其等于 $e^{\lambda(e^t-1)}$。
（d）推导问题 7 中定义的几何分布的矩量母函数。证明其等于 $\theta e^t/[1-(1-\theta)e^t]$。
（e）推导问题 9 中定义的指数分布的矩量母函数。证明其等于 $1/(1-\theta t)$。
（f）推导问题 10 中定义的伽马分布的矩量母函数。证明其等于 $(1-\beta t)^{-\alpha}$。由此得出结论：χ_r^2 的矩量母函数是 $(1-2t)^{-\frac{r}{2}}$。
（g）通过区分（a）～（f）部分的相应的矩量母函数，得到每个分布的均值和方差。

15. 矩量母函数法。
（a）证明：如果 $X_1, \cdots, X_n$ 分别是参数为 (λ_i) 的独立的泊松分布，那么 $Y = \sum_{i=1}^n X_i$ 是参数为 $\sum_{i=1}^n \lambda_i$ 的泊松分布。
（b）证明：如果 $X_1, \cdots, X_n$ 是参数为 (μ_i, σ_i^2) 的独立的正态分布，那么 $Y = \sum_{i=1}^n X_i$ 服从均值为 $\sum_{i=1}^n \mu_i$，方差为 $\sum_{i=1}^n \sigma_i^2$ 的正态分布。
（c）从（b）中推导，如果 $X_1, \cdots, X_n$ 是 $\text{IIN}(\mu, \sigma^2)$，那么 $\bar{X} \sim N(\mu, \sigma^2/n)$。
（d）证明如果 $X_1, \cdots, X_n$ 分别是参数为 (r_i) 的 χ^2 分布，那么 $Y = \sum_{i=1}^n X_i$ 服从

第 2 章

基本统计概念

参数为 $\sum_{i=1}^{n} r_i$ 的 χ^2 分布。

16. 最佳线性预测。(问题 16 和问题 17 以 Amemiya（1994）为基础。）令 X 和 Y 分别是均值为 μ_X 和 μ_Y，方差为 σ_X^2 和 σ_Y^2 的两个随机变量。假如

$$\rho = \text{correlation}(X,Y) = \sigma_{XY}/\sigma_X \sigma_Y$$

其中，$\sigma_{XY} = \text{cov}(X, Y)$。考虑线性关系 $Y = \alpha + \beta X$，其中 α 和 β 是标量。

（a）证明最优线性预测值 Y 取决于 X，这种情况下的最优意味着最小化均方误差预测，即最小化关于 α 和 β 的 $E(Y-\alpha-\beta X)^2$，最优预测值为 $\hat{Y} = \hat{\alpha} + \hat{\beta} X$，其中 $\hat{\alpha} = \mu_Y - \hat{\beta}\mu_X$ 和 $\hat{\beta} = \sigma_{XY}/\sigma_X^2 = \rho\sigma_Y/\sigma_X$。

（b）证明 $\text{var}(\hat{Y}) = \rho^2\sigma_Y^2$ 且 $\hat{u} = Y - \hat{Y}$，预测误差均值为 0 且方差等于 $(1-\rho^2)\sigma_Y^2$。因此，ρ^2 可以解释为可以被最优线性预测值 $\hat{Y}$ 解释的 σ_Y^2 的比例。

（c）证明 $\text{cov}(\hat{Y}, \hat{u}) = 0$。

17. 最优预测值。令 X 和 Y 是问题 16 所考虑的两个随机变量。现在考虑通过一般的、可能是非线性的 X 的函数（记为 $h(X)$）来预测 Y。

（a）证明最优线性预测值 Y 取决于 X，在这个例子中最优意味着最小化均方误差即最小化 $E[Y-h(X)]^2$，其中 $h(X) = E(Y/X)$。提示：把 $E[Y-h(X)]^2$ 写成 $E\{[Y-E(Y/X)]+[E(Y/X)-h(X)]\}^2$。展开平方项，并证明交叉乘积项期望为 0。推断这个均方误差在 $h(X) = E(Y/X)$ 达到最小值。

（b）如果 X 和 Y 服从二元正态分布，证明基于 X 的 Y 的最佳预测值等于基于 X 的 Y 的最佳线性预测值。

18. 描述性统计量。利用 2.6 节中从 1982 年的收入动态的面板研究中抽取的 595 个个体数据，这些数据可在 Springer 网站上获得，文件名为 EARN. ASC。

（a）重复表 2—1，该表给出了数据集中一组变量子集的描述性统计量。

（b）重复图 2—6 至图 2—11，这些图绘制了对数工资、工作周数、受教育年限和工作经验的直方图。

（c）重复表 2—2，这个表给出了不同类别下平均对数工资以及检验这些平均值之差的 t 统计量。

（d）重复绘制反映对数工资与工作经验的表 2—12、反映对数工资与受教育年限的表 2—13 以及反映对数工资与工作周数的表 2—14。

（e）重复表 2—13，该表给出了这些变量一组子集的相关系数矩阵。

19. 关于假设检验标准之间的矛盾：非正态分布例子。这以 Baltagi（2000）的研究为基础。Berndt and Savin（1977）证明了对于具有正态扰动的多元回归模型有 $W \geqslant LR \geqslant LM$。Ullah and Zinde-Walsh（1984）证明了这个不等式对于非正态扰动项是不稳健的。本着后一篇文章的意思，本问题考虑了一些来自非正态分布的简单例子，并对如何影响这些标准之间的矛盾进行了描述。

（a）考虑从参数为 λ 的泊松分布中抽取 $x_1, \cdots, x_n$ 的随机样本。证明对于检验 $\lambda=3$ 与 $\lambda\neq3$，当 $\bar{x}\leqslant3$ 时得到 $W\geqslant LM$，当 $\bar{x}\geqslant3$ 时得到 $W\leqslant LM$。

（b）考虑从参数为 θ 的指数分布中抽取 $x_1, \cdots, x_n$ 的随机样本。证明对于检验 $\theta=3$

与 $\theta \neq 3$，当 $0 < \bar{x} \leqslant 3$ 时得到 $W \geqslant LM$，当 $\bar{x} \geqslant 3$ 时得到 $W \leqslant LM$。

(c) 考虑从参数为 θ 的伯努利分布中抽取 $x_1, \cdots, x_n$ 的随机样本。证明对于检验 $\theta = 0.5$ 与 $\theta \neq 0.5$，我们总会得到 $W \geqslant LM$。同样证明，对于检验 $\theta = (2/3)$ 与 $\theta \neq (2/3)$，当 $(1/3) \leqslant \bar{x} \leqslant (2/3)$ 时得到 $W \leqslant LM$，当 $(2/3) \leqslant \bar{x} \leqslant 1$ 或 $0 < \bar{x} \leqslant (1/3)$ 时得到 $W \geqslant LM$。

■ 参考文献

本章中更多详细的内容可以在如下材料中找到：

Amemiya, T. (1994), *Introduction to Statistics and Econometrics* (Harvard University Press: Cambridge).

Baltagi, B. H. (1994), "The Wald, LR, and LM Inequality," *Econometric Theory*, Problem 94.1.2, 10: 223-224.

Baltagi, B. H. (2000), "Conflict Among Criteria for Testing Hypotheses: Examples from Non-Normal Distributions," *Econometric Theory*, Problem 00.2.4, 16: 288.

Bera A. K. and G. Permaratne (2001), "General Hypothesis Testing," Chapter 2 in Baltagi, B. H. (ed.), *A Companion to Theoretical Econometrics* (Blackwell: Massachusetts).

Berndt, E. R. and N. E. Savin (1977), "Conflict Among Criteria for Testing Hypotheses in the Multivariate Linear Regression Model," *Econometrica*, 45: 1263-1278.

Breusch, T. S. (1979), "Conflict Among Criteria for Testing Hypotheses: Extensions and Comments," *Econometrica*, 47: 203-207.

Buse, A. (1982), "The Likelihood Ratio, Wald, and Lagrange Multiplier Tests: An Expository Note," *The American Statistician*, 36: 153-157.

DeGroot, M. H. (1986), *Probability and Statistics* (Addison-Wesley: Mass.).

Freedman, D., R. Pisani, R. Purves and A. Adhikari (1991), *Statistics* (Norton: New York).

Freund, J. E. (1992), *Mathematical Statistics* (Prentice-Hall: New Jersey).

Hogg, R. V. and A. T. Craig (1995), *Introduction to Mathematical Statistics* (Prentice Hall: New Jersey).

Jollife, I. T. (1995), "Sample Sizes and the Central Limit Theorem: The Poisson Distribution as an Illustration," *The American Statistician*, 49: 269.

Kennedy, P. (1992), *A Guide to Econometrics* (MIT Press: Cambridge).

Mood, A. M., F. A. Graybill and D. C. Boes (1974), *Introduction to the Theory of Statistics* (McGraw-Hill: New York).

Spanos, A. (1986), *Statistical Foundations of Econometric Modelling* (Cambridge University Press: Cambridge).

Ullah, A. and V. Zinde-Walsh (1984), "On the Robustness of LM, LR and W

Tests in Regression Models," *Econometrica*，52：1055−1065.

Zellner，A.(1971)，*An Introduction to Bayesian Inference in Econometrics* (Wiley：New York).

附　　录

得分和信息矩阵：从 $f(X_i；\theta)$ 中抽取的样本 X_1，…，X_n 的似然函数实际上是联合密度函数，写成 θ 的函数为

$$L(\theta)=f(X_1,\cdots,X_n;\theta)。$$

这个概率密度函数有这样的性质：$\int L(\theta)\mathrm{d}\mathbf{x}=1$，其中积分在所有的 X_1，…，X_n 内简记为一个积分 $\mathbf{x}$。对这个关于 θ 的多重积分求导，我们得到

$$\int \frac{\partial L}{\partial \theta}\mathrm{d}\mathbf{x}=0。$$

乘以和除以 L，我们得到

$$\int \left(\frac{1}{L}\frac{\partial L}{\partial \theta}\right)L\,\mathrm{d}\mathbf{x}=\int \left(\frac{\partial \log L}{\partial \theta}\right)L\,\mathrm{d}\mathbf{x}=0。$$

但是得分定义为 $S(\theta)=\partial \log L/\partial \theta$。因此，$E[S(\theta)]=0$。对关于 θ 的多重积分再次求导，我们得到

$$\int \left[\left(\frac{\partial^2 \log L}{\partial \theta^2}\right)L+\int \left(\frac{\partial \log L}{\partial \theta}\right)\left(\frac{\partial L}{\partial \theta}\right)\right]\mathrm{d}\mathbf{x}=0。$$

再一次乘以和除以 L，我们得到

$$E\left[\frac{\partial^2 \log L}{\partial \theta^2}+\left(\frac{\partial \log L}{\partial \theta}\right)^2\right]=0,$$

或者是

$$E\left[-\frac{\partial^2 \log L}{\partial \theta^2}\right]=E\left[\left(\frac{\partial \log L}{\partial \theta}\right)^2\right]=E[S(\theta)]^2。$$

但是因为 $E[S(\theta)]=0$，$\mathrm{var}[S(\theta)]=E[S(\theta)]^2$。因此，$\mathrm{I}(\theta)=\mathrm{var}[S(\theta)]$。

矩量母函数（MGF）：对于随机变量 X，X 的特殊函数即 e^{Xt} 的期望值记为

$$M_X(t)=E(e^{Xt})=E\left(1+Xt+X^2\frac{t^2}{2!}+X^3\frac{t^3}{3!}+\cdots\right),$$

其中第二个等式是 e^{Xt} 在 0 点的泰勒级数展开式。因此，

$$M_X(t)=1+E(X)t+E(X^2)\frac{t^2}{2!}+E(X^3)\frac{t^3}{3!}+\cdots。$$

这个 t 的函数生成了 X 的矩，作为关于 t 的无限多项式的系数。例如，$\mu=E(X)=t$ 的系

数，$E(X^2)/2$ 是 t^2 的系数，等等。另外，我们可以对 MGF 关于 t 求导，并得到 $\mu = E(X) = M'_X(0)$，也就是说，$M_X(t)$ 关于 t 的一阶导数在 $t=0$ 时得到。类似的，$E(X^r) = M_X(0)$ 是关于 t 的 $M_X(t)$ 在 $t=0$ 的 r 阶导数。例如，对于伯努利分布；

$$M_X(t) = E(e^{Xt}) = \sum_{X=0}^{1} e^{Xt}\theta^X(1-\theta)^{-X} = \theta e^t + (1-\theta),$$

所以 $M'_X(t) = \theta e^t$，$M'_X(0) = \theta = E(X)$，且 $M'_X(t) = \theta e^t$ 意味着 $E(X^2) = M'_X(0) = \theta$。因此，

$$\text{var}(X) = E(X^2) - (E(X))^2 = \theta - \theta^2 = \theta(1-\theta)$$

对于正态分布，见问题 14，容易证明，如果 $X \sim N(\mu, \sigma^2)$，那么 $M_X(t) = e^{\mu t + \frac{1}{2}\sigma^2 t^2}$ 且 $M'_X(0) = E(X) = \mu$，$M'_X(0) = E(X^2) = \sigma^2 + \mu^2$。

当 MGF 存在时，其与相应的概率密度函数是一一对应的。这就意味着如果 MGF 是 e^{2t+4t^2}，那么 Y 服从均值为 2 和方差为 8 的正态分布。同样的，如果 MGF 是 $(e^t + 1)/2$，那么 Z 服从参数为 $\theta = 1/2$ 的伯努利分布。

变量的变化： 如果 $X \sim N(0, 1)$，那么利用分布函数方法我们可以找到 $Y = |X|$ 的分布函数。根据定义，y 的分布函数为

$$\begin{aligned}G(y) = \Pr[Y \leqslant y] &= \Pr[|X| \leqslant y] = \Pr[-y \leqslant X \leqslant y] \\ &= \Pr[X \leqslant y] - \Pr[X \leqslant -y] = F(y) - F(-y),\end{aligned}$$

所以 Y 的分布函数 $G(y)$ 可以通过 X 的分布函数 $F(x)$ 得到。因为 $N(0, 1)$ 的分布关于 0 是对称的，那么 $F(-y) = 1 - F(y)$，代入 $G(y)$ 我们得到 $G(y) = 2F(y) - 1$。回忆 Y 的概率密度函数是 $g(y) = G'(y)$。因此，$g(y) = f(y) + f(-y)$ 且如果这个分布关于 0 是对称的，那么它等于 $2f(y)$。所以，如果 $f(x) = e^{-x^2/2}/\sqrt{2\pi}$ $(-\infty < x < +\infty)$，那么当 $y \geqslant 0$ 时，$g(y) = 2f(y) = 2e^{-y^2/2}/\sqrt{2\pi}$。

现在我们推导 $Z = X^2$，一个 $N(0, 1)$ 随机变量平方的分布。注意，$dZ/dX = 2X$ 当 $X > 0$ 时为正，当 $X < 0$ 时为负。因为 $Z = X^2$ 在 X 的整个定义域内不是单调变换，因此变量的变化方法并不适用。然而，利用 $Y = |X|$，我们得到 $Z = Y^2 = (|X|)^2$，且 $dZ/dY = 2Y$ 总是非负的，因为 Y 是非负的。在这个例子中，变量的变化方法表明了 Z 的概率密度函数可以根据 Y 得到，通过将逆变换 $Y = \sqrt{Z}$ 代入 Y 的概率密度函数，并且用逆变换的导数的绝对值乘以它：

$$h(z) = g(\sqrt{z}) \cdot \left| \frac{dY}{dZ} \right| = \frac{2}{\sqrt{2\pi}} e^{-z/2} \left| \frac{1}{2\sqrt{z}} \right| = \frac{1}{\sqrt{2\pi}} z^{-1/2} e^{-z/2}, \ z \geqslant 0。$$

显而易见，这个变换之所以对 X 不起作用，是因为 $Z = X^2$ 的逆变换有两个解，$X = \pm\sqrt{Z}$，然而，$Y = \sqrt{Z}$ 只有一个解，因为 Y 是非负的。利用问题 10 的结论，我们可以推导出 Z 是一个参数为 $\alpha = 1/2$ 和 $\beta = 2$ 的伽马分布。这个特殊的伽马密度函数是自由度为 1 的 χ^2 分布。进而，我们已经证明了一个 $N(0, 1)$ 随机变量的平方是一个 χ_1^2 分布。

最后，如果 $X_1, \cdots, X_n$ 独立分布，那么 $Y = \sum_{i=1}^{n} X_i$ 的分布函数可以通过使用 X_i 的矩量母函数方法得到：

$$M_Y(t)=E(e^{Yt})=E[e^{(\sum_{i=1}^{n}X_i)t}]=E(e^{X_1 t})E(e^{X_2 t})\cdots E(e^{X_n t})$$
$$=M_{X_1}(t)M_{X_2}(t)\cdots M_{X_n}(t)$$

另外，如果 X_i 同分布，那么对于 $i=1$，$\cdots$，n，$M_{X_i}(t)=M_X(t)$ 且 $M_Y(t)=[M_X(t)]^n$。举例来说，如果 X_1，$\cdots$，X_n 是独立的且都服从伯努利（θ）分布，那么对于 $i=1$，$\cdots$，n，$M_{X_i}(t)=M_X(t)=\theta e^t+(1-\theta)$，因此 $Y=\sum_{i=1}^{n}X_i$ 的矩量母函数如下：

$$M_Y(t)=[M_X(t)]^n=[\theta e^t+(1-\theta)]^n。$$

容易证明，这即为问题 14 所示的伯努利分布的矩量母函数。这证明了 n 个独立同分布的参数为 θ 的伯努利随机变量的总和是一个具有相同参数 θ 的二项随机变量。

中心极限定理：如果 X_1，$\cdots$，X_n 是未知分布中的 IID$(\mu，\sigma^2)$，那么 $Z=\dfrac{\overline{X}-\mu}{\sigma/\sqrt{n}}$ 渐近服从分布 $N(0，1)$。

证明：我们假定 X_i 的矩量母函数存在，并推导 Z 的矩量母函数。接下来，我们证明当 $n\to\infty$ 时 $\lim M_Z(t)$ 是 $e^{1/2t^2}$。首先，注意到

$$Z=\frac{\sum_{i=1}^{n}X_i-n\mu}{\sigma\sqrt{n}}=\frac{Y-n\mu}{\sigma\sqrt{n}}，$$

这里，$Y=\sum_{i=1}^{n}X_i$，其中 $M_Y(t)=[M_X(t)]^n$。因此，

$$M_Z(t)=E(e^{Zt})=E(e^{(Yt-n\mu t)/\sigma\sqrt{n}})=e^{-n\mu t/\sigma\sqrt{n}}E(e^{Yt/\sigma\sqrt{n}})$$
$$=e^{-n\mu t/\sigma\sqrt{n}}M_Y(t/\sigma\sqrt{n})=e^{-n\mu t/\sigma\sqrt{n}}[M_X(t/\sigma\sqrt{n})]^n。$$

两边取对数，我们得到

$$\log M_Z(t)=\frac{-n\mu t}{\sigma\sqrt{n}}+n\log\left[1+\frac{t}{\sigma\sqrt{n}}E(X)+\frac{t^2}{2\sigma^2 n}E(X^2)+\frac{t^3}{6\sigma^3 n\sqrt{n}}E(X^3)+\cdots\right]。$$

利用泰勒级数展开 $\log(1+s)=s-\dfrac{s^2}{2}+\dfrac{s^3}{3}-\cdots$，我们得到

$$\log M_Z(t)=-\frac{\sqrt{n}\mu}{\sigma}t+n\left\{\left[\mu\frac{t}{\sigma\sqrt{n}}+\frac{t^2}{2\sigma^2 n}E(X^2)+\frac{t^3}{6\sigma^3 n\sqrt{n}}E(X^3)+\cdots\right]\right.$$
$$-\frac{1}{2}\left[\mu\frac{t}{\sigma\sqrt{n}}+\frac{t^2}{2\sigma^2 n}E(X^2)+\frac{t^3}{6\sigma^3 n\sqrt{n}}E(X^3)+\cdots\right]^2$$
$$+\frac{1}{3}\left[\mu\frac{t}{\sigma\sqrt{n}}+\frac{t^2}{2\sigma^2\sqrt{n}}E(X^2)+\frac{t^3}{6\sigma^3 n\sqrt{n}}E(X^3)+\cdots\right]^3-\cdots\left.\right\}。$$

合并 t 的不同次幂，我们得到

$$\log M_Z(t)=\left(-\frac{\sqrt{n}\mu}{\sigma}+\frac{\sqrt{n}\mu}{\sigma}\right)t+\left(\frac{E(X^2)}{2\sigma^2}-\frac{\mu^2}{2\sigma^2}\right)t^2$$

$$+\Big(\frac{E(X^3)}{6\sigma^3\sqrt{n}}-\frac{1}{2}\cdot\frac{2\mu E(X^2)}{2\sigma^3\sqrt{n}}+\frac{1}{3}\frac{\mu^3}{\sigma^3\sqrt{n}}\Big)t^3+\cdots。$$

因此

$$\log M_Z(t)=\frac{1}{2}t^2+\Big(\frac{E(X^3)}{6}-\frac{\mu E(X^2)}{2}+\frac{\mu^3}{3}\Big)\frac{t^3}{\sigma^3\sqrt{n}}+\cdots。$$

注意，t^3 的系数是 $1/\sqrt{n}$ 乘以一个常数。因此，当 $n\to\infty$ 时这个系数趋于 0。同样可以证明当 $r\geqslant3$ 时，t^r 的系数是 $1/\sqrt{n^{r-2}}$ 乘以一个常数。因此，

$$\lim_{n\to\infty}\log M_Z(t)=\frac{1}{2}t^2，\quad\lim_{n\to\infty}M_Z(t)=e^{\frac{1}{2}t^2}，$$

这就是标准正态分布的矩量母函数。

中心极限定理对于渐近推导来说是一个强有力的工具。在实际生活中，我们并不知道样本的分布，但是只要抽取的样本是随机的，我们就对其进行平均（或求和）并进行标准化，那么，当 $n\to\infty$ 时，得到的标准化后的统计量是一个可用于推断的渐近 $N(0,1)$ 分布。

利用计算机中的随机数生成器，这些随机数服从均匀分布，我们可以得到样本容量为 $n=20$，30，50 的样本，并且可以证明这些和（或平均数）的抽样分布在标准化之后如何渐近于 $N(0,1)$ 分布。

对于应用研究来说，真正的问题是多大的 n 会调用中心极限定理。这取决于我们抽取的分布。对于伯努利分布，如果 $\theta=0.1$ 而不是 0.5，分布越不对称则需要的 n 越大。

实际上，图 2—15 说明了均值＝15 时的泊松分布。这看起来像一个不错的正态分布的近似，尽管它是离散的概率函数。问题 15 说明了 n 个独立同分布的参数为 λ 的泊松随机变量的总和是一个参数为 $(n\lambda)$ 的泊松随机变量。这意味着如果 $\lambda=0.15$，那么一个为 100 的 n 会使和的分布成为一个泊松分布 $(n\lambda=15)$，并且很好地近似了中心极限定理。

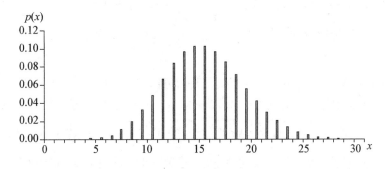

图 2—15　泊松概率分布，均值＝15

但是，如果 $\lambda=0.015$，一个为 100 的 n 会导致总和的分布成为图 2—16 中所示的泊松分布 $(n\lambda=1.5)$。这个泊松概率函数是有偏的、离散的，并且没有很好地接近于正态密度。这表明，在使用我们的结论"对于中心极限定理的应用而言 $n=100$ 已经足够大"时，必须小心。在这个简单的例子中，我们表明 n 多大合适要取决于样本的分布。$n=$

100 对于泊松（$\lambda=0.15$）是正确的，而对于泊松（$\lambda=0.015$）则是不正确的，见 Joliffe（1995）。对于一个有偏的伯努利分布，道理相同。

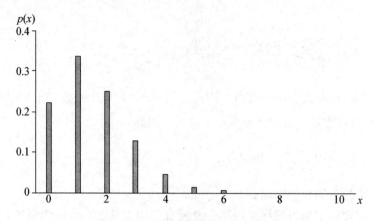

图 2—16　泊松概率分布，均值＝1.5

条件均值和方差：两个随机变量 X 和 Y 是二元正态变量，如果它们有如下联合分布

$$f(x,y)=\frac{1}{2\pi\sigma_X\sigma_Y\sqrt{1-\rho^2}}\exp\left\{-\frac{1}{2(1-\rho^2)}\left[\left(\frac{x-\mu_X}{\sigma_X}\right)^2+\left(\frac{y-\mu_Y}{\sigma_Y}\right)^2\right.\right.$$
$$\left.\left.-2\rho\left(\frac{x-\mu_X}{\sigma_X}\right)\left(\frac{y-\mu_Y}{\sigma_Y}\right)\right]\right\},$$

其中 $-\infty<x<+\infty$，$-\infty<y<+\infty$，$E(X)=\mu_X$，$E(Y)=\mu_Y$，$\mathrm{var}(X)=\sigma_X^2$，$\mathrm{var}(Y)=\sigma_Y^2$ 且 $\rho=\mathrm{correlation}\,(X,Y)=\mathrm{cov}(X,Y)/\sigma_X\sigma_Y$。这个联合密度可以改写为

$$f(x,y)=\frac{1}{\sqrt{2\pi}\sigma_Y\sqrt{1-\rho^2}}\exp\left\{-\frac{1}{2\sigma_Y^2(1-\rho^2)}\left[y-\mu_Y-\rho\frac{\sigma_Y}{\sigma_X}(x-\mu_X)\right]^2\right\}$$
$$\cdot\frac{1}{\sqrt{2\pi}\sigma_X}\exp\left\{-\frac{1}{2\sigma_X^2}(x-\mu_X)^2\right\}=f(y/x)f_1(x),$$

其中，$f_1(x)$ 是 X 的边缘密度，$f(y/x)$ 是 Y 对 X 的条件密度。在这个例子中，$X\sim N(\mu_X,\sigma_X^2)$ 且 Y/X 是均值为 $E(Y/X)=\mu_Y+\rho\frac{\sigma_Y}{\sigma_X}(x-\mu_x)$ 和方差为 $\mathrm{var}(Y/X)=\sigma_Y^2(1-\rho^2)$ 的正态分布。

由于对称性，X 和 Y 的角色可以互换，我们可以写成 $f(x,y)=f(x/y)f_2(y)$，其中 $f_2(y)$ 是 Y 的边际密度。在这个例子中，$Y\sim N(\mu_Y,\sigma_Y^2)$ 且 X/Y 是均值为 $E(X/Y)=\mu_X+\rho\frac{\sigma_X}{\sigma_Y}(y-\mu_Y)$ 和方差为 $\mathrm{var}(X/Y)=\sigma_X^2(1-\rho^2)$ 的正态分布。如果 $\rho=0$，那么 $f(y/x)=f_2(y)$ 和 $f(x,y)=f_1(x)f_2(y)$ 证明 X 和 Y 是独立的。因此，如果 $\mathrm{cov}(X,Y)=0$ 且 X 和 Y 是二元正态变量，那么 X 和 Y 是独立的。一般来说，仅有 $\mathrm{cov}(X,Y)=0$ 并不一定意味着独立，见问题 3。

一个重要的且有用的特性是期望迭代法则。这是说 X 和 Y 的任意函数比如 $h(X,Y)$ 的期望可以通过如下方式得到：

$$E[h(X,Y)]=E_X E_{Y/X}[h(X,Y)],$$

其中 E 的下标 Y/X 意思是给定 X（即把 X 当做一个常数）时 Y 的条件期望值。接下来的期望值 E_X 是将 X 作为随机变量。证明很简单。

$$E[h(X,Y)] = \int_{-\infty}^{+\infty} \int_{-\infty}^{+\infty} h(x,y)f(x,y)\mathrm{d}x\mathrm{d}y\,,$$

其中 $f(x, y)$ 是 X 和 Y 的联合密度。但是 $f(x, y)$ 可以写成 $f(y/x)f_1(x)$，因此，

$$E[h(X,Y)] = \int_{-\infty}^{+\infty} \left[\int_{-\infty}^{+\infty} h(x,y)f(y/x)\mathrm{d}y\right]f_1(x)\mathrm{d}x = E_X E_{Y/X}[h(X,Y)]\,.$$

例子：期望迭代法则可以用来证明二元正态密度，参数 ρ 确实是 X 和 Y 的相关系数。实际上，令 $h(X, Y) = XY$，那么，

$$E(XY) = E_X E_{Y/X}(XY/X) = E_X X E(Y/X) = E_X X\left[\mu_Y + \rho\frac{\sigma_Y}{\sigma_X}(X-\mu_X)\right]$$

$$= \mu_X\mu_Y + \rho\frac{\sigma_Y}{\sigma_X}\sigma_X^2 = \mu_X\mu_Y + \rho\sigma_Y\sigma_X\,.$$

重新整理各项，得到要求的 $\rho = [E(XY) - \mu_X\mu_Y]/\sigma_X\sigma_Y = \sigma_{XY}/\sigma_X\sigma_Y$。

另一个有用的结果是，$h(X, Y)$ 的无条件方差是条件方差的均值与条件均值的方差之和：

$$\mathrm{var}(h(X,Y)) = E_X\,\mathrm{var}_{Y/X}[h(X,Y)] + \mathrm{var}_X E_{Y/X}[h(X,Y)]\,.$$

证明：我们把 $h(X, Y)$ 记为 h，上式简化为

$$\mathrm{var}_{Y/X}(h) = E_{Y/X}(h^2) - [E_{Y/X}(h)]^2\,,$$

对 X 取期望得 $E_X\,\mathrm{var}_{Y/X}(h) = E_X E_{Y/X}(h^2) - E_X[E_{Y/X}(h)]^2 = E(h^2) - E_X[E_{Y/X}(h)]^2$。

另外，$\mathrm{var}_X E_{Y/X}(h) = E_X[E_{Y/X}(h)]^2 - (E_X[E_{Y/X}(h)])^2 = E_X[E_{Y/X}(h)]^2 - [E(h)]^2$，这两个等式相加得到

$$E(h^2) - [E(h)]^2 = \mathrm{var}(h)\,.$$

第 3 章

简单线性回归

3.1 引 言

在本章中，我们将深入研究两个变量 Y_i 与 X_i 之间线性关系的估计，形如：

$$Y_i = \alpha + \beta X_i + u_i, \ i = 1, 2, \cdots, n, \tag{3.1}$$

其中，Y_i 表示被解释变量 Y_i 的第 i 次观测，它可以是消费、投资或产出，X_i 表示解释变量 X 的第 i 次观测，它可以是可支配收入、利率或投入。在给定的时间点上对厂商或家庭收集这些观测，我们称得到的数据为横截面数据。或者，收集特定行业或国家在一段时间内的观测，我们称得到的数据为时间序列数据。n 是观测的个数，它可以是横截面数据中的厂商或家庭数，也可以是年度数据的年数。α 和 β 分别为截距以及 Y 和 X 之间简单线性关系的斜率。它们假定为需根据数据来估计的未知参数。数据的散点图，即 Y 对 X，将会清晰地表明从实证上看这两个变量之间存在哪种类型的关系。例如，如果 Y 是消费、X 是可支配收入，那么我们期望这两个变量间存在正向关系，根据随机抽取的家庭样本绘制出的散点图可能看起来像图 3—1。如果 α 和 β 是已知的，我们可以画出如图 3—1 所示的直线 ($\alpha + \beta X$)。很明显，并不是所有的观测值 (X_i, Y_i) 都位于直线 ($\alpha + \beta X$) 上。实际上，式 (3.1) 表明，每一个 Y_i 与相对应的 ($\alpha + \beta X_i$) 之间的差是由于随机误差项 u_i。这个误差可能是由于（ⅰ）遗漏了可支配收入之外的、可能影响消费的相关因素，例如实际财富、口味变化，以及会使家庭增加消费或减少消费的不可预见的事件；（ⅱ）测量误差，这可能是由于家庭没有准确表明他们的消费或收入而导致的；（ⅲ）消费和收入之间的关系是非线性的，而我们错误地选择了线性关系。这些不同的引起误差的因素会对误差的分布产生不同的影响。在下文中，我们仅考虑扰动满足一些限制性假设的分布。在后面的章节中我们放松这些假定来考虑更一般的误差项。

在实际生活中，α 和 β 是未知的，且必须根据观测数据 $\{(X_i，Y_i)，$ 其中 $i=1，2，\cdots,n\}$ 来估计。这同样意味着真实直线 $(\alpha+\beta X)$ 与真实扰动 (u_i) 都是不可观测的。在这种情况下，α 和 β 可通过穿过数据的最佳拟合直线估计出来。对于相同的数据，不同的研究者绘制出的直线可能不尽相同，那么，为什么一条直线会优于另一条直线呢？观测值 Y_i 到猜想直线 $\hat{Y}_i=\hat{\alpha}+\hat{\beta}X_i$ 的误差可以测度拟合误差，其中帽（^）表示对相应参数或变量的一个猜想。每个观测值 $(X_i，Y_i)$ 都会有一个相应的观测误差，我们称之为 $e_i=Y_i-\hat{Y}_i$，见图 3—2。换句话说，我们得到预测的 $Y_i(\hat{Y}_i)$ 对应于预测线 $\hat{\alpha}+\hat{\beta}X_i$ 上的每一个 X_i。接下来，用真实值 Y_i 减去预测值 $\hat{Y}_i$，我们得到预测 Y_i 的误差。图 3—1 和图 3—2 的唯一区别是图 3—1 描述了真实的消费曲线，这对于研究者是未知的，而图 3—2 是穿过数据的预测的消费曲线。因此，当 u_i 的值不可观测时，e_i 的值是可观测的。注意，对于每一条直线都有 n 个误差，每一个观测值对应一个误差。

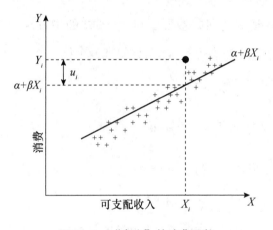

图 3—1　"真实"的消费函数

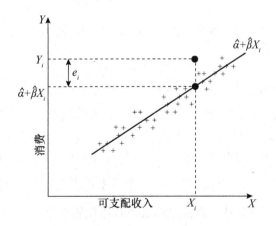

图 3—2　估计的消费函数

同样的，对于穿过数据的另一条预测线将会有另一组 n 个误差。对于每一条预测线，我们可以通过一个数来描述相应的误差，我们自然会想起来用这些误差的平方和来测度这些误差的大小。注意，用这些误差的简单加总来度量拟合优度并不是一个好的选择，因为当我们测度的误差有正有负时，两者会相互抵消。然而，这并不意味着只有误差的平方和是拟合优度的唯一度量方法。其他度量方法包括绝对误差的和，但后面的度量方法在数学上更难处理。一旦选择了拟合优度的度量方法，α 和 β 就可以通过最小化这个度量来估计。实际上，这背后的思想就是最小二乘估计。

■ 3.2 最小二乘估计和古典假设

最小二乘法最小化了残差平方和，其中残差如下

$$e_i = Y_i - \hat{\alpha} - \hat{\beta} X_i, \ i = 1, 2, \cdots, n,$$

其中 $\hat{\alpha}$ 和 $\hat{\beta}$ 分别表示预测的回归参数 α 和 β。残差的平方和记为 $RSS = \sum_{i=1}^{n} e_i^2 = \sum_{i=1}^{n} (Y_i - \hat{\alpha} - \hat{\beta} X_i)^2$，通过两个一阶条件使其最小化：

$$\partial \left(\sum_{i=1}^{n} e_i^2 \right) \Big/ \partial \alpha = -2 \sum_{i=1}^{n} e_i = 0,$$

或 $$\sum_{i=1}^{n} Y_i - n\hat{\alpha} - \hat{\beta} \sum_{i=1}^{n} X_i = 0; \tag{3.2}$$

$$\partial \left(\sum_{i=1}^{n} e_i^2 \right) \Big/ \partial \beta = -2 \sum_{i=1}^{n} e_i = 0,$$

或 $$\sum_{i=1}^{n} Y_i X_i - \hat{\alpha} \sum_{i=1}^{n} X_i - \hat{\beta} \sum_{i=1}^{n} X_i^2 = 0。 \tag{3.3}$$

解式（3.2）和式（3.3）所示的关于 α 和 β 的最小二乘法正规方程，我们得到：

$$\hat{\alpha}_{OLS} = \bar{Y} - \hat{\beta}_{OLS} \bar{X} \ 和 \ \hat{\beta}_{OLS} = \sum_{i=1}^{n} x_i y_i \Big/ \sum_{i=1}^{n} x_i^2, \tag{3.4}$$

其中，$\bar{Y} = \sum_{i=1}^{n} Y_i / n, \bar{X} = \sum_{i=1}^{n} X_i / n, \ y_i = Y_i - \bar{Y}, \ x_i = X_i - \bar{X}, \ \sum_{i=1}^{n} x_i^2 = \sum_{i=1}^{n} X_i^2 - n\bar{X}^2, \ \sum_{i=1}^{n} y_i^2 = \sum_{i=1}^{n} Y_i^2 - n\bar{Y}^2, \ \sum_{i=1}^{n} x_i y_i = \sum_{i=1}^{n} X_i Y_i - n\bar{X}\bar{Y}$。

下标 OLS 表示普通最小二乘估计量。OLS 残差 $e_i = Y_i - \hat{\alpha}_{OLS} - \hat{\beta}_{OLS} X_i$ 自动满足式（3.2）和式（3.3）给出的两个数值关系。第一个关系式表明（ⅰ）$\sum_{i=1}^{n} e_i = 0$，残差和等于 0。只要回归中有常数项，这个式子就成立。最小二乘的这个数值性质还意味着估计的回归直线穿过样本均值 $(\bar{X}, \bar{Y})$。为了证明这个，计算残差的平均值或等式（3.2），直接给出了 $\bar{Y} = \hat{\alpha}_{OLS} + \hat{\beta}_{OLS} \bar{X}$。第二个关系式表明（ⅱ）$\sum_{i=1}^{n} e_i X_i = 0$，残差和解释变量是不相关的。OLS 估计量满足的其他数值性质如下：（ⅲ）$\sum_{i=1}^{n} \hat{Y}_i = \sum_{i=1}^{n} Y_i$ 和（ⅳ）$\sum_{i=1}^{n} e_i \hat{Y}_i = 0$。特性（ⅲ）表明从样本中估计的 Y_i 值或预测的 Y_i 值的和等于真实的 Y_i 值的和。特性（ⅳ）表明 OLS 残差和 Y_i 的预测值是不相关的。（ⅲ）和（ⅳ）

可以根据（ⅰ）和（ⅱ）得到，见问题 1。当然，我们对式（3.1）估计的潜在假设是式（3.1）是生成这组数据的真正的模型。在这种情况下，式（3.1）关于参数 α 和 β 是线性的，且除常数外仅包含一个解释变量 X_i。模型中包含其他解释变量的情形将在第 4 章考虑，另外放松线性假定的情形将在第 8 章和第 13 章进行讨论。为了研究 α 和 β 的 OLS 估计量的统计特性，我们需要对模型生成的数据施加一些统计假设。

假设 1：扰动的均值为零，即对于每一个 $i=1, 2, \cdots, n$ 都有 $E(u_i)=0$。我们需要这个假定来保证平均值落在真实的直线上。

为了说明如果 $E(u_i) \neq 0$ 将会发生什么，考虑这样一种情况，家庭报告的消费始终比实际值低固定数量 δ 美元，而他们的收入则是被准确度量的，即是通过交叉引用国税局的税务得到的。在这种情况下，

（观测的消费）=（真实的消费）$-\delta$

而我们的回归方程实际上是

（真实的消费）$_i = \alpha + \beta$(收入)$_i + u_i$

但是我们注意到，

（观测的消费）$_i = \alpha + \beta$(收入)$_i + u_i - \delta$

可以认为是原来的回归方程拥有一个新的扰动项 $u_i^* = u_i - \delta$。利用事实 $\delta > 0$ 和 $E(u_i) = 0$，我们得到 $E(u_i^*) = -\delta < 0$。这就是说，对于拥有相同收入即 20 000 美元的所有家庭而言，他们观测到的消费平均而言比根据真实直线 $[\alpha + \beta(20\,000)]$ 美元预测的消费金额低 δ。幸运的是，我们可以通过下面的方法重新确定模型的参数来解决扰动的均值为常数而非零这一问题

（观测的消费）$_i = \alpha^* + \beta$(收入)$_i + u_i$

其中，$\alpha^* = \alpha - \delta$。在这种情况下，$E(u_i) = 0$ 且 α^* 和 β 可通过回归估计出来。注意，尽管 α^* 是可估计的，α 和 δ 是不可估计的。同样注意，对于所有收入为 20 000 美元的家庭，他们的平均消费是 $[(\alpha - \delta) + \beta(20\,000)]$ 美元。

假设 2：扰动的方差不变。也就是对于每一个 $i=1, 2, \cdots, n$ 都有 $\text{var}(u_i) = \sigma^2$，这就确保了每个观测值同样可靠。

为了说明这个假定意味着什么，考虑这样一种情况，对于每一个 $i=1, 2, \cdots, n$ 都有 $\text{var}(u_i) = \sigma_i^2$。在这种情况下，每一个观测值都有不同方差。拥有较大方差的观测值比有较小方差的观测值可靠程度低。但是，这个不同的方差是如何产生的？在消费的例子中，可支配收入高（一个大的 X_i，比如说 100 000 美元）的家庭可能会比可支配收入少（一个小的 X_i，比如说 10 000 美元）的家庭储蓄的多（或者借更多用来消费）。在这个例子中，收入为 100 000 美元的家庭的消费变化将比收入为 10 000 美元的家庭的消费变化大得多。因此，观测值 100 000 美元相对应的方差将会大于观测值 10 000 美元对应的方差。不同观测值的不同方差所带来的后果将在第 5 章进行更为详细的分析。

假设 3：扰动是不相关的。也就是说，对于 $i \neq j$, $i, j = 1, 2, \cdots, n$, $E(u_i u_j) = 0$。对于 $i \neq j$，已知第 i 个扰动并不会给我们提供任何关于第 j 个扰动的信息。

对于消费的例子，导致第 i 个家庭消费更多的不可预见的扰动（像亲戚来访）与其他家庭的不可预见的扰动无关。这对于家庭这样的随机样本可能是成立的。然而，对于用来研究整个经济体消费情况的时间序列来说则很难成立，比如 1945 年是一个战争年，该年的扰动很有可能会影响之后几年的消费。这种情况下，我们说 1945 年的扰动与 1946 年、1947 年等的扰动是相关的。扰动的相关后果将在第 5 章进行研究。

假设 4：解释变量 X 是非随机的，即在重复抽样中是固定的，因此，与扰动不相关。另外，当 n 趋向无穷大时，$\sum_{i=1}^{n} x_i^2/n \neq 0$ 且是一个有限的极限。

这个假设表明我们至少要有两个不同的 X 值。这一点容易理解，因为我们至少需要两个不同的点来绘制一条直线。否则，$\overline{X}=X$，是一个共同的值，而且 $x=X-\overline{X}$ 违背了 $\sum_{i=1}^{n} x_i^2 \neq 0$。实际上，我们总是有几个不同的 X 值。更重要的是，这个假定意味着 X 不是随机变量，因此与扰动是不相关的。

在 5.3 节，我们将放松 X 是非随机的假定。从根本上说，X 变成一个随机变量，我们必须将假定重新调整为以观测到的 X 为条件。这对于经济数据更为现实。零均值的假定变为 $E(u_i/X)=0$，不变方差的假定变为 $\mathrm{var}(u_i/X)=\sigma^2$，无序列相关假定变为对于 $i\neq j$，$E(u_iu_j/X)=0$。这里的条件期望是关于 $i=1$，2，$\cdots$，n 的每一个观测值 X_i 的。当然，我们可以证明对于所有的 i，如果 $E(u_i/X)=0$，那么 X_i 和 u_i 是不相关的。反之不一定成立，见第 2 章问题 3。这个问题表明，当真实情况为 $u_i=X_i^2$ 时，两个随机变量 u_i 和 X_i 可能是不相关的，也就是非线性相关的。因此，$E(u_i/X_i)=0$ 是一个比 u_i 和 X_i 不相关更强的假定。第 2 章的附录给出了迭代期望的准则，$E(u_i/X)=0$ 意味着 $E(u_i)=0$。它还意味着 u_i 与 X_i 的任意函数都是不相关的。这是一个比 u_i 与 X_i 不相关更强的假定。因此，以 X_i 为条件，扰动的均值为零并且不依赖于 X_i。在这种情况下，$E(Y_i/X_i)=\alpha+\beta X_i$ 关于 α 和 β 是线性的，且其被假定为给定 X，Y 的真实的条件均值。

为了说明违背假设 4 意味着什么，假定 X 是随机变量，且 X 和 u 是正相关的，那么在消费例子中，与高于平均收入的家庭收入相关的扰动就大于它们的零均值，因此为正的扰动。类似地，与低于平均收入的家庭收入相关的扰动就小于它们的零均值，因此为负的扰动。这就意味着扰动系统性地受到解释变量值的影响，且散点数据看起来像图 3—3。注意，如果我们去掉真实的直线（$\alpha+\beta X$），并根据这些数据估计这条直线，得到

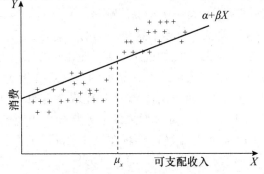

图 3—3　$\mathrm{cov}(X,u)>0$ 时的消费函数

的最小二乘直线与真实直线相比，截距变小，斜率变大。与 X_i 不相关的、从期望为零和不变方差的分布中抽取的扰动是随机变量，散点图应该如图 3—4 所示。假设 1 和假设 4 保证了 $E(Y_i/X_i)=\alpha+\beta X_i$，也就是平均而言我们在真实直线上。一些经济模型将会研究 X 和 u 相关的情形。这个相关性的影响将在第 5 章和第 11 章研究。

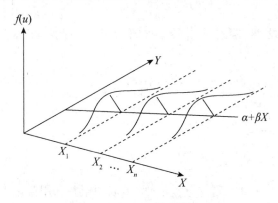

图 3—4　回归中的随机扰动

现在我们生成一组满足所有四个古典假设的数据。令 α 和 β 取任意值，比如分别为 10 和 0.5，并且考虑固定的 20 个 X 值，即以 5 美元的间隔从 10 美元到 105 美元，即 10 美元、15 美元、20 美元、25 美元、……，105 美元。我们的消费变量 Y_i 构造如下：（$10+0.5X_i+u_i$），其中 u_i 是从零均值和不变方差的分布中随机抽取的一个扰动，比如 $\sigma^2=9$。计算机生成了各种分布的随机数。

在这种情况下，图 3—4 将描绘我们的数据，真实直线为 （$10+0.5X$），且 u_i 由计算机随机生成，是构造出来的独立同分布的，且分布的均值为 0，方差为 9。对于随机生成的每组 20 个 u_i，给定固定的 X_i，我们从线性回归模型中得到一组对应的 20 个 Y_i。当我们说 X 在重复抽样中是固定的时，这就是我们在假设 4 中所要表达的意思。蒙特卡罗实验按照上述方式生成大量的样本，比如说 1 000 个。对于生成的每组数据，都可以应用最小二乘法，得到的估计量的性质将在本章后面予以系统的推导和证明。例如，可将 α 和 β 的 1 000 个估计值的平均值与它们的真实值相比较，来看看这些最小二乘估计量是否是无偏的。注意，如果 $E(u_i)=-\delta(\delta>0)$ 或对于 $i=1, 2, \cdots, n$ 都有 $\mathrm{var}(u_i)=\sigma_i^2$，图 3—4 会是什么样呢？对于第一种情况，$f(u)$ 的平均值，u 的概率密度函数将要偏离 （$10+0.5X$）（即真实直线）$-\delta$。换句话说，我们可以认为图 3—4 所示的 u_i 的分布会集中在一个新的预测线上，这个预测线与真实直线平行但比真实直线低 δ。这就意味着我们更愿意绘制负的扰动而不是正的扰动，且 Y_i 的观测值更有可能低于而不是高于真实直线。对于第二种情况，每一个 $f(u_i)$ 都会有不同的方差，因此这个概率密度函数的发散程度随着每个观测值的不同而不同。在这种情况下，图 3—4 中 u_i 的分布对于不同的观测分散程度也是不同的。换句话说，如果 u_i 是所说的正态分布，那么 u_1 是从 $N(0, \sigma_1^2)$ 分布中抽取的，而 u_2 是从 $N(0, \sigma_2^2)$ 分布中抽取的，等等。违背古典假设的情况将在第 5 章同样利用蒙特卡罗实验来研究。

3.3 最小二乘法的统计特性

（ⅰ）无偏性

给定假设 1 至假设 4，容易证明 $\hat{\beta}_{OLS}$ 对于 β 是无偏的。实际上，使用等式（3.4），我们可以写出

$$\hat{\beta}_{OLS} = \sum_{i=1}^{n} x_i y_i \Big/ \sum_{i=1}^{n} x_i^2 = \sum_{i=1}^{n} x_i Y_i \Big/ \sum_{i=1}^{n} x_i^2$$

$$= \beta + \sum_{i=1}^{n} x_i u_i \Big/ \sum_{i=1}^{n} x_i^2 , \tag{3.5}$$

其中第二个等式遵循 $y_i = Y_i - \bar{Y}$ 且 $\sum_{i=1}^{n} x_i \bar{Y} = \bar{Y} \sum_{i=1}^{n} x_i = 0$。第三个等式将式（3.1）代入 Y_i 并利用 $\sum_{i=1}^{n} x_i = 0$。对式（3.5）两边取期望并利用假设 1 和假设 4，我们很容易证明 $E(\hat{\beta}_{OLS}) = \beta$。此外，从式（3.5）我们还可以推导出 $\hat{\beta}_{OLS}$ 的方差，因为

$$\text{var}(\hat{\beta}_{OLS}) = E(\hat{\beta}_{OLS} - \beta)^2 = E\left(\sum_{i=1}^{n} x_i u_i \Big/ \sum_{i=1}^{n} x_i^2 \right)^2$$

$$= \text{var}\left(\sum_{i=1}^{n} x_i u_i \Big/ \sum_{i=1}^{n} x_i^2 \right) = \sigma^2 \Big/ \sum_{i=1}^{n} x_i^2 , \tag{3.6}$$

其中最后一个等式利用了假设 2 和假设 3，也就是 u_i 互不相关，且它们的方差是一个常数，见问题 4。注意，β 的 OLS 估计量的方差取决于 σ^2、真实模型中扰动的方差与 X 的方差。X 的方差越大，$\sum_{i=1}^{n} x_i^2$ 越大，则 $\hat{\beta}_{OLS}$ 的方差越小。

（ⅱ）一致性

接下来，我们证明 $\hat{\beta}_{OLS}$ 对于 β 是一致的。一致性的充分条件是 $\hat{\beta}_{OLS}$ 是无偏的，且当 n 趋于无穷时它的方差趋于 0。我们已经证明了 $\hat{\beta}_{OLS}$ 是无偏的，还需要证明 n 趋于无穷时方差趋于 0。

$$\lim_{n\to\infty} \text{var}(\hat{\beta}_{OLS}) = \lim_{n\to\infty} \left[(\sigma^2/n) / \left(\sum_{i=1}^{n} x_i^2 / n \right) \right] = 0,$$

其中第二个等式利用了 $\sigma^2/n \to 0$ 和 $\left(\sum_{i=1}^{n} x_i^2 / n \right) \neq 0$ 且是一个有限的极限，见假设 4。因此，$\hat{\beta}_{OLS} = \beta$ 且 $\hat{\beta}_{OLS}$ 对于 β 是一致的。同样的，我们可以证明 $\hat{\alpha}_{OLS}$ 对于 α 是无偏的且一致的，方差为 $\sigma^2 \sum_{i=1}^{n} X_i^2 / n \sum_{i=1}^{n} x_i^2$，且 $\text{cov}(\hat{\alpha}_{OLS}, \hat{\beta}_{OLS}) = -\bar{X}\sigma^2 \Big/ \sum_{i=1}^{n} x_i^2$，见问题 5。

（ⅲ）最佳线性无偏估计

利用式（3.5）我们可以把 $\hat{\beta}_{OLS}$ 写成 $\sum_{i=1}^{n} w_i Y_i$，其中 $w_i = x_i \Big/ \sum_{i=1}^{n} x_i^2$。这证明了 $\hat{\beta}_{OLS}$ 是 Y_i 的线性组合，权重 w_i 满足下列性质：

$$\sum_{i=1}^{n} w_i = 0, \quad \sum_{i=1}^{n} w_i X_i = 1, \quad \sum_{i=1}^{n} w_i^2 = 1 \Big/ \sum_{i=1}^{n} x_i^2. \tag{3.7}$$

计量经济学方法与应用（第五版）

下一个定理证明了在 β 的所有线性无偏估计量中，$\hat{\beta}_{OLS}$ 的方差最小。这就是著名的高斯–马尔可夫定理。

定理1：考虑 β 的任意线性无偏估计量 $\tilde{\beta} = \sum_{i=1}^{n} a_i Y_i$，其中 a_i 表示任意常数。如果 $\tilde{\beta}$ 对于 β 是无偏的，且满足假设1至假设4，那么 $\mathrm{var}(\tilde{\beta}) \geqslant \mathrm{var}(\hat{\beta}_{OLS})$。

证明：将式（3.1）中的 Y_i 代入 $\tilde{\beta}$，得到 $\tilde{\beta} = \alpha \sum_{i=1}^{n} a_i + \beta \sum_{i=1}^{n} a_i X_i + \sum_{i=1}^{n} a_i u_i$。对于 $i = 1, 2, \cdots, n$ 的全部观测值，$\tilde{\beta}$ 对于 β 是无偏的必须满足 $E(\tilde{\beta}) = \alpha \sum_{i=1}^{n} a_i + \beta \sum_{i=1}^{n} a_i X_i = \beta$。这就是说，对于所有的 $i = 1, 2, \cdots, n$，$\sum_{i=1}^{n} a_i = 0$ 以及 $\sum_{i=1}^{n} a_i X_i = 1$。因此，$\tilde{\beta} = \beta + \sum_{i=1}^{n} a_i u_i$，其中 $\mathrm{var}(\tilde{\beta}) = \mathrm{var}(\sum_{i=1}^{n} a_i u_i) = \sigma^2 \sum_{i=1}^{n} a_i^2$，最后一个等式满足假设2和假设3。但 a_i 是常数，不同于 OLS 估计量的权重 w_i，通过其他一些常数，即 d_i，也就是对于 $i = 1, 2, \cdots, n$，$a_i = w_i + d_i$。利用 a_i 和 w_i 的特性，我们可以推导出 d_i 相似的性质，也就是 $\sum_{i=1}^{n} d_i = 0$ 和 $\sum_{i=1}^{n} d_i X_i = 0$。实际上，

$$\sum_{i=1}^{n} a_i^2 = \sum_{i=1}^{n} d_i^2 + \sum_{i=1}^{n} w_i^2 + 2 \sum_{i=1}^{n} w_i d_i,$$

其中，$\sum_{i=1}^{n} w_i d_i = \sum_{i=1}^{n} x_i d_i \big/ \sum_{i=1}^{n} x_i^2 = 0$。这遵循了 w_i 的定义并利用了 $\sum_{i=1}^{n} d_i = \sum_{i=1}^{n} d_i X_i = 0$。因此，

$$\mathrm{var}(\tilde{\beta}) = \sigma^2 \sum_{i=1}^{n} a_i^2 = \sigma^2 \sum_{i=1}^{n} d_i^2 + \sigma^2 \sum_{i=1}^{n} w_i^2 = \mathrm{var}(\hat{\beta}_{OLS}) + \sigma^2 \sum_{i=1}^{n} d_i^2 。$$

因为 $\sigma^2 \sum_{i=1}^{n} d_i^2$ 是非负的，可以证明 $\mathrm{var}(\tilde{\beta}) \geqslant \mathrm{var}(\hat{\beta}_{OLS})$，对于所有的 $i = 1, 2, \cdots, n$，只有 $d_i = 0$，也就是只有 $a_i = w_i$ 时等式才成立，在这种情况下 $\tilde{\beta}$ 减少到 $\hat{\beta}_{OLS}$。因此，β 的任意的线性估计量，比如 $\tilde{\beta}$，对于 β 是无偏的，并且方差至少和 $\mathrm{var}(\hat{\beta}_{OLS})$ 一样大。这证明了 $\hat{\beta}_{OLS}$ 是 BLUE，是 β 的最优线性无偏估计量。

同样的，我们可以证明如果满足假设1至假设4，$\hat{\alpha}_{OLS}$ 关于 Y_i 是线性的，且在 α 的所有线性无偏估计量中具有最小方差，见问题6。这个结果表明 α 的 OLS 估计量同样是 BLUE。

3.4 σ^2 的估计

回归扰动的方差 σ^2 是未知的且必须估计出来。实际上，$\hat{\beta}_{OLS}$ 和 $\hat{\alpha}_{OLS}$ 的方差都取决于 σ^2，见式（3.6）和问题5。σ^2 的一个无偏估计量是 $s^2 = \sum_{i=1}^{n} e_i^2 / (n-2)$。为了证明这个观点，我们需要利用

$$e_i = Y_i - \hat{\alpha}_{OLS} - \hat{\beta}_{OLS} X_i = y_i - \hat{\beta}_{OLS} x_i = (\beta - \hat{\beta}_{OLS}) x_i + (u_i - \bar{u}),$$

其中 $\bar{u} = \sum_{i=1}^{n} u_i / n$。将 $\hat{\alpha}_{OLS} = \bar{Y} - \hat{\beta}_{OLS} \bar{X}$ 代入第二个等式，并将 $y_i = \beta x_i + (u_i - \bar{u})$ 代

入第三个等式。因此，

$$\sum_{i=1}^{n} e_i^2 = (\hat{\beta}_{OLS} - \beta)^2 \sum_{i=1}^{n} x_i^2 + \sum_{i=1}^{n} (u_i - \bar{u})^2$$
$$- 2(\hat{\beta}_{OLS} - \beta) \sum_{i=1}^{n} x_i (u_i - \bar{u}),$$

且

$$E\left(\sum_{i=1}^{n} e_i^2\right) = \sum_{i=1}^{n} x_i^2 \operatorname{var}(\hat{\beta}_{OLS}) + (n-1)\sigma^2 - 2E\left(\sum_{i=1}^{n} x_i u_i\right)^2 \bigg/ \sum_{i=1}^{n} x_i^2$$
$$= \sigma^2 + (n-1)\sigma^2 - 2\sigma^2 = (n-2)\sigma^2,$$

其中第一个等式利用了 $E\left(\sum_{i=1}^{n} (u_i - \bar{u})^2\right) = (n-1)\sigma^2$ 和 $\hat{\beta}_{OLS} - \beta = \sum_{i=1}^{n} x_i u_i \big/ \sum_{i=1}^{n} x_i^2$。

第二个等式利用了 $\operatorname{var}(\hat{\beta}_{OLS}) = \sigma^2 \big/ \sum_{i=1}^{n} x_i^2$ 和 $E\left(\sum_{i=1}^{n} x_i u_i\right)^2 = \sigma^2 \sum_{i=1}^{n} x_i^2$。因此，

$E(s^2) = E\left(\sum_{i=1}^{n} e_i^2 / (n-2)\right) = \sigma^2$。

凭直觉，如果真正的扰动是已知的，σ^2 的估计量可通过 $\sum_{i=1}^{n} (u_i - \bar{u})^2 / (n-1)$ 得到。因为 u 是未知的，故使用它们的一致估计，即 e_i。因为 $\sum_{i=1}^{n} e_i = 0$，σ^2 的估计量变为 $\sum_{i=1}^{n} e_i^2 / (n-1)$。取期望值，我们发现对于 σ^2 的这个无偏估计量，正确的除数应该是 $(n-2)$，而不是 $(n-1)$。这是合理的，因为在得到 e_i 时我们已经估计了两个参数 α 和 β，数据中仅有 $(n-2)$ 个独立的信息。为了证明这个事实，考虑式 (3.2) 和式 (3.3) 给出的 OLS 正规方程。这些等式表示了包含 e_i 的两种关系。因此，知道了 $(n-2)$ 个 e_i，我们可以从式 (3.2) 和式 (3.3) 中推导出剩下的两个 e_i。

3.5 极大似然估计

假设 5：u_i 是独立同分布的，且服从 $N(0, \sigma^2)$。

这个假设允许我们推导估计量的分布和其他检验统计量。实际上，利用式 (3.5) 我们很容易看到 $\hat{\beta}_{OLS}$ 是 u_i 的线性组合。但是，一个正态随机变量的线性组合本身就是一个正态随机变量，见第 2 章问题 15。因此，$\hat{\beta}_{OLS}$ 服从 $N\left(\beta, \sigma^2 \big/ \sum_{i=1}^{n} x_i^2\right)$。同样的，$\hat{\alpha}_{OLS}$ 服从 $N\left(\alpha, \sigma^2 \sum_{i=1}^{n} X_i^2 / n \sum_{i=1}^{n} x_i^2\right)$，且 Y_i 服从 $N(\alpha + \beta X_i, \sigma^2)$。此外，我们可以把 u_i 的概率密度函数写为 $f(u_1, u_2, \cdots, u_n; \alpha, \beta, \sigma^2) = (1/2\pi\sigma^2)^{n/2} \exp\left(-\sum_{i=1}^{n} u_i^2 / 2\sigma^2\right)$。为了得到似然函数，我们作变换 $u_i = Y_i - \alpha - \beta X_i$，且注意到变换的雅克比行列式等于 1。因此，

$$f(Y_1, Y_2, \cdots, Y_n; \alpha, \beta, \sigma^2) = (1/2\pi\sigma^2)^{n/2} \exp\left\{-\sum_{i=1}^{n} (Y_i - \alpha - \beta X_i)^2 / 2\sigma^2\right\}. \quad (3.8)$$

对这个似然函数取对数，我们得到

$$\log L(\alpha, \beta, \sigma^2) = -(n/2)\log(2\pi\sigma^2) - \sum_{i=1}^{n} (Y_i - \alpha - \beta X_i)^2 / 2\sigma^2. \quad (3.9)$$

最大化这个关于 α，β 和 σ^2 的似然函数，我们得到极大似然估计量（MLE）。然而，只在对数似然函数的二次项中包含 α 和 β，且在式（3.2）和式（3.3）中给出的关于 α 和 β 的 OLS 估计量已经使这一项（去掉负号）最小化了。因此，$\hat{\alpha}_{MLE} = \hat{\alpha}_{OLS}$ 且 $\hat{\beta}_{MLE} = \hat{\beta}_{OLS}$。同样的，通过求 $\log L$ 对 σ^2 的微分且令这个导数等于 0，我们得到 $\hat{\sigma}^2_{MLE} = \sum_{i=1}^{n} e_i^2/n$，见问题 7。注意，它仅在除数上不同于 s^2。实际上，$E(\hat{\sigma}^2_{MLE}) = (n-2)\sigma^2/n \neq \sigma^2$。因此，$\hat{\sigma}^2_{MLE}$ 是有偏的，但注意，它仍然是渐近无偏的。

到目前为止，引出假设 5 收获如下：可以形成似然函数，极大似然估计量可以推导出来，且可得到这些估计量的分布。对于参数的无偏估计量我们同样可以得到 Cramér-Rao 下界，且可以证明 $\hat{\alpha}_{OLS}$ 和 $\hat{\beta}_{OLS}$ 达到了这个下界而 s^2 却没有。这个结果会一直延续到第 7 章。实际上，我们可以证明下列完全充分统计量的理论，那就是 $\hat{\alpha}_{OLS}$，$\hat{\beta}_{OLS}$ 和 s^2 是 α，β 和 σ^2 的最小方差无偏估计量（MLE），见第 2 章。这（对于 $\hat{\alpha}_{OLS}$ 和 $\hat{\beta}_{OLS}$）是比使用高斯-马尔可夫定理更强有力的结论。也就是说，在所有 α 和 β 的无偏估计量中，OLS 估计量是最优的。换句话说，估计量现在的集合包括所有无偏估计量，而并不仅仅是线性无偏估计量。这个强有力的结论是以一个更强有力的分布假定，也就是正态性为代价的。如果扰动的分布并不是正态的，那么 OLS 不再是 MLE。在这种情况下，只要正确设定扰动的分布，MLE 将会比 OLS 更有效。MLE 的优点和缺点已经在第 2 章讨论过。

我们得到了 $\hat{\alpha}_{OLS}$，$\hat{\beta}_{OLS}$ 的分布，现在我们给出 s^2 的分布。第 7 章证明了 $\sum_{i=1}^{n} e_i^2/\sigma^2$ 是一个自由度为（$n-2$）的卡方分布。同样，s^2 独立于 $\hat{\alpha}_{OLS}$ 和 $\hat{\beta}_{OLS}$。这对于假设检验是有用的。实际上，假设 5 的最大好处是我们可以进行假设检验。

对正态随机变量 $\hat{\beta}_{OLS}$ 进行标准化，我们得到 $z = (\hat{\beta}_{OLS} - \beta)\big/\big(\sigma^2\big/\sum_{i=1}^{n} x_i^2\big)^{\frac{1}{2}} \sim N(0,1)$。同时，$(n-2)s^2/\sigma^2$ 服从 χ^2_{n-2}。因此，我们用一个 $N(0,1)$ 随机变量 z，除以 $(n-2)s^2/\sigma^2$ 与其自由度（$n-2$）相除的平方根，得到自由度为（$n-2$）的 t 统计量。产生的估计量是 $t_{obs} = (\hat{\beta}_{OLS} - \beta)\big/\big(s^2\big/\sum_{i=1}^{n} x_i^2\big)^{1/2} \sim t_{n-2}$，见问题 8。这个统计量可用来检验 $H_0: \beta = \beta_0$ 与 $H_1: \beta \neq \beta_0$，其中 β_0 是一个已知的常数。在 H_0 假设下，可以计算 t_{obs}，并在给定具体的显著性水平 $\alpha\%$ 的情况下与自由度为（$n-2$）的 t 分布的临界值相比较。我们感兴趣的具体假设是 $H_0: \beta = 0$，这表明 Y_i 和 X_i 之间没有线性关系。在 H_0 假设下，

$$ t_{obs} = \hat{\beta}_{OLS}\big/\big(s^2\big/\sum_{i=1}^{n} x_i^2\big)^{1/2} = \hat{\beta}_{OLS}\big/\widehat{se}(\hat{\beta}_{OLS}), $$

其中，$\widehat{se}(\hat{\beta}_{OLS}) = (s^2\big/\sum_{i=1}^{n} x_i^2)^{\frac{1}{2}}$。如果 $|t_{obs}| > t_{a/2;n-2}$，那么在 $\alpha\%$ 的置信水平下拒绝 H_0。$t_{a/2;n-2}$ 表示自由度为 $n-2$ 的 t 分布的临界值。在一个 t_{n-2} 分布下，临界值右侧的面积等于 $\alpha/2$。

同样，我们也可根据 $\Pr[-t_{a/2;n-2} < t_{obs} < t_{a/2;n-2}] = 1-\alpha$ 得到 β 的一个置信区间，用上面推导的 $(\hat{\beta}_{OLS} - \beta)/\widehat{se}(\hat{\beta}_{OLS})$ 代替 t_{obs}。因为临界值是已知的，$\hat{\beta}_{OLS}$ 和 $\widehat{se}(\hat{\beta}_{OLS})$ 可通过数据计算出来，β 的 $(1-\alpha)\%$ 的置信区间如下：

$$\hat{\beta}_{OLS} \pm t_{\alpha/2;n-2}\, \hat{se}(\hat{\beta}_{OLS})\,.$$

利用 $\hat{\alpha}_{OLS}$ 的正态分布和 $(n-2)s^2/\sigma^2$ 的 χ^2_{n-2} 分布，我们同样可以构建 α 和 σ^2 的假设检验和置信区间。

3.6 拟合优度的测量

我们已经得到了 α、β 和 σ^2 的最小二乘估计量并推导出了扰动服从正态分布时它们的分布。我们同样学习了如何对这些参数进行假设检验。现在我们来考虑如何度量这条估计的回归直线的拟合优度。回忆 $e_i = Y_i - \hat{Y}_i$，其中 $\hat{Y}_i$ 表示 X 取 X_i 时根据最小二乘回归直线得到的 Y_i 的预测值，也就是 $\hat{\alpha}_{OLS} + \hat{\beta}_{OLS} X_i$。利用 $\sum_{i=1}^{n} e_i = 0$，我们推导出 $\sum_{i=1}^{n} Y_i = \sum_{i=1}^{n} \hat{Y}_i$，因此 $\overline{Y} = \overline{\hat{Y}}$。$Y$ 的真实值和预测值具有相同的样本均值，见 3.2 节所讨论的 OLS 估计量的数值性质（i）和（iii）。只要回归中有常数项，该结果就成立。从 e_i 中加上再减去 $\overline{Y}$，我们得到 $e_i = y_i - \hat{y}_i$ 或 $y_i = e_i + \hat{y}_i$。对两边平方并求和：

$$\sum_{i=1}^{n} y_i^2 = \sum_{i=1}^{n} e_i^2 + \sum_{i=1}^{n} \hat{y}_i^2 + 2\sum_{i=1}^{n} e_i \hat{y}_i = \sum_{i=1}^{n} e_i^2 + \sum_{i=1}^{n} \hat{y}_i^2\,, \quad (3.10)$$

其中最后一个等式利用了 $\hat{y}_i = \hat{\beta}_{OLS} x_i$ 和 $\sum_{i=1}^{n} e_i x_i = 0$。实际上，

$$\sum_{i=1}^{n} e_i \hat{y}_i = \sum_{i=1}^{n} e_i \hat{Y}_i = 0$$

意味着 OLS 残差与回归的预测值是不相关的，见 3.2 节讨论的 OLS 估计量的数值性质（ii）和（iv）。换句话说，式（3.10）表明 Y_i 围绕样本均值 $\overline{Y}$ 的总变差，也就是 $\sum_{i=1}^{n} y_i^2$ 可分解为两个部分：第一部分是回归平方和 $\sum_{i=1}^{n} \hat{y}_i^2 = \hat{\beta}_{OLS}^2 \sum_{i=1}^{n} x_i^2$，第二部分是残差平方和 $\sum_{i=1}^{n} e_i^2$。实际上，将 Y 对常数项回归可得到 $\tilde{\alpha}_{OLS} = \overline{Y}$，见问题 2，且这个简单模型的未解释的残差平方和是

$$\sum_{i=1}^{n} (Y_i - \tilde{\alpha}_{OLS})^2 = \sum_{i=1}^{n} (Y_i - \overline{Y})^2 = \sum_{i=1}^{n} y_i^2\,.$$

因此，在式（3.10）中 $\sum_{i=1}^{n} \hat{y}_i^2$ 给出的是在对常数项进行拟合后得到的 X 的解释能力。

利用这个分解，我们可以把回归的解释能力定义为回归平方和占总平方和的比重。换句话说，定义 $R^2 = \sum_{i=1}^{n} \hat{y}_i^2 \big/ \sum_{i=1}^{n} y_i^2$ 并且很明显该值在 0 和 1 之间。实际上，用 $\sum_{i=1}^{n} y_i^2$ 除以式（3.10），得到 $R^2 = 1 - \sum_{i=1}^{n} e_i^2 \big/ \sum_{i=1}^{n} y_i^2$。通过最小二乘法最小化的 $\sum_{i=1}^{n} e_i^2$ 是对无法拟合部分的度量。如果 $\sum_{i=1}^{n} e_i^2$ 很大，则意味着回归并不能解释大多数 Y 的变化，因此，R^2 值将会很小。另外，如果 $\sum_{i=1}^{n} e_i^2$ 很小，那么拟合的效果就比较好，R^2 比较大。实际上，对于一个所有的观测值都在拟合直线上的完全拟合而言，$Y_i = \hat{Y}_i$ 且 $e_i = 0$，这意味着 $\sum_{i=1}^{n} e_i^2 = 0$ 和 $R^2 = 1$。另一个极端的例子是回归平方和 $\sum_{i=1}^{n} \hat{y}_i^2 =$

0。换句话说，线性回归对 Y_i 上的变化没有任何解释能力。在这个例子中，$\sum_{i=1}^{n} y_i^2 = \sum_{i=1}^{n} e_i^2$ 且 $R^2 = 0$。注意，因为 $\sum_{i=1}^{n} \hat{y}_i^2 = 0$ 意味着对于每一个 i 都有 $\hat{y}_i = 0$，这反过来意味着对于每一个 i 都有 $\hat{Y}_i = \bar{Y}$。拟合的回归直线是一条水平线 $Y = \bar{Y}$，且解释变量 X 对于 Y 的线性关系并不具有任何解释能力。

注意，R^2 有两个可供选择的含义：（ⅰ）它是 Y_i 与 $\hat{Y}_i$ 的简单相关系数的平方，见问题 9。同样，对于简单回归而言，（ⅱ）它是 X 和 Y 的简单相关系数的平方。这意味着在进行 Y 对 X 的回归之前，我们可以先计算 r_{xy}^2，这反过来告诉我们 X 将会解释 Y 的变化的比例。如果这个数值很小，则认为 Y 和 X 之间弱相关，并且我们知道如果将 Y 对 X 回归，得到的拟合并不好。值得强调的是 R^2 是对 Y 和 X 之间的线性关系的度量。举例来说，Y 和 X 之间可能是完全的二次关系，但是穿过数据的估计的最小二乘直线是一条平坦的直线，这意味着 $R^2 = 0$，见第 2 章问题 3。另外，我们也应该对 R^2 太接近于 1 的最小二乘回归直线提出质疑。在某些情况下，我们可能并不想在回归中加入常数项。在这种情况下，我们应该使用非中心化的 R^2 作为拟合优度的测量。本章附录将会定义中心化和非中心化 R^2 并解释它们之间的区别。

3.7 预 测

现在我们给定 X_0 预测 Y_0。通常针对时间序列回归会这么做，因为研究人员对预测未来，也就是一段时间之后，很感兴趣。这个新的观测值 Y_0 通过式（3.1）产生，也就是

$$Y_0 = \alpha + \beta X_0 + u_0。 \tag{3.11}$$

什么是 $E(Y_0)$ 的最优线性无偏预测（BLUP）？由式（3.11），$E(Y_0) = \alpha + \beta X_0$ 是 α 和 β 的一个线性组合。利用高斯-马尔可夫结论，$\hat{Y}_0 = \hat{\alpha}_{OLS} + \hat{\beta}_{OLS} X_0$ 是 $\alpha + \beta X_0$ 的最优线性无偏估计（BLUE），且这个预测的 $E(Y_0)$ 的方差是 $\sigma^2 \left[(1/n) + (X_0 - \bar{X})^2 \Big/ \sum_{i=1}^{n} x_i^2 \right]$，见问题 10。但是，如果我们感兴趣的是 Y_0 本身的 BLUP 该怎么办？Y_0 通过 u_0 不同于 $E(Y_0)$，且对 u_0 最好的预测是 0，所以 Y_0 的 BLUP 仍然是 $\hat{Y}_0$。预测误差是

$$Y_0 - \hat{Y}_0 = [Y_0 - E(Y_0)] + [E(Y_0) - \hat{Y}_0] = u_0 + [E(Y_0) - \hat{Y}_0]，$$

其中，即使真正的回归直线是已知的，u_0 也是其所具有的误差，且 $E(Y_0) - \hat{Y}_0$ 是样本回归线和总体回归线的差异。因此，这个预测误差的方差变为：

$$\mathrm{var}(u_0) + \mathrm{var}[E(Y_0) - \hat{Y}_0] + 2\mathrm{cov}[u_0, E(Y_0) - \hat{Y}_0]$$
$$= \sigma^2 \left[1 + (1/n) + (X_0 - \bar{X})^2 \Big/ \sum_{i=1}^{n} x_i^2 \right]。$$

这就是说，预测误差的方差等于这个预测的 $E(Y_0)$ 的方差加上 $\mathrm{var}(u_0)$，再加上两倍的 $E(Y_0)$ 和 u_0 的协方差。但是，最后一项的协方差为 0，因为 u_0 是一个新的扰动且与样本

中基于 $\hat{Y}_i$ 的扰动不相关。因此，一个收入为 20 000 美元的家庭的平均消费预测与一个收入为 20 000 美元的具体家庭的消费预测是相同的。其中的差异不在于预测本身，而在于与其相关的预测的方差。后者的方差更大，只是因为 u_0 的方差 σ^2。因此，预测的方差取决于 σ^2、样本容量、X 的变化以及 X_0 距离观测数据样本均值的距离。简而言之，σ^2 的方差越小、n 和 $\sum_{i=1}^{n} x_i^2$ 越大、X_0 越接近于 $\overline{X}$，预测的方差越小。对于 X_0 的每一个值，我们可以构造这些预测的 95% 的置信区间。实际上，该区间为 $(\hat{\alpha}_{OLS} + \hat{\beta}_{OLS} X_0) \pm t_{0.025;n-2} \left\{ s \left[1 + (1/n) + (X_0 - \overline{X})^2 \middle/ \sum_{i=1}^{n} x_i^2 \right]^{1/2} \right\}$，其中用 s 代替 σ，且 $t_{0.025;n-2}$ 表示自由度为 $n-2$ 的 t 分布表在 5% 的置信水平下的临界值。图 3—5 给出了围绕估计的回归直线的置信带。正如预期的那样，这是一条双曲线，在 $\overline{X}$ 处最窄并且我们要预测的距离 $\overline{X}$ 越远，就越宽。

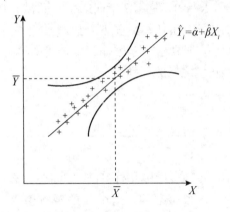

图 3—5 95% 的置信带

3.8 残差分析

回归的残差图是非常重要的。残差是真实扰动的一致估计量。但是不像 u_i，这些 e_i 并不是独立的。实际上，OLS 正规方程式（3.2）和式（3.3）给出了这些残差的两个关系式。因此，已知这（$n-2$）个残差，其余两个残差可以推导出来。如果我们知道真实的 u_i，并且绘制它们的图形，它们看起来应该像是没有固定模式地分散在水平轴的周围。e_i 的图表明一种特定的模式，正如图 3—6(a) 所示的一组正的残差紧跟一组负的残差，这可能表示违背了关于模型的五个假定中的某一个，或只是意味着函数形式错误。例如，如果违背假设 3，那么我们可以说 u_i 正相关，正如图 3—6(b) 所示，很可能是一个正的残差紧跟一个正的残差，且一个负的残差紧跟着一个负的残差。或者，Y 和 X 之间的真实关系是二次的，而我们用一条回归直线去拟合，那么得到的残差散点图就如图 3—6(c) 所示。我们将在第 5 章研究如何处理这个违背以及如何进行检验。

大的残差预示着样本中不好的预测。一个大的残差可能是一个打印错误，其中研究者错误地输入了这个观测值。另外，它也可能是一次有较大影响的观测值，还可能是表现不同于样本中其他数据点的异常值，因此使得其他数据点距离估计的回归直线更远。

实际上，OLS 最小化这些残差的平方和意味着在这一观测值上施加了一个大的权重，因此有很大的影响。换言之，从样本中去掉这一观测值可能会显著改变估计量和回归直线。关于较大影响观测值的更多研究，见 Belsely，Kuh and Welsch（1980）。我们将在本书的第 8 章集中研究这个问题。

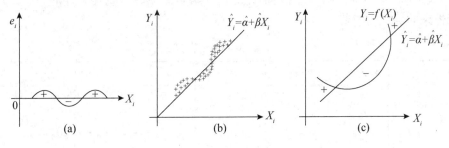

图 3—6　正相关残差

我们还可以绘制残差与 X_i 之间的图形。如果出现类似于图 3—7 的形式，这可能是违背假设 2 的信号，因为残差的变动随着 X_i 的增加而增大，而这对于所有观测值本该是不变的。另外，它可能意味着 X_i 与真实扰动之间存在关系，即违背假设 4。

总之，我们应该一直绘制残差图来检查这些数据，识别影响大的观测值，并检验是否违背基于回归模型的五个假设。在接下来的几章，我们将要研究违背古典假设的各种检验。大多数检验是基于模型残差的检验。这些检验与残差图应该一并帮助研究者对他们的模型是否合适做出诊断。

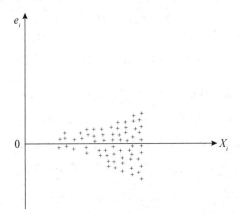

图 3—7　随着 X 的增加残差的变化

3.9　数值例子

表 3—1 给出了从拥有固定可支配收入的一组家庭中随机抽取 10 个家庭的年消费量。收入和消费都是以 10 000 美元为单位，所以第一个家庭每年收入 50 000 美元且消费 46 000 美元。对这个简单的例子进行必要的计算以得到消费对收入的最小二乘回归估计，并将其与回归软件给出的结果进行比较，这是值得做的。为此，我们首先计算 $\bar{Y}=$

6.5 和 $\overline{X}=7.5$，并且形成两个数据列 $y_i=Y_i-\overline{Y}$ 和 $x_i=X_i-\overline{X}$。为了得到 $\hat{\beta}_{OLS}$，我们需要 $\sum_{i=1}^{n}x_iy_i$，所以我们把最后两列各自相乘并相加得到 42.5。$\hat{\beta}_{OLS}$ 的分母由 $\sum_{i=1}^{n}x_i^2$ 给出。这就是我们为什么要对 x_i 列平方来得到 x_i^2 并相加得到 52.5。我们得到的估计为 $\hat{\beta}_{OLS}=42.5/52.5=0.809\,5$，这就是估计的边际消费倾向。这就是额外的一美元可支配收入所带来的额外的消费。

表 3—1 简单回归计算

观测值	消费 y_i	收入 x_i	$y_i=Y_i-\overline{Y}$	$x_i=X_i-\overline{X}$	x_iy_i	x_i^2	$\hat{Y}_i$	e_i
1	4.6	5	−1.9	−2.5	4.75	6.25	4.476 19	0.123 81
2	3.6	4	−2.9	−3.5	10.15	12.25	3.666 667	−0.066 667
3	4.6	6	−1.9	−1.5	2.85	2.25	5.285 714	−0.685 714
4	6.6	8	0.1	0.5	0.05	0.25	6.904 762	−0.304 762
5	7.6	8	1.1	0.5	0.55	0.25	6.904 762	0.695 238
6	5.6	7	−0.9	−0.5	0.45	0.25	6.095 238	−0.495 238
7	5.6	6	−0.9	−1.5	1.35	2.25	5.285 714	0.314 286
8	8.6	9	2.1	1.5	3.15	2.25	7.714 286	0.885 714
9	8.6	10	2.1	2.5	5.25	6.25	8.523 81	0.076 19
10	9.6	12	3.1	4.5	13.95	20.25	10.142 857	−0.542 857
和	6.5	75	0	0	42.5	52.5	65	0
均值	6.5	7.5	6.5				6.5	

$$\hat{\alpha}_{OLS}=\overline{Y}-\hat{\beta}_{OLS}\overline{X}=6.5-(0.809\,5)(7.5)=0.428\,6,$$

这是个人可支配收入为 0 时估计的消费。从这个回归中得到的拟合值或预测值是根据 $\hat{Y}_i=\hat{\alpha}_{OLS}+\hat{\beta}_{OLS}X_i=0.428\,6+0.809\,5X_i$ 计算得到的，并在表 3—1 中给出。注意，$\hat{Y}_i$ 的均值等于 Y_i 的均值，这证实最小二乘法的一个数值属性。残差是通过 $e_i=Y_i-\hat{Y}_i$ 计算出来的，且它们满足 $\sum_{i=1}^{n}e_i=0$。$\sum_{i=1}^{n}e_iX_i=0$ 留给读者去验证。残差平方和是通过残差列平方并相加得到的。结果为 $\sum_{i=1}^{n}e_i^2=2.495\,238$。这意味着 $s^2=\sum_{i=1}^{n}e_i^2/(n-2)=0.311\,905$。其平方根由 $s=0.558$ 给出，这称为回归的标准误差。在这种情况下，估计的 $\mathrm{var}(\hat{\beta}_{OLS})$ 是 $s^2\big/\sum_{i=1}^{n}x_i^2=0.311\,905/52.5=0.005\,941$，且估计的

$$\mathrm{var}(\hat{\alpha})=s^2\left[\frac{1}{n}+\frac{\overline{X}^2}{\sum_{i=1}^{n}x_i^2}\right]=0.311\,905\left[\frac{1}{10}+\frac{(7.5)^2}{52.5}\right]=0.365\,374。$$

取这些估计方差的平方根，我们得到 $\hat{\alpha}_{OLS}$ 和 $\hat{\beta}_{OLS}$ 的标准误差，由 $\hat{se}(\hat{\alpha}_{OLS})=0.604\,46$ 和 $\hat{se}(\hat{\beta}_{OLS})=0.077\,078$ 给出。

因为扰动服从正态分布，OLS 估计量也是极大似然估计量，且它们本身也服从正态分布。对于原假设 $H_0^a:\beta=0$；观测到的 t 统计量是

计量经济学方法与应用（第五版）

$$t_{obs} = (\hat{\beta}_{OLS} - 0)/\hat{se}(\hat{\beta}_{OLS}) = 0.809\,524/0.077\,078 = 10.50 。$$

这是非常显著的，因为 $\Pr[\,|t_8|>10.5\,]<0.000\,1$。这个概率可以利用大多数的回归软件得到。它也被称为 p 值或概率值。它说明了这个 t 值是很不可能的，我们拒绝 H_0^b 即 $\beta=0$。同样地，在原假设 $H_0^b:\alpha=0$ 下，给出的观测到的 t 统计量是 $t_{obs}=(\hat{\alpha}_{OLS}-0)/\hat{se}(\hat{\alpha}_{OLS})=0.428\,571/0.604\,462=0.709$，它是不显著的，因为它的 p 值是 $\Pr[\,|t_8|>0.709\,]<0.498$。因此，我们不拒绝原假设 H_0^b，即 $\alpha=0$。

总平方和是 $\sum_{i=1}^{n}y_i^2 = \sum_{i=1}^{n}(Y_i-\bar{Y})^2$，可通过对表 3—1 中的 y_i 列平方并求和得到。结果是 $\sum_{i=1}^{n}y_i^2 = 36.9$。同样，回归平方和 $=\sum_{i=1}^{n}\hat{y}_i^2 = \sum_{i=1}^{n}(\hat{Y}_i-\bar{Y})^2$，可以通过 $\hat{Y}_i$ 列减去 $\bar{Y}=\overline{\hat{Y}}=6.5$ 后取平方并求和得到。结果是 34.404 762。同样也可以通过如下得到

$$\sum_{i=1}^{n}\hat{y}_i^2 = \hat{\beta}_{OLS}^2 \sum_{i=1}^{n}x_i^2 = (0.809\,524)^2(52.5) = 34.404\,762 。$$

最后根据需要检查 $\sum_{i=1}^{n}\hat{y}_i^2 = \sum_{i=1}^{n}y_i^2 - \sum_{i=1}^{n}e_i^2 = 36.9 - 2.495\,238 = 34.404\,762$。

回忆 $R^2 = r_{xy}^2 = \left(\sum_{i=1}^{n}x_iy_i\right)^2 \big/ \left(\sum_{i=1}^{n}x_i^2\right)\left(\sum_{i=1}^{n}y_i^2\right) = (42.5)^2/(52.5)(36.9) = 0.932\,4$。这也可以通过 $R^2 = 1 - \left(\sum_{i=1}^{n}e_i^2 \big/ \sum_{i=1}^{n}y_i^2\right) = 1 - (2.495\,238/36.9) = 0.932\,4$ 得到，或者通过 $R^2 = r_{y\hat{y}}^2 = \sum_{i=1}^{n}\hat{y}_i^2 \big/ \sum_{i=1}^{n}y_i^2 = 34.404\,762/36.9 = 0.932\,4$ 得到。这意味着个人可支配收入解释了消费量 93.24% 的变化。图 3—8 给出了真实值（Actual）、拟合值（Fitted）和残差值（Residual）对时间的曲线图，使用 EViews 完成。

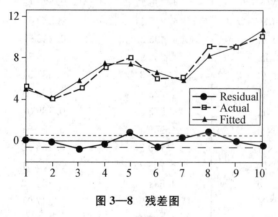

图 3—8　残差图

3.10　实证案例

表 3—2 给出了（ⅰ）1992 年美国 46 个州年龄大于 16 岁的人的人均香烟消费量（包）的对数，（ⅱ）每个国家香烟实际价格的对数，（ⅲ）每个国家实际人均可支配收入的对数。这是从 Baltagi and Levin（1992）对香烟动态需求的研究中摘取的，可通过从 Springer 网站下载 Cigarett. dat 文件得到。

表 3—2　　　　　　　　　　　香烟消费数据

LNC：年龄大于 16 岁的人的人均香烟消费量的对数	
LNP：实际价格的对数（美元/包，以 1983 年价格为基期）	
LNY：实际人均可支配收入的对数（千美元，以 1983 年价格为基期）	

OBS	STATE	LNC	LNP	LNY
1	AL	4.962 13	0.204 87	4.640 39
2	AZ	4.663 12	0.166 4	4.683 89
3	AR	5.107 09	0.234 06	4.594 35
4	CA	4.504 49	0.363 99	4.881 47
5	CT	4.669 83	0.321 49	5.094 72
6	DE	5.047 05	0.219 29	4.870 87
7	DC	4.656 37	0.289 46	5.059 6
8	FL	4.800 81	0.287 33	4.811 55
9	GA	4.979 74	0.128 26	4.732 99
10	ID	4.749 02	0.175 41	4.643 07
11	IL	4.814 45	0.248 06	4.903 87
12	IN	5.111 29	0.089 92	4.729 16
13	IA	4.808 57	0.240 81	4.742 11
14	KS	4.792 63	0.216 42	4.796 13
15	KY	5.379 06	—0.032 60	4.649 37
16	LA	4.986 02	0.238 56	4.614 61
17	ME	4.987 22	0.291 06	4.755 01
18	MD	4.777 51	0.125 75	4.946 92
19	MA	4.738 77	0.226 13	4.999 98
20	MI	4.947 44	0.230 67	4.806 2
21	MN	4.695 89	0.342 97	4.812 07
22	MS	4.939 9	0.136 38	4.529 38
23	MO	5.064 3	0.087 31	4.781 89
24	MT	4.733 13	0.153 03	4.704 17
25	NE	4.775 58	0.189 07	4.796 71
26	NV	4.966 42	0.323 04	4.838 16
27	NH	5.109 9	0.158 52	5.003 19
28	NJ	4.706 33	0.309 01	5.102 68
29	NM	4.581 07	0.164 58	4.582 02
30	NY	4.664 96	0.347 01	4.960 75
31	ND	4.582 37	0.181 97	4.691 63
32	OH	4.979 52	0.128 89	4.758 75
33	OK	4.727 2	0.195 54	4.627 3
34	PA	4.803 63	0.227 84	4.835 16
35	RI	4.846 93	0.303 24	4.846 7
36	SC	5.078 01	0.079 44	4.625 49
37	SD	4.815 45	0.131 39	4.677 47
38	TN	5.049 39	0.155 47	4.725 25
39	TX	4.653 98	0.281 96	4.734 37

续前表

OBS	STATE	LNC	LNP	LNY
40	UT	4.408 59	0.192 6	4.555 86
41	VT	5.087 99	0.180 18	4.775 78
42	VA	4.930 65	0.118 18	4.854 9
43	WA	4.661 34	0.350 53	4.856 45
44	WV	4.824 54	0.120 08	4.568 59
45	WI	4.830 26	0.229 54	4.758 26
46	WY	5.000 87	0.100 29	4.711 69

数据：1992 年美国 46 个州的香烟消费。

表 3—3 给出了 $\log C$ 对 $\log P$ 回归的 SAS 输出结果。在这个简单的模型中香烟的需求价格弹性是（$\mathrm{d}\log C/\log P$），这也是斜率。估计结果为 -1.198，且标准误差为 0.282。这表示实际香烟价格增长 10％会使人均香烟消费量下降 12％。该回归的 R^2 是 0.29，s^2 由回归的均方误差 0.026 6 给出。图 3—9 绘制了回归残差与解释变量的图，而图 3—10 绘制了这些预测值以及相应的 95％的置信带。一个有影响力的观测值给定其与其他观测值的距离，很显然它会很突出，肯塔基州就是这样的一个观测值，这是一个实际价格非

表 3—3　　　　　　　　　　　　　　　　香烟消费回归

Analysis of Variance

Source	DF	Sum of Squares	Mean Square	F Value	Prob>F
Model	1	0.48048	0.48048	18.084	0.0001
Error	44	1.16905	0.02657		
Root MSE		0.16300	R-square	0.2913	
Dep Mean		4.84784	Adj R-sq	0.2752	
C. V.		3.36234			

Parameter Estimates

Variable	DF	Parameter Estimate	Standard Error	T for H_0: Parameter=0	Prob>|T|
INTERCEP	1	5.094108	0.06269897	81.247	0.0001
LNP	1	-1.198316	0.28178857	-4.253	0.0001

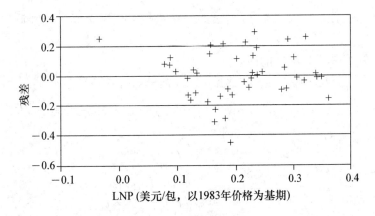

图 3—9　残差与 LNP

常低的州。这个观测值几乎改变了穿过数据的拟合直线。对有影响力的观测值的更多讨论见第 8 章。

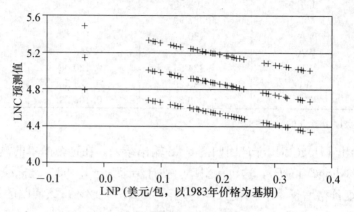

图 3—10　预测值的 95% 的置信带

问　题

1. 对于式（3.1）给出的带常数项的简单回归 $Y_i = \alpha + \beta X_i + u_i$，证明下列 OLS 估计量的数值性质：

$$\sum_{i=1}^{n} e_i = 0, \quad \sum_{i=1}^{n} e_i X_i = 0, \quad \sum_{i=1}^{n} e_i \hat{Y}_i = 0, \quad \sum_{i=1}^{n} \hat{Y}_i = \sum_{i=1}^{n} Y_i.$$

2. 对于仅有一个常数项的回归 $Y_i = \alpha + u_i$，其中 $u_i \sim IID(0, \sigma^2)$，证明 $\hat{\alpha}$ 的最小二乘估计量 $\hat{\alpha}_{OLS} = \bar{Y}$，$\mathrm{var}(\hat{\alpha}_{OLS}) = \sigma^2/n$，残差平方和是 $\sum_{i=1}^{n} y_i^2 = \sum_{i=1}^{n} (Y_i - \bar{Y})^2$。

3. 对于没有常数项的简单回归 $Y_i = \beta X_i + u_i$，其中 $u_i \sim IID(0, \sigma^2)$。

（a）推导 β 的 OLS 估计量并求其方差。

（b）对于这个模型而言，问题 1 所述的 OLS 估计量的数值性质哪些仍然成立？

（c）在假设 $u_i \sim IID(0, \sigma^2)$ 下推导 β 和 σ^2 的极大似然估计量。

（d）假设 σ^2 是已知的。推导关于 $H_0: \beta = 1$ 对 $H_1: \beta \neq 1$ 的 Wald、LM 和 LR 检验。

4. 利用 $E\left(\sum_{i=1}^{n} x_i u_i\right)^2 = \sum_{i=1}^{n} \sum_{j=1}^{n} x_i x_j E(u_i u_j)$ 以及假设 2 和假设 3 证明等式 (3.6)。

5. 利用等式（3.1）给出的回归：

（a）证明 $\hat{\alpha}_{OLS} = \alpha + (\beta - \hat{\beta}_{OLS})\bar{X} + \bar{u}_i$；并推导 $E(\hat{\alpha}_{OLS}) = \alpha$。

（b）利用 $\hat{\beta}_{OLS} - \beta = \sum_{i=1}^{n} x_i u_i \big/ \sum_{i=1}^{n} x_i^2$ 以及（a）部分的结论证明 $\mathrm{var}(\hat{\alpha}_{OLS}) = \sigma^2 \left[(1/n) + \left(\bar{X}^2 \big/ \sum_{i=1}^{n} x_i^2 \right) \right] = \sigma^2 \sum_{i=1}^{n} X_i^2 \big/ n \sum_{i=1}^{n} x_i^2$。

（c）证明 $\hat{\alpha}_{OLS}$ 对于 α 是一致的。

（d）证明 $\mathrm{cov}(\hat{\alpha}_{OLS}, \hat{\beta}_{OLS}) = -\bar{X}\mathrm{var}(\hat{\beta}_{OLS}) = -\sigma^2 \bar{X} \big/ \sum_{i=1}^{n} x_i^2$。这意味着协方差的

计量经济学方法与应用（第五版）

符号是由 $\overline{X}$ 的符号决定的。如果 $\overline{X}$ 是正的，这个方差将是负的。这同样意味着如果 $\hat{\alpha}_{OLS}$ 被高估了，那么 $\hat{\beta}_{OLS}$ 就被低估了。

6. 利用等式（3.1）给出的回归：

(a) 证明：$\hat{\alpha}_{OLS} = \sum_{i=1}^{n} \lambda_i Y_i$，其中 $\lambda_i = (1/n) - \overline{X} w_i$，$w_i = x_i \big/ \sum_{i=1}^{n} x_i^2$。

(b) 证明：$\sum_{i=1}^{n} \lambda_i = 1$ 和 $\sum_{i=1}^{n} \lambda_i X_i = 0$。

(c) 证明：α 的任意线性估计量即 $\tilde{\alpha} = \sum_{i=1}^{n} b_i Y_i$，如果 $\tilde{\alpha}$ 对于 α 是无偏的，那么必须满足 $\sum_{i=1}^{n} b_i = 1$ 和 $\sum_{i=1}^{n} b_i X_i = 0$。

(d) 令 $b_i = \lambda_i + f_i$，证明：$\sum_{i=1}^{n} f_i = 0$ 和 $\sum_{i=1}^{n} f_i X_i = 0$。

(e) 证明：

$$\text{var}(\tilde{\alpha}) = \sigma^2 \sum_{i=1}^{n} b_i^2 = \sigma^2 \sum_{i=1}^{n} \lambda_i^2 + \sigma^2 \sum_{i=1}^{n} f_i^2 = \text{var}(\hat{\alpha}_{OLS}) + \sigma^2 \sum_{i=1}^{n} f_i^2.$$

7. (a) 将式（3.9）对 α 和 β 求导，并证明 $\hat{\alpha}_{MLE} = \hat{\alpha}_{OLS}$ 和 $\hat{\beta}_{MLE} = \hat{\beta}_{OLS}$。

(b) 将式（3.9）对 σ^2 求导，并证明 $\hat{\sigma}_{MLE}^2 = \sum_{i=1}^{n} e_i^2 / n$。

8. 简单回归中的 t 检验。众所周知，一个标准正态随机变量 $N(0,1)$ 除以一个卡方随机变量与自由度的比值的平方根即 $(\chi_v^2 / v)^{\frac{1}{2}}$ 得到一个自由度为 v 的 t 分布，其中已知 $N(0,1)$ 和卡方变量是独立的，见第 2 章。利用这个事实证明 $(\hat{\beta}_{OLS} - \beta) \big/ \left[s / \left(\sum_{i=1}^{n} x_i^2 \right)^{\frac{1}{2}} \right] \sim t_{n-2}$。

9. R^2 与 r_{xy}^2 的关系。

(a) 根据 $R^2 = \sum_{i=1}^{n} \hat{y}_i^2 \big/ \sum_{i=1}^{n} y_i^2$；$\hat{y}_i = \hat{\beta}_{OLS} x_i$ 和 $\hat{\beta}_{OLS} = \sum_{i=1}^{n} x_i y_i \big/ \sum_{i=1}^{n} x_i^2$，证明 $R^2 = r_{xy}^2$。其中

$$r_{xy}^2 = \left(\sum_{i=1}^{n} x_i y_i \right)^2 \big/ \left(\sum_{i=1}^{n} x_i^2 \right) \left(\sum_{i=1}^{n} y_i^2 \right).$$

(b) 利用 $y_i = \hat{y}_i + e_i$，证明 $\sum_{i=1}^{n} \hat{y}_i y_i = \sum_{i=1}^{n} \hat{y}_i^2$，并据此推导 $r_{y\hat{y}}^2 = \left(\sum_{i=1}^{n} y_i \hat{y}_i \right)^2 \big/ \left(\sum_{i=1}^{n} y_i^2 \right) \left(\sum_{i=1}^{n} \hat{y}_i^2 \right)$ 等于 R^2。

10. 预测。考虑式（3.11）的预测 Y_0 的问题。给定 X_0，

(a) 证明 $E(Y_0) = \alpha + \beta X_0$。

(b) 证明 $\hat{Y}_0$ 对于 $E(Y_0)$ 是无偏的。

(c) 证明 $\text{var}(\hat{Y}_0) = \text{var}(\hat{\alpha}_{OLS}) + X_0^2 \text{var}(\hat{\beta}_{OLS}) + 2X_0 \text{cov}(\hat{\alpha}_{OLS}, \hat{\beta}_{OLS})$。推导 $\text{var}(\hat{Y}_0) = \sigma^2 \left[(1/n) + (X_0 - \overline{X})^2 \big/ \sum_{i=1}^{n} x_i^2 \right]$。

(d) 考虑 $E(Y_0)$ 的一个线性预测值，比如 $\tilde{Y}_0 = \sum_{i=1}^{n} a_i Y_i$，证明 $\sum_{i=1}^{n} a_i = 1$ 以及 $\sum_{i=1}^{n} a_i X_i = X_0$ 是 $E(Y_0)$ 的无偏预测值。

(e) 证明 $\text{var}(\tilde{Y}_0) = \sigma^2 \sum_{i=1}^{n} a_i^2$。由（d）给出的限制条件最小化 $\sum_{i=1}^{n} a_i^2$。证明得

到的预测是 $\widetilde{Y}_0 = \hat{\alpha}_{OLS} + \hat{\beta}_{OLS} X_0$ 且最小方差为 $\sigma^2 \left[(1/n) + (X_0 - \overline{X})^2 \Big/ \sum_{i=1}^n x_i^2 \right]$。

11. 无偏估计量的最优权重。这基于 Baltagi（1995）的研究。对于不含常数项的简单回归 $Y_i = \beta X_i + u_i$，$i = 1, 2, \cdots, N$；其中 β 是标量，且 $u_i \sim \mathrm{IID}(0, \sigma^2)$ 并独立于 X_i。考虑下列 β 的无偏估计量：

$$\hat{\beta}_1 = \sum_{i=1}^n X_i Y_i \Big/ \sum_{i=1}^n X_i^2, \quad \hat{\beta}_2 = \overline{Y} / \overline{X},$$

和

$$\hat{\beta}_3 = \sum_{i=1}^n (X_i - \overline{X})(Y_i - \overline{Y}) \Big/ \sum_{i=1}^n (X_i - \overline{X})^2,$$

其中 $\overline{X} = \sum_{i=1}^n X_i / n$ 和 $\overline{Y} = \sum_{i=1}^n Y_i / n$。

(a) 证明 $\mathrm{cov}(\hat{\beta}_1, \hat{\beta}_2) = \mathrm{var}(\hat{\beta}_1) > 0$ 及 $\rho_{12} = (\hat{\beta}_1$ 与 $\hat{\beta}_2$ 的相关系数$) = [\mathrm{var}(\hat{\beta}_1)/\mathrm{var}(\hat{\beta}_2)]^{1/2}$，其中 $0 \leqslant \rho_{12} \leqslant 1$。证明 $\hat{\beta}_1$ 和 $\hat{\beta}_2$ 的最优组合由 $\hat{\beta} = \alpha \hat{\beta}_1 + (1-\alpha) \hat{\beta}_2$，其中 $-\infty < \alpha < +\infty$ 在 $\alpha^* = 1$ 时得到。这里的最优性指的是最小化方差。提示：参见 Samuel-Cahn（1994）的论文。

(b) 类似地，证明 $\mathrm{cov}(\hat{\beta}_1, \hat{\beta}_3) = \mathrm{var}(\hat{\beta}_1) > 0$ 及 $\rho_{13} = (\hat{\beta}_1$ 与 $\hat{\beta}_3$ 的相关系数$) = [\mathrm{var}(\hat{\beta}_1)/\mathrm{var}(\hat{\beta}_3)]^{1/2} = (1 - \rho_{12}^2)^{\frac{1}{2}}$，其中 $0 \leqslant \rho_{13} \leqslant 1$。结论是 $\hat{\beta}_1$ 和 $\hat{\beta}_3$ 的最优组合在 $\alpha^* = 1$ 得到。

(c) 证明 $\mathrm{cov}(\hat{\beta}_2, \hat{\beta}_3) = 0$，且 $\hat{\beta}_2$ 和 $\hat{\beta}_3$ 的最优组合是 $\hat{\beta} = (1 - \rho_{12}^2) \hat{\beta}_3 + \rho_{12}^2 \hat{\beta}_2 = \hat{\beta}_1$。这个练习证实了一个更一般的结论，即 β 的 BLUE 在这个例子中是 $\hat{\beta}_1$，与 β 的其他任意线性无偏估计量呈正相关，并且这个相关性容易通过计算这两个估计量的方差之比得到。

12. 相关的有效性。这基于 Oksanen（1993）的研究。令 $\hat{\beta}$ 表示 β 的最佳线性无偏估计量，且令 $\tilde{\beta}$ 表示 β 的任意线性无偏估计量。证明 $\tilde{\beta}$ 关于 $\hat{\beta}$ 的相对有效性是 $\hat{\beta}$ 和 $\tilde{\beta}$ 相关系数的平方。提示：对于任意 λ，计算 $\hat{\beta} + \lambda(\hat{\beta} - \tilde{\beta})$ 的方差。因为 $\hat{\beta}$ 是 BLUE，这个方差在 $\lambda = 0$ 时最小化。得到的结果应该是 $E(\hat{\beta}^2) = E(\hat{\beta}\tilde{\beta})$，这反过来证明了需要的结论，见 Zheng（1994）。

13. 对于 3.9 节中给出的数值例子，当出现下列情况时，最小二乘回归的系数估计量（$\hat{\alpha}_{OLS}$, $\hat{\beta}_{OLS}$）、s^2、估计的 $se(\hat{\alpha}_{OLS})$ 和 $se(\hat{\beta}_{OLS})$、关于 $H_0^a : \alpha = 0$ 对 $H_0^b : \beta = 0$ 的 t 统计量，以及 R^2 将会发生什么？

(a) Y_i 对 $X_i + 5$ 而不是 X_i 回归。换句话说，我们对每一个解释变量 X_i 的观测值增加一个常数 5 并再次运行回归。查看 X_i 这个简单转换如何影响表 3—1 中的计算，这将是非常有启发性的。

(b) $Y_i + 2$ 对 X_i 回归。换句话说，将 Y_i 上增加一个常数 2。

(c) Y_i 对 $2X_i$ 回归（用常数 2 乘以 X_i）。

14. 对于表 3—2 给出的香烟消费数据。

(a) 给出 $\log C$、$\log P$ 和 $\log Y$ 的描述性统计量。绘制它们的直方图。同时，绘制 $\log C$ 对 $\log Y$，$\log C$ 对 $\log P$ 的散点图。计算这些变量的相关矩阵。

（b）$\log C$ 对 $\log Y$ 进行回归。收入弹性估计量是多少？它的标准误差是多少？检验这个弹性值为 0 的原假设。在这个回归中 s 和 R^2 是什么？

（c）证明 $\log C$ 和 $\log Y$ 的简单相关系数的平方等于 R^2。证明 $\log C$ 的拟合值和真实值之间的相关系数的平方同样等于 R^2。

（d）绘制残差与收入图。同时，绘制拟合值与 95% 的置信带图。

15. 考虑没有常数的简单回归 $Y_i = \beta X_i + u_i$，$i=1, 2, \cdots, n$，其中 $u_i \sim IID(0, \sigma^2)$ 且独立于 X_i。Theil（1971）证明了，在 Y_i 的所有线性无偏估计量中，β 的最小化均方误差估计量即由最小化 $E(\tilde{\beta}-\beta)^2$ 得到的估计量，由下式给出

$$\tilde{\beta} = \beta^2 \sum_{i=1}^{n} X_i Y_i / (\beta^2 \sum_{i=1}^{n} X_i^2 + \sigma^2)\text{。}$$

（a）证明 $E(\tilde{\beta}) = \beta/(1+c)$，其中 $c = \sigma^2/\beta^2 \sum_{i=1}^{n} X_i^2 > 0$。

（b）推导 $\mathrm{Bias}(\tilde{\beta}) = E(\tilde{\beta}) - \beta = -[c/(1+c)]\beta$。注意，当 β 为负（正）时，这个偏差是正（负）的，这也意味着 $\tilde{\beta}$ 对于 0 来说是有偏的。

（c）证明 $\mathrm{MSE}(\tilde{\beta}) = E(\tilde{\beta}-\beta)^2 = \sigma^2 / [\sum_{i=1}^{n} X_i^2 + (\sigma^2/\beta^2)]$。推断它小于 $MSE(\hat{\beta}_{OLS})$。

16. 表 3—4 给出了 1980 年 20 个国家的实际国内生产总值（RGDP）和能源消费总量（EN）的横截面数据。

表 3--4   20 个国家的能源数据

国家	RGDP（百万美元，1975 年的价格）	EN（百万公斤煤当量）
马耳他	1 251	456
冰岛	1 331	1 124
塞浦路斯	2 003	1 211
爱尔兰	11 788	11 053
挪威	27 914	26 086
芬兰	28 388	26 405
葡萄牙	30 642	12 080
丹麦	34 540	27 049
希腊	38 039	20 119
瑞士	42 238	23 234
澳大利亚	45 451	30 633
瑞典	59 350	45 132
比利时	62 049	58 894
荷兰	82 804	84 416
土耳其	91 946	32 619
西班牙	159 602	88 148
意大利	265 863	192 453
英国	279 191	268 056
法国	358 675	233 907
联邦德国	428 888	352 677

(a) 输入数据并给出描述性统计量。绘制 RGDP 和 EN 的直方图。绘制 EN 和 RGDP 的平面图。

(b) 估计回归：

$$\log(EN) = \alpha + \beta \log(RGDP) + u。$$

确保要绘制残差图。它们说明了什么？

(c) 检验 $H_0 : \beta = 1$。

(d) 在你的能源数据观测值中有一个观测值有小数点错误。将这个数据乘以 1 000。现在重复（a）、（b）和（c）部分。

(e) 将这些能源消费数据由低到高排列，有什么原因吗？请解释。

已有经验：要一直绘制残差图。要一直非常仔细地检查你的数据。

17. 使用表 3—4 给出的能源数据，按照问题 16（d）部分的要求修正数据，将方程的形式转变为下列形式合适吗？

$$\log(RGDP) = \gamma + \delta \log(EN) + \varepsilon。$$

(a) 从经济意义上讲，这是否改变了方程的解释？请解释。

(b) 估计这个方程，并将这个方程和前面方程的 R^2 进行比较。另外，检查是否有 $\hat{\delta} = 1/\hat{\beta}$，为什么存在不同？

(c) 在统计上，通过转变这个方程，我们违背了哪些假设？

(d) 证明 $\hat{\delta} \hat{\beta} = R^2$。

(e) 改变变量测量单位所产生的影响。假定你测量能源以 BTU（英国热量单位）而不是公斤煤当量为单位，即将原始序列乘以 60。在下列方程中它如何使 α 和 β 发生变化？

$$\log(EN) = \alpha + \beta \log(RGDP) + u, \quad EN = \alpha^* + \beta^* RGDP + v。$$

你可以解释为什么在 log-log 模型中 $\hat{\alpha}$ 改变，而 $\hat{\beta}$ 没有改变，然而在线性模型中 $\hat{\alpha}^*$ 和 $\hat{\beta}^*$ 都改变吗？

(f) 对于 log-log 形式与线性形式，比较马耳他和联邦德国的 GDP 弹性。两者同样合理吗？

(g) 绘制线性模型和 log-log 模型的残差图。你会发现什么？

(h) 你能比较（g）部分两个模型的 R^2 和标准误吗？提示：在 log-log 等式中反推 $\log(EN)$ 和 $\widehat{\log}(EN)$，取幂，并计算残差与 s。可以将这些结果与从线性模型中得到的结果进行比较。

18. 对于问题 16 所考虑的模型：$\log(EN) = \alpha + \beta \log(RGDP) + u$，并以 BTU（类似问题 17(e) 部分）为能源测量单位。

(a) 样本均值的 95% 的置信预测区间是什么？

(b) 马耳他的 95% 的置信预测区间是什么？

(c) 联邦德国的 95% 的置信预测区间是什么？

计量经济学方法与应用（第五版）

参考文献

包含在本章中的其他阅读材料在以下文献中可以找到：

Baltagi, B. H. (1995), "Optimal Weighting of Unbiased Estimators," *Econometric Theory*, Problem 95.3.1, 11: 637.

Baltagi, B. H. and D. Levin (1992), "Cigarette Taxation: Raising Revenues and Reducing Consumption," *Structural Change and Economic Dynamics*, 3: 321-335.

Belsley, D. A., E. Kuh and R. E. Welsch (1980), *Regression Diagnostics* (Wiley: New York).

Greene, W. (1993), *Econometric Analysis* (Macmillian: New York).

Gujarati, D. (1995), *Basic Econometrics* (McGraw-Hill: New York).

Johnston, J. (1984), *Econometric Methods* (McGraw-Hill: New York).

Kelejian, H. and W. Oates (1989), *Introduction to Econometrics* (Harper and Row: New York).

Kennedy, P. (1992), *A Guide to Econometrics* (MIT Press: Cambridge).

Kmenta, J. (1986), *Elements of Econometrics* (Macmillan: New York).

Maddala, G. S. (1992), *Introduction to Econometrics* (Macmillan: New York).

Oksanen, E. H. (1993), "Efficiency as Correlation," *Econometric Theory*, Problem 93.1.3, 9: 146.

Samuel-Cahn, E. (1994), "Combining Unbiased Estimators," *The American Statistician*, 48: 34-36.

Wallace, D. and L. Silver (1988), *Econometrics: An Introduction* (Addison Wesley: New York).

Zheng, J. X. (1994), "Efficiency as Correlation," *Econometric Theory*, Solution 93.1.3, 10: 228.

附　　录

中心化和非中心化的 R^2

从式（3.1）的最小二乘回归我们得到

$$Y_i = \hat{Y}_i + e_i, \ i = 1, 2, \cdots, n, \tag{A.1}$$

其中 $\hat{Y}_i = \hat{\alpha}_{OLS} + X_i \hat{\beta}_{OLS}$。对上面的等式平方并求和，我们得到

$$\sum_{i=1}^{n} Y_i^2 = \sum_{i=1}^{n} \hat{Y}_i^2 + \sum_{i=1}^{n} e_i^2, \tag{A.2}$$

因为 $\sum_{i=1}^{n} \hat{Y}_i e_i = 0$。非中心化的 R^2 由下式给出

$$\text{非中心化的 } R^2 = 1 - \sum_{i=1}^n e_i^2 \bigg/ \sum_{i=1}^n Y_i^2 = \sum_{i=1}^n \hat{Y}_i^2 \bigg/ \sum_{i=1}^n Y_i^2 \text{ 。} \qquad \text{(A.3)}$$

注意，Y_i 的总平方和并没有表示为偏离样本均值 $\overline{Y}$ 的形式。换句话说，非中心化的 R^2 是 $\sum_{i=1}^n Y_i^2$ 的变化被对 X 的回归所解释的比例。回归软件通常会给出中心化的 R^2，即 3.6 节中所定义的 $1 - \left(\sum_{i=1}^n e_i^2 \big/ \sum_{i=1}^n y_i^2 \right)$，其中 $y_i = Y_i - \overline{Y}$。后一种度量重点在于，拟合常数项之后对 Y_i 变化的解释。

从 3.6 节中我们已经看到，仅有一个常数的简单模型，其常数的估计为 $\overline{Y}$，也可见问题 2。Y_i 的变化中不能由这个简单模型来解释的部分是 $\sum_{i=1}^n y_i^2 = \sum_{i=1}^n (Y_i - \overline{Y})^2$。在式（A.2）的两侧同时减去 $n\overline{Y}^2$，我们得到

$$\sum_{i=1}^n y_i^2 = \sum_{i=1}^n \hat{Y}_i^2 - n\overline{Y}^2 + \sum_{i=1}^n e_i^2 \text{ ，}$$

那么中心化的 R^2 是

$$\text{中心化的 } R^2 = 1 - \left(\sum_{i=1}^n e_i^2 \bigg/ \sum_{i=1}^n y_i^2 \right) = \left(\sum_{i=1}^n \hat{Y}_i^2 - n\overline{Y}^2 \right) \bigg/ \sum_{i=1}^n y_i^2 \text{ 。}$$
$$\text{(A.4)}$$

如果模型中有常数项，则 $\overline{Y} = \overline{\hat{Y}}$，且 $\sum_{i=1}^n \hat{y}_i^2 = \sum_{i=1}^n (\hat{Y}_i - \overline{\hat{Y}})^2 = \sum_{i=1}^n \hat{Y}_i^2 - n\overline{Y}^2$，见 3.6 节。那么，中心化的 $R^2 = \sum_{i=1}^n \hat{y}_i^2 \big/ \sum_{i=1}^n y_i^2$，这就是回归程序中给出的 R^2。如果模型中没有常数，一些回归软件会给你"不带常数"的选项，并且所给出的 R^2 通常是非中心化的 R^2。查看你所用回归软件的使用说明以确定你得到的是中心化还是非中心化的 R^2。我们在利用回归构建检验统计量时还会用到非中心化的 R^2，见第 11 章的例子。

第4章

多元回归分析

4.1 引 言

到目前为止，在回归方程中，除了常数项之外我们只考虑了一个回归变量 X。而经济关系通常包含多个回归变量。例如，一种商品的需求方程常常会包括该商品的实际价格、实际收入、其竞争商品的实际价格以及在该产品上的广告支出。此时，

$$Y_i = \alpha + \beta_2 X_{2i} + \beta_3 X_{3i} + \cdots + \beta_K X_{Ki} + u_i, \quad i=1,2,\cdots,n, \tag{4.1}$$

其中，Y_i 表示被解释变量（该商品销售量）Y 的第 i 次观测，X_{ki} 表示解释变量 $X_k (k=2,\cdots,K)$ 的第 i 次观测，这里 X_k 分别为该商品的价格、竞争商品的价格和该商品上的广告支出。α 为截距，β_2，β_3，$\cdots$，β_k 为 $k-1$ 个斜率系数。u_i 满足第 3 章的古典假设 1 至假设 4。假设 4 修正为包括回归中出现的所有 X，即 $X_k (k=2,\cdots,K)$ 和 u_i 不相关，且

$$\sum_{i=1}^{n} (X_{ki} - \overline{X}_k)^2 / n$$

具有一个非零的有限概率极限，其中 $\overline{X}_k = \sum_{i=1}^{n} X_{ki} / n$。

4.2 节中推导了多元回归模型的 OLS 正规方程，指出要得到唯一解，这些方程还需要满足一个其他的假定。

4.2 最小二乘估计

正如第 3 章所讲到的，最小二乘使残差平方和最小，这里残差为 $e_i = Y_i - \hat{\alpha} -$

$\sum_{k=2}^{K} \hat{\beta}_{ki} X_{ki}$，$\hat{\alpha}$ 和 $\hat{\beta}_k$ 分别为回归参数 α 和 β_k 的估计值。残差平方和为：

$$RSS = \sum_{i=1}^{n} e_i^2 = \sum_{i=1}^{n} (Y_i - \hat{\alpha} - \hat{\beta}_2 X_{2i} - \cdots - \hat{\beta}_K X_{Ki})^2,$$

通过下面的 k 个一阶条件将残差平方和最小化：

$$\partial \left(\sum_{i=1}^{n} e_i^2 \right) / \partial \hat{\alpha} = -2 \sum_{i=1}^{n} e_i = 0,$$

$$\partial \left(\sum_{i=1}^{n} e_i^2 \right) / \partial \hat{\beta}_k = -2 \sum_{i=1}^{n} e_i X_{ki} = 0, \quad k = 2, \cdots, K, \tag{4.2}$$

或者，等价地：

$$\sum_{i=1}^{n} Y_i = \hat{\alpha} n + \hat{\beta}_2 \sum_{i=1}^{n} X_{2i} + \cdots + \hat{\beta}_K \sum_{i=1}^{n} K_{Ki},$$

$$\sum_{i=1}^{n} Y_i X_{2i} = \hat{\alpha} \sum_{i=1}^{n} X_{2i} + \hat{\beta}_2 \sum_{i=1}^{n} X_{2i}^2 + \cdots + \hat{\beta}_K \sum_{i=1}^{n} X_{2i} X_{Ki}, \tag{4.3}$$

$$\vdots \qquad \qquad \vdots \qquad \qquad \vdots \qquad \qquad \qquad \vdots$$

$$\sum_{i=1}^{n} Y_i X_{Ki} = \hat{\alpha} \sum_{i=1}^{n} X_{Ki} + \hat{\beta}_2 \sum_{i=1}^{n} X_{2i} X_{Ki} + \cdots + \hat{\beta}_K \sum_{i=1}^{n} X_{Ki}^2,$$

这里，第一个方程是回归方程乘以常数然后对其求和，第二个方程是用 X_2 乘以回归方程然后对其求和，第 K 个方程是用 X_K 乘以回归方程然后对其求和。式（4.3）还意味着 $\sum_{i=1}^{n} u_i = 0$ 和 $\sum_{i=1}^{n} u_i X_{ki} = 0$。这包含 K 个未知数的 K 个方程组成一个方程组，解这个方程组，我们得到 OLS 估计量。用矩阵形式求解则更简便，见第 7 章。假设 1 至假设 4 保证了 OLS 估计量是最优的线性无偏估计量（BLUE）。假设 5 说明了正态性，因此，OLS 估计量（ⅰ）是一个极大似然估计量；（ⅱ）服从正态分布；（ⅲ）是方差最小的无偏估计量。有了正态性假定，我们可以进行假设检验。如果没有这一假定，我们则不得不求助于中心极限定理和足够大的样本以便进行假设检验。

为了确保我们能够在式（4.3）中解出 OLS 估计量，除了第 3 章考虑的那些假定外，我们需要对模型进行进一步假定。

假设 6：不完全多重共线性。也就是说，解释变量之间彼此不存在完全相关。这个假设表明，没有一个解释变量 $X_k (k = 2, \cdots, K)$ 是另外其他 X 的完全线性组合。如果违背了假设 6，那么式（4.2）或式（4.3）中就有一个方程是多余的，我们就会有 $K-1$ 个线性独立方程包含 K 个未知数。这意味着我们不能得到这 K 个系数唯一的 OLS 估计量。

例 1：如果 $X_{2i} = 3X_{4i} - 2X_{5i} + X_{7i}$，$i = 1, \cdots, n$，那么用 e_i 乘以该方程，然后加总，得到：

$$\sum_{i=1}^{n} X_{2i} e_i = 3 \sum_{i=1}^{n} X_{4i} e_i - 2 \sum_{i=1}^{n} X_{5i} e_i + \sum_{i=1}^{n} X_{7i} e_i。$$

这意味着式（4.2）中的第二个 OLS 正态方程可以表示为第 4 个、第 5 个和第 7 个 OLS 正态方程的完全线性组合。知道了后面三个方程，第二个方程没有提供任何新的信息。或者，可以在原始回归方程（4.1）中替换这种关系。通过若干代数变换，X_2 被消掉，最终的方程变为：

$$Y_i = \alpha + \beta_3 X_{3i} + (3\beta_2 + \beta_4) X_{4i} + (\beta_5 - 2\beta_2) X_{5i} + \beta_6 X_{6i} + (\beta_2 + \beta_7) X_{7i} + \cdots + \beta_K X_{Ki} + u_i。 \tag{4.4}$$

计量经济学方法与应用（第五版）

注意，X_{4i}、X_{5i} 和 X_{7i} 的系数现在分别为（$3\beta_2 + \beta_4$）、（$\beta_5 - 2\beta_2$）和（$\beta_2 + \beta_7$），都受到了 β_2 的影响。β_2、β_4、β_5 和 β_7 的这些线性组合可通过消除了 X_2 的回归式（4.4）估计得到。事实上，没有受到这个完全线性关系影响的其他的 X，它们的系数也不会受到 β_2 的影响，因此仍可用 OLS 来估计。但是 β_2、β_4、β_5 和 β_7 是不能单独估计的。完全多重共线性意味着，我们不能将那些完全相关的解释变量对 Y 的影响区分开来。因此，需要不存在完全多重共线性的假设 6 来保证 OLS 正规方程有唯一解。注意，这里适用于完全线性关系，不适用于解释变量间的完全非线性关系。换句话说，在一个解释个人收入的方程里，可以包含 X_{1i}（工作年限）和 X_{1i}^2（工作年限²）。尽管这两个解释变量之间是完全的二次关系，但它们不是一个完全的线性关系，因此，不会引起完全多重共线性。

4.3　多元回归估计的残差解释

尽管我们没有推导出 β 的 OLS 估计量的具体解，但我们知道它们是式（4.2）或式（4.3）的解。我们来关注其中的一个估计量，比如说 $\hat{\beta}_2$，β_2 的 OLS 估计量，即 Y_i 关于 X_{2i} 的偏导数。作为式（4.2）或式（4.3）的一个解，$\hat{\beta}_2$ 是 β_2 的多元回归系数，或者说，我们可以将 $\hat{\beta}_2$ 解释为一个简单线性回归系数。

解释 1：（ⅰ）将 X_2 对式（4.1）中的其他 X 回归，得到残差 $\hat{v}_2$，即 $X_2 = \hat{X}_2 + \hat{v}_2$；（ⅱ）将 Y 对 $\hat{v}_2$ 做简单回归，斜率系数的估计结果为 $\hat{\beta}_2$。

第一个回归基本上排除了其他 X 变量对 X_2 的影响，将 X_2 独有的变化归入 $\hat{v}_2$。解释 1 表明 $\hat{\beta}_2$ 可以解释为 Y 对该残差的简单线性回归系数的估计量。这和 β_2 的偏导数的解释是一致的。关于解释 1 的证明见附录。利用式（3.4）给出的简单线性回归的结果，用 $\hat{v}_2$ 代替 X_i，我们得到

$$\hat{\beta}_2 = \sum_{i=1}^{n} \hat{v}_2 Y_i \bigg/ \sum_{i=1}^{n} \hat{v}_{2i}^2, \tag{4.5}$$

根据式（3.6），我们又得到

$$\mathrm{var}(\hat{\beta}_2) = \sigma^2 \bigg/ \sum_{i=1}^{n} \hat{v}_{2i}^2. \tag{4.6}$$

作为简单回归系数的估计量，$\hat{\beta}_2$ 的另一种解释如下：

解释 2：（ⅰ）将 Y 对所有其他的 X 回归，得到预测的 $\tilde{Y}$ 和残差 $\tilde{\omega}$；（ⅱ）将 $\tilde{\omega}$ 对 $\hat{v}_2$ 做简单回归。斜率系数的估计结果为 $\hat{\beta}_2$。

该回归排除了其他 X 对 Y 和 X_2 的影响，然后将消除影响后的 Y 的残差对消除影响后的 X_2 的残差回归。这和 β_2 的偏导数的解释也是一致的。关于解释 2 的证明见本章附录。

在简单线性回归模型的基础上来理解多元回归，$\hat{\beta}_2$ 的两种解释非常重要，它们提供了一种简单的思路。另外，可以不排除其他 X 对一个 X 的影响来得到这个 X 对 Y 的单独影响，要做的就是将所有 X 放进一个多元回归模型中。问题 1 通过一个实例证实了这个结果，还可以通过第 7 章的矩阵代数来证明。

对于任何回归，均有 $R^2=1-RSS/TSS$。令 R_2^2 表示 X_2 对其他 X 回归的 R^2，那么 $R_2^2 = 1 - \sum_{i=1}^n \hat{v}_{2i}^2 \Big/ \sum_{i=1}^n x_{2i}^2$，其中 $x_{2i} = X_{2i} - \overline{X}_2$，$\overline{X}_2 = \sum_{i=1}^n X_{2i}/n$；$TSS = \sum_{i=1}^n (X_{2i} - \overline{X}_2)^2 = \sum_{i=1}^n x_{2i}^2$，$RSS = \sum_{i=1}^n \hat{v}_{2i}^2$。等价地，$\sum_{i=1}^n \hat{v}_{2i}^2 = \sum_{i=1}^n x_{2i}^2(1 - R_2^2)$，且

$$\mathrm{var}(\hat{\beta}_2) = \sigma^2 \Big/ \sum_{i=1}^n \hat{v}_{2i}^2 = \sigma^2 \Big/ \sum_{i=1}^n x_{2i}^2(1 - R_2^2) 。 \tag{4.7}$$

这意味着，当 σ^2 和 $\sum_{i=1}^n x_{2i}^2$ 保持不变时，R_2^2 越大，$(1 - R_2^2)$ 越小，$\mathrm{var}(\hat{\beta}_2)$ 就越大。这说明了多重共线性和 OLS 估计量方差之间的关系。X_2 和其他 X 之间的多重共线性程度越强，R_2^2 越大，从而 $\hat{\beta}_2$ 的方差就越大。完全多重共线性是 $R_2^2=1$ 时的极端情形。反过来，又暗指 $\hat{\beta}_2$ 的方差是有限的。总体上，回归变量之间的严重的多重共线性会使这些高度相关的变量的系数估计的精确度下降。只要满足假设 1 和假设 4，最小二乘回归估计仍是无偏的，但是，由于它们的方差过大，这些估计量是不可信的。但重要的是，注意一个小的 σ^2 和一个大的 $\sum_{i=1}^n x_{2i}^2$ 可以抵消一个高的 R_2^2 的影响，从而得到关于 $\hat{\beta}_2$ 的显著的 t 统计量。Maddala（2001）认为解释变量内部的高度相关既不是引起多重共线性问题的必要条件，也不是充分条件。实际上，多重共线性对于观测值个数的增减比较敏感，进一步的分析见第 8 章。只是作为一个问题考察解释变量之间的高度相关还是有用的。更为重要的是通过标准误差和 t 统计量来评价多重共线性的严重程度。

关于多重共线性问题的可能的解决方法已有很多文献，最近的综述见 Hill and Adkins（2001）。可靠的解决方法包括：（i）获取新的更好的数据，但这个可行性很小；（ii）根据已有的实证研究和经济理论获得关于模型参数的非样本信息。对于后一种解决问题的方法，我们无法真正知道所获得的信息在降低估计量的均方误差方面是否足够好。

4.4 回归方程的过度设定和设定不足

到目前为止，我们假定真实的线性回归关系总是被正确设定。实际上可能并非如此。简单起见，我们考虑真正模型为包含一个解释变量 X_1 的简单回归。

真实模型：$Y_i = \alpha + \beta_1 X_{1i} + u_i$，

其中，$u_i \sim \mathrm{IID}(0, \sigma^2)$，但是估计的模型被过度设定，包含一个多余的无关变量 X_2，即

估计模型：$\hat{Y}_i = \hat{\alpha} + \hat{\beta}_1 X_{1i} + \hat{\beta}_2 X_{2i}$。

根据上一节内容，显然 $\hat{\beta}_1 = \sum_{i=1}^n \hat{v}_{1i} Y_i \Big/ \sum_{i=1}^n \hat{v}_{1i}^2$，其中 $\hat{v}_1$ 是 X_1 对 X_2 的 OLS 残差。由于 $\sum_{i=1}^n \hat{v}_{1i} = 0$，用真实模型替代 Y，得到

$$\hat{\beta}_1 = \beta_1 \sum_{i=1}^n \hat{v}_{1i} X_{1i} \Big/ \sum_{i=1}^n \hat{v}_{1i}^2 + \sum_{i=1}^n \hat{v}_{1i} u_i \Big/ \sum_{i=1}^n \hat{v}_{1i}^2 。$$

但是 $X_{1i} = \hat{X}_{1i} + \hat{v}_{1i}$ 和 $\sum_{i=1}^{n} \hat{X}_{1i} \hat{v}_{1i} = 0$ 意味着 $\sum_{i=1}^{n} \hat{v}_{1i} X_{1i} = \sum_{i=1}^{n} \hat{v}_{1i}^2$ ，因此，

$$\hat{\beta}_1 = \beta_1 + \sum_{i=1}^{n} \hat{v}_{1i} u_i \Big/ \sum_{i=1}^{n} \hat{v}_{1i}^2 , \tag{4.8}$$

由于 $\hat{v}_1$ 是 X 的一个线性组合，$E(\hat{\beta}_1) = \beta_1$，并且 $E(X_k u) = 0$，$k = 1, 2$。也有

$$\mathrm{var}(\hat{\beta}_1) = \sigma^2 \Big/ \sum_{i=1}^{n} \hat{v}_{1i}^2 = \sigma^2 \Big/ \sum_{i=1}^{n} x_{1i}^2 (1 - R_1^2) , \tag{4.9}$$

其中 $x_{1i} = X_{1i} - \overline{X}_1$，$R_1^2$ 是 X_1 对 X_2 回归的 R^2。利用真实模型估计 β_1，得到 $b_1 = \sum_{i=1}^{n} x_{1i} y_i \Big/ \sum_{i=1}^{n} x_{1i}^2$，其中 $E(b_1) = \beta_1$，$\mathrm{var}(b_1) = \sigma^2 \Big/ \sum_{i=1}^{n} x_{1i}^2$。因此，$\mathrm{var}(\hat{\beta}_1) \geqslant \mathrm{var}(b_1)$。还要注意，在过度设定的模型中，真实值为 0 的 β_2 的估计为：

$$\hat{\beta}_2 = \sum_{i=1}^{n} \hat{v}_{2i} Y_i \Big/ \sum_{i=1}^{n} \hat{v}_{2i}^2 , \tag{4.10}$$

其中 $\hat{v}_2$ 是 X_2 对 X_1 的 OLS 残差。由于 $\sum_{i=1}^{n} \hat{v}_{2i} X_{1i} = 0$ 和 $\sum_{i=1}^{n} \hat{v}_{2i} = 0$，用真实的模型代替 Y，可得

$$\hat{\beta}_2 = \sum_{i=1}^{n} \hat{v}_{2i} u_i \Big/ \sum_{i=1}^{n} \hat{v}_{2i}^2 . \tag{4.11}$$

另外，$\hat{v}_2$ 是 X 的一个线性组合，且 $E(X_k u) = 0$，$k = 1, 2$，因此 $E(\hat{\beta}_2) = 0$。总之，过度设定仍然会得到 β_1 和 β_2 的无偏估计，但是方差变大。

类似地，如果真实模型为二元回归模型：

真实模型：$Y_i = \alpha + \beta_1 X_{1i} + \beta_2 X_{2i} + u_i$，

其中 $u_i \sim \mathrm{IID}(0, \sigma^2)$，但是估计模型是

估计模型：$\hat{Y}_i = \hat{\alpha} + \hat{\beta}_1 X_{1i}$。

估计模型漏掉了相关变量 X_2，对真实关系设定不足。在这种情况下，

$$\hat{\beta}_1 = \sum_{i=1}^{n} x_{1i} Y_i \Big/ \sum_{i=1}^{n} x_{1i}^2 , \tag{4.12}$$

其中 $x_{1i} = X_{1i} - \overline{X}_1$。用真实模型代替 Y，得

$$\hat{\beta}_1 = \beta_1 + \beta_2 \sum_{i=1}^{n} x_{1i} X_{2i} \Big/ \sum_{i=1}^{n} x_{1i}^2 + \sum_{i=1}^{n} x_{1i} u_i \Big/ \sum_{i=1}^{n} x_{1i}^2 . \tag{4.13}$$

由于 $E(x_1 u) = 0$，因此 $E(\hat{\beta}_1) = \beta_1 + \beta_2 b_{12}$，其中 $b_{12} = \sum_{i=1}^{n} x_{1i} X_{2i} \Big/ \sum_{i=1}^{n} x_{1i}^2$。注意，$b_{12}$ 是 X_2 对 X_1 和常数回归的斜率估计。另外，

$$\mathrm{var}(\hat{\beta}_1) = E(\hat{\beta}_1 - E(\hat{\beta}_1))^2 = E\Big(\sum_{i=1}^{n} x_{1i} u_i \Big/ \sum_{i=1}^{n} x_{1i}^2 \Big)^2 = \sigma^2 \Big/ \sum_{i=1}^{n} x_{1i}^2 ,$$

这里低估了真实模型中 β_1 估计量的方差，即 $b_1 = \sum_{i=1}^{n} \hat{v}_{1i} Y_i \Big/ \sum_{i=1}^{n} \hat{v}_{1i}^2$，且

$$\text{var}(b_1) = \sigma^2 \Big/ \sum_{i=1}^{n} \hat{v}_{1i}^2 = \sigma^2 \Big/ \sum_{i=1}^{n} x_{1i}^2 (1 - R_1^2) \geqslant \text{var}(\hat{\beta}_1)。 \tag{4.14}$$

总之，设定不足得到的回归系数估计是有偏的，且低估了这些估计量的方差。这也是一个 β_2 实际上非零却施加了一个零约束的例子。这里存在偏差，是因为这种约束是错误的。但是，由于利用了更多的信息，即便这些信息是假的，也还是减小了方差。我们在第 6 章讨论分布滞后时还会涉及这些一般原理。

4.5 R^2 和 $\overline{R}^2$

由于 OLS 使残差平方和最小，在回归中增加一个或多个变量不会增加残差的平方和。毕竟，我们在更大维数的参数集上来最小化，最小值小于等于参数空间中的子集，见问题 4。因此，对于同一个被解释变量 Y，加入更多的变量不会使 $\sum_{i=1}^{n} e_i^2$ 增加，R^2 也不会下降，因为 $R^2 = 1 - \left(\sum_{i=1}^{n} e_i^2 \Big/ \sum_{i=1}^{n} y_i^2 \right)$。由于我们可以通过向回归中增加变量来提高 R^2（或者最差也是保持不变），因而将"最大化 R^2"作为选择模型的标准是没有意义的。为了避免在模型中增加一个额外的变量，我们计算

$$\overline{R}^2 = 1 - \left[\sum_{i=1}^{n} e_i^2 / (n-K) \right] \Big/ \left[\sum_{i=1}^{n} y_i^2 / (n-1) \right], \tag{4.15}$$

其中 $\sum_{i=1}^{n} e_i^2$ 和 $\sum_{i=1}^{n} y_i^2$ 用其各自的自由度进行了调整。注意，分子是回归的 s^2 且等于 $\sum_{i=1}^{n} e_i^2 / (n-K)$。这与第 3 章中 s^2 的自由度不同，这里是 $n-K$，因为我们要估计 K 个系数，或者说因为式（4.2）代表残差间的 K 个关系。因此知道 $(n-K)$ 个残差，我们可以从式（4.2）中推导出其他 K 个残差。当我们增加变量时，$\sum_{i=1}^{n} e_i^2$ 不增加，但是每增加一个变量自由度会减少 1。因此，只有当 $\sum_{i=1}^{n} e_i^2$ 对 s^2 的影响超过了损失 1 个自由度对 s^2 的影响时，s^2 才会下降。这正是 $\overline{R}^2$ 背后的思想，即通过减少 1 个自由度来惩罚增加 1 个变量。因此，只有当 $\sum_{i=1}^{n} e_i^2$ 的下降超过了这种损失，即 s^2 下降时，这个变量才会增加 $\overline{R}^2$。应用 $\overline{R}^2$ 的定义，我们可以得到它与 R^2 的关系如下：

$$(1 - \overline{R}^2) = (1 - R^2) [(n-1)/(n-K)]。 \tag{4.16}$$

4.6 线性约束条件检验

在简单线性回归模型一章中，我们证明了，当满足假设 1 至假设 4 时，OLS 估计是 BLUE。然后我们假定扰动项满足正态性，即假设 5，并证明 OLS 估计量实际上是极大似然估计量。然后我们推导了 Cramér-Rao 下限，并证明了这些估计是有效的。对于多元回归的情形，第 7 章会给出矩阵形式的证明。在正态性下，我们可以对回归进行假设检验。基本上，任何回归程序都会给出 OLS 估计和它们的标准误差，以及原假设为单个

系数等于零时相应的 t 统计量。每个系数的显著性检验是分别进行的。但是有人可能同时对两个和多个系数的联合检验感兴趣，或者只是想检验回归系数的线性约束条件是否成立，对于此，第 7 章将更正式地进行深入探讨。现在，我们假设读者可以用他们感兴趣的软件如 EViews、Stata、SAS、TSP、SHAZAM、LIMDEP 或 GAUSS 完成回归。式（4.2）或式（4.3）的解为 OLS 估计量。如 4.3 节所示，多元回归系数估计量可以解释为简单回归系数估计量。现在，我们打算用这些回归来检验线性约束。具体做法如下，对模型施加这些约束，并对施加约束的模型进行回归，相应的受约束的残差平方和记为 RRSS；接下来，对没有施加线性约束的模型进行回归，得到无约束的残差平方和，记为 URSS；最后，构造如下形式的 F 统计量：

$$F = \frac{(RRSS - URSS)/\ell}{URSS/(n-K)} \sim F_{\ell, n-K}, \tag{4.17}$$

其中 ℓ 表示约束条件的个数，$n-K$ 给出了无约束模型的自由度。该检验背后的思想很直观。如果约束为真，那么 RRSS 不应该与 URSS 有太大差别。如果 RRSS 与 URSS 不同，那么我们拒绝这些约束。F 统计量的分母是无约束回归方差的一致估计，被其除使得 F 统计量不受测量单位的影响。我们考虑下面两个例子：

例 2：两个回归系数显著性的联合检验。例如，我们检验如下原假设 $H_0 : \beta_2 = \beta_3 = 0$。这是两个约束条件 $\beta_2 = 0$ 和 $\beta_3 = 0$，对它们进行联合检验。我们知道如何应用 t 检验分别检验 $\beta_2 = 0$ 和 $\beta_3 = 0$。这是一个两个系数显著性的联合检验。施加这个约束条件，意味着从回归中去除 X_2 和 X_3，即将 Y 对排除了 X_2 和 X_3 后的 X_4，$\cdots$，X_K 回归，此时，需要估计的参数个数变成了 $K-2$，这个受限制回归的自由度是 $n-(K-2)$。无限制回归中包括所有的 X，其自由度是 $n-K$。约束条件的个数是 2，这也可以由受约束和无约束回归的自由度相减得到。现在这些都会在计算式（4.17）中的 F 时用到，且这里的 F 服从 $F_{2, n-K}$ 分布。

例 3：检验两个回归系数是否相等。$H_0 : \beta_3 = \beta_4$，备择假设 $H_1 : \beta_3 \neq \beta_4$。注意，$H_0$ 可以写作 $\beta_3 - \beta_4 = 0$。这可以用一个 t 统计量来检验，即检验 $d = \beta_3 - \beta_4$ 是否等于 0。从无约束回归中，我们可以得到 $\hat{d} = \hat{\beta}_3 - \hat{\beta}_4$ 且 $\mathrm{var}(\hat{d}) = \mathrm{var}(\hat{\beta}_3) + \mathrm{var}(\hat{\beta}_4) - 2\mathrm{cov}(\hat{\beta}_3, \hat{\beta}_4)$。任何回归程序都会给出回归系数的方差—协方差矩阵。在 4.3 节，我们给出了这些方差和协方差的一个简单回归的解释，这表示 $se(\hat{d}) = \sqrt{\mathrm{var}(\hat{d})}$，$t$ 统计量是一个简单的 $t = (\hat{d} - 0)/se(\hat{d})$，且在 H_0 下服从 t_{n-K} 分布。换种方式，还可以通过下面的回归得到 RRSS，进而进行 F 检验。

$$Y_i = \alpha + \beta_2 X_{2i} + \beta_3 (X_{3i} + X_{4i}) + \beta_5 X_{5i} + \cdots + \beta_K X_{Ki} + u_i,$$

这里用 $\beta_3 = \beta_4$ 来代替 β_4。这个回归有变量 $(X_{3i} + X_{4i})$，不再有单独的 X_{3i} 和 X_{4i}。URSS 是 Y 对模型中所有 X 回归得到的。得到的 F 统计量的自由度是 1 和 $n-K$。分子的自由度表明这里仅有 1 个约束条件。第 7 章将证明 t 统计量的平方正好等于刚才推导出的 F 统计量。两种检验方法是等价的。第一种方法只计算无约束回归并涉及进一步的方差计算，而后一种方法则要进行两次回归并计算通常的 F 统计量。

例 4：检验联合假设 $H_0 : \beta_3 = 1$ 且 $\beta_2 - 2\beta_4 = 0$。这两个约束条件通常从先验信息和施

加的理论中得到。第一个约束是 $\beta_3=1$。数值 1 可以是其他任何常数。第二个约束表示的是 β_2 和 β_4 的一个等于零的线性组合。将这些约束条件代入式（4.1），可得

$$Y_i=\alpha+\beta_2X_{2i}+X_{3i}+\frac{1}{2}\beta_2X_{4i}+\beta_5x_{5i}+\cdots+\beta_KX_{Ki}+u_i,$$

可以写为

$$Y_i-X_{3i}=\alpha+\beta_2\left(X_{2i}+\frac{1}{2}X_{4i}\right)+\beta_5X_{5i}+\cdots+\beta_KX_{Ki}+u_i。$$

因此，$RRSS$ 可以由 $(Y-X_3)$ 对 $(X_2+\frac{1}{2}X_4)$，X_5，$\cdots$，X_K 回归得到。这个回归的自由度为 $n-(K-2)$。$URSS$ 由 Y 对所有 X 回归得到。得到的 F 统计量的自由度为 2 和 $n-K$。

例 5：检验柯布-道格拉斯生产函数中的规模报酬不变。$Q=AK^\alpha L^\beta E^\gamma M^\delta e^u$ 是包含资本（K）、劳动（L）、能源（E）和原料（M）的柯布-道格拉斯生产函数。规模报酬不变意味着，投入要素同比例增加时产出也以同样的比例增加。令增加比例为 λ，那么 $K^*=\lambda K$，$L^*=\lambda L$，$E^*=\lambda E$ 和 $M^*=\lambda M$。$Q^*=\lambda^{(\alpha+\beta+\gamma+\delta)}AK^\alpha L^\beta E^\gamma M^\delta e^u=\lambda^{(\alpha+\beta+\gamma+\delta)}Q$。要使最后一项等于 λQ，下面的约束条件必须成立：$\alpha+\beta+\gamma+\delta=1$。因此，检验规模报酬不变等价于检验 $H_0:\alpha+\beta+\gamma+\delta=1$。柯布-道格拉斯生产函数是变量非线性的，可以通过两边取对数进行线性化，即

$$\log Q=\log A+\alpha\log K+\beta\log L+\gamma\log E+\delta\log M+u。 \tag{4.18}$$

这是关于 $Y=\log Q$，$X_2=\log K$，$X_3=\log L$，$X_4=\log E$ 和 $X_5=\log M$ 的线性回归模型，当 u 满足假设 1 至假设 4 时，这个非线性模型的最小二乘估计是最优的线性无偏估计。注意，进入柯布-道格拉斯生产函数中的扰动项是用 $\exp(u_i)$ 乘的。如果扰动项是以加法形式进入模型，即 $Q=AK^\alpha L^\beta E^\gamma M^\delta+u$，那么取对数是不能将等式右侧简化的，这时必须用非线性最小二乘进行估计，见第 8 章。现在，我们可以用如下方法检验是否存在规模报酬不变。无限制回归模型由式（4.18）给出，其自由度为 $n-5$。施加 H_0 意味着将线性约束代入模型，用 $(1-\alpha-\gamma-\delta)$ 代替 β。合并同类项，减少了一个参数的受约束回归模型如下所示：

$$\log(Q/L)=\log A+\alpha\log(K/L)+\gamma\log(E/L)+\delta\log(M/L)+u。 \tag{4.19}$$

自由度为 $n-4$。再次应用式（4.17）进行检验，在原假设下该统计量服从 $F_{1,n-5}$ 分布。

例 6：所有斜率系数显著性的联合检验。原假设为

$$H_0:\beta_2=\beta_3=\cdots=\beta_K=0,$$

对应的备择假设 H_1：至少一个 $\beta_k\neq0$，$k=2$，$\cdots$，K。在原假设下，回归中只剩下常数项。问题 3.2 给出了 Y 对一个常数的回归，α 的最小二乘估计量是 $\bar{Y}$。这表示相应的残差平方和是 $\sum_{i=1}^{n}(Y_i-\bar{Y})^2$。因此，$RRSS=$ 式（4.1）的总回归平方和 $=\sum_{i=1}^{n}y_i^2$。$URSS$ 是式（4.1）给出的无限制回归的残差平方和 $\sum_{i=1}^{n}e_i^2$。因此，相应的 H_0 成立时的 F 统计量为

$$F = \frac{(TSS - RSS)/(K-1)}{RSS/(n-K)}$$

$$= \frac{\left(\sum_{i=1}^{n} y_i^2 - \sum_{i=1}^{n} e_i^2\right)\big/(K-1)}{\sum_{i=1}^{n} e_i^2/(n-K)}$$

$$= \frac{R^2}{1-R^2} \cdot \frac{n-K}{K-1}, \tag{4.20}$$

其中 $R^2 = 1 - \left(\sum_{i=1}^{n} e_i^2 \big/ \sum_{i=1}^{n} y_i^2\right)$。$H_0$ 成立时，F 统计量的自由度为 $K-1$ 和 $n-K$，一般的回归程序都会给出 F 统计量的结果。

▌ 4.7 虚拟变量

事实上，很多解释变量是定性的。例如，户主可能是女性也可能是男性，可能是白人也可能非白人，可能有工作也可能失业。这种情况下，可以用符号"M"表示男性、用"F"表示女性，或者把这个定性变量变为定量变量"FEMALE"，即对于男性，该变量值取"0"，对于女性，该变量值取"1"。很明显，有人会问："为什么不设定一个变量 MALE，并对男性取 1 女性取 0?"实际上，变量 MALE 正是 1－FEMALE，换句话说，0 和 1 可以看作是一种开关，取 1 的时候打开，取 0 的时候关闭。假设我们对户主的收入感兴趣，并将收入记为 EARN，MALE 和 FEMALE 只是一个解释变量，那么问题 10 要求读者证明，对下列模型进行最小二乘估计：

$$EARN = \alpha_M MALE + \alpha_F FEMALE + u, \tag{4.21}$$

这里 $\hat{\alpha}_M =$ "样本中男性的平均收入"，$\hat{\alpha}_F =$ "样本中女性的平均收入"。注意，式 (4.21) 中没有截距项，这是因为文献中众所周知的"虚拟变量陷阱"。简而言之，就是在 MALE，FEMALE 与常数项之间存在完全的多重共线性，实际上，MALE＋FEMALE＝1。一些研究者也可以选择包含截距项并去掉一个性别虚拟变量，比如 MALE，那么

$$EARN = \alpha + \beta FEMALE + u, \tag{4.22}$$

OLS 估计表明 $\hat{\alpha} =$ "样本中男性的平均收入" $= \hat{\alpha}_M$，$\hat{\beta} = \hat{\alpha}_F - \hat{\alpha}_M =$ "样本中女性和男性平均收入之差"。如果你对比较男女收入感兴趣，还想用一个回归来得知平均收入 $(\hat{\alpha}_F - \hat{\alpha}_M)$ 是增加还是减少，这相当于检验这个差是否显著不为零，那么回归式 (4.22) 更受欢迎。式 (4.22) 中基于 $\hat{\beta}$ 的 t 统计量会比较简单。另一方面，如果你对分别估计男女的平均收入感兴趣，那么应该考虑模型式 (4.21)。此时，关于 $\hat{\alpha}_F - \hat{\alpha}_M = 0$ 的 t 检验则要进行进一步的运算，不能从式 (4.21) 的回归中直接得到，但这和例 3 中给出的运算类似。

为了描述样本中个体的另一种分类（比如说种族），而包含另一个定性变量时会怎么样？如果样本中有三个种族，即白人（WHITE）、黑人（BLACK）和西班牙人（HISPANIC），你可以为每一个种族设定一个虚拟变量。例如，一个人为白人时，

WHITE 的值取 1，非白人时取 0。注意，虚拟变量陷阱不允许同时设置三种类别，因为它们的和为 1。另外，即使没有截距项，一旦包含 MALE 和 FEMALE，因为 MALE＋FEMALE＝WHITE＋BLACK＋HISPANIC，仍会出现完全的多重共线性。因此，必须去掉一个类别。Suits（1984）认为，研究者明确研究目的后，为了更好地解释结果，可以省略一个虚拟变量类别。例如，如果你感兴趣的是，保持种族不变时比较不同性别的收入，那么很自然略掉 MALE 或 FEMALE；反之，如果你感兴趣的是，保持性别不变时不同种族的收入，那么就应该略掉一个种族变量。无论略掉哪一个变量，这个变量就变成了基础类别，其他收入与之相比较。大多数研究者倾向于保留截距项，尽管回归程序都有不含截距的选项。在这种情况下，对于种族和性别两种分类，都应该略掉一个类别。例如，如果略掉 MALE 和 WHITE：

$$EARN = \alpha + \beta_F FEMALE + \beta_B BLACK + \beta_H HISPANIC + u。 \tag{4.23}$$

假设误差 u 满足所有的古典假定，对式（4.23）两边取期望值，可以看到截距 $\alpha =$ 被略掉的类别"白人男性"收入的期望值。对于这个类别，所有其他开关都是关闭的。类似地，$\alpha + \beta_F$ 是"白人女性"收入的期望值，因为 FEMALE 开关是打开的。可以得出结论 $\beta_F =$ 白人女性和白人男性收入期望值之差。类似地，$\alpha + \beta_B$ 表示"黑人男性"的期望收入，$\alpha + \beta_F + \beta_B$ 表示"黑人女性"的期望收入。因此，β_F 代表黑人女性和黑人男性期望收入之差。实际上，问题 11 要求读者说明 β_F 表示西班牙女性和西班牙男性期望收入之差。换句话说，β_F 代表的是保持种族不变，女性和男性的期望收入之差。类似地，可以证明 β_B 是保持性别不变时黑人和白人的期望收入之差，β_H 表示的是保持性别不变时西班牙人和白人的期望收入之差。虚拟变量系数解释的关键是要能够打开和关闭合适的开关，并写出正确的期望。

真实的回归会包括其他的定性变量和定量变量，如

$$EARN = \alpha + \beta_F FEMALE + \beta_B BLACK + \beta_H HISPANIC + \gamma_1 EXP$$
$$+ \gamma_2 EXP^2 + \gamma_3 EDUC + \gamma_4 UNION + u, \tag{4.24}$$

其中 EXP 是工作年限，EDUC 是受教育年限，如果一个人是工会成员，UNION 取 1，反之取 0，EXP^2 是 EXP 的平方。通过打开或关闭合适的开关，你可以对这些回归模型的系数进行解释。例如，γ_4 可以解释为，式（4.24）中其他所有变量保持不变时，工会成员与非工会成员期望收入之差。对于被解释变量取对数的情形，Halvorsen and Palmquist（1980）提示经济学家们注意虚拟变量系数的解释。例如，如果收入方程是半对数的：

$$\log(Earnings) = \alpha + \beta UNION + \gamma EDUC + u,$$

那么，保持工会成员不变，$\gamma =$ 受教育年限增加 1 年时收入的百分比（％）变化。但是，工会成员的收入如何呢？如果一个人是工会成员，我们令 $Y_1 = \log(Earnings)$；如果这个人不是工会成员，$Y_0 = \log(Earnings)$。那么 $g =$ 由于成为工会成员而带来的收入变化百分比（％）$= (e^{Y_1} - e^{Y_0})/e^{Y_0}$，等价地，我们可以写出 $\log(1+g) = Y_1 - Y_0 = \beta$，或者 $g = e^{\beta} - 1$。换句话说，我们不应该匆忙得出 β 和 γ 的解释是相同的结论。事实上，由于成为工会成员而带来的收入变化百分比（％）是 $e^{\beta} - 1$ 而不是 β。应用 $\hat{\beta}$ 而不是 $e^{\hat{\beta}} - 1$ 来估计 g 将会带来很大的误差，尤其是当 $\hat{\beta}$ 非常大时。例如，当 $\hat{\beta} = 0.5$、0.75 和 1 时，分

别有 $\hat{g}=e^{\hat{\beta}}-1=0.65$、1.12 和 1.72。Kennedy（1981）注意到，如果 $\hat{\beta}$ 是 β 的无偏估计量，$\hat{g}$ 对 g 未必是无偏的。但是，$\hat{\beta}$ 是一致的意味着 $\hat{g}$ 也是一致的。如果假设有服从对数正态分布的误差，那么 $E(e^{\hat{\beta}})=e^{\beta+0.5\mathrm{Var}(\hat{\beta})}$。基于这个结果，Kennedy（1981）建议用来估计 g，其中 $\tilde{g}=e^{\hat{\beta}+0.5\widehat{\mathrm{Var}}(\hat{\beta})}-1$，其中 $\widehat{\mathrm{Var}}(\hat{\beta})$ 是 $\mathrm{Var}(\hat{\beta})$ 的估计。

虚拟变量的另一个应用是考虑季度因素，也就是说，包括 3 个季度虚拟变量，略掉一个作为基础进行比较。[①]例如：

$$Sales=\alpha+\beta_W Winter+\beta_S Spring+\beta_F Fall+\gamma_1 Price+u, \tag{4.25}$$

略掉的季度是夏季，如果式（4.25）是关于空调销售量的模型，那么，β_F 表示在空调单价不变的情况下，秋季和夏季的期望销售额之差。如果不是空调而是暖气片，可以换一个基础季度进行比较。

虚拟变量还可以用于表示战争时期，由于定量配给，战争时期的消费不同于正常时期。考虑估计如下的消费函数：

$$C_t=\alpha+\beta Y_t+\delta WAR_t+u_t,\ t=1,2,\cdots,T \tag{4.26}$$

其中 C_t 表示实际人均消费，Y_t 表示人均个人可支配收入，WAR_t 为虚拟变量，在战争时期取 1，其他时期取 0。注意，战争时期不影响收入对消费这条回归线的斜率，只影响其截距。非战争时期的截距为 α，战争时期的截距为 $\alpha+\beta$。换句话说，无论战争时期还是非战争时期，收入的边际消费倾向是一样的，只有消费水平是不同的。

当然，我们还可以为其他非正常时期（如罢工、自然灾害、地震、洪灾、飓风、类似 1973 年石油禁运那样的不可控的外部冲击）设置虚拟变量。如果虚拟变量只包含 1 个年份如 1973 年，那么反映 1973 年的虚拟变量 D_{73} 在 1973 年取 1，其他年份取 0。包含额外变量 D_{73} 的回归的作用是将 1973 年这一观测值排除在估计目标之外，据此得到的回归结果正好与排除了 1973 年这一观测及其对应虚拟变量的回归结果相同。实际上，利用第 7 章的矩阵代数，我们会发现，D_{73} 的系数估计值就是不包含 1973 年这一观测值的回归方程关于 1973 年的预测误差。另外，虚拟变量系数估计量的标准误差为该预测的标准误差。这为我们提供了一种更为简便的方式来获得预测误差及预测的标准误差，从回归程序中即可得到而不需要进行其他的计算，见 Salkever（1976），关于这一点的更多分析见第 7 章。

□ 交互效应

到目前为止，虚拟变量只用于改变回归的截距，而保持斜率不变。你也可以通过让这些虚拟变量与解释变量相互作用来改变斜率。例如，考虑如下的收入方程：

$$EARN=\alpha+\alpha_F FEMALE+\beta EDUC+u。 \tag{4.27}$$

该回归中，男性与女性不同的只有截距项。受教育年限增加 1 年所带来的收入仅为 β，这里假定对男性和女性都是一样的。但是，如果现在我们引入交互变量（FEMALE×EDUC），那么回归方程变为：

$$EARN=\alpha+\alpha_F FEMALE+\beta EDUC+\gamma(FEMALE \times EDUC)+u。 \tag{4.28}$$

这时，受教育年限增加 1 年所带来的收入要取决于个体的性别。事实上，如果是男性，

$\partial (EARN)/\partial (EDUC)=\beta+\gamma(FEMALE)=\beta$，如果是女性，则为 $\beta+\gamma$。注意，如果是女性，交互作用变量 $=EDUC$，如果是男性，则为 0。

估计式（4.28）等价于估计两个收入方程，一个是对男性的，另一个是对女性的。唯一的差别在于式（4.28）对两组施加了同样的方差，而分别回归则没有施加这个条件，即使假定方程是同方差的。这种建模方式的理想之处在于可以检验不同性别之间的斜率、截距或斜率和截距是否相等。这可以利用式（4.17）给出的 F 检验来实现。实际上，对于 H_0：斜率相等，给定不同的截距，受约束的残差平方和（RRSS）可以由式（4.27）得到，而无约束的残差平方和（URSS）可以由式（4.28）得到。问题 12 要求读者对下列原假设进行 F 检验：(i) 斜率和截距都相等；(ii) 给定斜率相等，截距相等。

虚拟变量在经济中有很多用途。例如，包括第 8 章描述的 Chow（1960）检验和 Utts（1982）Rainbow 检验在内的集中检验，都可以用虚拟变量回归来进行。另外，它们还可以用来建立样条函数模型，见 Poirier（1976）和 Mason and Chan（1978）；以及用于面板数据的固定效应，见第 12 章。最后，如果被解释变量本身是一个虚拟变量，回归方程则需要特殊处理，见第 13 章关于定性的受限因变量的分析。

实证案例：表 4—1 给出了根据 595 名个体得到的回归结果。数据来自 1982 年收入动态的面板研究（PSID），在 Springer 网页上可以查到这些数据，文件名为 EARN. ASC。对这些数据的描述参见 Cornwell and Rupert（1988）。特别地，对数工资受到以下变量的影响：受教育年限（ED）、工作周数（WKS）、全职工作经验年限（EXP）、职业（OCC=1，如果是蓝领职业）、居住地（如果居住在南部，或者标准都市统计区，SOUTH=1，SMSA=1）、行业（如果这个人从事制造业，IND=1）、婚姻状况（如果已婚，MS=1）、性别和种族（如果是女性或黑人，FEM=1，BLK=1）以及工会成员（如果其工资通过工会合同签订，UNION=1）。这些结果表明，保持其他因素不变时，受教育年限增加 1 年，收入将增加 5.7%。同时还表明，男性的平均收入高于女性，黑人的平均收入低于白人，工会成员比非工会成员平均收入更高；居住在南部的比居住在其他地区的平均收入要低，来自标准都市统计区的平均收入要高于其他地区；在制造业工作的、非蓝领的或已婚的平均收入比非制造业的、蓝领的和未婚的高。对于 $EXP2=(EXP)^2$，回归结果表明收入和工作经验之间是一个显著的二次关系。除了 WKS、SOUTH 和 MS，所有的变量在 5% 的显著性水平下都是显著的。

表 4—1　　　　　　　　　　　　　　1982 年的收入回归

Dependent Variable：LWAGE					
Analysis of Variance					
Source	DF	Sum of Squares	Mean Square	F Value	Prob＞F
Model	12	52.48064	4.37339	41.263	0.0001
Error	582	61.68465	0.10599		
C Total	594	114.16529			
Root MSE		0.32556	R-square	0.4597	
Dep Mean		6.95074	Adj R-sq	0.4485	
C. V.		4.68377			

Variable	DF	Parameter Estimate	Standard Error	T for H_0: Parameter=0	Prob>|T|
		Parameter Estimates			
INTERCEP	1	5.590093	0.19011263	29.404	0.0001
WKS	1	0.003413	0.00267762	1.275	0.2030
SOUTH	1	−0.058763	0.03090689	−1.901	0.0578
SMSA	1	0.166191	0.02955099	5.624	0.0001
MS	1	0.095237	0.04892770	1.946	0.0521
EXP	1	0.029380	0.00652410	4.503	0.0001
EXP2	1	−0.000486	0.00012680	−3.833	0.0001
OCC	1	−0.161522	0.03690729	−4.376	0.0001
IND	1	0.084663	0.02916370	2.903	0.0038
UNION	1	0.106278	0.03167547	3.355	0.0008
FEM	1	−0.324557	0.06072947	−5.344	0.0001
BLK	1	−0.190422	0.05441180	−3.500	0.0005
ED	1	0.057194	0.00659101	8.678	0.0001

注 释

①除了季节虚拟变量的介绍，关于季节调整的更多复杂的方式可参见 Judge et al. (1985)。

问 题

1. 对表 3—2 中的香烟数据，进行如下回归：

（a）香烟的实际人均消费量对实际价格和实际人均收入回归。（所有的变量都用对数形式，该问题中所有的回归均包含一个常数项）。

（b）香烟的实际人均消费量对实际价格回归。

（c）实际人均收入对实际价格回归。

（d）实际人均消费量对（c）中的残差回归。

（e）（b）中的残差对（c）中的残差回归。

（f）将（d）和（c）回归中的斜率系数估计值与（a）回归中实际收入系数的估计值进行比较，你会得到什么结论？

2. 简单回归系数与多元回归系数。基于 Baltagi (1987b)。考虑多元回归

$$Y_i = \alpha + \beta_2 X_{2i} + \beta_3 X_{3i} + u_i, \ i=1,2,\cdots,n,$$

以及如下辅助回归：

$$X_{2i} = \hat{a} + \hat{b} X_{3i} + \hat{v}_{2i},$$
$$X_{3i} = \hat{c} + \hat{d} X_{2i} + \hat{v}_{3i}。$$

在 4.3 节，我们表明 $\hat{\beta}_2$（即 β_2 的 OLS 估计量）可以解释为 Y 对 OLS 残差 $\hat{v}_2$ 的简单回归。对 $\hat{\beta}_3$ 也有类似的解释。Kennedy（1981，p.416）认为 $\hat{\beta}_2$ 不一定和 $\hat{\delta}_2$ 一样，$\hat{\delta}_2$ 是由 Y 对 $\hat{v}_2$、$\hat{v}_3$ 和常数项回归，即 $Y_i = \gamma + \delta_2 \hat{v}_{2i} + \delta_3 \hat{v}_{3i} + w_i$ 得到的 δ_2 的 OLS 估计量，通过考察 $\hat{\beta}$ 和 $\hat{\gamma}$ 之间的关系证明这一说法。

3. 对于第 3 章中的简单回归 $Y_i = \alpha + \beta X_i + u_i$，有

（a）$\hat{\beta}_{OLS} = \sum_{i=1}^{n} x_i y_i \big/ \sum_{i=1}^{n} x_i^2$ 可以用残差解释获得，即 X 对常数项回归得到残差 $\hat{v}$，然后 Y 再对 $\hat{v}$ 回归得到。

（b）$\hat{\alpha}_{OLS} = \bar{Y} - \hat{\beta}_{OLS} \bar{X}$ 可以用残差解释获得，即将 1 对 X 回归得到残差 $\hat{\omega}$，然后 Y 再对 $\hat{\omega}$ 回归得到。

（c）考察（a）和（b）中利用残差解释得到的估计量的方差，即 $\mathrm{var}(\hat{\alpha}_{OLS})$ 和 $\mathrm{var}(\hat{\beta}_{OLS})$。

4. 增加回归变量对 R^2 的影响。本题基于 Nieswiadomy（1986）的研究。

（a）假设式（4.1）中给出的多元回归有 K_1 个回归变量，记最小的残差平方和为 SSE_1。现在增加 K_2 个回归变量，那么回归变量的总个数为 $K = K_1 + K_2$，即相应的最小残差平方和为 SSE_2，证明 $SSE_2 \leqslant SSE_1$，并得出相应的 R^2 满足 $R_2^2 \geqslant R_1^2$ 的结论。

（b）根据 R^2 和 $\bar{R}^2$ 的定义，推导式（4.16）中的等式。

（c）证明当增加 K_2 个回归变量的联合显著性检验的 F 统计量小于等于 1 时，$\bar{R}^2$ 满足 $\bar{R}_1^2 \geqslant \bar{R}_2^2$。

5. 完全多重共线性。在下式中，令 Y 表示产出，$X_2 =$ 熟练工人，$X_3 =$ 不熟练工人：

$$Y_i = \alpha + \beta_2 X_{2i} + \beta_3 X_{3i} + \beta_4 (X_{2i} + X_{3i}) + \beta_5 X_{2i}^2 + \beta_6 X_{3i}^2 + u_i。$$

哪些参数可以用 OLS 估计？

6. 假设我们已经根据普通最小二乘法（OLS）估计出了下面的多元回归模型的参数：

$$Y_t = \alpha + \beta_2 X_{2t} + \beta_3 X_{3t} + u_t$$

记估计的残差为 $e_t(t = 1, \cdots, T)$，预测值为 $\hat{Y}_t(t = 1, \cdots, T)$。

（a）e 对常数项、X_2 和 X_3 回归的 R^2 是什么？

（b）如果我们将 Y 对常数项和 $\hat{Y}$ 回归，截距和斜率的系数估计量是什么？这个回归的 R^2 和原回归的 R^2 有什么关系？

（c）如果我们将 Y 对常数项和 e 回归，截距和斜率的系数估计量是什么？这个回归的 R^2 和原回归的 R^2 有什么关系？

（d）假设我们向原模型中增加一个新的解释变量 X_4 并重新利用 OLS 估计参数。证明：X_4 的参数估计量及其标准差与 e 对常数项、X_2、X_3 和 X_4 做 OLS 回归得到的结果是一样的。

7. 考虑例 5 中的柯布-道格拉斯生产函数，根据式（4.18）所示的无约束回归模型，如何利用 t 统计量来检验规模报酬不变？

8. 检验多重约束。对于式（4.1）所示的多元回归，构造式（4.17）中的 F 统计量来检验：

(a) $H_0: \beta_2 = \beta_4 = \beta_6$。

(b) $H_0: \beta_2 = -\beta_3$ 和 $\beta_5 - \beta_6 = 1$。

9. 蒙特卡罗实验。Hanushek and Jackson（1977，pp.60~65）用一组固定的 X_{2i}、X_{3i} 和 u_i 生成如下数据 $Y_i = 15 + X_{2i} + 2X_{3i} + u_i$，其中 u_i 是 IID~$N(0, 100)$。25 个 u_i 从该正态分布中随机抽取，相应的一组 25 个 Y_i 根据上述方程生成。那么对生成的数据进行 OLS 估计。这个过程可以重复很多次。Hanushek and Jackson 重复了 400 次。也就是说，他们生成了 400 组样本容量为 25 的数据，并进行了 400 次回归，得到 400 个 α、β_2、β_3 和 σ^2 的 OLS 估计值。该模型满足经典假定，通过构造，我们预期 OLS 估计量是 BLUE，MLE 是有效的。

(a) 重复 Hanushek and Jackson（1977）的蒙特卡罗实验，并计算 400 个回归系数估计值和 σ^2 的均值。这些估计是无偏的吗？

(b) 计算 400 个估计值的标准差，即 $\hat{\sigma}_b$。再计算该回归的回归估计量的 400 个标准误差的平均值，记该平均值为 $\hat{s}_b$。已知实际的 σ^2，将这两个回归系数估计量的标准差与真实的标准差相比较，你会得到什么结论？

(c) 做出这些回归系数估计值的频数图，它与理论分布相似吗？

(d) 将样本容量由 25 增加到 50，并重复该实验，你会发现什么？

10. 性别虚拟变量。

(a) 推导 $Y_i = \alpha_F F_i + \alpha_M M_i + u_i$ 中 α_F 和 α_M 的 OLS 估计量，其中 Y 是收入，F 是女性（FEMALE）、M 是男性（MALE），见式（4.21）。证明：$\hat{\alpha}_F = \bar{Y}_F$，即仅表示女性的平均收入；$\hat{\alpha}_M = \bar{Y}_M$，即仅表示男性的平均收入。

(b) 假设回归为 $Y_i = \alpha + \beta F_i + u_i$，见式（4.22）。证明：$\hat{\alpha} = \hat{\alpha}_M$ 和 $\hat{\beta} = \hat{\alpha}_F - \hat{\alpha}_M$。

(c) 将 $M = 1 - F$ 代入式（4.21）并证明 $\alpha = \alpha_M$ 和 $\beta = \alpha_F - \alpha_M$。

(d) 用表 4—1 中的收入数据来验证 (a)、(b) 和 (c)。

11. 多个虚拟变量。对于模型（4.23）

$$EARN = \alpha + \beta_F FEMALE + \beta_B BLACK + \beta_H HISPANIC + u,$$

推导：

(a) $E(收入/西班牙女性) = \alpha + \beta_F + \beta_H$；以及 $E(收入/西班牙男性) = \alpha + \beta_H$；可以得出 $\beta_F = E(收入/西班牙女性) - E(收入/西班牙男性)$。

(b) $E(收入/西班牙女性) - E(收入/白人女性) = E(收入/西班牙男性) - E(收入/白人男性) = \beta_H$。

(c) $E(收入/黑人女性) - E(收入/白人女性) = E(收入/黑人男性) - E(收入/白人男性) = \beta_B$。

12. 对于式（4.28）所示的收入方程，如何构造 F 检验对下列假设进行检验？受约束和无约束的回归方程是什么？

(a) 男性和女性的斜率和截距相等。

(b) 给定男性和女性的截距相等。证明 F 统计量等于无约束回归的 t 统计量的平方。

（c）若允许男性和女性的斜率不等，截距相等。证明 F 统计量等于无约束回归的 t 统计量的平方。

（d）将（a）、（b）和（c）的结果应用于表 4—1 中的数据。

13. 根据表 4—1 中的收入数据：

（a）重复表 4—1 给出的回归结果。

（b）证明所有斜率系数的联合显著性检验可由式（4.20）得到。

（c）在其他因素保持不变时，对于黑人或非黑人，男性与女性的期望收入相等，如何对这一联合约束进行检验？

（d）如何检验如下的联合约束：无论是否已婚和无论是否工会成员，期望收入相等？

（e）根据表 4—1，由于成为工会成员，收入百分比变化的估计是什么？如果扰动项是对数正态的，Kennedy（1981）对该收入百分比变化的估计是多少？

（f）一个人变为已婚状态时，你估计的收入百分比变化是什么？

14. 原油质量。利用美国油田的数据，原油价格（POIL，美元/桶）、格拉弗蒂比重（GRAVITY，度，美国石油协会制定）和硫（SULPHUR，％硫）的数据见 Springer 网站中的 CRUDES. ASC 文件。

（a）估计下面的多元回归模型：$POIL = \beta_1 + \beta_2 GRAVITY + \beta_3 SULPHUR + \varepsilon$。

（b）对 $GRAVITY = \alpha_0 + \alpha_1 SULPHUR + \nu_t$ 进行回归，并计算残差 $\hat{v}_t$。现在做如下回归：$POIL = \gamma_1 + \gamma_2 \nu_t + \varepsilon$。

（c）对 $POIL = \varphi_1 + \varphi_2 SULPHUR + \omega$ 进行回归，计算残差 $\hat{\omega}$。现在将 $\hat{\omega}$ 对（b）中得到的 $\hat{v}$ 回归，得到 $\hat{\omega}_t = \hat{\delta}_1 + \hat{\delta}_2 \hat{v}_t + 残差$。再证明 $\hat{\delta}_2 = \hat{\beta}_2$（$\hat{\beta}_2$ 在（a）得到），这个结论说明了什么？

（d）为描述增加数据对多元回归的影响，将（a）中回归的样本限制为前 25 个原油数据，看回归结果有何变化。

（e）去掉硫含量在 1%～2% 之外的原油并对（a）中的模型做回归，讨论并解释所得结果。

15. 表 4—2 给出了美国 1950—1987 年的石油数据，也可以从 Springer 网站上的 USGAS. ASC 得到。

表 4—2　　　　　　　　　　　　　美国石油数据：1950—1987 年

年	CAR	QMG（千加仑）	PMG（美元）	POP（千人）	RGNP（10 亿美元）	PGNP
1950	49 195 212	40 617 285	0.272	1522 71	1 090.4	26.1
1951	51 948 796	43 896 887	0.276	154 878	1 179.2	27.9
1952	53 301 329	46 428 148	0.287	157 553	1 226.1	28.3
1953	56 313 281	49 374 047	0.29	160 184	1 282.1	28.5
1954	58 622 547	51 107 135	0.291	163 026	1 252.1	29
1955	62 688 792	54 333 255	0.299	165 931	1 356.7	29.3
1956	65 153 810	56 022 406	0.31	168 903	1 383.5	30.3
1957	67 124 904	57 415 622	0.304	171 984	1 410.2	31.4
1958	68 296 594	59 154 330	0.305	174 882	1 384.7	32.1
1959	71 354 420	61 596 548	0.311	177 830	1 481	32.6

续前表

年	CAR	QMG（千加仑）	PMG（美元）	POP（千人）	RGNP（10亿美元）	PGNP
1960	73 868 682	62 811 854	0.308	180 671	1 517.2	33.2
1961	75 958 215	63 978 489	0.306	183 691	1 547.9	33.6
1962	79 173 329	62 531 373	0.304	186 538	1 647.9	34
1963	82 713 717	64 779 104	0.304	189 242	1 711.6	34.5
1964	86 301 207	67 663 848	0.312	191 889	1 806.9	35
1965	90 360 721	70 337 126	0.321	194 303	1 918.5	35.7
1966	93 962 030	73 638 812	0.332	196 560	2 048.9	36.6
1967	96 930 949	76 139 326	0.337	198 712	2 100.3	37.8
1968	101 039 113	80 772 657	0.348	200 706	2 195.4	39.4
1969	103 562 018	85 416 084	0.357	202 677	2 260.7	41.2
1970	106 807 629	88 684 050	0.364	205 052	2 250.7	43.4
1971	111 297 459	92 194 620	0.361	207 661	2 332	45.6
1972	117 051 638	95 348 904	0.388	209 896	2 465.5	47.5
1973	123 811 741	99 804 600	0.524	211 909	2 602.8	50.2
1974	127 951 254	100 212 210	0.572	213 854	2 564.2	55.1
1975	130 918 918	102 327 750	0.595	215 973	2 530.9	60.4
1976	136 333 934	106 972 740	0.631	218 035	2 680.5	63.5
1977	141 523 197	110 023 410	0.657	220 239	2 822.4	67.3
1978	146 484 336	113 625 960	0.678	222 585	3 115.2	72.2
1979	149 422 205	107 831 220	0.857	225 055	3 192.4	78.6
1980	153 357 876	100 856 070	1.191	227 757	3 187.1	85.7
1981	155 907 473	100 994 040	1.311	230 138	3 248.8	94
1982	156 993 694	100 242 870	1.222	232 520	3 166	100
1983	161 017 926	101 515 260	1.157	234 799	3 279.1	103.9
1984	163 432 944	102 603 690	1.129	237 001	3 489.9	107.9
1985	168 743 817	104 719 230	1.115	239 279	3 585.2	111.5
1986	173 255 850	107 831 220	0.857	241 613	3 676.5	114.5
1987	177 922 000	110 467 980	0.897	243 915	3 847	117.7

第 4 章

多元回归分析

CAR：汽车保有量　　　　　　　　　POP：人口

QMG：车用汽油消费量

RGNP：以 1982 年价格计算的实际 GNP　　PMG：车用汽油零售价格

PGNP：GNP 缩减指数（1982 年＝100）

（a）对于 1950—1972 年的数据，估计模型（1）和（2）：

$$\log(QMG)=\beta_1+\beta_2\log CAR+\beta_3\log POP+\beta_4\log RGNP$$
$$+\beta_5\log PGNP+\beta_6\log PMG+u, \tag{1}$$

$$\log\left(\frac{QMG}{CAR}\right)=\gamma_1+\gamma_2\log\frac{RGNP}{POP}+\gamma_3\log\frac{CAR}{POP}+\gamma_4\log\frac{PMG}{PGNP}+v. \tag{2}$$

（b）模型（1）中的 β 满足什么约束才会得到模型（2）中的 γ。

（c）比较模型（1）和模型（2）中的估计及其相应的标准误差。

（d）计算模型（1）中解释变量之间的简单相关系数，你会发现什么？

（e）利用 Chow-F 检验来检验（b）中得到的参数约束。

（f）现在利用 1950—1987 年所有的数据估计模型（1）和模型（2），简单讨论样本容量增大对单个参数估计及其标准误差的影响。

（g）利用虚拟变量，检验如下假设：1973 年的阿拉伯石油禁运使模型（2）中每辆汽车的石油需求永久下降。

（h）构建一个虚拟变量回归来检验 1973 年阿拉伯石油禁运后价格弹性是否发生了变化。

16. 考虑如下居民区天然气需求的模型，这里记为模型（1）：

$$\log Cons_{it} = \beta_0 + \beta_1 \log Pg_{it} + \beta_2 \log Po_{it} + \beta_3 \log Pe_{it} + \beta_4 \log HDD_{it} + \beta_5 \log PI_{it} + u_{it},$$

其中 $i=1,2,\cdots,6$ 表示 6 个州，$t=1,2,\cdots,23$ 表示 23 年。$Cons$ 是居民区的天然气消费量，Pg、Po 和 Pe 是汽油、馏出燃料油和电力的价格。HDD 是供热天数，PI 是实际的人均收入。数据包括 6 个州——纽约（NY）、佛罗里达州（FL）、马萨诸塞州（MI）、得克萨斯州（TX）、犹他州（UT）和加利福尼亚州（CA）1967—1989 年的数据。也可以从 Springer 网站上的 NATURAL. ASC 得到。

（a）对上述模型进行 OLS 估计，称为模型（1）。参数估计量意味着这些燃料之间存在什么关系？

（b）画出实际消费和预测值的图形，你会发现什么？

（c）除了加利福亚州，为每个州设置一个虚拟变量并进行 OLS 回归，称该模型为模型（2）。计算参数估计值与标准误差，并与模型（1）进行比较。这些价格系数的解释是否有变化？如何解释纽约虚拟变量的系数？1989 年纽约的天然气消费预测值是什么？

（d）检验假设：纽约和加利福亚州的截距相同。

（e）检验假设：所有州的截距都相同。

（f）为每个州设置一个虚拟变量，并进行无截距项的 OLS 回归。称该模型为模型（3）。比较前两个模型的参数估计值与标准误差，如何解释纽约虚拟变量的系数？1989 年纽约的天然气消费预测值是什么？

（g）利用（f）中的回归，检验纽约和加利福亚州的截距是否相等。

▍参考文献

本章采用了 Kelejian and Oates（1989）和 Wallace and Silver（1988）中的资料。关于虚拟变量的精彩讨论可参见另外的计量经济学教材，例如，Gujarati（1978），Judge et al.（1985），Kennedy（1992），Johnston（1984）和 Maddala（2001），本章中其他的参考文献包括：

Baltagi, B. H.（1987a），"To Pool or Not to Pool：The Quality Bank Case," *The American Statistician*，41：150-152.

Baltagi, B. H. (1987b), "Simple versus Multiple Regression Coefficients," *Econometric Theory*, Problem 87.1.1, 3: 159.

Chow, G. C. (1960), "Tests of Equality Between Sets of Coefficients in Two Linear Regressions," *Econometrica*, 28: 591−605.

Cornwell, C. and P. Rupert (1988), "Efficient Estimation with Panel Data: An Empirical Comparison of Instrumental Variables Estimators," *Journal of Applied Econometrics*, 3: 149−155.

Dufour, J. M. (1980), "Dummy Variables and Predictive Tests for Structural Change," *Economics Letters*, 6: 241−247.

Dufour, J. M. (1982), "Recursive Stability of Linear Regression Relationships," *Journal of Econometrics*, 19: 31−76.

Gujarati, D. (1970), "Use of Dummy Variables in Testing for Equality Between Sets of Coefficients in Two Linear Regressions: A Note," *The American Statistician*, 24: 18−21.

Gujarati, D. (1970), "Use of Dummy Variables in Testing for Equality Between Sets of Coefficients in Two Linear Regressions: A Generalization," *The American Statistician*, 24: 50−52.

Halvorsen, R. and R. Palmquist (1980), "The Interpretation of Dummy Variables in Semilogarithmic Equations," *American Economic Review*, 70: 474−475.

Hanushek, E. A. and J. E. Jackson (1977), *Statistical Methods for Social Scientists* (Academic Press: New York).

Hill, R. Carter and L. C. Adkins (2001), "Collinearity," Chapter 12 in B. H. Baltagi (ed.) *A Companion to Theoretical Econometrics* (Blackwell: Massachusetts).

Kennedy, P. E. (1981), "Estimation with Correctly Interpreted Dummy Variables in Semilogarithmic Equations," *American Economic Review*, 71: 802.

Kennedy, P. E. (1981), "The Balentine: A Graphical Aid for Econometrics," *Australian Economic Papers*, 20: 414−416.

Kennedy, P. E. (1986), "Interpreting Dummy Variables," *Review of Economics and Statistics*, 68: 174−175.

Nieswiadomy, M. (1986), "Effect of an Additional Regressor on R^2," *Econometric Theory*, Problem 86.3.1, 2: 442.

Poirier, D. (1976), *The Econometrics of Structural Change* (North Holland: Amsterdam).

Salkever, D. (1976), "The Use of Dummy Variables to Compute Predictions, Prediction Errors, and Confidence Intervals," *Journal of Econometrics*, 4: 393−397.

Suits, D. (1984), "Dummy Variables: Mechanics vs Interpretation," *Review of Economics and Statistics*, 66: 132−139.

Suits, D. B., A. Mason and L. Chan (1978), "Spline Functions Fitted by Standard Regression Methods," *Review of Economics and Statistics*, 60: 132−139.

Utts, J. (1982), "The Rainbow Test for Lack of Fit in Regression," *Communications in Statistics—Theory and Methods*, 11: 1801–1815.

附　录

多元回归估计的残差解释

解释 1 的证明：将 X_2 对其他所有的 X 回归得到残差 $\hat{v}_2$，$\hat{v}_2$ 满足通常的类似于式 (4.2) 中所示的 OLS 残差的性质，即

$$\sum_{i=1}^{n} \hat{v}_{2i} = 0,$$

$$\sum_{i=1}^{n} \hat{v}_{2i} X_{3i} = \sum_{i=1}^{n} \hat{v}_{2i} X_{4i} = \cdots = \sum_{i=1}^{n} \hat{v}_{2i} X_{Ki} = 0。 \tag{A.1}$$

注意，X_2 是这个回归中的被解释变量，$\hat{X}_2$ 是该回归的预测值。后者满足 $\sum_{i=1}^{n} \hat{v}_{2i} \hat{X}_{2i} = 0$，这是因为 $\hat{X}_2$ 是其他 X 的线性组合，其他 X 均满足式 (A.1)。接下来看估计的回归方程：

$$Y_i = \hat{\alpha} + \hat{\beta} X_{2i} + \cdots + \hat{\beta}_K X_{Ki} + e_i。 \tag{A.2}$$

用 X_{2i} 乘以式 (A.2) 并求和

$$\sum_{i=1}^{n} X_{2i} Y_i = \hat{\alpha} \sum_{i=1}^{n} X_{2i} + \hat{\beta}_2 \sum_{i=1}^{n} X_{2i}^2 + \cdots + \hat{\beta}_K \sum_{i=1}^{n} X_{2i} X_{Ki}。 \tag{A.3}$$

这里利用了 $\sum_{i=1}^{n} X_{2i} e_i = 0$。另外，式 (A.3) 正好是式 (4.3) 中的第二个方程。用 $\hat{X}_{2i} + \hat{v}_{2i}$ 代替式 (A.3) 中的 X_{2i}，得到：

$$\sum_{i=1}^{n} \hat{X}_{2i} Y_i + \sum_{i=1}^{n} \hat{v}_{2i} Y_i = \hat{\alpha} \sum_{i=1}^{n} \hat{X}_{2i} + \hat{\beta}_2 \sum_{i=1}^{n} \hat{X}_{2i}^2 + \cdots$$
$$+ \beta_K \sum_{i=1}^{n} \hat{X}_{2i} X_{Ki} + \hat{\beta}_2 \sum_{i=1}^{n} \hat{v}_{2i}^2, \tag{A.4}$$

利用式 (A.1) 与 $\sum_{i=1}^{n} \hat{X}_{2i} \hat{v}_{2i} = 0$。用 $\hat{X}_{2i}$ 乘以式 (A.2) 并求和，我们得到：

$$\sum_{i=1}^{n} \hat{X}_{2i} Y_i = \hat{\alpha} \sum_{i=1}^{n} \hat{X}_{2i} + \hat{\beta}_2 \sum_{i=1}^{n} \hat{X}_{2i} X_{2i} + \cdots$$
$$+ \hat{\beta}_K \sum_{i=1}^{n} \hat{X}_{2i} X_{Ki} + \sum_{i=1}^{n} \hat{X}_{2i} e_i。 \tag{A.5}$$

但是，由于 $\hat{X}_2$ 是满足式 (4.2) 的其他 X 的线性组合，故有 $\sum_{i=1}^{n} \hat{X}_{2i} e_i = 0$。另外，因为 $\sum_{i=1}^{n} \hat{X}_{2i} \hat{v}_{2i} = 0$，故 $\sum_{i=1}^{n} \hat{X}_{2i} X_{2i} = \sum_{i=1}^{n} \hat{X}_{2i}^2 = 0$。因此式 (A.5) 可化为：

$$\sum_{i=1}^{n} \hat{X}_{2i} Y_i = \hat{\alpha} \sum_{i=1}^{n} \hat{X}_{2i} + \hat{\beta}_2 \sum_{i=1}^{n} \hat{X}_{2i}^2 + \cdots + \hat{\beta}_K \sum_{i=1}^{n} \hat{X}_{2i} X_{Ki}。 \tag{A.6}$$

式 (A.4) 减式 (A.6) 得：

$$\sum_{i=1}^{n} \hat{v}_{2i} Y_i = \hat{\beta}_2 \sum_{i=1}^{n} \hat{v}_{2i}^2, \tag{A.7}$$

$\hat{\beta}_2$ 是式（4.5）所示的 Y 对 $\hat{v}_2$ 简单回归的斜率系数。

用式（4.1）中的 Y_i 的表达式替换式（4.5）的 Y_i，我们得到：

$$\hat{\beta}_2 = \beta_2 \sum_{i=1}^{n} X_{2i}\hat{v}_{2i} \Big/ \sum_{i=1}^{n} \hat{v}_{2i}^2 + \sum_{i=1}^{n} \hat{v}_{2i}u_i \Big/ \sum_{i=1}^{n} \hat{v}_{2i}^2, \tag{A.8}$$

其中 $\sum_{i=1}^{n} X_{1i}\hat{v}_{2i} = 0$ 和 $\sum_{i=1}^{n} \hat{v}_{2i} = 0$。但是，$X_{2i} = \hat{X}_{2i} + \hat{v}_{2i}$ 和 $\sum_{i=1}^{n} \hat{X}_{2i}\hat{v}_{2i} = 0$ 意味着 $\sum_{i=1}^{n} X_{2i}\hat{v}_{2i} = \sum_{i=1}^{n} \hat{v}_{2i}^2$ 和 $\hat{\beta}_2 = \beta_2 + \sum_{i=1}^{n} \hat{v}_{2i}u_i \Big/ \sum_{i=1}^{n} \hat{v}_{2i}^2$。这意味着 $\hat{\beta}_2$ 是无偏的，即 $E(\hat{\beta}_2) = \beta_2$，因为 $\hat{v}_2$ 是 X 的线性组合，反过来是说它与 u 是无关的。另外，

$$\text{var}(\hat{\beta}_2) = E(\hat{\beta}_2 - \beta_2)^2 = E\Big(\sum_{i=1}^{n} \hat{v}_{2i}u_i \Big/ \sum_{i=1}^{n} \hat{v}_{2i}^2\Big)^2 = \sigma^2 \Big/ \sum_{i=1}^{n} \hat{v}_{2i}^2. \tag{A.9}$$

对于任何 $\hat{\beta}_k (k=2, \cdots, K)$ 都有相同的结果，即

$$\hat{\beta}_k = \sum_{i=1}^{n} \hat{v}_{ki}Y_i \Big/ \sum_{i=1}^{n} \hat{v}_{ki}^2, \tag{A.10}$$

且 $E(\hat{\beta}_k) = \beta_k$ 和 $\text{var}(\hat{\beta}_k) = \sigma^2 \Big/ \sum_{i=1}^{n} \hat{v}_{ki}^2 (k=2, \cdots, K)$。注意：

$$\begin{aligned}
\text{cov}(\hat{\beta}_2, \hat{\beta}_k) &= E(\hat{\beta}_2 - \beta_2)(\hat{\beta}_k - \beta_k) \\
&= E\Big(\sum_{i=1}^{n} \hat{v}_{2i}u_i \Big/ \sum_{i=1}^{n} \hat{v}_{2i}^2\Big)\Big(\sum_{i=1}^{n} \hat{v}_{ki}u_i \Big/ \sum_{i=1}^{n} \hat{v}_{ki}^2\Big) \\
&= \sigma^2 \sum_{i=1}^{n} \hat{v}_{2i}\hat{v}_{ki} \Big/ \sum_{i=1}^{n} \hat{v}_{2i}^2 \sum_{i=1}^{n} \hat{v}_{ki}^2。
\end{aligned}$$

解释 2 的证明：将 Y 对其他所有的 X 回归，得到 $Y_i = \tilde{Y}_i + \tilde{\omega}_i$。用这里的 Y_i 替代式（4.5）中的 Y_i，得：

$$\begin{aligned}
\hat{\beta}_2 &= \Big(\sum_{i=1}^{n} \hat{v}_{2i}\tilde{Y}_i + \sum_{i=1}^{n} \hat{v}_{2i}\tilde{\omega}_i\Big) \Big/ \sum_{i=1}^{n} \hat{v}_{2i}^2 \\
&= \sum_{i=1}^{n} \hat{v}_{2i}\tilde{\omega}_i \Big/ \sum_{i=1}^{n} \hat{v}_{2i}^2, \tag{A.11}
\end{aligned}$$

其中最后一个等号是因为 $\tilde{Y}$ 是除了 X_2 之外的所有 X 的线性组合，这些 X 满足式（A.1）。因此 $\hat{\beta}_2$ 是 $\tilde{\omega}$ 对 $\hat{v}_2$ 线性回归的斜率系数的估计值。

简单相关系数、偏相关系数和复相关系数

在第 3 章，我们将简单相关系数 r_{Y,X_2}^2 解释为 Y 的变动由 X_2 所解释的比例。类似地，r_{Y,X_k}^2 为 Y 对 $X_k (k=2, \cdots, K)$ 简单回归的 R^2。实际上，我们可以计算出这些简单相关系数并据此找出哪个与 Y 的相关性最强，比如说 X_2。如果你要选择一些回归变量放入模型，那么 X_2 将是最佳选择。为了确定要选进模型的下一个变量，我们考虑偏相关系数，其形式为 $r_{Y,X_k \cdot X_2}^2 (k \neq 2)$。这个一阶偏相关系数的平方给出了不被 X_2 所解释的剩余的 Y 的变动的比例，该比例是由增加的变量 X_k 所解释的比例。最大的一阶偏相关系数（"一"是因为圆点后面只有一个变量）确定了继 X_2 之后的最佳选择。比如我们假定为 X_3。一阶偏相关系数可以由如下的简单相关系数计算得到：

第 4 章

多元回归分析

$$r_{Y,X_3 \cdot X_2} = \frac{r_{Y,X_3} - r_{Y,X_2} r_{X_2,X_3}}{\sqrt{1 - r_{Y,X_2}^2}\sqrt{1 - r_{X_2,X_3}^2}},$$

见 Johnston（1984）。接下来我们再考虑形如 $r_{Y,X_k \cdot X_2,X_3}$（$k \neq 2$，3）的二阶偏回归系数，并可以此类推。这种选择回归变量的方法叫做向前选择。假设在回归模型中只有 X_2、X_3 和 X_4。这种情况下（$1 - r_{Y,X_2}^2$）是 Y 的变动（即 $\sum_{i=1}^{n} y_i^2$）不能由 X_2 解释的比例。另外，$(1 - r_{Y,X_3 \cdot X_2}^2)(1 - r_{Y,X_2}^2)$ 表示 Y 的变动不能由 X_2 和 X_3 解释的比例。类似地，$(1 - r_{Y,X_4 \cdot X_2,X_3}^2)(1 - r_{Y,X_3 \cdot X_2}^2)(1 - r_{Y,X_2}^2)$ 表示 Y 的变动不能由 X_2、X_3 和 X_4 解释的比例，但是这正好就是（$1 - R^2$），其中 R^2 为 Y 对常数项、X_2、X_3 和 X_4 多元回归的 R^2。这个 R^2 称为复相关系数，也可以写为 $R_{Y \cdot X_2,X_3,X_4}^2$。因此有

$$(1 - R_{Y \cdot X_2,X_3,X_4}^2) = (1 - r_{Y,X_2}^2)(1 - r_{Y,X_3 \cdot X_2}^2)(1 - r_{Y,X_4 \cdot X_2,X_3}^2),$$

关于复相关系数与简单相关系数和偏相关系数的关系，类似的表达式可以按照先写 X_3 后写 X_2 和 X_4 的顺序来写。

第 5 章

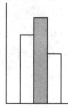

违背古典假设的模型

5.1 引　言

本章中，我们逐一放松第 3 章的假设并研究其对 OLS 估计量的影响。这种情况下，OLS 估计量不再是一个可行的估计量，我们推导出一个替代估计量，还介绍了一些用来考察是否违背假设的检验。

5.2 零期望假设

违背假设 1 意味着扰动项的均值不再为零。考虑两种情形：

情形 1： $E(u_i)=\mu\neq 0$。

扰动项有一个非零的均值。这时，我们可以从所有的 u_i 中减去 μ 并得到新的扰动项 $u^*=u_i-\mu$，新扰动项均值为 0 且满足其他所有施加在 u_i 上的假定。由于从 u_i 中减去了 μ，我们将它加在常数项 α 上，回归方程不受影响：

$$Y_i=\alpha^*+\beta X_i+u_i^*, \quad i=1,2,\cdots,n, \tag{5.1}$$

其中 $\alpha^*=\alpha+\mu$。显然只有 α^* 和 β 可以估计，而不是 α 和 μ。换句话说，我们可以从 α^* 的估计中重新得到 α 和 μ，而这不需要附加的假定或进一步的信息，见问题 10。经过重新设计参数，模型（5.1）满足四个古典假设，这样 OLS 估计给出了 α^* 和 β 的 BLUE 估计量。因此，一个具有非零常数均值的扰动项只影响截距估计但不影响斜率。幸运的是，在大多数经济应用中，我们感兴趣的往往是斜率系数而非截距。

情形 2：$E(u_i) = \mu_i$。

扰动项的均值随着扰动项变化而变化。这时，我们可以通过加减 μ_i 对式（5.1）进行变换。但是，现在的问题是 $\alpha^* = \alpha + \mu_i$ 随不同的观测而变化，因此参数个数多于观测个数。事实上，要用 n 个观测来估计 n 个截距和 1 个斜率。除非我们能像面板数据（见第 12 章）那样有重复观测或者有一些关于 α^* 的先验信息，否则我们是不能估计这个模型的。

5.3 随机解释变量

5.5 节和 5.6 节将详细研究违背假设 2 和假设 3 的情况。本节内容讨论违背假设 4 以及对 OLS 估计量性质的影响。X 是一个随机变量，它与扰动项的关系可能是（ⅰ）相互独立；（ⅱ）同期不相关；（ⅲ）简单相关。

情形 1：如果 X 独立于 u，那么第 3 章的所有结果仍然成立，但是现在这些结果是以样本中的一组特定的 X 为条件的。为了描述这个结果，回顾简单线性回归：

$$\hat{\beta}_{OLS} = \beta + \sum_{i=1}^{n} w_i u_i, \quad w_i = x_i \Big/ \sum_{i=1}^{n} x_i^2。 \tag{5.2}$$

因此，当我们取期望时，$E\left(\sum_{i=1}^{n} w_i u_i\right) = \sum_{i=1}^{n} E(w_i) E(u_i) = 0$。第一个等号成立是因为 X 和 u 是独立的，第二个等号成立是因为 u 的均值为 0。换句话说，OLS 估计量的无偏性仍然成立。但是，方差

$$\text{var}(\hat{\beta}_{OLS}) = E\left(\sum_{i=1}^{n} w_i u_i\right)^2 = \sum_{i=1}^{n} \sum_{j=1}^{n} E(w_i w_j) E(u_i u_j) = \sigma^2 \sum_{i=1}^{n} E(w_i^2),$$

其中最后一个等号成立是因为假设 2 和假设 3，即同方差和无序列相关。这里的结果和第 3 章中结果的唯一不同在于我们用了 X 的期望而非 X 本身。因此，基于一组特定的 X 观测值，我们可以用第 3 章的所有结果。另外，在最大化涉及 X 和 u 的似然函数值时，只要 X 的分布与我们要估计的参数（即 α、β 和 σ^2）没关系，还可以得到相同的极大似然估计量。为什么？因为鉴于 X 和 u 独立，$f(x_1, x_2, \cdots, x_n, u_1, u_2, \cdots, u_n) = f_1(x_1, x_2, \cdots, x_n) f_2(u_1, u_2, \cdots, u_n)$，最大化关于 $(\alpha, \beta, \sigma^2)$ 的 f 和最大化关于 $(\alpha, \beta, \sigma^2)$ 的 f_2 是一样的，只要 f_1 不是这些参数的函数。

情形 2：考虑一个消费的简单模型，Y_t 为当期消费，它是 Y_{t-1} 即前一期消费的函数。这是一个类似于香烟需求的消费习惯的例子。在这种情况下，我们的回归模型变为：

$$Y_t = \alpha + \beta Y_{t-1} + u_t, \quad t = 2, \cdots, T, \tag{5.3}$$

这里由于滞后期，我们损失一个观测。显然 Y_t 和 u_t 是相关的，但这里的问题是 Y_{t-1} 和 u_t 是否相关。毕竟 Y_{t-1} 是我们的解释变量 X_t。只要不违背假设 3，即不同期的 u 不相关，u_t 就表示一个独立于以前各期扰动的新扰动，它与前定的 Y_{t-1} 是不相关的。这就是我们所说的同期不相关的含义，即 u_t 与 Y_t 相关，但与 Y_{t-1} 不相关。β 的 OLS 估计量是

$$\hat{\beta}_{OLS} = \sum_{t=2}^{T} y_t y_{t-1} \Big/ \sum_{t=2}^{T} y_{t-1}^2 = \beta + \sum_{t=2}^{T} y_{t-1} u_t \Big/ \sum_{t=2}^{T} y_{t-1}^2, \tag{5.4}$$

式（5.4）的期望值不是 β，因为一般而言，

$$E\Big(\sum\nolimits_{t=2}^{T} y_{t-1} u_t \Big/ \sum\nolimits_{t=2}^{T} y_{t-1}^2\Big) \neq E\Big(\sum\nolimits_{t=2}^{T} y_{t-1} u_t\Big) \Big/ E\Big(\sum\nolimits_{t=2}^{T} y_{t-1}^2\Big).$$

比的期望值不等于期望值之比。另外，即使 $E(Y_{t-1}u_t)=0$，你也很容易看出 $E(y_{t-1}u_t)\neq0$。实际上 $y_{t-1}=Y_{t-1}-\bar{Y}$，$\bar{Y}$ 中包含 Y_t，我们知道 $E(Y_tu_t)\neq0$。因此，OLS 估计量丧失了无偏性，但是，所有的渐近性质仍然成立。事实上 $\hat{\beta}_{OLS}$ 是一致的，因为

$$\text{plim}\,\hat{\beta}_{OLS}=\beta+\text{cov}(Y_{t-1},u_t)/\text{var}(Y_{t-1})=\beta, \tag{5.5}$$

其中第二个等号根据式（5.4）得到，实际上 $\text{plim}\big(\sum_{t=2}^{T} y_{t-1}u_t/T\big)$ 是 $\text{cov}(Y_{t-1},u_t)$，而 $\text{cov}(Y_{t-1},u_t)=0$，$\text{plim}\big(\sum_{t=2}^{T} y_{t-1}^2/T\big)=\text{var}(Y_{t-1})$ 是正的且有限的。

情形 3：X 和 u 是相关的。这时 OLS 估计量是有偏且不一致的。这很容易从式（5.2）中推导出来，因为 $\text{plim}\big(\sum_{i=1}^{n} x_iu_i/n\big)$ 是 $\text{cov}(X,\ u)\neq0$，$\text{plim}\big(\sum_{i=1}^{n} x_i^2/n\big)$ 是正的且有限的。这意味着 OLS 估计量不再是一个可行的估计量，需要推导出一个能纠正这一偏差的替代估计量。我们将研究三种具体的违背该假设的情形：（ⅰ）存在测量误差；（ⅱ）滞后被解释变量与误差项相关；（ⅲ）联立方程。

简单来说，测量误差是指真实的回归模型是关于 X^* 的，而 X^* 有测量误差，即 $X_i=X_i^*+v_i$，因此我们观测的 X_i 并非 X_i^*。因而，当我们用 X_i 替代模型中的 X_i^* 时，我们得到：

$$Y_i=\alpha+\beta X_i^*+u_i=\alpha+\beta X_i+(u_i-\beta v_i), \tag{5.6}$$

其中合成误差项现在是与 X_i 相关的，因为 X_i 和 v_i 相关。毕竟，$X_i=X_i^*+v_i$，如果 X_i^* 和 v_i 不相关，有 $E(X_iv_i)=E(v_i^2)$。

类似地，在情形（ⅱ）中，如果 u 是跨期相关的，也就是说 u_t 和 u_{t-1} 相关，那么 Y_{t-1}（u_{t-1} 的函数）也会与 u_t 相关，且 $E(Y_{t-1}u_t)\neq0$。关于这一点以及如何检验出现滞后解释变量时的序列相关，更多内容见第 6 章。

最后，如果考虑一个需求和供给方程，在两个方程中数量 Q_t 是价格 P_t 的函数：

$$Q_t=\alpha+\beta P_t+u_t（需求）, \tag{5.7}$$
$$Q_t=\delta+\gamma P_t+v_t（供给）. \tag{5.8}$$

问题是两个方程中的 P_t 是否与扰动项 u_t 和 v_t 相关，答案是肯定的，因为式（5.7）和式（5.8）是关于两个未知数 P_t 和 Q_t 的两个方程，解这些变量，可以得到 P_t 和 Q_t 是 u_t 和 v_t 以及常数项的函数。这意味着 $E(P_tu_t)\neq0$ 和 $E(P_tv_t)\neq0$，无论根据式（5.7）还是式（5.8）得到的 OLS 估计量都是有偏且不一致的。我们将在第 11 章更深入地研究这个联立方程偏误问题。

对于 X 和 u 相关的所有情形，生动地说明了为什么 OLS 估计量不再是一个一致估计量。我们考虑扰动项与解释变量正相关的情况，第 3 章的图 3—3 给出了真实回归直线 $\alpha+\beta X_i$，同时也给出了当 X_i 和 u_i 正相关时，与一个高于其均值的 X_i 相关的 u_i 也是高于其均值的，即扰动为正。那么，只要 X_i 大于其均值，$Y_i=\alpha+\beta X_i+u_i$ 总是在真实回归直

线的上方。类似地，对于小于均值的 X_i，其对应的 Y_i 都在真实回归直线的下方。这意味着，不知道真实的回归直线，研究者基于这些数据得到的 OLS 拟合将导致有偏的截距和斜率估计。事实上，截距被低估而斜率被高估。进一步，这个偏差不会随着数据的增加而消失，因为新的数据也是由相同的上述机制生成的。因此这些 OLS 估计量都是不一致的。

类似地，如果 X_i 和 u_i 负相关，那么截距会被高估而斜率将被低估。这种情况适合于任何方程的右侧至少有一个变量与扰动项相关的情形。由滞后被解释变量与自相关误差项导致的相关问题，将在第 6 章进行研究；由于联立方程问题导致的相关将在第 11 章进行研究。

5.4 扰动的正态性

如果扰动不是正态的，只要假设 1 至假设 4 成立，OLS 估计仍然是 BLUE。正态性保证 OLS 估计量的最小方差无偏性（MVU），可以证明这些 OLS 估计量和 MLE 估计量是一样的。正态性用来推导这些估计量的分布，进而用上一章中的 t 和 F 检验进行假设检验。如果扰动不是正态的，但样本容量很大，根据中心极限定理仍然可以对 OLS 估计量使用渐近正态分布，见 Theil（1978）。Theil 的证明针对的情形是重复样本中固定的 X，扰动零期望、同方差。Jarque and Bera（1987）提出了一个关于正态性的渐近检验。这些都是基于正态分布偏度为 0、峰度为 3 的事实。偏度（不对称的程度）的计算公式如下：

$$S = \frac{[E(X-\mu)^3]^2}{[E(X-\mu)^2]^3} = \frac{\text{三阶中心矩的平方}}{\text{方差的立方}},$$

峰度（测量扁平程度）的计算公式如下：

$$\kappa = \frac{E(X-\mu)^4}{[E(X-\mu)^2]^2} = \frac{\text{四阶中心矩}}{\text{方差的平方}},$$

对于正态分布 $S=0$，$\kappa=3$。因此，Jarque-Bera（JB）统计量由下式给出：

$$JB = n\left[\frac{S^2}{6} + \frac{(\kappa-3)^2}{24}\right],$$

其中 S 表示 OLS 残差的偏度，κ 表示 OLS 残差的峰度。该统计量在 H_0 成立的条件下服从自由度为 2 的 χ^2 分布。拒绝 H_0，拒绝扰动服从正态分布，但并没有提供另一种分布。从这种意义上看，该检验是非构建性的。另外，不能拒绝 H_0 也不意味着扰动必然服从正态分布，只是表示我们不能拒绝扰动的分布是对称的且峰度为 3。见 5.5 节中的实证案例的说明。利用 EViews 软件可得到 Jarque-Bera 检验的结果。

5.5 异方差

违背假设 2 意味着扰动项的方差是变动的，即 $E(u_i^2) = \sigma_i^2$，$i=1, 2, \cdots, n$。首先，

计量经济学方法与应用（第五版）

我们研究违背该假设对 OLS 估计量的影响。对于简单线性回归而言，显然式（5.2）所示的 $\hat{\beta}_{OLS}$ 仍然是无偏的和一致的，因为这些性质只取决于假设 1 和假设 4，而非假设 2。但是，$\hat{\beta}_{OLS}$ 的方差现在变为：

$$\operatorname{var}(\hat{\beta}_{OLS}) = \operatorname{var}\left(\sum_{i=1}^{n} w_i u_i\right) = \sum_{i=1}^{n} w_i^2 \sigma_i^2 = \sum_{i=1}^{n} x_i^2 \sigma_i^2 \bigg/ \left(\sum_{i=1}^{n} x_i^2\right)^2, \quad (5.9)$$

其中第二个等号根据假设 3 得到且 $\operatorname{var}(u_i)$ 现在是 σ_i^2。注意，如果 $\sigma_i^2 = \sigma^2$，就又变回通常的同方差下的 $\operatorname{var}(\hat{\beta}_{OLS})$，即 $\sigma^2 \big/ \sum_{i=1}^{n} x_i^2$。进一步，还可以发现 $E(s^2)$ 将涉及所有的 σ_i^2 而不是共同的 σ^2，见问题 1。这意味着回归软件给出的 $s^2 \big/ \sum_{i=1}^{n} x_i^2$ 作为 $\hat{\beta}_{OLS}$ 的方差的估计存在两处错误：一是它没有使用正确的方差公式即式（5.9）；二是使用 s^2 来估计共同的 σ^2，而事实上 σ_i^2 是不同的。将 $s^2 \big/ \sum_{i=1}^{n} x_i^2$ 作为 $\operatorname{var}(\hat{\beta}_{OLS})$ 的估计，其偏差取决于异方差的性质和回归元。实际上，如果 σ_i^2 和 x_i^2 是正相关的，可以看出 $s^2 \big/ \sum_{i=1}^{n} x_i^2$ 低估了真实的方差，进而所得到的关于 $\beta=0$ 的 t 统计量被夸大了，β 的置信区间会比应该的要窄，见问题 2。这意味着这种情形下的 t 统计量更倾向于拒绝 $H_0: \beta=0$，即回归斜率是显著的，当它可能并不显著时。

β 的 OLS 估计是线性无偏的和一致的，但它是否仍是 BLUE？为了回答这一问题，我们注意到只是违背了假设 2，即 $\operatorname{var}(u_i)=\sigma_i^2$，因此，如果我们用 σ_i/σ 除以 u_i，结果 $u_i^* = \sigma u_i/\sigma_i$ 就会有一个不变方差 σ^2。容易看出 u_i^* 满足所有的包括同方差在内的古典假设。回归模型变为

$$\sigma Y_i/\sigma_i = \alpha\sigma/\sigma_i + \beta\sigma X_i/\sigma_i + u_i^*, \quad (5.10)$$

模型（5.10）的 OLS 估计是 BLUE。式（5.10）的 OLS 估计正规方程为

$$\sum_{i=1}^{n} (Y_i/\sigma_i^2) = \alpha \sum_{i=1}^{n} (1/\sigma_i^2) + \beta \sum_{i=1}^{n} (X_i/\sigma_i^2),$$
$$\sum_{i=1}^{n} (Y_i X_i/\sigma_i^2) = \alpha \sum_{i=1}^{n} (X_i/\sigma_i^2) + \beta \sum_{i=1}^{n} (X_i^2/\sigma_i^2)。 \quad (5.11)$$

注意，这些方差中没有 σ^2，解式（5.11），见问题 3，得到

$$\tilde{\alpha} = \left[\sum_{i=1}^{n} (Y_{1i}/\sigma_i^2) \bigg/ \sum_{i=1}^{n} (1/\sigma_i^2)\right] - \tilde{\beta}\left[\sum_{i=1}^{n} (X_i/\sigma_i^2) \bigg/ \sum_{i=1}^{n} (1/\sigma_i^2)\right]$$
$$= \bar{Y}^* - \tilde{\beta}\bar{X}^*, \quad (5.12a)$$

这里 $\quad \bar{Y}^* = \left[\sum_{i=1}^{n} (Y_i/\sigma_i^2) \bigg/ \sum_{i=1}^{n} (1/\sigma_i^2)\right] = \sum_{i=1}^{n} w_i^* Y_i \bigg/ \sum_{i=1}^{n} w_i^*,$

和 $\quad \bar{X}^* = \left[\sum_{i=1}^{n} (X_i/\sigma_i^2) \bigg/ \sum_{i=1}^{n} (1/\sigma_i^2)\right] = \sum_{i=1}^{n} w_i^* X_i \bigg/ \sum_{i=1}^{n} w_i^*,$

其中 $w_i^* = 1/\sigma_i^2$，类似地，

$$\tilde{\beta} = \frac{\left[\sum_{i=1}^{n} (1/\sigma_i^2)\right]\left[\sum_{i=1}^{n} (Y_i X_i/\sigma_i^2)\right] - \left[\sum_{i=1}^{n} (X_i/\sigma_i^2)\right]\left[\sum_{i=1}^{n} (Y_i/\sigma_i^2)\right]}{\left[\sum_{i=1}^{n} X_i^2/\sigma_i^2\right]\left[\sum_{i=1}^{n} (1/\sigma_i^2)\right] - \left[\sum_{i=1}^{n} (X_i/\sigma_i^2)\right]^2}$$

$$= \frac{\left(\sum_{i=1}^n w_i^*\right)\left(\sum_{i=1}^n w_i^* X_i Y_i\right) - \left(\sum_{i=1}^n w_i^* X_i\right)\left(\sum_{i=1}^n w_i^* Y_i\right)}{\left(\sum_{i=1}^n w_i^*\right)\left(\sum_{i=1}^n w_i^* X_i^2\right) - \left(\sum_{i=1}^n w_i^* X_i\right)^2}$$

$$= \frac{\sum_{i=1}^n w_i^* (X_i - \overline{X}^*)(Y_i - \overline{Y}^*)}{\sum_{i=1}^n w_i^* (X_i - \overline{X}^*)^2}。 \tag{5.12b}$$

显然，根据回归模型（5.10）得到最优的线性无偏估计量 $\tilde{\alpha}$ 和 $\tilde{\beta}$ 是不同于通常的 OLS 估计量 $\hat{\alpha}_{OLS}$ 和 $\hat{\beta}_{OLS}$ 的，因为它们依赖于 σ_i^2。当对于所有的 $i=1, 2, \cdots, n$，$\sigma_i^2 = \sigma^2$ 时，即同方差情形下，式（5.12）简化为第 3 章式（3.4）给出的通常的 OLS 估计量。最优线性无偏估计量给第 i 个观测值进行了加权，权数为 $(1/\sigma_i)$，是对该观测值精度的度量。观测值越精确，即 σ_i 较小，其权重越大。$\tilde{\alpha}$ 和 $\tilde{\beta}$ 称为加权最小二乘（weighted least squares，WLS）估计量，是广义最小二乘（generalized least squares，GLS）估计量的一种具体形式。利用矩阵对 GLS 的详细讨论见第 9 章。

存在异方差时，OLS 估计由于不再是 BLUE，从而丧失了有效性。但是，因为它仍然是无偏的和一致的，且真实的 σ_i^2 未知，因而一些研究者还采用 OLS 估计量作为回归系数的首选的一致估计量。然而，需要重点强调的是，回归软件所给出的这些估计的标准误差是有偏的，任何基于这些估计方差所进行的包括 t 检验在内的推断都是不可信的。White（1980）提出了一个简单的程序，该程序可以给出 OLS 估计量的异方差一致标准误差。在式（5.9）中，总的来说就是将 σ_i^2 用 e_i^2（第 i 个 OLS 残差的平方）来代替，即

$$\text{White 的 } \text{var}(\hat{\beta}_{OLS}) = \sum_{i=1}^n x_i^2 e_i^2 \Big/ \left(\sum_{i=1}^n x_i^2\right)^2。 \tag{5.13}$$

注意，我们不能通过 e_i^2 一致估计出 σ_i^2，因为每个被估计参数只有一个观测。随着样本容量的增加，未知的 σ_i^2 的个数也在增加。White（1980）的一致估计 $\text{var}(\hat{\beta}_{OLS})$ 是 e_i^2 的加权平均。对多元回归可以应用同样的分析。此时，第 k 个 OLS 回归系数 β_k 的方差的 White（1980）异方差一致估计为

$$\text{White 的 } \text{var}(\hat{\beta}_k) = \sum_{i=1}^n \hat{v}_{ki}^2 e_i^2 \Big/ \left(\sum_{i=1}^n \hat{v}_{ki}^2\right)^2,$$

其中 $\hat{v}_{ki}^2$ 是 X_k 对模型中其他回归元回归得到的 OLS 残差平方。e_i 为第 i 个多元回归方程的 OLS 残差。许多回归软件都提供了方差的 White 异方差一致估计及其相应的稳健 t 统计量。例如，在 EViews 软件中，点击 Quick，选择 Estimate Equation，然后点击 Options，在出现的菜单中选择 White，即可得到方差的异方差一致估计量。

虽然回归程序就异方差问题纠正了 t 统计量，但并没有纠正 F 统计量，正如第 4 章中的问题 2 所示。对于多元回归模型（4.1），关于原假设 H_0：$\beta_2 = \beta_3 = 0$，Wooldridge（1991）提出了一种获得稳健 LM 统计量的简便方法。该方法包括如下四个步骤：

（1）对不包含 X_2 和 X_3 的受约束的模型进行 OLS 回归，得到受约束的最小二乘残差 $\tilde{u}$。

（2）将原假设下剔除的解释变量（即 X_2 和 X_3）分别对所有的其他包括在模型中的解释变量（即 X_4，X_5，$\cdots$，X_K）回归，回归包含常数项。得到各自相应的残差 $\hat{v}_2$ 和 $\hat{v}_3$。

（3）将所有观测都为 1 的被解释变量对 $\hat{v}_2\tilde{u}$ 和 $\hat{v}_3\tilde{u}$ 进行不带常数项的回归，得到稳健的 LM 统计量，该统计量等于 $n*$ 该回归的残差平方和。这正好是最后一个回归的 nR_u^2。H_0 成立时，该 LM 统计量服从 χ_2^2。

因为 OLS 不再是 BLUE，因此应该计算 $\tilde{\alpha}$ 和 $\tilde{\beta}$。唯一的问题是 σ_i 往往是未知的。一个已知 σ_i 为标量常数的例子是下面的这个加总的简单案例。

案例 5.1：加总和异方差。令 Y_{ij} 表示第 i 个行业第 j 个企业的观测，考虑如下回归：

$$Y_{ij}=\alpha+\beta X_{ij}+u_{ij}, \quad j=1,2,\cdots,n_i;i=1,2,\cdots,m。 \tag{5.14}$$

如果只能得到每个行业的观测总和，那么按照公司对式（5.14）进行加总，即

$$Y_i=\alpha n_i+\beta X_i+u_i, \quad i=1,2,\cdots,m, \tag{5.15}$$

其中 $Y_i=\sum_{j=1}^{n_i}Y_{ij}$，$X_i=\sum_{j=1}^{n_i}X_{ij}$，$u_i=\sum_{j=1}^{n_i}u_{ij}$，$i=1$，2，$\cdots$，$m$。注意，尽管 $u_{ij}\sim\mathrm{IID}(0,\sigma^2)$，通过加总，我们得到 $u_i\sim(0,n_i\sigma^2)$。这表示式（5.15）中的扰动项是异方差的。但是 $\sigma_i^2=n_i\sigma^2$，且可看作标量常数。实际上，σ/σ_i 是 $1/(n_i)^{1/2}$。因此，用 $1/(n_i)^{1/2}$ 左乘式（5.15）并对变换后的模型进行 OLS 估计，得到 α 和 β 的最优线性无偏估计量。换句话说，最优线性无偏估计是根据 $Y_i/(n_i)^{1/2}$ 对 $/(n_i)^{1/2}$ 和 $X_i/(n_i)^{1/2}$ 回归得到的，该回归不包含截距项。

实际中可能还有其他的 σ_i 为标量的特殊情况，但是，一般来说，σ_i 通常是未知的，必须去估计。只根据 n 个观测这是不可能的，因为这里有 n 个 σ_i，因此我们或者不得不重复观测，或者必须了解更多关于 σ_i 的信息。我们来讨论两种情形。

情形 1：重复观测

假设从收入为 $X_i(i=1$，2，$\cdots$，$m)$ 的家庭中随机抽取 n_i 个家庭。对于每个家庭 $j=1$，2，$\cdots$，n_i。我们观察他们在食品上的消费支出，即 Y_{ij}。回归模型为：

$$Y_{ij}=\alpha+\beta X_i+u_{ij}, \quad i=1,2,\cdots,m;j=1,2,\cdots,n_i, \tag{5.16}$$

其中 m 为所选的收入水平的数目。注意，X_i 只有一个下标，而 Y_{ij} 有两个下标，这表示对同一收入 X_i 的家庭重复观测。u_{ij} 独立同分布于 $(0,\sigma_i^2)$，这反映了不同的收入群体的消费支出存在异方差。在这种情况下，有 $n=\sum_{i=1}^{m}n_i$ 个观测和 m 个待估计的 σ_i^2。这是可行的，有两种方法可以估计这些 σ_i^2。第一种是根据下式计算：

$$\hat{s}_i^2=\sum_{j=1}^{n_i}(Y_{ij}-\bar{Y}_i)^2/(n_i-1),$$

其中 $\bar{Y}_i=\sum_{j=1}^{n_i}Y_{ij}/n_i$。第二种是根据 $\bar{s}_i^2=\sum_{j=1}^{n_i}e_{ij}^2/n_i$ 计算，其中 e_{ij} 是 OLS 残差，由下式给出

$$e_{ij}=Y_{ij}-\hat{\alpha}_{OLS}-\hat{\beta}_{OLS}X_i。$$

两种 σ_i^2 的估计都是一致的。用 $\hat{s}_i^2$ 或 $\bar{s}_i^2$ 代替式（5.12）中的 σ_i^2 将得到 α 和 β 的可行的估计量。但是，这个估计结果不再是 BLUE。用 σ_i^2 的一致估计量替代 σ_i^2，将得到 α 和 β 的渐近有效估计量，见第 9 章。当然，这一步骤也可以通过将 $Y_{ij}/\hat{s}_i$ 对 $1/\hat{s}_i$ 和 $X_i/\hat{s}_i$

进行不含常数项的回归得到，或者换作 $\tilde{s}_i$ 的形式进行类似的回归。对于后面的估计 $\hat{s}_i^2$，我们可以通过迭代即基于新的回归估计得到新的残差，得到新的 $\hat{s}_i^2$。根据收敛准则，当从第 r 次迭代得到的估计与从第（$r+1$）次迭代得到的估计之差的绝对值小于给定的任意小的正数时，迭代过程终止。如果估计集中到一点，那么最后一次得到的估计量是极大似然估计量，见 Oberhofer and Kmenta（1974）。

情形 2：假定可以得到更多关于异方差形式的信息

如果进行重复观测，利用 n 个观测我们就无法试图估计 n 个方差以及 α 和 β。我们需要构建异方差的形式来估计这个模型，但没必要去检验它。异方差最可能出现在截面数据中，此时观测可能是关于不同规模的企业。例如，一个关于利润与销售量之间关系的回归可能存在异方差，因为规模大的企业可利用的资源多，比规模较小的企业可以得到更多的贷款、投资，更宽松，获利更多。因此，我们预计异方差的形式跟企业的规模有关，而此时企业规模可以由回归元销售量或其他类似反映规模的变量（如资产）等来体现。从而，对于这样的回归，我们可以记 $\sigma_i^2 = \sigma^2 Z_i^2$，其中 Z_i 表示企业 i 的销售量。假定 Z_i 已知，再次将异方差的形式看作是一个标量常数，则从式（5.12）可以得到 α 和 β 的最优线性无偏估计量。或者，可以将 Y_i/Z_i 对 $1/Z_i$ 和 X_i/Z_i 进行不含常数项的回归，进而得到相同的结果。Z_i 的特例是 X_i 和 $E(Y_i)$。（ⅰ）如果 $Z_i = X_i$，回归变为 Y_i/X_i 对 $1/X_i$ 和常数项的回归。注意，$1/X_i$ 的回归系数是 α 的估计，而模型中的常数项现在是 β 的估计。但是，当我们假定 $\mathrm{var}(u_i)$ 与 X_i 相关时，u_i 可能与 X_i 无关吗？答案是肯定的，只要 $E(u_i/X_i)=0$，也就是说对于 X_i 的每个值，u_i 的均值为 0，见第 3 章图 3—4。反过来，这意味着 u_i 的总体均值为 0，即 $E(u_i)=0$ 且 $\mathrm{cov}(X_i, u_i)=0$。如后者不满足，比如说 $\mathrm{cov}(X_i, u_i)$ 为正，那么较大的 X_i 值意味着 u_i 的值也较大。这表示对于 X_i 的这些值，相应的 u_i 均值非零。这与 $E(u_i/X_i)=0$ 矛盾。因此，如果 $E(u_i/X_i)=0$，那 $\mathrm{cov}(X_i, u_i)=0$。（ⅱ）如果 $Z_i = E(Y_i) = \alpha + \beta X_i$，那么 σ_i^2 与总体回归直线成比例，即为 α 和 β 的线性函数。由于 OLS 估计量是一致的，可以通过 $\hat{Y}_i = \hat{\alpha}_{OLS} + \hat{\beta}_{OLS} X_i$ 来估计 $E(Y_i)$，利用 $\hat{Z}_i = \hat{Y}_i$ 而不是 $E(Y_i)$。换句话说，将 $Y_i/\hat{Y}_i$ 对 $1/\hat{Y}_i$ 和 $X_i/\hat{Y}_i$ 进行不含常数项的回归，得到的估计量是渐近有效的，见 Amemiya（1973）。

将 $\sigma_i^2 = \sigma^2 Z_i^2$ 一般化为 $\sigma_i^2 = \sigma^2 Z_i^\delta$，其中 δ 是待估的未知参数。因此，不需要估计 n 个 σ_i^2，只需估计 σ^2 和 δ。假定满足正态性，我们可以构建似然函数并通过对关于 α、β、σ^2 和 δ 的似然函数求微分来推导一阶条件。得到的方程是高度非线性的。或者，我们可以在 $\delta = 0$，0.1，0.2，$\cdots$，4 中搜索一个可能的值，并从 $Y_i/Z_i^{\delta/2}$ 对 $1/Z_i^{\delta/2}$ 和 $X_i/Z_i^{\delta/2}$ 的无常数项的回归中得到相应的 α、β 和 σ^2 的估计。对上述每一个 δ 和似然函数值重复进行，利用搜索程序我们可以得到似然函数的最大值和相应的 α、β、σ^2 和 δ 的极大似然估计（MLE）。注意，随着 δ 的增加，异方差的程度加大。问题 4 要求读者对于不同的 δ，计算 OLS 估计量相对于 $Z_i = X_i$ 的最优线性无偏估计量的相对有效性。随着异方差程度的加大，正如预期的那样，OLS 估计量的相对有效性下降。

还可以进一步将 $\sigma_i^2 = \sigma^2 Z_i^\delta$ 一般化为包括多个 Z 变量。实际上，乘法异方差的一般形式为：

$$\log \sigma_i^2 = \log \sigma^2 + \delta_1 \log Z_{1i} + \delta_2 \log Z_{2i} + \cdots + \delta_r \log Z_{ri}, \tag{5.17}$$

其中 $r<n$，否则根据 n 个观测是无法估计的。Z_1，Z_2，$\cdots$，Z_r 是已知的用来确定异方差的变量。注意，如果 $\delta_2 = \delta_3 = \cdots = \delta_r = 0$，我们重新回到 $\sigma_i^2 = \sigma^2 Z_i^\delta$，此时 $\delta = \delta_1$。对于一般的异方差的乘法形式的估计见 Harvey（1976）。

异方差的另一种形式是加法形式：

$$\sigma_i^2 = a + b_1 Z_{1i} + b_2 Z_{2i} + \cdots + b_r Z_{ri}, \tag{5.18}$$

其中 $r<n$，见 Goldfeld and Quandt（1972）。式（5.18）的特殊情况包括

$$\sigma_i^2 = a + b_1 X_i + b_2 X_i^2, \tag{5.19}$$

这里如果 a 和 b_1 为 0，我们可以得到乘法异方差的一种简单形式。为了估计异方差形式为式（5.19）所示的加法形式的回归模型，我们可以得到 OLS 残差即 e_i，并进行如下回归：

$$e_i^2 = a + b_1 X_i + b_2 X_i^2 + v_i, \tag{5.20}$$

其中 $v_i = e_i^2 - \sigma_i^2$。v_i 是同方差的，对式（5.20）进行 OLS 估计，得到 σ_i^2 的如下估计：

$$\hat{\sigma}_i^2 = \hat{a}_{OLS} + \hat{b}_{1,OLS} X_i + \hat{b}_{2,OLS} X_i^2. \tag{5.21}$$

下面的回归修正了异方差 v_i 中的异方差，根据该回归可以得到一个更好的 σ_i^2 的估计量：

$$(e_i^2 / \hat{\sigma}_i) = a(1/\hat{\sigma}_i) + b_1(X_i/\hat{\sigma}_i) + b_2(X_i^2/\hat{\sigma}_i) + w_i. \tag{5.22}$$

σ_i^2 的新估计量为

$$\tilde{\sigma}_i^2 = \tilde{a} + \tilde{b}_1 X_i + \tilde{b}_2 X_i^2, \tag{5.23}$$

其中 $\tilde{a}_1$、$\tilde{b}_1$ 和 $\tilde{b}_2$ 是式（5.22）的 OLS 估计量。应用 $\tilde{\sigma}_i^2$，将 $Y_i/\tilde{\sigma}_i$ 对 $1/\tilde{\sigma}_i$ 和 $X_i/\tilde{\sigma}_i$ 进行无常数项回归，可以得到 α 和 β 的渐近有效估计量。这些统计量与 Rutemiller and Bowers（1968）推导的 MLE 估计量具有相同的渐近性质，见 Amemiya（1977）和 Buse（1984）。迭代程序的问题无法保证 $\tilde{\sigma}_i^2$ 为正，这意味着平方根 $\tilde{\sigma}_i$ 可能不存在。如果 $\sigma_i^2 = (a + b_1 X_i + b_2 X_i^2)^2$，则可能解决这个问题，因为这种情况下，$|e_i|$ 对常数项、X_i 和 X_i^2 进行回归，该回归的预测值可以作为 σ_i 的估计。即使预测值为负也没有关系，因为我们不会对其取平方根，且它的符号在最后一个回归（即 $Y_i/\hat{\sigma}_i$ 对 $1/\hat{\sigma}_i$ 和 $X_i/\hat{\sigma}_i$ 的无常数项回归）的 OLS 正规方程中被消掉了。

□ 检验异方差

在重复观测的情形下，可以进行 Bartlett（1937）的检验。原假设为 $H_0:\sigma_1^2 = \sigma_2^2 = \cdots = \sigma_m^2$。原假设下，只有一个方差，该方差可以利用混合方差 $s^2 = \sum_{i=1}^{m} v_i \tilde{s}_i^2 / v$ 来估计，其中 $v = \sum_{i=1}^{m} v_i$，$v_i = n_i - 1$。备择假设下，有 m 个不同的由 $\tilde{s}_i^2$ 估计的方差，$i=1$，2，$\cdots$，m。通过计算原假设和备择假设下的似然比（likelihood ratio）检验，其简化计算如下：

$$B = [v\log s^2 - \sum_{i=1}^{m} v_i \log s_i^2]/c, \tag{5.24}$$

其中 $c = 1 + \left[\sum_{i=1}^{m}(1/v_i) - 1/v\right]/3(m-1)$。在 H_0 下，B 服从 χ_{m-1}^2 分布。因此，式（5.24）所示的 B 统计量的一个大的 p 值意味着我们不能拒绝同方差，而一个小的 p 值

则会拒绝 H_0，从而得出存在异方差的结论。

在无法重复观测的情形下，很多文献给出了一些检验方法，其中几种方法如下所示：

(1) Glejser (1968) 检验。该检验是将 $|e_i|$ 对常数项和 Z_i^{δ} 回归，其中 $\delta=1$，-1，0.5 和 -0.5。如果 Z_i^{δ} 的系数显著不为 0，则拒绝同方差。检验的功效取决于异方差的真实形式。但是，一个重要的结果是如果选择了错误的 δ，该检验的功效损失不大，见 Ali and Giaccotto (1984)，他们用大量的蒙特卡罗实验证实了这一点。

(2) Goldfeld-Quandt (1965) 检验。这是一个简单直观的检验。将观测值按照 X_i 进行排序并去掉中间的 c 个观测值，接着，对两组观测值个数均为 $(n-c)/2$ 的样本分别回归。去掉的 c 个观测值中取值较大的 X 与取值较小的 X 分开，如果异方差存在且与 X_i 相关，那么两个回归所得的 σ^2 应该是不同的。因此，检验统计量为 s_2^2/s_1^2，其中 s_1^2 和 s_2^2 分别为两个回归的均方误 (mean square error)。由于两个回归的自由度是一样的，因此这个比等于两个残差平方和之比。该统计量服从两个自由度均为 $(n-c)/2-K$ 的 F 分布。进行该检验余下的唯一问题是 c 的大小。显然，c 越大，被去掉的中间观测越多，我们感觉两个样本的差异越大。减少 c 个观测应该会损失检验功效。但是，如果我们不能拒绝同方差，那么分为两个样本将会使我们更肯定两个方差实际上是一样的。Goldfeld 和 Quandt 通过蒙特卡罗实验对如何取舍检验功效进行了研究。他们建议当 $n=30$ 时 $c=8$，当 $n=60$ 时 $c=16$。该检验被广泛应用，但是要假设我们知道如何对异方差进行排序。在简单回归中，应用 X_i。但是如果在右侧有多个回归元时怎么办呢？这时可以利用 $\hat{Y}_i$ 排序。

(3) Spearman 等级相关系数检验。该检验对 X_i 和 OLS 残差 e_i 的绝对值进行排序并划分等级。然后计算他们的等级之差，即 $d_i=\text{rank}(|e_i|)-\text{rank}(X_i)$。Spearman 相关系数为 $r=1-\left[6\sum_{i=1}^{n}d_i^2/(n^3-n)\right]$。最后，通过计算统计量 $t=[r^2(n-2)/(1-r^2)]^{1/2}$ 来检验 H_0：等级之间的相关系数为 0，该统计量服从自由度为 $(n-2)$ 的 t 分布。如果该 t 统计量的 p 值较大，我们不能拒绝同方差。反之，则拒绝同方差，得出存在异方差的结论。

(4) Harvey (1976) 的乘法异方差检验。如果异方差与 X_i 有关，Goldfeld-Quandt 检验或 Spearman 等级相关系数检验可能会检验出来，Glejser 检验需要建立具体的形式。当异方差的形式为乘法类型时，Harvey (1976) 建议进行如下的检验，该检验将式 (5.17) 改写为

$$\log e_i^2 = \log\sigma^2 + \delta_1\log Z_{1i} + \cdots + \delta_r\log Z_{ri} + v_i, \tag{5.25}$$

其中 $v_i=\log(e_i^2/\sigma^2)$。扰动项渐近服从 $\log\chi_1^2$ 分布。该随机变量的均值为 $-1.270\,4$，方差为 $4.934\,8$。因此，Harvey 建议进行式 (5.25) 所示的回归，并通过计算回归平方和除以 $4.934\,8$ 来检验 $H_0:\delta_1=\delta_2=\cdots=\delta_r=0$。该统计量渐近服从 χ_r^2 分布。它也渐近等价于一个对式 (5.25) 回归中 $\delta_1=\delta_2=\cdots=\delta_r=0$ 所进行的 F 检验。关于 F 检验参考第 4 章的例 6。

(5) Breusch-Pagan (1979) 检验。如果知道 $\sigma_i^2=f(a+b_1Z_1+b_2Z_2+\cdots+b_rZ_r)$，但是不知道这个函数 f 的具体形式。Breusch and Pagan (1979) 提出了如下的同方差检验，即检验 $H_0:b_1=b_2=\cdots=b_r=0$。计算 $\hat{\sigma}^2=\sum_{i=1}^{n}e_i^2/n$，同方差下其为 σ^2 的 MLE 估

计量。将 $e_i^2/\hat{\sigma}^2$ 对所有的 Z 变量和常数项回归,并计算回归平方和的一半。该统计量服从 χ_r^2 分布。这个检验比上述检验更一般化,因为不要求 f 的具体形式。

(6) White(1980)检验。另一种无需知道异方差形式的一般性的异方差检验是 White(1980)提出的。该检验基于 OLS 估计量的方差在同方差和异方差情况下不同。对于带常数项的简单回归,White 给出的检验比较了式(5.13)所示的 White 的 $\mathrm{var}(\hat{\beta}_{OLS})$ 和通常的同方差下的 $\mathrm{var}(\hat{\beta}_{OLS})=s^2/\sum_{i=1}^{n}x_i^2$。该检验可以简化为 e_i^2 对常数项、X_i 和 X_i^2 回归,然后计算 nR^2。该统计量在同方差的原假设下服从 χ_2^2 分布。自由度为除了常数项之外的回归变量的个数。如果该统计量不显著,那么 e_i^2 与 X_i 和 X_i^2 无关,我们就不能拒绝方差为常数的假设。注意,如果原回归模型中没有常数项,我们将 e_i^2 只对常数项和 X_i^2 回归,也就是说回归中不再有 X_i,此时该检验的自由度为 1。总之,White 检验的基础是,将 e_i^2 对回归中所有 X 的交叉积回归,计算 nR^2,并与 χ_r^2 的临界值进行比较,其中 r 是后一个回归中除了常数项之外的回归元的个数。对于有两个回归元 X_2、X_3 和常数项的情形,基于 nR^2 的 White 检验,R^2 是根据 e_i^2 对常数项、X_2、X_3、X_2^2、X_2X_3 和 X_3^2 回归计算得到的。该统计量服从 χ_5^2 分布。EViews 软件有标准的 White 检验程序。对原模型进行回归后,点击残差检验,然后选择 White,会提供两种选择,即在回归中是否包含类似 X_2X_3 的交叉积。这一点对于回归变量很多的情况可能有用。

Koenker(1981)和 Koenker and Bassett(1982)提出了一种修正的 Breusch-Pagan 检验。目的在于提高 Breusch-Pagan 检验的功效,并且使其对于扰动不服从正态分布的情形更稳健。这相当于将 Breusch-Pagan 统计量(回归平方和的一半)乘以 $2\hat{\sigma}^4$,然后除以残差平方的二阶样本矩,即 $\sum_{i=1}^{n}(e_i^2-\hat{\sigma}^2)^2/n$,其中 $\hat{\sigma}^2=\sum_{i=1}^{n}e_i^2/n$。Waldman(1983)表明如果 Breusch-Pagan 检验中的 Z_i 实际上为 White 检验中的 X_i 及其交叉积,那么修正的 Breusch-Pagan 检验统计量正好就是 White 检验中的 nR^2 统计量。

White(1980)的异方差检验没有给出异方差的具体形式,如果意识到得不到有效的 GLS 估计,就要求进一步去寻找一个比 OLS 更有效的估计量,见 Cragg(1992)。Carroll(1982)和 Robinson(1987)提出了适应性估计量。该估计量假定不要求异方差的具体形式,但是它与基于真实 σ_i^2 的 GLS 具有相同的渐近分布。

可以通过蒙特卡罗实验来研究这些异方差检验方法和其他方法的表现。Ali and Giaccotto(1984)的研究就是一个类似的扩展研究。考虑 6 种异方差的具体形式:

$$(\mathrm{i})\sigma_i^2=\sigma^2 \qquad (\mathrm{ii})\sigma_i^2=\sigma^2|X_i| \qquad (\mathrm{iii})\sigma_i^2=\sigma^2|E(Y_i)|$$

$$(\mathrm{iv})\sigma_i^2=\sigma^2X_i^2 \qquad (\mathrm{v})\sigma_i^2=\sigma^2[E(Y_i)]^2 \qquad (\mathrm{iv})\sigma_i^2=\sigma^2, i\leqslant n/2$$
$$\text{和 } \sigma_i^2=2\sigma^2, i>n/2$$

考虑 6 组数据,前 3 组是平稳的,后 3 组是非平稳的(关于平稳和非平稳解释变量的讨论见第 14 章)。考察 5 个模型,从无截距和只有一个解释变量的模型开始到有截距和 5 个解释变量的模型结束。考虑了四种不同分布的扰动,包括正态分布、t 分布、柯西(Cauchy)分布和对数正态分布。前 3 种分布是对称的,但最后一种是偏态的。利用了 3 种样本容量 $n=10$、25 和 40,同时还考虑了扰动项之间的各种相关。在本节讨论的检验 1、2、5 和 6 中,结果太多,难以总结,但主要的结论有以下几点:(1)这些检验的功效随着样本容量的增加而增加，还与解释变量的趋势性质和变异性有关。解释变量越多、偏离正态分布越远，这些检验的功效就越低。（2）利用 OLS 残差可以得到 10 种分布稳健的检验，这些检验称为 TROB，是 Glejser 检验、White 检验和 Bickel 检验的变异形式。最后一种非参数检验在本章不做讨论。这些检验对于拖尾和偏态分布是稳健的。（3）对于严重偏离真实基本异方差的情形，这些检验均无显著功效。例如，对于第 6 种形式的异方差（即当 $i \leqslant n/2$ 时 $\sigma_i^2 = \sigma^2$，当 $i > n/2$ 时 $\sigma_i^2 = 2\sigma^2$）的情形，所有的检验功效都很低，实际上，最大的功效仅为 9%。（4）Ali and Giaccotto（1984）介绍了各种 TROB 检验的实际用途。他们注意到这些检验类似的地方在于应用了残差平方而不是残差的绝对值。实际上，他们认为应用残差绝对值而非残差平方的相同形式的检验可能也是非稳健的并缺乏检验功效。

实证案例： 对于表 3—2 给出的香烟消费数据，最小二乘回归结果如下：

$$\log C = 4.30 - 1.34 \log P + 0.17 \log Y, \qquad \bar{R}^2 = 0.27。$$
$$\quad (0.91)(0.32) \qquad (0.20)$$

怀疑存在异方差，我们做出 $\log Y$ 与该回归的残差图，如图 5—1 所示。该图显示随着 $\log Y$ 的增加，残差的分散程度下降。接着我们进行了本章所介绍的几个检验。首先是 Glejser（1969）检验，做如下回归：

$$|e_i| = 1.16 - 0.22 \log Y$$
$$\quad (0.46)(0.10)$$
$$|e_i| = -0.95 + 5.13 (\log Y)^{-1}$$
$$\quad (0.47) \quad (2.23)$$
$$|e_i| = -2.00 + 4.65 (\log Y)^{-0.5}$$
$$\quad (0.93) \quad (2.04)$$
$$|e_i| = 2.21 - 0.96 (\log Y)^{0.5}$$
$$\quad (0.93)(0.42)$$

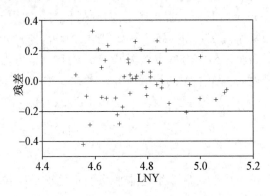

图 5—1 $\log Y$ 和残差的散点图

该回归中斜率系数的 t 统计量分别为 -2.24、2.30、2.29 和 -2.26，p 值分别为 0.03、0.026、0.027 和 0.029，均显著，这意味着拒绝了同方差的原假设。

第二个检验是 Goldfeld-Quandt（1965）检验。观测值按照 $\log Y$ 进行排序，去掉中

间 $c=12$ 个观测。根据前 17 个样本进行回归，得到的残差平方和为 $s_1^2=0.048\,81$，根据后 17 个样本回归得到的残差平方和为 $s_2^2=0.015\,54$。该检验是一个基于两个 χ^2 随机变量之比的关于方差相等的检验，两个自由度均为 14。实际上，$s_1^2/s_2^2=0.048\,81/0.015\,54=3.141$ 在 H_0 下服从 $F_{14,14}$。p 值为 0.02，在 5% 的显著性水平下拒绝 H_0。第三个检验是 Spearman 等级相关系数检验。首先要得到 $\log Y_i$ 的等级 $\text{rank}(\log Y_i)$ 和 $\text{rank}(\,|e_i|\,)$，并计算 $d_i=\text{rank}\,|e_i|-\text{rank}\,|\log Y_i|$。根据 $r=1-\left[6\sum_{i=1}^{46}d_i^2/(n^3-n)\right]=-0.282$ 和 $t=[r^2(n-2)/(1-r^2)]^{1/2}=1.948$，服从自由度为 44 的 t 分布，该 t 统计量的 p 值为 0.058.

第四个检验是 Harvey（1976）乘法异方差检验，该检验基于 $\log e_i^2$ 对 $\log(\log Y_i)$ 的回归：

$$\log e_i^2=24.85-19.08\log(\log Y_i)$$
$$\quad(17.25)\,(11.03)$$

Harvey（1976）的统计量将回归平方和 14.360 除以 4.934\,8，结果为 2.91，在原假设下渐近服从 χ_1^2 分布，该统计量的 p 值为 0.088，在 5% 的显著性水平下不能拒绝同方差的原假设。

第五个检验是 Breusch-Pagan（1979）检验，该检验以 $e_i^2/\hat{\sigma}^2$（其中 $\hat{\sigma}^2=\sum_{i=1}^{46}e_i^2/46=0.024\,968$）对 $\log Y_i$ 的回归为基础。检验统计量是该回归平方和的一半 $=10.971/2=5.485$，在原假设下服从 χ_1^2 分布。该检验的 p 值为 0.019，拒绝同方差的原假设。利用 Stata 软件进行 OLS 回归，可以得到上述结果，然后运行命令 *estat hettest lnrdi*：

```
. estat hettest lnrdi
Breusch-Pagan/ Cook－Weisberg test for heteroskedasticity
        H0: Constant Variance
     Variables: lnrdi

     chi2 (1)  =   5.49
      Prob＞chi2 = 0.019 2
```

最后，检验异方差的 White（1980）检验需要在 e_i^2 对 $\log P$、$\log Y$、$(\log P)^2$、$(\log Y)^2$ 和 $(\log P)(\log Y)$ 及常数项回归的基础上进行。利用 EViews 得到的结果见表 5—1。检验统计量为 $nR^2=46\times0.340\,4=15.66$，服从 χ_5^2，该统计量的 p 值为 0.008，拒绝同方差的原假设。除了 Harvey 检验，所有的检验结果都表示出现异方差。尽管数据是取对数后的，且消费和收入都是以人均形式表示的，但还是存在异方差。方差的 White 异方差一致估计如下：

$$\log C=4.30-1.34\log P+0.17\log Y$$
$$\quad(1.10)\,(0.34)\qquad(0.24)$$

EViews 输出结果如表 5—2 所示。注意，这里所有的异方差一致标准误差比其他标准的 OLS 程序计算的都大，但对于其他数据并不一定如此。

表 5—1   **White 异方差检验**

F-statistic	4.127779	Probability	0.004073
Obs*R-squared	15.65644	Probability	0.007897

Test Equation：
Dependent Variable：   RESID^2
Method：   Least Squares
Sample：   1 46
Included observations：   46

Variable	Coefficient	Std. Error	t-Statistic	Prob.
C	18.22199	5.374060	3.390730	0.0016
LNP	9.506059	3.302570	2.878382	0.0064
LNP^2	1.281141	0.656208	1.952340	0.0579
LNP*LNY	−2.078635	0.727523	−2.857139	0.0068
LNY	−7.893179	2.329386	−3.388523	0.0016
LNY^2	0.855726	0.253048	3.381670	0.0016
R-squared	0.340357	Mean dependent var		0.024968
Adjusted R-squared	0.257902	S. D. dependent var		0.034567
S. E. of regression	0.029778	Akaike info criterion		−4.068982
Sum squared resid	0.035469	Schwarz criterion		−3.830464
Log likelihood	99.58660	F-statistic		4.127779
Durbin-Watson stat	1.853360	Prob（F-statistic）		0.004073

表 5—2   **White 异方差一致标准误差**

Dependent Variable：   LNC
Method：   Least Squares
Sample：   1 46
Included observations：   46
White Heteroskedasticity-Consistent Standard Errors & Covariance

Variable	Coefficient	Std. Error	t-Statistic	Prob.
C	4.299662	1.095226	3.925821	0.0003
LNP	−1.338335	0.343368	−3.897671	0.0003
LNY	0.172386	0.236610	0.728565	0.4702
R-squared	0.303714	Mean dependent var		4.847844
Adjusted R-squared	0.271328	S. D. dependent var		0.191458
S. E. of regression	0.163433	Akaike info criterion		−0.721834
Sum squared resid	1.148545	Schwarz criterion		−0.602575
Log likelihood	19.60218	F-statistic		9.378101
Durbin-Watson stat	2.315716	Prob（F-statistic）		0.000417

在 5.4 节中，我们描述了关于扰动项正态性的 Jarque-Bera（1987）检验。对于香烟消费回归，图 5—2 给出了残差的直方图以及残差的描述性统计量，包括均值、中位数、偏度和峰度。

利用 EViews 进行计算，偏度 S 的估计值为 -0.184，峰度 κ 的估计值为 2.875，相应的 Jarque-Bera 统计量为

$$JB = 46\left[\frac{(-0.184)^2}{6} + \frac{(2.875-3)^2}{24}\right] = 0.29 \text{。}$$

在正态性的原假设下该统计量服从 χ_2^2 分布，p 值为 0.865。因为我们不能拒绝扰动项服从对称且峰度为 3 的分布的原假设。

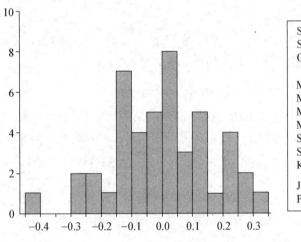

图 5—2　正态性检验（**Jarque-Bera**）

5.6　自相关

违背假设 3 意味着扰动项是相关的，即 $E(u_i u_j) = \sigma_{ij} \neq 0$，$i \neq j$ 且 i，$j = 1$，2，$\cdots$，n。由于具有零均值，因此 $E(u_i u_j) = \text{cov}(u_i, u_j)$，记为 σ_{ij}。与截面数据的研究相比，这种相关更可能出现在时间序列的研究中。根据一个随机抽取的家庭样本估计消费函数，一个意料之外的事件（比如说家庭成员外出）将增加该家庭的消费，但是，这个正扰动与影响其他随机抽取的家庭的消费的扰动并不相关。如果我们利用美国的总的时间序列数据估计这个消费函数，那么经济衰退不但会对当年的经济产生消极影响还可能影响到随后的几年。类似于 1973 年石油禁运对经济的冲击可能会持续几年。当年的罢工可能会影响接下来几年的生产。因此，我们将下标 i 和 j 用 t 和 s 代替来表示时间序列观测，t，$s = 1$，2，$\cdots$，T，样本容量用 T 而不再用 n 表示。协方差是对称的，也就是说 $\sigma_{12} = E(u_1 u_2) = E(u_2 u_1) = \sigma_{21}$。因而，只有 $T(T-1)/2$ 个不同的 σ_{ts} 需要估计。例如，如果 $T = 3$，那么 σ_{12}、σ_{13} 和 σ_{23} 是不同的协方差。但是，只有 T 个观测是无法估计出 $T(T-1)/2$ 个 σ_{ts} 的。所以，需要对 σ_{ts} 的形式进行设定。一个常用的假定为 u_t 是一个一阶自回归过程即 AR(1)：

$$u_t = \rho u_{t-1} + \varepsilon_t, \quad t = 1, 2, \cdots, T, \tag{5.26}$$

其中 ε_t 是 IID$(0, \sigma_\varepsilon^2)$。这是自回归，因为 u_t 与其滞后值 u_{t-1} 有关。也可以写出 $t-1$ 期时

的式 (5.26)，即

$$u_{t-1} = \rho u_{t-2} + \varepsilon_{t-1}, \tag{5.27}$$

将式 (5.27) 代入式 (5.26)，得:

$$u_t = \rho^2 u_{t-2} + \rho \varepsilon_{t-1} + \varepsilon_t。 \tag{5.28}$$

注意，ρ 的次幂与 u 或 ε 的下标之和总是 t。将这种形式连续替代，最终得到:

$$u_t = \rho^t u_0 + \rho^{t-1} \varepsilon_1 + \cdots + \rho \varepsilon_{t-1} + \varepsilon_t。 \tag{5.29}$$

这意味着 u_t 是 ε_t 的当期和往期以及 u_t 的初始值 u_0 的函数。如果 u_0 是零均值，那么 u_t 也是零均值，通过对式 (5.29) 取期望可得到。另外，对式 (5.26)，

$$\mathrm{var}(u_t) = \rho^2 \mathrm{var}(u_{t-1}) + \mathrm{var}(\varepsilon_t) + 2\rho \mathrm{cov}(u_{t-1}, \varepsilon_t)。 \tag{5.30}$$

根据式 (5.29)，u_{t-1} 是 ε_{t-1}、ε_{t-1} 的往期值和 u_0 的函数。由于 u_0 与 ε 独立，ε 也不存在序列相关，那么 u_{t-1} 与 ε_t 独立。这意味着 $\mathrm{cov}(u_{t-1}, \varepsilon_t) = 0$。进一步，对于同方差的 u_t，$\mathrm{var}(u_t) = \mathrm{var}(u_{t-1}) = \sigma_u^2$，式 (5.30) 简化为 $\sigma_u^2 = \rho^2 \sigma_u^2 + \sigma_\varepsilon^2$，我们可以解出 σ_u^2 如下:

$$\sigma_u^2 = \sigma_\varepsilon^2 / (1 - \rho^2)。 \tag{5.31}$$

因而，$u_0 \sim (0, \sigma_\varepsilon^2/(1-\rho^2))$，$u_t$ 是零均值、同方差的扰动项。用 u_{t-1} 乘以式 (5.26) 并取期望，得:

$$E(u_{t-1} u_t) = \rho E(u_{t-1}^2) + E(u_{t-1} \varepsilon_t) = \rho \sigma_u^2, \tag{5.32}$$

由于 $E(u_{t-1}^2) = \sigma_u^2$ 且 $E(u_{t-1} \varepsilon_t) = 0$。因此，$\mathrm{cov}(u_t, u_{t-1}) = \rho \sigma_u^2$，$u_{t-1}$ 和 u_t 之间的相关系数是 $\mathrm{correl}(u_t, u_{t-1}) = \mathrm{cov}(u_t, u_{t-1}) / \sqrt{\mathrm{var}(u_t)\mathrm{var}(u_{t-1})} = \rho \sigma_u^2 / \sigma_u^2 = \rho$。因为 ρ 是相关系数，这意味着 $-1 \leqslant \rho \leqslant 1$。总之，我们可以推导出

$$\mathrm{cov}(u_t, u_s) = \rho^{|t-s|} \sigma_u^2, \ t, s = 1, 2, \cdots, T, \tag{5.33}$$

见问题 6。这表示 u_t 和 u_{t-r} 之间的相关系数为 ρ^r，这是一个小数的整数次幂，也就是说，两个扰动项的相关性随着它们相差期数的增加而减弱。这在经济上是合理的，这可能也是自回归形式 (5.26) 被广泛应用的原因。应该注意的是，这不是跨期扰动项之间相关的唯一形式。在第 14 章，我们会考虑其他形式，比如移动平均（MA）过程，更高阶的自回归移动平均（ARMA）过程，但这些内容已经超出了本章的范围。

□ 对 OLS 的影响

扰动之间不满足无自相关的假定会给 OLS 估计量带来什么影响？OLS 估计量仍然是无偏和一致的，因为这两个性质取决于假设 1 和假设 4，而与假设 3 无关。对于简单线性回归模型，利用式 (5.2)，$\hat{\beta}_{OLS}$ 的方差现在为

$$\mathrm{var}(\hat{\beta}_{OLS}) = \mathrm{var}\left(\sum_{t=1}^T w_t u_t\right) = \sum_{t=1}^T \sum_{s=1}^T w_t w_s \mathrm{cov}(u_t, u_s)$$

$$= \sigma_u^2 / \sum_{t=1}^T x_t^2 + \sum_{t \neq s} \sum w_t w_s \rho^{|t-s|} \sigma_u^2, \tag{5.34}$$

其中，正如式（5.33）所示 $\mathrm{cov}(u_t, u_s)=\rho^{|t-s|}\sigma_u^2$。注意，式（5.34）中的第一项是通常的经典假设下 $\hat{\beta}_{OLS}$ 的方差。因为 u_t 之间相关，这里增加式（5.34）的第二项。因此，根据软件中的回归程序计算的 OLS 的方差（即 $s^2\big/\sum_{t=1}^{T}x_t^2$）是 $\hat{\beta}_{OLS}$ 方差的错误估计。

原因有二，首先是应用了错误的方差计算公式 $\sigma_u^2\big/\sum_{t=1}^{T}x_t^2$，而非正确的式（5.34）。通过式（5.34）中增加的项可知后者取决于 ρ。其次，我们可以推导出 $E(s^2)\neq\sigma_u^2$，它要涉及 ρ 和 σ_u^2，见问题 7，因而 s^2 不是 σ_u^2 的无偏估计量，$s^2\big/\sum_{t=1}^{T}x_t^2$ 是 $\mathrm{var}(\hat{\beta}_{OLS})$ 的有偏估计量。事实上，如果 ρ 为正数，x_t 正自相关，那么 $s^2\big/\sum_{t=1}^{T}x_t^2$ 会低估 $\hat{\beta}_{OLS}$ 的真实方差。这意味着 β 的置信区间要比它原本应该的窄，对 $H_0:\beta=0$ 的 t 检验被夸大，见问题 8。与异方差情形一样，但基于完全不同的原因，如果 u_t 存在序列相关，那么标准回归程序所给出的任一基于 $\mathrm{var}(\hat{\beta}_{OLS})$ 的推断都是误导性的。

Newey and West（1987）提出了一个简单的关于 OLS 估计量的异方差和自相关一致协方差矩阵，且没有描述序列相关的具体函数形式。其基本思想是对 White（1980）用 OLS 残差平方和 e_t^2 代替异方差的扩展，额外增加了一些最小二乘残差积 $e_t e_{t-s}$（$s=0$，± 1，…，$\pm p$），其中 p 为我们愿意假定的自相关的最大阶数。该程序的一致性取决于 p 相对于观测个数 T 来说相当小才行。这和本章考虑的普遍的序列相关形式是一致的，即自相关随着 j 的增加会很快衰弱。Newey and West（1987）还考察了更高阶的协方差以得到一个衰减的权重。利用 EViews 软件求最小二乘估计量时，可以选择 Newey-West 选项。Andrews（1991）提醒，在一些情况下这种标准误差的修正是不可靠的。Wooldridge（1991）认为构建一个序列相关的稳健的 F 统计量来检验第 4 章讨论的联合假设是可能的。但是，这些都超出了本书的范围。

OLS 估计仍然是 BULE 吗？为了确定这种情况下的 BLU 估计量，我们取回归方程的滞后一期，然后乘以 ρ，再从初始的回归模型减去它，我们得到

$$Y_t-\rho Y_{t-1}=\alpha(1-\rho)+\beta(X_t-\rho X_{t-1})+\varepsilon_t,\ t=2,3,\cdots,T。 \tag{5.35}$$

这种转换称为 Cochrane-Qrcutt（1949）转换，减去了扰动项得到经典误差。因此，对变换后的模型进行回归可得到 BLU 估计量，即将 $\tilde{Y}_t=Y_t-\rho Y_{t-1}$ 对常数项和 $\tilde{X}_t=X_t-\rho X_{t-1}$ 回归，$t=2,3,\cdots,T$。注意，由于取了滞后期，我们损失了一个观测，得到的估计量是 Y 中的（$T-1$）个观测的线性组合，该估计是 BLUE。[①] Prais and Winsten（1954）推导了 Y 的 T 个观测的线性组合的 BLU 估计量。这要求必须补上第一个观测，方法如下：

（ⅰ）用 $\sqrt{1-\rho^2}$ 乘以回归模型的第一个观测：

$$\sqrt{1-\rho^2}\,Y_1=\alpha\,\sqrt{1-\rho^2}+\beta\,\sqrt{1-\rho^2}\,X_1+\sqrt{1-\rho^2}\,u_1。$$

（ⅱ）将这个转换后的第一个观测加入经过 Cochrane-Orcutt 转换的观测（$t=2$，…，T），然后用 T 个观测而非（$T-1$）个观测进行回归。关于这一结果的正式证明见第 9 章。注意，

$$\widetilde{Y}_1 = \sqrt{1-\rho^2}\, Y_1,$$

和

$$\widetilde{Y}_t = Y_t - \rho Y_{t-1}, \ t=2,\cdots,T_\circ$$

类似地，$\widetilde{X}_1 = \sqrt{1-\rho^2}\, X_1$，对于 $t=2$，$\cdots$，T，$\widetilde{X}_t = X_t - \rho X_{t-1}$。常数项 $C_t = 1$（$t=1$，$\cdots$，T）现在变为一个新的变量 $\widetilde{C}_t$，其取值为 $\widetilde{C}_1 = \sqrt{1-\rho^2}$ 和 $\widetilde{C}_t = (1-\rho)$（$t=2$，$\cdots$，$T$）。因此，Prais-Winsten 的程序是 $\widetilde{Y}_t$ 对 $\widetilde{C}_t$ 和 $\widetilde{X}_t$ 的回归，并没有常数项。显然，得到的 BLU 估计量会涉及 ρ，因此，除非 $\rho=0$，否则该估计量与通常的 OLS 估计量是不同的。从而，OLS 不再是 BLUE。进一步，为了得到 BLU 估计量我们需要知道 ρ 的值。在实际应用中，ρ 是未知的，需要估计，这时由于基于一个估计的 ρ 而非真正的 ρ 本身，Prais-Winsten 回归不再是 BLUE。但是，只要 $\hat{\rho}$ 是 ρ 的一致估计量，那么对于接下来的相应的 α 和 β 的估计仍是渐近有效的，这是一个充分条件，见第 9 章。现在我们考虑 ρ 的几种估计方法。

（1）Cochrane-Orcutt（1949）法。该方法始于 ρ 的一个初始估计，最简便的就是 0，并最小化式（5.35）的残差平方和，从而得到 α 和 β 的 OLS 估计量，然后我们将 $\hat{\alpha}_{OLS}$ 和 $\hat{\beta}_{OLS}$ 代入式（5.35），得到

$$e_t = \rho e_{t-1} + \varepsilon_t, \ t=2,\cdots,T \tag{5.36}$$

其中 e_t 为 OLS 残差。通过最小化式（5.36）的残差平方和或者将 e_t 对 e_{t-1} 进行无常数项的回归可以得到 ρ 的一个估计。ρ 的估计结果为 $\hat{\rho}_\omega = \sum_{t=2}^{T} e_t e_{t-1} \Big/ \sum_{t=2}^{T} e_{t-1}^2$，两项和都是 $t=2, 3, \cdots, T$ 的加总。Cochrane-Orcutt 程序的第二步（2SCO）是用 $\hat{\rho}_\omega$ 而非 ρ 完成式（5.35）的回归。可以通过重复这个程序（ITCO）得到式（5.36）中 ρ 的新估计，即基于 α 和 β 的新估计量计算新的残差，然后得到新的 ρ 的估计，一直重复，直至收敛。2SCO 和 ITCO 都是渐近有效的，关于迭代的问题必须考虑小样本收益，进而做出调整。

（2）Hilderth-Lu（1960）搜索法。ρ 的取值在 -1 和 1 之间。因此，该方法在这个范围内搜索。比如说将 ρ 在 -0.9 和 0.9 之间取值，间隔为 0.1。对于每一个值，计算式（5.35）的回归，可得到与 ρ 相对应的残差平方和。根据最小的残差平方和选择 ρ 并进行相应的回归，从而得到 α、β 和 σ^2 的估计。以第一阶段搜寻到的 ρ 为基础，我们可以进一步进行搜索。例如，假设根据 $\rho=0.6$ 得到最小残差平方和，下一步可以在 0.51 和 0.69 之间以 0.01 的间隔再搜索。这种搜索程序防止局部最小。由于这种情况下的似然函数包括 ρ、σ^2、α 和 β，搜索程序要修正为使似然函数最大而非残差平方和最小，因为这两种标准不再是等价的。似然函数的最大值会给出 ρ 的选择以及相应的 α、β 和 σ^2 的估计。

（3）Durbin（1960）法。我们可以将式（5.35）中的 Y_{t-1} 移到等号的右边，即：

$$Y_t = \rho Y_{t-1} + \alpha(1-\rho) + \beta X_t - \rho\beta X_{t-1} + \varepsilon_t, \tag{5.37}$$

对式（5.37）进行 OLS 估计。式（5.37）中的误差项满足经典假设，右侧出现 Y_{t-1} 提醒我们在违背假设 4 的情况下讨论的同期无关的情形。对于这一违背假设的情形，我们已经表明丧失了无偏性，但不丧失一致性，因此，作为 Y_{t-1} 的系数，ρ 的估计是有偏但一

致的。这就是 ρ 的 Durbin 估计，记为 $\hat{\rho}_D$。接下来，利用 ρ 的这个估计来完成 Cochrane-Orcutt 程序的第二步。

（4）Beach-MacKinnon（1978）最大似然法。Beach 和 MacKinnon（1978）推导了一个 ρ 的三次方程，最大化关于 α、β 和 σ^2 的似然函数。下一步利用 ρ 的这个估计即 $\hat{\rho}_{BM}$ 来完成 Prais-Winsten 程序。

序列相关的修正也遭受了批评。Mizon（1995）在其一篇标题为"关于自相关修正的一点启示：不修正"（A simple message for autocorrelation correctors：Don't）的文章中强有力地证明了这一点。该文的主要观点是，序列相关是动态设定错误的一种表现，可以用一个一般的无限制的动态设定更好地表示。

□ 蒙特卡罗实验结果

Rao and Griliches（1969）通过蒙特卡罗模拟研究了一个自回归 X_t，考虑了 ρ 取不同值的情况。他们发现，只要 $|\rho|<0.3$，OLS 估计量仍是可行的估计量，但是如果 $|\rho|>0.3$，那么需要给予一个 ρ 的估计来修正序列相关。他们建议首先计算 ρ 的 Durbin 估计，然后进行 Prais-Winsten 程序。Maeshiro（1976，1979）发现，如果 X_t 序列带有趋势，通常是那些经济数据，那么 OLS 优于 2SCO，但劣于补上第一次观测的两步 Prais-Winsten（2SPW）程序。Park and Mitchell（1980）的研究进一步验证了这些结果，他们利用带趋势和无趋势的 X_t 进行了大量的蒙特卡罗模拟。基本结论如下：（ⅰ）对于带趋势的 X_t，OLS 优于 2SCO、ITCO，甚至优于一个基于真实 ρ 的 Cochrane-Orcutt 法。但是，2SPW、迭代 Prais-Winsten（ITPW）法和 Beach-Mackinnon（BM）法要优于 OLS。他们的结论是我们不应该像 Cochrane 和 Orcutt 那样基于 $T-1$ 个观测进行回归。（ⅱ）他们的结果发现，当真实的 ρ 值比较高时，推荐使用 ITPW 法进行估计而不是 2SPW 和 BM，对于带趋势和无趋势的 X_t 均如此。（ⅲ）对于所有的基于 ρ 的估计值而得到的估计量，关于回归系数的假设检验都不尽如人意。该结果表明，相比 OLS，ITPW、BM 和 2SPW 估计出的标准误差偏误更小。但是，对于所有的估计方法，基于这些标准误差所进行的检验仍会增加犯第 I 类错误的概率。

□ 自相关检验

到现在，我们已经研究了违背假设 3 的情况下 OLS 的性质。我们还推导了基于 ρ 的一致估计量的系数的渐近有效估计量并通过蒙特卡罗实验研究了它们的小样本性质。接下来，我们重点讨论下如何检测扰动之间的自相关。最常用的针对这类自相关的方法是 Durbin and Watson（1951）提出的统计量[②]

$$d = \sum_{t=2}^{T}(e_t - e_{t-1})^2 \Big/ \sum_{t=1}^{T} e_t^2 。 \tag{5.38}$$

如果基于真实的 u_t 且 T 很大，那么当 t 趋于无穷时，d 趋于 $2(1-\rho)$，见问题 9。这意味着如果 $\rho \to 0$，那么 $d \to 2$；如果 $\rho \to 1$，那么 $d \to 0$；如果 $\rho \to -1$，那么 $d \to 4$。因而，关于 $H_0: \rho = 0$ 的检验可以基于 d 是否接近于 2 来检验。遗憾的是，依赖于 X 的 d 的临界值因样本数据的不同而不同。为了解决这个问题，Durbin 和 Watson 构建了这个临界值的上限（d_U）和下限（d_L），如果计算得到的 d 小于 d_L 或是大于 $4-d_L$，我们拒绝

H_0。如果计算得到的 d 在 d_U 和 $4-d_U$ 之间，我们不能拒绝 H_0。如果 d 位于两个不确定的区域的任意一点上，那么，根据 X_t 不能计算出精确的临界值。大多数回归软件都给出了 Durbin-Watson 统计量，但很少给出 d 统计量精确的 p 值。如果感兴趣的单侧检验，比如说 $H_0:\rho=0$ 对 $H_1:\rho>0$，那么如果 $d<d_L$ 就拒绝 H_0，如果 $d>d_U$ 则不能拒绝 H_0，如果 $d_L<d<d_U$ 则不确定。类似的，检验 $H_0:\rho=0$ 对 $H_1:\rho<0$，计算 $4-d$，其余步骤与检验正自相关一样。Durbin 和 Watson 给出的 d_L 和 d_U 的临界值表中的样本容量最小为 15，最大为 100，解释变量最多为 5 个。Savin and White（1997）将这个表的样本容量扩张到 $6 \leqslant T \leqslant 200$，解释变量最多为 10 个。

Durbin-Watson 统计量有几个局限性。我们讨论了不确定区域和精确临界值的计算。Durbin-Watson 统计量适用于带常数项的回归。回归中没有常数项的情形，见 Farebrother（1980）。此外，Durbin-Watson 统计量还不适用于被解释变量滞后项作为解释变量的模型。现在我们来考虑另一种自相关检验方法，该方法没有这些限制且更容易应用。该检验由 Breusch（1978）和 Godfrey（1978）提出，称为 Breusch-Godfrey 检验，可用来检验一阶自相关。该检验为拉格朗日乘子（LM）检验，是将残差 e_t 对 e_{t-1} 和原模型中的解释变量进行回归，然后计算该回归的 R^2，检验统计量为 TR^2，在原假设下服从 χ_1^2 分布。这种情况下，回归变量是一个常数项和 X_t，检验旨在考查 e_{t-1} 的系数是否显著。该检验的优点是：（ⅰ）无论扰动项是一阶移动平均 MA(1) 还是 AR(1)，对于一阶序列相关检验是相同的；（ⅱ）该检验很容易扩展到更高阶的自回归或移动平均的情况。对于二阶序列相关，如 MA(2) 和 AR(2)，可以在右侧包括残差的二阶滞后项，即 e_{t-1} 和 e_{t-2}；（ⅲ）即使解释变量中包含被解释变量的滞后项，该检验仍然有效。见第 6 章。Breusch-Godfrey 检验是 EViews 中的标准程序，该程序可以让用户选择在检验回归式中包含的残差滞后阶数。点击残差，然后点击检验并选择 Breusch-Godfrey，然后输入想要包括的残差滞后阶数。

如果将数据进行差分来消除序列相关会如何呢？一些经济行为方程可以通过数据的一阶差分来描述，例如 GDP 的增长，但是对其他方程进行一阶差分是以估计为目的的。对于后一种情况，如果原始的扰动项不存在自相关（或者即使存在 $\rho \neq 1$ 相关），那么转换后的扰动项是序列相关的。毕竟，对扰动项一阶差分等价于将 $u_t-\rho u_{t-1}$ 中的 ρ 设置为 $\rho=1$，新的扰动项 $u_t^*=u_t-u_{t-1}$ 与 $u_{t-1}^*=u_{t-1}-u_{t-2}$ 都包含 u_{t-1}，使得 $E(u_t^* u_{t-1}^*) = -E(u_{t-1}^2)=-\sigma_u^2$。但是，有人可能认为如果 ρ 比较大而且为正，那么对数据进行一阶差分可能还是个不坏的解决方法。Rao and Miller（1970）为修正序列相关针对各种假想的 ρ 值计算了 BLU 估计量的方差。他们假定真实的 ρ 为 0.2，一个自回归 X_t 为

$$X_t=\lambda X_{t-1}+w_t, \quad \lambda=0,0.4,0.8。 \tag{3.59}$$

他们发现 OLS（或者说假想 $\rho=0$）估计要优于对数据进行一阶差分，并且非常接近于带趋势的 $X_t(\lambda=0.8)$ 的真实 BLU 估计量的有效性。但是，当 λ 下降到 0.4 和 0 时，相对于真实的 BLU 估计量，OLS 估计的表现就会变差。这支持了 Rao 和 Griliches 关于 $|\rho|<0.3$ 情形下的蒙特卡罗结果，相对于修正了序列相关的估计量而言，OLS 的表现相当不错。但是，一阶差分估计量，也就是说假想 $\rho=1$，与其他假想值相比，对于带趋势的 $X_t(\lambda=0.8)$ 表现得非常差，效率最低。只有当 X_t 的趋势不明显（$\lambda=0.4$）或者

X_t 为随机的（$\lambda=0$）时，一阶差分估计量的效率才会有所提高。然而，即使这样，我们也可以通过假想一个 ρ 而得到更好的结果。例如，对于 $\lambda=0$，我们通过假想任何一个小于 1 的 ρ 都会比一阶差分好。类似的，对于真实 $\rho=0.6$，更高程度的序列相关，Rao and Miller（1971）发现 OLS 的表现恶化了，而一阶差分的表现则变好了。但是，如果在区间 $(0.4，0.9)$ 内猜想一个 ρ 仍要比一阶差分的表现要好，对于带趋势的 X_t 效率也会提高。

实证案例：表 5—3 给出了美国个人实际消费支出（C）和个人实际可支配收入（Y）的数据，数据来源：1959—2007 年的《总统经济报告》。数据存于 CONSUMP. DAT 文件中，可从 Springer 网站下载。

表 5—3   美国消费数据，1959—2007 年

$C=$个人实际消费支出（以 1987 年美元为基准）
$Y=$个人实际可支配收入（以 1987 年美元为基准）

年份	Y	C	年份	Y	C
1959	8 776	9 685	1984	16 343	19 011
1960	8 837	9 735	1985	17 040	19 476
1961	8 873	9 901	1986	17 570	19 906
1962	9 170	10 227	1987	17 994	20 072
1963	9 412	10 455	1988	18 554	20 740
1964	9 839	11 061	1989	18 898	21 120
1965	10 331	11 594	1990	19 067	21 281
1966	10 793	12 065	1991	18 848	21 109
1967	10 994	12 457	1992	19 208	21 548
1968	11 510	12 892	1993	19 593	21 493
1969	11 820	13 163	1994	20 082	21 812
1970	11 955	13 563	1995	20 382	22 153
1971	12 256	14 001	1996	20 835	22 546
1972	12 868	14 512	1997	21 365	23 065
1973	13 371	15 345	1998	22 183	24 131
1974	13 148	15 094	1999	23 050	24 564
1975	13 320	15 291	2000	23 862	25 472
1976	13 919	15 738	2001	24 215	25 697
1977	14 364	16 128	2002	24 632	26 238
1978	14 837	16 704	2003	25 073	26 566
1979	15 030	16 931	2004	25 750	27 274
1980	14 816	16 940	2005	26 290	27 403
1981	14 879	17 217	2006	26 835	28 098
1982	14 944	17 418	2007	27 319	28 614
1983	15 656	17 828			

资料来源：《总统经济报告》。

OLS 回归结果如下：

$$C_t = -1\ 343.31 + 0.979 Y_t + \text{残差}。$$
$$(219.56) \qquad (0.011)$$

图 5—3 利用 EViews 6.0 给出了 Actual（真实值）、Fitted（拟合值）和 Residuals（残差）的图形。该图显示存在正的序列相关，因为一列正残差后跟着一列负残差，再跟着一列正残差。Durbin-Watson 统计量为 $d=0.181$，小于 $T=49$ 和一个解释变量的临界值的下限 $d=1.497$，因此，在 5% 的显著性水平下我们拒绝原假设 H_0。

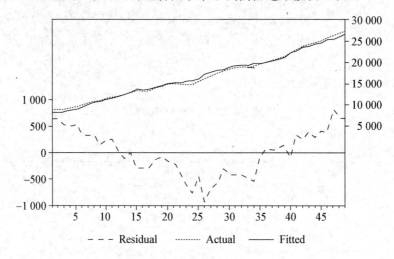

图 5—3 残差图：消费回归

检验一阶序列相关的 Breusch（1978）和 Godfrey（1978）的回归见表 5—4，这可由 EViews 6.0 得到。

结果如下：

$$e_t = -54.41 + 0.004Y_t + 0.909e_{t-1} + 残差。$$
$$(102.77)\ (0.005)\quad (0.070)$$

检验统计量为 TR^2，即 $49 \times 0.786 = 38.5$，在 $H_0 : \rho = 0$ 下服从 χ_1^2 分布。该结果拒绝了不存在一阶自相关的原假设，表 5—4 所示的 p 值为 0.000 0。OLS 残差对其滞后值的回归为：

$$e_t = 0.906e_{t-1} + 残差。$$
$$(0.062)$$

Cochrane-Orcutt（1949）的两步法基于 $\hat{\rho} = 0.906$ 利用 Stata 11 生成的结果如表 5—5 所示。

表 5—4		Breusch-Godfrey LM 检验		
F-statistic	168.902 3	Prob. F(1, 46)		0.000 0
Obs* R-squared	38.511 51	Prob. Chi-Square （1）		0.000 0
Test Equation:				
Dependent Variable:	RESID			
Method:	Least Squares			
Sample	1959 2007			
Included observations:	49			
Presample missing value lagged residuals set to zero				

Variable	Coefficient	Std. Error	t-Statistic	Prob.
C	−54.41017	102.7650	−0.529462	0.5990
Y	0.003590	0.005335	0.673044	0.5043
RESID （−1）	0.909272	0.069964	12.99624	0.0000
R-squared	0.785949	Mean dependent var		−5.34E-13
Adjusted R-squared	0.776643	S. D. dependent var		433.0451
S. E. of regression	204.6601	Akaike info criterion		13.53985
Sum squared resid	1926746.	Schwarz criterion		13.65567
Log likelihood	−328.7263	Hannan-Quinn criter.		13.58379
F-statistic	84.45113	Durbin-Watson stat		2.116362
Prob （F-statistic）	0.000000			

表 5—5   **Cochrane-Orcutt AR(1) 回归——两步法**

• prais c y, corc two
Iteration 0：rho=0.0000
Iteration 1：rho=0.9059
Cochrane-Orcutt AR(1) regression-twostep estimates

Source	SS	df	MS	Number of obs	=	48
				F(1, 46)	=	519.58
Model	17473195	1	17473195	Prob>F	=	0.0000
Residual	1546950.74	46	33629.364	R-squared	=	0.9187
				Adj R-squared	=	0.9169
Total	19020145.7	47	404683.951	Root MSE	=	183.38

c	Coef.	Std. Err.	t	P>|t|	[95% Conf. Interval]	
y	0.9892295	0.0433981	22.79	0.000	0.9018738	1.076585
_cons	−1579.722	1014.436	−1.56	0.126	−3621.676	462.2328
rho	0.9059431					

Durbin-Watson 统计量（初始的）0.180503；
Durbin-Watson 统计量（变换后的）2.457550。

利用 Stata 11 得到 Prais-Winsten（1954）法的结果如表 5—6 所示。OLS 估计出的边际消费倾向为 0.979，Cochrane-Orcutt（1949）两步法估计出的是 0.989，迭代 Prais-Winsten 估计出的是 0.912。所有这些估计都是显著的。

表 5—6   **迭代 Prais-Winsten AR(1) 回归**

• prais c y
Prais-Winsten AR(1) regression-iterated estimates

Source	SS	df	MS	Number of obs	=	49
				F(1, 47)	=	119.89
Model	3916565.48	1	3916565.48	Prob>F	=	0.0000
Residual	1535401.45	47	32668.1159	R-squared	=	0.7184
				Adj R-squared	=	0.7124
Total	5451966.93	48	113582.644	Root MSE	=	180.74

c	Coef.	Std. Err.	t	P>|t|	[95% Conf. Interval]	
y	0.912147	0.047007	19.40	0.000	0.8175811	1.006713
_cons	358.9638	1174.865	0.31	0.761	−2004.56	2722.488
rho	0.9808528					

Durbin-Watson 统计量（初始的）0.180503；
Durbin-Watson 统计量（变换后的）2.314703。

表 5—7 给出了三年滞后截断的最小二乘的 Newey-West 异方差和自相关一致标准误差。注意，这两个标准误差现在比最小二乘的标准误差要大。但是再次强调，对于其他数据未必是这种情况。

表 5—7   **Newey-West HAC 标准误差**

Dependent Variable：	CONSUM		
Method：	Least Squares		
Sample：	1959 2007		
Included observations：	49		
Newey-West HAC Standard Errors & Covariance（lag truncation＝3）			
Variable	Coefficient	Std. Error	t-Statistic	Prob.
---	---	---	---	---
C	−1343.314	422.2947	−3.180987	0.0026
Y	0.979228	0.022434	43.64969	0.0000
R-squared	0.993680	Mean dependent var		16749.10
Adjusted R-squared	0.993545	S. D. dependent var		5447.060
S. E. of regression	437.6277	Akaike info criterion		15.04057
Sum squared resid	9001348.	Schwarz criterion		15.11779
Log likelihood	−366.4941	Hannan-Quinn criter.		15.06987
F-statistic	7389.281	Durbin-Watson stat		0.180503
Prob（F-statistic）	0.000000			

■ 注 释

①对截面数据进行 Cochrane-Orcutt 转换时，会出现按顺序排序的警告。时间序列数据自然排序，而通常截面数据是不能的。因此，在对截面数据进行 Cochrane-Orcutt 转换时要当心，因为这个转换会因观测值的顺序不同而不同。

②另一个关于序列相关的检验可以从极大似然估计中同时得到。ρ 的极大似然估计量服从均值为 ρ，方差为 $(1-\rho^2)/T$ 的正态极限分布。因此，可以计算 $\hat{\rho}_{MLE}/[(1-\hat{\rho}_{MLE}^2)/T]^{1/2}$，并将其与正态分布的临界值进行比较。

■ 问 题

1. 对于存在异方差的简单线性回归，即 $E(u_i^2)=\sigma_i^2$，证明 $E(s^2)$ 是 σ_i^2 的函数。

2. 异方差下的 OLS 方差是有偏的。对于异方差形式为 $E(u_i^2)=\sigma_i^2=b\,x_i^2$ 的简单线性回归，其中 $b>0$。证明 $E\left(s^2\Big/\sum_{i=1}^n x_i^2\right)$ 低估了 $\hat{\beta}_{OLS}$ 的方差，$\hat{\beta}_{OLS}$ 的方差为 $\sum_{i=1}^n x_i^2\sigma_i^2\Big/\left(\sum_{i=1}^n x_i^2\right)^2$。

3. 加权最小二乘。根据 Kmenta（1986）。

（a）解式（5.11）中的两个方程，并证明解由式（5.12）给出。

计量经济学方法与应用（第五版）

（b）证明：

$$\text{var}(\tilde{\beta}) = \frac{\sum_{i=1}^{n}(1/\sigma_i^2)}{\left[\sum_{i=1}^{n}X_i^2/\sigma_i^2\right]\left[\sum_{i=1}^{n}(1/\sigma_i^2)\right] - \left[\sum_{i=1}^{n}(X_i/\sigma_i^2)\right]^2}$$

$$= \frac{\sum_{i=1}^{n}w_i^*}{\left(\sum_{i=1}^{n}w_i^*X_i^2\right)\left(\sum_{i=1}^{n}w_i^*\right) - \left(\sum_{i=1}^{n}w_i^*X_i\right)^2}$$

$$= \frac{1}{\sum_{i=1}^{n}w_i^*(X_i - \overline{X}^*)^2},$$

其中 $w_i^* = 1/\sigma_i^2$，$\overline{X}^* = \sum_{i=1}^{n}w_i^*X_i \Big/ \sum_{i=1}^{n}w_i^*$。

4. 异方差下 OLS 的相对有效性。考虑异方差形式为 $\sigma_i^2 = \sigma^2 x_i^\delta$ 的简单线性回归模型，其中 $X_i = 1, 2, \cdots, 10$。

（a）计算 $\delta = 0.5, 1, 1.5$ 和 2 时的 $\text{var}(\hat{\beta}_{OLS})$。

（b）计算 $\delta = 0.5, 1, 1.5$ 和 2 时的 $\text{var}(\tilde{\beta}_{BLUE})$。

（c）计算 $\delta = 0.5, 1, 1.5$ 和 2 时的 $\hat{\beta}_{OLS}$ 的有效性 $= \text{var}(\tilde{\beta}_{BLUE})/\text{var}(\hat{\beta}_{OLS})$，随着 δ 的增加，这种有效性度量结果会有什么变化？

5. 考虑只有常数项的简单线性回归 $y_i = \alpha + u_i$，$i = 1, 2, \cdots, n$；其中 u_i 均值为 0，对于 $i = 1, 2, \cdots, n_1$，$\text{var}(u_i) = \sigma_1^2$；对于 $i = n_1+1, n_1+2, \cdots, n_1+n_2$，这里 $n = n_1 + n_2$，$\text{var}(u_i) = \sigma_2^2$。

（a）推导 α 的 OLS 估计量及其均值和方差。

（b）推导 α 的 GLS 估计量及其均值和方差。

（c）求 OLS 关于 GLS 的相对有效性。计算 $\sigma_2^2/\sigma_1^2 = 0.2, 0.4, 0.6, 0.8, 1, 1.25, 1.33, 2.5, 5$ 和 $n_1/n = 0.2, 0.3, 0.4, \cdots, 0.8$ 情形下的相对有效性，并作图。

（d）假定对于 $i = 1, 2, \cdots, n_1$，u_i 服从 $N(0, \sigma_1^2)$；对于 $i = n_1+1, n_1+2, \cdots, n_1+n_2$，$u_i$ 服从 $N(0, \sigma_2^2)$；u_i 之间相互独立。α、σ_1^2 和 σ_2^2 的极大似然估计量是什么？

（e）推导用于检验（d）中 $H_0: \sigma_1^2 = \sigma_2^2$ 的 LR 检验。

6. 对于式（5.26）给出的 AR(1) 模型，证明：$E(u_t u_s) = \rho^{|t-s|}\sigma_u^2$，$t, s = 1, 2, \cdots, T$。

7. AR(1) 模型下 OLS 的相对有效性。该问题以 Johnston（1984，pp. 310～312）为基础。对于没有常数项的简单线性回归 $y_t = \beta x_t + u_t$，其中 $u_t = \rho u_{t-1} + \varepsilon_t$，$\varepsilon_t \sim \text{IID}(0, \sigma_\varepsilon^2)$。

（a）证明：

$$\text{var}(\hat{\beta}_{OLS}) = \frac{\sigma_u^2}{\sum_{t=1}^{T}x_t^2}\left\{1 + 2\rho\frac{\sum_{t=1}^{T-1}x_t x_{t+1}}{\sum_{t=1}^{T}x_t^2} + 2\rho^2\frac{\sum_{t=1}^{T-2}x_t x_{t+2}}{\sum_{t=1}^{T}x_t^2} + \cdots + 2\rho^{T-1}\frac{x_1 x_T}{\sum_{t=1}^{T}x_t^2}\right\},$$

Prais-Winsten 估计量 $\hat{\beta}_{PW}$ 的方差为

$$\text{var}(\hat{\beta}_{PW}) = \frac{\sigma_u^2}{\sum_{t=1}^{T} x_t^2} \left[\frac{1-\rho^2}{1+\rho^2 - 2\rho \sum_{t=1}^{T-1} x_t x_{t+1} / \sum_{t=1}^{T} x_t^2} \right]。$$

该表达式利用矩阵代数比较容易证明，见第 9 章。

（b）设 x_t 为一个 AR(1) 序列，参数为 λ，即 $x_t = \lambda x_{t-1} + v_t$，并令 $T \to \infty$，证明 $\hat{\beta}_{OLS}$ 的渐近有效性为

$$\text{asy eff}(\hat{\beta}_{OLS}) = \lim_{T \to \infty} \frac{\text{var}(\hat{\beta}_{PW})}{\text{var}(\hat{\beta}_{OLS})} = \frac{1-\rho^2}{(1+\rho^2 - 2\rho\lambda)(1+2\rho\lambda + 2\rho^2\lambda^2 + \cdots)}$$

$$= \frac{(1-\rho^2)(1-\rho\lambda)}{(1+\rho^2 - 2\rho\lambda)(1+\rho\lambda)}。$$

（c）将 ρ 在 -0.9 到 0.9 之间取值，λ 在 0 到 0.9 之间取值，间隔均为 0.1，列表给出 ρ 和 λ 取上述不同值时的 asy eff($\hat{\beta}_{OLS}$)。你将得出什么结论？用 OLS 而不用 PW 法在有效性方面的损失有多严重？

（d）不考虑自相关，我们计算出的 var($\hat{\beta}_{OLS}$) 为 $\sigma_u^2 / \sum_{i=1}^{n} x_i^2$，这个错误的公式与（a）中推导出的公式之间的差异向我们展示了 $\hat{\beta}_{OLS}$ 的方差估计的偏差。证明，当 $T \to \infty$ 时，该偏差渐近趋于 $-2\rho\lambda/(1+\rho\lambda)$。列表给出（c）中所示的 ρ 和 λ 取不同值时的渐近偏差。

（e）证明：

$$E(s^2) = \sigma_u^2 \left\{ T - \left[1 + 2\rho \frac{\sum_{t=1}^{T-1} x_t x_{t+1}}{\sum_{t=1}^{T} x_t^2} + 2\rho^2 \frac{\sum_{t=1}^{T-2} x_t x_{t+2}}{\sum_{t=1}^{T} x_t^2} \right. \right.$$

$$\left. \left. + \cdots + 2\rho^{T-1} \frac{x_1 x_T}{\sum_{t=1}^{T} x_t^2} \right] \right\} \Big/ (T-1)。$$

那么，当 $\rho = 0$ 时，$E(s^2) = \sigma_u^2$。如果 x_t 是一个参数为 λ 的 AR(1) 序列，则对于一个大的 T，我们可得

$$E(s^2) = \sigma_u^2 \left(T - \frac{1+\rho\lambda}{1-\rho\lambda} \right) \Big/ (T-1)。$$

计算 $T = 101$ 以及 ρ 和 λ 取（c）中所示的不同值时的 $E(s^2)$，你会得出什么结论？s^2 作为 σ_u^2 的一个有偏估计量，偏差有多严重？

8. 存在序列相关时 OLS 方差是有偏的。对于式（5.26）所示的 AR(1) 模型，证明如果 $\rho > 0$，且 x_t 正自相关，那么 $E\left(s^2 / \sum_{t=1}^{n} x_t^2 \right)$ 低估了式（5.34）给出的 var($\hat{\beta}_{OLS}$)。

9. 证明对于 AR(1) 模型，Durbin-Watson 统计量的极限值 $\text{plim} d \to 2(1-\rho)$。

10. 扰动项均值非零的回归。考虑带常数项的简单回归：

$$Y_i = \alpha + \beta X_i + u_i, \ i = 1, 2, \cdots, n,$$

其中 α 和 β 是标量，u_i 独立于 X_i。证明：

(a) 如果 u_i 之间是独立的且服从相同的伽马分布 $f(u_i)=\dfrac{1}{\Gamma(\theta)}u_i^{\theta-1}e^{-u_i}$，其中 $u_i\geqslant0$，$\theta>0$，那么 $\hat{\alpha}_{OLS}-s^2$ 是 α 的无偏估计量。

(b) 如果 u_i 之间是独立的且服从相同的自由度为 v 的 χ^2 分布，那么 $\hat{\alpha}_{OLS}-s^2/2$ 是 α 的无偏估计量。

(c) 如果 u_i 之间是独立的且服从相同的指数分布 $f(u_i)=\dfrac{1}{\theta}e^{-u_i/\theta}$，其中 $u_i\geqslant0$，$\theta>0$，那么 $\hat{\alpha}_{OLS}-s$ 是 α 的一致估计量。

11. AR(1) 模型初始扰动的方差为任意值时导致的异方差后果。该问题以 Baltagi and Li（1990，1992）的研究为基础。考虑简单的 AR(1)模型：

$$u_t=\rho u_{t-1}+\varepsilon_t,\ t=1,2,\cdots,T,\ |\rho|<1,$$

其中 $\varepsilon_t\sim\mathrm{IID}(0,\sigma_\varepsilon^2)$ 独立于 $u_0\sim(0,\sigma_\varepsilon^2/\tau)$，$\tau$ 是一个任意的正参数。

(a) 证明：初始扰动 u_0 的任意方差通常导致扰动之间的异方差。

(b) 证明：如果 $\tau>(1-\rho^2)$，$\mathrm{var}(u_t)=\sigma_t^2$ 是递增的，如果 $\tau<(1-\rho^2)$，$\mathrm{var}(u_t)=\sigma_t^2$ 是递减的，什么时候该过程是同方差的？

(c) 证明：对于 $t\geqslant s$，$\mathrm{cov}(u_t,u_{t-s})=\rho^s\sigma_{t-s}^2$。提示：可参见 Kim（1991）的解法。

(d) 考虑简单回归模型：

$$y_t=\beta x_t+u_t,\ t=1,2,\cdots,T,$$

其中 u_t 为上述的 AR(1)过程。考虑一般情形，当 $\rho>0$ 且 x_t 为正自相关时，$\mathrm{var}(\hat{\beta}_{OLS})$ 的标准结果低估了在平稳情形（即 $1-\rho^2=\tau$）下的结果，见问题 8。这意味着 OLS 会过度频繁地拒绝假设 $H_0:\beta=0$。证明：如果 $\tau<(1-\rho^2)$，OLS 将比平稳情形更易拒绝；如果 $\tau>(1-\rho^2)$，OLS 将比平稳情形更不易拒绝。提示：可参考 Koning（1992）的解法。

12. 带有 AR(1)误差和两个观测值的线性回归模型的 ML 估计。该问题根据 Magee（1993）提出。考虑回归模型 $y_i=x_i\beta+u_i$，这里只有两个观测值 $i=1$，2，且非随机的 $|x_1|\neq|x_2|$ 是标量，假定 $u_i\sim N(0,\sigma^2)$ 且 $u_2=\rho u_1+\varepsilon$，这里 $|\rho|<1$。另外，$\varepsilon\sim N[0,(1-\rho^2)\sigma^2]$，其中 ε 和 u_1 是独立的。

(a) 证明：β 的 OLS 估计量为 $(x_1y_1+x_2y_2)/(x_1^2+x_2^2)$。

(b) 证明：β 的 ML 估计量为 $(x_1y_1-x_2y_2)/(x_1^2-x_2^2)$。

(c) 证明：ρ 的 ML 估计量为 $2x_1x_2/(x_1^2+x_2^2)$，因此是非随机的。

(d) 当 $x_1\to x_2$ 和 $x_1\to-x_2$ 时，β 和 ρ 的 ML 估计量有什么表现？假设 $x_2\neq0$。提示：可参见 Baltagi and Li（1995）的解法。

13. 对于 5.5 节中基于表 3—2 中香烟消费数据的实证案例。

(a) 重复 $\log C$ 对 $\log P$、$\log Y$ 和常数项的回归。作出残差和 $\log Y$ 的图形，并证实图 3—2。

(b) 通过将 (a) 中得到的残差绝对值 $|e_i|$ 对 $(\log Y_i)^\delta$（$\delta=1$，-1，-0.5 和 0.5）回归来进行 Glejser（1969）检验。证实文中所给的 t 统计量。

(c) 将观测值按照 $\log Y_i$ 进行排序并略掉中间的 12 个观测值，进行 Goldfeld and Quandt（1965）的检验。报告根据最初的 17 个观测值和最后的 17 个观测值得到的回归结果，并证实文中所示的 F 检验。

(d) 证实基于 $\log Y_i$ 和 $|e_i|$ 的等级次序的 Spearman 等级相关系数检验。

(e) 证实基于 $\log e_i^2$ 对 $\log(\log Y_i)$ 回归的 Harvey（1976）的乘法异方差检验。

(f) 根据 $e_i^2 / \hat{\sigma}^2$ 对 $\log Y_i$ 回归进行 Breusch and Pagan（1979）的检验，这里 $\hat{\sigma}^2 = \sum_{i=1}^{46} e_i^2 / 46$。

(g) 进行异方差的 White（1980）检验。

(h) 进行 Jarque and Bera（1987）的扰动项正态性检验。

(i) 计算（a）中回归的 White 异方差稳健标准误差。

14. 带有 AR(1) 扰动的简单线性趋势模型。该问题根据 Krämer（1982）的研究提出。

(a) 考虑如下的简单线性趋势模型

$$Y_t = \alpha + \beta t + u_t,$$

其中 $u_t = \rho u_{t-1} + \varepsilon_t$，$|\rho| < 1$，$\varepsilon_t \sim \text{IID}(0, \varepsilon_t^2)$ 且 $\text{var}(u_t) = \sigma_u^2 = \sigma_\varepsilon^2 / (1-\rho^2)$。我们关注的是趋势系数 β 的估计，这里考虑的估计量有 OLS 估计量、CO（假定已知 ρ 的真实值）估计量、一阶差分估计量（FD）和广义最小二乘（GLS）估计量，这里 GLS 估计量是最优的线性无偏估计（BLUE）。

在这种简单线性趋势模型的情形中，这些估计量的方差表达式可以简化为

$$V(OLS) = 12\sigma^2 \{-6\rho^{T+1}[(T-1)\rho - (T+1)]^2 - (T^3-T)\rho^4$$
$$+2(T^2-1)(T-3)\rho^3 + 12(T^2+1)\rho^2 - 2(T^2-1)(T+3)\rho$$
$$+(T^3-T)\} / (1-\rho^2)(1-\rho)^4(T^3-T)^2,$$
$$V(CO) = 12\sigma^2(1-\rho)^2(T^3 - 3T^2 + 2T),$$
$$V(FD) = 2\sigma^2(1-\rho^{T-1})/(1-\rho^2)(T-1)^2,$$
$$V(GLS) = 12\sigma^2/(T-1)[(T-3)(T-2)\rho^2 - 2(T-3)(T-1)\rho + T(T+1)].$$

(b) 令 $T = 10$、20、30、40，ρ 以 0.1 的间隔从 -0.9 到 0.9 取值，计算这些方差以及它们相对于 GLS 估计量的相对有效性。

(c) 对于给定的 T，证明当 $\rho \to 1$ 时 $\text{var}(OLS)/\text{var}(CO)$ 的极限为 0。再证明当 $\rho \to 1$ 时 $\text{var}(FD)$ 和 $\text{var}(GLS)$ 的极限趋于 $\sigma_\varepsilon^2/(T-1) < \infty$。那么随着 $\rho \to 1$，$\text{var}(GLS)/\text{var}(FD)$ 也趋于 1。另外，证明已知 $T > 3$ 时，$\lim_{\rho \to 1}[\text{var}(GLS)/\text{var}(OLS)] = 5(T^2+T)/6(T^2+1) < 1$。

(d) 对于给定的 ρ，证明 $\text{var}(FD) = O(T^{-2})$，而其他估计量的方差是 $O(T^{-3})$，那么对于任意给定的 ρ 有 $\lim_{T \to \infty}[\text{var}(FD)/\text{var}(CO)] = \infty$。

15. 考虑 5.6 节的实证案例，根据表 5—3 所示的消费—收入数据。这些数据可以从 Springer 网站上的 CONSUMP. DAT 文件中获得。

(a) 重复 C_t 对 Y_t 和常数项的回归，并计算 Durbin-Watson 统计量。在 5% 的显著性水平下检验 $H_0: \rho = 0$ 对 $H_1: \rho > 0$。

(b) 利用 Breusch-Godfrey 法检验一阶序列相关。

(c) 完成两步 Cochrane-Orcutt 程序并证实表 5—5 中的回归结果。对 Cochrane-Orcutt 程序进行迭代，会出现什么结果？

(d) 完成 Prais-Winsten 程序并证实表 5—6 中的结果。

(e) 计算（a）中最小二乘估计的 Newey-West 异方差和自相关一致标准误差。

16. Benderly and Zwick（1985）考虑了如下方程：

$$RS_t = \alpha + \beta Q_{t+1} + \gamma P_t + u_t,$$

其中 $RS_t =$ 第 t 年股票的真实收益，$Q_{t+1} =$ 第 $t+1$ 年实际 GNP 的年增长率，$P_t =$ 第 t 年的通货膨胀率。数据可从 Springer 网站的 BENDERLY. ASC 获得。该数据包含了美国 1952—1982 年 31 年的数据。原始数据来自 Lott and Ray（1991）。该方程用于检验通货膨胀率在解释股票真实收益时的显著性。利用 1954—1976 年的样本回答下列问题：

(a) 利用 OLS 估计上述方程。记住用的是 Q_{t+1}。在这个方程中 P_t 是否显著？作残差与时间之间的图形。计算该最小二乘估计的 Newey-West 异方差和自相关一致标准误差。

(b) 利用 D. W. 检验来检验序列相关。

(c) 如果你用 Breusch-Godfrey 检验来检验一阶序列相关，（b）的结论会有变化吗？

(d) 用 Cochrane-Orcutt 程序修正一阶序列相关，你估计出的 ρ 为多少？

(e) 用 Prais-Winsten 程序解释第一个观测值并给出你估计的 ρ。作出残差与时间之间的图形。

17. 利用我们在第 3 章中的 Energy/GDP 的截面数据，问题 3.16 考虑如下两个模型：

模型 1：$\log En = \alpha + \beta \log RGDP + u$

模型 2：$En = \alpha + \beta RGDP + v$

确认你已经修正了问题 3.16（d）中关于 En 的 W. Germany 的观测。

(a) 对模型 1 和模型 2 进行 OLS 回归。利用 Goldfeld-Quandt 检验来检验异方差。去掉中间 $c = 6$ 个观测值。为什么模型 2 中存在异方差问题，而模型 1 中没有？

(b) 对于模型 2，利用 Glejser 检验来检验异方差。

(c) 现在利用 Breusch-Pagan 检验来检验模型 2 中的异方差。

(d) 对模型 2 进行 White 检验。

(e) 所有的检验结论相同吗？

(f) 假设异方差形式为 $\sigma_i^2 = \sigma^2 RGDP^2$，对模型 2 进行一个简单的转化并估计。

(g) 假设异方差形式为 $\sigma_i^2 = \sigma^2(a + bRGDP^2)$，对模型 2 进行一个简单的转化并估计。

(h) 现在假设异方差形式为 $\sigma_i^2 = \sigma^2 RGDP^\gamma$，其中 γ 为未知参数。对模型 2 进行一个简单的转化并估计。提示：你可以将 σ_i^2 写作 $\exp\{\alpha + \gamma \log RGDP\}$，其中 $\alpha = \log \sigma^2$。

(i) 比较模型 2 的 OLS 估计的标准误差和 White 异方差一致标准误差。并将它们与（f）、（g）和（h）中的简单加权最小二乘估计的标准误差进行比较，你的结论是什么？

18. 给出 1965 年第一季度（1965.1）到 1983 年第四季度（1983.4）加州奥兰治县的就业（EMP）和实际国民生产总值（RGNP）的季度数据。Springer 网站上的数据文件名为 ORANGE. DAT。

（a）生成实际 GNP 的滞后变量，记为 $RGNP_{t-1}$ 并对下面的模型进行 OLS 估计：$EMP_t = \alpha + \beta RGNP_{t-1} + u_t$。

（b）观察残差以及 Durbin-Watson 统计量，说明存在什么问题？

（c）假设 $u_t = \rho u_{t-1} + \varepsilon_t$，其中 $|\rho| < 1$ 且 $\varepsilon_t \sim \text{IIN}(0, \sigma_\varepsilon^2)$，利用 Cochrane-Orcutt 程序估计 ρ、α 和 β。将后者的估计及其标准误差与 OLS 相应结果进行比较。

（d）Cochrane-Orcutt 程序去掉了第一个观测。完成 Prais-Winsten 调整。将估计结果及其标准误差与（c）中的结果进行比较。

（e）应用 Breusch-Godfrey 检验来检验一阶和二阶自相关，你的结论是什么？

（f）计算（a）中最小二乘估计的 Newey-West 异方差和自相关一致协方差标准误差。

19. 考虑基于表 4—1 收入数据的回归，该数据可从 Springer 网站的 EARN. ASC 文件中得到。

（a）对回归残差应用 White 异方差检验。

（b）计算 White 异方差一致标准误差。

（c）利用 Jarque-Bera 检验对最小二乘残差进行正态性检验。

20. 住宅特征。Harrison and Rubinfield（1978）收集了 1970 年波士顿地区 506 个街区的普查数据来研究住宅特征价格和对洁净空气的支付意愿。这些数据可从 Springer 网站的 HEDONIC. XLS 文件中得到。被解释变量为自住房屋的中位数（MV）。回归元包括两个结构变量：平均房间数目 RM 和建于 1940 年之前的自有住房的比例。另外还有 8 个社区变量：总人口中黑人比例 B；低阶层人口比例 LSTAT；犯罪率 CRIM；25 000 平方英尺住宅的比例 ZN；非零售商业面积的比例 INDUS；财产总值的税率 TAX（美元/10 000 美元）；学生教师比率 PTRATIO；以及关于查尔斯河的虚拟变量 CHAS，当这些街区靠近查尔斯河边时该变量取 1。还有两个可得变量：到波士顿地区五个就业中心的加权距离 DIS 和易到达呈放射状高速公路的指数 RAD。还有一个回归元是空气污染变量 NOX，表示氮氧化物的年平均浓度。

（a）将 MV 对 13 个解释变量和常数项回归，绘制残差图。

（b）进行 White 异方差检验。

（c）计算 White 异方差一致标准误差。

（d）对最小二乘残差进行 Jarque-Bera 正态性检验。

21. 聚集经济、不经济和增长。Wheeler（2003）利用美国本土 3 106 个乡村数据，拟合了一个四次多项式模型，他将乡村人口（就业）增长率（1980—1990 年的数据）看作是 log(size) 的函数，这里 size 测度的是总居住人口或总城市就业人口。另一些控制变量包括学历为学士学位及以上的成年居民人口（25 岁及以上）的比例、制造业就业比例和失业率，以上均为 1980 年的数据。另外还有 1979 年的人均收入、1980 年非白人人口所占比重以及政府用于公共产品——教育、公路与高速公路和 1982 年的警方保护中的支出份额。这些数据可从 JAE 档案数据网站下载获得。

（a）重复 Wheeler（2003，pp. 88～89）的表Ⅷ和表Ⅸ中所示的 OLS 回归。

（b）利用 White 和 Breusch-Pagan 检验进行异方差检验。

（c）对最小二乘残差进行 Jarque-Bera 正态性检验。

参考文献

扩展阅读可参阅前言中引用的计量经济学书目，还有 Griffiths（2001）关于异方差的章节和 King（2001）关于序列相关的章节中的内容：

Ali，M. M. and C. Giaccotto（1984），"A Study of Several New and Existing Tests for Heteroskedasticity in the General Linear Model," *Journal of Econometrics*，26：355-373.

Amemiya，T.（1973），"Regression Analysis When the Variance of the Dependent Variable is Proportional to the Square of its Expectation," *Journal of the American Statistical Association*，68：928-934.

Amemiya，T.（1977），"A Note on a Heteroskedastic Model," *Journal of Econometrics*，6：365-370.

Andrews，D. W. K.（1991），"Heteroskedasticity and Autocorrelation Consistent Covariance Matrix Estimation," *Econometrica*，59：817-858.

Baltagi，B. and Q. Li（1990），"The Heteroskedastic Consequences of an Arbitrary Variance for the Initial Disturbance of an AR（1）Model," *Econometric Theory*，Problem 90. 3. 1，6：405.

Baltagi，B. and Q. Li（1992），"The Bias of the Standard Errors of OLS for an AR(1) Process with an Arbitrary Variance on the Initial Observations," *Econometric Theory*，Problem 92. 1. 4，8：146.

Baltagi，B. and Q. Li（1995），"ML Estimation of Linear Regression Model with AR（1）Errors and Two Observations," *Econometric Theory*，Solution 93. 3. 2，11：641-642.

Bartlett's test，M. S.（1937），"Properties of Sufficiency and Statistical Tests," *Proceedings of the Royal Statistical Society*，A，160：268-282.

Beach，C. M. and J. G. MacKinnon（1978），"A Maximum Likelihood Procedure for Regression with Autocorrelated Errors," *Econometrica*，46：51-58.

Benderly，J. and B. Zwick（1985），"Inflation，Real Balances，Output and Real Stock Returns," *American Economic Review*，75：1115-1123.

Breusch，T. S.（1978），"Testing for Autocorrelation in Dynamic Linear Models," *Australian Economic Papers*，17：334-355.

Breusch，T. S. and A. R. Pagan（1979），"A Simple Test for Heteroskedasticity and Random Coefficient Variation," *Econometrica*，47：1287-1294.

Buse，A.（1984），"Tests for Additive Heteroskedasticity：Goldfeld and Quandt Revisited," *Empirical Economics*，9：199-216.

Carroll，R. H.（1982），"Adapting for Heteroskedasticity in Linear Models," *An-*

nals of Statistics, 10: 1224−1233.

Cochrane, D. and G. Orcutt (1949), "Application of Least Squares Regression to Relationships Containing Autocorrelated Error Terms," *Journal of the American Statistical Association*, 44: 32−61.

Cragg, J. G. (1992), "Quasi-Aitken Estimation for Heteroskedasticity of Unknown Form," *Journal of Econometrics*, 54: 197−202.

Durbin, J. (1960), "Estimation of Parameters in Time-Series Regression Model," *Journal of the Royal Statistical Society*, Series B, 22: 139−153.

Durbin, J. and G. Watson (1950), "Testing for Serial Correlation in Least Squares Regression-I," *Biometrika*, 37: 409−428.

Durbin, J. and G. Watson (1951), "Testing for Serial Correlation in Least Squares Regression-II," *Biometrika*, 38: 159−178.

Evans, M. A. , and M. L. King (1980), "A Further Class of Tests for Heteroskedasticity," *Journal of Econometrics*, 37: 265−276.

Farebrother, R. W. (1980), "The Durbin-Watson Test for Serial Correlation When There is No Intercept in the Regression," *Econometrica*, 48: 1553−1563.

Glejser, H. (1969), "A New Test for Heteroskedasticity," *Journal of the American Statistical Association*, 64: 316−323.

Godfrey, L. G. (1978), "Testing Against General Autoregressive and Moving Average Error Models When the Regressors Include Lagged Dependent Variables," *Econometrica*, 46: 1293−1302.

Goldfeld, S. M. and R. E. Quandt (1965), "Some Tests for Homoscedasticity," *Journal of the American Statistical Association*, 60: 539−547.

Goldfeld, S. M. and R. E. Quandt (1972), *Nonlinear Methods in Econometrics* (North-Holland: Amsterdam).

Griffiths, W. E. (2001), "Heteroskedasticity," Chapter 4 in B. H. Baltagi, (ed.), *A Companion to Theoretical Econometrics* (Blackwell: Massachusetts).

Harrison, M. and B. P. McCabe (1979), "A Test for Heteroskedasticity Based On Ordinary Least Squares Residuals," *Journal of the American Statistical Association*, 74: 494−499.

Harrison, D. and D. L. Rubinfeld (1978), "Hedonic Housing Prices and the Demand for Clean Air," *Journal of Environmental Economics and Management*, 5: 81−102.

Harvey, A. C. (1976), "Estimating Regression Models With Multiplicative Heteroskedasticity," *Econometrica*, 44: 461−466.

Hilderth, C. and J. Lu (1960), "Demand Relations with Autocorrelated Disturbances," Technical Bulletin 276 (Michigan State University, Agriculture Experiment Station).

Jarque, C. M. and A. K. Bera (1987), "A Test for Normality of Observations and

Regression Residuals," *International Statistical Review*, 55: 163-177.

Kim, J. H. (1991), "The Heteroskedastic Consequences of an Arbitrary Variance for the Initial Disturbance of an AR(1) Model," *Econometric Theory*, Solution 90. 3. 1, 7: 544-545.

King, M. (2001), "Serial Correlation," Chapter 2 in B. H. Baltagi, (ed.), *A Companion to Theoretical Econometrics* (Blackwell: Massachusetts).

Koenker, R. (1981), "A Note on Studentizing a Test for Heteroskedasticity," *Journal of Econometrics*, 17: 107-112.

Koenker, R. and G. W. Bassett, Jr. (1982), "Robust Tests for Heteroskedasticity Based on Regression Quantiles," *Econometrica*, 50: 43-61.

Koning, R. H. (1992), "The Bias of the Standard Errors of OLS for an AR(1) process with an Arbitrary Variance on the Initial Observations," *Econometric Theory*, Solution 92. 1. 4, 9: 149-150.

Krämer, W. (1982), "Note on Estimating Linear Trend When Residuals are Auto-correlated," *Econometrica*, 50: 1065-1067.

Lott, W. F. and S. C. Ray (1992), *Applied Econometrics: Problems With Data Sets* (The Dryden Press: New York).

Maddala, G. S. (1977), *Econometrics* (McGraw-Hill: New York).

Maeshiro, A. (1976), "Autoregressive Transformation, Trended Independent Variables and Autocorrelated Disturbance Terms," *The Review of Economics and Statistics*, 58: 497-500.

Maeshiro, A. (1979), "On the Retention of the First Observations in Serial Correlation Adjustment of Regression Models," *International Economic Review*, 20: 259-265.

Magee L. (1993), "ML Estimation of Linear Regression Model with AR(1) Errors and Two Observations," *Econometric Theory*, Problem 93. 3. 2, 9: 521-522.

Mizon, G. E. (1995), "A Simple Message for Autocorrelation Correctors: Don't," *Journal of Econometrics* 69: 267-288.

Newey, W. K. and K. D. West (1987), "A Simple, Positive Semi-definite, Heteroskedasticity and Autocorrelation Consistent Covariance Matrix," *Econometrica*, 55: 703-708.

Oberhofer, W. and J. Kmenta (1974), "A General Procedure for Obtaining Maximum Likelihood Estimates in Generalized Regression Models," *Econometrica*, 42: 579-590.

Park, R. E. and B. M. Mitchell (1980), "Estimating the Autocorrelated Error Model With Trended Data," *Journal of Econometrics*, 13: 185-201.

Prais, S. and C. Winsten (1954), "Trend Estimation and Serial Correlation," Discussion Paper 383 (Cowles Commission: Chicago).

Rao, P. and Z. Griliches (1969), "Some Small Sample Properties of Several Two-

Stage Regression Methods in the Context of Autocorrelated Errors," *Journal of the A-merican Statistical Association*, 64: 253−272.

Rao, P. and R. L. Miller (1971), *Applied Econometrics* (Wadsworth: Belmont).

Robinson, P. M. (1987), "Asymptotically Efficient Estimation in the Presence of Heteroskedasticity of Unknown Form," Econometrica, 55: 875−891.

Rutemiller, H. C. and D. A. Bowers (1968), "Estimation in a Heteroskedastic Regression Model," *Journal of the American Statistical Association*, 63: 552−557.

Savin, N. E. and K. J. White (1977), "The Durbin-Watson Test for Serial Correlation with Extreme Sample Sizes or Many Regressors," *Econometrica*, 45: 1989−1996.

Szroeter, J. (1978), "A Class of Parametric Tests for Heteroskedasticity in Linear Econometric Models," *Econometrica*, 46: 1311−1327.

Theil, H. (1978), *Introduction to Econometrics* (Prentice-Hall: Englewood Cliffs, NJ).

Waldman, D. M. (1983), "A Note on Algebraic Equivalence of White's Test and a Variation of the Godfrey/Breusch-Pagan Test for Heteroskedasticity," *Economics Letters*, 13: 197−200.

Wheeler. C. (2003), "Evidence on Agglomeration Economies, Diseconomies, and Growth," *Journal of Applied Econometrics*, 18: 79−104.

White, H. (1980), "A Heteroskedasticity Consistent Covariance Matrix Estimator and a Direct Test for Heteroskedasticity," *Econometrica*, 48: 817−838.

Wooldridge, J. M. (1991), "On the Application of Robust, Regression-Based Diagnostics to Models of Conditional Means and Conditional Variances," *Journal of Econometrics*, 47: 5−46.

计量经济学方法与应用（第五版）

第 6 章

分布滞后和动态模型

6.1 引　言

　　许多经济模型的回归方程中都包含解释变量的滞后项。例如，修建公路和高速公路需要时间，因此，公共投资对 GNP 增长的影响经过一段时间才会显现出来，这种影响可能会持续若干年。对新发明的研发投资要获得收益也需要时间，新发明转化成商业产品需要时间。在研究消费者行为时，收入的变化对消费的影响可能会持续几个时期。消费的持久收入理论说的就是这个意思，决定实际可支配收入的变化是暂时的还是永久的可能需要几个时期。例如，本年获得的额外咨询费下一年还会有吗？另外，实际可支配收入的滞后项出现在回归方程中，这是因为消费者在平衡他消费行为的过程中考虑了他一生的收入。反过来，一个人一生的收入可以根据过去和现在的收入来推测。换句话说，回归关系可能是

$$Y_t = \alpha + \beta_0 X_t + \beta_1 X_{t-1} + \cdots + \beta_s X_{t-s} + u_t, t = 1, 2, \cdots, T, \tag{6.1}$$

其中 Y_t 表示被解释变量第 t 期的观测，X_{t-s} 表示解释变量 X 第（$t-s$）期的观测。α 是截距，β_0，β_1，$\cdots$，β_s 是 X_t 当前期和滞后期参数。由于该方程将收入增长对消费的影响分布在 s 期上，因此方程（6.1）称为分布滞后（distributed lag）。注意，X 的单位变化对 Y 的短期影响由 β_0 给出，而 X 的单位变化对 Y 的长期影响为（$\beta_0 + \beta_1 + \cdots + \beta_s$）。

　　假设我们观测到 1959—2007 年的 X_t。X_{t-1} 也是同一个变量，只是提前了一期即 1958—2006 年。由于 1958 年观测不到，我们让 X_{t-1} 从 1959 年开始，结束于 2006 年。这意味着，一旦我们取了滞后一期，当前的 X_t 序列将从 1960 年开始，结束于 2007 年。出于现实目的，这表示当我们滞后一期就会损失一个样本观测值。因此，如果我们滞后

127

s 期，将损失 s 个观测值。进一步，对每一期滞后都将多估计一个 β。所以，有损失双倍自由度的危险。每增加一个滞后变量，观测值的个数就会减少（因为我们是对同一序列取滞后项）并且待估参数的个数就会增加。除了损失自由度外，式（6.1）中的回归元可能会彼此高度相关。事实上，大多数经济时间序列通常是带趋势的并且与它们的滞后期之间高度相关。这会出现我们在第 4 章看到的回归元之间的多重共线性问题，这些回归变量之间的共线性程度越高，回归估计的可信度越低。

在这个模型中，OLS 仍然是 BLUE，因为经典假设仍然满足。在式（6.1）中我们所做的是增加了回归变量（X_{t-1}, $\cdots$, X_{t-s}）。由于这些回归变量是 X_t 的滞后值，根据假设，对于每一个 t，X_t 与 u_t 不相关，因此它们与扰动项不相关。

为了减轻自由度问题，可以构造 β 的形式。这些系数构造的一个最简单的形式是线性算术滞后（linear arithmetic lag）（见图 6—1），可以写为

$$\beta_i = [(s+1) - i]\beta, \quad i = 0, 1, \cdots, s。 \tag{6.2}$$

X 的滞后系数是一个线性滞后分布，X_t 的系数 $(s+1)\beta$ 以算数形式衰减到 X_{t-s} 的系数 β。将式（6.2）代入式（6.1），可得

$$Y_t = \alpha + \sum_{i=0}^{s} \beta_i X_{t-i} + u_t = \alpha + \beta \sum_{i=0}^{s} [(s+1) - i] X_{t-i} + u_t, \tag{6.3}$$

其中后一个方程可以通过 Y_t 对一个常数和 Z_t 的回归来估计，这里

$$Z_t = \sum_{i=0}^{s} [(s+1) - i] X_{t-i}。$$

给定 s 和 X_t 可以计算出 Z_t。因此，我们将对 β_0, β_1, $\cdots$, β_s 的估计简化为只估计一个 β。一旦得到 $\hat{\beta}$，就可以从式（6.2）中推导出 $i = 0$, 1, $\cdots$, s 时的 $\hat{\beta}_i$。尽管这种方法很简便，但由于滞后项对回归的限制太强，因而实际中并不常用，

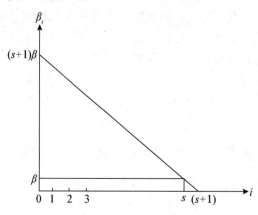

图 6—1 线性分布滞后

换一种思路，可以考虑 $\beta_i = f(i)$, $i = 0$, 1, $\cdots$, s。如果 $f(i)$ 在一个闭区间上是连续函数，那么它可以用一个 r 次的多项式来近似，

$$f(i) = a_0 + a_1 i + \cdots + a_r i^r。$$

例如，如果 $r = 2$，那么

$$\beta_i = a_0 + a_1 i + a_2 i^2, \quad i = 0, 1, \cdots, s,$$

因此

$$\beta_0 = a_0,$$
$$\beta_1 = a_0 + a_1 + a_2,$$
$$\beta_2 = a_0 + 2a_1 + 4a_2,$$
$$\vdots \quad \vdots \quad \vdots$$
$$\beta_s = a_0 + sa_1 + s^2 a_2。$$

一旦估计出 a_0、a_1 和 a_2，就可推导出 β_0，β_1，$\cdots$，β_s。实际上，将 $\beta_i = a_0 + a_1 i + a_2 i^2$ 代入式（6.1），我们得到

$$Y_t = \alpha + \sum_{i=0}^{s} (\alpha_0 + a_1 i + a_2 i^2) X_{t-i} + u_t$$
$$= \alpha + a_0 \sum_{i=0}^{s} X_{t-i} + a_1 \sum_{i=0}^{s} i X_{t-i} + a_2 \sum_{i=0}^{s} i^2 X_{t-i} + u_t。 \quad (6.4)$$

最后一个方程表示 α、a_0、a_1 和 a_2 可以从 Y_t 对一个常数、$Z_0 = \sum_{i=0}^{s} X_{t-i}$、$Z_1 = \sum_{i=0}^{s} i X_{t-i}$ 和 $Z_2 = \sum_{i=0}^{s} i^2 X_{t-i}$ 的回归中得到。这种方法由 Almon（1965）提出，称为阿尔蒙滞后（Almon lag）。这种方法的问题之一是 s 和 r 的选择、X_t 的滞后期数以及多项式的次数。事实上，没有一个是已知的。Davidson and MacKinnon（1993）建议从一个最大的合理的滞后 s^* 开始，这个 s^* 和理论一致，然后根据式（6.1）所示的无约束回归，检查模型的拟合情况是否随着 s^* 的减小而恶化。选择滞后项的一些准则包括：（ⅰ）最大化 $\bar{R}^2$；（ⅱ）最小化关于 s 的 Akaike（1973）信息准则（AIC），且有 $AIC(s) = (RSS/T) e^{2s/T}$；（ⅲ）最小化关于 s 的 Schwarz（1978）贝叶斯信息准则（BIC），且有 $BIC(s) = (RSS/T) T^{s/T}$，这里 RSS 表示残差平方和。注意，AIC 和 BIC 准则就像 $\bar{R}^2$，得到了好的拟合但以一个高的 s 来惩罚自由度的损失。大多数回归软件包括 SHAZAM、EViews 和 SAS 等都给出了这些准则。一旦选择了长度 s，就直接去确定多项式的次数 r。从一个高次数 r 开始并构造出式（6.4）所示的 Z 变量。如果 $r = 4$ 是所选择的多项式最高次数，$Z_4 = \sum_{i=0}^{s} i^4 X_{t-4}$ 的系数是不显著的，去掉 Z_4，并对 $r = 3$ 进行回归；如果 Z_2 显著，停止回归，否则去掉 Z_3 并对 $r = 2$ 进行回归。

应用研究者通常对阿尔蒙滞后施加端点约束。一个近端点约束意味着方程（6.1）中的 $\beta_{-1} = 0$。这表示对于方程（6.4），这个约束对 a 的二次多项式有如下约束：$\beta_{-1} = f(-1) = a_0 - a_1 + a_2 = 0$。在这个约束下，给定 a_1 和 a_2 我们可解出 a_0。实际上，将 $a_0 = a_1 - a_2$ 代入式（6.4），回归变为

$$Y_t = \alpha + a_1 (Z_1 + Z_0) + a_2 (Z_2 - Z_0) + u_t, \quad (6.5)$$

并且，一旦估计出 a_1 和 a_2，就可以得到 a_0，进而得到 β_i 的估计。这些约束本质上是说 X_{t+1} 对 Y_t 没有影响。貌似这个假定不合理，尤其是在我们的消费例子中，消费例子中下一年的消费会进入到永久收入或终身收入的计算中。另一个貌似更合理的假定是远端点约束即 $\beta_{s+1} = 0$。这意味着 $X_{t-(s+1)}$ 不会影响 Y_t。向后持续得越远，对当前期的影响越小。我们要确保的是向后要足够远以便没有显著影响。正如我们上面所做的，从方程中

去掉 $X_{t-(s+1)}$ 来施加这个远端点约束。但是，一些研究者将这个约束施加到 $\beta_i=f(i)$ 上，即施加 $\beta_{s+1}=f(s+1)=0$ 约束。对于 $r=2$，约束为 $a_0+(s+1)a_1+(s+1)^2a_2=0$。解出 a_0 并代入式（6.4），这个受约束的回归变为

$$Y_t=\alpha+a_1[Z_1-(s+1)Z_0]+a_2[Z_2-(s+1)^2Z_0]+u_t。 \tag{6.6}$$

也可以施加两个端点约束，并将回归简化为估计一个 a 而不是三个 a。注意，回归关系中不包含 X_{t+1} 和 $X_{t-(s+1)}$ 就是施加了 $\beta_{-1}=\beta_{s+1}=0$ 的约束。但是，这些端点约束对包含 a 的多项式施加了附加约束，β 在 $i=-1$ 和 $i=(s+1)$ 时为零，见图 6—2。

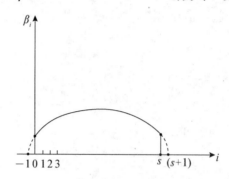

图 6—2　端点约束下的多项式分布滞后

这些施加在多项式上的附加约束可能不一定是真的。换句话说，多项式可以与 X 轴在 -1 或 $(s+1)$ 之外的地方相交。施加一个约束，无论真假，减少了估计的方差，而如果约束为假会导致偏差。直觉上是这样的，因为这些约束提供了额外的信息，这些信息会增加估计的可靠性。方差的减小和导致的偏差自然会使我们想起均方误差准则，它有助于确定是否应该施加这些约束，见 Wallace（1972）。这些准则超出了本章的范围。一般来说，有些约束可能不合理或者即使有效，在应用的时候也要当心。实际上，在应用这些约束之前首先应该对其进行检验。见 Schmidt and Waud（1975）。

实证案例： 利用《总统经济报告》1959—2007 年的消费—收入数据，见表 5—3，我们估计一个消费—收入回归，其中有收入的 5 年期滞后。这里，所有的变量都是对数形式，并且式（6.1）中的 $s=5$。表 6—1 给出了 Stata 的输出结果，这里的滞后形式为式（6.2）所示的线性算术滞后。

注意，输出结果显示 $\hat{\beta}=0.0498$，t 值为 64.4，在统计上是显著的。可以用一个 F 检验对这个算数滞后约束进行联合检验。由 C_t 对 Y_t，Y_{t-1}，$\cdots$，Y_{t-5} 和常数项回归得到无约束的残差平方和（URSS），结果为 $URSS=0.016\,924$。$RRSS$ 如表 6—1 所示为 $0.036\,136$，包括式（6.2）所示的 5 个约束。因此，

$$F=\frac{(0.036\,136\,249-0.016\,924\,337)/5}{0.016\,924\,337/37}=8.40,$$

在原假设下服从 $F_{5,37}$ 分布。这里拒绝了线性算术滞后约束。

表 6—1　　　　　　　　　　算数滞后约束回归

```
• tsset year
            time variable：  year，1959 to 2007
                    delta：  1 unit
• gen ly＝ln(y)
• gen lc＝ln(c)
• gen z＝6*1y＋5*1.1y＋4*12.1y＋3*13.1y＋2*14.1y＋15.1y
(5 missing values generated)
• reg lc z
```

Source	SS	df	MS			
				Number of obs	=	44
				F(1, 42)	=	4149.96
Model	3.5705689	1	3.5705689	Prob>F	=	0.0000
Residual	0.036136249	42	0.000860387	R-squared	=	0.9900
				Adj R-squared	=	0.9897
Total	3.60670515	43	0.083876864	Root MSE	=	0.02933

lc	Coef.	Std. Err.	t	P>|t|	[95% Conf. Interval]	
Z	.049768	.0007726	64.42	0.000	0.0482089	0.0513271
_cons	−0.5086255	0.1591019	−3.20	0.003	−0.8297061	−0.1875449

接下来我们施加一个阿尔蒙滞后，如方程（6.4）所描述的二次多项式。表 6—2 给出了近端点约束下 $s=5$ 的 EViews 输出结果。利用 EViews 完成该程序，即用 PDL(Y, 5, 2, 1) 代替回归变量 Y 就表示，要求对 Y 拟合一个二次多项式的 5 年期阿尔蒙滞后，并施加近端点约束。这时，估计的回归系数先上升后下降并变为负值：$\hat{\beta}_0=0.275$，$\hat{\beta}_1=0.415$，…，$\hat{\beta}_5=-0.367$。注意，$\hat{\beta}_4$ 在统计上不显著。阿尔蒙滞后约束也可以利用 Chow 的 F 统计量进行联合检验。由 C_t 对 Y_t，Y_{t-1}，…，Y_{t-5} 和常数项回归得到 $URSS$，这就是上面给出的 $URSS=0.016\ 924$。$RRSS$ 如表 6—2 所示为 0.035 874，包括四个约束。因此，

$$F=\frac{(0.035\ 873\ 67-0.016\ 924\ 337)/4}{0.016\ 924\ 337/37}=10.357,$$

在原假设下服从 $F_{4,37}$ 分布。结果拒绝了近端点约束下的二次多项式阿尔蒙滞后设定。

表 6—2　　　　　　　　阿尔蒙多项式，$r=2$，$s=5$ 和近端点约束

Dependent Variable＝LNC				
Method：Least Squares				
Sample（adjusted）：1964 2007				
Included observations：44 after adjustments				
	Coefficient	Std. Error	t-Statistic	Prob.
C	−0.770611	0.201648	3.821563	0.0004
PDL01	0.342152	0.056727	6.031589	0.0000
PDL02	0.067215	0.012960	−5.186494	0.0000
R-squared	0.990054	Mean dependent var		9.736786
Adjusted R-squared	0.989568	S. D. dependent var		0.289615
S. E. of regression	0.029580	Akaike info criterion		−4.137705
Sum squared resid	0.035874	Schwarz criterion		−4.016055
Log likelihood	94.02950	Hannan-Quinn criter.		−4.092591

续前表

		i	Coefficient	Std. Error	t-Statistic
F-statistic	2040.559	Durbin-Watson stat			0.382851
Prob（F-statistic）	0.000000				
Lag Distribution of LNY		i	Coefficient	Std. Error	t-Statistic
. *		0	0.27494	0.04377	6.28161
. *		1	0.41544	0.06162	6.74167
. *		2	0.42152	0.05358	7.86768
. *		3	0.29317	0.01976	14.8332
*		4	0.03039	0.04056	0.74937
* .		5	0.36682	0.12630	2.90445
		Sum of Lags	1.06865	0.01976	54.0919

表 6—3 给出了 $s=5$ 的 EViews 输出结果，这里施加了远端点约束。利用 EViews 完成该程序，即用 PDL(Y，5，2，2）代替回归变量 Y 就表示，要求对 Y 拟合一个二次多项式的 5 年期阿尔蒙滞后，并施加远端点约束。这种情况下，$\hat{\beta}$ 是正的然后变为负的，$\hat{\beta}_0 = 0.879$，$\hat{\beta}_1 = 0.450$，$\cdots$，$\hat{\beta}_5 = -0.136$，所有的系数在统计上都是显著的。可以利用 Chow 的 F 统计量来检验远端点约束下二次多项式阿尔蒙滞后设定对无约束滞后模型。RRSS 如表 6—3 所示为 0.019 955 101，包括四个约束。因此，

$$F = \frac{(0.019\,955\,101 - 0.016\,924\,337)/4}{0.016\,924\,337/37} = 1.656,$$

在原假设下服从 $F_{4,37}$ 分布，结果不能拒绝施加在这个模型上的约束。

表 6—3　　　　　　　　　　　　算数滞后约束回归

Dependent Variable＝LNC				
Method：Least Squares				
Sample（adjusted）：1964 2007				
Included observations：44 after adjustments				
	Coefficient	Std. Error	t-Statistic	Prob.
C	−1.107052	0.158405	−6.988756	0.0000
PDL01	0.134206	0.011488	11.68247	0.0000
PDL02	−0.259490	0.036378	−7.133152	0.0000
R-squared	0.994467	Mean dependent var		9.736786
Adjusted R-squared	0.994197	S. D. dependent var		0.289615
S. E. of regression	0.022062	Akaike info criterion		−4.724198
Sum squared resid	0.019956	Schwarz criterion		−4.602548
Log likelihood	106.9324	Hannan-Quinn criter.		−4.679084
F-statistic	3684.610	Durbin-Watson stat		0.337777
Prob（F-statistic）	0.000000			

Lag Distribution of LNY		i	Coefficient	Std. Error	t-Statistic
. *		0	0.87912	0.10074	8.72642
. *		1	0.45018	0.03504	12.8475
. *		2	0.13421	0.01149	11.6825
* .		3	−0.06880	0.03787	−1.81686
* .		4	−0.15884	0.04483	−3.54337
* .		5	−0.13590	0.03221	−4.21962
		Sum of Lags	1.09997	0.01547	71.0964

6.2 无限分布滞后

到目前为止，我们所处理的是 X_t 的有限期滞后，有些滞后可能是无限期的。例如，几十年前建设高速公路的投资可能对目前的 GNP 增长仍有作用。这种情况下，我们将方程（6.1）写为

$$Y_t = \alpha + \sum_{i=0}^{\infty} \beta_i X_{t-i} + u_t, \ t = 1, 2, \cdots, T_\circ \tag{6.7}$$

这里有无数个 β 待估计，但只有 T 个观测。如果能构造出 β_i 的形式，可能是可行的。首先，我们通过加总这些 β_i 来标准化这些 β_i，也就是说，令 $w_i = \beta_i/\beta$，这里 $\beta = \sum_{i=0}^{\infty} \beta_i$，如果所有的 β_i 的符号相同，那么 β_i 取 β 的符号且对于所有的 i 有 $0 \leqslant w_i \leqslant 1$，$\sum_{i=0}^{\infty} w_i = 1$。这意味着 w_i 可以解释成概率。实际上，Koyck（1954）对 w_i 施加了几何滞后，即 $w_i = (1-\lambda)\lambda^i$，$i = 0, 1, \cdots, \infty_\circ$[①]将

$$\beta_i = \beta w_i = \beta(1-\lambda)\lambda^i$$

代入式（6.7），我们得到

$$Y_t = \alpha + \beta(1-\lambda)\sum_{i=0}^{\infty} \lambda^i X_{t-i} + u_t, \ t = 1, 2, \cdots, T_\circ \tag{6.8}$$

方程（6.8）称为 Koyck 滞后的无限分布滞后形式。X_t 的单位变化对 Y_t 的短期影响由 $\beta(1-\lambda)$ 给出；而 X_t 的单位变化对 Y_t 的长期影响为 $\sum_{i=0}^{\infty} \beta_i = \beta \sum_{i=0}^{\infty} w_i = \beta$。Koyck 滞后的含义是 X_t 的单位变化对 Y_t 的影响会随着时间的流逝越来越弱。例如，如果 $\lambda = 1/2$，那么 $\beta_0 = \beta/2$，$\beta_1 = \beta/4$，$\beta_2 = \beta/8$，等等。定义 $LX_t = X_{t-1}$ 为滞后算子，我们有 $L^i X_t = X_{t-i}$，式（6.8）化简为

$$Y_t = \alpha + \beta(1-\lambda)\sum_{i=0}^{\infty} (\lambda L)^i X_t + u_t = \alpha + \beta(1-\lambda)X_t/(1-\lambda L) + u_t, \tag{6.9}$$

这里我们利用了 $\sum_{i=0}^{\infty} c^i = 1/(1-c)$。用 $(1-\lambda L)$ 乘以最后一个方程，得到

$$Y_t - \lambda Y_{t-1} = \alpha(1-\lambda) + \beta(1-\lambda)X_t + u_t - \lambda u_{t-1}$$

或

$$Y_t = \lambda Y_{t-1} + \alpha(1-\lambda) + \beta(1-\lambda)X_t + u_t - \lambda u_{t-1}_\circ \tag{6.10}$$

这是无限分布滞后的自回归形式。说是自回归是因为有 Y_t 的滞后项作为解释变量。注意，我们将估计无限个参数 β_i 的问题简化为估计式（6.10）中的 λ 和 β。但是，OLS 将得到有偏且不一致的估计，因为式（6.10）包含一个滞后的被解释变量以及序列相关的误差。事实上，式（6.10）中的误差是一阶移动平均过程，即 MA(1)，见第 14 章。为了得到两个计量经济学模型（这两个模型会得到类似于式（6.10）的方程），我们这里讨论两个离题模型。

□ 6.2.1 适应性预期模型 （AEM）

假定产出 Y 是预期销售额 X_t^* 的函数，且后者是不可观测的，即

$$Y_t = \alpha + \beta X_t^* + u_t,$$

其中，期望销售额按照如下方式调整：

$$X_t^* - X_{t-1}^* = \delta(X_t - X_{t-1}^*), \tag{6.11}$$

也就是说，t 期的期望销售额是 $t-1$ 期的期望销售额与 t 期实际销售额的加权和，事实上，

$$X_t^* = \delta X_t + (1-\delta) X_{t-1}^*。 \tag{6.12}$$

方程 (6.11) 也是一个误差学习模型，从过去的经验中学习并在观测到当期的销售额后调整预期。应用滞后算子 L，式 (6.12) 可以写为 $X_t^* = \delta X_t / [1-(1-\delta)L]$。将最后这个表达式代入上述关系中，我们得到

$$Y_t = \alpha + \beta\delta X_t / [1-(1-\delta)L] + u_t。 \tag{6.13}$$

将式 (6.13) 两侧乘以 $[1-(1-\delta)L]$，我们得到

$$Y_t - (1-\delta)Y_{t-1} = \alpha[1-(1-\delta)L] + \beta\delta X_t + u_t - (1-\delta)u_{t-1}, \tag{6.14}$$

式 (6.14) 看起来正是 $\lambda = (1-\delta)$ 的式 (6.10)。

□ 6.2.2 局部调整模型 （PAM）

在这个模型下，这是一个偏离均衡的成本和调整至均衡的成本，即

$$Cost = a(Y_t - Y_t^*)^2 + b(Y_t - Y_{t-1})^2, \tag{6.15}$$

其中 Y_t^* 为 Y 的目标或均衡水平，而 Y_t 为 Y 的当期水平。式 (6.15) 中的第一项是一个与 Y_t 和均衡水平 Y_t^* 的距离成比例的二次损失函数；第二个二次项表示调整的成本。最小化这个关于 Y 的二次成本函数，我们得到 $Y_t = \gamma Y_t^* + (1-\gamma)Y_{t-1}$，其中 $\gamma = a/(a+b)$。注意，如果调整的成本为零，那么 $b=0$，$\gamma=1$，直接达到目标。但是，调整成本是存在的，尤其是在构建合意的资本存量时，因此，

$$Y_t = \gamma Y_t^* + (1-\gamma)Y_{t-1} + u_t, \tag{6.16}$$

这里我们定义这种关系是随机的。如果真实的关系是 $Y_t^* = \alpha + \beta X_t$，那么由式 (6.16) 得

$$Y_t = \gamma\alpha + \gamma\beta X_t + (1-\gamma)Y_{t-1} + u_t, \tag{6.17}$$

除了误差项，该式和 $\lambda = (1-\gamma)$ 的式 (6.10) 一样，这个误差项不一定是移动平均参数为 λ 的 MA(1)。

■ 6.3 带有序列相关的动态模型的估计与检验

AEM 和 PAM 给出的方程类似于无限分布滞后的自回归形式。在所有情况下，我们

最终得到的都是一个滞后被解释变量和一个或由式（6.10）所示的一阶移动平均或由式（6.17）所示的经典的或自回归的误差项。本节中我们将对这种自回归模型或动态模型的检验与估计进行研究。

如果回归方程中有一个 Y_{t-1}，且 u_t 是经典的扰动项，可能如式（6.17）所示，那么 Y_{t-1} 被认为与误差项 u_t 同期相关（contemporaneously uncorrelated）。事实上，即使 $E(Y_{t-1}u_{t-1})\neq 0$，扰动项也满足第 3 章中的假设 1 至假设 4 和 $E(Y_{t-1}u_t)=0$。换句话说，Y_{t-1} 和当期扰动 u_t 无关，但与扰动的滞后一期 u_{t-1} 相关。这种情况下，只要扰动项不存在序列相关，OLS 虽然是有偏的，但仍是一致和渐近有效的。但是由于大多数宏观时间序列变量具有很强的趋势，因此这种情况是不可能的。更可能的是，u_t 是序列相关的。此时，OLS 是有偏且不一致的。直觉上，Y_t 和 u_t 相关，因此 Y_{t-1} 和 u_{t-1} 相关。如果 u_t 和 u_{t-1} 相关，那么 Y_{t-1} 和 u_t 相关。这意味着其中的一个回归元（Y 的滞后）与 u_t 是相关的，我们遇到了内生性问题。对于一个简单的不带常数项的自回归模型，我们来看看 OLS 估计会有什么问题：

$$Y_t=\beta Y_{t-1}+v_t, \quad |\beta|<1, \quad t=1,2,\cdots,T, \tag{6.18}$$

其中 $v_t=\rho v_{t-1}+\varepsilon$，$|\rho|<1$，$\varepsilon\sim \text{IIN}(0,\sigma_\varepsilon^2)$。可以证明（见问题 3），

$$\hat{\beta}_{OLS}=\sum_{t=2}^{T}Y_tY_{t-1}\Big/\sum_{t=2}^{T}Y_{t-1}^2=\beta+\sum_{t=2}^{T}Y_{t-1}v_t\Big/\sum_{t=2}^{T}Y_{t-1}^2,$$

其中 $\text{plim}(\hat{\beta}_{OLS}-\beta)=\text{asymp. bias}(\hat{\beta}_{OLS})=\rho(1-\beta^2)/(1+\rho\beta)$。如果 $\rho>0$，该渐近偏误为正；如果 $\rho<0$，该渐近偏误为负。另外，β 越小且 ρ 越大，该渐近偏误越大。例如，如果 $\rho=0.9$ 且 $\beta=0.2$，β 的渐近偏误为 0.73，这要比 β 值的三倍还多。

另外，$\hat{\rho}=\sum_{t=2}^{T}\hat{v}_t\hat{v}_{t-1}/\sum_{t=2}^{T}\hat{v}_{t-1}^2$，其中 $\hat{v}_t=Y_t-\hat{\beta}_{OLS}Y_{t-1}$，有

$$\text{plim}(\hat{\rho}-\rho)=-\rho(1-\beta^2)/(1+\rho\beta)=-\text{asymp. bias}(\hat{\beta}_{OLS})。$$

这表示如果 $\rho>0$，那么 $\hat{\rho}$ 将出现负偏。但是，如果 $\rho<0$，那么 $\hat{\rho}$ 将是正偏。实际上，D. W. 统计量的渐近偏误是 $\hat{\beta}_{OLS}$ 渐近偏误的两倍，见问题 3。这意味着 D. W. 统计量偏向于不拒绝无序列相关的原假设。因此，如果 D. W. 统计量拒绝 $\rho=0$ 的原假设，存在自相关也是拒绝，这样就确认我们要拒绝原假设和存在序列相关。如果另一方面它不拒绝原假设，那么 D. W. 统计量是没有参考价值的，我们需要用其他方法来检验序列相关。Durbin（1970）提出了另一种包含滞后被解释变量时的检验方法，计算出的统计量称为 Durbin h 统计量。利用式（6.10）或式（6.17），忽略可能存在的偏误来计算 OLS 估计，并根据上面的式子用 OLS 残差计算 $\hat{\rho}$。Durbin h 统计量由下式给出：

$$h=\hat{\rho}[n/(1-n)\widehat{\text{var}}(Y_{t-1}\text{的系数})]^{1/2}。 \tag{6.19}$$

该统计量在 $\rho=0$ 的原假设下渐近服从 $N(0,1)$。如果 $n[\widehat{\text{var}}(Y_{t-1}\text{的系数})]$ 大于 1，那么 h 无法计算，Durbin 建议将 e_t 对 e_{t-1} 和模型中的回归元（包括滞后被解释变量）回归，并检验该回归中 e_{t-1} 的系数是否显著。实际上，该检验可以扩展到更高阶的自回归误差。令 u_t 为一个 AR(p) 过程：

$$u_t=\rho_1u_{t-1}+\rho_2u_{t-2}+\cdots+\rho_pu_{t-p}+\varepsilon_t,$$

那么该检验是将 e_t 对 e_{t-1}，e_{t-2}，…，e_{t-p} 和模型中的回归元（包括 Y_{t-1}）进行回归。检验原假设 $H_0 : \rho_1 = \rho_2 = \cdots = \rho_p = 0$ 的统计量为 TR^2，服从 χ_p^2 分布。这是由 Breusch (1978) 和 Godfrey (1978) 两人独自提出的拉格朗日乘子检验，具体见第 5 章的讨论。事实上，该检验还有其他几个有用的性质。例如，无论原假设是施加在 AR(p) 模型的误差项还是 MA(p) 模型的误差项，检验都是一样的，见第 14 章。Kiviet (1986) 认为，虽然是大样本检验，但在小样本下 Breusch-Godfrey 检验也要优于 Durbin h 检验。

□ 6.3.1 带有 AR（1） 扰动项的滞后被解释变量模型

带有一个滞后被解释变量和一个自回归误差项的模型可以利用工具变量（IV）来估计，这将在第 11 章展开学习。简单来说，IV 法就是通过用 Y_{t-1} 的预测值 $\hat{Y}_{t-1}$ 代替 Y_{t-1} 来修正 Y_{t-1} 和误差项之间的相关。$\hat{Y}_{t-1}$ 通过将 Y_{t-1} 对一些外生变量回归得到，这些外生变量为一组 Z 变量，它们称为 Y_{t-1} 的工具。由于这些变量是外生的且与 u_t 不相关，因此 $\hat{Y}_{t-1}$ 也与 u_t 不相关。假设回归方程为

$$Y_t = \alpha + \beta Y_{t-1} + \gamma X_t + u_t, \ t = 2, \cdots, T, \tag{6.20}$$

只有一个外生变量 Z_t 存在，需要作为 Y_{t-1} 的工具。将 Y_{t-1} 对 X_t、Z_t 和常数项回归，我们得到

$$Y_{t-1} = \hat{Y}_{t-1} + \hat{v}_t = \hat{a}_1 + \hat{a}_2 Z_t + \hat{a}_3 X_t + \hat{v}_t。 \tag{6.21}$$

那么 $\hat{Y}_{t-1} = \hat{a}_1 + \hat{a}_2 Z_t + \hat{a}_3 X_t$ 并独立于 u_t，因为它是外生变量的一个线性组合。但是，Y_{t-1} 和 u_t 相关，这意味着 $\hat{v}_t$ 作为 Y_{t-1} 的一部分，是与 u_t 相关的。将 $Y_{t-1} = \hat{Y}_{t-1} + \hat{v}_t$ 代入式（6.20）我们得到

$$Y_t = \alpha + \beta \hat{Y}_{t-1} + \gamma X_t + (u_t + \beta \hat{v}_t)。 \tag{6.22}$$

因为根据式（6.21）有 $\sum \hat{Y}_{t-1} \hat{v}_t = 0$，故 $\hat{Y}_{t-1}$ 与新的误差项（$u_t + \beta \hat{v}_t$）无关。另外，根据假设 X_t 与 u_t 无关。但是，根据式（6.21），X_t 也满足 $\sum X_t \hat{v}_t = 0$，因此 X_t 与新的误差项（$u_t + \beta \hat{v}_t$）无关。这意味着对式（6.22）应用 OLS 可以得到 α、β 和 γ 的一致估计。剩下的唯一问题是我们去哪里找工具变量 Z_t？Z_t 应该满足：（i）与 u_t 无关。（ii）适合并能相当好地预测 Y_{t-1}，但又不能完全预测它，否则 $\hat{Y}_{t-1} = Y_{t-1}$。如果是这样，又将回到我们所知的 OLS 不一致的问题上。（iii）$\sum z_t^2 / T$ 是有限的且不为零，这里 $z_t = Z_t - \bar{Z}$。在这种情况下，X_{t-1} 看起来像一个不错的自然的候选工具变量。它是一个很可能能够相当好地预测 Y_{t-1} 的外生变量，且满足 $\sum X_{t-1}^2 / T$ 有限且不为零。换句话说，式（6.21）将 Y_{t-1} 对常数项、X_{t-1} 和 X_t 回归，并得到 $\hat{Y}_{t-1}$。X_t 的滞后项可用作工具来提高这个估计量的小样本性质。将 $\hat{Y}_{t-1}$ 代入式（6.22）得到回归参数的一致估计。Wallis (1967) 将这些一致估计代入原始方程（6.20）并得到残差 $\bar{u}_t$。然后他计算得到

$$\hat{\rho} = \left[\sum_{t=2}^{T} \bar{u}_t \bar{u}_{t-1} \Big/ (T-1) \right] \Big/ \left[\sum_{t=1}^{T} \bar{u}_t^2 / T \right] + (3/T),$$

其中最后一项修正 $\hat{\rho}$ 的偏误。在这一阶段，可以利用 $\hat{\rho}$ 而不是 ρ 来对式（6.20）进行 Prais-Winsten 程序，见 Fomby and Guilkey（1983）。

Hatanaka（1974）提出了另一种两步法。在估计式（6.22）并根据式（6.20）得到残差 $\tilde{u}_t$ 后，Hatanaka（1974）建议将 $Y_t^* = Y_t - \tilde{\rho} Y_{t-1}$ 对 $Y_{T-1}^* = Y_{t-1} - \tilde{\rho} Y_{t-2}$、$X_t^* = X_t - \tilde{\rho} X_{t-1}$ 和 $\tilde{u}_{t-1}$ 回归。注意，这是略掉第一个观测的 Cochrane-Orcutt 转换。另外，$\tilde{\rho} = \sum_{t=3}^{T} \tilde{u}_t \tilde{u}_{t-1} \big/ \sum_{t=3}^{T} \tilde{u}_t^2$ 漏掉了 Wallis（1967）建议的小样本偏差修正因子。令 $\tilde{\delta}$ 为 $\tilde{u}_{t-1}$ 的系数，那么系数 ρ 的估计量为 $\tilde{\tilde{\rho}} = \tilde{\rho} + \tilde{\delta}$，Hatanaka 证明，得到的估计量渐近等价于满足正态性条件下的 MLE。

实证案例：考虑表 5—3 所示的《总统经济报告》1959—2007 年的消费—收入数据。问题 5 要求读者证明，根据式（6.20）描述的滞后被解释变量模型得到的 Durbin h 统计量的值为 3.50。若扰动项没有序列相关，原假设下该统计量服从 $N(0, 1)$。原假设完全被拒绝。Bruesch 和 Godfrey 检验 OLS 残差对其滞后值和模型中的回归元进行回归。这里得到 $TR^2 = 13.37$。在原假设下服从 χ_1^2，p 值为 0.000 3。因此，我们拒绝了没有一阶序列相关的原假设。接下来，我们用当前收入和滞后期的收入（Y_t、Y_{t-1} 和 Y_{t-2}）作为滞后消费（C_{t-1}）的工具变量来估计式（6.20），得到

$$C_t = -0.831 + 0.104 \hat{C}_{t-1} + 1.177 Y_t + 残差。$$
$$(0.280)(0.303) \qquad (0.326)$$

将这些估计代入式（6.20），得到残差 $\tilde{u}_t$。基于这些残差 $\tilde{u}_t$，得到 ρ 的 Wallis（1967）估计为 $\tilde{\rho} = 0.907$ 和 Hatanaka（1974）估计 $\tilde{\rho} = 0.828$。进行 Hatanaka 回归得到

$$C_t^* = -0.142 + 0.233 C_{t-1}^* + 0.843 Y_t^* + 0.017 \tilde{u}_{t-1} + 残差，$$
$$(0.053)(0.083) \qquad (0.095) \qquad (0.058)$$

其中 $C_t^* = C_t - \tilde{\rho} C_{t-1}$。$\rho$ 的系数估计值为 $\tilde{\tilde{\rho}} = \tilde{\rho} + 0.017 = 0.846$。

□ 6.3.2 带有 MA（1）扰动项的滞后被解释变量模型

Zellner and Geisel（1970）估计了 Koyck 无限期分布滞后模型，表达式如式（6.10）所示。事实上，我们看到这也可以从 AEM 得到，见式（6.14）。特别地，这是一个带有滞后被解释变量和 MA(1) 误差项的回归，且增加了 Y_{t-1} 系数与 MA(1) 参数相等的限制。简单起见，我们写为

$$Y_t = \alpha + \lambda Y_{t-1} + \beta X_t + (u_t - \lambda u_{t-1})。 \tag{6.23}$$

令 $w_t = Y_t - u_t$，那么式（6.23）变为

$$w_t = \alpha + \lambda w_{t-1} + \beta X_t。 \tag{6.24}$$

用 w_t 的滞后值连续替代式（6.24）中的 w_t，我们得到

$$w_t = \alpha(1 + \lambda + \lambda^2 + \cdots + \lambda^{t-1}) + \lambda^t w_0 + \beta(X_t + \lambda X_{t-1} + \cdots + \lambda^{t-1} X_1)，$$

用 $(Y_t - u_t)$ 代替 w_t，我们得到

$$Y_t = \alpha(1+\lambda+\lambda^2+\cdots+\lambda^{t-1}) + \lambda^t w_0 + \beta(X_t+\lambda X_{t-1}+\cdots+\lambda^{t-1}X_1) + u_t, \qquad (6.25)$$

如果已知 λ，可以在假定扰动项 u_t 不存在序列相关的情况下用 OLS 估计该方程。由于 λ 未知，Zellner and Geisel (1970) 提出用搜索法确定 λ，其中 $0<\lambda<1$。根据回归的最小残差平方和选择最优的 λ，相应的回归给出了 α、β 和 w_0 的估计。最后一个系数 $w_0 = Y_0 - u_0 = E(Y_0)$ 可以解释为对被解释变量的首次观测的期望值。Klein (1958) 考虑直接估计式 (6.8) 所示的无限 Koyck 滞后并得到式 (6.25)，对 λ 的搜索得到这些系数的 MLE 估计。但是，注意，w_0 的估计是不一致的。直觉上，随着 t 趋于无穷，λ^t 趋于零，这意味着没有新信息用来估计 w_0。实际上，有些应用研究者略掉了式 (6.25) 所示的回归中的变量 λ^t。这种情况称为删截残余，但并不建议这么做，因为 Maddala and Rao (1971) 和 Schmidt (1975) 的蒙特卡罗实验显示，即使对于 $T=60$ 或 100 的情形，略去式 (6.25) 中的 λ^t 也不合适。

总的来说，我们已经学习了如何估计带有滞后被解释变量和序列相关误差项的动态模型。在误差为一阶自回归的情形下，我们概述了进行 Wallis 两步估计的步骤和 Hatanaka 两步法。在误差项为一阶移动平均的情形下，我们描述了实现 Zellner-Geisel 法的步骤。

6.4 自回归分布滞后

至此，6.1 节讨论了解释变量的有限分布滞后模型，而 6.2 节讨论了包括被解释变量一阶滞后和解释变量当期值的自回归关系。总体来看，经济关系可能由一个自回归分布滞后 (ADL) 模式生成。最简单的模式是 ADL(1，1) 模型，具体如下：

$$Y_t = \alpha + \lambda Y_{t-1} + \beta_0 X_t + \beta_1 X_{t-1} + u_t, \qquad (6.26)$$

这里 Y_t 和 X_t 都是滞后一期。X_t 和 Y_t 的更高阶可设定为 ADL(p，q)，表示 Y_t 滞后 p 期，X_t 滞后 q 期。我们可以检验这种一般的设定能否足以保证一个白噪声扰动。接下来，我们还可以对这个一般模型施加一些约束并进行检验，比如减少滞后阶数以得到更简单的 ADL 模型，或者用 Cochrane-Orcutt 修正序列相关的情形下估计这个简化的统计模型，见第 7 章问题 20。David Hendry 提出了由一般到特殊的建模策略，并为计量经济学软件 PC-Give 所应用，见 Gilbert (1986)。

回到式 (6.26) 中的 ADL(1，1) 模型，我们可以将这个自回归形式转化为如下形式：

$$Y_t = \alpha(1+\lambda+\lambda^2+\cdots) + (1+\lambda L+\lambda^2 L^2+\cdots)(\beta_0 X_t+\beta_1 X_{t-1}+u_t), \qquad (6.27)$$

给定 $|\lambda|<1$。这个方程给出了 X_t 的单位变化对 Y_t 未来值的影响。事实上，$\partial Y_t / \partial X_t = \beta_0$，而 $\partial Y_{t+1} / \partial X_t = \beta_1 + \lambda\beta_0$，等等，这些给出了即时的短期影响。长期影响是所有这些偏导数之和，即 $(\beta_0+\beta_1)/(1-\lambda)$。这也可以从式 (6.26) 达到长期均衡 $(Y^*，X^*)$ 时推导得到，其中 $Y_t=Y_{t-1}=Y^*$，$X_t=X_{t-1}=X^*$，扰动项被设定为等于零，即

$$Y^* = \frac{\alpha}{1-\lambda} + \frac{\beta_0 + \beta_1}{1-\lambda} X^* 。 \qquad (6.28)$$

在式（6.26）中用 $Y_{t-1} + \Delta Y_t$ 代替 Y_t，$X_{t-1} + \Delta X_t$ 代替 X_t，得到

$$\Delta Y_t = \alpha + \beta_0 \Delta X_t - (1-\lambda) Y_{t-1} + (\beta_0 + \beta_1) X_{t-1} + u_t 。$$

这可以改写为

$$\Delta Y_t = \beta_0 \Delta X_t - (1-\lambda)\left[Y_{t-1} - \frac{\alpha}{1-\lambda} - \frac{\beta_0 + \beta_1}{1-\lambda} X_{t-1} \right] + u_t 。 \qquad (6.29)$$

注意，括号中的项包括式（6.28）中推导的长期均衡参数。实际上，括号中的项表示 Y_{t-1} 与对应于 X_{t-1} 的长期均衡的偏离。方程（6.29）称为误差修正模型（ECM），见 Davidson，Hendry，Srba and Yeo（1978）。Y_t 等于 Y_{t-1} 加上 X_t 变化的短期效应和长期均衡修正项。由于扰动是白噪声，该模型可以用 OLS 估计。

注　释

①可以考虑除了几何分布之外的其他分布。实际上，Solow（1960）考虑了 Pascal 分布，Jorgenson（1966）考虑了一个理性滞后分布，Schmidt（1974，1975）考虑了伽马分布。见 Maddala（1977）的精彩评论。

问　题

1. 考虑表 5—3 给出的消费—收入数据，从 Springer 网站可得到这些数据，文件名为 CONSUMP. DAT。在允许收入滞后 6 年的情形下，估计一个对数的消费—收入回归，具体如下：

（a）利用式（6.2）给出的线性算术滞后，证明这个结果也可以根据一个带有远端点约束的阿尔蒙滞后一次多项式得到。

（b）利用式（6.4）阿尔蒙滞后二次多项式，施加近端点约束。

（c）利用阿尔蒙滞后二次多项式，施加远端点约束。

（d）利用阿尔蒙滞后多项式，施加双端点约束。

（e）利用 Chow 的 F 统计量，检验（a）中的算术滞后约束。

（f）利用 Chow 的 F 统计量，检验（b）中模型所蕴含的阿尔蒙滞后约束。

（g）对施加约束的（c）和（d）重复（f）的检验。

2. 对于对数的消费—收入关系，考虑拟合一个阿尔蒙滞后三次多项式 $\beta_i = a_0 + a_1 i + a_2 i^2 + a_3 i^3$，$i = 1, 2, \cdots, 5$。这里，考虑收入的 5 阶滞后，即 $s = 5$。

（a）设立对估计 a_i 的方程，并给出利用 OLS 估计的结果。

（b）你估计出的 β_3 是什么？标准误差呢？你能将 $\mathrm{var}(\hat{\beta}_3)$ 与 a_i 的方差和协方差联系起来吗？

(c) 如果我们施加近端点约束 $\beta_{-1}=0$，（a）中的回归有什么变化？

(d) 检验近端点约束。

(e) 检验（a）中给出的阿尔蒙滞后设定对一个收入的无约束的 5 年滞后设定。

3. 对于扰动为式（6.18）所示的 AR(1) 的简单动态模型，

(a) 证明 $\mathrm{plim}(\hat{\beta}_{OLS}-\beta)=\rho(1-\beta^2)/(1+\rho\beta)$。提示：根据式（6.18），$Y_{t-1}=\beta Y_{t-2}+v_{t-1}$ 和 $\rho Y_{t-1}=\rho\beta Y_{t-2}+\rho v_{t-1}$。从式（6.18）减去最后一个方程并重新整理各项，得到 $Y_t=(\beta+\rho)Y_{t-1}-\rho\beta Y_{t-2}+\varepsilon_t$。两边同乘 Y_{t-1} 并求和得 $\sum_{t=2}^{T}Y_tY_{t-1}=(\beta+\rho)\sum_{t=2}^{T}Y_{t-1}^2-\rho\beta\sum_{t=2}^{T}Y_{t-1}Y_{t-2}+\sum_{t=2}^{T}Y_{t-1}\varepsilon_t$。现在除以 $\sum_{t=2}^{T}Y_{t-1}^2$ 并求概率极限，见 Griliches (1961)。

(b) 对于 $|\rho|<1$ 和 $|\beta|<1$ 的各种值，列表计算（a）中的渐近偏差。

(c) 证明 $\mathrm{plim}(\hat{\rho}-\rho)=-\rho(1-\beta^2)/(1+\rho\beta)=-\mathrm{plim}\ (\hat{\beta}_{OLS}-\beta)$。

(d) 利用（c），证明 $\mathrm{plim}\,d=2(1-\mathrm{plim}\,\hat{\rho})=2\left[1-\dfrac{\beta\rho(\beta+\rho)}{1+\beta\rho}\right]$，其中 $d=\sum_{t=2}^{T}(\hat{v}_t-\hat{v}_{t-1})^2\Big/\sum_{t=2}^{T}\hat{v}_t^2$ 表示 Durbin-Watson 统计量。

(e) 如果已知真实扰动，Durbin-Watson 统计量将为 $d^*=\sum_{t=2}^{T}(v_t-v_{t-1})^2\Big/\sum_{t=1}^{T}v_t^2$ 并有 $\mathrm{plim}\,d^*=2(1-\rho)$。利用（d），证明 $\mathrm{plim}(d-d^*)=\dfrac{2\rho(1-\beta^2)}{1+\beta\rho}=2\mathrm{plim}(\hat{\beta}_{OLS}-\beta)$，最后一项为（a）中结果。见 Nerlove and Wallis (1966)。对于 $|\rho|<1$ 和 $|\beta|<1$ 的各种值，列表计算（d）中 d^* 和 d 及其渐近偏差。

4. 对于式（6.18）所示的简单动态模型，令扰动项为 MA(1) 过程 $v_t=\varepsilon_t+\theta\varepsilon_{t-1}$，其中 $\varepsilon_t\sim\mathrm{IIN}(0,\sigma_\varepsilon^2)$。

(a) 证明 $\mathrm{plim}(\hat{\beta}_{OLS}-\beta)=\dfrac{\delta(1-\beta^2)}{1+2\beta\delta}$，其中 $\delta=\theta/(1+\theta^2)$。

(b) 对于 $0<\theta<1$ 和 $|\beta|<1$ 的各种值，列表计算这个渐近偏差。

(c) 证明 $\mathrm{plim}\left(\dfrac{1}{T}\sum_{t=2}^{T}\hat{v}_t^2\right)=\sigma_\varepsilon^2\left[1+\theta(\theta-\theta^*)\right]$，其中 $\theta^*=\delta(1-\beta^2)/(1+2\beta\delta)$，$\hat{v}_t=Y_t-\hat{\beta}_{OLS}Y_{t-1}$。

5. 考虑式（6.20）所示的滞后被解释变量模型。利用表 5—3 给出的《总统经济报告》1959—2007 年间的消费—收入数据。

(a) 利用式（6.19）所示的 Durbin h 统计量检验扰动中是否存在一阶序列相关。

(b) 利用 Breusch (1978) 和 Godfrey (1978) 检验来检验扰动中是否存在一阶序列相关。

(c) 检验扰动中是否存在二阶序列相关。

6. 利用第 4 章中的美国石油数据，见表 4—2 所示的问题 15，还可以从 US-GAS. ASC 文件中获得数据，估计如下两个模型：

静态：

$$\log\left(\frac{QMG}{CAR}\right)_t=\gamma_1+\gamma_2\log\left(\frac{RGNP}{POP}\right)_t+\gamma_3\log\left(\frac{CAR}{POP}\right)_t+\gamma_4\log\left(\frac{PMG}{PGNP}\right)_t+\varepsilon_t,$$

动态：

$$\log\left(\frac{QMG}{CAR}\right)_t = \gamma_1 + \gamma_2 \log\left(\frac{RGNP}{POP}\right)_t + \gamma_3\left(\frac{CAR}{POP}\right)_t + \gamma_4 \log\left(\frac{PMG}{PGNP}\right)_t$$
$$+ \lambda \log\left(\frac{QMG}{CAR}\right)_{t-1} + \varepsilon_t。$$

（a）比较价格（PMG）和收入（$RGNP$）的短期和长期弹性。

（b）计算 3 年、5 年和 7 年后的弹性，这些滞后期合适吗？

（c）你能应用 Durbin-Watson 法检验这个动态模型的序列相关吗？对动态石油模型进行 Durbin h 检验。另外，用 Breusch-Godfrey 检验一阶序列相关。

7. 利用第 4 章中的美国石油数据，见表 4—2 所示的问题 15，估计带有 6 年价格滞后的模型：

$$\log\left(\frac{QMG}{CAR}\right)_t = \gamma_1 + \gamma_2 \log\left(\frac{RGNP}{POP}\right)_t + \gamma_3 \log\left(\frac{CAR}{POP}\right)_t + \gamma_4 \sum_{i=0}^{6} w_i \log\left(\frac{PMG}{PGNP}\right)_{t-i}。$$

（a）给出无约束的 OLS 估计。

（b）现在，对同一个模型估计二次多项式滞后，并与（a）中的结果进行比较，解释为什么得到的结果不同。

（c）重新估计（b），比较 4 年滞后、6 年滞后和 8 年滞后的不同。你会选哪一个？

（d）对于 6 年滞后模型，三次多项式会拟合得更好一些吗？

（e）对于（b）中叙述的模型，施加远端点约束后重新估计。现在，对只有近端点约束的情况重新估计。在这个例子中这种约束合理吗？

参考文献

本章内容涉及的主要文献包括 Maddala（1977），Johnston（1984），Kelejian and Oates（1989）以及 Davidson and MacKinnon（1993）。本章包括的其他参考文献如下：

Akaike，H.（1973），"Information Theory and an Extension of the Maximum Likelihood Principle," in B. Petrov and F. Csake, eds. *2nd. International Symposium on Information Theory*，Budapest：Akademiai Kiado.

Almon，S.（1965），"The Distributed Lag Between Capital Appropriations and Net Expenditures," *Econometrica*，30：407-423.

Breusch，T. S.（1978），"Testing for Autocorrelation in Dynamic Linear Models," *Australian Economic Papers*，17：334-355.

Davidson，J. E. H.，D. F. Hendry，F. Srba and S. Yeo（1978），"Econometric Modelling of the Aggregate Time-Series Relationship Between Consumers' Expenditure and Income in the United Kingdom," *Economic Journal*，88：661-692.

Dhrymes，P. J.（1971），*Distributed Lags：Problems of Estimation and Formulation*（Holden-Day：San Francisco）.

Durbin, J. (1970), "Testing for Serial Correlation in Least Squares Regression when Some of the Regressors are Lagged Dependent Variables," *Econometrica*, 38: 410-421.

Fomby, T. B. and D. K. Guilkey (1983), "An Examination of Two-Step Estimators for Models with Lagged Dependent and Autocorrelated Errors," *Journal of Econometrics*, 22: 291-300.

Gilbert, C. L. (1986), "Professor Hendry's Econometric Methodology," *Oxford Bulletin of Economics and Statistics*, 48: 283-307.

Godfrey, L. G. (1978), "Testing Against General Autoregressive and Moving Average Error Models when the Regressors Include Lagged Dependent Variables," *Econometrica*, 46: 1293-1302.

Griliches, Z. (1961), "A Note on Serial Correlation Bias in Estimates of Distributed Lags," *Econometrica*, 29: 65-73.

Hatanaka, M. (1974), "An Efficient Two-Step Estimator for the Dynamic Adjustment Model with Autocorrelated Errors," *Journal of Econometrics*, 2: 199-220.

Jorgenson, D. W. (1966), "Rational Distributed Lag Functions," *Econometrica*, 34: 135-149.

Kiviet, J. F. (1986), "On The Vigor of Some Misspecification Tests for Modelling Dynamic Relationships," *Review of Economic Studies*, 53: 241-262.

Klein, L. R. (1958), "The Estimation of Distributed Lags," *Econometrica*, 26: 553-565.

Koyck, L. M. (1954), *Distributed Lags and Investment Analysis* (North-Holland: Amsterdam).

Maddala, G. S. and A. S. Rao (1971), "Maximum Likelihood Estimation of Solow's and Jorgenson's Distributed Lag Models," *Review of Economics and Statistics*, 53: 80-88.

Nerlove, M. and K. F. Wallis (1967), "Use of the Durbin-Watson Statistic in Inappropriate Situations," *Econometrica*, 34: 235-238.

Schwarz, G. (1978), "Estimating the Dimension of a Model," *Annals of Statistics*, 6: 461-464.

Schmidt, P. (1974), "An Argument for the Usefulness of the Gamma Distributed Lag Model," *International Economic Review*, 15: 246-250.

Schmidt, P. (1975), "The Small Sample Effects of Various Treatments of Truncation Remainders on the Estimation of Distributed Lag Models," *Review of Economics and Statistics*, 57: 387-389.

Schmidt, P. and R. N. Waud (1973), "The Almon lag Technique and the Monetary versus Fiscal Policy Debate," *Journal of the American Statistical Association*, 68: 11-19.

Solow, R. M. (1960), "On a Family of Lag Distributions," *Econometrica*, 28:

393-406.

Wallace, T. D. (1972), "Weaker Criteria and Tests for Linear Restrictions in Regression," *Econometrica*, 40: 689-698.

Wallis, K. F. (1967), "Lagged Dependent Variables and Serially Correlated Errors: A Reappraisal of Three-Pass Least Squares," *Review of Economics and Statistics*, 49: 555-567.

Zellner, A. and M. Geisel (1970), "Analysis of Distributed Lag Models with Application to Consumption Function Estimation," *Econometrica*, 38: 865-888.

第 6 章

分布滞后和动态模型

第 7 章

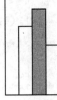

一般线性模型：基础知识

7.1 引 言

考虑如下回归方程：

$$y = X\beta + u, \tag{7.1}$$

式中

$$y = \begin{bmatrix} y_1 \\ y_2 \\ \vdots \\ y_n \end{bmatrix}; X = \begin{bmatrix} X_{11} & X_{12} & \cdots & X_{1k} \\ X_{21} & X_{22} & \cdots & X_{2k} \\ \vdots & \vdots & \ddots & \vdots \\ X_{n1} & X_{n2} & \cdots & X_{nk} \end{bmatrix}; \beta = \begin{bmatrix} \beta_1 \\ \beta_2 \\ \vdots \\ \beta_k \end{bmatrix}; u = \begin{bmatrix} u_1 \\ u_2 \\ \vdots \\ u_n \end{bmatrix};$$

其中 n 表示观测的次数，k 表示回归中变量的个数，且 $n>k$。这样，y 就表示一个（$n \times$ 1）维的列向量，X 表示一个（$n \times k$）维的矩阵。X 的每一列表示一个变量，每一行表示对这些变量的一次观测。如果 y 是第 4 章实证案例中工资的对数，见表 4—1，那么 X 的列中包含一列 1（通常是第一列），还有工作周数、专职工作经验年限、受教育年限、性别、种族、婚姻状况等。

7.2 最小二乘估计

最小二乘方法使得由 $e = y - X\hat{\beta}$ 给出的残差平方和最小，式中 $\hat{\beta}$ 表示回归参数的一

计量经济学方法与应用（第五版）

个猜测。残差平方和

$$RSS = \sum_{i=1}^{n} e_i^2 = e'e = (y - X\beta)'(y - X\beta) = y'y - y'X\beta - \beta'X'y + \beta'X'X\beta$$

最后四项是标量，可以通过其维数来证实。读者应该时刻注意我们用到的矩阵的维数，维数确保了正确的矩阵乘法、加减法，并帮助读者得到正确答案。事实上，上式中间两项是相同的，因为标量的转置还是标量。快速回顾一下矩阵的性质，见本章的附录。RSS 对 β 求导，得到

$$\partial RSS / \partial \beta = -2X'y + 2X'X\beta, \tag{7.2}$$

这里用到了下面两个矩阵求导法则。第一个是 $\partial a'b / \partial b = a$，第二个是

$$\partial(b'Ab)/\partial b = (A + A')b = 2Ab,$$

其中当 A 为对称矩阵时，后一个等式成立。在 RSS 方程中，a 是 $y'X$，A 是 $X'X$，最小化的一阶条件等价于式（7.2）取零。即

$$X'X\beta = X'y, \tag{7.3}$$

这就是我们所熟知的最小二乘正规方程。只要 X 是满秩的，即秩为 k，$X'X$ 就是非退化的，上述方程的解是 $\hat{\beta}_{OLS} = (X'X)^{-1}X'y$。列满秩意味着 X 中的任何一列都不是其他变量的线性组合。换句话说，在回归方程中，没有一个变量可以通过其他变量的线性组合得到。否则，OLS 正规方程中至少有一个方程是多余的。这意味着我们只有（$k-1$）个线性无关的等式来解含有 k 个未知参数 β 的方程。$\hat{\beta}_{OLS}$ 无解且我们称 $X'X$ 是退化的。$X'X$ 是叉积矩阵的平方和（SSCP）。如果有这样的一列，那么在任何两个变量间都会包含这些平方和、叉积和：

$$X'X = \begin{bmatrix} n & \sum_{i=1}^{n} X_{i2} & \cdots & \sum_{i=1}^{n} X_{ik} \\ \sum_{i=1}^{n} X_{i2} & \sum_{i=1}^{n} X_{i2}^2 & \cdots & \sum_{i=1}^{n} X_{i2}X_{ik} \\ \vdots & \vdots & \ddots & \vdots \\ \sum_{i=1}^{n} X_{ik} & \sum_{i=1}^{n} X_{ik}X_{i2} & \cdots & \sum_{i=1}^{n} X_{ik}^2 \end{bmatrix} \text{。}$$

当然 y 可以作为另一个变量添加到这个矩阵中，这将会自动为我们生成 $X'y$ 和 $y'y$，即附属于变量 y 的一列会产生 $\sum_{i=1}^{n} y_i$，$\sum_{i=1}^{n} X_{i1}y_i, \cdots, \sum_{i=1}^{n} X_{ik}y_i$ 和 $\sum_{i=1}^{n} y_i^2$。为明白这一点，令

$$Z = [y, X], \text{那么 } Z'Z = \begin{bmatrix} y'y & y'X \\ X'y & X'X \end{bmatrix} \text{。}$$

这个矩阵综合了这些数据，我们可以只用 $Z'Z$ 计算 Z 中任意一个变量对 Z 中其余一组变量的回归。记最小二乘残差为 $e = y - X\hat{\beta}_{OLS}$，由式（7.3）给出的 OLS 正规方程组可改写为

$$X'(y - X\hat{\beta}_{OLS}) = X'e = 0 \text{。} \tag{7.4}$$

注意，如果回归包含常数，那么 X 的第一列将是全为 1 的向量，式 (7.4) 中的第一个方程会变成 $\sum_{i=1}^{n} e_i = 0$。这证明了如果回归中有常数，则 OLS 残差和等于零。式 (7.4) 也表明回归元矩阵 X 与残差向量 e 是正交的，当我们用 X 的正交投影矩阵定义 e 时，就更清楚了。这种表示可考虑为对 OLS 的另一种解释，即解释为第 2 章所讨论的矩估计方法。这根据经典假设，即 X 满足 $E(X'u) = 0$ 得到。满足该条件意味着对应的样本有 $X'e/n = 0$。这些就是 OLS 正规方程组，进而得到没有最小化残差平方和的 OLS 估计。

因为经济学并不像物理学中通过实验的方法产生数据，因此 X 的产生是随机的，我们只可以观测到一次真实值。比如，GNP、货币供给、失业率的年观测值等。我们不可能在现实世界中为了产生新的 y 的数据而重新实现一遍数据或者修正 X 的数据（除非在做蒙特卡罗研究）。因此我们必须以 X 的观测值为条件，见第 5 章。

经典假设：$u \sim (0, \sigma^2 I_n)$ 意味着 (ⅰ) 每一个扰动 u_i 的均值为零；(ⅱ) 方差不变；(ⅲ) $i \neq j$ 时，u_i 和 u_j 不相关，u 称为球型扰动；(ⅳ) 给定 X 的条件下 u 的期望为零，即 $E(u/X) = 0$。注意，这里的条件是关于 X 中每一个回归元和对于 $i = 1, 2, \cdots, n$ 的所有观测值。换言之，该条件期望基于矩阵 X 中的所有元素。再估计式 (7.1)，这意味着 $E(y/X) = X\beta$ 关于 β 是线性的，$\mathrm{var}(u_i/X) = \sigma^2$，$\mathrm{cov}(u_i, u_j/X) = 0$。此外，我们假设 $\mathrm{plim} X'X/n$ 是有限的、正定的，当 $n \to \infty$ 时 $\mathrm{plim} X'u/n = 0$。

给定这些经典假设并以 X 的观测值为条件，易得 $\hat{\beta}_{OLS}$ 是 β 的无偏估计量。事实上用式 (7.1) 可写出

$$\hat{\beta}_{OLS} = \beta + (X'X)^{-1} X'u。 \tag{7.5}$$

基于 X 求期望，利用假设 (ⅰ) 和 (ⅳ)，可得到无偏的结果。进一步，还可以从式 (7.5) 得出 $\hat{\beta}_{OLS}$ 的方差—协方差矩阵，因为

$$\begin{aligned}\mathrm{var}(\hat{\beta}_{OLS}) &= E(\hat{\beta}_{OLS} - \beta)(\hat{\beta}_{OLS} - \beta)' = E(X'X)^{-1} X'uu'X(X'X)^{-1} \\ &= \sigma^2 (X'X)^{-1},\end{aligned} \tag{7.6}$$

这利用了假设 (ⅳ) 和 $E(uu') = \sigma^2 I_n$。此方差—协方差矩阵是 ($k \times k$) 的，对角线上给出了 $\hat{\beta}_i$ 的方差，非对角线上是 $\hat{\beta}_i$ 和 $\hat{\beta}_j$ 成对出现的协方差。下面的定理表明在所有的线性无偏估计量 $c'\beta$ 中，$c'\hat{\beta}_{OLS}$ 有最小方差，这就是高斯-马尔可夫定理。

定理 1：考虑 $a'\beta$ 的线性估计量 $a'y$，这里 a 和 c 均为任意的常数向量，如果 $a'y$ 是 $c'\beta$ 的无偏估计量，那么 $\mathrm{var}(a'y) \geqslant \mathrm{var}(c'\hat{\beta}_{OLS})$。

证明：为了使 $a'y$ 称为 $c'\beta$ 的无偏估计量，根据式 (7.1) 必有 $E(a'y) = a'X\beta + E(a'u) = a'X\beta = c'\beta$，这意味着 $a'X = c'$，同样，$\mathrm{var}(a'y) = E(a'y - c'\beta)(a'y - c'\beta)' = E(a'uu'a) = \sigma^2 a'a$。将这个方差与 $c'\hat{\beta}_{OLS}$ 的方差相比，得出 $\mathrm{var}(a'y) - \mathrm{var}(c'\hat{\beta}_{OLS}) = \sigma^2 a'a - \sigma^2 c'(X'X)^{-1}c$。但是，$c' = a'X$，因此这个差变成了 $\sigma^2[a'a - a'P_Xa] = \sigma^2 a'\bar{P}_Xa$，式中 P_X 是 X 平面上的投影矩阵，定义为 $X(X'X)^{-1}X'$，$\bar{P}_X$ 定义为 $I_n - P_X$。事实上，$P_Xy = X\hat{\beta}_{OLS} = \hat{y}$，$\bar{P}_Xy = y - P_Xy = y - \hat{y} = e$。因此 $\hat{y}$ 是向量 y 在 X 平面上的投影，e 是 y 在与 X 正交或垂直的平面上的投影，见图 7—1。P_X 和 $\bar{P}_X$ 都是幂等的，这意味着上

面的差 $\sigma^2 a' \overline{P}_X a$ 大于等于零,因为 $\overline{P}_X$ 是半正定的。为了明白这一点,定义 $z = \overline{P}_X a$,那么上面的差等于 $\sigma^2 z' z \geqslant 0$。

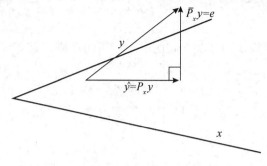

图 7—1 y 的正交分解

这个定理所蕴含的意义是非常重要的,例如,选择 $c' = (1, 0, \cdots, 0)$,可以得到 $\beta_1 = c'\beta$ 的最优线性无偏估计量 $\hat{\beta}_{1,OLS} = c'\hat{\beta}_{OLS}$。类似的,任何一个 β_j 都可以通过 $c' = (0, \cdots, 1, \cdots, 0)$ 得到,c' 中的第 j 个元素为 1,其余元素为 0。再一次,$\beta_j = c'\beta$ 的 BLUE 是 $\hat{\beta}_{j,OLS} = c'\hat{\beta}_{OLS}$。此外,这些 β 的任何线性组合,例如它们的和 $\sum_{j=1}^{k}\beta_j$ 就相当于根据 $c' = (1, 1, \cdots, 1)$ 得到 $\sum_{j=1}^{k}\hat{\beta}_{j,OLS}$ 作为它的最优无偏估计量。

扰动方差 σ^2 是未知的、待估计的。注意,$E(u'u) = E(\mathrm{tr}(uu')) = \mathrm{tr}(E(uu')) = \mathrm{tr}(\sigma^2 I_n) = n\sigma^2$,因此 $u'u/n$ 似乎是 σ^2 的一个自然的无偏估计量。然而,u 是不可观测的,但可根据 OLS 残差 e 估计得到。因此,自然要考察 $E(e'e)$。接下来我们揭示 $s^2 = e'e/(n-k)$ 是 σ^2 的一个无偏估计量。为了证明这个结论,我们需要指出

$$e = y - X\hat{\beta}_{OLS} = y - X(X'X)^{-1}X'y = \overline{P}_X y = \overline{P}_X u, \tag{7.7}$$

其中最后一个等式根据 $\overline{P}_X X = 0$ 得到。因此,

$$E(e'e) = E(u'\overline{P}_X u) = E(\mathrm{tr}\{u'\overline{P}_X u\}) = E(\mathrm{tr}\{uu'\overline{P}_X\})$$
$$= \mathrm{tr}(\sigma^2 \overline{P}_X) = \sigma^2 \mathrm{tr}(\overline{P}_X) = \sigma^2(n-k)。$$

标量的迹仍是标量,因此第二个等式成立,第三个等式源于 $\mathrm{tr}(ABC) = \mathrm{tr}(CAB)$,第四个等式源于 $E(trace) = trace\{E(\cdot)\}$ 和 $E(uu') = \sigma^2 I_n$,最后一个等式源于

$$\mathrm{tr}(\overline{P}_X) = \mathrm{tr}(I_n) - \mathrm{tr}(P_X) = n - \mathrm{tr}(X(X'X)^{-1}X')$$
$$= n - \mathrm{tr}(X'X(X'X)^{-1}) = n - \mathrm{tr}(I_k) = n - k。$$

因此,$\mathrm{var}(\hat{\beta}_{OLS}) = \sigma^2(X'X)^{-1}$ 的无偏估计量由 $s^2(X'X)^{-1}$ 给出。

至此,我们已经证明了 $\hat{\beta}_{OLS}$ 是 BLUE,还可以证明它是 β 的一致估计量。实际上,当 $n \to \infty$ 时,对式 (7.5) 取概率极限,得到

$$\mathrm{plim}(\hat{\beta}_{OLS}) = \mathrm{plim}(\beta) + \mathrm{plim}(X'X/n)^{-1}(X'u/n) = \beta。$$

第一个等式根据和的概率极限等于概率极限的和得到,第二个等式源于假设 1 以及积的概率极限等于概率极限的积。

7.3 分块回归和 Frisch-Waugh-Lovell 定理

第 4 章中，我们研究了最小平方和的一个有用的性质，它允许我们将多元回归系数解释为简单的回归系数。这称为多元回归系数的残差解释。当由 X 给出的 k 个回归元被分为两组维数分别为 $(n \times k_1)$ 和 $(n \times k_2)$ 的变量 X_1 和 X_2 时，该性质适用，其中 $X = [X_1, X_2]$ 且 $k = k_1 + k_2$。方程 (7.1) 的回归成为由

$$y = X\beta + u = X_1\beta_1 + X_2\beta_2 + u \tag{7.8}$$

给出的分块回归。你可能会对对应于 X_2 的 β_2 的最小二乘估计感兴趣，但是必须控制 X_1 的出现，这可能包括了季节虚拟变量或者时间趋势，见 Frisch and Waugh (1993) 以及 Lovell (1963) 的研究。[①]

根据式 (7.8) 得出的 OLS 正规方程组如下：

$$\begin{bmatrix} X_1'X_1 & X_1'X_2 \\ X_2'X_1 & X_2'X_2 \end{bmatrix} \begin{bmatrix} \hat{\beta}_{1,OLS} \\ \hat{\beta}_{2,OLS} \end{bmatrix} = \begin{bmatrix} X_1'y \\ X_2'y \end{bmatrix}。 \tag{7.9}$$

方程组的解可以通过对左边矩阵的分块逆阵得到，参见本章附录。或者解这个带有两个未知数的方程得到。问题 2 让读者证明

$$\hat{\beta}_{2,OLS} = (X_2'\bar{P}_{X_1}X_2)^{-1}X_2'\bar{P}_{X_1}y, \tag{7.10}$$

其中 $\bar{P}_{X_1} = I_n - P_{X_1}$ 和 $P_{X_1}' = X_1(X_1'X_1)^{-1}X_1'$。$P_{X_1}$ 是 X_1 的正交投影矩阵，$\bar{P}_{X_1}X_2$ 是 X_2 每一列对 X_1 所有变量回归后得到的最小二乘残差。事实上，如果我们记 $\tilde{X}_2 = \bar{P}_{X_1}X_2$ 和 $\tilde{y} = \bar{P}_{X_1}y$，那么式 (7.10) 可写为：

$$\hat{\beta}_{2,OLS} = (\tilde{X}_2'\tilde{X}_2)^{-1}\tilde{X}_2'\tilde{y}, \tag{7.11}$$

利用 $\bar{P}_{X_1}$ 是幂等的。这意味着 $\hat{\beta}_{2,OLS}$ 可以由 $\tilde{y}$ 对 $\tilde{X}_2$ 回归得到。换言之，就是由 y 对 X_1 回归得到的残差反过来再对由 X_2 各列对所有 X_1 回归得到的残差进行回归。这在第 4 章已经通过几个例子给予描述。根据 Davidson and MacKinnon (1993) 的研究，我们更正式地把这个结果称为 Frisch-Waugh-Lovell (FWL) 定理。事实上，如果我们用 $\bar{P}_{X_1}$ 左乘式 (7.8)，并运用等式 $\bar{P}_{X_1}X_1 = 0$，可以得出

$$\bar{P}_{X_1}y = \bar{P}_{X_1}X_2\beta_2 + \bar{P}_{X_1}u。 \tag{7.12}$$

FWL 定理表明：(1) 从式 (7.8) 和式 (7.12) 方程组中得到的 β_2 的最小二乘估计在数值上是一样的；(2) 从式 (7.8) 和式 (7.12) 方程组中得到的最小二乘残差是一样的。

由于 $\bar{P}_{X_1}$ 是幂等的，即可得出式 (7.12) 的 OLS 得到式 (7.10) 所示的 $\hat{\beta}_{2,OLS}$。或者说，可以由式 (7.8) 开始并且使用如下结果：

$$y = P_Xy + \bar{P}_Xy = X\hat{\beta}_{OLS} + \bar{P}_Xy = X_1\hat{\beta}_{1,OLS} + X_2\hat{\beta}_{2,OLS} + \bar{P}_Xy, \tag{7.13}$$

其中 $P_X = X(X'X)^{-1}X'$ 和 $\bar{P}_X = I_n - P_X$，用 $X_2'\bar{P}_{X_1}$ 左乘方程 (7.13)，再根据 $\bar{P}_{X_1}X_1 = 0$，

得到

$$X_2' \overline{P}_{X_1} y = X_2' \overline{P}_{X_1} X_2 \hat{\beta}_{2,OLS} + X_2' \overline{P}_{X_1} \overline{P}_X y。 \tag{7.14}$$

但是，$P_{X_1} P_X = P_{X_1}$，因此 $\overline{P}_{X_1} \overline{P}_X = \overline{P}_X$。同时根据 $\overline{P}_X X = \overline{P}_X [X_1, X_2] = 0$，式（7.14）的最后一项表明根据式（7.14）得到的 $\hat{\beta}_{2,OLS}$ 与式（7.10）中的表达式完全相同。注意，在证明的过程中并没有用到分块求逆。这证明了 FWL 定理的第一部分。

另外，用 $\overline{P}_{X_1}$ 左乘式（7.13）并利用 $\overline{P}_{X_1} \overline{P}_X = \overline{P}_X$，可得出

$$\overline{P}_{X_1} y = \overline{P}_{X_1} X_2 \hat{\beta}_{2,OLS} + \overline{P}_X y。 \tag{7.15}$$

现在证明了 $\hat{\beta}_{2,OLS}$ 和根据式（7.12）得到的最小二乘估计量在数值上是相等的。因此，式（7.15）右边的第一项一定是式（7.12）的拟合值。因为式（7.15）和式（7.12）两式中的被解释变量是相同的，因此式（7.15）中的 $\overline{P}_X y$ 一定是式（7.12）中回归的最小二乘残差。但是，$\overline{P}_X y$ 是式（7.8）回归中的最小二乘残差。因此，式（7.8）和式（7.12）的最小二乘残差在数值上是相等的。这证明了 FWL 定理的第二部分。

本书给出了几个有关 FWL 定理的应用。问题 2 表明，如果 X_1 为全是 1 的向量，这表明回归中含有常数项，那么回归式（7.15）等价于将 $y_i - \overline{y}$ 对 X_2 中的一组表示为与其样本均值偏差的变量进行回归。问题 3 表明，FWL 定理可用来证明，包含一个只有一次观测的虚拟变量的回归等价于从回归中略掉这个观测。

7.4 极大似然估计

在第 2 章中，我们介绍了极大似然估计法，该方法以我们所抽样的分布以及写出的样本联合密度为基础。这个联合密度后来被称为似然函数，因为给定分布参数，它提供了获得观测样本的概率，相关例子见第 2 章。对于回归方程，依次设定扰动的分布就是设定似然函数。这些扰动可能服从泊松分布、指数分布、正态分布等。一旦选定了扰动的分布，那么最大化似然函数就得到了回归参数的 MLE。极大似然估计量是比较理想的，因为这些估计量：（1）在一般条件下是一致的[②]；（2）是渐近正态的；（3）是渐近有效的；（4）不因模型参数的重设而变化。[③] MLE 的一些不理想的性质有：（1）要求明确扰动的分布假设；（2）其有限样本性质可能与它们的渐近性质有很大区别。例如，MLE 虽然一致但仍可能是有偏的，小样本下其协方差估计值可能是错误的。在本节中，我们在正态扰动下推导 MLE。

正态假设：$u \sim N(0, \sigma^2 I_n)$。这个额外的假设可以让我们推导估计量和其他随机变量的分布。这对于构建置信区间和假设检验十分重要。实际上用式（7.5）很容易看出 $\hat{\beta}_{OLS}$ 是 u 的一个线性组合。但是，一个正态随机变量的线性组合自身还是一个正态随机变量。因此，$\hat{\beta}_{OLS}$ 服从 $N(\beta, \sigma^2 (X'X)^{-1})$。类似地，$y$ 服从 $N(X\beta, \sigma^2 I_n)$ 且 e 服从 $N(0, \sigma^2 \overline{P}_X)$。此外，我们可以将 u 的联合密度函数写为 $f(u_1, u_2, \cdots, u_n; \beta, \sigma^2) = (1/2\pi\sigma^2) n/2 \exp(-u'u/2\sigma^2)$。为了得到似然估计函数，我们用 $u = y - X\beta$ 作变换，并注意到变换后的雅克比行列式是 1。因此，

$$f(y_1, y_2, \cdots, y_n; \beta, \sigma^2) = (1/2\pi\sigma^2)^{n/2} \exp\{-(y-X\beta)'(y-X\beta)/2\sigma^2\}. \qquad (7.16)$$

对似然函数取对数，我们得到：

$$\log L(\beta, \sigma^2) = -(n/2)\log(2\pi\sigma^2) - (y-X\beta)'(y-X\beta)/2\sigma^2. \qquad (7.17)$$

最大化关于 β 和 σ^2 的似然函数，可以得出最大似然估计量（MLE）。令 $\theta = \sigma^2$，$Q = (y-X\beta)'(y-X\beta)$。那么

$$\frac{\partial \log L(\beta, \theta)}{\partial \beta} = \frac{2X'y - 2X'X\beta}{2\theta},$$

$$\frac{\partial \log L(\beta, \theta)}{\partial \theta} = \frac{Q}{2\theta^2} - \frac{n}{2\theta}.$$

令一阶条件为零，得到

$$\hat{\beta}_{MLE} = \hat{\beta}_{OLS} \text{ 和 } \hat{\theta} = \hat{\sigma}^2_{MLE} = Q/n = RSS/n = e'e/n.$$

直观上，对数似然函数中只有第二项含有 β，该项（去掉负号）在式（7.2）中给出关于 β 的 OLS 估计量时已经被最小化了。注意，$\hat{\sigma}^2_{MLE}$ 只是在自由度上不同于 s^2。显然，$\hat{\beta}_{MLE}$ 是关于 β 的无偏估计量，而 $\hat{\sigma}^2_{MLE}$ 不是 σ^2 的无偏估计量。把这些 MLE 代入式（7.17）可得到 $\log L$ 的最大值为：

$$\begin{aligned}
\log L(\hat{\beta}_{MLE}, \hat{\sigma}^2_{MLE}) &= -(n/2)\log(2\pi\hat{\sigma}^2_{MLE}) - e'e/2\hat{\sigma}^2_{MLE} \\
&= -(n/2)\log(2\pi) - (n/2)\log(e'e/n) - n/2 \\
&= \text{常数} - (n/2)\log(e'e).
\end{aligned}$$

为了得到 β 和 σ^2 的无偏估计量的 Cramér-Rao 下界，先计算出信息矩阵：

$$I(\beta, \sigma^2) = -E \begin{bmatrix} \partial^2 \log L/\partial\beta\partial\beta' & \partial^2 \log L/\partial\beta\partial\sigma^2 \\ \partial^2 \log L/\partial\sigma^2\partial\beta' & \partial^2 \log L/\partial\sigma^2\partial\sigma^2 \end{bmatrix}. \qquad (7.18)$$

回顾 $\theta = \sigma^2$ 和 $Q = (y-X\beta)'(y-X\beta)$，容易得出（见问题 4）：

$$\frac{\partial^2 \log L(\beta, \theta)}{\partial\beta\partial\theta} = \frac{1}{2\theta^2}\frac{\partial Q}{\partial\beta} \text{ 和 } \frac{\partial^2 \log L(\beta, \theta)}{\partial\theta\partial\beta} = \frac{-X'(y-X\beta)}{\theta^2}.$$

因此，

$$E\left(\frac{\partial^2 \log L(\beta, \theta)}{\partial\theta\partial\beta}\right) = \frac{-E(X'u)}{\theta^2} = 0.$$

以及，

$$\frac{\partial^2 \log L(\beta, \theta)}{\partial\beta\partial\beta'} = \frac{-X'X}{\theta} \text{ 和 } \frac{\partial^2 \log L(\beta, \theta)}{\partial\theta^2} = \frac{-4Q}{4\theta^3} + \frac{2n}{4\theta^2} = \frac{-Q}{\theta^3} + \frac{n}{2\theta^2},$$

因此，利用 $E(Q) = n\sigma^2 = n\theta$，

$$E\left(\frac{\partial^2 \log L(\beta, \theta)}{\partial\theta^2}\right) = \frac{-n\theta}{\theta^3} + \frac{n}{2\theta^2} = \frac{-2n+n}{2\theta^2} = \frac{-n}{2\theta^2}.$$

因此，

计量经济学方法与应用（第五版）

$$I(\beta,\sigma^2)=\begin{bmatrix} X'X/\sigma^2 & 0 \\ 0 & n/2\sigma^4 \end{bmatrix}。 \tag{7.19}$$

信息矩阵是在 β 和 σ^2 之间的块对角阵。对于正态扰动的回归模型而言，这个性质十分重要，它意味着 Cramér-Rao 下界是

$$I^{-1}(\beta,\sigma^2)=\begin{bmatrix} \sigma^2(X'X)^{-1} & 0 \\ 0 & 2\sigma^4/n \end{bmatrix}。 \tag{7.20}$$

注意，$\hat{\beta}_{MLE}=\hat{\beta}_{OLS}$ 达到了 Cramér-Rao 下界。在正态假设下，$\hat{\beta}_{OLS}$ 是最小方差无偏（MVU）估计。这在所有无偏估计量且不仅仅是线性无偏估计量中是最优的。通过设置更多的假设（这里是正态假设），我们可以得出更 MVU 的估计量而不是 BLUE。[④]

问题 5 推导了正态扰动下的 s^2 的方差，该值为 $2\sigma^4/(n-k)$。这意味着 s^2 没有达到 Cramer-Rao 下界。然而，根据完备充分统计量的理论可知，$\hat{\beta}_{OLS}$ 和 s^2 都是它们各自对应参数的 MVU 估计，因此它们都是小样本有效的。注意，$\hat{\sigma}^2_{MLE}$ 是有偏的，因此把它的方差与 Cramer-Rao 下界相比是无意义的。在估计 σ^2 的时候，需要在它们的偏差和方差中做出权衡。问题 6 考察了 σ^2 的 $e'e/r$ 形式的所有估计量并推导可使均方误差（MSE）最小的 r。r 被证明有 $(n-k+2)$ 种选择。

我们已经知道 $\hat{\beta}_{OLS}$ 的分布，现在我们推导 s^2 的分布。为了实现这一目的我们需要根据矩阵代数得到结果，这里只是陈述，不做证明，见 Graybill（1961）。

引理 1： 对任何秩为 r 的对称幂等矩阵 A，总存在一个正交矩阵 P 使得 $P'AP=J_r$，其中 J_r 是对角阵，前 r 个元素为 1，其他元素为 0。

我们用这个引理来证明 RSS/σ^2 服从自由度为 $(n-k)$ 的 χ^2 分布。为明白这一点，我们注意到 $e'e/\sigma^2=u'\bar{P}_X u/\sigma^2$ 且 $\bar{P}_X$ 是秩为 $(n-k)$ 的对称幂等矩阵。用引理 1，存在一个矩阵 P 使得 $P'\bar{P}_X P=J_{n-k}$ 是一个前 $(n-k)$ 个元素为 1，后 k 个元素为 0 的对角阵。现在进行变量变换 $v=P'u$。这使得 $v\sim N(0,\sigma^2 I_n)$，因为 v 是 u 的线性组合且 $P'P=I_n$。用 v 替换 RSS/σ^2 中的 u，我们得到

$$v'P\bar{P}_X Pv/\sigma^2 = v'J_{n-k}v/\sigma^2 = \sum_{i=1}^{n-k} v_i^2/\sigma^2 ,$$

其中最后一项仅是关于 $i=1,2,\cdots,n-k$ 的和。但是，v 的分量都独立同分布于 $N(0,\sigma^2)$，因此 v_i^2/σ^2 是一个服从标准正态分布 $N(0,1)$ 的随机变量的平方，它服从 χ_1^2。另外，独立的 χ^2 随机变量的和还是一个 χ^2 随机变量，自由度等于这些变量的相应自由度之和。因此，RSS/σ^2 服从 χ_{n-k}^2 分布。

上述结果的好处在于它适用于所有的二次型 $u'Au$，这里 A 是对称幂等的。我们将会在假设检验一节中再次用到这个结论。

7.5 预 测

现在我们先来预测 T_0。假设新的观测值满足式（7.1），换句话说，

$$y_0=X_0\beta+u_0。 \tag{7.21}$$

$E(y_0)$ 的最优线性无偏预测值是多少呢？由式（7.21），$E(y_0) = X_0\beta$ 是一个关于 β 的线性组合。用 Gauss-Markov 的结论，$\hat{y}_0 = X_0\hat{\beta}_{OLS}$ 是 $X_0\beta$ 的 BULE，$E(y_0)$ 预测值的方差是 $X_0\text{var}(\hat{\beta}_{OLS}) X_0' = \sigma^2 X_0(X'X)^{-1}X_0'$。但是，假如我们对 y_0 的预测值感兴趣，结果会如何呢？u_0 的最优估计量是 0，因此 y_0 的估计量依然是 $\hat{y}_0$，但它的 MSE 是

$$
\begin{aligned}
E(\hat{y}_0 - y_0)(\hat{y}_0 - y_0)' &= E\{X_0(\hat{\beta}_{OLS} - \beta) - u_0\}\{X_0(\hat{\beta}_{OLS} - \beta) - u_0\}' \\
&= X_0\text{var}(\hat{\beta}_{OLS})X_0' + \sigma^2 I_{T_0} - 2\text{cov}\{X_0(\hat{\beta}_{OLS} - \beta), u_0\} \\
&= \sigma^2 X_0(X'X)^{-1}X_0' + \sigma^2 I_{T_0},
\end{aligned}
\tag{7.22}
$$

最后一个等式由 $(\hat{\beta}_{OLS} - \beta) = (X'X)^{-1}X'u$ 得到，且 u_0 的方差为 0。后者成立是因为 u_0 和 u 的协方差为 0。这直观地说明了未来 T_0 的扰动与当前的样本扰动不相关。

因此，一个收入为 20 000 美元的家庭的平均消费的估计值与收入为 20 000 美元的某个特定家庭的消费预测值是相同的。区别并不是在预测值本身，而在于与之相关的 MSE 的值，后者的 MSE 值更大。

Salkever（1976）提出了一个简单的方法来计算这些预测值和它们的标准误差。基本思想是在式（7.1）中增加一个一般的回归，该回归中的矩阵是由具体观测虚拟设定的矩阵，即为每个待预测的时期都设置一个虚拟变量：

$$
\begin{bmatrix} y \\ y_0 \end{bmatrix} = \begin{bmatrix} X & 0 \\ X_0 & I_{T_0} \end{bmatrix} \begin{bmatrix} \beta \\ \gamma \end{bmatrix} + \begin{bmatrix} u \\ u_0 \end{bmatrix},
\tag{7.23}
$$

或者

$$
y^* = X^*\delta + u^*,
\tag{7.24}
$$

其中 $\delta' = (\beta', \gamma')$，在 X^* 的第二部分中有一个虚拟变量 1 构成的矩阵，即对我们要预测的每个 T_0 时期都取 1。因为 T_0 的这些观测对估计值没有作用，问题 7 要求读者证明对式（7.23）进行 OLS 的结果为 $\hat{\delta}' = (\hat{\beta}', \hat{\gamma}')$，其中 $\hat{\beta} = (X'X)^{-1}X'y$，$\hat{\gamma} = y_0 - \hat{y}_0$ 和 $\hat{y}_0 = X_0\hat{\beta}$。换言之，对式（7.23）进行 OLS 得到的 β 的 OLS 估计与 T_0 观测无关，T_0 虚拟变量的系数为预测误差。这也意味着前 n 个残差是基于前 n 个观测的 OLS 残差 $e = y - X\hat{\beta}$，而后面基于 T_0 的残差全是 0。因此，$s^{*2} = s^2 = e'e/(n-k)$，并且 $\hat{\delta}$ 的方差—协方差矩阵由下式给出：

$$
s^2(X^{*\prime}X^*)^{-1} = s^2 \begin{bmatrix} (X'X)^{-1} & \\ & [I_{T_0} + X_0(X'X)^{-1}X_0'] \end{bmatrix},
\tag{7.25}
$$

我们对非对角线上的元素不感兴趣。这意味着回归软件给出的是 $\hat{\beta}$ 的估计方差和一次冲击中预测误差的估计方差。注意，如果需要的是预测值而非预测误差，我们可以在式（7.23）中用 0 代替 y_0，用 $-I_{T_0}$ 代替 I_{T_0}。和要求的一样，得到的 γ 的估计为 $\hat{y}_0 = X_0\hat{\beta}$。这个预测的方差将与式（7.25）中所示的相同，见问题 7。

7.6 置信区间和假设检验

我们从构造 β 的任何线性组合即 $c'\beta$ 的置信区间开始。我们知道 $c'\hat{\beta}_{OLS} \sim N(c'\beta, \sigma^2 c'(X'X)^{-1}c)$，且它是一个标量。因此，

$$z_{obs} = (c'\hat{\beta}_{OLS} - c'\beta)/\sigma(c'(X'X)^{-1}c)^{1/2} \tag{7.26}$$

是一个标准化 $N(0,1)$ 随机变量。用 s 代替 σ 等价于一个 χ^2 随机变量与其自由度之比的平方根再去除 z_{obs}。后一个随机变量是 $(n-k)s^2/\sigma^2 = RSS/\sigma^2$，服从 χ^2_{n-k} 分布。问题 8 说明 z_{obs} 和 RSS/n 是独立的。这意味着

$$t_{obs} = (c'\hat{\beta}_{OLS} - c'\beta)/s(c'(X'X)^{-1}c)^{1/2} \tag{7.27}$$

是一个 $N(0,1)$ 随机变量除以一个独立的 $\chi^2_{n-k}/(n-k)$ 的平方根。这是一个自由度为 $(n-k)$ 的 t 统计量。因此，$c'\beta$ 的一个 $100(1-\alpha)\%$ 的置信区间为

$$c'\hat{\beta}_{OLS} \pm t_{\alpha/2} s(c'(X'X)^{-1}c)^{1/2}。 \tag{7.28}$$

例子：比如说我们要对下一年进行预测，那么 $T_0 = 1$，x_0 是一个 $(1 \times k)$ 向量，表示外生变量的下一年的观测。下一年 y_0 的预测的 $100(1-\alpha)$ 的置信区间为 $\hat{y}_0 \pm t_{\alpha/2} s(1 + x'_0(X'X)^{-1}x_0)^{1/2}$。类似地，通过式（7.28）我们还可以对任何单个的 β_j（将 c 的第 j 个位置取 1，其他位置取 0）构建区间估计或进行假设检验。这种情况下，我们得到通常的 t 统计量，各个软件都会给出。更重要的是，这可以让我们检验有关 β 的线性组合的任意假设，例如，可以对 Cobb-Douglas 生产函数中投入要素变量系数的和等于 1 进行检验，这就是众所周知的规模报酬不变的检验，见第 4 章。

7.7 联合置信区间和假设检验

我们已经学习了如何对 β 的任意线性组合进行单一检验，但如果我们感兴趣的是涉及 β 的线性组合的两个、三个或更多假设，应该如何做呢？举例来说，检验 $\beta_2 = \beta_4 = 0$，即变量 X_2 和 X_4 在模型中是不显著的。这可以写为 $c'_2\beta = c'_4\beta = 0$，其中 c'_j 是一个第 j 个元素为 1 其他全为 0 的行向量。为了同时检验这两个假设，我们重新把 β 的 g 个约束整理为矩阵形式 $R\beta = 0$，其中 $R' = [c_2, c_4]$。类似的形式下，我们重新将 β 的 g 个约束归入矩阵 R，这里的 R 应该是 $(g \times k)$ 维的。另外，这些约束不必满足 $R\beta = 0$ 的形式，且可以为更一般的形式 $R\beta = r$，其中 r 是一个 $(g \times 1)$ 的常数向量。例如，$\beta_1 + \beta_2 = 1$ 和 $3\beta_3 + 2\beta_4 = 5$ 就是两个这样的约束。因为 $R\beta$ 是一个 β 的线性组合的集合，因此，它们的 BLUE 是 $R\hat{\beta}_{OLS}$，后者服从 $N(R\beta, \sigma^2 R(X'X)^{-1}R')$ 分布。有关标量 $c'\beta$ 的标准形式由下式给出：

$$(R\hat{\beta}_{OLS} - R\beta)'[R(X'X)^{-1}R']^{-1}(R\hat{\beta}_{OLS} - R\beta)/\sigma^2， \tag{7.29}$$

我们并没有除以方差而是乘以它的逆阵，并且因为我们除的是方差而不是标准差，所以我

们对分子平方，这意味着以向量的形式左乘其转置矩阵。问题 9 用向量 c' 代替矩阵 R，并证明式（7.29）可简化为由式（7.26）得到的 z 统计量的平方。这也证明了得到的统计量服从于 χ_1^2。但是式（7.29）的分布是什么？这个可根据初始的扰动项写出，即

$$u'X(X'X)^{-1}R'[R(X'X)^{-1}R']^{-1}R(X'X)^{-1}u/\sigma^2, \tag{7.30}$$

其中 $(R\hat{\beta}_{OLS}-R\beta)$ 由 $R(X'X)^{-1}X'u$ 代替。注意，式（7.30）是表达式 $u'Au/\sigma^2$ 中关于扰动 u 的二次方程。问题 10 证明 A 是一个秩为 g 的对称幂等矩阵。运用与引理 1 给出的相同的证明，我们得出式（7.30）服从 χ_g^2 分布。另外，σ^2 不可观测，因此除以服从 χ_{n-k}^2 分布的 $(n-k)s^2/\sigma^2$。这变成了两个 χ^2 随机变量之比。如果我们用服从 χ^2 分布的分子和分母分别除以各自的自由度并证明它们是独立的（见问题 11），则得到的统计量

$$(R\hat{\beta}_{OLS}-r)'[R(X'X)^{-1}R']^{-1}(R\hat{\beta}_{OLS}-r)/gs^2 \tag{7.31}$$

在 $R\beta=r$ 的原假设下服从 $F(g, n-k)$ 分布。

▊ 7.8 受约束的极大似然估计和受约束的最小二乘

最大化 $R\beta=r$ 条件下式（7.16）所示的似然函数等价于最小化 $R\beta=r$ 条件下的残差平方和。构造拉格朗日函数

$$\Psi(\beta,\mu)=(y-X\beta)'(y-X\beta)+2\mu'(R\beta-r), \tag{7.32}$$

并对 β 和 μ 求导，得到：

$$\partial\Psi(\beta,\mu)/\partial\beta=-2X'y+2X'X\beta+2R'\mu=0, \tag{7.33}$$
$$\partial\Psi(\beta,\mu)/\partial\mu=2(R\beta-r)=0。 \tag{7.34}$$

为了解出 μ，我们用 $R(X'X)^{-1}$ 左乘式（7.33）并利用式（7.34）得到：

$$\hat{\mu}=[R(X'X)^{-1}R']^{-1}(R\hat{\beta}_{OLS}-r)。 \tag{7.35}$$

将式（7.35）代入式（7.33），我们得到：

$$\hat{\beta}_{RLS}=\hat{\beta}_{OLS}-(X'X)^{-1}R'[R(X'X)^{-1}R']^{-1}(R\hat{\beta}_{OLS}-r)。 \tag{7.36}$$

β 的受约束的最小二乘估计量不同于在无约束条件下的 OLS 估计量，后者是式（7.36）中的第二项，第二项中圆括号的项表示无约束 OLS 估计量满足约束的程度。问题 12 表明 $\hat{\beta}_{RLS}$ 是无偏的，除非约束 $R\beta=r$ 被满足。但是，它的方差总是小于 $\hat{\beta}_{OLS}$ 的方差。这就引出了在偏差和方差之间的取舍问题以及第 2 章所讨论的 MSE 准则。

拉格朗日乘子估计量 $\hat{\mu}$ 在原假设下服从 $N(0, \sigma^2[R(X'X)^{-1}R']^{-1})$。因此，为了检验 $\mu=0$，我们用

$$\hat{\mu}'[R(X'X)^{-1}R']\hat{\mu}/\sigma^2=(R\hat{\beta}_{OLS}-r)'[R(X'X)^{-1}R']^{-1}(R\hat{\beta}_{OLS}-r)/\sigma^2。 \tag{7.37}$$

因为 μ 测度了施加约束 $R\beta=r$ 后的成本，那么式（7.37）的右边在式（7.29）中已经出现过且服从 χ_g^2 分布就不足为奇了。

7.9 似然比，Wald 和拉格朗日乘子检验

在我们研究关于原假设 $H_0:R\beta=r$ 的三大经典检验所派生出的检验之前，对于读者来说，回顾第 2 章中对于这些检验的直观的图形解释是非常重要的。

关于 $H_0:R\beta=r$ 的极大似然比检验是以比率 $\lambda=\max\ell_r/\max\ell_u$ 为基础的，其中 $\max\ell_r$ 和 $\max\ell_u$ 分别为受约束和无约束的极大似然值。为了简化问题，我们假设 σ^2 是已知的，那么

$$\max\ell_u=(1/2\pi\sigma^2)^{n/2}\exp\{-(y-X\hat{\beta}_{MLE})'(y-X\hat{\beta}_{MLE})/2\sigma^2\},$$

其中 $\hat{\beta}_{MLE}=\hat{\beta}_{OLS}$，即无约束残差平方和为 URSS，我们有

$$\max\ell_u=(1/2\pi\sigma^2)^{n/2}\exp\{-URSS/2\sigma^2\}。$$

类似地，$\max\ell_r$ 为

$$\max\ell_r=(1/2\pi\sigma^2)^{n/2}\exp\{-(y-X\hat{\beta}_{RMLE})'(y-X\hat{\beta}_{RMLE})/2\sigma^2\},$$

其中 $\hat{\beta}_{RMLE}=\hat{\beta}_{RLS}$，即受约束残差平方和为 RRSS，我们有

$$\max\ell_r=(1/2\pi\sigma^2)^{n/2}\exp\{-RRSS/2\sigma^2\}。$$

因此，$-2\log\lambda=(RRSS-URSS)/\sigma^2$。我们考察这些残差平方和之间的关系。

$$e_r=y-X\hat{\beta}_{RLS}=y-X\hat{\beta}_{OLS}-X(\hat{\beta}_{RLS}-\hat{\beta}_{OLS})=e-X(\hat{\beta}_{RLS}-\hat{\beta}_{OLS}), \tag{7.38}$$
$$e_r'e_r=e'e+(\hat{\beta}_{RLS}-\hat{\beta}_{OLS})'X'X(\hat{\beta}_{RLS}-\hat{\beta}_{OLS}),$$

其中 e_r 表示受约束的残差，$e_r'e_r$ 为 RRSS。因为 $X'e=0$，其中交叉积的项就消去了。将式 (7.36) 中 $(\hat{\beta}_{RLS}-\hat{\beta}_{OLS})$ 的值代入式 (7.38)，我们得到

$$RRSS-URSS=(R\hat{\beta}_{OLS}-r)'[R(X'X)^{-1}R']^{-1}(R\hat{\beta}_{OLS}-r)。 \tag{7.39}$$

显然，$-2\log\lambda$ 是式 (7.39) 的右侧除以 σ^2。事实上，这个似然比率 (LR) 统计量与式 (7.37) 和式 (7.29) 中给出的相同，在原假设 $R\beta=r$ 的条件下是服从 χ_g^2 分布的。

$R\beta=r$ 的 Wald 检验以无约束估计量及其满足约束的程度为基础。更正式地说，如果 $r(\beta)=0$ 表示关于 β 的 g 个约束的向量，$R(\hat{\beta}_{MLE})$ 表示偏导数 $\partial r(\beta)/\partial\beta$ 在 $\hat{\beta}_{MLE}$ 处得到的 $(g\times k)$ 维矩阵，那么 Wald 检验可写为

$$W=r(\hat{\beta}_{MLE})'[R(\hat{\beta}_{MLE})I(\hat{\beta}_{MLE})^{-1}R(\hat{\beta}_{MLE})']^{-1}r(\hat{\beta}_{MLE}), \tag{7.40}$$

其中 $I(\beta)=-E(\partial^2\log L/\partial\beta\partial\beta')$。在这种情况下，$r(\beta)=R\beta-r$，$R(\hat{\beta}_{MLE})=R$，$I(\hat{\beta}_{MLE})=(X'X)/\sigma^2$，如式 (7.19) 所示。因此，

$$W=(R\hat{\beta}_{MLE}-r)'[R(X'X)^{-1}R']^{-1}(R\hat{\beta}_{MLE}-r)/\sigma^2, \tag{7.41}$$

这与 LR 统计量是相同的。[5]

拉格朗日乘子检验是基于受约束估计量的。在 7.8 节中，我们推导了受约束估计量

和估计的拉格朗日乘子 $\hat{\mu}$。拉格朗日乘子 μ 是施加约束 $R\beta = r$ 的成本或影子价格。如果这些约束为真，则希望估计出的拉格朗日乘子 $\hat{\mu}$ 有零均值。因此，检验原假设 $\mu = 0$ 就称为 LM 检验，相应的检验统计量由式（7.37）给出。另外，我们可以推导出 LM 检验可以看作是基于得分或对数似然函数即 $S(\beta) = \partial \log L / \partial \beta$ 的得分检验。对于无约束的MLE，得分为零，该得分检验以受约束估计量 $\hat{\beta}_{RMLE}$ 处的 $S(\beta)$ 与零的偏离程度为依据。这种情况下，LM 统计量的得分形式由下式给出：

$$LM = S(\hat{\beta}_{RMLE})' I(\hat{\beta}_{RMLE})^{-1} S(\hat{\beta}_{RMLE})。 \qquad (7.42)$$

对于我们的模型，$S(\beta) = (X'y - X'X\beta)/\sigma^2$ 并根据式（7.36），我们有

$$\begin{aligned}
S(\hat{\beta}_{RMLE}) &= X'(y - X\hat{\beta}_{RMLE})/\sigma^2 \\
&= \{X'y - X'X\hat{\beta}_{OLS} + R'[R(X'X)^{-1}R']^{-1}(R\hat{\beta}_{OLS} - r)\}/\sigma^2 \\
&= R'[R(X'X)^{-1}R']^{-1}(R\hat{\beta}_{OLS} - r)/\sigma^2。
\end{aligned}$$

利用式（7.20），得到 $I^{-1}(\hat{\beta}_{RMLE}) = \sigma^2(X'X)^{-1}$。因此，LM 检验的得分形式变为

$$\begin{aligned}
LM &= (R\hat{\beta}_{OLS} - r)'[R(X'X)^{-1}R']^{-1}R(X'X)^{-1}R'[R(X'X)^{-1}R']^{-1}(R\hat{\beta}_{OLS} - r)/\sigma^2。 \\
&= (R\hat{\beta}_{OLS} - r)'[R(X'X)^{-1}R']^{-1}(R\hat{\beta}_{OLS} - r)/\sigma^2。 \qquad (7.43)
\end{aligned}$$

这在数值上和式（7.37）推导出的 LM 检验以及上面推导出的 W 和 LR 统计量一样。注意，根据式（7.35）$S(\hat{\beta}_{RMLE}) = R'\hat{u}/\sigma^2$，因此为什么得分检验和拉格朗日乘子检验是一致的就很明显了。

　　LM 检验的得分形式也可以通过构造一个回归得到。事实上，$\hat{\beta}_{RMLE}$ 处的 $S(\beta)$ 由下式给出：

$$S(\hat{\beta}_{RMLE}) = X'(y - X\hat{\beta}_{RMLE})\sigma^2，$$

其中 $y - X\hat{\beta}_{RMLE}$ 是受约束残差向量。如果 H_0 为真，那么上式渐近收敛于 u，得分向量的渐近方差为 $(X'X)/\sigma^2$。那么得分检验基于

$$(y - X\hat{\beta}_{RMLE})'X(X'X)^{-1}X'(y - X\hat{\beta}_{RMLE})/\sigma^2。 \qquad (7.44)$$

该表达式为根据构造的 $(y - X\hat{\beta}_{RMLE})/\sigma$ 对 X 回归得到的解释平方和。我们明白这个结果正好与式（7.37）中的 LM 检验一致，回顾式（7.33）有 $R'\hat{\mu} = X'(y - X\hat{\beta}_{RMLE})$，并将 $R'\hat{\mu}$ 的表达式代入式（7.37）的左侧，我们得到式（7.44）。实际上 σ^2 由 $\tilde{s}^2$ 受约束回归的均方误差估计。这是 Gauss-Newton 回归的例子，具体将在第 8 章讨论。

　　另一种检验 H_0 的方法是估计受约束模型和无约束模型并计算如下的 F 统计量：

$$F_{obs} = \frac{(RRSS - URSS)/g}{URSS/(n-k)}。 \qquad (7.45)$$

该统计量就是在计量经济学文献中众所周知的 Chow（1960）检验，并且在第 4 章也有介绍。注意，根据式（7.39），如果我们将分子除以 σ^2，我们得到的是一个 χ_g^2 统计量除以其自由度。另外，根据 $(n-k)s^2/\sigma^2$ 服从 χ_{n-k}^2，分母除以 σ^2 是一个 χ_{n-k}^2 统计量除以其自由度。问题 11 表明分子和分母独立，并证明了 F_{obs} 统计量在 H_0 下服从 $F(g, n-k)$

分布。

□ 检验回归稳定性的 Chow（1960）检验

Chow（1960）考虑了检验两组回归系数是否相等的问题：

$$y_1 = X_1\beta_1 + u_1 \text{ 和 } y_2 = X_2\beta_2 + u_2, \tag{7.46}$$

这里 X_1 是 $n_1 \times k$ 维的，X_2 是 $n_2 \times k$ 维的，其中 n_1 和 n_2 均大于 k。这种情形下，无约束回归可写为：

$$\begin{bmatrix} y_1 \\ y_2 \end{bmatrix} = \begin{bmatrix} X_1 & 0 \\ 0 & X_2 \end{bmatrix} \begin{bmatrix} \beta_1 \\ \beta_2 \end{bmatrix} + \begin{bmatrix} u_1 \\ u_2 \end{bmatrix}, \tag{7.47}$$

在原假设 $H_0 : \beta_1 = \beta_2 = \beta$ 下，受约束模型变为

$$\begin{bmatrix} y_1 \\ y_2 \end{bmatrix} = \begin{bmatrix} X_1 \\ X_2 \end{bmatrix} \beta + \begin{bmatrix} u_1 \\ u_2 \end{bmatrix}。 \tag{7.48}$$

合并样本得到 $n_1 + n_2$ 个观测，通过该样本估计这两个回归分别得到 $URSS$ 和 $RRSS$。显然 $URSS = e_1'e_1 + e_2'e_2$，其中 e_1 是 y_1 对 X_1 回归得到的残差，e_2 是 y_2 对 X_2 回归得到的残差。换言之，$URSS$ 是从两个回归中分别得到的两个残差平方和之和，见问题 13。Chow F 统计量由式（7.45）给出，相应的自由度为 k 和（$n_1 + n_2 - 2k$）。同样，也可以进行下列回归得到这个 Chow F 统计量：

$$\begin{bmatrix} y_1 \\ y_2 \end{bmatrix} = \begin{bmatrix} X_1 \\ X_2 \end{bmatrix} \beta_1 + \begin{bmatrix} 0 \\ X_2 \end{bmatrix} (\beta_2 - \beta_1) + \begin{bmatrix} u_1 \\ u_2 \end{bmatrix}。 \tag{7.49}$$

注意，系数为（$\beta_2 - \beta_1$）的第二组解释变量是交互变量，这些交互变量是将式（7.48）中的各个独立变量乘以一个虚拟变量（比如说 D_2）得到，如果观测来自第二个回归，D_2 取 1；如果来自第一个回归，D_2 取 0。对 $H_0 : \beta_1 = \beta_2$ 的检验变成了对这些交互变量系数显著性的联合检验。Gujarati（1970）指出，这个虚拟变量的方法还有一个好处是给出了（$\beta_2 - \beta_1$）的估计以及它们的 t 统计量。如果 Chow F 统计量拒绝稳定的原假设，这些单个的交互虚拟变量的系数可能会指出不稳定的来源。当然，在解释这些单个的 t 统计量时要非常小心，毕竟即使联合 F 统计量是不显著的，它们也可能仍然显著，见 Maddala（1992）。

如果这两个回归中的一个没有足够的观测来估计一个单独的回归，即 $n_2 < k$，那么可以利用所有数据来进行这个回归，从而得到 $RRSS$。这是一个受约束模型，因为额外的 n_2 个观测被假定由与前 n_1 个观测相同的回归生成。$URSS$ 只是基于一个较长时期（n_1 个观测）得到的残差平方和。这种情况下，式（7.45）所示的 Chow F 统计量的自由度分别为 n_2 和 $n_1 - k$。这称为 Chow 预测检验，因为它检验的是更少的 n_2 个观测是否不同于根据 n_1 个观测估计出的模型得到的预测。这个预测检验可以借助虚拟变量来完成，具体如下：引入 n_2 个描述观测的虚拟变量，这些变量对于第二个回归中相应的每次观测取 1。检验这 n 个虚拟变量的联合显著性。应用 Salkever（1976）的结果，正如可以得到每个虚拟变量的估计值，还可以得到它们相应的预测误差和 t 统计量。再次注意，这些单

个的虚拟变量可以辨识出可能的异常值，但是这里考虑的是它们的联合显著性问题。

□ W、LR 和 LM 不相等

我们已经证明，如果对数似然函数是二次的，对于线性约束 $LR=W=LM$。然而，对于更为一般的情形，不一定是这种情况。事实上，在下一章中我们会考虑更为一般的方差—协方差结构，估计的方差—协方差矩阵破坏了这个等式而且可能导致假设检验出现矛盾，正如 Berndt and Savin（1977）所提示的那样。这种情况下 $W \geqslant LR \geqslant LM$。也可参见本章后的问题，LR、W 和 LM 都是基于有效 MLE 的检验。当用的是一致估计量而非有效估计量时，可以换一种方法，构造一个称为 Neyman $C(\alpha)$ 的得分类型的检验。详见 Bera and Permaratne（2001）。

尽管这三种检验是渐近等价的，但对某个特定的问题，某一个检验可能比另外两个更方便。例如，当模型是线性的，但约束条件非线性时，无约束的模型比有约束的模型更容易估计。因此建议 Wald 检验，因为该检验只依赖于无约束估计量。不幸的是，Wald 检验有一个 LR 和 LM 检验没有的缺陷。在有限样本情形下，检验两个在代数上等价的非线性约束公式，Wald 检验是不同的。这个问题在计量经济学文献 Gregory and Veall（1985，1986）以及 Lafontaine and White（1986）的研究中已经指出。接下来，我们回顾 Gregory and Veall（1985）的一些结论。

考虑带有两个回归变量的线性回归：

$$y_t = \beta_0 + \beta_1 x_{1t} + \beta_2 x_{2t} + u_t, \tag{7.50}$$

其中 u_t 是 IIN$(0, \sigma^2)$，非线性约束为 $\beta_1 \beta_2 = 1$。两个在代数上与之等价的原假设为：$H^A : r^A(\beta) = \beta_1 - 1/\beta_2 = 0$ 和 $H^B : r^B(\beta) = \beta_1 \beta_2 - 1 = 0$。无约束极大似然估计为 $\hat{\beta}_{OLS}$，式（7.40）给出的 Wald 统计量为

$$W = r(\hat{\beta}_{OLS})'[R(\hat{\beta}_{OLS})\hat{V}(\hat{\beta}_{OLS})R'(\hat{\beta}_{OLS})]^{-1}r(\hat{\beta}_{OLS}), \tag{7.51}$$

其中 $\hat{V}(\hat{\beta}_{OLS})$ 是通常的 $\hat{\beta}_{OLS}$ 的估计的方差—协方差矩阵。问题 19 要求读者利用式（7.51）证明 H_A 和 H_B 对应的 Wald 统计量为

$$W^A = (\hat{\beta}_1 \hat{\beta}_2 - 1)^2 / (\hat{\beta}_2^2 v_{11} + 2v_{12} + v_{22}/\hat{\beta}_2^2), \tag{7.52}$$

和

$$W^B = (\hat{\beta}_1 \hat{\beta}_2 - 1)^2 / (\hat{\beta}_2^2 v_{11} + 2\hat{\beta}_1 \hat{\beta}_2 v_{12} + \hat{\beta}_1^2 v_{22}), \tag{7.53}$$

其中 v_{ij} 为 $\hat{V}(\hat{\beta}_{OLS})$ 中的元素，$i, j = 0, 1, 2$。显然这些 Wald 统计量是不同的，其他的与这个原假设在代数上等价的公式得到的也是不同的 Wald 统计量。对式（7.50）所示的模型以及各种不同的 β_1 和 β_2 进行 1 000 次蒙特卡罗实验，样本容量 $n=20$，30，50，100，500。在原假设成立和不成立的情形下模拟这些实验。对于 $n=20$，$\beta_1=10$，$\beta_2=0.1$，使之满足 H_0，1 000 次实验中 W^A 有 293 次拒绝为真的原假设，而 W^B 有 65 次拒绝原假设。在 5% 的水平上，期望有 50 次拒绝，95% 的置信区间为 [36，64]。W^A 和 W^B 拒绝得都过于频繁，但是 W^A 比 W^B 更差一些。当 n 增加到 500 时，1 000 次实验中 W^A 拒绝 78 次而 W^B 拒绝 39 次。尽管与 $n=20$ 相比 W^A 已经改善不少，但仍过于频繁。而 W^B

表现则相当不错并且是在 95% 的置信域内。当 $n=20$，$\beta_1=1$，$\beta_2=0.5$ 时，H_0 不成立，在 1 000 次实验中 W^A 拒绝为假的原假设 65 次，而 W^B 拒绝 584 次。对于 $n=500$，1 000 次实验中两统计量均拒绝 1 000 次。即使检验的实证水平相似，见 Gregory and Veall (1985) 的表 1，特别对于 $\beta_1=\beta_2=1$ 的情形，Gregory 和 Veall 发现 W^A 和 W^B 在 $n=20$ 时大约 5% 的时间是不一致的，而当 $n=500$ 时，这种不一致的时间降至 0.5%。问题 20 要求读者推导四种在代数上等价的公共因子约束公式对应的 Wald 统计量，对这些约束的分析见 Hendry and Mizon (1978) 的研究。Gregory and Veall (1986) 给出了关于不同样本容量下这些 Wald 统计量的表现的蒙特卡罗结果。他们再次发现了这些检验中存在的矛盾，即使它们的实证水平相似。另外，这些 Wald 统计量中的差别十分严重，并且当 n 达到 500 时仍然存在。

Lafontaine and White (1985) 考虑了一个简单回归：

$$y=\alpha+\beta x+\gamma z+u,$$

其中 y 是纺织品人均消费量的对数，x 是人均收入的对数，z 是纺织品相对价格的对数，数据来自 Theil (1971，p.102)。估计的方程为

$$\hat{y}=1.37+1.14x-0.83z,$$
$$(0.31)(0.16)\quad(0.04)$$

其中 $\hat{\sigma}^2=0.000\,183\,3$ 和 $n=17$，括号中的数字为标准误差。考虑原假设 $H_0:\beta=1$，对于任意指数 k，H_0 在代数上的等价公式为 $H_k:\beta^k=1$。将 $r(\beta)=\beta^k-1$ 和 $R(\beta)=k\beta^{k-1}$ 应用到式（7.40），可得 Wald 统计量为

$$W_k=(\hat{\beta}^k-1)^2/[(k\hat{\beta}^{k-1})^2V(\hat{\beta})], \tag{7.54}$$

其中 $\hat{\beta}$ 是 β 的 OLS 估计量，$V(\hat{\beta})$ 是相应的估计方差。对于每一个 k，在 H_0 下，W_k 的极限分布为 χ_1^2。临界值为 $\chi_{1,0.05}^2=3.84$ 和 $F_{1,14}^{0.05}=4.6$。在 H_0 下，后者是对于 $\beta=1$ 的一个精确分布检验。Lafontaine and White (1985) 尝试了不同的整数指数（$\pm k$），包括 $k=1$，2，3，6，10，20，40。利用 $\hat{\beta}=1.14$ 和 $V(\hat{\beta})=(0.16)^2$，得到 $W_{-20}=24.56$，$W_1=0.84$ 和 $W_{20}=0.12$。作者得出的结论是，通过选择合适的指数就可以得到任何一个合意的 Wald 统计量。由于 $\beta>1$，W_k 和 k 反向相关。因此，我们可以找出大于 χ^2 和 F 分布所给临界值的 W_k。事实上，W_{-20} 最终拒绝 H_0，而 W_1 和 W_{20} 不拒绝 H_0。

为了检验非线性约束，容易计算 Wald 检验。但是，由于它对原假设的构造方式不能保持不变，因此存在严重问题。这种情况下，得分检验可能不容易计算，但 Neyman 的 $C(\alpha)$ 用起来很方便并且有我们所需要的不变性，见 Dagenais and Dufour (1991)。

注　释

①例如，在一个时间序列的设定上，多元回归中的时间趋势等价于对每一个变量先退势（即消去时间影响后的残差），然后再对这些残差进行回归。

②Davidson and MacKinnon (1993) 提出的两个例外情形如下：第一，如果模型不

可渐近识别。例如，$y_t = \beta(1/t) + u_t$，$t = 1, 2, \cdots, T$，当 $T \to \infty$ 时，$1/t$ 趋于 0。这意味着随着样本的增加，没有关于 β 的信息。第二，如果模型中的参数个数随着样本容量的增加而增加。例如，第 11 章讨论的面板数据中的固定效应。

③如果 β 的 MLE 是 $\hat{\beta}_{MLE}$，那么（$1/\beta$）的 MLE 就是（$1/\hat{\beta}_{MLE}$）。注意，这个不变的性质意味着 MLE 不能总是无偏的。例如，即使 $\hat{\beta}_{MLE}$ 对 β 是无偏的，通过上述重新参数化，（$1/\hat{\beta}_{MLE}$）对（$1/\beta$）也不是无偏的。

④如果扰动的分布不是正态的，只要基于高斯－马尔可夫定理的假定仍然满足，那么 OLS 仍然是 BLUE。只要误差的分布被正确设定，这种情况下 MLE 一般就要比 OLS 更有效。

⑤利用关于真实参数向量 β 的 $r(\hat{\beta}_{MLE})$ 的泰勒序列近似，可得到 $r(\hat{\beta}_{MLE}) \cong r(\beta) + R(\beta)(\hat{\beta}_{MLE} - \beta)$。在原假设下，$r(\beta) = 0$ 且 $\text{var}[r(\hat{\beta}_{MLE})] \approx R(\beta) \text{var}(\hat{\beta}_{MLE}) R'(\beta)$。

问　题

1. 拟合值的不变性和解释变量的非奇异转换残差。用一个非奇异转换矩阵 C 右乘式（7.1）中的解释变量，那么 $X^* = XC$。

（a）证明 $P_{X^*} = P_X$ 和 $\overline{P}_{X^*} = \overline{P}_X$。结论是，$y$ 对 X 回归得到的拟合值和残差与 y 对 X^* 回归得到的相同。

（b）当应用这些结果时，假设每个 X 都是被常数乘，即改变测量单位。那么当我们再次进行这个回归时拟合值和残差会发生变化吗？

（c）假设 X 包括两个 $n \times 1$ 维的回归元 X_1 和 X_2，如果我们将 y 对（$X_1 - X_2$）和（$X_1 + X_2$）进行回归，那么这些回归能得到与初始回归即 y 对 X_1 和 X_2 一样的拟合值和残差吗？

2. FWL 定理。

（a）利用附录中的分块逆的结果，证明式（7.9）的解为式（7.10）所示的 $\hat{\beta}_{2,OLS}$。

（b）另外，将式（7.9）写为带有两个未知数 $\hat{\beta}_{1,OLS}$ 和 $\hat{\beta}_{2,OLS}$ 的由两个方程构成的方程组。消去 $\hat{\beta}_{1,OLS}$ 解方程并证明该结果和式（7.10）所示的一样。

（c）利用 FWL 定理证明，如果 $X_1 = \iota_n$ 是元素全为 1 的向量，这表示回归中包括常数项，X_2 是一组经济变量，那么（ⅰ）$\hat{\beta}_{2,OLS}$ 可以通过 $y_i - \bar{y}$ 对 X_2 中变量的离差形式（即这些变量与其各自均值的差）回归得到。（ⅱ）$\hat{\beta}_{1,OLS}$ 的最小二乘估计可以重新计算得到 $\bar{y} - \overline{X}_2' \hat{\beta}_{2,OLS}$，其中 $\overline{X}_2' = \iota_n' X_2 / n$ 是 X_2 中解释变量的样本均值构成的向量。

3. 令 $y = X\beta + D_i\gamma + u$，其中 y 是 $n \times 1$，X 是 $n \times k$，D_i 是虚拟变量，对第 i 个观测取 1，其他取 0。利用 FWL 定理，证明根据这个回归得到的 β 和 γ 的最小二乘估计为 $\hat{\beta}_{OLS} = (X^{*'}X^*)^{-1}X^{*'}y^*$ 和 $\hat{\gamma}_{OLS} = y_i - x_i'\hat{\beta}_{OLS}$，其中 X^* 表示不带第 i 个观测的 X 矩阵，y^* 是不带第 i 个观测的 y 向量，（y_i，x_i'）表示解释变量和被解释变量的第 i 个观测。这意味着 $\hat{\gamma}_{OLS}$ 是 y^* 对 X^* 的回归中第 i 个观测的预测的 OLS 残差，实质上第 i 个观测由于虚拟变量

D_i 的引入而被排除在回归之外。

4. 极大似然估计，如式（7.17）所示的对数似然函数，

(a) 推导最大化的一阶条件并证明 $\hat{\beta}_{MLE}=\hat{\beta}_{OLS}$ 和 $\hat{\sigma}^2_{MLE}=RSS/n$。

(b) 计算式（7.18）所示的二阶导数并证明信息矩阵可简化为式（7.19）。

5. 已知 $u\sim N(0，\sigma^2 I_n)$，可以证明 $(n-k)s^2/\sigma^2\sim\chi^2_{n-k}$，利用这一事实证明，

(a) s^2 是 σ^2 的无偏估计量。

(b) $var(s^2)=2\sigma^4/(n-k)$。提示：$E(\chi^2_r)=r$，$var(\chi^2_r)=2r$。

6. 考虑所有的 σ^2 的形如 $\tilde{\sigma}^2=e'e/r=u'P_X u/r$ 的估计量，其中 $u\sim N(0，\sigma^2 I_n)$.

(a) 推导 $E(\hat{\sigma}^2_{MLE})$ 和 $\hat{\sigma}^2_{MLE}$ 的偏误。

(b) 推导 $var(\hat{\sigma}^2_{MLE})$ 和 $MSE(\hat{\sigma}^2_{MLE})$。

(c) 计算 $MSE(\tilde{\sigma}^2)$ 并在 r 下使之最小，计算 s^2 和 $\hat{\sigma}^2_{MLE}$。

7. 利用某个回归软件计算预测值和预测标准误差。该问题基于 Salkever（1976）。根据式（7.23）和式（7.24），证明：

(a) $\hat{\delta}'_{OLS}=(\hat{\beta}'_{OLS}，\hat{\gamma}'_{OLS})$，其中 $\hat{\beta}'_{OLS}=(X'X)^{-1}X'y$ 和 $\hat{\gamma}'_{OLS}=y_0-X_0\hat{\beta}_{OLS}$。提示：写出 OLS 正规方程并解这两个方程，得到两个未知数的解。另外，还可以利用 FWL 定理添加 T_0 虚拟变量求残差得到。

(b) $e^*_{OLS}=(e'_{OLS}，0')'$ 和 $s^{*2}=s^2$。

(c) $s^{*2}(X^{*'}X^*)^{-1}$ 由式（7.25）中的表达式给出，提示：利用块逆阵。

(d) 在式（7.23）中用 0 代替 y_0，用 $-I_{T0}$ 代替 I_{T0} 并证明 $\hat{\gamma}=\hat{y}_0=X_0\hat{\beta}_{OLS}$，但是 (a)、(b) 和 (c) 中的结果都一样。

8. (a) 证明 $cov(\hat{\beta}_{OLS}，e)=0$。（因为两个随机变量服从正态分布，这证明它们独立。）

(b) 证明 $\hat{\beta}_{OLS}$ 和 s^2 是独立的。提示：如果 $BA=0$，对于正态随机变量，线性形式 (Bu) 和二次形式 $(u'Au)$ 是独立的。见 Graybill（1961）定理 4.17。

9. (a) 证明如果我们在式（7.29）中用 c' 代替 R，可得到式（7.26）所示的 z 统计量的平方。

(b) 证明当我们用 s^2 代替 σ^2 时，(a) 中给出的 χ^2_1 统计量变为一个 t 统计量的平方，并服从 $F(1，n-K)$。提示：$N(0，1)$ 的平方是 χ^2_1。另外，两个独立 χ^2 随机变量除以它们各自的自由度后的比是一个 F 统计量，自由度即为两个相应的自由度，见第 2 章。

10. (a) 证明式（7.30）中由 $u'Au/\sigma^2$ 定义的矩阵 A 是对称幂等矩阵，秩为 g。

(b) 利用与引理 1 下方所示的同样的证明来证明式（7.30）是 χ^2_g。

11. (a) 证明两个二次型 $s^2=u'P_X u/(n-k)$ 和式（7.30）给出的是独立的。提示：当且仅当 $AB=0$ 时，两个半正定二次型 $u'Au$ 和 $u'Bu$ 是独立的。见 Graybill（1961）定理 4.10。

(b) 计算式（7.31）服从 $F(g，n-k)$ 分布。

12. 受约束最小二乘。

(a) 证明式（7.36）给出的 $\hat{\beta}_{RLS}$ 是有偏的，除非 $R\beta=r$。

(b) 证明 $var(\hat{\beta}_{RLS})=var(A(X'X)^{-1}X'u)$，其中

$$A=I_K-(X'X)^{-1}R'[R(X'X)^{-1}R']^{-1}R.$$

证明 $A^2=A$，但是 $A'\neq A$。结论是

$$\mathrm{var}(\hat{\beta}_{RLS})=\sigma^2A(X'X)^{-1}A'=\sigma^2\{(X'X)^{-1}-(X'X)^{-1}R'[R(X'X)^{-1}R']^{-1}R(X'X)^{-1}\}.$$

(c) 证明 $\mathrm{var}(\hat{\beta}_{OLS})-\mathrm{var}(\hat{\beta}_{RLS})$ 是半正定矩阵。

13. Chow 检验。

(a) 证明对式（7.47）进行 OLS 得到对式（7.46）中每个方程进行 OLS。换言之，$\hat{\beta}_{1,OLS}=(X_1'X_1)^{-1}X_1'y_1$ 和 $\hat{\beta}_{2,OLS}=(X_2'X_2)^{-1}X_2'y_2$。

(b) 证明方程（7.47）中得到的残差平方和由 RSS_1+RSS_2 给出，其中 RSS_i 是 y_i 对 $X_i(i=1，2)$ 回归的残差平方和。

(c) 证明 Chow 的 F 统计量可以通过检验 $H_0:\beta_2-\beta_1=0$ 的联合显著性从式（7.49）得到。

14. 假设我们想检验在如下无约束模型中 $H_0:\beta_2=0$，该模型也可见式（7.8）：

$$y=X\beta+u=X_1\beta_1+X_2\beta_2+u.$$

(a) 利用 FWL 定理，证明 $URSS$ 与从 $\bar{P}_{X_1}y=\bar{P}_{X_1}X_2\beta_2+\bar{P}_{X_1}u$ 得到的残差平方和一样。结论是：

$$URSS=y'\bar{P}_Xy=y'\bar{P}_{X_1}y-y'\bar{P}_{X_1}X_2(X_2'\bar{P}_{X_1}X_2)^{-1}X_2'\bar{P}_{X_1}y.$$

(b) 证明式（7.45）所示的检验 $H_0:\beta_2=0$ 的 F 统计量的分子为 $y'\bar{P}_{X_1}X_2(X_2'\bar{P}_{X_1}X_2)^{-1}X_2'\bar{P}_{X_1}y/k_2$。

在原假设下代入 $y=X_1\beta_1+u$，证明上述表达式可简化为 $u'\bar{P}_{X_1}X_2(X_2'\bar{P}_{X_1}X_2)^{-1}X_2'\bar{P}_{X_1}u/k_2$。

(c) 令 $v=X_2'\bar{P}_{X_1}u$，证明如果 $u\sim\mathrm{IIN}(0，\sigma^2)$，那么 $v\sim N(0，\sigma^2X_2'\bar{P}_{X_1}X_2)$。结论是（b）中给出的 F 统计量的分子除以 σ^2 时可写为 $v'[\mathrm{var}(v)]^{-1}v/k_2$，其中 $v'[\mathrm{var}(v)]^{-1}v$，在原假设 H_0 下服从 $\chi^2_{k_2}$ 分布。提示：见引理 1 下方的讨论。

(d) 利用结论 $(n-k)s^2/\sigma^2\sim\chi^2_{n-k}$，其中 s^2 是 $URSS/(n-k)$，证明式（7.45）给出的 F 统计量在 H_0 下服从 $F(k_2，n-k)$。提示：你需要证明 $u'\bar{P}_Xu$ 独立于（b）中给出的独立的二次项，见问题 11。

(e) 证明式（7.41）所示的 $H_0:\beta_2=0$ 的 Wald 检验，在这种情况下简化为 $W=\hat{\beta}_2'[R(X'X)^{-1}R']^{-1}\hat{\beta}_2/s^2$，其中 $R=[0,I_{k_2}]$，$\hat{\beta}_2$ 表示受约束模型中 β_2 的 OLS 估计或等价的 MLE，s^2 是相应的 σ^2 的估计，为 $URSS/(n-k)$。利用块逆或 FWL 定理，证明 W 的分子是（b）中表达式的 k_2 倍。

(f) 证明式（7.42）和式（7.44）所示的 LM 统计量的得分形式可以通过一个构造的回归的解释平方和得到。该回归是受约束的残差平方和 $(y-X_1\hat{\beta}_{1,RLS})$ 除以 $\bar{s}$ 对回归变量矩阵 X 进行回归。其中 $\bar{s}^2=RRSS/(n-k_1)$ 是受约束回归的均方误差。换句话说，$\bar{P}_{X_1}y/\bar{s}$ 对 X_1 和 X_2 回归，得到的解释平方和即为 LM 统计量的得分形式。

15. 分块回归模型中的迭代估计。该问题以 Fiebig（1995）的研究为基础。考虑式（7.8）所示的分块回归模型，并令 X_2 为单个回归变量，记为 x_2，维数为 $n\times 1$，故 β_2 是一个标量。考虑如下的 β_2 的估计方法：将 y 对 X_1 回归来估计 β_1。再将该回归的残差对 x_2 回归得到 $b_2^{(1)}$。

(a) 证明 $b_2^{(1)}$ 是有偏的。

注意，考虑如下迭代方法以重新估计 β_2：

通过 $y - x_2 b_2^{(1)}$ 对 X_1 回归得到 $b_1^{(1)}$ 来重新估计 β_1。接下来按照下面的程序进行迭代：

$$b_1^{(j)} = (X_1'X_1)^{-1}X_1'(y - x_2 b_2^{(j)}),$$
$$b_2^{(j+1)} = (x_2'x_2)^{-1}x_2'(y - X_1 b_1^{(j)}), j = 1, 2, \cdots。$$

(b) 随着 j 的增加，确定 $b_2^{(j+1)}$ 偏差的行为。

(c) 证明随着 j 的增加，$b_2^{(j+1)}$ 收敛于对式（7.8）进行 OLS 得到的 β_2 的估计量。

16. Maddala（1992，pp.120~127）。考虑简单线性回归：

$$Y_i = \alpha + \beta X_i + u_i, i = 1, 2, \cdots, n,$$

其中 α 和 β 是标量，且 $u_i \sim \text{IIN}(0, \sigma^2)$。对于 $H_0: \beta = 0$，

(a) 推导似然比（LR）统计量并证明它可以写为 $n\log[1/(1-r^2)]$，其中 r^2 是 X 和 y 之间相关系数的平方。

(b) 推导检验 $H_0: \beta = 0$ 的 Wald（W）统计量，证明它可以写为 $nr^2/(1-r^2)$。这是通常的关于 β 的 t 统计量的平方，其中用 $\hat{\sigma}^2_{MLE} = \sum_{i=1}^{n} e_i^2/n$ 而非用 s^2 来估计 σ^2。$\hat{\beta}$ 是无约束的 MLE，这里还是 OLS，且 e_i 是通常的最小二乘残差。

(c) 推导检验 $H_0: \beta = 0$ 的拉格朗日乘子（LM）统计量，证明它可以写为 nr^2。这是通常的 t 统计量，其中用 $\tilde{\sigma}^2_{RMLE} = \sum_{i=1}^{n} (Y_i - \bar{Y})^2/n$ 而非用 s^2 来估计 σ^2。$\tilde{\sigma}^2_{RMLE}$ 是 σ^2 的受约束的 MLE（也就是说，施加 H_0 并最大化关于 σ^2 的似然函数）。

(d) 证明 $LM/n = (W/n)[1 + (W/n)]$ 和 $LR/n = \log[1 + (W/n)]$。利用下面的不等式 $x \geqslant \log(1+x) \geqslant x/(1+x)$，得到 $W \geqslant LR \geqslant LM$。提示：利用 $x = W/n$。

(e) 对于表 3—2 给出的香烟消费数据，计算 $\log C$ 对 $\log P$ 简单回归的 W、LR 和 LM 统计量，并验证上面（d）中所示的不等式以检验价格弹性是否为零。

17. Engle（1984，pp.785~786）。考虑对伯努利随机变量的 T 次独立观测，该变量 $y_t = 1$ 的概率为 θ，$y_t = 0$ 的概率为 $1 - \theta$。

(a) 推导对数似然函数、θ 的 MLE、得分 $S(\theta)$ 和信息 $I(\theta)$。

(b) 计算检验 $H_0: \theta = \theta_0$ 对 $H_A: \theta \neq \theta_0$ 的 LR、W 和 LM 检验统计量，$\theta \in (0, 1)$。

18. Engle（1984，pp.787~788）。考虑线性回归模型：

$$y = X\beta + u = X_1\beta_1 + X_2\beta_2 + u,$$

如式（7.8）所示，其中 $u \sim N(0, \sigma^2 I_T)$。

(a) 写出对数似然函数，解出 β 和 σ^2 的 MLE。

(b) 写出得分 $S(\beta)$ 并证明信息矩阵是 β 和 σ^2 之间的块对角阵。

(c) 推导 W、LR 和 LM 检验统计量来检验 $H_0: \beta_1 = \beta_1^0$ 对 $H_A: \beta_1 \neq \beta_1^0$，其中 β_1 表示 β 的前 k_1 个元素。证明：如果 $X = [X_1, X_2]$，那么

$$W = (\beta_1^0 - \hat{\beta}_1)'[X_1'\bar{P}_{X_2}X_1](\beta_1^0 - \hat{\beta}_1)/\hat{\sigma}^2,$$
$$LM = \tilde{u}'X_1[X_1'\bar{P}_{X_2}X_1]^{-1}X_1'\tilde{u}/\tilde{\sigma}^2,$$
$$LR = T\log(\tilde{u}'\tilde{u}/\hat{u}'\hat{u}),$$

其中 $\hat{u}=y-X\hat{\beta}$，$\tilde{u}=y-X\tilde{\beta}$ 和 $\hat{\sigma}^2=\hat{u}'\hat{u}/T$，$\tilde{\sigma}^2=\tilde{u}'\tilde{u}/T$。$\hat{\beta}$ 是无约束 MLE，而 $\tilde{\beta}$ 是受约束 MLE。

(d) 利用上面的结果，证明：

$$W=T(\tilde{u}'\tilde{u}-\hat{u}'\hat{u})/\tilde{u}'\tilde{u},$$
$$LM=T(\tilde{u}'\tilde{u}-\hat{u}'\hat{u})/\tilde{u}'\tilde{u}。$$

另外，在 H_0 下 $LR=T\log[1+(W/T)]$，$LM=W/[1+(W/T)]$，$(T-k)\ W/Tk_1 \sim F_{k_1,T-k}$。和问题 16 中一样，我们利用不等式 $x\geqslant\log(1+x)\geqslant x/(1+x)$，得到 $W\geqslant LR\geqslant LM$。提示：利用 $x=W/T$。然而，需要重点注意的是，所有的检验统计量都是 F 统计量的单调函数，并且每个精确检验都将有完全相同的拒绝域。

对于表 3—2 给出的香烟消费数据，进行下面的回归：

$$\log C=\alpha+\beta\log P+\gamma\log Y+u,$$

对于原假设 $H_0:\beta=-1$，计算（c）中所示的 W、LR 和 LM。

(f) 计算关于 $H_0^A:\beta=-1$，$H_0^B:\beta^{-5}=-1$ 和 $H_0^C:\beta^{-5}=-1$ 的 Wald 统计量，并进行比较。

19. Gregory and Veall（1985）。利用式（7.51）和式（7.50）下方给出的原假设 H^A 和 H^B 的公式，证明这两个公式对应的 Wald 统计量分别由式（7.52）和式（7.53）给出。

20. Gregory and Veall（1986）。考虑动态模型：

$$y_t=\rho y_{t-1}+\beta_1 x_t+\beta_2 x_{t-1}+u_t,$$

其中 $|\rho|<1$，$u_t \sim NID(0,\sigma^2)$。注意，对这个方程进行 Cochrane-Orcutt 转换：

$$y_t-\rho y_{t-1}=\beta_1(x_t-\rho x_{t-1})+u_t,$$

必须满足下面的非线性约束 $-\beta_1\rho=\beta_2$，该约束被 Hendry and Mizon（1978）称为公共因子约束。注意，考虑下面关于这个约束的四种形式：$H^A:\beta_1\rho+\beta_2=0$；$H^B:\beta_1+(\beta_2/\rho)=0$；$H^C:\rho+(\beta_2/\beta_1)=0$ 和 $H^D:(\beta_1\rho/\beta_2)+1=0$。

(a) 利用式（7.51）推导四种形式的原假设下对应的四个 Wald 统计量。

(b) 将这四个 Wald 统计量应用到第二次世界大战后 1950—2007 年的关于美国实际个人消费支出与实际个人可支配收入的方程中，见表 5—1。

21. 增加回归变量对 R^2 的影响。第 4 章问题 4 中以非矩阵的形式考虑了该问题。将 y 对 $T\times K_1$ 维的 X_1 回归并计算 SSE_1。加入 $T\times K_2$ 维的 X_2 使得回归变量个数变为 $K=K_1+K_2$。y 对 $X=[X_1，X_2]$ 回归得到 SSE_2。证明 $SSE_2 \leqslant SSE_1$。得出的结论是相应的 R^2 满足 $R_2^2 \geqslant R_1^2$。提示：证明 $P_X-P_{X_1}$ 是半正定矩阵。

参考文献

本章包括的附加阅读材料可以在以下版本的教材中找到：Davidson and MacKinnon（1993），Kelejian and Oates（1989），Maddala（1992），Fomby，Hill and Johnson

（1984），Greene（1993），Johnston（1984），Judge et al.（1985）和 Theil（1971）。这些计量经济学文献引用较早。其他在这章中引用的参考文献如下：

Bera A. K. and G. Permaratne（2001），"General Hypothesis Testing," Chapter 2 in Baltagi, B. H.（ed.），A *Companion to Theoretical Econometrics*（Blackwell：Massachusetts）.

Berndt，E. R. and N. E. Savin（1977），"Conflict Among Criteria for Testing Hypotheses in the Multivariate Linear Regression Model," *Econometrica*，45：1263−1278.

Buse，A.（1982），"The Likelihood Ratio，Wald，and Lagrange Multiplier Tests：An Expository Note," *The American Statistician*，36：153−157.

Chow，G. C.（1960），"Tests of Equality Between Sets of Coefficients in Two Linear Regressions," *Econometrica*，28：591−605.

Dagenais，M. G. and J. M. Dufour（1991），"Invariance，Nonlinear Models，and Asymptotic Tests," *Econometrica*，59：1601−1615.

Engle，R. F.（1984），"Wald，Likelihood Ratio，and Lagrange Multiplier Tests in Econometrics," In：Griliches，Z. and M. D. Intrilligator（eds）*Handbook of Econometrics*（North-Holland：Amsterdam）.

Fiebig，D. G.（1995），"Iterative Estimation in Partitioned Regression Models," *Econometric Theory*，Problem 95.5.1，11：1177.

Frisch，R.，and F. V. Waugh（1933），"Partial Time Regression as Compared with Individual Trends," *Econometrica*，1：387−401.

Graybill，F. A.（1961），*An Introduction to Linear Statistical Models*，Vol. 1（McGraw-Hill：New York）.

Gregory，A. W. and M. R. Veall（1985），"Formulating Wald Tests of Nonlinear Restrictions," *Econometrica*，53：1465−1468.

Gregory，A. W. and M. R. Veall（1986），"Wald Tests of Common Factor Restrictions," *Economics Letters*，22：203−208.

Gujarati，D.（1970），"Use of Dummy Variables in Testing for Equality Between Sets of Coefficients in Two Linear Regressions：A Generalization," *The American Statistician*，24：50−52.

Hendry，D. F. and G. E. Mizon（1978），"Serial Correlation as a Convenient Simplification，Not as a Nuisance：A Comment on A Study of the Demand for Money by the Bank of England," *Economic Journal*，88：549−563.

Lafontaine，F. and K. J. White（1986），"Obtaining Any Wald Statistic You Want," *Economics Letters*，21：35−40.

Lovell，M. C.（1963），"Seasonal Adjustment of Economic Time Series," *Journal of the American Statistical Association*，58：993−1010.

Salkever，D.（1976），"The Use of Dummy Variables to Compute Predictions，Prediction Errors，and Confidence Intervals," *Journal of Econometrics*，4：393−397.

附 录

□ 一些有用的矩阵性质

本书假定读者以前曾学习过矩阵，并知道如何进行矩阵的加、减和可乘矩阵的乘法，并且熟悉转置矩阵、矩阵的迹、矩阵的秩、行列式和矩阵的逆。不了解这些知识的读者可以查阅像 Bellman (1970) 或 Searle (1982) 的标准教材。这部分附录的目的在于复习一些在课本中用到的矩阵性质，以便查阅。大部分性质没有给出证明。

从第 7 章开始，我们设置的数据矩阵 X 有 n 行 k 列，每一行表示 k 个变量的一个观测，每一列表示一个变量的 n 个观测。这个矩阵的维数是 $n \times k$。$n \times k$ 矩阵的秩总是小于等于较小的维数。由于 $n > k$，因此 $\text{rank}(X) \leqslant k$。如果 X 中的变量不存在完全的多重共线性，那么这个矩阵是秩为 k 的列满秩矩阵。这种情形下，$X'X$ 是 $k \times k$ 维的交叉积，它是二次的、对称的、秩为 k 的满秩矩阵。这利用了 $\text{rank}(X'X) = \text{rank}(X) = k$ 这一事实。因此 $(X'X)$ 是非奇异的且逆阵 $(X'X)^{-1}$ 存在。在普通最小二乘计算中要用到这一结论。事实上，为使最小二乘可行，X 应该是满列秩 k 的且在 X 中没有任何一个变量是其他变量的完全的线性组合。如果我们写出

$$X = \begin{bmatrix} x'_1 \\ \vdots \\ x'_n \end{bmatrix},$$

这里 x'_i 表示第 i 个观测，用数据表示 $X'X = \sum_{i=1}^{n} x_i x'_i$，其中 x_i 是 $k \times 1$ 维的列向量。

一个重要的并被广泛应用的矩阵是单位阵，该矩阵表示为 I_n，下标 n 表示其维数。这是一个 $n \times n$ 的方阵，对角线上元素都为 1，非对角线上元素均为 0。另外，$\sigma^2 I_n$ 是我们熟悉的标量协方差矩阵，矩阵对角线上的元素均为 σ^2，这反映了同方差或方差相等（见第 5 章），和零协方差或无序列相关（见第 5 章）。令

$$\Omega = \text{diag}[\sigma_i^2] = \begin{bmatrix} \sigma_1^2 & & 0 \\ & \ddots & \\ 0 & & \sigma_n^2 \end{bmatrix}$$

为 $(n \times n)$ 的对角阵，矩阵第 i 个对角元素等于 σ_i^2，$i = 1, 2, \cdots, n$。异方差下的矩阵形式便是如此，见第 9 章。注意，$\text{tr}(\Omega) = \sum_{i=1}^{n} \sigma_i^2$ 为对角线上元素之和。另外，$\text{tr}(I_n) = n$ 和 $\text{tr}(\sigma^2 I_n) = n\sigma^2$。另外一个有用的矩阵是投影矩阵 $P_X = X(X'X)^{-1}X'$，该矩阵是 $n \times n$ 维的，第 7 章用到了该矩阵。如果 y 表示被解释变量的观测构成的 $n \times 1$ 维的向量，那么 $P_X y$ 是 y 对 X 的最小二乘回归得到的预测值 $\hat{y}$。矩阵 P_X 是对称的和幂等的，这意味着容易证明 $P'_X = P_X$ 和 $P_X^2 = P_X P_X = P_X$。幂等矩阵的其他性质就是它们的秩等于它们的迹。因此，$\text{rank}(P_X) = \text{tr}(P_X) = \text{tr}(X(X'X)^{-1}X') = \text{tr}[X'X(X'X)^{-1}] = \text{tr}(I_k) = k$。

这里我们利用了 $\text{tr}(ABC) = \text{tr}(CAB) = \text{tr}(BCA)$。换言之，迹不受乘积的循环排列

的影响。当然，这些矩阵必须是可乘的且乘积可得到一个方阵。注意，$\bar{P}_X=I_n-P_X$ 也是一个对称幂等矩阵。这种情况下，$\bar{P}_X y=y-P_X y=y-\hat{y}=e$，这里 e 表示最小二乘残差 $y-X\hat{\beta}_{OLS}$，其中 $\hat{\beta}_{OLS}=(X'X)^{-1}X'y$，见第 7 章。这些投影矩阵有如下性质：

$$P_X X=X, \bar{P}_X X=0, \bar{P}_X e=e, P_X e=0。$$

实际上，$X'e=0$ 意味着矩阵 X 和最小二乘残差 e 是正交的。注意，$X'e=0$ 意味着 $X'(y-X\hat{\beta}_{OLS})=0$ 或 $X'y=X'X\hat{\beta}_{OLS}$。这 k 个方程就是众所周知的 OLS 正规方程，它们的解即为最小二乘估计 $\hat{\beta}_{OLS}$。根据 $\bar{P}_X$ 的定义，我们有（i）$P_X+\bar{P}_X=I_n$，（ii）P_X 和 $\bar{P}_X$ 都是幂等的，（iii）$P_X\bar{P}_X=0$。事实上，这些性质中的任何两个都意味着第三个。$\text{rank}(\bar{P}_X)=\text{tr}(\bar{P}_X)=\text{tr}(I_n-P_X)=n-k$。注意，$P_X$ 和 $\bar{P}_X$ 的秩分别为 k 和 $n-k$。两矩阵都不是满秩的，实际上，唯一的满秩、对称幂等矩阵是单位阵。

不满秩的矩阵是奇异的，它们的逆阵不存在。但是，可以找到矩阵 Ω 的广义逆 Ω^{-1}，它满足如下条件：

（i）$\Omega\Omega^-\Omega=\Omega$　　　　　　　（ii）$\Omega^-\Omega\Omega^-=\Omega^-$

（iii）$\Omega^-\Omega$ 是对称的　　　　　　（iv）$\Omega\Omega^-$ 是对称的

即使 Ω 不是方阵，也可以找到一个关于 Ω 的独一无二的 Ω^{-1}，它满足上述四个性质。这称为 Moore-Penrose 广义逆。

注意，一个对称幂等矩阵是它自身的 Moore-Penrose 广义逆。例如，容易证明，如果 $\Omega=P_X$，那么 $\Omega^{-1}=P_X$ 且它满足上述四个条件。幂等矩阵的特征根为 0 或 1。非零特征根的数目等于矩阵的秩。Ω^{-1} 的特征根是 Ω 的特征根的倒数，但是两个矩阵的特征向量是一样的。

当且仅当矩阵满秩时，其行列式非零。因此，如果 A 是奇异的，那么 $|A|=0$。另外，矩阵的行列式等于特征根的积。对于方阵 A 和 B，积的行列式等于行列式的积，即 $|AB|=|A|\cdot|B|$。因此，Ω^{-1} 的行列式是 Ω 行列式的倒数。这根据 $|\Omega|\cdot|\Omega^{-1}|=|\Omega\Omega^{-1}|=|I|=1$。在写广义最小二乘（GLS）估计的似然函数时用到了这个性质，见第 9 章。三角阵的行列式等于其对角元素的积。当然，立刻可以得到对角矩阵的行列式等于对角元素的积。

回归中的常数项对应的是回归元 X 中的一列 1 的向量。由 1 构成的向量记为 ι_n，其中 n 表示这个列向量的维数。注意，$\iota_n'\iota_n=n$ 且 $\iota_n\iota_n'=J_n$，这里 J_n 是 $n\times n$ 维的方阵，其元素全为 1。注意，J_n 不是幂等的，但容易证明 $\bar{J}_n=J_n/n$ 是幂等的。$\text{rank}(\bar{J}_n)=\text{tr}(\bar{J}_n)=1$。另外，注意，$I_n-\bar{J}_n$ 也是幂等的，秩为 $(n-1)$。$\bar{J}_n y$ 有典型元素 $\bar{y}=\sum_{i=1}^{n}y_i/n$，其中 $(I_n-\bar{J}_n)y$ 具有典型元素 $(y_i-\bar{y})$。因此，$\bar{J}_n$ 是一个平均矩阵，被 $(I_n-\bar{J}_n)$ 左乘得到与均值的离差。

对于两个非奇异矩阵 A 和 B，

$$(AB)^{-1}=B^{-1}A^{-1}。$$

另外，两个可乘矩阵的积的转置 $(AB)'=B'A'$。事实上，对于三个可乘矩阵这变为 $(ABC)'=C'B'A'$。逆的转置是转置的逆，即 $(A^{-1})'=(A')^{-1}$。

分块矩阵

$$A = \begin{bmatrix} A_{11} & A_{12} \\ A_{21} & A_{22} \end{bmatrix}$$

的逆阵为

$$A^{-1} = \begin{bmatrix} E & -EA_{12}A_{22}^{-1} \\ -A_{22}^{-1}A_{21}E & A_{22}^{-1}+A_{22}^{-1}A_{21}EA_{12}A_{22}^{-1} \end{bmatrix},$$

其中 $E = (A_{11}-A_{12}A_{22}^{-1}A_{21})^{-1}$。这些公式被用于分块回归模型，见第 7 章中的 FWL 定理的例子和多元回归中预测的方差—协方差矩阵的计算。

一个 $n \times n$ 的对称矩阵有 n 个不同的特征向量 c_1，…，c_n。相应的 n 个特征根 λ_1，…，λ_n 可能不同，但它们都是实数。Ω 的非零特征根数目等于 Ω 的秩。正定矩阵的特征根为正。对称矩阵 Ω 的特征向量是彼此正交的，也就是说对于 $i \neq j$，$c_i'c_j = 0$ 且可以被标准正交化，即 $c_i'c_i = 1$，$i = 1, 2, \cdots, n$。因此特征向量矩阵 $C = [c_1, c_2, \cdots, c_n]$ 是正交矩阵，有 $CC' = C'C = I_n$，其中 $C' = C^{-1}$。定义 $\Omega c_i = \lambda_i c_i$ 或 $\Omega C = C\Lambda$，其中 $\Lambda = \mathrm{diag}\,[\lambda_i]$。用 C' 左乘最后一个方程我们得到 $C'\Omega C = C'C\Lambda = \Lambda$。因此，特征向量构成的矩阵 C 将对称矩阵 Ω 对角化。另外，我们可以写出 $\Omega = C\Lambda C' = \sum_{i=1}^{n} \lambda_i c_i c_i'$，这是 Ω 的谱分解。

对于每一个 $n \times 1$ 的非负向量 y，一个真正的 $n \times n$ 的对称矩阵 Ω 是半正定的，我们有 $y'\Omega y \geqslant 0$。如果 $y'\Omega y$ 对于每一个非零的 y 是严格正定的，那么 Ω 是正定的。Ω 为正定的充分必要条件是 Ω 的所有特征根全部为正。一个重要的应用是用在比较参数向量 β 的两个无偏估计量的有效性上。这种情形下，我们从相对有效的一个估计量的方差—协方差矩阵中减去相对无效的方差—协方差矩阵，并证明得到的差是一个半正定矩阵，见第 7 章的高斯-马尔可夫定理。

如果 Ω 是一个对称的正定矩阵，那么存在一个非奇异矩阵 P 使得 $\Omega = PP'$。事实上，利用上面给出的 Ω 的谱分解可以选择 $P = C\Lambda^{1/2}$ 使得 $\Omega = C\Lambda C' = PP'$。这是一个有用的结果，第 9 章中我们用这个结果来得到广义最小二乘（GLS），并将 GLS 看作是一个用 $P^{-1} = (C\Lambda^{1/2})^{-1} = \Lambda^{-1/2}C'$ 对原模型变换后的最小二乘回归。事实上，如果 $u \sim N(0, \sigma^2\Omega)$，那么 $P^{-1}u$ 具有零均值且

$$\mathrm{var}(P^{-1}u) = P^{-1\prime}\mathrm{var}(u)P^{-1\prime} = \sigma^2 P^{-1}\Omega P^{-1\prime} = \sigma^2 P^{-1}PP'P^{-1\prime} = \sigma^2 I_n。$$

由第 2 章，我们已经看到，如果 $u \sim N(0, \sigma^2 I_n)$，那么 $u_i/\sigma \sim N(0, 1)$，故 $u_i^2/\sigma^2 \sim \chi_1^2$ 且 $u'u/\sigma^2 = \sum_{i=1}^{n} u_i^2/\sigma^2 \sim \chi_n^2$。因此 $u'(\sigma^2 I_n)\,u \sim \chi_n^2$。如果 $u \sim (0, \sigma^2\Omega)$，其中 Ω 是正定的，那么 $u^* = P^{-1}u \sim N(0, \sigma^2 I_n)$ 且 $u^{*\prime}u^*/\sigma^2 \sim \chi_n^2$。但是 $u^{*\prime}u^* = u'P^{-1\prime}P^{-1}u = u'\Omega^{-1}u$。因此，$u'\Omega^{-1}u/\sigma^2 \sim \chi_n^2$，第 9 章用到了该结果。

注意，OLS 残差记为 $e = \bar{P}_X u$，如果 $u \sim N(0, \sigma^2 I_n)$，那么 e 具有零均值且 $\mathrm{var}(e) = \sigma^2 \bar{P}_X I_n \bar{P}_X = \sigma^2 \bar{P}_X$，因此 $e \sim N(0, \sigma^2 \bar{P}_X)$。第 7 章中 σ^2 的估计量是 $s^2 = e'e/(n-k)$，因此 $(n-k)s^2/\sigma^2 = e'e/\sigma^2$。最后一项可写为 $u'\bar{P}_X u/\sigma^2$。为了得到这个正态变量二次形式的分布，我们利用第 7 章中引理 1 阐述的如下结果。

引理 1：对任何秩为 r 的对称幂等矩阵 A，总存在一个正交矩阵 P 使得 $P'AP = J_r$，

其中 J_r 是对角阵，前 r 个元素为 1，其他元素为 0。

我们利用这个引理证明 $e'e/\sigma^2$ 是一个自由度为 $(n-k)$ 的 χ^2 变量。为了明白这一点，注意，$e'e/\sigma^2 = u'\overline{P}_X u/\sigma^2$ 并且 $\overline{P}_X$ 是对称幂等的，秩为 $(n-k)$。利用这个引理，可知存在一个矩阵 P 使得 $P'\overline{P}_X P = J_{n-k}$，$J_{n-k}$ 是一个主对角线上前 $n-k$ 个元素为 1 且其余 k 个元素为 0 的对角矩阵。正交矩阵 P 被定义为一个逆阵为其转置的矩阵，即 $P'P = I_n$。令 $v = P'u$，那么 v 具有零均值且 $\text{var}(v) = \sigma^2 P'P = \sigma^2 I_n$，故 v 是 $N(0,\ \sigma^2 I_n)$ 且 $u = Pv$。因此，

$$e'e/\sigma^2 = u'\overline{P}_X u/\sigma^2 = v'P'\overline{P}_X Pv/\sigma^2 = v'J_{n-k}v/\sigma^2 = \sum_{i=1}^{n-k} v_i^2/\sigma^2 \,。$$

但是，v 是独立同分布的，服从 $N(0,\ \sigma^2)$，因此 v_i^2/σ^2 是标准化 $N(0,1)$ 随机变量的平方，服从 χ_1^2。另外，独立的 χ^2 随机变量的和是一个自由度为各变量相应自由度之和的 χ^2 随机变量，见第 2 章。因此 $e'e/\sigma^2$ 服从 χ_{n-k}^2 分布。

上述结果的精彩之处在于它可应用于所有的二次型 $u'Au$，其中 A 是对称幂等的。一般而言，对于 $u \sim N(0,\ \sigma^2 I)$，$u'Au/\sigma^2$ 服从 χ^2 分布的充分必要条件是 A 是一个秩为 k 的幂等矩阵，见 Graybill（1961）定理 4.6。关于正态随机变量二次型的另一个有用的定理如下：如果 $u \sim N(0,\ \sigma^2 \Omega)$，那么当且仅当 $A\Omega$ 是一个秩为 k 的幂等矩阵时，$u'Au/\sigma^2$ 服从 χ_k^2 分布，见 Graybill（1961）定理 4.8。如果 $u \sim N(0,\ \sigma^2 I)$，当且仅当 $\text{tr}(AB) = 0$ 时，两个正态变量半正定二次型（比如说 $u'Au$ 和 $u'Bu$）才是独立的，见 Graybill（1961）定理 4.10。一个充分条件是 $\text{tr}(AB) = 0$，见 Graybill（1961）定理 4.15。该结果在第 7 章中被用于构造检验假设的 F 统计量，例如问题 11。对于 $u \sim N(0,\ \sigma^2 I)$，如果 $BA = 0$，二次型 $u'Au$ 独立于线性形式 Bu，见 Graybill（1961）定理 4.17。该结果在第 7 章被用于证明 s^2 与 $\hat{\beta}_{OLS}$ 之间的独立性，见问题 8。通常，如果 $u \sim N(0,\ \Sigma)$，那么当且仅当 $A\Sigma B = 0$ 时，$u'Au$ 和 $u'Bu$ 是独立的，见 Graybill（1961）定理 4.21。还有许多其他有用的矩阵性质。这只是这些性质中的一些例子，在本书中将被隐含地或明确用到。

两个矩阵的克拉内克积 $\Sigma \otimes I_n$ 定义如下，其中 Σ 是 $m \times m$ 的，I_n 是维数为 n 的单位阵：

$$\Sigma \otimes I_n = \begin{bmatrix} \sigma_{11} I_n & \cdots & \sigma_{1m} I_n \\ \vdots & \cdots & \vdots \\ \sigma_{m1} I_n & \cdots & \sigma_{mn} I_n \end{bmatrix} \,。$$

换言之，我们在 $\Sigma = [\sigma_{ij}]$ 的每一个元素旁边放一个 I_n。得到的矩阵维数是 $mn \times mn$。当我们有类似第 10 章中似无关回归中那样的方程系统时会用得到。一般来说，如果 A 是 $m \times n$，B 是 $p \times q$，那么 $A \otimes B = mp \times nq$。克拉内克积的一些性质包括 $(A \otimes B)' = A' \otimes B'$。如果 A 和 B 都是方阵，维数分别 $m \times m$ 和 $p \times p$，那么 $(A \otimes B)^{-1} = A^{-1} \otimes B^{-1}$，$|A \otimes B| = |A|^m |B|^p$ 和 $\text{tr}(A \otimes B) = \text{tr}(A)\,\text{tr}(B)$。对 $\Sigma \otimes I_n$ 应用这个结果，我们得到

$$(\Sigma \otimes I_n)^{-1} = \Sigma^{-1} \otimes I_n \text{ 和 } |\Sigma \otimes I_n| = |\Sigma|^m |I_n|^n = \Sigma^m \,，$$

以及 $\text{tr}(\Sigma \otimes I_n) = \text{tr}(\Sigma)\,\text{tr}(I_n) = n\text{tr}(\Sigma)$。

矩阵求导的一些有用性质如下:

$$\frac{\partial x'b}{\partial b}=x,$$ 其中 x' 是 $1\times k$ 维的, b 是 $k\times 1$ 维的。

另外,

$$\frac{\partial b'Ab}{\partial b}=(A+A'),$$ 其中 A 是 $k\times k$ 维的。

如果 A 是对称阵,那么 $\partial b'Ab/\partial b=2Ab$。第 7 章中推导最小二乘估计量时会用到这两个性质。

参考文献

Bellman, R. (1970), *Introduction to Matrix Analysis* (McGraw Hill: New York).

Searle, S. R. (1982), *Matrix Algebra Useful for Statistics* (John Wiley and Sons: New York).

第8章

回归模型的诊断与设定检验

▌ 8.1 有影响的观测值[①]

有影响的观测值的来源包括：（ⅰ）数据记录不正确；（ⅱ）数据中存在观测误差；（ⅲ）设定错误；（ⅳ）合理的离群值点，且包含能提高估计有效性的有用信息。通常我们会忽略极值点并用这些理想的数据去估计参数的取值范围。

我们经常需要对数据做描述性统计分析，见第2章。这往往会揭示离群值、偏态或多峰分布。我们也常检查散点图，但这些仅仅是初步诊断，还不足以检测多变量不一致的观测值或每个观测值如何影响估计回归模型。

在回归分析中，我们强调绘制残差图的重要性，观察残差对解释变量或预测值 $\hat{y}$ 的图形模式来识别模型可能存在的非线性、异方差性、自相关性，请参阅第3章。在本节中，我们将学习如何识别数值显著大的残差以及为识别有影响的观测值进行回归诊断计算。我们研究删除某观测值将会在何种程度上影响估计系数、标准差、预测值、残差和检验统计量。这些是回归分析中的核心诊断工具。

因此，Belsley，Kuh and Welsch（1980，p.11）定义一个有影响的观测值为"该观测值无论是单独还是与其他几个观测值一起，跟其他大多数观测值相比，对各种估计值（系数，标准误差，t 值等）有重大的影响"。

首先，什么是显著大的残差？我们已经看到 y 对 X 的最小二乘估计的残差是 $e = (I_n - P_X)u$，见式（7.7）。y 是 $n \times 1$ 的向量，X 是 $n \times k$ 的矩阵。如果 u 服从 IID(0, $\sigma^2 I_n$)，那么 e 有零均值和方差 $\sigma^2(I_n - P_X)$。因此，OLS 估计的残差存在自相关和异方差，其方差为 $\mathrm{var}(e_i) = \sigma^2(1 - h_{ii})$，其中 h_{ii} 是帽子矩阵 $H = P_X$ 的第 i 个对角元素，这是因为 $\hat{y} = HY$。

对角元素 h_{ii} 有如下性质：

$$\sum_{i=1}^{n} h_{ii} = \text{tr}(P_X) = K, \quad h_{ii} = \sum_{j=1}^{n} h_{ij}^2 \geqslant h_{ii}^2 \geqslant 0。$$

最后一个性质是由 P_X 为对称幂等矩阵决定的，故有 $h_{ii}^2 - h_{ii} \leqslant 0$ 或 $h_{ii}(h_{ii}-1) \leqslant 0$。因此，$0 \leqslant h_{ii} \leqslant 1$（见问题 1）。$h_{ii}$ 称为第 i 个观测值的杠杆作用。对于一个含常数项的简单回归：

$$h_{ii} = (1/n) + \left(x_i^2 \Big/ \sum_{i=1}^{n} x_i^2 \right),$$

其中 $x_i = X_i - \overline{X}$；h_{ii} 可以解释为第 i 个观测值和所有 n 个观测值的平均值之间距离的量度。h_{ii} 较大时表明第 i 个观测值是远离中心的观测值。这意味着，有着大的 h_{ii}（一个仅以 X_i 的值为自变量的函数）的第 i 个观测值在确定拟合值 $\hat{y}_i$ 时有着较大的杠杆作用。此外，h_{ii} 越大，残差 e_i 的方差越小。由于观测值有高的杠杆倾向于有较小的方差，仅通过对残差的检验不太可能检测到它。但是，怎样才称得上一个大的杠杆作用？如果 h_{ii} 大于两倍的杠杆平均值 $2\overline{h} = 2k/n$，那么它就是大的。因此，如果 $h_{ii} \geqslant 2k/n$，则称为 X 的离群观测值。

一个更简单的表示 h_{ii} 的方式是 $h_{ii} = d_i' P_X d_i = \|P_X d_i\|^2 = x_i'(X'X)^{-1} x_i$，其中 d_i 表示第 i 个观测值的虚拟变量，即在第 i 个位置为 1 而其他位置为 0 的 n 维向量。x_i' 为 X 的第 i 行，$\|.\|$ 为欧式距离。可以发现 $d_i' X = x_i'$。

我们标准化第 i 个 OLS 估计的残差，即除以它的方差估计量。标准化的残差形式如下：

$$\tilde{e}_i = e_i / s\sqrt{1-h_{ii}}, \tag{8.1}$$

其中 σ^2 是通过样本均方误差 s^2 估计而来的，这是对残差内部学生氏化，见 Cook and Weisberg（1982）。或者可以利用相对于 e_i 独立的 σ^2 的估计。设 $s_{(i)}^2$ 为不通过第 i 个观测值计算出的均方误差，可以通过式（8.18）表示：

$$s_{(i)}^2 = \frac{(n-k)s^2 - e_i^2/(1-h_{ii})}{(n-k-1)} = s^2 \left(\frac{n-k-\tilde{e}_i^2}{n-k-1} \right)。 \tag{8.2}$$

在正态情况下，e_i 和 $s_{(i)}^2$ 是相互独立的，外部学生氏化的残差定义为：

$$e_i^* = e_i / s_{(i)} \sqrt{1-h_{ii}} \sim t_{n-k-1}。 \tag{8.3}$$

因此，如果正态假设成立，我们可以很容易地评估任何单一学生氏化残差的显著性。当然 e_i^* 不是独立的。由于这是一个 t 统计量，所以如果其绝对值大于 2，就认为很显著了。

将式（8.2）代入式（8.3），然后与式（8.1）的结果进行比较，可以很容易看出 e_i^* 是 $\tilde{e}_i$ 的一个单调变换：

$$e_i^* = \tilde{e}_i \left(\frac{n-k-1}{n-k-\tilde{e}_i^2} \right)^{\frac{1}{2}}。 \tag{8.4}$$

Cook and Weisberg（1982）证明，e_i^* 为从下列增项回归中得出的一个 t 统计量：

$$y = X\beta^* + d_i\varphi + u, \tag{8.5}$$

其中 d_i 是第 i 个观测值的虚拟变量。事实上 $\hat{\varphi} = e_i/(1-h_{ii})$，$e_i^*$ 是检验 $\varphi = 0$ 的 t 统计量（参见问题 4 和下面给出的证明）。因此，只需要通过回归式（8.5）就能确定第 i 个残差是否很大。第 i 个观测值的虚拟变量包含在原回归式中，这个虚拟变量的 t 统计量可以检验第 i 个残差是否很大。重复所有观测值 $i = 1, \cdots, n$。

这可以很容易推广到检验一组显著较大的残差：

$$y = X\beta^* + D_p\varphi^* + u, \tag{8.6}$$

其中 D_p 是一个 $n \times p$ 的关于 p 个可疑观测值的虚拟变量矩阵。可以通过式（4.17）描述的 Chow 检验按如下方式检验 $\varphi^* = 0$：

$$F = \frac{[\text{残差和（无虚拟变量）} - \text{残差和（有虚拟变量 } D_p\text{）}]/p}{\text{残差和（有虚拟变量 } D_p\text{）}/(n-k-p)}。\tag{8.7}$$

在原假设下它服从 $F_{p,n-k-p}$ 分布，见 Gentleman and Wilk (1975)。令：

$$e_p = D_p'e, \text{ 则 } E(e_p) = 0, \text{var}(e_p) = \sigma^2 D_p'\bar{P}_X D_p。\tag{8.8}$$

然后可以证明（见问题 5）：

$$F = \frac{[e_p'(D_p'\bar{P}_X D_p)^{-1}e_p]/p}{[(n-k)s^2 - e_p'(D_p'\bar{P}_X D_p)^{-1}e_p]/(n-k-p)} \sim F_{p,n-k-p}。\tag{8.9}$$

另一种改进方法是忽略第 i 个观测值对模型进行估计：

$$\hat{\beta}_{(i)} = [X_{(i)}'X_{(i)}]^{-1}X_{(i)}'y_{(i)}, \tag{8.10}$$

其中下标符号 (i) 表示已被删除的第 i 个观测值，改进后的公式如下：

$$(A - a'b)^{-1} = A^{-1} + A^{-1}a'(I - bA^{-1}a')^{-1}bA^{-1}, \tag{8.11}$$

其中 $A = (X'X)$，$a = b = x_i'$，可以得到：

$$[X_{(i)}'X_{(i)}]^{-1} = (X'X)^{-1} + (X'X)^{-1}x_ix_i'(X'X)^{-1}/(1-h_{ii})。\tag{8.12}$$

因此，

$$\hat{\beta} - \hat{\beta}_{(i)} = (X'X)^{-1}x_ie_i/(1-h_{ii})。\tag{8.13}$$

由于一般要首先估计系数，式（8.13）描述了如果删除了第 i 个观测值，估计回归系数发生的变化。需要注意的是，一个拥有较大 h_{ii} 高杠杆作用的观测值只有在相应的残差 e_i 不是很小的情况下才能对式（8.13）有重要影响。因此，高杠杆作用意味着有潜在影响力的观测值，但是这种潜在性是否为真实的取决于 y_i。

换个角度，可以从扩展的回归式（8.5）中得出这个结果。注意，$P_{d_i} = d_i(d_i'd_i)^{-1}d_i' = d_id_i'$ 是一个 $n \times n$ 的矩阵，对角线的第 i 个元素是 1 且其余都是 0。$\bar{P}_{d_i} = I_n - P_{d_i}$，在右乘删除第 i 个观测值的向量 y 的前提下才有效。因此，式（8.5）左乘 $\bar{P}_{d_i}$ 得到：

$$\bar{P}_{d_i}y = \binom{y_{(i)}}{0} = \binom{X_{(i)}}{0}\beta^* + \binom{u_{(i)}}{0}, \tag{8.14}$$

其中第 i 个观测值移到数据的底部并不失一般性。最后的观测值对最小二乘估计 β^* 没有影响，因为无论独立的还是非独立的变量都为零。这样的回归将产生 $\hat{\beta}^* = \hat{\beta}_{(i)}$，第 i 个观测值的残差显然为零。由 7.3 节给出的 FWL 定理可知，最小二乘估计的结果和式（8.14）中得到的残差在数值上与式（8.5）的结果相同。因此，在式（8.5）中 $\hat{\beta}^* = \hat{\beta}_{(i)}$，第 i 个观测值的残差必然为零。这意味着 $\hat{\varphi} = y_i - x_i' \hat{\beta}_{(i)}$，该回归的拟合值如下：$\hat{y} = X\hat{\beta}_{(i)} + d_i \hat{\varphi}$，而原回归式（7.1）的拟合值为 $X\hat{\beta}$，因此残差之间的差异是：

$$e - e_{(i)} = X\hat{\beta}_{(i)} + d_i \hat{\varphi} - X\hat{\beta}, \tag{8.15}$$

式（8.15）左乘 $\bar{P}_X$ 并利用 $\bar{P}_X X = 0$，我们可以得到 $\bar{P}_X(e - e_{(i)}) = \bar{P}_X d_i \hat{\varphi}$。但是 $\bar{P}_X e = e$ 且 $\bar{P}_X e_{(i)} = e_{(i)}$，因此 $\bar{P}_X d_i \hat{\varphi} = e - e_{(i)}$。两边同时左乘 d_i'，得到 $d_i' \bar{P}_X d_i \hat{\varphi} = e_i$，因为式（8.5）中第 i 个残差的值为零，根据定义，$d_i' \bar{P}_X d_i = 1 - h_{ii}$，因此，

$$\hat{\varphi} = e_i / (1 - h_{ii}), \tag{8.16}$$

式（8.15）左乘 $(X'X)^{-1}X'$ 可以得到 $0 = \hat{\beta}_{(i)} - \hat{\beta} + (X'X)^{-1}X'd_i \hat{\varphi}$，因为这两个残差都与 X 正交。重新整理并替代式（8.16）中的 $\hat{\varphi}$，可以得到：

$$\hat{\beta} - \hat{\beta}_{(i)} = (X'X)^{-1}x_i \hat{\varphi} = (X'X)^{-1}x_i e_i / (1 - h_{ii}),$$

与式（8.13）的结果相同。

需要注意的是，式（8.2）中的 $s_{(i)}^2$ 可以写成 $\hat{\beta}_{(i)}$ 的形式：

$$s_{(i)}^2 = \sum_{t \neq i} (y_t - x_t' \hat{\beta}_{(i)})^2 / (n - k - 1), \tag{8.17}$$

将式（8.13）代入式（8.17），可以得到：

$$
\begin{aligned}
(n - k - 1)s_{(i)}^2 &= \sum_{t=1}^{n} \left(e_t + \frac{h_{ii} e_i}{1 - h_{ii}} \right)^2 - \frac{e_i^2}{(1 - h_{ii})^2} \\
&= (n - k)s^2 + \frac{2e_i}{1 - h_i} \sum_{t=1}^{n} e_t h_{it} + \frac{e_i^2}{(1 - h_{ii})^2} \sum_{t=1}^{n} h_{it}^2 - \frac{e_i^2}{(1 - h_{ii})^2} \\
&= (n - k)s^2 - \frac{e_i^2}{1 - h_{ii}}, \tag{8.18}
\end{aligned}
$$

这就是式（8.2）。这就用到了 $He = 0$ 和 $H^2 = H$ 的条件。因此，$\sum_{t=1}^{n} e_t h_{it} = 0$，$\sum_{t=1}^{n} h_{it}^2 = h_{ii}$。

为了评估删除第 i 个观测值对 $\hat{\beta}_j$（$\hat{\beta}$ 的第 j 个元素）造成的影响，我们扩大 $\hat{\beta}_j$ 的方差倍，即 $\sigma^2 (X'X)_{jj}^{-1}$ 倍。记为：

$$DFBETAS_{ij} = (\hat{\beta}_j - \hat{\beta}_{j(i)}) \Big/ s_{(i)} \sqrt{(X'X)_{jj}^{-1}}。 \tag{8.19}$$

注意，使用 $s_{(i)}$ 是为了在高斯情况下使分母随机独立于分子。$DFBETAS$ 的绝对值大于 2，则被认为是有影响的。然而 Belsley, Kuh and Welsch（1980）建议将 $2/\sqrt{n}$ 作为参照样本量调整的临界值。事实上，从一个样本量为 100 或更大的样本中删除单个的观

测值而导致任何估计量的变化超过两个或更多的标准误差范围是不太可能的。参照样本量调整的临界值试图寻找大致相同比例的有潜在影响的观测值，不考虑样本的大小。参照样本量调整的临界值对大规模的数据特别重要。

在正态的情况下，它可以帮助观察 t 统计量的变化，作为一种手段评估回归结果对删除第 i 个观测值的灵敏度：

$$DFSTAT_{ij} = \frac{\hat{\beta}_j}{s\sqrt{(X'X)^{-1}_{jj}}} - \frac{\hat{\beta}_{j(i)}}{s_{(i)}\sqrt{(X'_{(i)}X_{(i)})^{-1}_{jj}}}. \tag{8.20}$$

当删除第 i 个观测值时，另外一种概括系数变化和深入了解预测效果的方法是观察拟合值的变化，定义为：

$$DFFIT_i = \hat{y}_i - \hat{y}_{(i)} = x'_i[\hat{\beta} - \hat{\beta}_{(i)}] = h_{ii}e_i/(1-h_{ii}), \tag{8.21}$$

其中最后一个等式由式（8.13）获得。

我们将此方法扩大 $\hat{y}_{(i)}$ 的方差倍，即 $\sigma\sqrt{h_{ii}}$ 倍，给出：

$$DFFITS_i = \left(\frac{h_{ii}}{1-h_{ii}}\right)^{1/2} \frac{e_i}{s_{(i)}\sqrt{1-h_{ii}}} = \left(\frac{h_{ii}}{1-h_{ii}}\right)^{1/2} e_i^*, \tag{8.22}$$

其中 σ 已经通过 $s_{(i)}$ 和 e_i^* 估计出来，e_i^* 表示外部学生氏化残差，已在式（8.3）中给出。如果 $DFFITS$ 的绝对值大于 2，则被认为是有影响的。Belsley, Kuh and Welsch (1980) 建议的参照样本量调整的临界值为 $2\sqrt{k/n}$。

在式（8.3）中，标准化残差 e_i^* 被解释为检验 d_i 的系数 φ 的 t 统计量，即在 y 对 X 和 d_i 的回归中，第 i 个观测值取值为 1 而其余取值为 0 的虚拟变量。很容易证明如下：

考虑检验 φ 的显著性的 Chow 检验。$RRSS = (n-k)s^2$，$URSS = (n-k-1)s_{(i)}^2$，在式（4.17）中提到的 Chow 检验 F 统计量变成：

$$F_{1,n-k-1} = \frac{[(n-k)s^2 - (n-k-1)s_{(i)}^2]/1}{(n-k-1)s_{(i)}^2/(n-k-1)} = \frac{e_i^2}{s_{(i)}^2(1-h_{ii})}. \tag{8.23}$$

式（8.23）结果的平方根为 $e_i^* \sim t_{n-k-1}$。这些学生氏化残差提供了一个更好的方式来检查残差的信息，但它们不能说明所有的信息，因为一些最有影响力的数据点具有很小的 e_i^*（以及很小的 e_i）。

Cook（1977）提出的距离测度 D_i^2 是对第 i 个观测值在估计回归系数时的影响的整体测度。回想一下，对于所有 k 的回归系数的置信区间都有 $(\hat{\beta}-\beta)'X'X(\hat{\beta}-\beta)/ks^2 \sim F(k, n-k)$。Cook（1977）提出的距离测度 D_i^2 使用了当删除第 i 个观测值时对估计回归系数联合影响的测度：

$$D_i^2(s) = (\hat{\beta} - \hat{\beta}_{(i)})'X'X(\hat{\beta} - \hat{\beta}_{(i)})/ks^2. \tag{8.24}$$

即使以上的 $D_i^2(s)$ 不服从 F 分布，Cook 也建议从 F 分布中计算出分位数值，然后在分位数值 $\geqslant 50\%$ 的情况下认为其是有影响的观测值。在这种情况下，$\hat{\beta}$ 和 $\hat{\beta}_{(i)}$ 之间的距离将会变得很大，意味着第 i 个观测值对回归拟合有着实质性的影响。Cook 的距离测度可以按如下方式等价计算：

$$D_i^2(s) = \frac{e_i^2}{ks^2}\left(\frac{h_{ii}}{(1-h_{ii})^2}\right).\tag{8.25}$$

$D_i^2(s)$ 的大小取决于 h_{ii} 和 e_i 的大小，h_{ii} 和 e_i 越大，$D_i^2(s)$ 越大。需要注意 Cook 所说的 $D_i^2(s)$ 和 Belsley，Kuh and Welsch（1980）在式（8.22）中所说的 $DFFITS_i(\sigma)$ 之间的关系：

$$DFFITS_i(\sigma) = \sqrt{k}D_i(\sigma) = (\hat{y}_i - x_i'\hat{\beta}_{(i)})\Big/(\sigma\sqrt{h_{ii}}).$$

Belsley，Kuh and Welsch（1980）建议要特别关注基于 $s_{(i)}$ 的 $DFFITS$ 超过 $2\sqrt{k/n}$ 的情况。Cook 的第 50 分位数的建议相当于 $DFFITS > \sqrt{k}$，这是更加保守的，见 Velleman and Welsch（1981）。

接下来，我们研究删除第 i 个观测值对回归系数协方差矩阵的影响。我们可以使用它们行列式的比率来比较两个协方差矩阵：

$$COVRATIO_i = \frac{\det(s_{(i)}^2[X_{(i)}'X_{(i)}]^{-1})}{\det(s^2[X'X]^{-1})} = \frac{s_{(i)}^{2k}}{s^{2k}}\left(\frac{\det[X_{(i)}'X_{(i)}]^{-1}}{\det[X'X]^{-1}}\right).\tag{8.26}$$

利用

$$\det[X_{(i)}'X_{(i)}] = (1-h_{ii})\det[X'X],\tag{8.27}$$

见问题 8，我们可以得到

$$COVRATIO_i = \left(\frac{s_{(i)}^2}{s^2}\right)^k \times \frac{1}{1-h_{ii}} = \frac{1}{\left(\frac{n-k-1}{n-k}+\frac{e_i^{*2}}{n-k}\right)^k(1-h_{ii})},\tag{8.28}$$

其中最后一个等式满足式（8.18）和式（8.3）中关于 e_i^* 的定义。如果 $COVRATIO$ 的值不在 1 附近，就可能存在有影响的观测值，需要进一步诊断。Belsley，Kuh and Welsch（1980）建议检查 $|COVRATIO-1|$ 近似等于或者大于 $3k/n$ 的那些观测点。$COVRATIO$ 的值建立在 h_{ii} 和 e_i^* 的基础上。事实上从式（8.28）中可以得出 $COVRATIO$ 值的大小与 h_{ii} 成正比，与 e_i^* 成反比。由于 h_{ii} 和 e_i^* 这两个因素可以相互抵消，所以在 $COVRATIO$ 中分别观测和综合观测它们一样重要。

最后，我们考察当一个观测值被删除时 $\hat{y}_i$ 的方差是如何变化的：

$$\mathrm{var}(\hat{y}_i) = s^2h_{ii}, \mathrm{var}(\hat{y}_{(i)}) = \mathrm{var}(x_i'\hat{\beta}_{(i)}) = s_{(i)}^2(h_{ii}/(1-h_{ii})),$$

比率为：

$$FVARATIO_i = s_{(i)}^2/s^2(1-h_{ii}).\tag{8.29}$$

此表达式与 $COVRATIO$ 类似，唯一不同的是 $[s_{(i)}^2/s^2]$ 没有 k 次幂。作为一种诊断方法，在 h_{ii} 和学生氏化残差的不同组合下，它与 $COVRATIO$ 有类似的表现。

例1：对于表 3—2 中给出的有关香烟的数据，表 8—1 给出了 $\log C$ 对 $\log Y$ 和 $\log P$ 回归的 SAS 最小二乘结果，

$$\log C = 4.30 \underset{(0.909)}{} - 1.34 \underset{(0.325)}{} \log P + 0.172 \underset{(0.197)}{} \log Y + 残差。$$

回归的标准差 $s=0.163\,43$，调整的可决系数 $\bar{R}^2=0.271$。表 8—2 给出了模型所用的数据、$\log C$ 的预测结果、最小二乘法的残差 e、式(8.1)中内部学生氏化残差 $\tilde{e}$、式(8.3)中外部学生氏化残差 e^*、式(8.25)中 Cook 统计量、每个观测值的杠杆效应 h、式(8.22)的 *DFFITS* 以及式(8.28)中的 *COVRATIO*。

表 8—1   香烟消费回归

Dependent Variable：LNC
Analysis of Variance

Source	DF	Sum of Squares	Mean Square	F Value	Prob>F
Model	2	0.50098	0.25049	9.378	0.0004
Error	43	1.14854	0.02671		
C Total	45	1.64953			

Root MSE	0.16343	R-square	0.3037	
Dep Mean	4.84784	Adj R-sq	0.2713	
C. V.	3.37125			

Parameter Estimates

Variable	DF	Parameter Estimate	Standard Error	T for H0：Parameter=0	Prob>|T|
INTERCEP	1	4.299 662	0.90892571	4.730	0.0001
LMP	1	−1.338335	0.32460147	−4.123	0.0002
LNY	1	0.172386	0.19675440	0.876	0.3858

利用杠杆效应那一列的数据可以识别四种可能的高杠杆力观测值，即大于 $2\bar{h}=2k/n=6/46=0.130\,43$ 的值，这些观测值都属于以下各州：康涅狄格州（CT），肯塔基州（KY），新罕布什尔州（NH）和新泽西州（NJ），杠杆效应分别为 0.135 35、0.197 75、0.130 81 和 0.139 45。值得注意的是，相应最小二乘估计的残差分别为 −0.078、0.234、0.160 和 −0.059，都不算大。利用式（8.1）能计算内部学生氏化残差。例如对于 KY 来说：

$$\tilde{e}_{KY} = \frac{e_{KY}}{s\sqrt{1-h_{KY}}} = \frac{0.234\,28}{0.163\,43\sqrt{1-0.197\,75}} = 1.600\,5。$$

从表 8—2 可得，两个较大内部学生氏化残差的观测值属于阿肯色州（AR）和犹他州（UT），分别为 2.102 和 −2.679，绝对值均大于 2。

外部学生氏化残差可由式（8.3）算得。以 KY 为例，我们首先计算 $s^2_{(KY)}$，即回归中删除 KY 的观测值后计算出的均方误差。在式（8.2）中已给出：

$$s^2_{(KY)} = \frac{(n-k)s^2 - e^2_{KY}/(1-h_{KY})}{(n-k-1)}$$

表8—2

香烟消费例子中的诊断统计量

OBS	STATE	LNC	LNP	LNY	PREDICTED	e	ē	e*	Cook's D	Leverage	DFFITS	COVRATIO
1	亚拉巴马	4.962 13	0.204 87	4.640 39	4.825 4	0.136 7	0.857	0.854 6	0.012	0.048 0	0.191 9	1.070 4
2	亚利桑那	4.663 12	0.166 40	4.683 89	4.884 4	−0.221 3	−1.376	−1.390 6	0.021	0.031 5	−0.250 8	0.968 1
3	阿肯色	5.107 09	0.234 06	4.594 35	4.778 4	0.328 7	2.102	2.193 2	0.136	0.084 7	0.667 0	0.846 9
4	加利福尼亚	4.504 49	0.363 99	4.881 47	4.654 0	−0.149 5	−0.963	−0.962 3	0.033	0.097 5	−0.316 4	1.113 8
5	康涅狄格	4.669 83	0.321 49	5.094 72	4.747 7	−0.077 8	−0.512	−0.507 7	0.014	0.135 4	−0.200 9	1.218 6
6	特拉华	5.047 05	0.219 29	4.870 87	4.845 8	0.201 2	1.252	1.260 2	0.018	0.032 6	0.231 3	0.992 4
7	哥伦比亚特区	4.656 37	0.289 46	5.059 60	4.784 5	−0.128 1	−0.831	−0.828 0	0.029	0.110 4	−0.291 7	1.149 1
8	佛罗里达	4.800 81	0.287 33	4.811 55	4.744 6	0.056 2	0.352	0.348 2	0.002	0.043 1	0.073 9	1.111 8
9	佐治亚	4.979 74	0.128 26	4.732 99	4.943 9	0.035 8	0.224	0.221 3	0.001	0.040 2	0.045 3	1.114 2
10	爱达荷	4.749 02	0.175 41	4.643 07	4.865 3	−0.116 3	−0.727	−0.722 6	0.008	0.041 3	−0.150 0	1.078 7
11	伊利诺伊	4.814 45	0.248 06	4.903 87	4.813 0	0.001 4	0.009	0.008 7	0.000	0.039 9	0.001 8	1.117 8
12	印第安纳	5.111 29	0.089 92	4.729 16	4.994 6	0.116 7	0.739	0.734 7	0.013	0.065 0	0.193 6	1.104 6
13	爱荷华	4.808 57	0.240 81	4.742 11	4.794 9	0.013 7	0.085	0.084 3	0.000	0.031 0	0.015 1	1.107 0
14	堪萨斯	4.792 63	0.216 42	4.796 13	4.836 8	−0.044 2	−0.273	−0.270 4	0.001	0.022 3	−0.040 8	1.091 9
15	肯塔基	5.379 06	−0.032 60	4.649 37	5.144 8	0.234 3	1.600	1.631 1	0.210	0.197 7	0.809 8	1.112 6
16	路易斯安那	4.986 02	0.238 56	4.614 61	4.775 9	0.210 1	1.338	1.350 4	0.049	0.076 1	0.387 5	1.022 4
17	缅因	4.987 22	0.291 06	4.755 01	4.729 8	0.257 4	1.620	1.652 7	0.051	0.055 3	0.400 0	0.940 3
18	马里兰	4.777 51	0.125 75	4.946 92	4.984 1	−0.206 6	−1.349	−1.362 4	0.084	0.121 6	−0.507 0	1.073 1
19	马萨诸塞	4.738 77	0.226 13	4.999 98	4.859 0	−0.120 2	−0.769	−0.765 3	0.018	0.085 6	−0.234 1	1.125 8
20	密歇根	4.947 44	0.230 67	4.806 20	4.819 5	0.128 0	0.792	0.789 0	0.005	0.023 8	0.123 2	1.051 8
21	明尼苏达	4.695 89	0.342 97	4.812 07	4.670 2	0.025 7	0.165	0.162 7	0.001	0.086 4	0.050 0	1.172 4
22	密西西比	4.939 90	0.136 38	4.529 38	4.897 9	0.042 0	0.269	0.266 0	0.002	0.088 3	0.082 8	1.171 2
23	密苏里	5.064 30	0.087 31	4.781 89	5.007 1	0.057 2	0.364	0.360 7	0.004	0.078 7	0.105 4	1.154 1

续前表

OBS	STATE	LNC	LNP	LNY	PREDICTED	e	$\bar{e}$	e^*	Cook's D	Leverage	DFFITS	COVRATIO
24	蒙大拿	4.733 13	0.153 03	4.704 17	4.905 8	−0.172 7	−1.073	−1.075 3	0.012	0.031 2	−0.192 8	1.021 0
25	内布拉斯加	4.775 58	0.189 07	4.796 71	4.873 5	−0.097 9	−0.607	−0.602 1	0.003	0.024 3	−0.095 0	1.071 9
26	内华达	4.966 42	0.323 04	4.838 16	4.701 4	0.265 1	1.677	1.714 3	0.065	0.064 6	0.450 4	0.936 6
27	新罕布什尔	5.109 90	0.158 52	5.003 19	4.950 0	0.159 9	1.050	1.050 8	0.055	0.130 8	0.407 6	1.142 2
28	新泽西	4.706 33	0.309 01	5.102 68	4.765 7	−0.059 4	−0.392	−0.387 9	0.008	0.139 4	−0.156 2	1.233 7
29	新墨西哥	4.581 07	0.164 58	4.582 02	4.869 3	−0.288 2	−1.823	−1.875 2	0.076	0.063 9	−0.490 1	0.900 7
30	纽约	4.664 96	0.347 01	4.960 75	4.690 4	−0.025 4	−0.163	−0.161 3	0.001	0.088 8	−0.050 3	1.175 5
31	北达科他	4.582 37	0.181 97	4.691 63	4.864 9	−0.282 5	−1.755	−1.799 9	0.031	0.029 5	−0.313 6	0.884 8
32	俄亥俄	4.979 52	0.128 89	4.758 75	4.947 5	0.032 0	0.200	0.197 9	0.001	0.042 3	0.041 6	1.117 4
33	俄克拉何马	4.727 20	0.195 54	4.627 30	4.835 6	−0.108 4	−0.681	−0.676 6	0.008	0.050 5	−0.156 0	1.094 0
34	宾夕法尼亚	4.803 63	0.227 84	4.835 16	4.828 2	−0.024 6	−0.153	−0.150 9	0.000	0.025 7	−0.024 5	1.099 7
35	罗得岛	4.846 93	0.303 24	4.846 70	4.729 3	0.117 6	0.738	0.734 4	0.010	0.050 4	0.169 2	1.087 6
36	南卡罗来纳	5.078 01	0.079 44	4.625 49	4.990 7	0.087 3	0.555	0.550 1	0.008	0.072 5	0.153 8	1.132 4
37	南达科他	4.815 45	0.131 39	4.677 47	4.930 1	−0.114 7	−0.716	−0.712 2	0.007	0.040 2	−0.145 8	1.078 6
38	田纳西	5.049 39	0.155 47	4.725 25	4.906 2	0.143 2	0.890	0.887 4	0.008	0.029 4	0.154 3	1.045 7
39	得克萨斯	4.653 98	0.281 96	4.734 37	4.738 4	−0.084 5	−0.532	−0.527 1	0.005	0.054 6	−0.126 7	1.112 9
40	犹他	4.408 59	0.192 60	4.555 86	4.827 3	−0.418 7	−2.679	−2.900 8	0.224	0.085 6	−.887 6	0.678 6
41	佛蒙特	5.087 99	0.180 18	4.775 78	4.881 8	0.206 2	1.277	1.286 9	0.014	0.024 3	0.203 1	0.979 4
42	弗吉尼亚	4.930 65	0.118 18	4.854 90	4.978 4	−0.047 8	−0.304	−0.301 0	0.003	0.077 3	−0.087 1	1.155 6
43	华盛顿	4.661 34	0.350 53	4.856 45	4.667 7	−0.006 4	−0.041	−0.040 4	0.000	0.086 6	−0.012 4	1.174 7
44	西弗吉尼亚	4.824 54	0.120 08	4.568 59	4.926 5	−0.102 0	−0.647	−0.642 9	0.011	0.070 9	−0.177 7	1.121 6
45	威斯康星	4.830 26	0.229 54	4.758 2 6	4.812 7	0.017 5	0.109	0.107 5	0.000	0.025 4	0.017 4	1.100 2
46	怀俄明	5.000 87	0.100 29	4.711 69	4.977 7	0.023 2	0.146	0.144 4	0.000	0.055 5	0.035 0	1.134 5

$$= \frac{(46-3)(0.163\,43)^2 - (0.234\,28)^2/(1-0.197\,75)}{(46-3-1)} = 0.025\,716\,。$$

从式（8.3）中我们可以得到

$$e_{(KY)}^* = \frac{e_{KY}}{s_{(KY)}\sqrt{1-h_{KY}}} = \frac{0.234\,28}{0.160\,36\sqrt{1-0.197\,75}} = 1.631\,1\,。$$

外部学生氏化残差服从自由度为 42 的 t 分布。然而，e_{KY}^* 的绝对值并没有超过 2。e_{AR}^* 和 e_{UT}^* 的值分别为 2.193 和 -2.901，绝对值均大于 2。由式（8.13）得，由于 KY 观测值的缺失导致回归系数的变化如下：

$$\hat{\beta} - \hat{\beta}_{(KY)} = (X'X)^{-1} x_{KY} e_{KY}/(1-h_{KY})\,。$$

利用条件：

$$(X'X)^{-1} = \begin{bmatrix} 30.929\,816\,904 & 4.811\,021\,465\,5 & -6.679\,318\,415 \\ 4.811\,021\,146\,55 & 3.944\,768\,663\,8 & -1.177\,208\,398 \\ -6.679\,318\,415 & -1.177\,208\,398 & 1.449\,337\,283\,5 \end{bmatrix}$$

以及 $x_{KY}' = (1, -0.032\,60, 4.649\,37)$，$e_{KY} = 0.234\,28$，$h_{KY} = 0.197\,75$，可得：

$$(\hat{\beta} - \hat{\beta}_{(KY)})' = (-0.082\,249, -0.230\,954, 0.028\,492)\,。$$

为了评估这种变化的大小，我们计算式（8.19）中的 $DFBETAS$。对于 KY 的观测值有：

$$DFBETAS_{KY,1} = \frac{\hat{\beta}_1 - \hat{\beta}_{1(KY)}}{s_{(KY)}\sqrt{(X'X)_{11}^{-1}}} = \frac{-0.082\,449}{0.160\,36\sqrt{30.929\,816\,9}} = -0.092\,22\,。$$

同样，$DFBETAS_{KY,2} = -0.725\,1$，$DFBETAS_{KY,3} = 0.147\,58$。这些绝对值都不超过 2。但是，$DFBETAS_{KY,2}$ 的绝对值大于 $2/\sqrt{n} = 2/\sqrt{46} = 0.294\,9$。这是 Belsley, Kuh and Welsch（1980）所推荐的参照样本容量调整的临界值。

由于 KY 观测值的缺失所造成的拟合值的变化由式（8.21）给出：

$$DFFIT_{KY} = \hat{y}_{KY} - \hat{y}_{(KY)} = x_{KY}'\big[\hat{\beta} - \hat{\beta}_{(KY)}\big]$$

$$= (1, -0.032\,60, 4.649\,37)\begin{pmatrix} -0.082\,249 \\ -0.230\,954 \\ -0.028\,492 \end{pmatrix} = 0.057\,75\,,$$

或简单的形式：

$$DFFIT_{KY} = \frac{h_{KY}e_{KY}}{(1-h_{KY})} = \frac{(0.197\,75)(0.234\,28)}{1-0.197\,75} = 0.057\,75\,。$$

再将式子扩大式（8.22）所得的 $\hat{y}_{(KY)}$ 的方差倍：

$$DFFITS_{KY} = \left(\frac{h_{KY}}{1-h_{KY}}\right)^{1/2} e_{KY}^* = \left(\frac{0.197\,75}{1-0.197\,75}\right)^{1/2}(1.631\,1) = 0.809\,8\,。$$

此绝对值小于 2，但是它大于参照样本量调整的临界值 $2\sqrt{k/n} = 2\sqrt{3/46} = 0.511$。还需

计量经济学方法与应用（第五版）

要注意的是 $DFFITS_{AR}=0.667$ 和 $DFFITS_{UT}=-0.888$ 的绝对值都大于 0.511。

式（8.25）中给出了 Cook 距离的测度值，对于 KY 可以计算：

$$D_{KY}^2(s)=\frac{e_{KY}^2}{ks^2}\left(\frac{h_{KY}}{(1-h_{KY})^2}\right)=\left(\frac{(0.234\,28)^2}{3(0.163\,43)^2}\right)\left(\frac{0.197\,75}{(1-0.197\,75)^2}\right)=0.210\,46。$$

另外两个较大的 Cook 距离测度值分别是 $DR_{AR}^2(s)=0.136\,23$ 和 $D_{UT}^2(s)=0.223\,99$，删除 KY 的观测值的 $COVRATIO$ 按式（8.28）计算：

$$COVRATIO_{KY}=\left(\frac{s_{(KY)}^2}{s^2}\right)^k\frac{1}{1-h_{KY}}$$
$$=\left(\frac{0.025\,716}{(0.163\,43)^2}\right)^3\left(\frac{1}{(1-0.019\,775)}\right)=1.112\,5，$$

这意味着 $COVRATIO_{KY}-1=0.112\,5$ 小于 $3k/n=9/46=0.195\,6$。

最后，删除 KY 的观测值的 $FVARATIO$ 可以按式（8.29）计算：

$$FVARATIO_{KY}=\frac{s_{(KY)}^2}{s^2(1-h_{KY})}=\frac{0.025\,716}{(0.163\,43)^2(1-0.197\,75)}=1.200\,1。$$

经过几种不同的诊断，阿肯色州、肯塔基州和犹他州的数据是有影响的观测值。前两个州的特点是卷烟的销售量很大。肯塔基州是卷烟生产地，其香烟价格很低，而犹他州则因高比例的摩门（禁止吸烟的宗教）教徒成为香烟低消费州。表 8—3 给出的是 95％ 的置信区间的预测结果、最小二乘估计残差、内部学生氏化残差、Cook 的 D 统计量和残差图。最后的图突显了阿肯色州、肯塔基州和犹他州有大的学生氏化残差值。

8.2 递归残差

在 8.1 节中，我们解释了为何最小二乘估计残差在非零协方差下存在异方差，即使真正的扰动项为一个标量协方差矩阵。本节研究递归残差，即一系列拥有标量协方差矩阵的线性无偏的残差。当真实的扰动项本身是独立同分布的时候，它们是独立同分布的。② 这些残差项常存在于时间序列的回归中，可以按如下方式构建：

1. 选择前 $t\geqslant k$ 个观测值，计算 $\hat{\beta}_t=(X_t'X_t)^{-1}X_t'Y_t$，其中 X_t 表示包括 k 个变量且每个变量有 t 个观测值的 $t\times k$ 阶矩阵，$Y_t'=(y_1,\cdots,y_t)$。递归残差为向前一步预测残差的基本标准化：

$$w_{t+1}=(y_{t+1}-x_{t+1}'\hat{\beta}_t)\Big/\sqrt{1+x_{t+1}'(X_t'X_t)^{-1}x_{t+1}}。 \tag{8.30}$$

2. 将第 $t+1$ 个观测值加入数据中，得到 $\hat{\beta}_{t+1}=(X_{t+1}'X_{t+1})^{-1}X_{t+1}'Y_{t+1}$，计算 w_{t+2}。

3. 重复步骤 2，每次加入一个观测值。在时间序列回归中，人们通常利用前 k 个观测值开始并向前获得 $T-k$ 个递归残差。这些递归残差可以使用校正的公式（8.11）计算，其中 $A=(X_t'X_t)$，$a=-b=x_{t+1}'$。因此，

$$(X_{t+1}'X_{t+1})^{-1}=\frac{(X_t'X_t)^{-1}-(X_t'X_t)^{-1}x_{t+1}x_{t+1}'(X_t'X_t)^{-1}}{[1+x_{t+1}'(X_t'X_t)^{-1}x_{t+1}]}， \tag{8.31}$$

表 8—3

实际人均香烟消费回归

Dep Obs	Var LNC	Predict Value	Std Err Predict	Lower95% Mean	Upper95% Mean	Lower95% Predict	Upper95% Predict	Std Err Residual	Student Residual	Residual	-2 -1 0 1 2	Cook's D
1	4.962 1	4.825 4	0.036	4.753 2	4.897 6	4.488 0	5.162 8	0.136 7	0.159	0.857	| *	0.012
2	4.663 1	4.884 4	0.029	4.825 9	4.942 9	4.549 7	5.219 1	-0.221 3	0.161	-1.376	** |	0.021
3	5.107 1	4.778 4	0.048	4.682 5	4.874 3	4.435 1	5.121 7	0.328 7	0.156	2.102	| ****	0.136
4	4.504 5	4.654 0	0.051	4.551 1	4.757 0	4.308 7	4.999 3	-0.149 5	0.155	-0.963	* |	0.033
5	4.669 8	4.747 7	0.060	4.626 4	4.868 9	4.396 5	5.098 9	-0.077 8	0.152	-0.512	* |	0.014
6	5.047 1	4.845 8	0.030	4.786 3	4.905 3	4.510 9	5.180 8	0.201 2	0.161	1.252	| **	0.018
7	4.656 4	4.784 5	0.054	4.675 0	4.894 0	4.437 2	5.131 8	-0.128 1	0.154	-0.831	* |	0.029
8	4.800 8	4.744 6	0.034	4.676 1	4.813 0	4.407 9	5.081 2	0.056 2	0.160	0.352	|	0.002
9	4.979 7	4.943 9	0.033	4.877 8	5.010 0	4.607 8	5.280 1	0.035 8	0.160	0.224	|	0.001
10	4.749 0	4.865 3	0.033	4.798 3	4.932 3	4.529 0	5.201 6	-0.116 3	0.160	-0.727	* |	0.008
11	4.814 5	4.813 0	0.033	4.747 2	4.878 9	4.476 9	5.149 1	0.001 42	0.160	0.009	|	0.000
12	5.111 3	4.994 6	0.042	4.910 6	5.078 6	4.654 4	5.334 7	0.116 7	0.158	0.739	| *	0.013
13	4.808 6	4.794 9	0.029	4.736 8	4.852 9	4.460 2	5.129 5	0.013 7	0.161	0.085	|	0.000
14	4.792 6	4.836 8	0.024	4.787 6	4.886 0	4.503 6	5.170 1	-0.044 2	0.162	-0.273	|	0.001
15	5.379 1	5.144 8	0.073	4.998 2	5.291 3	4.784 1	5.505 5	0.234 3	0.146	1.600	| ***	0.210
16	4.986 0	4.775 9	0.045	4.685 0	4.866 8	4.434 0	5.117 8	0.210 1	0.157	1.338	| **	0.049
17	4.987 2	4.729 8	0.038	4.652 3	4.807 4	4.391 2	5.068 4	0.257 4	0.159	1.620	| ***	0.051
18	4.777 5	4.984 1	0.057	4.869 1	5.099 1	4.635 1	5.333 2	-0.206 6	0.153	-1.349	** |	0.084
19	4.738 8	4.859 0	0.048	4.762 5	4.955 4	4.515 5	5.202 4	-0.120 2	0.156	-0.769	* |	0.018
20	4.947 4	4.819 5	0.025	4.768 6	4.870 3	4.486 0	5.153 0	0.128 0	0.156	0.792	| *	0.005
21	4.695 9	4.670 2	0.048	4.573 3	4.767 1	4.326 7	5.013 7	0.025 7	0.156	0.165	|	0.001
22	4.939 9	4.897 9	0.049	4.800 0	4.995 9	4.554 1	5.241 8	0.042 0	0.156	0.269	|	0.002
23	5.064 3	5.007 1	0.046	4.914 7	5.099 9	4.664 8	5.349 5	0.057 2	0.157	0.364	|	0.004
24	4.733 1	4.905 8	0.029	4.847 6	4.964 0	4.571 1	5.240 5	-0.172 7	0.161	-1.073	** |	0.012

续前表

Dep Obs	Var LNC	Predict Value	Std Err Predict	Lower95% Mean	Upper95% Mean	Lower95% Predict	Upper95% Predict	Std Err Residual	Student Residual	Residual	−2	−1	0	1	2	Cook's D
25	4.7756	4.8735	0.025	4.8221	4.9249	4.5399	5.2071	−0.0979	0.161	−0.607		*				0.003
26	4.9664	4.7014	0.042	4.6176	4.7851	4.3613	5.0414	0.2651	0.158	1.677				*	*	0.065
27	5.1099	4.9500	0.059	4.8308	5.0692	4.5995	5.3005	0.1599	0.152	1.050				*	*	0.055
28	4.7063	4.7657	0.061	4.6427	4.8888	4.4139	5.1176	−0.0594	0.152	−0.392						0.008
29	4.5811	4.8693	0.041	4.7859	4.9526	4.5293	5.2092	−0.2882	0.158	−1.823		*	*	*		0.076
30	4.6650	4.6904	0.049	4.5922	4.7886	4.3465	5.0343	−0.0254	0.156	−0.163						0.001
31	4.5824	4.8649	0.028	4.8083	4.9215	4.5305	5.1993	−0.2825	0.161	−1.755		*	*	*		0.031
32	4.9795	4.9475	0.034	4.8797	5.0153	4.6110	5.2840	0.0320	0.160	0.200						0.001
33	4.7272	4.8356	0.037	4.7616	4.9097	4.4978	5.1735	−0.1084	0.159	−0.681		*				0.008
34	4.8036	4.8282	0.026	4.7754	4.8811	4.4944	5.1621	−0.0246	0.161	−0.153						0.000
35	4.8469	4.7293	0.037	4.6553	4.8033	4.3915	5.0671	0.1176	0.159	0.738				*		0.010
36	5.0780	4.9907	0.044	4.9020	5.0795	4.6494	5.3320	0.0873	0.157	0.555				*		0.008
37	4.8155	4.9301	0.033	4.8640	4.9963	4.5940	5.2663	−0.1147	0.160	−0.716		*				0.007
38	5.0494	4.9062	0.028	4.8497	4.9626	4.5718	5.2406	0.1432	0.161	0.890				*		0.008
39	4.6540	4.7384	0.038	4.6614	4.8155	4.4000	5.0769	−0.0845	0.159	−0.532		*				0.005
40	4.4086	4.8273	0.048	4.7308	4.9237	4.4839	5.1707	−0.4187	0.156	−2.679	*	*	*	*		0.224
41	5.0880	4.8818	0.025	4.8304	4.9332	4.5482	5.2154	0.2062	0.161	1.277				*	*	0.014
42	4.9307	4.9784	0.045	4.8868	5.0701	4.6363	5.3205	−0.0478	0.157	−0.304						0.003
43	4.6613	4.6677	0.048	4.5708	4.7647	4.3242	5.0113	−0.00638	0.156	−0.041						0.000
44	4.8245	4.9255	0.044	4.8387	5.0143	4.5854	5.2676	−0.1020	0.158	−0.647		*				0.011
45	4.8303	4.8127	0.026	4.7602	4.8653	4.4790	5.1465	0.0175	0.161	0.109						0.000
46	5.0009	4.9777	0.039	4.9000	5.0553	4.6391	5.3163	0.0232	0.159	0.146						0.000

Sum of Residuals 0
Sum of Squared Residuals 1.1485
Predicted Resid SS (Press) 1.3406

第8章 回归模型的诊断与设定检验

只有 $(X'_t X_t)^{-1}$ 需要计算。同样，

$$\hat{\beta}_{t+1} = \hat{\beta}_t + (X'_t X_t)^{-1} x_{t+1}(y_{t+1} - x'_{t+1}\hat{\beta}_t)/f_{t+1}, \qquad (8.32)$$

其中 $f_{t+1} = 1 + x'_{t+1}(X'_t X_t)^{-1} x_{t+1}$，见问题 13。

另外，我们可以通过用 Y_{t+1} 对 X_{t+1} 和 d_{t+1} 回归来计算这些残差，其中对于 $t+1$ 期观测值 $d_{t+1} = 1$，其他期为零，见式（8.5）。d_{t+1} 的估计系数是 w_{t+1} 的分子。估计的标准误差是 w_{t+1} 分母的 s_{t+1} 倍，其中 s_{t+1} 是回归的标准误差。因此，w_{t+1} 可以通过 s_{t+1} 乘以 d_{t+1} 对应的 t 统计量来获取。这种计算要按顺序执行，在每种情况下产生相应的递归残差。这种方法计算起来可能很低效，但使用回归软件包会大大简化计算。

从式（8.30）很明显看出，如果 $u_t \sim \text{IIN}(0, \sigma^2)$，那么 w_{t+1} 拥有 0 均值和方差 σ^2。此外，w_{t+1} 对 y 来说是线性的。因此，它是正态分布的。它仍然显示递归残差是独立的。由于正态性，这足以表明：

$$\text{cov}(w_{t+1}, w_{s+1}) = 0, t \neq s; t, s = k, \cdots, T-1。 \qquad (8.33)$$

在此留给读者一个练习，见问题 13。

或者，我们可以表示 $T-k$ 维递归残差向量为 $w = Cy$，其中 C 是如下 $(T-k) \times T$ 维的矩阵：

$$C = \begin{bmatrix} -\dfrac{x'_{k+1}(X'_k X_k)^{-1} X'_k}{\sqrt{f_{k+1}}} & \dfrac{1}{\sqrt{f_{k+1}}} & & & 0 \cdots 0 \\ \vdots & & \ddots & & \\ -\dfrac{x'_t(X'_{t-1} X_{t-1})^{-1} X'_{t-1}}{\sqrt{f_t}} & & & \dfrac{1}{\sqrt{f_t}} & 0 \cdots 0 \\ \vdots & & & & \ddots \\ -\dfrac{x'_T(X'_{T-1} X_{T-1})^{-1} X'_{T-1}}{\sqrt{f_T}} & & & & \dfrac{1}{\sqrt{f_T}} \end{bmatrix}。 \qquad (8.34)$$

问题 14 要求读者利用式（8.30）来验证 $w = Cy$。另外，该矩阵 C 满足以下属性：

$$(1)\ CX = 0;\quad (2)\ CC' = I_{T-k};\quad (3)\ C'C = \bar{P}_X。 \qquad (8.35)$$

这就意味着递归残差 w 对 y 来说是线性无偏（均值为 0）的，方差—协方差矩阵为一个标量：$\text{var}(w) = CE(uu')C' = \sigma^2 I_{T-k}$。性质（3）同样也意味着 $w'w = y'C'Cy = y'\bar{P}_X y = e'e$。这说明 $(T-K)$ 个递归残差的平方和等于 T 个最小二乘估计残差的平方和。这也可以通过式（8.32）得到证明：

$$RSS_{t+1} = RSS_t + w_{t+1}^2, t = k, \cdots, T-1, \qquad (8.36)$$

其中 $RSS_t = (Y_t - X_t\hat{\beta}_t)'(Y_t - X_t\hat{\beta}_t)$，见问题 14。注意，对于 $t = k$，$RSS = 0$，因为当有 k 个观测值时，可以得到完美的拟合值和零残差。因此，

$$RSS_T = \sum_{t=k+1}^{T} w_t^2 = \sum_{t=1}^{T} e_t^2。 \qquad (8.37)$$

□ 递归残差的应用

递归残差有几个非常重要的应用：

（1）Harvey（1976）利用递归残差给出了证明样本外 Chow 预测检验服从 F 分布的一种新方法。回想一下，在第 7 章，当第二个样本 n_2 少于 k 个观测值时，Chow 检验变成：

$$F = \frac{(e'e - e_1'e_1)/n_2}{e_1'e_1/(n_1-k)} \sim F(n_2, n_1-k), \tag{8.38}$$

其中从总样本中可见 $e'e = RSS(n_1 + n_2 = T)$，从前 n_1 个观测值得到 $e_1'e_1 = RSS$。对于 $t = k+1, \cdots, n_1$，递归残差可以计算。而且对于另外 n_2 个观测值仍然可以计算。从式（8.36）我们可以得到：

$$e'e = \sum_{t=k+1}^{n_1+n_2} w_t^2 \text{ 和 } e_1'e_1 = \sum_{t=k+1}^{n_1} w_t^2 。 \tag{8.39}$$

因此，

$$F = \frac{\sum_{t=n_1+1}^{n_1+n_2} w_t^2/n_2}{\sum_{t=k+1}^{n_1} w_t^2/(n_1-k)} 。 \tag{8.40}$$

但是在原假设的情况下 w_t 却服从 $IIN(0, \sigma^2)$，因此，式（8.38）中的 F 统计量是两个相互独立的卡方变量的比率，每个卡方变量除以相对应的自由度，因此在原假设的情况下 $F \sim F(n_2, n_1-k)$，详见第 2 章。

（2）Harvey and Phillips（1974）用递归残差检验同方差的零假设。如果备择假设中 σ_i^2 随着 X_j 的变化而变化，那么建议进行如下检验：

1）根据 X_j 对数据进行排序，并从中间的观测值中选择至少 k 个观测值作为基础数据。

2）从前 m 个观测值中计算递归残差向量 w_1，可以利用步骤 1）中建立的基础数据。同样可以从最后 m 个观测值中计算递归残差向量 w_2。最大的 m 可以是 $(T-k)/2$。

3）在零假设下

$$F = w_2'w_2/w_1'w_1 \sim F_{m,m} 。 \tag{8.41}$$

Harvey 和 Phillips 建议在 $n > 3k$ 时，m 取值近似于 $(n/3)$。该检验相对于 Goldfeld-Quandt 检验的优点在于，如果人们想检验 σ_i^2 是否随着一些其他变量 X_s 的变化而变化，人们可以简单地根据 X_s 的低值和高值重新组合现有的递归残差 X_s 并重新计算式（8.41），而 Goldfeld-Quandt 检验需要计算两个新的回归。

（3）Phillips and Harvey（1974）建议使用递归残差来检验无序列相关的零假设，并使用修正的冯·纽曼比：

$$MVNR = \frac{\sum_{t=k+2}^{T}(w_t - w_{t-1})^2/(T-k-1)}{\sum_{t=k+1}^{T} w_t^2/(T-k)} 。 \tag{8.42}$$

185

这是均方差逐次差分后与方差的比值,在数值上与 DW 统计量非常接近,但是给定 $w \sim N(0, \sigma^2 I_{T-k})$ 时,就会有一个精确检验且不存在无结论区域。Phillips and Harvey (1974) 提供了临界值表。如果是大样本,就可以很好地近似成均值为 2、方差为 $4/(T-K)$ 的正态分布。

(4) Harvey and Collier (1977) 提出了基于递归残差的模型误设检验。前提是 $w \sim N(0, \sigma^2 I_{T-k})$,有

$$\overline{w} \Big/ \left(s_w \Big/ \sqrt{T-k} \right) \sim t_{T-k-1} \tag{8.43}$$

其中 $\overline{w} = \sum_{t=k+1}^{T} w_t / (T-k), s_w^2 = \sum_{t=k+1}^{T} (w_t - \overline{w})^2 / (T-k-1)$。

假设 y 对单个解释变量 X 的真实函数形式是凹(凸)的且数据是按 X 排列的。一个简单的线性回归可由 y 对 X 进行回归来估计。可以预期递归残差将主要是正值(负值),而且计算出的 t 统计量有较大的绝对值。当有多个解释变量时,可以基于任何单个解释变量进行检验。由于一些设定误差对于递归残差可能有自我抵消效应。这个检验在多变量的情况下可能不太有效。吴(1993)建议使用下面的增项回归进行检验:

$$y = X\beta + z\gamma + v, \tag{8.44}$$

其中 $z = C' \iota_{T-k}$ 是一个增加的解释变量,这里的 C 是在式(8.34)中定义的,ι_{T-k} 为 $T-k$ 维元素全部为 1 的向量。事实上,用来检验 $H_0: \gamma = 0$ 的 F 统计量为 Harvey and Collier (1977) 给出的式(8.43)中 t 统计量的平方,见问题 15。

另外,关于不存在函数误设的零假设可以采用一种符号检验法。在零假设下,预期正的递归残差的数目等于 $(T-K)/2$。因此临界区域可以由二项分布构建。然而,Harvey and Collier (1977) 指出符号检验与式(8.43)中所述的 t 检验相比,检验功效比较低。然而该方法非常简单,而且对于非正态分布可能更为稳健。

(5) Brown, Durbin and Evans (1975) 利用递归残差检验随时间的结构变化。零假设是:

$$H_0: \begin{cases} \beta_1 = \beta_2 = \cdots = \beta_T = \beta \\ \sigma_1^2 = \sigma_2^2 = \cdots = \sigma_T^2 = \sigma^2 \end{cases} \tag{8.45}$$

其中 β_t 是 t 期的系数向量,σ_t^2 是此时期扰动项的方差。文章的作者提出了配对检验。第一个是 CUSUM 检验,计算

$$W_r = \sum_{t=k+1}^{r} w_t / s_w, t = k+1, \cdots, T, \tag{8.46}$$

其中 s_w^2 是对于 ω_t 方差的估计,见式(8.43)。W_r 是一个累加和,应该绘制关于 r 的散点图。在零假设下,$E(W_r) = 0$。但是,如果存在一个结构突变点,W_r 往往会偏离水平线。作者建议检查 W_r 是否穿过一对分别通过点 $\{k, \pm a \sqrt{T-k}\}$ 和 $\{T, \pm 3a \sqrt{T-k}\}$ 的直线(见图 8—1)。其中 a 取决于所选择的显著性水平 α。例如 α 分别等于 10%,5% 和 1% 的水平时,$a = 0.850, 0.948$ 和 1.143。

如果系数不是一个常数，那么对于非均衡数目的递归残差可能存在一种趋势，使其具有相同的符号从而推动 W_r 穿越边界。第二个检验是在关于 r 的散点图基础上的累加平方和，

$$W_r^* = \sum_{t=k+1}^{r} w_t^2 / \sum_{t=k+1}^{T} w_t^2, t = k+1, \cdots, T。 \tag{8.47}$$

在零假设下 $E(W_r^*) = (r-k)/(T-k)$ 的值在 $r=k$ 时为 0，在 $r=T$ 时为 1。W_r^* 偏离其期望值的显著性可以通过如下方法评估：W_r^* 是否穿过一对平行于 $E(W_r^*)$ 的线，且这对直线分布在 $E(W_r^*)$ 两侧，到它的距离为 c_0。Brown，Durbin and Evans（1975）提供了在不同的样本容量 T 和显著性水平 α 下 c_0 的值。

CUSUM 和 CUSUMSQ 可以称为数据分析技术，也就是说图形的重要性在于仅仅通过检查图形即可获取信息。图形包含的信息比单个的检验统计量更丰富。如同作者所述，最好将显著性线图视为评估所观测图形的衡量标准，而不要作为正式的显著性检验。参见 Brown et al.（1975）的各种例子。需要注意 CUSUM 和 CUSUMSQ 在检验结构变化时之所以被广泛使用，是因为它们不用事先确定结构发生变化的位置。如果突变点位置是已知的，Chow 检验将更具说服力。但是，若突变点位置未知，那么使用 CUSUM 和 CUSUMSQ 更加合适。

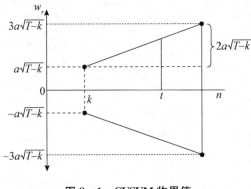

图 8—1　CUSUM 临界值

例2：表 8—5 中复制了 1959—2007 年间《总统经济报告》中的消费—收入数据。此外，递归残差按式（8.30）计算，并在第 5 列中列出，从 1961 年开始，至 2007 年结束。CUSUM 由式（8.46）中的 W_r 给出，图 8—2 绘制了它与 r 的散点图。CUSUM 在 1998 年超过上限 5%，说明在后来的年份里结构不稳定。这些都是通过 EViews 6 实现的。

1998 年的样本外预测检验可以由式（8.38）得到，方法是计算 1950—1997 年的 RSS 并将其与 1950—2007 年的 RSS 比较。所观察到的 F 统计量为 5.748，其服从 $F(10, 37)$ 分布。利用 EViews，可以点击 stability diagnostics，然后选择 Chow forecast test，然后填入突变事件，这里为 1998 年。EViews 就会给出回归结果，该结果未在这里给出，另外也可以进行似然比检验，见表 8—4。

表 8—4　　　　　　　　　　　　　　　Chow 预测检验

Specification：CONSUM C Y
Test predictions for observations from 1998 to 2007

	Value	df	Probability
F-statistic	5. 747855	(10，37)	0. 0000
Likelihood ratio			
F-test summary：	45. 93529	10	0. 0000
	Sum of Sq.	df	Mean Squares
Test SSR	5476210.	10	547621. 0
Restricted SSR	9001348.	47	191518. 0
Unrestricted SSR	3525138.	37	95273. 99
LR test summary：			
	Value	df	
Restricted LogL	−366. 4941	47	
Unrestricted LogL	−343. 5264	37	

表 8—5　　　　　　　　　　　　　　　消费回归的递归残差

Year	CONSUM	Income	R. ESID	Recursive RES
1959	8 776	9 685	635. 490 9	NA
1960	8 837	9 735	647. 529 5	NA
1961	8 873	9 901	520. 977 6	−30. 061 09
1962	9 170	10 227	498. 749 3	53. 633 33
1963	9 412	10 455	517. 485 3	57. 074 54
1964	9 839	11 061	351. 073 2	−14. 420 43
1965	10 331	11 594	321. 144 7	40. 238 40
1966	10 793	12 065	321. 928 3	72. 590 54
1967	10 994	12 457	139. 070 9	−58. 727 18
1968	11 510	12 892	229. 106 8	88. 638 71
1969	11 820	13 163	273. 736 0	125. 088 3
1970	11 955	13 563	17. 0448 1	−88. 547 36
1971	12 256	14 001	−110. 857 0	−123. 074 0
1972	12 868	14 512	0. 757 470	68. 233 55
1973	13 371	15 345	−311. 939 4	−118. 297 2
1974	13 148	15 094	−289. 153 2	−100. 828 8
1975	13 320	15 291	−310. 061 1	−72. 866 93
1976	13 919	15 738	−148. 776 0	148. 927 0

Year	CONSUM	Income	R. ESID	Recursive RES
1977	14 364	16 128	−85.674 93	231.281 0
1978	14 837	16 704	−176.710 2	178.984 0
1979	15 030	16 931	−205.995 0	147.806 7
1980	14 816	16 940	−428.808 0	−80.372 07
1981	14 879	17 217	−637.054 2	−229.166 0
1982	14 944	17 418	−768.879 0	−296.091 0
1983	15 656	17 828	−458.362 5	86.498 99
1984	16 343	19 011	−929.789 2	−205.659 4
1985	17 040	19 476	−688.130 2	111.335 7
1986	17 570	19 906	−579.198 2	251.530 6
1987	17 994	20 072	−317.750 0	479.875 9
1988	18 554	20 740	−411.874 3	405.818 1
1989	18 898	21 120	−439.980 9	366.806 0
1990	19 067	21 281	−428.636 7	347.815 6
1991	18 848	21 109	−479.209 4	243.026 1
1992	19 208	21 548	−549.090 5	195.017 7
1993	19 593	21 493	−110.233 0	588.309 7
1994	20 082	21 812	66.393 30	731.255 1
1995	20 382	22 153	32.476 56	660.750 8
1996	20 835	22 546	100.640 0	696.205 5
1997	21 365	23 065	122.420 7	689.619 7
1998	22 183	24 131	−103.436 4	474.398 1
1999	23 050	24 564	339.557 9	870.897 7
2000	23 862	25 472	262.418 9	751.286 1
2001	24 215	25 697	395.092 6	808.604 1
2002	24 632	26 238	282.330 3	639.055 5
2003	25 073	26 566	402.143 5	700.068 6
2004	25 750	27 274	385.850 1	633.131 0
2005	26 290	27 403	799.529 7	970.871 7
2006	26 835	28 098	663.966 3	760.638 5
2007	27 319	28 614	642.684 7	673.733 5

读者可以证明，利用表 8—5 中的递归残差可以从式（8.40）得到相同的 F 统计量。

第 8 章

回归模型的诊断与设定检验

实际上，

$$F = \left(\sum_{t=1\,998}^{2\,007} w_t^2/10 \right) \bigg/ \left(\sum_{t=1\,961}^{1\,997} w_t^2/37 \right) = 5.748。$$

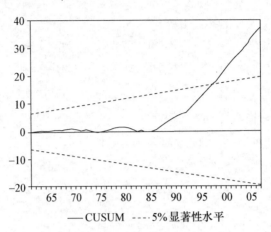

——CUSUM ----5%显著性水平

图 8—2　消费回归的 CUSUM 图

8.3　模型的设定检验

设定检验是计量经济学模型设定的重要组成部分。在本节中，我们只研究一些诊断检验。相关专题的详细总结，可参见 Wooldrige（2001）。

（1）Ramsey（1969）的 RESET 检验（回归设定误差检验）。

Ramsey 建议对线性回归方程 $y_t = X'_t\beta + u_t$ 加入一组回归变量 Z_t 进行设定检验，那么增项的模型为：

$$y_t = X'_t\beta + Z'_t v + u_t。 \tag{8.48}$$

如果 Z_t 是可得的，那么设定检验就简化为原假设为 $\gamma=0$ 的 F 检验。关键的问题是 Z_t 变量的选择。这取决于备择假设中真正的函数形式，但这通常是未知的。然而，这经常可以通过原始解释变量的高阶项得到很好的近似，因为在这种情况下，函数真实的形式是二次或三次的。换一种角度，有些人会用 $\hat{y}_t = X'_t \hat{\beta}_{OLS}$ 的高阶距来近似。通常 Ramsey 的 RESET 检验如下进行：

（1）用 y_t 对 X_t 进行回归，得到 $\hat{y}_t$。

（2）用 y_t 对 X_t，$\hat{y}_t^2$，$\hat{y}_t^3$，$\hat{y}_t^4$ 进行回归，检验所有 $\hat{y}_t$ 高阶项的系数都是零。在零假设下其服从 $F_{3,T-k-3}$ 分布。

需要注意的是，$\hat{y}_t$ 不包括在回归元中，否则将与 X_t 产生完全的多重共线性。[③] 当 H_0 不正确的时候选择不同的 Z_t 将会使检验更有效力。Thursby and Schmidt（1977）进行了大量的蒙特卡罗实验，认为在一般情况下，建立在 $Z_t = [X_t^2, X_t^3, X_t^4]$ 基础上的检验似乎是最佳选择。

（2）Utts（1982）的彩虹检验。

彩虹检验（rainbow test）的基本想法是，即使真正的关系是非线性的，通过样本的子集也能够得到一个很好的线性拟合。因此，只要整体拟合明显不如适当选择的子样本数据拟合时，检验就会拒绝线性的原假设，见图 8—3。

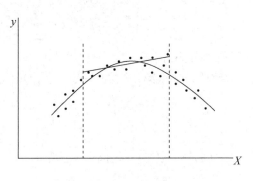

图 8—3 彩虹检验

令 $e'e$ 为所有可用的 n 个观测值的最小二乘估计得出的残差平方和，令 $\tilde{e}'\tilde{e}$ 为从中间一半的观测值（$T/2$）得到的残差平方和，有

$$F = \frac{(e'e - \tilde{e}'\tilde{e})/\left(\dfrac{T}{2}\right)}{\tilde{e}'\tilde{e}/\left(\dfrac{T}{2}-k\right)} \text{在 } H_0 \text{ 下服从 } F_{\frac{T}{2},\left(\frac{T}{2}-k\right)} \text{ 分布。} \tag{8.49}$$

在 H_0 下：$E(e'e/(T-k)) = \sigma^2 = E\left[\tilde{e}'\tilde{e}/\left(\dfrac{T}{2}-k\right)\right]$，然而一般在 H_A 下：$E(e'e/(T-k)) > E\left[\tilde{e}'\tilde{e}/\left(\dfrac{T}{2}-k\right)\right] > \sigma^2$。由于所有的观测值都被用来拟合直线，所以 RRSS 就是 $e'e$，鉴于只有部分观测值被用来拟合直线，所以 URSS 就是 $\tilde{e}'\tilde{e}$。彩虹检验的关键问题是子样本的正确选择（在一个解释变量的情况下选择中间的 $T/2$ 个观测值）。这会影响检验的功效，且与零假设下检验统计量的分布不同。由于不正确的线性拟合一般在 X 均值处不会像在外侧区域影响那样严重，Utts（1982）建议取接近 $\bar{X}$ 的点。接近 $\bar{X}$ 的程度用相应的对角线元素 P_X 的幅度来测量。相关的那些点应为有较低的杠杆效应 h_{ii} 的点，参见 8.1 节。子集的最优样本量取决于备择假设。Utts 建议取大约 1/2 的数据点，以便对异常值有一定的稳健性。式（8.49）的 F 检验看起来像一个 Chow 检验，但随着所选子样本而变化。例如，利用样本外预测的 Chow 检验，数据将根据时间来排序，然后选择前 T 个观测值。彩虹检验根据它们与 $\bar{X}$ 的距离排序，并选择前 $T/2$ 个观测值。

（3）Plosser，Schwert and White（1982）（PSW）差分检验。

差分检验是对设定错误的一般检验（就像 Hausman（1978）的检验，将会在联立方程一章介绍），但仅适用于时间序列数据。该测试对 β 的 OLS 和一阶差分（FD）估计进行比较。设差分模型为：

$$\dot{y} = \dot{X}\beta + \dot{u}, \tag{8.50}$$

其中 $\dot{y} = Dy$，$\dot{X} = DX$，$\dot{u} = Du$，其中

$$D = \begin{bmatrix} 1 & -1 & 0 & 0 & \cdots & 0 & 0 \\ 0 & 1 & -1 & 0 & \cdots & 0 & 0 \\ 0 & 0 & 1 & -1 & \cdots & 0 & 0 \\ \vdots & \vdots & \vdots & \vdots & \cdots & \vdots & \vdots \\ 0 & 0 & 0 & 0 & \cdots & 1 & -1 \end{bmatrix},$$

是我们熟悉的（$T-1$）$\times T$ 维差分矩阵。

只要回归分析中包含常数项，那么第一列的 X 变为零，从而被删掉。由式（8.50），得到一阶差分估计为：

$$\tilde{\beta}_{FD} = (\check{X}'\check{X})^{-1}\check{X}'\check{y}, \tag{8.51}$$

同时 $\mathrm{var}(\tilde{\beta}_{FD}) = \sigma^2 (\check{X}'\check{X})^{-1}\check{X}'DD'\check{X}(\check{X}'\check{X})^{-1}$，因为 $\mathrm{var}(\check{u}) = \sigma^2(DD)'$ 及

$$DD' = \begin{bmatrix} 2 & -1 & \cdots & 0 & 0 \\ -1 & 2 & -1 & \cdots & 0 & 0 \\ \vdots & \vdots & \vdots & \vdots & \vdots & \vdots \\ 0 & 0 & 0 & \cdots & 2 & -1 \\ 0 & 0 & 0 & \cdots & -1 & 2 \end{bmatrix}。$$

差分检验则建立在

$$\hat{q} = \tilde{\beta}_{FD} - \hat{\beta}_{OLS}，且 V(\hat{q}) = \sigma^2[V(\tilde{\beta}_{FD}) - V(\hat{\beta}_{OLS})]。 \tag{8.52}$$

$V(\hat{q})$ 的一致估计是：

$$\hat{V}(\hat{q}) = \hat{\sigma}^2 \left[\left(\frac{\check{X}'\check{X}}{T} \right)^{-1} \left(\frac{\check{X}'DD'\check{X}}{T} \right) \left(\frac{\check{X}'\check{X}}{T} \right)^{-1} - \left(\frac{X'X}{T} \right)^{-1} \right], \tag{8.53}$$

其中 $\hat{\sigma}^2$ 是对 σ^2 的一致估计，因此，在 H_0 下

$$\Delta = T\hat{q}'[\hat{V}(\hat{q})]^{-1}\hat{q} \sim \chi_k^2 \tag{8.54}$$

其中如果 $\hat{V}(\hat{q})$ 是非奇异的，那么 k 为斜率参数的数目。如果 $\hat{V}(\hat{q})$ 是奇异的，我们就使用 $\hat{V}(\hat{q})$ 的广义逆 $\hat{V}-(\hat{q})$，在这种情况下，服从 χ^2 分布，其自由度与 $\hat{V}(\hat{q})$ 的秩相等。这是一个一般性的 Hausman (1978) 检验中的特例，将在第 11 章被广泛研究。

Davidson, Godfrey and MacKinnon (1985) 证明，类似 Hausman 检验，PSW 检验相当于一个更简单的遗漏变量检验，遗漏变量等于所有解释变量的滞后变量和向前一期预测变量的总和。

因此，如果我们考虑的回归方程为：

$$y_t = \beta_1 x_{1t} + \beta_2 x_{2t} + u_t, \tag{8.55}$$

则 PSW 检验包含估计的扩展的回归方程：

$$y_t = \beta_1 x_{1t} + \beta_2 x_{2t} + \gamma_1 z_{1t} + \gamma_2 z_{2t} + u_t, \tag{8.56}$$

其中 $z_{1t} = x_{1,t+1} + x_{1,t-1}$，$z_{2t} = x_{2,t+1} + x_{2,t-1}$，用 F 检验来检验原假设：$\gamma_1 = \gamma_2 = 0$。

如果方程中包含滞后因变量，检验需要稍微修改一下。假设该模型是：

$$y_t = \beta_1 y_{t-1} + \beta_2 x_t + u_t \tag{8.57}$$

现在的遗漏变量将被定义为 $z_{1t} = y_t + y_{t-2}$ 和 $z_{2t} = x_{t+1} + x_{t-1}$。$Z_{1t}$ 没有问题，但是因为 Z_{1t} 中包含 y_t，所以与误差项 u_t 相关。解决该问题很简单，将它移到左侧并写入扩展回归方程式（8.56）中：

$$(1 - \gamma_1) y_t = \beta_1 y_{t-1} + \beta_2 x_t + \gamma_1 y_{t-2} + \gamma_2 z_{2t} + u_t。 \tag{8.58}$$

这个等式可以写为：

$$y_t = \beta_1^* y_{t-1} + \beta_2^* x_t + \gamma_1^* y_{t-2} + \gamma_2^* z_{2t} + u_t^*, \tag{8.59}$$

其中所有带星号的参数是对应的未加星号的参数除以 $(1 - \gamma_1)$。

现在用 PSW 检验原假设 $\gamma_1^* = \gamma_2^* = 0$。因此，在模型涉及滞后因变量 y_{t-1} 作为解释变量的情况下，唯一需要修改的是我们应该使用 y_{t-2} 作为遗漏变量，而不是 $(y_t + y_{t-2})$。注意，这仅仅是 y_{t-1} 产生了问题，而不是 y_t 的高阶滞后项，例如 y_{t-2}，y_{t-3} 等产生了问题。对于 y_{t-2}，可以通过添加 y_{t-1}，y_{t-2} 和 y_{t-3} 获得相应的 z_t。只要扰动项没有序列相关性，z_t 就不与 u_t 相关。

（4）非嵌套假设检验。

考虑下面的两个相互竞争的非嵌套模型：

$$H_1 : y = X_1 \beta_1 + \varepsilon_1, \tag{8.60}$$
$$H_2 : y = X_2 \beta_2 + \varepsilon_2。 \tag{8.61}$$

这些都是非嵌套的，因为一个模型中的解释变量并非其他模型的一个子集，即使 X_1 和 X_2 可以分享一些共同的变量。为检验 H_1 与 H_2 哪个更优，Cox（1961）修正了 LR 检验，使其允许非嵌套的情况。Cox 方法的思想是，考虑 H_1 下的模型 I 在多大程度上能够预测 H_2 下的模型 II。

换个角度，我们可以人为地嵌套这两种模型为

$$H_3 : y = X_1 \beta_1 + X_2^* \beta_2^* + \varepsilon_3, \tag{8.62}$$

其中 X_2^* 为从 X_2 中排除其与 X_1 共同变量影响后的部分，对 H_1 的检验只是简单的 F 检验，$H_0 : \beta_2^* = 0$。

批评：该方法是为了检验 H_1 与 H_3（H_1 与 H_2 的混合型）哪个更优，而非检验 H_1 对 H_2。Davidson and MacKinnon（1981）提出（检验 $\alpha = 0$）H_1 与 H_2 的线性组合：

$$y = (1 - \alpha) X_1 \beta_1 + \alpha X_2 \beta_2 + \varepsilon, \tag{8.63}$$

其中，α 是一个未知的标量。由于 α 没有确定，我们用在 H_2 下 y 对 X_2 回归得到的系数估计值 $\hat{\beta}_{2,OLS} = (X_2' X_2 / T)^{-1} (X_2' y / T)$ 替代 β_2，即（1）做 y 对 X_2 的回归，得到 $\hat{y}_2 = X_2 \hat{\beta}_{2,OLS}$；（2）做 y 对 X_1 和 $\hat{y}_2$ 的回归，并检验 $\hat{y}_2$ 的系数是否为零。这就是所谓的 J 检验，在 H_1 下渐近服从 $N(0, 1)$ 分布。

Fisher and McAleer（1981）建议对 J 检验进行修正，称为 JA 检验。

在 H_1 下：$\text{plim}\ \hat{\beta}_2 = \text{plim}(X_2' X_2 / T)^{-1} \text{plim}(X_2' X_1 / T) \beta_1 + 0。 \tag{8.64}$

因此他们建议用 $\tilde{\beta}_2 = (X_2'X_2)^{-1}(X_2'X_1)\hat{\beta}_{1,OLS}$ 替换 $\hat{\beta}_2$，其中 $\hat{\beta}_{1,OLS} = (X_1'X_1)^{-1}X_1'y$。JA 检验的步骤如下：

(1) 做 y 对 X_1 的回归，得到 $\hat{y}_1 = X_1\hat{\beta}_{1,OLS}$。

(2) 做 y 对 X_2 的回归，得到 $\tilde{y}_2 = X_2(X_2'X_2)^{-1}X_2'\hat{y}_1$。

(3) 做 y 对 X_1 和 $\tilde{y}_2$ 的回归，然后检验 $\tilde{y}_2$ 的系数是否为零。这是 $\tilde{y}_2$ 系数的简单 t 统计量。J 和 JA 检验是近似等价的。

批评： 注意，H_1 与 H_2 的不对称性。因此，人们应该将原假设和备择假设互换位置，并再次检验。

在这种情况下，可以得到表 8—6 所示的四种情景。两种假设都没有被拒绝，说明数据不足以区分两种假设。如果两种假设都被拒绝，那么没有一个模型可以解释 y 的变化。如果一个假设被拒绝而另一个被接受，我们还应当注意没有被拒绝的假设可能被另一个假设所打倒。

小样本性质： (1) J 检验往往过于频繁地拒绝零假设。此外，当 H_1 中参数的数目 K_1 大于 H_2 中参数的数目 K_2 时，JA 检验的检验功效很低。因此，应该在 K_1 和 K_2 大小相当时使用 JA 检验，即同等数目的非重叠变量。(2) 若 H_1 与 H_2 是假的，这些检验不如标准的诊断检验。在实际应用中，使用显著性水平较高的 J 检验，并用人工嵌套式 F 检验和标准诊断检验作为补充。

表 8—6　　　　　　　　　　　非嵌套假设检验

		$\alpha = 0$	
		不拒绝	拒绝
$\alpha = 1$	不拒绝	不拒绝 H_1 和 H_2	拒绝 H_1 不拒绝 H_2
	拒绝	不拒绝 H_1 拒绝 H_2	拒绝 H_1 和 H_2

注意：J 和 JA 检验是单个自由度的检验，虚拟嵌套式 F 检验是多个自由度的检验。

近来关于非嵌套假设检验的综述，参见 Pesaran and Weeks（2001）。在实证经济研究中的非嵌套假设的例子，包括线性 v. s. 对数—线性模型，参见 8.5 节。此外，在离散选择模型中，logit v. s. probit 模型，参见第 13 章，及在持续时间数据的分析中指数 v. s. Weibull 分布。在 logit v. s. probit 模型的设定中，回归元很可能是相同的。两个模型的唯一区别为分布函数的形式。Pesaran and Weeks（2001，p. 287）强调了假设检验和模型选择之间的差异：

在模型的选择过程中，我们会平衡地考虑所有的模型，而假设检验中原假设和被择假设的地位是不同的，所以模型也设计成非对称的。模型的选择总是有一个明确的结果，即在决策时选择其中一个模型。另一方面，假设检验寻找是否有任何统计显著性的证据（Neyman-Pearson 情形）倾向于一个或多个备择假设而背离原假设。拒绝原假设并不一定意味着接受备择假设的任何一个，它只是警告研究者提出的原假设可能存在缺陷。假设检验不寻求一个明确的结果，即使小心操作也不一定能得到令人满意的模型。例如，在非嵌套假设检验的情况下，所有被考虑的模型都可能被拒绝，或所有模型都被视为等价的。

他们的结论是假设检验和模型选择之间的抉择取决于个人的研究目的。当以决策为目标时，模型选择可能更合适，而以推理问题为目标时，则假设检验更合适。

　　一个模型可能对特定用途经验足够，但与其他用途无太大关系。现实世界当真理难以捉摸和不可预知时，两种对于模型评价的方法都是值得探究的。

（5）White（1982）的信息矩阵（IM）检验。

这是一个普遍的设定检验，非常类似于第 11 章中将详细介绍的 Hausman（1978）设定检验。后者是基于两个不同的回归系数的估计，而前者是基于两个不同的信息矩阵 $I(\theta)$ 的估计，其中 $\theta' = (\beta', \sigma^2)$ 是在第 7 章中研究的线性回归的情况。$I(\theta)$ 的第一个估计值为最大似然法估计的似然函数二阶偏导的期望值，即 $-E(\partial^2 \log L / \partial\theta\partial\theta')$ 在 $\hat{\theta}_{MLE}$ 处的值，第二个估计值为得分向量加总 $\sum_{i=1}^{n} (\partial \log L_i(\theta) / \partial\theta)(\partial \log L_i(\theta) / \partial\theta)'$ 在 $\hat{\theta}_{MLE}$ 处的估计值。这基于基本识别条件：

$$I(\theta) = -E(\partial^2 \log L / \partial\theta\partial\theta') = E(\partial \log L / \partial\theta)(\partial \log L / \partial\theta)'. \tag{6.7}$$

如果最大似然估计的模型没有被正确设定，该等式就不成立。由第 7 章方程（7.19）可知，对于包含正态扰动项的线性回归模型，$I(\theta)$ 的第一个估计表示为 $I_1(\hat{\theta}_{MLE})$：

$$I_1(\hat{\theta}_{MLE}) = \begin{bmatrix} X'X / \hat{\sigma}^2 & 0 \\ 0 & n/2\hat{\sigma}^4 \end{bmatrix}, \tag{8.65}$$

其中 $\hat{\sigma}^2 = e'e/n$ 是对 σ^2 的最大似然估计，e 表示最小二乘估计的残差。

类似地，我们可以对 $I(\theta)$ 的第二个估计表示为 $I_2(\theta)$：

$$
\begin{aligned}
I_2(\theta) &= \sum_{i=1}^{n} \left(\frac{\partial \log L_i(\theta)}{\partial\theta} \right) \left(\frac{\partial \log L_i(\theta)}{\partial\theta} \right)' \\
&= \sum_{i=1}^{n} \begin{bmatrix} \dfrac{u_i^2 x_i x_i'}{\sigma^4} & -\dfrac{u_i x_i}{2\sigma^4} + \dfrac{u_i^3 x_i}{2\sigma^6} \\ -\dfrac{u_i x_i'}{2\sigma^4} + \dfrac{u_i^3 x_i'}{2\sigma^6} & \dfrac{1}{4\sigma^4} - \dfrac{u_i^2}{2\sigma^6} + \dfrac{u_i^4}{4\sigma^8} \end{bmatrix},
\end{aligned} \tag{8.66}
$$

其中 x_i 是 X 的第 i 行。代入最大似然估计式：

$$I_2(\hat{\theta}_{MLE}) = \begin{bmatrix} \dfrac{\sum_{i=1}^{n} e_i^2 x_i x_i'}{\hat{\sigma}^4} & \dfrac{\sum_{i=1}^{n} e_i^3 x_i}{2\hat{\sigma}^6} \\ \dfrac{\sum_{i=1}^{n} e_i^3 x_i'}{2\hat{\sigma}^6} & -\dfrac{n}{4\hat{\sigma}^4} + \dfrac{\sum_{i=1}^{n} e_i^4}{4\hat{\sigma}^8} \end{bmatrix}, \tag{8.67}$$

其中我们利用了 $\sum_{i=1}^{n} e_i x_i = 0$。如果模型正确且干扰项是正态分布的，则有

$$\text{plim } I_1(\hat{\theta}_{MLE})/n = \text{plim } I_2(\hat{\theta}_{MLE})/n = I(\theta).$$

因此，当

$$[I_2(\hat{\theta}_{MLE}) - I_1(\hat{\theta}_{MLE})]/n \qquad (8.68)$$

非常大时，信息矩阵（IM）检验拒绝模型。这是两个包含 $(k+1) \times (k+1)$ 个元素的矩阵，因为 β 是 $k \times 1$ 的向量而 σ^2 是一个标量。然而，由于对称性，这就减少为 $(k+1)(k+2)/2$ 个不同的元素。Hall（1987）指出，从式（8.68）前 $k \times k$ 的块中获得的前 $k(k+1)/2$ 个不同的元素，有一个典型的元素 $\sum_{i=1}^{n}(e_i^2 - \hat{\sigma}^2)x_{ir}x_{is}/n\hat{\sigma}^4$，其中 r 和 s 表示第 r 个与第 s 个解释变量，$r, s = 1, 2, \cdots, k$。此项测量的是 $\hat{\beta}_{OLS}$ 的最小二乘估计的方差—协方差矩阵和其对应的 White（1980）所建议的稳健估计量之间（见第 5 章）的差异。后 k 个不同的元素对应非对角块 $\sum_{i=1}^{n}e_i^3 x_i/2n\hat{\sigma}^6$，测量的是 $\text{cov}(\hat{\beta}, \hat{\sigma}^2)$ 估计量之间的差异。最后的元素对应于右下角元素的不同，即两个对 $\hat{\sigma}^2$ 的估计。这由下式给出：

$$\left[-\frac{3}{4\hat{\sigma}^4} + \frac{1}{n}\sum_{i=1}^{n}e_i^4/4\hat{\sigma}^8\right].$$

可将这 $(k+1)(k+2)/2$ 个不同的元素放在 $D(\theta)$ 的向量形式中，在零假设下 $D(\theta)$ 是一个均值为零且协方差矩阵为 $V(\theta)$ 的有限正态分布。Hall（1987）或 Krämer and Sonnberger（1986）给出了证明，如果 $V(\theta)$ 是从这些形式的样本矩中估计出来的，IM 检验统计量如下：

$$m = nD'(\theta)[V(\theta)]^{-1}D(\theta) \xrightarrow{H_0} \chi^2_{(k+1)(k+2)/2} 。 \qquad (8.69)$$

事实上，Hall（1987）发现这个统计量是 3 个渐近独立项的总和：

$$m = m_1 + m_2 + m_3, \qquad (8.70)$$

其中 $m_1 =$ 怀特（White）异方差检验的一种特殊形式，$m_2 = n$ 倍的 e_i^3 对 x_i 回归中的回归平方和除以 $6\hat{\sigma}^6$，然后

$$m_3 = \frac{n}{24\hat{\sigma}^8}\left(\sum_{i=1}^{n}e_i^4/n - 3\hat{\sigma}^4\right)^2,$$

这类似于第 5 章中给出的 JB 正态性检验中的干扰项。

很显然，无论干扰项是非正态或异方差的，IM 检验都具有有效性。然而 Davidson and MacKinnon（1992）表明，在有限样本中 IM 检验往往太过频繁地拒绝正确的模型。随着自由度增大，问题变得更严重。在蒙特卡罗实验中，Davidson and MacKinnon（1992）表明，对于 $n = 200$，包含 10 个回归变量的线性回归模型在 5% 的水平下 IM 检验拒绝零假设的概率是 99.9%。当 n 增加时这个问题并没有消失。事实上，对于 $n = 1\,000$，在 5% 的水平下，IM 检验拒绝零假设的概率为 92.7%。

这些结果表明，对模型做非正态性、异方差性和其他错误设定等检验比 IM 检验更有用。这些检验可能比 IM 检验功效更高，提供的信息更丰富。Orme（1990）、Chesher and Spady（1991）以及 Davidson and MacKinnon（1992）提出了一种替代方法，使 IM 检验具有更好的有限样本性质。

例 3：对于表 5—3 中给出的消费—收入数据，我们首先计算第 5 章中给出的消费—收入回归中的 RESET 检验。使用 EViews，单击"stability tests"，然后选择 RESET 选项。系统将提示要包含的拟合形式的数目选项（即 $\hat{y}$ 的次幂）。表 8—7 显示了包括 $\hat{y}^2$ 和 $\hat{y}^3$ 的 RESET 检验。它们的联合显著性的 F 统计量等于 94.94，具有显著性，说明存在设定错误。

表 8—7   **Ramsey 的 RESET 检验**

F-statistic	94.93796	Prob. F (2, 45)		0.00000
Log likelihood ratio	80.96735	Prob. Chi-Square (2)		0.00000

Test Equation：
Dependent Variable：CONSUM
Method：Least Squares
Sample：1959 2007
Included observations：49

Variable	Coefficient	Std. Error	t-Statistic	Prob.
C	3519.599	1141.261	3.083956	0.0035
Y	0.421587	0.173597	2.428540	0.0192
FITTED^2	1.99E-05	1.09E-05	1.834317	0.0732
FITTED^3	−1.18E-10	2.10E-10	−0.560377	0.5780

R-squared	0.998798	Mean dependent var	16749.10
Adjusted R-squared	0.998708	S. D. dependent var	5447.060
S. E. of regression	195.7648	Akaike info criterion	13.46981
Sum squared resid	1724573.	Schwarz criterion	13.62425
Log likelihood	−326.0104	Hannan-Quinn criter.	13.52840
F-statistic	12372.26	Durbin-Watson stat	1.001605
Prob(F-statistic)	0.000000		

接下来，我们做 Utts（1982）的彩虹检验。表 8—8 给出了中间 25 个观测，即 1971—1995 年的数据，且使用此数据进行 SAS 回归。这些中间数据的 RSS 为 $\tilde{e}'\tilde{e}=1\,539\,756.14$，整个样本的 RSS 是 $e'e=9\,001\,347.76$。因此，式（8.49）中给出的观测的 F 统计量可以如下计算：

$$F=\frac{(90\,001\,347.76-1\,539\,756.14)/25}{1\,539\,756.4/23}=4.46。$$

这在零假设下服从 $F_{(25,23)}$ 分布，拒绝线性假设。

表 8—8   **1971—1995 年的消费回归**

Dependent Variable：CONSUM
Method：Least Squares
Sample：1971 1995
Included observations：25

Variable	Coefficient	Std. Error	t-Statistic	Prob.
C	−1410.425	371.3812	−3.797783	0.0009
Y	0.963780	0.020036	48.10199	0.0000

续前表

R-squared	0.990157	Mean dependent var	16279.48
Adjusted R-squared	0.989730	S. D. dependent var	2553.097
S. E. of regression	258.7391	Akaike info criterion	14.02614
Sum squared resid	1539756.	Schwarz criterion	14.12365
Log likelihood	−173.3267	Hannan-Quinn criter.	14.05318
F-statistic	2313.802	Durbin-Watson stat	0.613064
Prob(F-statistic)	0.000000		

利用式（8.56）中给出的虚拟回归且 $Z_t = Y_{t+1} + Y_{t-1}$ 计算 PSW 差分检验。利用 EViews 6 得到的结果见表 8—9。Z_t 的 t 统计量为 1.19，对应的 p 值为 0.24，是不显著的。

现在考虑两个相互竞争的非嵌套模型：

$$H_1 : C_t = \beta_0 + \beta_1 Y_t + \beta_2 Y_{t-1} + u_t, \quad H_2 : C_t = \gamma_0 + \gamma_1 Y_t + \gamma_2 C_{t-1} + v_1 \circ$$

两个非嵌套模型共享 Y_t 作为一个共同的变量。嵌套这两个模型的虚拟模型如下：

$$H_3 : C_t = \delta_0 + \delta_1 Y_t + \delta_2 Y_{t-1} + \delta_3 C_{t-1} + \varepsilon_t \circ$$

表 8—9   计算 PSW 差分检验的虚拟回归

Dependent Variable：CONSUM
Method：Least Squares
Sample（adjusted）：1960 2006
Included observations：47 after adjustments

	Coefficient	Std. Error	t-Statistic	Prob.
C	−1373.390	226.1376	−6.073251	0.0000
Y	0.596293	0.321464	1.854930	0.0703
Z	0.191494	0.160960	1.189700	0.2405
R-squared	0.993678	Mean dependent var		16693.85
Adjusted R-squared	0.993390	S. D. dependent var		5210.244
S. E. of regression	423.5942	Akaike info criterion		14.99713
Sum squared resid	7895011.	Schwarz criterion		15.11523
Log likelihood	−349.4326	Hannan-Quinn criter.		15.04157
F-statistic	3457.717	Durbin-Watson stat		0.119325
Prob(F-statistic)	0.000000			

表 8—10 在 H_2 下做回归（1）获得预测值 $\hat{C}_2$（C2HAT）。回归（2）是消费对一个常数、收入、收入滞后项和 C2HAT 进行回归。最后变量的系数为 1.18，t 值为 16.99，具有统计显著性。这就是 Davidson and MacKinnon（1981）的 J 检验。在这种情况下，H_1 被拒绝，但 H_2 不被拒绝。Fisher and McAleer（1981）提出的 JA 检验，在 H_1 下做回归并保留预测值 $\hat{C}_1$（C1HAT）。这一步在回归（3）中完成。然后将 C1HAT 对一个常数项、收入、消费滞后项和预测值 $\tilde{C}_2$（C2TILDE）进行回归。这一步在回归（5）中完成。最后的步骤是将消费对一个常数项、收入、收入滞后项和 C2TILDE 进行回归，见回归（6）。最后的变量的系数是 97.43，t 值是 16.99，具有统计显著性。该检验拒绝 H_1，但不能拒绝 H_2。

转换 H_1 和 H_2 的角色，重复 J 和 JA 检验。事实上，回归（4）为消费对一个常数项、收入、消费的滞后项和 $\hat{C}_1$（从回归（3）中得到）进行回归。$\hat{C}_1$ 的系数是

-15.20，t 值为 -6.5，具有统计显著性。J 检验拒绝 H_2，但不能拒绝 H_1。回归（7）为 $\tilde{C}_2$ 对一个常数项、收入、收入滞后项和预测值 $\tilde{C}_1$（$C1TILDE$）进行回归。JA 检验的最后一步为消费对一个常数项、收入、消费滞后项和 $\tilde{C}_1$ 进行回归，见回归（8）。最后的变量的系数为 -1.11，t 值是 -6.5，具有统计显著性。此时 JA 检验拒绝 H_2，但是不能拒绝 H_1。在 H_3 下的虚拟模型同样也被估计出，见回归（9）。我们很容易考察相应的 F 检验相对 H_3 拒绝 H_1，相对 H_3 拒绝 H_2。总之，所有证据表明，C_{t-1} 与 Y_{t-1} 连同 Y_t 一起包含在模型中是十分重要的。当然真实模型是未知的，可能包括 Y_t 和 C_t 较高的滞后项。

表 8—10 消费回归的非嵌套 J 和 JA 检验

REGRESSION 1				
Dependent Variable：CONSUM				
Method：Least Squares				
Sample（adjusted）：1960 2007				
Included observations：48 after adjustments				
Variable	Coefficient	Std. Error	t-Statistic	Prob.
C	-254.5241	155.2906	-1.639019	0.1082
Y	0.211505	0.068310	3.096256	0.0034
CONSUM（-1）	0.800004	0.070537	11.34159	0.0000
R-squared	0.998367	Mean dependent var		16915.21
Adjusted R-squared	0.998294	S. D. dependent var		5377.825
S. E. of regression	222.1108	Akaike info criterion		13.70469
Sum squared resid	2219995.	Schwarz criterion		13.82164
Log likelihood	-325.9126	Hannan-Quinn criter.		13.74889
F-statistic	13754.09	Durbin-Watson stat		0.969327
Prob（F-statistic）	0.000000			
REGRESSION 2				
Dependent Variable：CONSUM				
Method：Least Squares				
Sample（adjusted）：1960 2007				
Included observations：48 after adjustments				
Variable	Coefficient	Std. Error	t-Statistic	Prob.
C	144.3306	125.5929	1.149194	0.2567
Y	0.425354	0.090692	4.690091	0.0000
Y（-1）	-0.613631	0.094424	-6.498678	0.0000
C2HAT	1.184853	0.069757	16.98553	0.0000
R-squared	0.999167	Mean dependent var		16915.21
Adjusted R-squared	0.999110	S. D. dependent var		5377.825
S. E. of regression	160.4500	Akaike info criterion		13.07350
Sum squared resid	1132745.	Schwarz criterion		13.22943
Log likelihood	-309.7639	Hannan-Quinn criter.		13.13242
F-statistic	17585.25	Durbin-Watson stat		1.971939
Prob（F-statistic）	0.000000			

199

REGRESSION 3

Dependent Variable：CONSUM
Method：Least Squares
Sample（adjusted）：1960 2007
Included observations：48 after adjustments

Variable	Coefficient	Std. Error	t-Statistic	Prob.
C	−1424.802	231.2843	−6.160393	0.0000
Y	0.943371	0.232170	4.063283	0.0002
Y（−1）	0.040368	0.234363	0.172244	0.8640

R-squared	0.993702	Mean dependent var		16915.21
Adjusted R-squared	0.993423	S. D. dependent var		5377.825
S. E. of regression	436.1488	Akaike info criterion		15.05431
Sum squared resid	8560159.	Schwarz criterion		15.17126
Log likelihood	−358.3033	Hannan-Quinn criter.		15.09850
F-statistic	3550.327	Durbin-Watson stat		0.174411
Prob（F-statistic）	0.000000			

REGRESSION 4

Dependent Variable：CONSUM
Method：Least Squares
Sample（adjusted）：1960 2007
Included observations：48 after adjustments

Variable	Coefficient	Std. Error	t-Statistic	Prob.
C	−21815.80	3319.691	−6.571637	0.0000
Y	15.01623	2.278648	6.589974	0.0000
CONSUM（−1）	0.947887	0.055806	16.98553	0.0000
C1HAT	−15.20110	2.339106	−6.498678	0.0000

R-squared	0.999167	Mean dependent var		16915.21
Adjusted R-squared	0.999110	S. D. dependent var		5377.825
S. E. of regression	160.4500	Akaike info criterion		13.07350
Sum squared resid	1132745.	Schwarz criterion		13.22943
Log likelihood	−309.7639	Hannan-Quinn criter.		13.13242
F-statistic	17585.25	Durbin-Watson stat		1.971939
Prob（F-statistic）	0.000000			

REGRESSION 5

Dependent Variable：C1HAT
Method：Least Squares
Sample（adjusted）：1960 2007
Included observations：48 after adjustments

Variable	Coefficient	Std. Error	t-Statistic	Prob.
C	−1418.403	7.149223	−198.3996	0.0000
Y	0.973925	0.003145	309.6905	0.0000
CONSUM（−1）	0.009728	0.003247	2.995785	0.0044

R-squared	0.999997	Mean dependent var		16915.21
Adjusted R-squared	0.999996	S. D. dependent var		5360.865

S. E. of regression	10. 22548	Akaike info criterion	7. 548103
Sum squared resid	4705. 215	Schwarz criterion	7. 665053
Log likelihood	−178. 1545	Hannan-Quinn criter.	7. 592298
F-statistic	6459057.	Durbin-Watson stat	1. 678118
Prob (F-statistic)	0. 000000		

REGRESSION 6

Dependent Variable：CONSUM
Method：Least Squares
Sample (adjusted)：1960 2007
Included observations：48 after adjustments

Variable	Coefficient	Std. Error	t-Statistic	Prob.
C	138044. 4	8211. 501	16. 81111	0. 0000
Y	−94. 21814	5. 603155	−16. 81519	0. 0000
Y (−1)	−0. 613631	0. 094424	−6. 498678	0. 0000
C2TILDE	97. 43471	5. 736336	16. 98553	0. 0000

R-squared	0. 999167	Mean dependent var	16915. 21
Adjusted R-squared	0. 999110	S. D. dependent var	5377. 825
S. E. of regression	160. 4500	Akaike info criterion	13. 07350
Sum squared resid	1132745.	Schwarz criterion	13. 22943
Log likelihood	−309. 7639	Hannan-Quinn criter.	13. 13242
F-statistic	17585. 25	Durbin-Watson stat	1. 971939
Prob (F-statistic)	0. 000000		

REGRESSION 7

Dependent Variable：C2HAT
Method：Least Squares
Sample (adjusted)：1960 2007
Included observations：48 after adjustments

Variable	Coefficient	Std. Error	t-Statistic	Prob.
C	−1324. 328	181. 8276	−7. 283424	0. 0000
Y	0. 437200	0. 182524	2. 395306	0. 0208
Y (−1)	0. 551966	0. 184248	2. 995785	0. 0044

R-squared	0. 996101	Mean dependent var	16915. 21
Adjusted R-squared	0. 995928	S. D. dependent var	5373. 432
S. E. of regression	342. 8848	Akaike info criterion	14. 57313
Sum squared resid	5290650.	Schwarz criterion	14. 69008
Log likelihood	−346. 7551	Hannan-Quinn criter.	14. 61732
F-statistic	5748. 817	Durbin-Watson stat	0. 127201
Prob (F-statistic)	0. 000000		

REGRESSION 8

Dependent Variable：CONSUM
Method：Least Squares
Sample (adjusted)：1960 2007
Included observations：48 after adjustments

Variable	Coefficient	Std. Error	t-Statistic	Prob.
C	−1629. 522	239. 4806	−6. 804403	0. 0000

续前表

Variable	Coefficient	Std. Error	t-Statistic	Prob.
Y	1.161999	0.154360	7.527865	0.0000
CONSUM（－1）	0.947887	0.055806	16.98553	0.0000
C1TILDE	－1.111718	0.171068	－6.498678	0.0000
R-squared	0.999167	Mean dependent var		16915.21
Adjusted R-squared	0.999110	S. D. dependent var		5377.825
S. E. of regression	160.4500	Akaike info criterion		13.07350
Sum squared resid	1132745.	Schwarz criterion		13.22943
Log likelihood	－309.7639	Hannan-Quinn criter.		13.13242
F-statistic	17585.25	Durbin-Watson stat		1.971939
Prob（F-statistic）	0.000000			

REGRESSION 9

Dependent Variable：CONSUM
Method：Least Squares
Sample（adjusted）：1960 2007
Included observations：48 after adjustments

Variable	Coefficient	Std. Error	t-Statistic	Prob.
C	－157.2430	113.1743	－1.389389	0.1717
Y	0.675956	0.086849	7.783091	0.0000
Y（－1）	－0.613631	0.094424	－6.498678	0.0000
CONSUM（－1）	0.947887	0.055806	16.98553	0.0000
R-squared	0.999167	Mean dependent var		16915.21
Adjusted R-squared	0.999110	S. D. dependent var		5377.825
S. E. of regression	160.4500	Akaike info criterion		13.07350
Sum squared resid	1132745.	Schwarz criterion		13.22943
Log likelihood	－309.7639	Hannan-Quinn criter.		13.13242
F-statistic	17585.25	Durbin-Watson stat		1.971939
Prob（F-statistic）	0.000000			

在消费对收入的回归的基础上运行命令 estat imtest，Stata11 完成了 White（1982）的信息矩阵检验。结果为

. estat imtest
Cameron & Trivedi's decomposition of IM-test

Source	chi2	df	p
Heteroskedasticity	2.64	2	0.2677
Skewness	0.45	1	0.5030
Kurtosis	4.40	1	0.0359
Total	7.48	4	0.1124

尽管峰度看起来是个问题，但并没有拒绝原假设。注意，IM 检验根据上述 Hall（1987）的描述分解为几部分。

计量经济学方法与应用（第五版）

8.4 非线性最小二乘法和高斯-牛顿回归[④]

到目前为止，我们一直在讨论线性回归。但是，实际中可能会遇到如下形式的非线性回归：

$$y_t = x_t(\beta) + u_t, \ t = 1, 2, \cdots, T, \tag{8.71}$$

其中 $u_t \sim \text{IID}(0, \sigma^2)$ 且 $x_t(\beta)$ 是一个包含 k 个未知参数 β 的非线性回归函数。可以被解释为以解释变量的值为条件的 y_t 的期望。非线性最小二乘法（NLS）通过最小化 $\sum_{t=1}^{T} (y_t - x_t(\beta))^2 = (y - x(\beta))'(y - x(\beta))$ 实现。由最小化的一阶条件得：

$$X'(\hat{\beta})(y - x(\hat{\beta})) = 0, \tag{8.72}$$

其中 $X(\beta)$ 是 $T \times k$ 阶矩阵，其代表元素为 $X_{tj}(\beta) = \partial x_t(\beta) / \partial \beta_j$，$j = 1, \cdots, k$。这 k 个方程的解为 β 的 NLS 估计量，记为 $\hat{\beta}_{NLS}$。式（8.72）中给出的正规方程与线性情况下的正规方程有相似之处，即它们均要求残差向量 $y - x(\hat{\beta})$ 与 $X(\hat{\beta})$ 的偏导数矩阵正交。在线性情况下，$x(\hat{\beta}) = X\hat{\beta}_{OLS}$，$X(\hat{\beta}) = X$，其中后者独立于 $\hat{\beta}$。由于拟合值 $x(\hat{\beta})$ 和 $X(\hat{\beta})$ 的偏导数矩阵都依赖于 $\hat{\beta}$，一般来说我们无法得到 NLS 的一阶方程的确定解析解。在更一般的条件下，可以证明 $\hat{\beta}_{NLS}$ 渐近服从一个均值为 β_0 且方差为 $\sigma_0^2 (X'(\beta_0)X(\beta_0))^{-1}$ 的正态分布，其中 β_0 和 σ_0 是生成数据时参数的真值，详见 Davidson and MacKinnon（1993）。类似地，定义：

$$s^2 = (y - x(\hat{\beta}_{NLS}))'(y - x(\hat{\beta}_{NLS}))/(T - k),$$

我们得到协方差矩阵的一个可行估计 $s^2(X'(\hat{\beta})X(\hat{\beta}))^{-1}$。如果扰动项为正态的，那么 NLS 就是极大似然估计，而且只要模型设定正确就是渐近有效的，见第 7 章。

在任意参数向量 β^* 处进行一阶泰勒展开，可得

$$y = x(\beta^*) + X(\beta^*)(\beta - \beta^*) + \text{高阶项} + u, \tag{8.73}$$

或

$$y - x(\beta^*) = X(\beta^*)b + \text{残差}。 \tag{8.74}$$

这是高斯-牛顿回归的简单形式，详见 Davidson and MacKinnon（1993）。在这种情况下，高阶项和误差项都包含在残差中，而且 $(\beta - \beta^*)$ 被可以估计的参数向量 b 代替。如果模型是线性的，$X(\beta^*)$ 是解释变量 X 的矩阵，广义非线性回归（GNR）做残差项对 X 的回归。如果 β 的无约束非线性最小二乘估计量 $\beta^* = \hat{\beta}_{NLS}$，那么 GNR 变为

$$y - \hat{x} = \hat{X}b + \text{残差}, \tag{8.75}$$

其中 $\hat{x} \equiv x(\hat{\beta}_{NLS})$，$\hat{X} \equiv X(\hat{\beta}_{NLS})$。从 NLS 的一阶条件中可得 $(y - \hat{x})'\hat{X} = 0$。在此情况下，对此 GNR 进行 OLS 可得 $\hat{b}_{OLS} = (\hat{X}'\hat{X})^{-1}\hat{X}'(y - \hat{x}) = 0$，而且此 GNR 没有解

释力。但是，这个回归有以下用途：（1）检查式（8.72）中给出的一阶条件是否满足。例如，我们可以检查 t 统计量是否为 10^{-3} 次，几位小数的 R^2 是否为 0。（2）计算协方差矩阵估计值。事实上，GNR 给出 $s^2(\hat{X}'\hat{X})^{-1}$，其中 $s^2=(y-\hat{x})'(y-\hat{x})/(T-k)$ 为回归方差的 OLS 估计。利用此 GNR 没有解释效力的事实即可简单证明。这种计算方差—协方差矩阵估计值的方法十分有用，特别是当 $\hat{\beta}$ 用 NLS 以外的方法得到时。例如，有时模型只是在一两个参数处为非线性，且这些参数已知存在于有限的范围内，如 (0, 1)。那么可以在这个范围中搜寻，进行 OLS 回归，最小化残差平方和。这个搜寻过程可以在更小的间隔上重复，以得到更加精确的结果。一旦找到最终的参数估计量，就可以进行 GNR，得到方差—协方差矩阵的估计量。

□ 约束检验 （基于受约束的 NLS 估计的 GNR）

GNR 最负盛名的用途是检验约束条件。其基于 LM 原理，只需要用到约束估计量。在实际应用中，运用以下竞争性假设：

$$H_0: y=x(\beta_1, 0)+u, \quad H_1: y=x(\beta_1, \beta_2)+u,$$

其中 $u \sim \text{IID}(0, \sigma^2 I)$ 且 β_1 和 β_2 分别为 $k \times 1$ 和 $r \times 1$ 的向量。将 β 的受约束 NLS 估计量记为 $\tilde{\beta}$，在此情况下 $\tilde{\beta}'=(\tilde{\beta}_1', 0)$。

β 的受约束的 NLS 估计量的 GNR 估计为

$$(y-\tilde{x})=\tilde{X}_1 b_1+\tilde{X}_2 b_2+\text{残差}, \tag{8.76}$$

其中 $\tilde{x}=x(\tilde{\beta})$，$\tilde{X}_i=X_i(\tilde{\beta})$，且 $X_i(\beta)=\partial x/\partial \beta_i$，$i=1, 2$。

由此领域的 FWL 定理得，b_2 的同样的估计为

$$\bar{P}_{\tilde{X}_1}(y-\tilde{x})=\bar{P}_{\tilde{X}_1}\tilde{X}_2 b_2+\text{残差}。 \tag{8.77}$$

但是由受约束的 NLS 的一阶条件可得 $\tilde{X}_1'(y-\tilde{x})=0$，则 $\bar{P}_{\tilde{X}_1}(y-\tilde{x})=(y-\tilde{x})-P_{\tilde{X}_1}(y-\tilde{x})=(y-\tilde{x})$。因此，式（8.77）变为

$$(y-\tilde{x})=\bar{P}_{\tilde{X}_1}\tilde{X}_2 b_2+\text{残差}。 \tag{8.78}$$

因此，

$$b_{2,OLS}=(\tilde{X}_2'\bar{P}_{\tilde{X}_1}\tilde{X}_2)^{-1}\tilde{X}_2'\bar{P}_{\tilde{X}_1}(y-\tilde{x})=(\tilde{X}_2'\bar{P}_{\tilde{X}_1}\tilde{X}_2)^{-1}\tilde{X}_2'(y-\tilde{x}), \tag{8.79}$$

而且残差平方和为 $(y-\tilde{x})'(y-\tilde{x})-(y-\tilde{x})'\tilde{X}_2(\tilde{X}_2'\bar{P}_{\tilde{X}_1}\tilde{X}_2)^{-1}\tilde{X}_2'(y-\tilde{x})$。

如果将 $\tilde{X}_2$ 从回归式（8.76）中剔除，残差平方和为 $(y-\tilde{x})'(y-\tilde{x})$。因此，剔除 $\tilde{X}_2$ 后的残差平方和减少为

$$(y-\tilde{x})'\tilde{X}_2(\tilde{X}_2'\bar{P}_{\tilde{X}_1}\tilde{X}_2)^{-1}\tilde{X}_2'(y-\tilde{x})。$$

由于 $\tilde{X}_1$ 没有解释效力，因此上式也等于式（8.76）中的回归平方和。在原假设下，该平方和除以 σ^2 的一致估计近似服从 χ_r^2 分布。

σ^2 的不同的一致估计量将得出不同的检验统计量。基于此回归的 H_0 的两种最广泛的统计量为：（1）TR_u^2，其中 R_u^2 是式（8.76）的非中心化 R^2；（2）有关 $b=0$ 的 F 统计量。第一个统计量由 $TR_u^2=T(y-\tilde{x})'\tilde{X}_2(\tilde{X}_2'\bar{P}_{\tilde{X}1}\tilde{X}_2)^{-1}\tilde{X}_2'(y-\tilde{x})/(y-\tilde{x})'(y-\tilde{x})$ 给出，

其中非中心化 R^2 的定义在第 3 章的附录中给出。这一统计量隐含了回归平方和除以 $\tilde{\sigma}^2 =$（受约束的残差平方和）$/T$。这等价于通过做 $(y-\tilde{x})/\tilde{\sigma}$ 对 $\tilde{X}$ 的虚假回归得到的 LM 统计量，并得到回归平方和。回归软件给出中心化的 R^2。只要在受限模型中包含常数项，$(y-\tilde{x})$ 之和为 0，中心化的 R^2 就等于非中心化的 R^2。

式（8.76）中得到的关于 $b_2 = 0$ 的 F 统计量为

$$\frac{(RRSS-URSS)/r}{URSS/(T-k)} = \frac{(y-\tilde{x})'\tilde{X}_2(\tilde{X}_2'\bar{P}_{\tilde{X}_1}\tilde{X}_2)^{-1}\tilde{X}_2'(y-\tilde{x})/r}{[(y-\tilde{x})'(y-\tilde{x})-(y-\tilde{x})'\tilde{X}_2(\tilde{X}_2'\bar{P}_{\tilde{X}_1}\tilde{X}_2)^{-1}\tilde{X}_2'(y-\tilde{x})]/(T-k)} \, \text{。}$$

(8.80)

分母为式（8.76）中 σ^2 的 OLS 估计量，当 $T \to \infty$ 时其趋向 σ_0^2。所以，rF 统计量 $\to \chi_r^2$。在小样本情况下，使用 F 统计量。

□ 线性回归模型的诊断检验

由 Pagan and Hall（1983）提出的变量添加检验考虑添加维度为 $(T \times r)$ 的变量 Z，使用如下回归的 F 检验来检验它们的系数是否为 0：

$$y = X\beta + Z\gamma + u \, \text{。}$$

(8.81)

如果 $H_0 : \gamma = 0$ 为真，模型为 $y = X\beta + u$ 且没有设定错误。对此约束的 GNR 可以做以下回归：

$$\bar{P}_X y = Xb + Zc + \text{残差，}$$

(8.82)

检验 c 是否为 0。根据 FWL 定理，式（8.82）得出与下式一样的残差平方和：

$$\bar{P}_X y = \bar{P}_X Zc + \text{残差。}$$

(8.83)

将 FWL 定理运用到式（8.81），可得与式（8.83）同样的残差平方和。因此，式（8.81）中对 $\gamma = 0$ 的 F 检验与式（8.82）中给出的 GNR 对 $c = 0$ 的 F 检验相同。因此，"当变量添加检验可行时，基于 GNR 的检验等价于变量添加检验"，详见 Davidson and MacKinnon（1993，p. 194）。

同时注意到，对于 $H_0 : \gamma = 0$ 的基于式（8.81）中的 GNR 的 nR_u^2 检验统计量恰好是式（8.81）中基于 y 关于 X 的受约束的最小二乘残差对不受约束的解释变量 X 和 Z 的回归的 LM 统计量。如果 X 中包含常数，那么非中心化的 R^2 等于回归得出的中心化的 R^2。

计算注意事项：我们很容易将检验基于 OLS 残差项 $\hat{u} = \bar{P}_X y$，并将它们对检验的解释变量 Z 简单回归。这种做法相当于实现 GNR 时没有将 X 变量包含在式（8.82）的右侧，将得出过小的检验统计量。

□ 函数形式

Davidson and MacKinnon（1993，p. 195）证明了，式 $y_t = X_t\beta + \hat{y}_t^2 c + $ 残差中对 $c = 0$ 的 RESET 检验与非线性模型 $y_t = X_t\beta(1+\theta X_t\beta)+u_t$ 中对 $\theta = 0$ 的检验等价。在此情况下，由式（8.74）易证明 GNR 为

$$y_t - X_t\beta(1+\theta X_t\beta) = (2\theta(X_t\beta)X_t + X_t)b + (X_t\beta)^2 c + 残差。$$

当 $\theta=0$ 及 $\beta=\hat{\beta}_{OLS}$ 时，GNR 变为 $(y_t - X_t\hat{\beta}_{OLS}) = X_t b + (X_t\hat{\beta}_{OLS})^2 c + 残差。$ $c=0$ 的 t 检验统计量等价于 8.3 节中 RESET 回归中的统计量，见问题 25。

□ 序列相关性检验

假设原假设为式（8.71）给出的非线性回归模型，备择假设为模型 $y_t = x_t(\beta) + v_t$，其中 $v_t = \rho v_{t-1} + u_t$，$u_t \sim \text{IID}(0, \sigma^2)$。以第一个观测值为条件，备择模型可以写为

$$y_t = x_t(\beta) + \rho(y_{t-1} - x_{t-1}(\beta)) + u_t。$$

关于 $H_0: \rho=0$ 的 GNR 检验计算回归方程对于 β 和 ρ 的偏导数，β 和 ρ 为在原假设（例如 $\rho=0$ 和 $\beta=\hat{\beta}_{NLS}$）下的约束估计量（β 的非线性最小二乘估计假设没有序列相关），分别得到 $X_t(\hat{\beta}_{NLS})$ 和 $(y_{t-1} - x_{t-1}(\hat{\beta}_{NLS}))$。因此，GNR 做回归 $\hat{u}_t = y_t - x_t(\hat{\beta}_{NLS}) = X_t(\hat{\beta}_{NLS})b + c\hat{u}_{t-1} + 残差$，检验 $c=0$。如果回归模型为线性的，此过程将退化为做残差项对其滞后项加上解释变量的普通最小二乘回归。恰好是第 5 章中一阶自相关的 Breusch 和 Godfrey 检验。关于 GNR 的应用、好处和局限，详见 Davidson and MacKinnon (1993)。

■ 8.5 线性与对数—线性函数形式的检验

在很多经济学实例中解释变量仅取正值，经济学家必须在线性和对数—线性模型中做出取舍。通常，线性模型为

$$y_i = \sum_{j=1}^{k}\beta_j X_{ij} + \sum_{s=1}^{\ell}\gamma_s Z_{is} + u_i, i=1,2,\cdots,n, \tag{8.84}$$

而对数线性模型为

$$\log y_i = \sum_{j=1}^{k}\beta_j \log X_{ij} + \sum_{s=1}^{\ell}\gamma_s Z_{is} + u_i, i=1,2,\cdots,n, \tag{8.85}$$

其中 $u_i \sim \text{NID}(0, \sigma^2)$。注意，对数—线性模型通常仅存在于被解释变量 y 和解释变量的一个子集中，例如对 X 变量取对数。当然，我们可以对两个模型做估计并比较它们的对数似然值。这可以告诉我们哪个模型拟合得好，但不能说明哪个设定更有效。

Box and Cox（1964）提出下列变换：

$$B(y_i, \lambda) = \begin{cases} \dfrac{y_i^\lambda - 1}{\lambda}, & 当 \lambda \neq 0 \\ \log y_i, & 当 \lambda = 0 \end{cases}, \tag{8.86}$$

其中 $y_i > 0$。注意，当 $\lambda=1$ 时，只要回归中有截距项，将线性模型做 Box-Cox 变换等价于没有变换，得出对数—线性回归。因此，按如下的 Box-Cox 模型回归。如下 Box-Cox 模型：

$$B(y_i, \lambda) = \sum_{j=1}^{k}\beta_j B(X_{ij}, \lambda) + \sum_{s=1}^{\ell}\gamma_s Z_{is} + u_i \tag{8.87}$$

计量经济学方法与应用（第五版）

为包含了式（8.84）和式（8.85）分别给出的线性和对数—线性模型的特殊形式。Box and Cox（1964）提出用 ML 方法估计这些模型并使用 LR 检验来对式（8.84）和式（8.85）相对于式（8.87）进行检验。但是，估计式（8.87）的计算相当烦琐，详见 Davidson and MacKinnon（1993）。取而代之，我们使用包含一个双长度回归（DLR）的 LM 检验，DLR 由 Davidson and MacKinnon（1985）提出，且容易计算。实际上，Davidson and MacKinnon（1993，p.510）指出"使用高斯-牛顿回归对非线性回归模型的所有应用都可以使用 DLR 对被解释变量的变换模型"。GNR 不能应用于对被解释变量进行非线性变换的情形，此时应使用 DLR。相反的，在 GNR 有效的情况下，就没有必要进行 DLR，因为在这种情况下 DLR 等价于 GNR。

对于线性模型（8.84），原假设为 $\lambda=1$。在此情况下，Davidson 和 MacKinnon 提出做包含 $2n$ 个观测值的回归，其中被解释变量包含观测值（$e_1/\hat{\sigma}$，$\cdots$，$e_n/\hat{\sigma}$，1，$\cdots$，1）$'$，也就是前 n 个观测值为式（8.84）的 OLS 残差除以标准误差 σ 的极大似然估计（MLE），其中 $\hat{\sigma}^2_{mle}=e'e/n$。后 n 个观测值都等于 1。而解释变量的 $2n$ 个观测值包含代表元素：

对于 β_j：$X_{ij}-1$ 当 $i=1$，$\cdots$，n 时
$\qquad\qquad 0$ 当 $i=n+1$，$\cdots$，$2n$ 时

对于 γ_s：Z_{is} 当 $i=1$，$\cdots$，n 时
$\qquad\qquad 0$ 当 $i=n+1$，$\cdots$，$2n$ 时

对于 σ：$e_i/\hat{\sigma}$ 当 $i=1$，$\cdots$，n 时
$\qquad\qquad -1$ 当 $i=n+1$，$\cdots$，$2n$ 时

对于 λ：$\sum_{j=1}^{k}\hat{\beta}_j(X_{ij}\log X_{ij}-X_{ij}+1)-(y_i\log y_i-y_{i+1})$ 当 $i=1,\cdots,n$ 时
$\qquad\qquad \hat{\sigma}\log y_i$ 当 $i=n+1$，$\cdots$，$2n$ 时

此 DLR 的回归平方和为 $\lambda=1$ 提供了渐近有效的检验。在原假设下，其服从 χ^2_1 分布。

同样，当检验对数线性模型式（8.85）时，原假设为 0。在此情况下，DLR 的被解释变量有观测值（$\tilde{e}_1/\tilde{\sigma}$，$\tilde{e}_2/\tilde{\sigma}$，$\cdots$，$\tilde{e}_n/\tilde{\sigma}$，$1$，$\cdots$，$1$）$'$，也就是前 n 个观测值为式（8.85）的 OLS 残差除以标准误差 σ 的极大似然估计（MLE），即 $\tilde{\sigma}$，其中 $\tilde{\sigma}^2=\tilde{e}'\tilde{e}/n$。后 n 个观测值都等于 1。而解释变量的 $2n$ 个观测值包含代表元素：

对于 β_j：$\log X_{ij}$ 当 $i=1$，$\cdots$，n 时
$\qquad\qquad 0$ 当 $i=n+1$，$\cdots$，$2n$ 时

对于 γ_s：Z_{is} 当 $i=1$，$\cdots$，n 时
$\qquad\qquad 0$ 当 $i=n+1$，$\cdots$，$2n$ 时

对于 σ：$\tilde{e}_i/\tilde{\sigma}$ 当 $i=1$，$\cdots$，n 时
$\qquad\qquad -1$ 当 $i=n+1$，$\cdots$，$2n$ 时

对于 λ：$\frac{1}{2}\sum_{j=1}^{k}\tilde{\beta}_j(\log X_{ij})^2-\frac{1}{2}(\log y_i)^2$ 当 $i=1,\cdots,n$ 时
$\qquad\qquad \hat{\sigma}\log y_i$ 当 $i=n+1$，$\cdots$，$2n$ 时

此 DLR 的回归平方和为 $\lambda=0$ 提供了渐近有效的检验。在原假设下，其服从 χ^2_1 分布。

对于表 3—2 中给出的香烟数据，线性模型为 $C=\beta_0+\beta_1 P+\beta_2 Y+u$，对数—线性模型为 $\log C=\gamma_0+\gamma_1\log P+\gamma_2\log Y+\varepsilon$，Box-Cox 模型为 $B(C,\lambda)=\delta_0+\delta_1 B(P,\lambda)+$

$\delta_2 B(Y, \lambda)+v$，其中 $B(C, \lambda)$ 由式（8.86）定义。在此情况下，检验假设 $H_0 : \lambda = 1$ 的 DLR，即模型为线性，得到回归平方和为 15.55，比 $\chi^2_{1, 0.05} = 3.84$ 大，所以在 5% 的水平下显著。同样，检验假设 $H_0 : \lambda = 0$ 的 DLR，即模型为对数—线性，得到回归平方和为 8.86。也比 $\chi^2_{1, 0.05} = 3.84$ 大，所以其在 5% 的水平下也显著。在这种情况下，线性模型和对数—线性模型均被数据拒绝。

最后，值得注意的是，还有很多其他的检验线性和对数—线性模型的方法；感兴趣的读者请参见 Davidson and MacKinnon（1993）。

注　释

①这一部分内容以 Belsley，Kuh and Welsch（1980）的理论为基础。

②线性无偏的其他残差有一个标量的协方差矩阵，就是 Theil（1971）提出的 BLUS 残差。由于我们处理的是时间序列数据，故用下标 t 而不是 i 表示观测值，用 T 而不是 n 表示样本容量。

③Ramsey（1969）在 BLUS 残差基础上初步拟定，但是 Ramsey and Schmidt（1976）表明这相当于使用 OLS 残差。

④这一部分内容以 Davidson and MacKinnon（1993，2001）为基础。

⑤这一部分内容以 Davidson and MacKinnon（1993，pp. 502～510）为基础。

问　题

1. 我们知道 $H = P_X$ 是幂等的。此外，$(I_n - P_X)$ 也是幂等的。因此对于任何向量 b，$b'Hb \geqslant 0$。利用以上这些条件，证明对于 $b' = (1, 0, \cdots, 0)$，$0 \leqslant h_{11} \leqslant 1$，推出对于 $i = 1, \cdots, n$，$0 \leqslant h_{ii} \leqslant 1$。

2. 对于没有常数项的简单回归，$y_i = x_i \beta + u_i$，其中 $i = 1, \cdots, n$。

(a) h_{ii} 是什么?证明 $\sum_{i=1}^{n} h_{ii} = 1$。

(b) $\hat{\beta} - \hat{\beta}_{(i)}$ 是什么（见式（8.13））？在 s^2 和 e_i^2 中，$s^2_{(i)}$ 是什么（见式（8.18））？ $DFBETAS_{ij}$ 是什么（见式（8.19））？

(c) $DFFIT_i$ 和 $DFFITS_i$ 是什么（见式（8.21）和式（8.22））？

(d) 对于没有截距项的简单回归，Cook 的距离测量方法 $D_i^2(s)$ 是什么（见式（8.24））？

(e) 验证对没有截距项的简单回归，式（8.27）成立。$COVRATIO_i$ 是什么（见式（8.26））？

3. 利用式（8.17）中 $s^2_{(i)}$ 的定义，在式（8.17）中替代式（8.13），证明式（8.18）。

4. 考虑式（8.5）中给出的增项回归 $y = X\beta^* + d_i \varphi + u$，其中，$\varphi$ 是一个标量且对

于第 i 个观测值 $d_i=1$，其他的为 0。利用式（7.3）中给出的 FWL 定理，证明：

(a) $\hat{\beta}^* = (X'_{(i)} X_{(i)})^{-1} X'_{(i)} y_{(i)} = \hat{\beta}_{(i)}$。

(b) $\hat{\varphi} = (d'_i \bar{P}_X d_i)^{-1} d' \bar{P}_X y = e_i/(1-h_{ii})$，其中 $\bar{P}_X = I - P_X$。

(c) 式（8.5）中的残差平方和=（去除 d_i 的残差平方和）$-e_i^2/(1-h_{ii})$。

(d) 假设 u 是正态分布的，证明检验 $\varphi=0$ 的 t 统计量是式（8.3）中给出的 $t = \hat{\varphi}/s.e.(\hat{\varphi}) = e_i^*$。

5. 考虑增项回归 $y = X\beta^* + \bar{P}_X D_p \varphi^* + u$，其中 D_p 是一个包含虚拟变量的 $n \times p$ 的矩阵。需要注意方程中为 $\bar{P}_X D_p$ 而不是 D_p。与式（8.6）比较，令 $e_p = D'_p e$，则 $E(e_p) = 0$，$\text{var}(e_p) = \sigma^2 D'_p \bar{P}_X D_p$。证明：

(a) $\hat{\beta}^* = (X'X)^{-1} X'y = \hat{\beta}_{OLS}$。

(b) $\hat{\varphi}^* = (D'_p \bar{P}_X D_p)^{-1} D'_p \bar{P}_X y = (D'_p \bar{P}_X D_p)^{-1} D'_p e = (D'_p \bar{P}_X D_p)^{-1} e_p$。

(c) 残差平方和=（剔除 D_p 的残差平方和）$-e'_p (D'_p \bar{P}_X) D_p^{-1} e_p$。使用 FWL 定理证明此残差平方和与式（8.6）中的是一致的。

(d) 假设 u 是正态分布的，证明式（8.7）和式（8.9）。

(e) $\bar{P}_X d_i$ 替换问题 4 中的 d_i，重复问题 4，你有什么结论？

6. 使用更新的公式（8.11），验证式（8.12）并推断式（8.13）。

7. 验证式（8.25）中 Cook 的距离测试与 $DFFITS_i(\sigma)$ 相关，如下：$DFFITS_i(\sigma) = \sqrt{k} D_i(\sigma)$。

8. 利用矩阵的特征方程 $\det(I_k - ab)' = 1 - b'a$，其中 a 和 b 是 k 维的列向量，证明式（8.27）。提示：利用 $a = x_i$ 和 $b' = x'_i (X'X)^{-1}$ 以及 $\det[X'_{(i)} X_{(i)}] = \det[\{I_k - x_i x'_i (X'X)^{-1}\} X'X]$。

9. 对于表 3—2 给出的香烟数据：

(a) 重复计算表 8—2 中的结果。

(b) 对于新汉普郡观测值（NH），计算 $\tilde{e}_{NH}$，e_{NH}^*，$\hat{\beta} - \hat{\beta}_{(NH)}$，$DFBETAS_{NH}$，$DFFIT_{NH}$，$DFFITS_{NH}$，$D_{NH}^2(s)$，$COVRATIO_{NH}$ 和 $FVARATIO_{NH}$。

(c) 对以下州：AR，CT，NJ 和 UT，重复（b）中的计算。

(d) 对于 NV，ME，NM 和 ND，它们有没有影响？

10. 对于表 5—3 给出的消费—收入数据，计算：

(a) 式（8.1）给出的内部学生化残差 $\tilde{e}$。

(b) 式（8.3）给出的外部学生化残差 e^*。

(c) 式（8.25）给出的 COOK 统计量。

(d) 各观测值 h 的杠杆作用。

(e) 式（8.22）给出的 $DFFITS$。

(f) 式（8.28）给出的 $COVRATIO$。

(g) 基于（a）到（f）部分结果的基础上，识别有影响的观测值。

11. 利用第 4 章中使用的 1982 年收入数据重做问题 10。Springer 网站上提供的该数据名称为 EARN. ASC。

12. 利用 Springer 网站上提供的汽油数据 GASOLINE. DAT 重做问题 10。使用第

10 章 10.5 节提供的汽油需求模型，针对奥地利和比利时分别重做问题 10。

13. 递归残差的独立性。

(a) 使用式（8.11）中的更新公式，其中 $A=(X'_t X_t)$，$a=-b=x'_{t+1}$，验证式（8.31）。

(b) 利用式（8.31）验证式（8.32）。

(c) 利用 $u_t \sim \text{IIN}(0, \sigma^2)$ 和式（8.30）中给出的 w_{t+1} 验证式（8.33）。提示：定义 $v_{t+1}=\sqrt{f_{t+1}}\, w_{t+1}$，由式（8.30），我们可以得到：

$$v_{t+1}=\sqrt{f_{t+1}}\, w_{t+1}=y_{t+1}-x'_{t+1}\hat{\beta}_t=x'_{t+1}(\beta-\hat{\beta}_t)+u_{t+1}, \quad t=k,\cdots,T-1.$$

因为 f_{t+1} 是固定的，对于 $t \neq s$ 它足以说明 $\text{cov}(v_{t+1}, v_{s+1})=0$。

14. 递归残差是线性无偏的，有标量协方差矩阵（LUS）。

(a) 验证式（8.30）中定义的 $(T-k)$ 个递归残差可以写成向量的形式：$w=Cy$，其中 C 是式（8.34）定义的。这些表明递归残差在 y 中是线性的。

(b) 表明 C 满足式（8.35）中的三个属性，即：$CX=0$，$CC'=I_{T-k}$ 和 $C'C=\bar{P}_X$。证明：$CX=0$ 表示递归残差是无偏的，有零均值。证明：$CC'=I_{T-k}$ 表示递归残差有一个标量协方差矩阵。证明：$C'C=\bar{P}_X$ 表示 $T-k$ 个递归残差平方和等于 T 个最小二乘估计的残差平方和。

(c) 如果真实的干扰项 $u \sim N(0, \sigma^2 I_T)$，利用（a）和（b）证明递归残差 $w \sim N(0, \sigma^2 I_{T-k})$。

(d) 验证式（8.36），表明 $RSS_{t+1}=RSS_t+w_{t+1}^2$，$t=k, \cdots, T-1$，其中 $RSS_t=(Y_t-X_t\hat{\beta}_t)'(Y_t-X_t\hat{\beta}_t)$。

15. Harvey and Collier（1977）把 t 检验误设为一个变量增加的检验。这是建立在 Wu（1993）基础上的。

(a) 证明：检验 H_0：$\gamma=0$ 与 $\gamma \neq 0$ 的式（8.44）给出的 F 统计量如下：

$$F=\frac{y'\bar{P}_X y-y'\bar{P}_{[x,z]}y}{y'\bar{P}_{[x,z]}y/(T-k-1)}=\frac{y'P_z y}{y'(\bar{P}_X-P_z)y/(T-k-1)},$$

且在原假设下分布为 $F(1, T-k-1)$。

(b) 利用式（8.35）中提到的 C 的属性，证明（a）中的 F 统计量是式（8.43）给出的 Harvey and Collier（1977）的 t 统计量的平方。

16. 对于 Springer 网站上给出的奥地利的汽油数据 GASOLINE.DAT 和第 10 章 10.5 节中给出的模型，计算：

(a) 式（8.30）给出的递归残差。

(b) 式（8.46）给出的 CUSUM，并绘制它和 r 的图像。

(c) 绘制式（8.46）给出的 5% 的上下线，看 CUSUM 是否跨越这些界限。

(d) 1978 年后的样本外预测检验。验证：计算式（8.38）和式（8.40）得到了同样的答案。

(e) 式（8.42）给出的修改后的冯·纽曼比。

(f) 式（8.43）给出的 Harvey and Collier（1977）的功能性设定错误。

17. 在一个具有等同相关干扰项的回归中进行差分测试，这是建立在 Baltagi (1990) 的基础上的。考虑时间序列回归：

$$Y = \iota_T \alpha + X\beta + u, \tag{1}$$

其中 ι_T 表示一个维度为 T 的向量。X 是 $T \times K$ 维矩阵而且 $[\iota_T, X]$ 是列满秩的。$u \sim (0, \Omega)$，其中 Ω 是正定的，差分此模型我们得到：

$$DY = DX\beta + Du, \tag{2}$$

其中 D 为式 (8.50) 下面给出的 $(T-1) \times T$ 矩阵。Maeshiro and Wichers (1989) 表明 GLS 在式 (1) 上可得部分倒数：

$$\hat{\beta} = (X'LX)^{-1}X'LY, \tag{3}$$

其中 $L = \Omega^{-1} - \Omega^{-1}\iota_T(\iota_T'\Omega^{-1}\iota_T)^{-1}\iota_T'\Omega^{-1}$，同样对 (2) 用广义最小二乘法，可得

$$\tilde{\beta} = (X'MX)^{-1}X'MY, \tag{4}$$

其中 $M = D'(D\Omega D')^{-1}D$，最终，他们证明 $M = L$，并且只要式 (1) 中有一个截距项，广义最小二乘法在式 (1) 和式 (2) 中的结果就是等价的。

考虑等相关干扰项的特殊情况：

$$\Omega = \sigma^2[(1-\rho)I_T + \rho J_T], \tag{5}$$

其中 I_T 是一个 T 维的单位矩阵，J_T 是一个 T 维的矩阵。

(a) 推导在等相关情况下的 L 和 M 矩阵，并验证这个特殊的情况下 Maeshiro 和 Wichers 的结果。

(b) 表明在等相关情况下，Plosser，Schwert and White (1982) 提出的差分检验可以作为对差分方程 (2) 做最小二乘估计和广义最小二乘估计之间的差异。

18. 第 4 章中用到的 1982 年的收入数据，可以在 Springer 网站上找到，文件名为 EARN. ASC。(a) 计算 Ramsey (1969) RESET。(b) 计算式 (8.69) 和式 (8.70) 给出的 White (1982) 的信息矩阵。

19. 利用 Springer 网站上住房特征的数据 HEDONIC. XLS 重做问题 18。

20. 利用表 3—2 中给出的数据重做问题 18。

21. 利用 Springer 网站上奥地利汽油数据 GASOLINE. DAT 重做问题 18。利用第 10 章 10.5 节中给出的模型，计算式 (8.54) 中给出的 PSW 差分检验。

22. 利用第 4 章中使用的 1982 年的收入数据，该数据可以在 Springer 网站上找到，文件名为 EARN. ASC。考虑两个相互竞争的非嵌套模型：

$$H_0 : \log(wage) = \beta_0 + \beta_1 ED + \beta_2 EXP + \beta_3 EXP^2 + \beta_4 WKS$$
$$+ \beta_5 MS + \beta_6 FEM + \beta_7 BLK + \beta_8 UNION + u,$$
$$H_1 : \log(wage) = \gamma_0 + \gamma_1 ED + \gamma_2 EXP + \gamma_3 EXP^2 + \gamma_4 WKS$$
$$+ \gamma_5 OCC + \gamma_6 SOUTH + \gamma_7 SMSA + \gamma_8 IND + \varepsilon.$$

计算：

(a) Davidson and MacKinnon (1981) 对于 H_0 和 H_1 的 J 检验。

（b）Fisher and McAleer（1981）对于 H_0 和 H_1 的 JA 检验。

（c）反转 H_0 和 H_1 的角色，并重复（a）和（b）。

（d）H_0 和 H_1 都可以人为地嵌套在第 4 章所使用的模型中。使用式（8.62）中的 F 检验，对增广模型的 H_0 进行检验，然后再对 H_1 进行检验，你能得出什么结论？

23. 对于表 5—3 给出的消费—收入数据，

（a）对原假设消费模型是线性模型，备择假设消费模型为一般的 Box-Cox 模型进行检验。

（b）对原假设消费模型是对数—线性模型，备择假设消费模型为一般的 Box-Cox 模型进行检验。

24. 利用表 3—2 的香烟数据重复问题 23。

25. RESET 作为一个 Gauss-Newton 回归。这是建立在 Baltagi（1998）基础上的。Davidson and MacKinnon（1993）表明 Ramsey（1969）的回归错误设定检验可以得出 Gauss-Newton 回归。这个问题是他们结果的一个简单扩展。假设线性回归模型的检验如下：

$$y_t = X'_t\beta + u_t, t = 1, 2, \cdots, T \tag{1}$$

其中，β 是 $k \times 1$ 的未知参数向量。假设另一种方法是 y_t 与 X_t 之间的非线性回归模型为：

$$y_t = X'_t\beta[1 + \theta(X'_t\beta) + \gamma(X'_t\beta)^2 + \gamma(X'_t\beta)^3] + u_t, \tag{2}$$

其中 θ，γ，λ 是未知的标量参数。通过 y_t 对 X_t，$\hat{y}_t^2$，$\hat{y}_t^3$，$\hat{y}_t^4$ 回归并检验 $\hat{y}_t$ 的各个次幂的系数同时为零，才能得到 Ramsey（1969）的 RESET，这是众所周知的。证明 RESET 可以通过一个在（2）上的 Gauss-Newton 回归推得，并检验 $\theta = \gamma = \lambda = 0$。

参考文献

本章采用了 Belsley，Kuh and Welsch（1980），Johnston（1984），Maddala（1992）和 Davidson and MacKinnon（1993）中的资料，本章中其他的参考文献包括：

Baltagi，B. H.（1990），"The Differencing Test in a Regression with Equicorrelated Disturbances," *Econometric Theory*，Problem 90.4.5，6：488.

Baltagi，B. H.（1998），"Regression Specification Error Test as A Gauss-Newton Regression," *Econometric Theory*，Problem 98.4.3，14：526.

Belsley，D. A.，E. Kuh and R. E. Welsch（1980），*Regression Diagnostics*（Wiley：New York）.

Box，G. E. P. and D. R. Cox（1964），"An Analysis of Transformations," *Journal of the Royal Statistical Society*，Series B，26：211-252.

Brown，R. L.，J. Durbin，and J. M. Evans（1975），"Techniques for Testing the Constancy of Regression Relationships Over Time," *Journal of the Royal Statistical Society* 37：149-192.

Chesher, A. and R. Spady (1991), "Asymptotic Expansions of the Information Matrix Test Statistic," *Econometrica*, 59: 787-815.

Cook, R. D. (1977), "Detection of Influential Observations in Linear Regression," *Technometrics*, 19: 15-18.

Cook, R. D. and S. Weisberg (1982), *Residuals and Influences in Regression* (Chapman and Hall: New York).

Cox, D. R. (1961), "Tests of Separate Families of Hypotheses," *Proceedings of the Fourth Berkeley Symposium on Mathematical Statistics and Probability*, 1: 105-123.

Davidson, R. , L. G. Godfrey and J. G. MacKinnon (1985), "A Simplified Version of the Differencing Test," *International Economic* Review, 26: 639-47.

Davidson, R. and J. G. MacKinnon (1981), "Several Tests for Model Specification in the Presence of Alternative Hypotheses," *Econometrica*, 49: 781-793.

Davidson, R. and J. G. MacKinnon (1985), "Testing Linear and Loglinear Regressions Against Box-Cox Alternatives," *Canadian Journal of Economics*, 18: 499-517.

Davidson, R. and J. G. MacKinnon (1992), "A New Form of the Information Matrix Test," *Econometrica*, 60: 145-157.

Davidson, R. and J. G. MacKinnon (2001), "Artificial Regressions," Chapter 1 in Baltagi, B. H. (ed.) *A Companion to Theoretical Econometrics* (Blackwell: Massachusetts).

Fisher, G. R. and M. McAleer (1981), "Alternative Procedures and Associated Tests of Significance for Non-Nested Hypotheses," *Journal of Econometrics*, 16: 103-119.

Gentleman, J. F. and M. B. Wilk (1975), "Detecting Outliers II: Supplementing the Direct Analysis of Residuals," *Biometrics*, 31: 387-410.

Godfrey, L. G. (1988), *Misspecification Tests in Econometrics: The Lagrange Multiplier Principle and Other Approaches* (Cambridge University Press: Cambridge).

Hall, A. (1987), "The Information Matrix Test for the Linear Model," *Review of Economic Studies*, 54: 257-263.

Harvey, A. C. (1976), "An Alternative Proof and Generalization of a Test for Structural Change," *The American Statistician*, 30: 122-123.

Harvey, A. C. (1990), *The Econometric Analysis of Time Series* (MIT Press: Cambridge).

Harvey, A. C. and P. Collier (1977), "Testing for Functional Misspecification in Regression Analysis," *Journal of Econometrics*, 6: 103-119.

Harvey, A. C. and G. D. A. Phillips (1974), "A Comparison of the Power of Some Tests for Heteroskedasticity in the General Linear Model," *Journal of Econometrics*, 2: 307-316.

Hausman, J. (1978), "Specification Tests in Econometrics," *Econometrica*, 46: 1251−1271.

Koning, R. H. (1992), "The Differencing Test in a Regression with Equicorrelated Disturbances," *Econometric Theory*, Solution 90.4.5, 8: 155−156.

Krämer, W. and H. Sonnberger (1986), *The Linear Regression Model Under Test* (Physica-Verlag: Heidelberg).

Krasker, W. S., E. Kuh and R. E. Welsch (1983), "Estimation for Dirty Data and Flawed Models," Chapter 11 in *Handbook of Econometrics*, Vol. I, eds. Z. Griliches and M. D. Intrilligator, Amsterdam, North-Holland.

Maeshiro, A. and R. Wichers (1989), "On the Relationship Between the Estimates of Level Models and Difference Models," *American Journal of Agricultural Economics*, 71: 432−434.

Orme, C. (1990), "The Small Sample Performance of the Information Matrix Test," *Journal of Econometrics*, 46: 309−331.

Pagan, A. R. and A. D. Hall (1983), "Diagnostic Tests as Residual Analysis," *Econometric Reviews*, 2: 159−254.

Pesaran, M. H. and M. Weeks (2001), "Nonnested Hypothesis Testing: A Overview," Chapter 13 in Baltagi, B. H. (ed.) *A Companion to Theoretical Econometrics* (Blackwell: Massachusetts).

Phillips, G. D. A. and A. C. Harvey (1974), "A Simple Test for Serial Correlation in Regression Analysis," *Journal of the American Statistical Association*, 69: 935−939.

Plosser, C. I., G. W. Schwert, and H. White (1982), "Differencing as a Test of Specification," *International Economic Review*, 23: 535−552.

Ramsey, J. B. (1969), "Tests for Specification Errors in Classical Linear Least-Squares Regression Analysis," *Journal of the Royal Statistics Society*, Series B, 31: 350−371.

Ramsey, J. B. and P. Schmidt (1976), "Some Further Results in the Use of OLS and BLUS Residuals in Error Specification Tests," *Journal of the American Statistical Association*, 71: 389−390.

Schmidt, P. (1976), *Econometrics* (Marcel Dekker: New York).

Theil, H. (1971), *Principles of Econometrics* (Wiley: New York).

Thursby, J. and P. Schmidt (1977), "Some Properties of Tests for Specification Error in a Linear Regression Model," *Journal of the American Statistical Association*, 72: 635−641.

Utts, J. M. (1982), "The Rainbow Test for Lack of Fit in Regression," *Communications in Statistics*, 11: 2801−2815.

Velleman, P. and R. Welsch (1981), "Efficient Computing of Regression Diagnostics," *The American Statistician*, 35: 234−242.

White, H. (1980), "A Heteroskedasticity-Consistent Covariance Matrix Estimator

計量經濟學方法與應用（第五版）

and a Direct Test for Heteroskedasticity," *Econometrica*，48：817-838.

White，H.（1982），"Maximum Likelihood Estimation of Misspecified Models，" *Econometrica*，50：1-25.

Wooldridge，J. M.（2001），"Diagnostic Testing," Chapter 9 in B. H. Baltagi（ed.） *A Companion to Theoretical Econometrics*（Blackwell：Massachusetts）.

Wu，P.（1993），"Variable Addition Test," *Econometric Theory*，Problem 93. 1. 2，9：145-146.

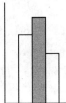

第9章

广义最小二乘法

9.1 引　言

本章考虑扰动项方差—协方差矩阵为更一般的形式。也就是说，将 $u \sim (0, \sigma^2 I_n)$ 的条件放松至 $u \sim (0, \sigma^2 \Omega)$，其中 Ω 是一个 $n \times n$ 维的正定矩阵。首先假定 Ω 为已知且推导出了 β 的最佳线性无偏估计量（BLUE）。可证明得到的这个估计量不同于 OLS 估计量，将 β 的广义最小二乘估计量记为 $\hat{\beta}_{GLS}$。其次，我们研究了在扰动项非标准形式下 $\hat{\beta}_{OLS}$ 的性质。可证明 OLS 估计量仍然是无偏和一致的，但是由标准回归软件包计算出的标准差是有偏和不一致的，从而会导致错误的统计推断。9.3 节涉及了一些特殊形式的 Ω 并且推导了 β 的最佳线性无偏估计量。可证明第 5 章的异方差和序列相关都是 Ω 的特例。9.4 节介绍了正态性假设并且推导了极大似然估计量。9.5 节和 9.6 节探讨了在广义的扰动项方差—协方差矩阵条件下，如何进行假设检验和预测。9.7 节研究了当 Ω 未知并且由一个一致估计量所替代时，β 的最优线性无偏估计量的性质。9.8 节讨论了 $u \sim (0, \sigma^2 \Omega)$ 对 W，LR，LM 统计量的影响。9.9 节给出了一个 GLS 在空间自相关方面的应用。

9.2 广义最小二乘

回归方程并没有改变，唯一改变的是扰动项的方差—协方差矩阵。扰动项的方差—协方差矩阵从过去的 $\sigma^2 I_n$ 变为现在的 $\sigma^2 \Omega$。不过，我们可以再次使用矩阵代数的结论将非标准形式的干扰项转换为标准形式，见第 7 章附录。使用的结论为：对任意一个正定

计量经济学方法与应用（第五版）

矩阵 Ω，总存在一个非奇异矩阵 P，使得 $PP'=\Omega$。为了应用这一结论，对原模型

$$y=X\beta+u \tag{9.1}$$

两边同时左乘矩阵 P^{-1}，我们得到：

$$P^{-1}y=P^{-1}X\beta+P^{-1}u。 \tag{9.2}$$

令 $y^*=P^{-1}y$，$X^*=P^{-1}X$，$u^*=P^{-1}u$，则有：

$$y^*=X^*\beta+u^*， \tag{9.3}$$

其中 u^* 的均值为零，且 $\operatorname{var}(u^*)=P^{-1}\operatorname{var}(u)\ P^{-1\prime}=\sigma^2 P^{-1}\Omega P'^{-1}=\sigma^2 P^{-1}PP'P'^{-1}=\sigma^2 I_n$。于是，式（9.3）中扰动项的方差—协方差矩阵是一个常数乘单位阵。因此，应用第 7 章的结论，式（9.1）中 β 的最优线性无偏估计量等于模型（9.3）转化后的最小二乘估计量：

$$\begin{aligned}\hat{\beta}_{BLUE}&=(X^{*\prime}X^*)^{-1}X^{*\prime}y^*=(X'P^{-1\prime}P^{-1}X)^{-1}X'P^{-1\prime}P^{-1}y\\&=(X'\Omega^{-1}X)^{-1}X'\Omega^{-1}y,\end{aligned} \tag{9.4}$$

其中 $\operatorname{var}(\hat{\beta}_{BLUE})=\sigma^2(X^{*\prime}X^*)^{-1}=\sigma^2(X'\Omega^{-1}X)^{-1}$。该 $\hat{\beta}_{BLUE}$ 也就是 $\hat{\beta}_{GLS}$。定义 $\Sigma=E(uu')=\sigma^2\Omega$，则 Σ 与 Ω 的区别仅在于一个正的常数 σ^2。我们可以很容易验证 $\hat{\beta}_{GLS}$ 也可以写为另一种形式 $\hat{\beta}_{GLS}=(X'\Sigma^{-1}X)^{-1}X'\Sigma^{-1}y$，其中 $\operatorname{var}(\hat{\beta}_{GLS})=(X'\Sigma^{-1}X)^{-1}$。将 $\Sigma^{-1}=\Omega^{-1}/\sigma^2$ 代入 $\hat{\beta}_{GLS}$ 第二个表达式，可证明两种表达等价。

很明显，$\hat{\beta}_{GLS}$ 不等于 $\hat{\beta}_{OLS}$。实际上，$\hat{\beta}_{OLS}$ 仍然是 β 的一个线性无偏估计量，由高斯-马尔可夫定理可知，它的方差大于 $\hat{\beta}_{GLS}$ 的方差。通过第 7 章的方程（7.5）$\hat{\beta}_{OLS}=\beta+(X'X)^{-1}X'u$，很容易证明 $\hat{\beta}_{OLS}$ 的方差为

$$\operatorname{var}(\hat{\beta}_{OLS})=\sigma^2(X'X)^{-1}(X'\Omega X)(X'X)^{-1}。 \tag{9.5}$$

问题 1 表明 $\operatorname{var}(\hat{\beta}_{OLS})-\operatorname{var}(\hat{\beta}_{GLS})$ 是一个半正定矩阵。需要注意的是，$\operatorname{var}(\hat{\beta}_{OLS})$ 不再等于 $\sigma^2(X'X)^{-1}$，故在回归软件包中将 $s^2(X'X)^{-1}$ 作为 $\hat{\beta}_{OLS}$ 方差的估计量是使用了错误的计算公式。另外，问题 2 表明 $E(s^2)$ 不再等于 σ^2，因此回归软件包也错误地用 s^2 作为 σ^2 的估计量。两个错误没法相互抵消得到正确的结果，因此 $\operatorname{var}(\hat{\beta}_{OLS})$ 的估计量是有偏的。偏误的方向由矩阵 Ω 和 X 的形式决定。（异方差和自相关情况下有偏性的例子可参见第 5 章。）因此，通过 OLS 回归计算出的标准差和 t 统计量也是有偏的。在存在异方差的情况下，可使用 White（1980）稳健标准误进行 OLS 估计。在这种情况下，公式（9.5）中的 $\Sigma=\sigma^2\Omega$ 的估计量为 $\hat{\Sigma}=\operatorname{diag}(e_i^2)$，其中 e_i 为最小二乘残差。由此得到的 t 统计量对于异方差是稳健的。类似的，原假设 $H_0:R\beta=r$ 下的 Wald 统计量也可通过将 $\hat{\beta}_{OLS}$ 用式（9.5）替换式（7.41）中的 $\sigma^2(X'X)^{-1}$ 得到，其中 $\hat{\Sigma}=\operatorname{diag}(e_i^2)$。在自相关与异方差性共存的情况下，可以使用 Newey and West（1987）提出的一致协方差矩阵进行估计，详见第 5 章。

总之，只要 $\Omega\neq I_n$，那么 $\hat{\beta}_{OLS}$ 就不再是 BLUE。然而，$\hat{\beta}_{OLS}$ 仍然具有无偏性和一致性。这两个性质不依赖于扰动项方差—协方差矩阵的形式，它们只由条件 $E(u\mid X)=0$

和 $\text{plim} X'u/n=0$ 决定。通过标准软件包计算出来的 $\hat{\beta}_{OLS}$ 的标准差是有偏的,并且基于这一有偏估计的任何假设检验都是有误的。

到目前为止我们还未推导估计量 σ^2 的形式。但是我们从第 7 章的讨论知道,由转换后的回归式(9.3)得到的均方误差是 σ^2 的一个无偏估计量,记为 s^{*2},它等于转换后回归的残差平方和除以 $(n-K)$,令 e^* 为模型(9.3)得到的 OLS 残差序列,则

$$e^* = y^* - X^* \hat{\beta}_{GLS} = P^{-1}(y - X\hat{\beta}_{GLS}) = P^{-1}e_{GLS},$$
$$s^{*2} = e^{*'}e^*/(n-K) = (y - X\hat{\beta}_{GLS})'\Omega^{-1}(y - X\hat{\beta}_{GLS})/(n-K)$$
$$= e'_{GLS}\Omega^{-1}e_{GLS}/(n-K)。 \tag{9.6}$$

需要注意的是,s^{*2} 现在由 Ω^{-1} 决定。

□ OLS 估计量与 GLS 估计量等价的充要条件

OLS 估计量与 GLS 估计量等价的充分必要条件有几种形式,具体可参考 Puntanen and Styan(1989)的综述。考虑到教学的需要,我们专注于 Milliken and Albohali(1984)的推导。在这里有 $y = P_X y + \bar{P}_X y$。故将 y 代入 $\hat{\beta}_{GLS}$ 的表达式中,我们有

$$\hat{\beta}_{GLS} = (X'\Omega^{-1}X)^{-1}X'\Omega^{-1}[P_X y + \bar{P}_X y] = \hat{\beta}_{OLS} + (X'\Omega^{-1}X)^{-1}X'\Omega^{-1}\bar{P}_X y。$$

等式右边最后一项对于每一个 y 都为零当且仅当:

$$X'\Omega^{-1}\bar{P}_X = 0。 \tag{9.7}$$

因此,当且仅当式(9.7)成立时,有 $\hat{\beta}_{GLS} = \hat{\beta}_{OLS}$。

实践中,另一个简单的充要条件如下:

$$P_X\Omega = \Omega P_X, \tag{9.8}$$

详见 Zyskind(1967)。应注意的是,这个条件中用到的是 Ω 而非 Ω^{-1}。在 Balestra(1970)和 Baltagi(1989)的文献中有几个在经济学中的应用,满足这些条件且容易得到验证。我们将在第 10 章的似不相关回归、第 11 章的联立方程和第 12 章的面板数据中应用这些条件。亦可参见问题 9。

9.3　Ω 的特殊形式

如果扰动项具有异方差但不存在序列相关,那么 $\Omega = \text{diag}(\sigma_i^2)$。在这种情况下,$P = \text{diag}(\sigma_i)$,$P^{-1} = \Omega^{-1/2} = \text{diag}[1/\sigma_i]$,$\Omega^{-1} = \text{diag}[1/\sigma_i^2]$。对原回归方程进行左乘的运算就相当于对模型的第 i 个观测值除以 σ_i。得到的新扰动项 u_i/σ_i 具有零均值和同方差 σ^2,且保持非自相关性质不变。新的回归为 $y_i^* = y_i/\sigma_i$ 对 $X_{ik}^* = X_{ik}/\sigma_i$ 的回归,其中 $i=1$,2,$\cdots$,n,$k=1$,2,$\cdots$,K。关于 σ_i 的具体形式我们已经在异方差一章中讨论过。

如果扰动项是一个 AR(1) 过程,即对于任意的 $t=1$,2,$\cdots$,T 都有 $u_t = \rho u_{t-1} + \varepsilon_t$,其中 $|\rho| \leqslant 1$,$\varepsilon_t \sim \text{IID}(0, \sigma_\varepsilon^2)$,则 $\text{cov}(u_t, u_{t-s}) = \rho^s \sigma_u^2$,其中 $\sigma_u^2 = \sigma_\varepsilon^2/(1-\rho^2)$。这表示,

$$\Omega = \begin{bmatrix} 1 & \rho & \rho^2 & \cdots & \rho^{T-1} \\ \rho & 1 & \rho & \cdots & \rho^{T-2} \\ \vdots & \vdots & \vdots & \cdots & \vdots \\ \rho^{T-1} & \rho^{T-2} & \rho^{T-3} & \cdots & 1 \end{bmatrix}, \tag{9.9}$$

且

$$\Omega^{-1} = \left(\frac{1}{1-\rho^2}\right) \begin{bmatrix} 1 & -\rho & 0 & \cdots & 0 & 0 & 0 \\ -\rho & 1+\rho^2 & -\rho & \cdots & 0 & 0 & 0 \\ \vdots & \vdots & \vdots & \cdots & \vdots & \vdots & \vdots \\ 0 & 0 & 0 & \cdots & -\rho & 1+\rho^2 & -\rho \\ 0 & 0 & 0 & \cdots & 0 & -\rho & 1 \end{bmatrix}。 \tag{9.10}$$

因此

$$P^{-1} = \begin{bmatrix} \sqrt{1-\rho^2} & 0 & 0 & \cdots & 0 & 0 & 0 \\ -\rho & 1 & 0 & \cdots & 0 & 0 & 0 \\ 0 & -\rho & 1 & \cdots & 0 & 0 & 0 \\ \vdots & \vdots & \vdots & \cdots & \vdots & \vdots & \vdots \\ 0 & 0 & 0 & \cdots & -\rho & 1 & 0 \\ 0 & 0 & 0 & \cdots & 0 & -\rho & 1 \end{bmatrix}, \tag{9.11}$$

即为满足条件 $P^{-1\prime}P^{-1}=(1-\rho^2)\Omega^{-1}$ 的矩阵。对回归方程左乘矩阵 P^{-1} 相当于进行一个 Prais-Winsten 变换。需要注意的是，y 的第一个观测值满足 $y_1^*=\sqrt{1-\rho^2}\,y_1$，而其他观测值为 $y_t^*=(y_t-\rho y_{t-1})$，$t=2$，3，$\cdots$，T。相似的，我们也可以得到变换后的 X 和扰动项。问题 3 证明了转化后扰动项 $u^*=P^{-1}u$ 的方差—协方差矩阵为 $\sigma_\varepsilon^2 I_T$。

存在显式表达式的其他例子包括：（1）MA(1) 模型，参见 Balestra（1980）；（2）AR(2) 模型，参见 Lempers and Kloek（1973）；（3）季度数据的 AR(4) 模型，参见 Thomas and Wallis（1971）；（4）误差成分模型，参见 Fuller and Battese（1974）和第 12 章。

▌ 9.4 极大似然估计 _____

假定 $u \sim N(0, \sigma^2\Omega)$，只要牢记 $u^*=P^{-1}u=\Omega^{-1/2}u$ 和 $u^* \sim N(0, \sigma^2 I_n)$，我们就能很容易推导出新的似然函数。在这种情况下，

$$f(u_1^*, \cdots, u_n^*; \beta, \sigma^2) = (1/2\pi\sigma^2)^{n/2} \exp\{-u^{*\prime}u^*/2\sigma^2\}。 \tag{9.12}$$

做变换，可得：

$$f(u_1, \cdots, u_n; \beta, \sigma^2) = (1/2\pi\sigma^2)^{n/2} |\Omega^{-1/2}| \exp\{-u'\Omega^{-1}u/2\sigma^2\}, \tag{9.13}$$

其中 $|\Omega^{-1/2}|$ 是雅克比矩阵逆变换的行列式。最后，将式（9.13）中的 u 用 $y=X\beta+u$

进行替换，可以得到似然函数：

$$L(\beta,\sigma^2;\Omega)=(1/2\pi\sigma^2)^{n/2}|\Omega^{-1/2}|\exp\{-(y-X\beta)'\Omega^{-1}(y-X\beta)/2\sigma^2\},\qquad(9.14)$$

其中最后一个变换的雅克比行列式等于1。已知 Ω，关于 β 的最大化似然函数式（9.14）的问题等价于关于 β 的最小化 $u^*{}'u^*$ 的问题。这意味着 $\hat{\beta}_{MLS}$ 即为转换后模型的 OLS 估计量（即 $\hat{\beta}_{GLS}$）。由式（9.14）可知，新的 RSS 是经过加权的，权数为扰动项方差—协方差矩阵的逆。与之类似，关于 σ^2 最大化式（9.14）得到的 $\hat{\sigma}^2_{MLE}$ 等于转换后的回归模型（9.3）的 OLS 残差平方和除以 n。由式（9.6）可得，$\hat{\sigma}^2_{MLE}=e^*{}'e^*/n=(n-K)s^{*2}/n$。这些极大似然函数估计量的分布可以利用第 7 章转换模型的结果得到。实际上，$\hat{\beta}_{GLS}\sim N(\beta,\ \sigma^2(X'\Omega^{-1}X)^{-1})$ 和 $(n-K)s^{*2}/\sigma^2\sim\chi^2_{n-K}$。

9.5 假设检验

在广义的方差—协方差矩阵的假设下，为了检验原假设 $H_0:R\beta=r$ 是否成立，我们可以利用变换后的模型（9.3），其方差—协方差矩阵是一个标量的单位阵，再应用第 7 章推导出来的检验统计量

$$(R\hat{\beta}_{GLS}-r)'[R(X^*{}'X^*)^{-1}R']^{-1}(R\hat{\beta}_{GLS}-r)/\sigma^2\sim\chi^2_g。\qquad(9.15)$$

注意，上式中用 $\hat{\beta}_{GLS}$ 替换了 $\hat{\beta}_{OLS}$，X^* 替换了 X。然后再用对上式进行代换，用 $P^{-1}X$ 替换 X^*，得到：

$$(R\hat{\beta}_{GLS}-r)'[R(X'\Omega^{-1}X)^{-1}R']^{-1}(R\hat{\beta}_{GLS}-r)/\sigma^2\sim\chi^2_g。\qquad(9.16)$$

这与相应的球形扰动项模型有两点不同，即 $\hat{\beta}_{GLS}$ 取代了 $\hat{\beta}_{OLS}$，$(X'\Omega^{-1}X)$ 取代了 $X'X$。也可以基于转换模型推导出受约束的估计量，即简单地用 $P^{-1}X$ 替换 X^*，用 $\hat{\beta}_{GLS}$ 替换 $\hat{\beta}_{OLS}$。问题 4 要求读者证明受约束的 GLS 估计量满足表达式：

$$\hat{\beta}_{RGLS}=\hat{\beta}_{GLS}-(X'\Omega^{-1}X)^{-1}R'[R(X'\Omega^{-1}X)^{-1}R']^{-1}(R\hat{\beta}_{GLS}-r)。\qquad(9.17)$$

另外，利用第 7 章中给出的类似分析，可以证明式（9.15）实际上是个似然比统计量，并且等价于 Wald 统计量和拉格朗日乘子统计量，详见 Buse（1982）。在实际的检验中，我们用无偏估计量 S^{*2} 替换 σ^2，并除以约束个数 g。由第 7 章的解释可知，最终的统计量服从 $F(g,n-K)$ 分布。

9.6 预 测

非球形扰动项是如何影响预测的呢？假设我们要进行一步预测，那么一个广义的 Ω 矩阵会使预测产生什么变化呢？首先我们知道，$T+1$ 期的扰动项与样本期内的扰动项相关，假设它们之间的相关关系可以用一个 $(T\times1)$ 的向量 $\omega=E(u_{T+1}u)$ 来表示，问

题 5 说明了 y_{T+1} 的 BLUP 为：

$$\hat{y}_{T+1} = x'_{T+1}\hat{\beta}_{GLS} + \omega'\Omega^{-1}(y - X\hat{\beta}_{GLS})/\sigma^2. \tag{9.18}$$

该式的第一项符合预期，而第二项则表现了两种模型在预测上的差异。为了阐释这一差异，我们首先来看一个 AR(1) 的例子，即 $\text{cov}(u_t, u_{t-s}) = \rho^s\sigma_u^2$。这意味着 $\omega' = \sigma_u^2 \ (\rho^T, \rho^{T-1}, \cdots, \rho)$。使用式（9.9）给出的 Ω，我们发现 ω 等于 $\rho\sigma_u^2$ 乘以 Ω 的最后一列。而 $\Omega^{-1}\Omega = I_T$，故 Ω^{-1} 乘以 Ω 的最后一列等于单位矩阵的最后一列，即 $(0, 0, \cdots, 1)'$。将 Ω 的最后一列用 $(\omega/\rho\sigma_u^2)$ 表示，可以得到 $\Omega^{-1}(\omega/\rho\sigma_u^2) = (0, 0, \cdots, 1)'$，移项并重新整理得到 $\omega'\Omega^{-1}/\sigma_u^2 = \rho(0, 0, \cdots, 1)$。这说明式（9.18）的最后一项等于 $\rho(0, 0, \cdots, 1)(y - X\hat{\beta}_{GLS}) = \rho e_{T,GLS}$，其中 $e_{T,GLS}$ 是 GLS 估计的第 T 个残差。这与球形扰动项下的预测是不同的，因为下一年的扰动项与样本的扰动项不独立，因此，不能通过其零均值进行预测。相反，我们已知 $u_{T+1} = \rho u_T + \varepsilon_{T+1}$，用 $\rho e_{T,GLS}$ 预测 u_{T+1}，ε_{T+1} 只能用其零均值来预测，但 u_T 可以用 $e_{T,GLS}$ 来预测。

■ 9.7　未知形式的 Ω

当 Ω 形式未知时，我们用 Ω 的一致估计量 $\hat{\Omega}$ 替代 Ω，从而得到的 β 的 GLS 估计量为：

$$\hat{\beta}_{FGLS} = (X'\hat{\Omega}^{-1}X)^{-1}X'\hat{\Omega}^{-1}y, \tag{9.19}$$

称为 β 的可行的 GLS 估计量。一旦用 $\hat{\Omega}$ 替代 Ω，高斯-马尔可夫定理就不一定能成立。换句话说，$\hat{\beta}_{FGLS}$ 不再是 BLUE，尽管其具有一致性。一般很难得到 $\hat{\beta}_{FGLS}$ 的有限样本性质。然而，我们有以下渐近结果。

定理 1：若满足条件（ⅰ）$\text{plim } X'(\hat{\Omega}^{-1} - \Omega^{-1})X/n = 0$，（ⅱ）$\text{plim } X'(\hat{\Omega}^{-1} - \Omega^{-1})u/n = 0$，那么 $\sqrt{n}(\hat{\beta}_{GLS} - \beta)$ 和 $\sqrt{n}(\hat{\beta}_{FGLS} - \beta)$ 有相同的渐近分布 $N(0, \sigma^2Q^{-1})$，其中当 $n \to \infty$ 时，$Q = \lim(X'\Omega^{-1}X)/n$。该定理成立的充分条件是：$\hat{\Omega}$ 是 Ω 的一致估计量且 X 具有良好的极限性质。

引理 1：如果有额外条件 $\text{plim } u'(\hat{\Omega}^{-1} - \Omega^{-1})u/n = 0$ 成立，那么 $s^{*2} = e'_{GLS}\Omega^{-1}e_{GLS}/(n-K)$ 和 $\hat{s}^{*2} = e'_{FGLS}\hat{\Omega}^{-1}e_{FGLS}/(n-K)$ 都是 σ^2 的一致估计量。这意味着，基于渐近的观点，我们可以分别用 $\hat{\beta}_{FGLS}$ 和 $\hat{s}^{*2}$ 来代替 $\hat{\beta}_{GLS}$ 和 s^{*2}。关于定理 1 和引理 1 的证明可参见 Theil（1971），Schmidt（1976）或者 Judge et al.（1985）。

在存在异方差和序列相关下的蒙特卡罗证据表明，在有限样本下使用可行的 GLS 估计优于 OLS 估计。然而，第 5 章中我们也注意到在 X 存在趋势项的时候，两步 Cochrane-Orcutt 过程并不一定比 OLS 估计好。这就是说，可行的 GLS 遗漏了第一个观测值（此情况下为 Cochrane-Orcutt 迭代），这使得其在有限样本下不一定比使用全部观测值的 OLS 方法更好。

9.8 W，LR，LM 统计量的再讨论

在本部分，我们提出关于证明 $W \geqslant LR \geqslant LM$ 的一种简化的和更普遍的方法，这种方法是由 Breusch（1979）提出的。对于式（9.1）给出的满足 $u \sim N(0, \Sigma)$ 的一般线性模型和原假设 $H_0: R\beta = r$，式（9.14）给出了似然函数，其中 $\Sigma = \sigma^2 \Omega$，在不施加原假设 H_0 的约束条件下，通过最大化似然函数可得到无约束的估计量 $\hat{\beta}_u$ 和 $\hat{\Sigma}$，其中 $\hat{\beta}_u = (X'\hat{\Sigma}^{-1}X)^{-1}X'\hat{\Sigma}^{-1}y$。与之类似，在施加原假设 H_0 的约束条件下，最大化似然函数可得到受约束的估计量 $\tilde{\beta}_r$ 和 $\tilde{\Sigma}$，其中，

$$\tilde{\beta}_r = (X'\tilde{\Sigma}^{-1}X)^{-1}X'\tilde{\Sigma}^{-1}y - (X'\tilde{\Sigma}^{-1}X)^{-1}R'\tilde{\mu}, \tag{9.20}$$

如同式（9.17），其中 $\tilde{\mu} = \tilde{A}^{-1}(R\hat{\beta}_r - r)$ 便是第 7 章方程（7.35）所说的拉格朗日乘子，其中 $\tilde{A} = [R(X'\tilde{\Sigma}^{-1}X)^{-1}R']$。这与第 7 章的最大区别在于 Σ 是未知的且需要先估计。令 $\tilde{\beta}_r$ 为在有约束的方差—协方差估计量 $\tilde{\Sigma}$ 条件下 β 的无约束极大似然估计量；$\tilde{\beta}_u$ 为在无约束的方差—协方差估计量 $\hat{\Sigma}$ 条件下 β 的受约束（满足 H_0）极大似然估计量。更明确地讲，

$$\hat{\beta}_r = (X'\tilde{\Sigma}^{-1}X)^{-1}X'\tilde{\Sigma}^{-1}y, \tag{9.21}$$

$$\tilde{\beta}_u = \hat{\beta}_u - (X'\hat{\Sigma}^{-1}X)^{-1}R'\hat{A}^{-1}(R\hat{\beta}_u - r)。 \tag{9.22}$$

已知 Σ 时，似然比统计量的表达式为：

$$LR = -2\log\left[\max_{R\beta=r}L(\beta/\Sigma) / \max_{\beta}L(\beta/\Sigma)\right] = -2\log\left[L(\tilde{\beta},\Sigma)/L(\hat{\beta},\Sigma)\right]$$
$$= \tilde{u}'\Sigma^{-1}\tilde{u} - \hat{u}'\Sigma^{-1}\hat{u}, \tag{9.23}$$

其中 $\hat{u} = y - X\hat{\beta}$，$\tilde{u} = y - X\tilde{\beta}$，且 β 的两个估计量都是以一个已知的 Σ 为条件的。

$$R\hat{\beta}_u \sim N(R\beta, R(X'\hat{\Sigma}^{-1}X)^{-1}R'),$$

Wald 统计量的表达式为：

$$W = (R\hat{\beta}_u - r)'\hat{A}^{-1}(R\hat{\beta}_u - r), \text{其中} \hat{A} = [R(X'\hat{\Sigma}^{-1}X)^{-1}R']。 \tag{9.24}$$

通过式（9.22）易得，$\tilde{u}_u = y - X\tilde{\beta}_u$，$\hat{u}_u = y - X\hat{\beta}_u$ 的关系如下：

$$\tilde{u}_u = \hat{u}_u + X(X'\hat{\Sigma}^{-1}X)^{-1}R'\hat{A}^{-1}(R\hat{\beta}_u - r), \tag{9.25}$$

$$\tilde{u}_u'\hat{\Sigma}^{-1}\tilde{u}_u = \hat{u}_u'\hat{\Sigma}^{-1}\hat{u}_u + (R\hat{\beta}_u - r)'\hat{A}^{-1}(R\hat{\beta}_u - r)。 \tag{9.26}$$

由于 $X'\hat{\Sigma}^{-1}\hat{u}_u = 0$，故交叉乘积项为零。因此有：

$$W = \tilde{u}_u'\hat{\Sigma}^{-1}\tilde{u}_u - \hat{u}_u'\hat{\Sigma}^{-1}\hat{u}_u = -2\log[L(\tilde{\beta},\hat{\Sigma})/L(\hat{\beta},\hat{\Sigma})]$$
$$= -2\log\left[\max_{R\beta=r}L(\beta/\hat{\Sigma}) / \max_{\beta}L(\beta/\hat{\Sigma})\right], \tag{9.27}$$

故 Wald 统计量也可以看成是一个以 $\hat{\Sigma}$ 为条件的 LR 统计量，其中 $\hat{\Sigma}$ 为 Σ 的无约束极大

似然估计量。

相似地有，检验 $\mu=0$ 的拉格朗日乘子统计量的表达式为：

$$LM = \mu'\hat{A}\mu = (R\hat{\beta}_r - r)'\tilde{A}^{-1}(R\hat{\beta}_r - r)。 \qquad (9.28)$$

通过式（9.20）易得：

$$\tilde{u}_r = \hat{u}_r + X(X'\widetilde{\Sigma}^{-1}X)^{-1}R'\tilde{A}^{-1}(R\hat{\beta}_r - r), \qquad (9.29)$$

$$\tilde{u}_r'\widetilde{\Sigma}^{-1}\tilde{u}_r = \hat{u}_r'\widetilde{\Sigma}^{-1}\hat{u}_r + \mu'\hat{A}\mu。 \qquad (9.30)$$

由于 $X'\widetilde{\Sigma}^{-1}\hat{u}_r = 0$，故交叉乘积项为零。因此有：

$$
\begin{aligned}
LM &= \tilde{u}_r'\widetilde{\Sigma}^{-1}\tilde{u}_r - \hat{u}_r'\widetilde{\Sigma}^{-1}\hat{u}_r = -2\log\left[L(\tilde{\beta}_r, \widetilde{\Sigma})/L(\hat{\beta}_r, \widehat{\Sigma}) \right] \\
&= -2\log\left[\max_{R\beta=r} L(\beta/\widetilde{\Sigma})/\max_{\beta} L(\beta/\widetilde{\Sigma}) \right],
\end{aligned} \qquad (9.31)
$$

故拉格朗日乘子统计量也可以看成是一个以 $\widetilde{\Sigma}$ 为条件的 LR 统计量，其中 $\widetilde{\Sigma}$ 为受约束的极大似然估计量。给定如下条件：

$$\max_{\beta} L(\beta/\widetilde{\Sigma}) \leqslant \max_{\beta, \Sigma} L(\beta, \Sigma) = \max_{\beta} L(\beta/\widehat{\Sigma}), \qquad (9.32)$$

$$\max_{R\beta=r} L(\beta/\widetilde{\Sigma}) \leqslant \max_{R\beta=r, \Sigma} L(\beta, \Sigma) = \max_{R\beta=r} L(\beta/\widetilde{\Sigma}), \qquad (9.33)$$

易证 LR 统计量为：

$$LR = -2\log\left[\max_{R\beta=r, \Sigma} L(\beta, \Sigma)/\max_{\beta, \Sigma} L(\beta, \Sigma) \right], \qquad (9.34)$$

满足下面的不等式：

$$W \geqslant LR \geqslant LM。 \qquad (9.35)$$

该式留给读者自己证明（见问题 6）。

只要 β 的极大似然估计量与 Σ 的极大似然估计量不相关，上述证明方法就是成立的，详见 Breusch（1979）。

9.9 空间误差相关

不同于时间序列数据，横截面数据通常不具有独特的自然顺序。空间自相关允许横截面各个单位之间的扰动项存在相关性。在区域科学、城市经济学、地理学和统计学等领域中有大量关于空间模型的文献，详见 Anselin（1988）。经济学上的例子通常都涉及溢出效应或者由于地理近似而产生的外部性。例如，公共资本的生产效率（如公路、高速公路等）会与邻国的产出有相关性；再比如，一个国家对福利定价会促使居民流向其他国家。空间相关性可以直接涉及模型因变量 y、外生性的自变量 X、扰动项 u，或这三项的混合。这里我们只考虑扰动项的空间相关性，而关于空间依赖的其他问题，有兴趣的读者可以参考 Anselin（1988，2001）和 Anselin and Bera（1998），里面涉及几个例子。

对于横截面回归的扰动项，空间自相关性可定义为

$$u = \lambda W u + \varepsilon, \qquad (9.36)$$

其中 λ 是空间自相关系数，满足 $|\lambda|<1$，且 $\varepsilon\sim\mathrm{IIN}(0,\sigma^2)$。$W$ 是一个已知的空间权重矩阵，其对角线上的元素等于零。此外，W 也满足其他一些正则条件，如 $I_n-\lambda W$ 必须是非奇异矩阵。

由式（9.1）给出的回归方程可改写为：

$$y=X\beta+(I_n-\lambda W)^{-1}\varepsilon, \tag{9.37}$$

其扰动项的方差—协方差矩阵为：

$$\Sigma=\sigma^2\Omega=\sigma^2(I_n-\lambda W)^{-1}(I_n-\lambda W')^{-1}。 \tag{9.38}$$

在扰动项服从正态分布的假设下，Ord（1975）推导出了极大似然估计量：

$$\ln L=-\frac{1}{2}\ln|\Omega|-\frac{n}{2}\ln 2\pi\sigma^2-(y-X\beta)'\Omega^{-1}(y-X\beta)/2\sigma^2, \tag{9.39}$$

雅克比项可以由下式化简，

$$\ln|\Omega|=2\ln|I-\lambda W|=-2\sum_{i=1}^{n}\ln(1-\lambda\omega_i), \tag{9.40}$$

其中 w_i 是空间权重矩阵 W 的特征值。由一阶条件可得 β 的 GLS 估计量和相关的 σ^2 的估计量：

$$\hat{\beta}_{MLE}=(X'\Omega^{-1}X)^{-1}X'\Omega^{-1}y，\ \hat{\sigma}^2_{MLE}=e'_{MLE}\Omega^{-1}e_{MLE}/n, \tag{9.41}$$

其中 $e_{MLE}=y-X\hat{\beta}_{MLE}$。$\lambda$ 的估计可通过对一阶条件进行迭代来得到，详见 Magnus（1978，p.283）：

$$-\frac{1}{2}\mathrm{tr}\left[\left(\frac{\partial\Omega^{-1}}{\partial\lambda}\right)\Omega\right]=e'_{MLE}\left(\frac{\partial\Omega^{-1}}{\partial\lambda}\right)e_{MLE}, \tag{9.42}$$

其中

$$\partial\Omega^{-1}/\partial\lambda=-W-W'+\lambda W'W。 \tag{9.43}$$

另一种方法是将从式（9.41）得到的 $\hat{\beta}_{MLE}$ 和 $\hat{\sigma}^2_{MLE}$ 代入对数似然函数式（9.39），这样得到的中心化的对数似然函数是关于 λ 的非线性函数，详见 Anselin（1988）。

检验无空间自相关性（例如 $H_0:\lambda=0$）通常是基于 Moran I（MI）检验，它类似于时间序列中的 DW 检验统计量，具体形式为：

$$MI=\frac{n}{S_0}\left(\frac{e'We}{e'e}\right), \tag{9.44}$$

其中 e 为 OLS 估计的残差序列，S_0 为一个等于空间权重之和 $\sum_{i=1}^{n}\sum_{j=1}^{n}w_{ij}$ 的标准化因子。对于一个行标准权重矩阵 W（行之和为 1），$S_0=n$ 且 MI 统计量化简为 $e'We/e'e$。实践中，检验是通过将标准化后的 MI 统计量与渐近的 $N(0,1)$ 分布的临界值进行比较来实现的，参见 Anselin and Bera（1988）。事实上，对于行标准化的矩阵 W，MI 统计量的均值和方差可通过以下公式来计算：

$$E(MI) = E\left(\frac{e'We}{e'e}\right) = \text{tr}(\bar{P}_X W)/(n-k), \tag{9.45}$$

$$E(MI)^2 = \frac{\text{tr}(\bar{P}_X W \bar{P}_X W') + \text{tr}(\bar{P}_X W)^2 + \{\text{tr}(\bar{P}_X W)\}^2}{(n-k)(n-k+2)}。$$

另外，我们也可以推导关于 $H_0: \lambda = 0$ 的 LM 检验，在检验过程中使用在原假设 $\lambda = 0$ 成立的条件下 $\partial \ln L / \partial \lambda$ 等于 $u'Wu/\sigma^2$ 这一结果来进行评估，且信息矩阵在 β 与 (σ^2, λ) 之间是分块对角矩阵，见问题 14。事实上，我们可以得到：

$$LM_\lambda = \frac{(e'We/\tilde{\sigma}^2)^2}{\text{tr}[(W'+W)W]}, \tag{9.46}$$

其中 $\tilde{\sigma}^2 = e'e/n$。在原假设成立时，LM_λ 渐近服从 χ_1^2 分布。我们可以清晰地看到 LM 统计量与 MI 统计量间的联系。通过计算可知，W 和 LR 检验更加严格，因为它们的极大似然估计更加严格。

这里我们仅对空间相依的文献进行了简略的介绍，希望能够激发出读者的兴趣，在今后的学习中进行更多积极有益的探索。例如空间相依的其他形式及其他估计和检验方法，当然还包含大量经济上的应用，例如住房的幸福定价模型、犯罪率研究、治安支出、R&D 溢出效应等。

注　释

① 本节参考 Anselin（1988，2001）和 Anselin and Bera（1998）。

问　题

1.（a）使用第 7 章的方程（7.5），证明 $\text{var}(\hat{\beta}_{OLS})$ 满足式（9.5）。

（b）证明 $\text{var}(\hat{\beta}_{OLS}) - \text{var}(\hat{\beta}_{GLS}) = \sigma^2 A \Omega A'$，其中

$$A = [(X'X)^{-1}X' - (X'\Omega^{-1}X)^{-1}X'\Omega^{-1}]$$

并且说明两个估计量的方差之差为半正定矩阵。

2.（a）证明 $E(s^2) = \sigma^2 \text{tr}(\Omega \bar{P}_X)/(n-K) \neq \sigma^2$。提示：参考第 7 章方程（7.6）下面给出的证明方法，将 $\sigma^2 I_n$ 替换为 $\sigma^2 \Omega$。

（b）利用 P_X 和 Σ 均为非负定矩阵且 $\text{tr}(\Sigma P_X) \geqslant 0$ 的条件，证明 $0 \leqslant E(s^2) \leqslant \text{tr}(\Sigma)/(n-K)$，其中 $\text{tr}(\Sigma) = \sum_{i=1}^{n} \sigma_i^2$，$\sigma_i^2 = \text{var}(u_i) \geqslant 0$。这个范围是由 Dufour（1986）推导出来的。存在异方差的条件下，证明这个范围变为 $0 \leqslant E(s^2) \leqslant n\sigma^2/(n-K)$。而一般情况下，存在关系 $0 \leqslant \{\Sigma$ 的 $n-K$ 个最小特征根的均值$\} \leqslant E(s^2) \leqslant \{\Sigma$ 的 $n-K$ 个最大特征根的均值$\} \leqslant \text{tr}(\Sigma)/(n-K)$，具体证明参见 Sathe and Vinod（1974）和 Neudecker（1977，1978）。

(c) 证明：s^2 是 σ^2 的无条件一致估计量的充分条件为：Ω 的最大特征根 $\lambda_{\max}$ 是 $o(n)$，即当 $n \to \infty$ 时，$\lambda_{\max}/n \to 0$，$\text{plim}(u'u/n) = \sigma^2$。提示：$s^2 = u'\bar{P}_X u/(n-K) = u'u/(n-K) - u'P_X u/(n-K)$。根据假定，当 $n \to \infty$ 时第一项依概率收敛到 σ^2，第二项的期望值为 $\sigma^2 \text{tr}(P_X \Omega)/(n-K)$。此时 $P_X \Omega$ 的秩为 K，因而 K 个非零特征值都不大于 $\lambda_{\max}$。这意味着 $E[u'P_X u/(n-K)] \leqslant \sigma^2 K \lambda_{\max}/(n-K)$。利用条件 $\lambda_{\max}/n \to 0$ 证明该结果。可参考 Krämer and Berghoff (1991)。

(d) 参考 (a) 的推理过程，证明式 (9.6) 给出的 s^{*2} 是 σ^2 的无偏估计量。

3. AR(1) 模型。参见 Kadiyala (1968)。

(a) 证明 $\Omega \Omega^{-1} = I_T$，其中 Ω 和 Ω^{-1} 的表达式分别为式 (9.9) 和式 (9.10)。

(b) 证明 $P^{-1'}P^{-1} = (1-\rho^2)\Omega^{-1}$，$P^{-1}$ 定义为式 (9.11)。

(c) 证明结论 $\text{var}(P^{-1}u) = \sigma_\epsilon^2 I_T$。提示：利用 (b) 易证得 $\Omega = (1-\rho^2)PP'$。

4. 受约束的 GLS。利用第 7 章的随机扰动项为 $u \sim (0, \sigma^2 I_n)$ 的受约束的最小二乘估计量的推导过程，证明方程 (9.17) 就是随机扰动项为 $u \sim (0, \sigma^2 \Omega)$ 的受约束的 GLS 估计量。提示：把受约束的最小二乘的结果应用到转换后的模型 (9.3) 中。

5. 最优线性无偏预测。本题基于 Goldberger (1962) 的研究，考虑一个线性预测 $y_T + s = x'_{T+s}\beta + u_{T+s}$，形式为 $\hat{y}_{T+s} = c'y$，其中 $u \sim (0, \Sigma)$，$\Sigma = \sigma^2 \Omega$。

(a) 证明 $c'X = x'_{T+s}$ 对 $\hat{y}_{T+s}$ 是无偏的。

(b) 证明 $\text{var}(\hat{y}_{T+s}) = c'\Sigma c + \sigma_{T+s}^2 - 2c'\omega$，其中 $\text{var}(u_{T+s}) = \sigma_{T+s}^2$，$\omega = E(u_{T+s}u)$。

(c) 求解受约束的最小化问题，目标函数为 (b) 中的 $\text{var}(\hat{y}_{T+s})$，约束条件为 $c'X = x^*_{T+s}$，并说明

$$\hat{c} = \Sigma^{-1}[I_T - X(X'\Sigma^{-1}X)^{-1}X'\Sigma^{-1}]\omega + \Sigma^{-1}X(X'\Sigma^{-1}X)^{-1}x_{T+s}。$$

也就是说 $\hat{y}_{T+s} = \hat{c}'y = x'_{T+s}\hat{\beta}_{GLS} + \omega'\Sigma^{-1}e_{GLS} = x'_{T+s}\hat{\beta}_{GLS} + \omega'\Omega^{-1}e_{GLS}/\sigma^2$。对于 $s = 1$，即进行一步预测时，证明方程 (9.18) 成立。提示：用分块求逆的方法求解最小化的一阶条件。

(d) 证明在随机扰动项为平稳 AR(1) 过程且自相关系数为 ρ（$|\rho| < 1$）的条件下，有 $\hat{y}_{T+s} = x^*_{T+s}\hat{\beta}_{GLS} + \rho^s e_{T,GLS}$ 成立。

6. W，LR，LM 不等式。利用式 (9.32) 和式 (9.33) 证明不等式 (9.35)：$W \geqslant LR \geqslant LM$ 成立。提示：用条件 LR 统计量分别解释式 (9.27) 和式 (9.31)，即 W 和 LM 统计量。

7. 考虑简单线性回归：

$$y_i = \alpha + \beta X_i + u_i, i = 1, 2, \cdots, n,$$

$u_i \sim \text{IIN}(0, \sigma^2)$。在原假设 $\beta = 0$ 的条件下，推导关于有条件的似然比的 LR，W，LM 统计量，见 Breusch (1979)。换句话说，就是计算

$$W = -2\log\left[\max_{H_0}(\alpha, \beta/\hat{\sigma}^2)/\max_{\alpha,\beta}L(\alpha, \beta/\hat{\sigma}^2)\right],$$

$$LM = -2\log\left[\max_{H_0}L(\alpha, \beta/\tilde{\sigma}^2)/\max_{\alpha,\beta}L(\alpha, \beta/\tilde{\sigma}^2)\right],$$

$$LR = -2\log\left[\max_{H_0}L(\alpha, \beta, \sigma^2)/\max_{\alpha,\beta,\sigma^2}L(\alpha, \beta, \sigma^2)\right],$$

计量经济学方法与应用（第五版）

其中 $\hat{\sigma}^2$ 是 σ^2 的无约束的 MLE 估计量，$\tilde{\sigma}^2$ 是 σ^2 的受约束的 MLE 估计量。利用这些结果推导不等式 $W \geqslant LR \geqslant LM$。

8. 抽样分布以及比较 OLS 和 GLS 的有效性。考虑以下回归模型：$y_t = \beta x_t + u_t (t = 1, 2)$，其中 $\beta = 2$，$x_1 = 1$，$x_2 = 2$。u_t 的联合概率分布为：

(u_1, u_2)	概率
$(-1, -2)$	$1/8$
$(1, -2)$	$3/8$
$(-1, 2)$	$3/8$
$(1, 2)$	$1/8$

(a) 扰动项的方差—协方差矩阵是什么？扰动项存在异方差吗？存在自相关吗？

(b) 求出 $\hat{\beta}_{OLS}$ 和 $\hat{\beta}_{GLS}$ 的抽样分布，并证明 $\text{var}(\hat{\beta}_{OLS}) > \text{var}(\hat{\beta}_{GLS})$。

(c) 求出 OLS 残差的抽样分布并证明估计的 $\text{var}(\hat{\beta}_{OLS})$ 是有偏的。求出 GLS 残差的抽样分布并证明 GLS 回归的均方差是 GLS 回归方差的无偏估计。提示：阅读 Oksanen (1991)，Phillips and Wickens (1978)，pp. 3~4，本题基于 Baltagi (1992) 的研究，也可参考 Im and Snow (1993) 的解答。

9. 等相关关系。本题基于 Baltagi (1998) 的研究，考虑一个形如式 (9.1) 的回归模型，且扰动项为等相关关系，即同方差和同协方差性：$E(uu') = \sigma^2 \Omega = \sigma^2 [(1-\rho) I_T + \rho \iota_T \iota_T']$，其中 ι_T 为元素均为 1 的 T 维向量，I_T 为单位阵。此时有 $\text{var}(u_t) = \sigma^2$，$\text{cov}(u_t, u_s) = \rho \sigma^2$，$t \neq s$，$t = 1, 2, \cdots, T$。假定回归模型存在常数项。

(a) 证明这个模型中的 GLS 估计相当于 OLS 估计。提示：利用如果 ι_T 是 X 的列，则 $P_X \iota_T = \iota_T$ 的结论证明式 (9.8) 中的 Zyskind 条件。

(b) 证明 $E(s^2) = \sigma^2 (1-\rho)$ 且 $-1/(T-1) \leqslant \rho \leqslant 1$ 时，Ω 为半正定矩阵并得出结论。总结，当 $-1/(T-1) \leqslant \rho \leqslant 1$ 时，$0 \leqslant E(s^2) \leqslant [T/(T-1)] \sigma^2$，其上界和下界分别在 $\rho = 1$ 和 $\rho = -1/(T-1)$ 时得到，参见 Dufour (1986)。提示：若对于任意非零向量 a，总有 $a' \Omega a \geqslant 0$ 成立，我们便说该矩阵 Ω 是半正定的。那么当 $a = \iota_T$ 时，表达式又是什么呢？

(c) 证明只要存在常数项，等相关关系回归模型 $y_{T+1} = x_{T+1}^{*'} \beta + u_{T+1}$ 的 BLUE 就是 $\hat{y}_{T+1} = x'_{T+1} \hat{\beta}_{OLS}$。

10. 考虑一个简单的回归模型（无回归元且扰动项是等相关关系的）：

$$y_i = \alpha + u_i, i = 1, \cdots, n,$$

其中 $E(u_i) = 0$ 且

$$\text{cov}(u_i, u_j) = \begin{cases} \rho \sigma^2, & i \neq j, \\ \sigma^2, & i = j, \end{cases}$$

其中 $\dfrac{1}{(n-1)} \leqslant \rho \leqslant 1$，扰动项的方差—协方差矩阵为正定矩阵。

(a) 证明 α 的 OLS 估计量和 GLS 估计量是完全一样的，参见 Kruskal (1968)。

(b) 证明 s^2 对于 σ^2 的 OLS 估计量是有偏的，证明其偏误为 $-\rho \sigma^2$。

(c) 证明 σ^2 的 GLS 估计量是无偏估计量。

(d) 证明 $E[$估计的 $\mathrm{var}(\hat{\alpha})$ —真实的 $\mathrm{var}(\hat{\alpha}_{OLS})]$ 也是 $-\rho\sigma^2$。

11. 异方差下的预测误差方差。本题基于 Termayne (1985) 的研究，考虑线性回归模型 (9.1) 的第 t 个观测值：

$$y_t = x_t'\beta + u_t, t = 1, 2, \cdots, T,$$

其中 y_t 是一个标量，x_t' 为一个 $1 \times K$ 的矩阵，β 为 $K \times 1$ 的未知参数矩阵，u_t 假定有零均值，异方差形式为 $E(u_t^2) = (z_t'\gamma)^2$，其中 z_t' 为 $1 \times r$ 的观测变量向量，γ 为 $r \times 1$ 的参数向量。另外，u_t 无序列相关性，故 $E(u_t u_s) = 0$, $t \neq s$。

(a) 求出模型中 $\mathrm{var}(\hat{\beta}_{OLS})$ 和 $\mathrm{var}(\tilde{\beta}_{GLS})$ 的表达式。

(b) 假定预测未来第 f 期的 y 值，即已知 x_f，求 $y_f = x_f'\beta + u_f$, $f > T$。令 $\hat{e}_f$ 和 $\tilde{e}_f$ 分别表示 OLS 和 GLS 的预测误差。证明 y_f 的点预测的预测误差的方差为：

$$\mathrm{var}(\hat{e}_f) = x_f'\left(\sum_{t=1}^{T} x_t x_t'\right)^{-1}\left[\sum_{t=1}^{T} x_t x_t'(z_t'\gamma)^2\right]\left(\sum_{t=1}^{T} x_t x_t'\right)^{-1} x_f + (z_f'\gamma)^2,$$

$$\mathrm{var}(\tilde{e}_f) = x_f'\left[\sum_{t=1}^{T} x_t x_t'(z_t'\gamma)^2\right]^{-1} x_f + (z_f'\gamma)^2。$$

(c) 基于 OLS 和 GLS 的条件均值 $E(y_f \mid x_f)$ 的预测误差分别用 $\hat{c}_f$ 和 $\tilde{c}_f$ 表示，证明该预测误差的方差分别为（b）中对应表达式的第一项。

(d) 现在假设 $K = 1$，$r = 1$，因而模型只有一个回归元 x_t 和一个决定扰动项的异方差性的 z_t 变量。为简单起见，还假定 x_t 的样本矩与均值为 0、方差为 θ 的正态随机变量的总体矩相符合。并证明 y_f 的 OLS 预测值对 GLS 预测值的相对效率为 $(T+1)/(T+3)$，而两个条件均值预测的相对效率为 $1/3$。

12. 扰动项自相关和缺失观测值的时间序列回归估计。本题基于 Baltagi and Wu (1997) 的研究，考虑一下时间序列回归模型：

$$y_t = x_t'\beta + u_t, t = 1, \cdots, T,$$

其中 β 是 $K \times 1$ 的包含截距项的回归系数向量。扰动项服从平稳的 AR(1) 过程，即：

$$u_t = \rho u_{t-1} + \varepsilon_t,$$

其中 $|\rho| < 1$，ε_t 为 $\mathrm{IIN}(0, \sigma_t^2)$，$u_0 \sim N(0, \sigma_\varepsilon^2/(1-\rho^2))$。这个模型只能观测到时间 t_j ($j = 1, \cdots, n$)，$1 = t_1 < \cdots < t_n = T$，且 $n > K$。对于观测时期 t_j 和 t_s，u_t 的协方差矩阵元素表示为：

$$\mathrm{cov}(u_{t_j}, u_{t_s}) = \frac{\sigma_\varepsilon^2}{1-\rho^2}\rho^{|t_j - t_s|}, \quad s, j = 1, \cdots, n。$$

已知 ρ，推导一个简单的 Prais-Winsten 型的变换，使我们可以从一个简单最小二乘回归中推导出 GLS 估计量。

13. 复杂异方差。基于 Harvey (1976) 的研究，我们考虑一个如式 (9.1) 的线性模型，其中随机扰动项 $u \sim N(0, \Sigma)$，$\Sigma = \mathrm{diag}(\sigma_i^2)$。假设异方差形式为 $\sigma_i^2 = \sigma^2 h_i(\theta)$，其中 $\theta' = (\theta_1, \cdots, \theta_s)$，$h_i(\theta) = \exp(\theta_1 z_{1i} + \cdots + \theta_s z_{si}) = \exp(z_i'\theta)$ 且 $z_i' = (z_{1i}, \cdots, z_{si})$。

（a）说明对数似然函数的形式为：

$$\log L(\beta,\theta,\sigma^2) = -\frac{N}{2}\log 2\pi\sigma^2 - \frac{1}{2}\sum_{i=1}^{N}\log h_i(\theta) - \frac{1}{2\sigma^2}\sum_{i=1}^{N}\frac{(y_i - x_i'\beta)^2}{h_i(\theta)},$$

且关于 θ 的得分表示为：

$$\partial\log L/\partial\theta = -\frac{1}{2}\sum_{i=1}^{N}\frac{1}{h_i(\theta)}\frac{\partial h_i}{\partial\theta} + \frac{1}{2\sigma^2}\sum_{i=1}^{N}\frac{(y_i - x_i'\beta)^2}{(h_i(\theta))^2}\cdot\frac{\partial h_i}{\partial\theta},$$

并得出结论：对于复杂异方差，令得分为 0 可推出：

$$\sum_{i=1}^{N}\frac{(y_i - x_i'\beta)^2}{\exp(z_i'\theta)}z_i = \sigma^2\sum_{i=1}^{N}z_i。$$

（b）证明信息矩阵的形式为：

$$I(\beta,\theta,\sigma^2) = \begin{bmatrix} X'\Sigma^{-1}X & 0 & 0 \\ 0 & \frac{1}{2}\sum_{i=1}^{N}\frac{1}{(h_i(\theta))^2}\frac{\partial h_i}{\partial\theta}\frac{\partial h_i}{\partial\theta'} & \frac{1}{2\sigma^2}\sum_{i=1}^{N}\frac{1}{h_i(\theta)}\frac{\partial h_i}{\partial\theta} \\ 0 & \frac{1}{2\sigma^2}\sum_{i=1}^{N}\frac{1}{h_i(\theta)}\frac{\partial h_i}{\partial\theta'} & \frac{N}{2\sigma^4} \end{bmatrix},$$

而对于乘法型的异方差有：

$$I(\beta,\theta,\sigma^2) = \begin{bmatrix} X'\Sigma^{-1}X & 0 & 0 \\ 0 & \frac{1}{2}Z'Z & \frac{1}{2\sigma^2}\sum_{i=1}^{N}z_i \\ 0 & \frac{1}{2\sigma^2}\sum_{i=1}^{N}z_i' & \frac{N}{2\sigma^4} \end{bmatrix},$$

其中 $Z_i' = (z_1, \cdots, z_N)$。

（c）假设 $h_i(\theta)$ 满足 $h_i(0)=1$，则异方差检验的原假设和备择假设分别为 $H_0:\theta=0$，$H_1:\theta\neq 0$。写出原假设下关于 θ 和 σ^2 的得分表达式。即在 $\theta=0$ 和 $\tilde{\sigma}^2 = e'e/N$ 下，得分表达式为：

$$\tilde{S} = \begin{bmatrix} \frac{1}{2}\sum_{i=1}^{N}z_i\left(\frac{e_i^2}{\tilde{\sigma}^2} - 1\right) \\ 0 \end{bmatrix},$$

其中 e 表示 OLS 残差序列，关于 θ 和 σ^2 的信息矩阵可从（b）中的 $I(\beta,\theta,\sigma^2)$ 矩阵的右下方得到。并得出得分检验统计量的表达式为：

$$LM = \frac{\sum_{i=1}^{N}z_i'(e_i' - \tilde{\sigma}^2)\left(\sum_{i=1}^{N}(z_i - \bar{z})(z_i - \bar{z})'\right)^{-1}\sum_{i=1}^{N}z_i(e_i^2 - \tilde{\sigma}^2)}{2\tilde{\sigma}^4}。$$

在原假设下，这个统计量是渐近服从 χ_S^2 的。由第 5 章可知，存在一个 Breusch and Pagan（1979）检验统计量的特例，即 $e^2/\tilde{\sigma}^2$ 对一个常数和 Z 回归的回归平方和的一半。Koenker and Bassett（1982）建议，用 $\sum_{i=1}^{N}(e^2 - \tilde{\sigma}^2)^2/N$ 替换 $2\tilde{\sigma}^4$ 可使正态性假设的检

验更加可靠。

14. 空间自相关。考虑回归模型（9.1）存在空间自相关，空间自相关关系定义为式（9.36）。

（a）证明由似然函数式（9.39）最大化的一阶条件可推导出式（9.41）的结论。

（b）写出原假设下，$\partial \ln L / \partial \lambda$ 得分的表达式，即 $\lambda = 0$ 条件下，得分为 $u'Wu/\sigma^2$。

（c）写出原假设下，关于 σ^2 和 λ 的信息矩阵的表达式，即 $\lambda = 0$ 条件下，信息矩阵为：

$$\begin{bmatrix} \dfrac{n}{2\sigma^4} & \dfrac{\mathrm{tr}(W)}{\sigma^2} \\ \dfrac{\mathrm{tr}(W)}{\sigma^2} & \mathrm{tr}(W^2) + \mathrm{tr}(W'W) \end{bmatrix}。$$

（d）如何从（b）和（c）得出结论：原假设为 $\lambda = 0$ 的拉格朗日乘子的表达式为式（9.46）。提示：由于 $\mathrm{tr}(W) = 0$，故可使用矩阵 W 的对角线元素都为零的结论。

参考文献

关于 GLS 的扩展阅读请参阅前言中引用的计量经济学文章。

Anselin, L. (2001), "Spatial Econometrics," Chapter 14 in B. H. Baltagi (ed.) *A Companion to Theoretical Econometrics* (Blackwell：Massachusetts).

Anselin, L. (1988), *Spatial Econometrics：Methods and Models* (Kluwer：Dordrecht).

Anselin, L. and A. K. Bera (1998), "Spatial Dependence in Linear Regression Models with an Introduction to Spatial Econometrics," in A. Ullah and D. E. A. Giles (eds.) *Handbook of Applied Economic Statistics* (Marcel Dekker：New York).

Balestra, P. (1970), "On the Efficiency of Ordinary Least Squares in Regression Models," *Journal of the American Statistical Association*, 65：1330−1337.

Balestra, P. (1980), "A Note on the Exact Transformation Associated with First-Order Moving Average Process," *Journal of Econometrics*, 14：381−394.

Baltagi, B. H. (1989), "Applications of a Necessary and Sufficient Condition for OLS to be BLUE," *Statistics and Probability Letters*, 8：457−461.

Baltagi, B. H. (1992), "Sampling Distributions and Efficiency Comparisons of OLS and GLS in the Presence of Both Serial Correlation and Heteroskedasticity," *Econometric Theory*, Problem 92.2.3, 8：304−305.

Baltagi, B. H. and P. X. Wu (1997), "Estimation of Time Series Regressions with Autoregressive Disturbances and Missing Observations," *Econometric Theory*, Problem 97.5.1, 13：889.

Baltagi, B. H. (1998), "Prediction in the Equicorrelated Regression Model," *Econometric Theory*, Problem 98.3.3, 14：382.

Breusch, T. S. (1979), "Conflict Among Criteria for Testing Hypotheses: Extensions and Comments," *Econometrica*, 47: 203−207.

Breusch, T. S. and A. R. Pagan (1979), "A Simple Test for Heteroskedasticity and Random Coefficient Variation," *Econometrica*, 47: 1287−1294.

Buse, A. (1982), "The Likelihood Ratio, Wald, and Lagrange Multiplier Tests: An Expository Note," *The American Statistician*, 36: 153−157.

Dufour, J. M. (1986), "Bias of s^2 in Linear Regressions with Dependent Errors," *The American Statistician*, 40: 284−285.

Fuller, W. A. and G. E. Battese (1974), "Estimation of Linear Models with Crossed-Error Structure," *Journal of Econometrics*, 2: 67−78.

Goldberger, A. S. (1962), "Best Linear Unbiased Prediction in the Generalized Linear Regression Model," *Journal of the American Statistical Association*, 57: 369−375.

Harvey, A. C. (1976), "Estimating Regression Models With Multiplicative Heteroskedasticity," *Econometrica*, 44: 461−466.

Im, E. I. and M. S. Snow (1993), "Sampling Distributions and Efficiency Comparisons of OLS and GLS in the Presence of Both Serial Correlation and Heteroskedasticity," *Econometric Theory*, Solution 92. 2. 3, 9: 322−323.

Ioannides, Y. M. and J. E. Zabel (2003), "Neighbourhood Effects and Housing Demand," *Journal of Applied Econometrics* 18: 563−584.

Kadiyala, K. R. (1968), "A Transformation Used to Circumvent the Problem of Autocorrelation," *Econometrica*, 36: 93−96.

Koenker, R. and G. Bassett, Jr. (1982), "Robust Tests for Heteroskedasticity Based on Regression Quantiles," *Econometrica*, 50: 43−61.

Krämer, W. and S. Berghoff (1991), "Consistency of s^2 in the Linear Regression Model with Correlated Errors," *Empirical Economics*, 16: 375−377.

Kruskal, W. (1968), "When are Gauss-Markov and Least Squares Estimators Identical? A Coordinate-Free Approach," *The Annals of Mathematical Statistics*, 39: 70−75.

Lempers, F. B. and T. Kloek (1973), "On a Simple Transformation for Second-Order Autocorrelated Disturbances in Regression Analysis," *Statistica Neerlandica*, 27: 69−75.

Magnus, J. (1978), "Maximum Likelihood Estimation of the GLS Model with Unknown Parameters in the Disturbance Covariance Matrix," *Journal of Econometrics*, 7: 281−312.

Milliken, G. A. and M. Albohali (1984), "On Necessary and Sufficient Conditions for Ordinary Least Squares Estimators to be Best Linear Unbiased Estimators," *The American Statistician*, 38: 298−299.

Neudecker, H. (1977), "Bounds for the Bias of the Least Squares Estimator of σ^2 in Case of a First-Order Autoregressive Process (positive autocorrelation)," *Econometrica*, 45: 1257−1262.

Neudecker, H. (1978), "Bounds for the Bias of the LS Estimator in the Case of a First-Order (positive) Autoregressive Process Where the Regression Contains a Constant Term," *Econometrica*, 46: 1223−1226.

Newey, W. and K. West (1987), "A Simple Positive Semi-Definite, Heteroskedasticity and Autocorrelation Consistent Covariance Matrix," *Econometrica*, 55: 703−708.

Oksanen, E. H. (1991), "A Simple Approach to Teaching Generalized Least Squares Theory," *The American Statistician*, 45: 229−233.

Ord, J. K. (1975), "Estimation Methods for Models of Spatial Interaction," *Journal of the American Statistical Association*, 70: 120−126.

Phillips, P. C. B. and M. R. Wickens (1978), *Exercises in Econometrics*, Vol. 1 (PhilipAllan/Ballinger: Oxford).

Puntanen S. and G. P. H. Styan (1989), "The Equality of the Ordinary Least Squares Estimator and the Best Linear Unbiased Estimator," (with discussion), *The American Statistician*, 43: 153−161.

Sathe, S. T. and H. D. Vinod (1974), "Bounds on the Variance of Regression Coefficients Due to Heteroskedastic or Autoregressive Errors," *Econometrica*, 42: 333−340.

Schmidt, P. (1976), *Econometrics* (Marcell-Decker: New York).

Termayne, A. R. (1985), "Prediction Error Variances Under Heteroskedasticity," *Econometric Theory*, Problem 85. 2. 3, 1: 293−294.

Theil, H. (1971), *Principles of Econometrics* (Wiley: New York).

Thomas, J. J and K. F. Wallis (1971), "Seasonal Variation in Regression Analysis," *Journal of the Royal Statistical Society*, Series A, 134: 67−72.

White, H. (1980), "A Heteroskedasticity-Consistent Covariance Matrix Estimator and a Direct Test for Heteroskedasticity," *Econometrica*, 48: 817−838.

Zyskind, G. (1967), "On Canonical Forms, Non-Negative Covariance Matrices and Best and Simple Least Squares Linear Estimators in Linear Models," *The Annals of Mathematical Statistics*, 38: 1092−1109.

第 10 章

似无关回归

当被问到："你怎么想到 SUR 的?"，Zellner 回答说："大概在 1956 年或 1957 年西雅图一个下雨的晚上，我突然有了想法，即用代数的方法将多变量回归模型写成单一方程形式。当我想明白如何做到这一点时，所有问题就迎刃而解了，因为许多单变量模型中的结果可以直接推广到多变量系统中，这样，对多变量系统的分析无论从表述上、代数上还是从概念上都在很大程度上被简化了。"请参阅 Rossi（1989，p. 292）对 Arnold Zellner 教授所做的访谈。

10.1 引 言

考虑对应两个不同企业的回归方程

$$y_i = X_i\beta_i + u_i, i = 1, 2,\tag{10.1}$$

其中 y_i 和 u_i 是 $T \times 1$ 向量，X_i 是 $T \times K_i$ 矩阵，$u_i \sim (0, \sigma_{ii}I_T)$，对每个方程分别应用 OLS 得到的估计量具有 BLUE 特性。Zellner（1962）的思想是将这些似无关回归模型堆积成一个模型，即

$$\begin{bmatrix} y_1 \\ y_2 \end{bmatrix} = \begin{bmatrix} X_1 & 0 \\ 0 & X_2 \end{bmatrix} \begin{pmatrix} \beta_1 \\ \beta_2 \end{pmatrix} + \begin{pmatrix} u_1 \\ u_2 \end{pmatrix},\tag{10.2}$$

上式可以写成

$$y = X\beta + u,\tag{10.3}$$

其中 $y' = (y_1', y_2')$，X 和 u 是按同样的方式从式（10.2）中得到的。y 和 u 是 $2T \times 1$ 向量，X 是 $2T \times (K_1 + K_2)$ 矩阵，β 是 $(K_1 + K_2) \times 1$ 向量。堆积后的干扰项的方差—协

方差矩阵为

$$\Omega = \begin{bmatrix} \sigma_{11} I_T & \sigma_{12} I_T \\ \sigma_{21} I_T & \sigma_{22} I_T \end{bmatrix} = \Sigma \otimes I_T, \tag{10.4}$$

其中 $\Sigma = [\sigma_{ij}]$，$i, j = 1, 2$；$\rho = \sigma_{12} / \sqrt{\sigma_{11}\sigma_{22}}$ 衡量的是两个回归方程之间的相关程度。克罗内克乘积算子 $\otimes$ 的定义见第 7 章的附录。SUR 模型在经济中的一些重要应用包括需求方程系统的估计，或者超越对数成本函数及其份额方程系统，见 Berndt (1991)。简单来说，需求方程系统解释了家庭对一些商品的消费选择。方程之间的相关性可能是由不可观测的、影响所有商品消费的家庭特征所导致。同理，基于企业数据估计成本方程和相应投入份额方程时，影响企业投入选择和成本选择的、不可观测的企业特征也会导致方程之间存在相关性。

问题 1 要求读者证明，对式（10.2）中的两方程系统应用 OLS 估计等价于对式（10.1）中的每个方程分别应用 OLS 估计。如果 ρ 很大，则对式（10.3）应用 GLS 而不是 OLS 将会提高估计的有效性。此时

$$\hat{\beta}_{GLS} = (X'\Omega^{-1}X)^{-1}X'\Omega^{-1}y, \tag{10.5}$$

其中 $\Omega^{-1} = \Sigma^{-1} \otimes I_T$，双方程系统的联合 GLS 估计具有 BLUE 特性。注意，我们只需对 Σ 求逆即可得到 Ω^{-1}，Σ 是 2×2 维的，而 Ω 是 $2T \times 2T$ 维的。事实上，如果我们将 Σ 的逆矩阵表示为 $\Sigma^{-1} = [\sigma^{ij}]$，则

$$\hat{\beta}_{GLS} = \begin{bmatrix} \sigma^{11} X_1'X_1 & \sigma^{12} X_1'X_2 \\ \sigma^{21} X_2'X_1 & \sigma^{22} X_2'X_2 \end{bmatrix}^{-1} \begin{bmatrix} \sigma^{11} X_1'y_1 + \sigma^{12} X_1'y_2 \\ \sigma^{21} X_2'y_1 + \sigma^{22} X_2'y_2 \end{bmatrix}. \tag{10.6}$$

Zellner (1962) 给出了没必要运用 GLS 的两个充分条件，也就是说，对方程系统用 GLS 与对每个方程分别用 OLS 的结果相同。这两个条件为：

条件 1：对所有 $i \neq j$，第 i 个方程和第 j 个方程的干扰项零相关，即 $\sigma_{ij} = 0$，这就意味着 Σ 是对角阵，同时 Σ^{-1} 也是对角阵，且 $\sigma^{ii} = 1/\sigma_{ii}$，$i = 1, 2$，$\sigma^{ij} = 0$，$i \neq j$，因此，式（10.6）简化为

$$\hat{\beta}_{GLS} = \begin{bmatrix} \sigma_{11}(X_1'X_1)^{-1} & 0 \\ 0 & \sigma_{22}(X_2'X_2)^{-1} \end{bmatrix} \begin{bmatrix} X_1'y_1/\sigma_{11} \\ X_2'y_2/\sigma_{22} \end{bmatrix} = \begin{bmatrix} \hat{\beta}_{1,OLS} \\ \hat{\beta}_{2,OLS} \end{bmatrix}. \tag{10.7}$$

条件 2：所有方程的解释变量都相同。这意味着所有的 X_i 都相同，即 $X_1 = X_2 = X^*$，这就排除了每个方程中解释变量个数不相同的情形，而且要求所有的 X_i 具有相同的维度，即 $K_1 = K_2 = K$，因此，$X = I_2 \otimes X^*$，式（10.6）可简化为

$$\begin{aligned} \hat{\beta}_{GLS} &= [(I_2 \otimes X^{*\prime})(\Sigma^{-1} \otimes I_T)(I_2 \otimes X^*)]^{-1}[(I_2 \otimes X^{*\prime})(\Sigma^{-1} \otimes I_T)y] \\ &= [\Sigma \otimes (X^{*\prime}X^*)^{-1}][(\Sigma^{-1} \otimes X^{*\prime})y] = [I_2 \otimes (X^{*\prime}X^*)^{-1}X^{*\prime}]y \\ &= \hat{\beta}_{OLS}. \end{aligned} \tag{10.8}$$

这些结果也可推广至包含 M 个回归方程的系统，但为了表述简单，我们这里仅考虑两个方程的情形。

Dwivedi and Srivastava (1978) 推导出了 SUR（GLS）等价于 OLS 的充分必要条

件。下面给出另外一种推导方法，这是基于 Milliken and Albohali（1984）提出的 OLS 等价于 GLS 的充分必要条件，见 Baltagi（1988）。在第 9 章中我们看到，当且仅当

$$X'\Omega^{-1}\bar{P}_X = 0 \tag{10.9}$$

时，对每一个 y，GLS 等价于 OLS，这里 $X = \text{diag}[X_i]$，$\Omega^{-1} = \Sigma^{-1} \otimes I_T$，$\bar{P}_X = \text{diag}[\bar{P}_{X_i}]$。因此，式（10.9）的典型元素为

$$\sigma^{ij}X_i'\bar{P}_{X_j} = 0, \tag{10.10}$$

见问题 1：对于 $i = j$ 上式自动成立。对于 $i \neq j$，如果 $\sigma^{ij} = 0$ 或者 $X_i'\bar{P}_{X_j} = 0$，上式也成立。注意，$\sigma^{ij} = 0$ 是 Zellner（1962）提出的第一个充分条件。后一个条件 $X_i'\bar{P}_{X_j} = 0$ 意味着第 i 个方程中的所有解释变量集是第 j 个方程中解释变量集的线性组合。因为 $X_j'\bar{P}_{X_i} = 0$ 也成立，所以 X_j 也一定是第 i 个方程中解释变量的线性组合。X_i 和 X_j 张成的是同一个空间。如果要保证 OLS 可行，X_i 和 X_j 都要列满秩，又由于 $X_i'\bar{P}_{X_j} = X_j'\bar{P}_{X_i} = 0$，因此它们必须具有相同维数。这种情况下有 $X_i' = CX_j'$，其中 C 是非奇异矩阵，也就是说，第 i 个方程中的解释变量是第 j 个方程中解释变量的线性组合。这包括了 Zellner（1962）推导的第二个充分条件。在实践中，不同的经济行为方程通常包含不同的右侧变量。此时，我们可以将 SUR 分成块，每块具有相同个数的右侧变量。对于分属不同块的两个方程（i 和 j，且 $i \neq j$），如果对应的 σ^{ij} 为零，即 Σ 是块对角矩阵，式（10.10）仍然成立。不过，此时整个系统的 GLS 估计仅等价于每块的 GLS 估计。因此，如果每个分块满足式（10.10），那么整个 SUR 也就满足式（10.10）。

Revankar（1974）考虑了 X_2 是 X_1 的子集的情形。此时，SUR 对估计 β_2 没有帮助。实际上，问题 2 要求读者证明 $\hat{\beta}_{2,SUR} = \hat{\beta}_{2,OLS}$，但是，$\beta_1$ 的估计并不是这样。可以证明 $\hat{\beta}_{1,SUR} = \hat{\beta}_{1,OLS} - Ae_{2,OLS}$，其中 A 是问题 2 中定义的矩阵，$e_{2,OLS}$ 是第二个方程的 OLS 残差。

Telser（1964）建议对 SUR 模型采用迭代最小二乘法估计。对于式（10.1）给出的两方程模型，这种估计方法包括：

（1）计算两个方程的 OLS 残差 e_1 和 e_2。

（2）在第二个方程中增加 e_1 作解释变量，在第一个方程中增加 e_2 作解释变量。计算新的最小二乘残差，重复这个步骤直到估计系数收敛为止。由这种方法得到的估计量与 Zellner（1962）SUR 估计量具有相同的渐近分布。

Conniffe（1982）建议在第二步就停止，因为小样本情况下这已经在很大程度上改进了估计精度。事实上，Conniffe（1982）争论说，没必要严格地计算 Zellner 估计量，这样做甚至反而不利。将上述步骤推广到多方程系统非常简单，第一步仍然是计算每个方程的最小二乘残差；第二步将所有其他残差项加入到所关注的方程中，再次运行 OLS，计算新的残差。我们可以在第二步就停止，也可以迭代至收敛。

10.2 可行的 GLS 估计

实践中，Σ 通常未知，也需要估计。Zellner（1962）建议使用下述可行的 GLS 估计

方法：

$$s_{ii} = \sum\nolimits_{t=1}^{T} e_{it}^2/(T-K_i), i=1,2, \tag{10.11}$$

且

$$s_{ij} = \sum\nolimits_{t=1}^{T} e_{it}e_{jt}/(T-K_i)^{1/2}(T-K_j)^{1/2}, i=1,2, i \neq j, \tag{10.12}$$

其中 e_{it} 表示第 i 个方程的 OLS 残差。s_{ii} 是第 i 个方程的回归方差 s^2，这是 σ_{ii} 的无偏估计。但是，对于 $i \neq j$，s_{ij} 不是 σ_{ij} 的无偏估计。它的无偏估计为

$$\tilde{s}_{ij} = \sum\nolimits_{t=1}^{T} e_{it}e_{jt}/[T-K_i-K_j+\mathrm{tr}(B)], i,j=1,2, \tag{10.13}$$

其中 $B = X_i(X_i'X_i)^{-1}X_i'X_j(X_j'X_j)^{-1}X_j' = P_{X_i}P_{X_j}$，见问题 4，使用最后一个估计量可能会得到非正定的方差—协方差矩阵。不过，为了一致性，我们只需将其除以 T 即可，但由此得到的估计量是有偏的：

$$\hat{s}_{ij} = \sum\nolimits_{t=1}^{T} e_{it}e_{jt}/T, i=1,2。 \tag{10.14}$$

使用 Σ 的这个一致估计量就会得到渐近有效的可行的 GLS 估计。实际上，如果我们迭代这一步骤，即首先计算可行的 GLS 残差，然后利用式（10.14）中的 GLS 残差得到 Σ 的第二轮估计，重复这一迭代过程直至收敛，这样将会得到回归系数的极大似然估计，见 Oberhofer and Kmenta（1974）。

□ 一元回归中 OLS 的相对有效性

为了说明 Zellner 的 SUR 比分别对每个方程应用 OLS 更有效，Kmenta（1986，pp. 641~643）考虑了如下两个简单回归方程：

$$Y_{1t} = \beta_{11} + \beta_{12}X_{1t} + u_{1t},$$
$$Y_{2t} = \beta_{21} + \beta_{22}X_{2t} + u_{2t}, t=1,2,\cdots,T, \tag{10.15}$$

并且证明了

$$\mathrm{var}(\hat{\beta}_{12,GLS})/\mathrm{var}(\hat{\beta}_{12,OLS}) = (1-\rho^2)/[1-\rho^2 r^2], \tag{10.16}$$

其中 ρ 是 u_1 和 u_2 的相关系数，r 是 X_1 和 X_2 的样本相关系数。问题 5 要求读者证明式（10.16）。实际上，对于 β_{22} 同样的相对有效性之比也成立，也就是说，$\mathrm{var}(\hat{\beta}_{22,GLS})/\mathrm{var}(\hat{\beta}_{22,OLS})$ 与式（10.16）相同。这里也证实了上面得到的两个结论，即当 ρ 增加时，相对有效性之比会减小，GLS 比 OLS 更有效。而当 r 增加时，相对有效性之比会增加，此时应用 GLS 就不会有效率的提升。如果 $\rho=0$ 或者 $r=1$，则有效性之比为 1，此时 OLS 等价于 GLS，但是如果 ρ 比较大（比如说是 0.9），而 r 比较小（比如说是 0.1），那么式（10.16）给出的相对有效性为 0.11，关于不同 ρ^2 和 r^2 下式（10.16）的不同结果，见 Kmenta（1986，p. 642）的表 12—1。

□ 多元回归中 OLS 的相对有效性

Binkley and Nelson（1988）指出，如果每个方程中有多个解释变量，相对有效性的

衡量需要做适当修正。在式（10.2）给出的两方程系统中，第一方程的解释变量 X_1 有 K_1 个，第二个方程的解释变量 X_2 有 K_2 个，此时

$$\mathrm{var}(\hat{\beta}_{GLS}) = (X'\Omega^{-1}X)^{-1} = \begin{bmatrix} \sigma^{11}X_1'X_1 & \sigma^{12}X_1'X_2 \\ \sigma^{21}X_2'X_1 & \sigma^{22}X_2'X_2 \end{bmatrix}^{-1} = [A_{ij}]。 \tag{10.17}$$

如果我们仅看第一个方程的回归结果，可知 $\mathrm{var}(\hat{\beta}_{1,GLS}) = A_{11} = [\sigma^{11}X_1'X_1 - \sigma^{12}X_1'X_2(\sigma^{22}X_2'X_2)^{-1}\sigma^{21}X_2'X_1]^{-1}$，见问题 6，利用

$$\Sigma^{-1} = [1/(1-\rho^2)] \begin{bmatrix} 1/\sigma_{11} & -\rho^2/\sigma_{12} \\ -\rho^2/\sigma_{21} & 1/\sigma_{22} \end{bmatrix},$$

其中 $\rho^2 = \sigma_{12}^2/\sigma_{11}\sigma_{22}$，可以得到

$$\mathrm{var}(\hat{\beta}_{1,GLS}) = [\sigma_{11}(1-\rho^2)]\{X_1'X_1 - \rho^2(X_1'P_{X_2}X_1)\}^{-1}。 \tag{10.18}$$

在求逆部分加减 $\rho^2 X_1'X_1$，可以得到

$$\mathrm{var}(\hat{\beta}_{1,GLS}) = \sigma_{11}\{X_1'X_1 + [\rho^2/(1-\rho^2)]E'E\}^{-1}, \tag{10.19}$$

其中 $E = \bar{P}_{X_2}X_1$，它的列是 X_1 中对应变量对 X_2 回归所得的 OLS 残差。如果 $E = 0$，则在 β_1 估计上 SUR 并不比 OLS 更有效。$X_1 = X_2$ 或者 X_1 是 X_2 的子集就是 $E = 0$ 的两种情形。容易证明式（10.19）就是解释变量矩阵为

$$W = \begin{bmatrix} X_1 \\ \theta E \end{bmatrix}$$

时 OLS 回归的方差—协方差矩阵，其中 $\theta^2 = \rho^2/(1-\rho^2)$。现在我们来看看 X_1 中的第 q 个变量 X_q 的估计系数的有效性。回忆一下，第 4 章提到，y 对 X_1 回归时有

$$\mathrm{var}(\hat{\beta}_{q,OLS}) = \sigma_{11}/\left\{ \sum_{t=1}^{T} x_{tq}^2(1-R_q^2) \right\}, \tag{10.20}$$

其中分母部分实际上是 X_q 对 X_1 中其他（K_1-1）个解释变量回归的残差平方和，R_q^2 是回归的可决系数 R^2。同理，由式（10.19）可得

$$\mathrm{var}(\hat{\beta}_{q,SUR}) = \sigma_{11}/\left\{ \sum_{t=1}^{T} x_{tq}^2 + \theta^2 \sum_{t=1}^{T} e_{tq}^2 \right\}(1-R_q^{*2}), \tag{10.21}$$

其中分母部分是 $\begin{bmatrix} X_q \\ \theta e_q \end{bmatrix}$ 对 W 中其他（K_1-1）个解释变量回归的残差平方和，R_q^{*2} 是回归的可决系数 R^2，将式（10.21）中的分母加减 $\sum_{t=1}^{T} x_{tq}^2(1-R_q^2)$，可得

$$\mathrm{var}(\hat{\beta}_{q,SUR}) = \frac{\sigma_{11}}{\left\{ \sum_{t=1}^{T} x_{tq}^2(1-R_q^2) + \sum_{t=1}^{T} x_{tq}^2(R_q^2-R_q^{*2}) + \theta^2 \sum_{t=1}^{T} e_{tq}^2(1-R_q^{*2}) \right\}}。$$

$$\tag{10.22}$$

此方差与式（10.20）中 $var(\hat{\beta}_{q,OLS})$ 的不同之处在于分母中多了两项。如果 $\rho=0$，则 $\theta^2=0$，因此 $W'=[X_1',0]$ 且 $R_q^2 = R_q^{*2}$，此时，式（10.22）就退化为式（10.20）。如果 X_q 也出现在

第二个方程中，或者更一般地说，X_q 位于 X_2 中的变量所张成的空间中，则 $e_{tq} = 0$，$\sum_{t=1}^{T} e_{tq}^2 = 0$，由式（10.22）可知，只有 $R_q^2 \geqslant R_q^{*2}$ 时有效性才能提高。R_q^2 衡量了 X_q 和第一个方程中的其他（K_1-1）个解释变量（即 X_1）之间的多重共线性。如果这个值很高，说明很有可能是 $R_q^2 \geqslant R_q^{*2}$，因此，X_1 内的多重共线性越高，SUR 减小 OLS 估计方差的潜力越大。注意，如果 $\theta E=0$，则 $R_q^2 = R_q^{*2}$，显然，出现这种情况可能是由于 $\theta=0$，或者是由于 $E=0$，如果 X_1 可由 X_2 的子空间张成，则后一种情况就会出现。问题 7 要求读者证明，当 X_1 和 X_2 正交时，$R_q^2 = R_q^{*2}$ 成立。因此，如果每个方程中的解释变量个数很多，我们不仅要考虑同一方程内解释变量之间的相关性，而且要考虑方程间解释变量的相关性。当方程内存在高度的多重共线性时，即使不同方程的 X 高度相关，使用 SUR 进行联合估计也会有改进。

■ 10.3　检验方差—协方差矩阵是否为对角阵

因为 Σ 是否为对角阵是使用 SUR 估计方法的核心，所以 $H_0: \Sigma$ 是对角阵的检验就显得非常重要。Breusch and Pagan（1980）推导出一个简单易用的 LM 检验统计量。他们的方法基于 OLS 残差的样本相关系数：

$$LM = T\sum_{i=2}^{M}\sum_{j=1}^{i-1} r_{ij}^2, \tag{10.23}$$

其中 M 表示方程的个数，$r_{ij} = \hat{s}_{ij}/(\hat{s}_{ii}\,\hat{s}_{jj})^{1/2}$，$\hat{s}_{ij}$ 是由 OLS 残差按照式（10.14）计算得到的。在原假设下，λ_{LM} 渐近服从 $\chi^2_{M(M-1)/2}$ 分布。注意，可行的 GLS 估计中需要计算 $\hat{s}_{ij}$，因此，很容易先计算出 r_{ij}，然后将 $R=[r_{ij}]$ 非主对角线上一半的元素平方之后求和，最后再乘以 T 即可得到 λ_{LM}，例如，两个方程时，$\lambda_{LM} = T r_{21}^2$，在原假设下，它渐近服从 χ_1^2 分布。三个方程时，$\lambda_{LM} = T(r_{21}^2 + r_{31}^2 + r_{32}^2)$，它在原假设下渐近服从 χ_3^2 分布。

另外，也可以使用似然比（LR）统计量检验 Σ 的对角性。计算此统计量首先需要对有约束和无约束模型进行极大似然估计，然后根据估计的方差—协方差矩阵的行列式计算：

$$\lambda_{LR} = T\left(\sum_{i=1}^{M}\log\hat{s}_{ii} - \log\left|\hat{\Sigma}\right|\right), \tag{10.24}$$

其中 $\hat{s}_{ii}$ 是 σ_{ii} 的有约束极大似然估计（MLE），它由式（10.14）的 OLS 残差和得到。$\hat{\Sigma}$ 表示 Σ 的无约束 MLE，它可基于可行的 GLS 估计量 $\hat{\beta}_{FGLS}$ 近似估计得到，见 Judge et al.（1982）。在 H_0 下，λ_{LR} 渐近服从 $\chi^2_{M(M-1)/2}$ 分布。

■ 10.4　不同观测值个数的似无关回归

Srivastava and Dwivedi（1979）综述了 SUR 模型的发展，并且描述了此模型在序列相关、非线性、设定误差以及不同观测值个数等情形中的扩展。Srivastava and Giles（1988）写了一本关于 SUR 模型的专著，在其中他们综述了有限样本及渐近结果。最近，Fiebig（2001）对这一领域的研究做了简要说明。在本小节，我们仅关注其中一方面的扩展，即观测值个数不等的 SUR 模型。Schmidt（1977），Baltagi，Garvin and Kerman（1989）以及 Hwang（1990）都考虑了这种情形。

令第一个企业具有 T 个观测值，第二个企业在 T 个观测值的基础上又多了 N 个，这样，式（10.2）中 y_1 的维数是 $T \times 1$，而 y_2 的维数是 $(T+N) \times 1$，事实上，$y_2' = (y_2^{*\prime}, y_2^{o\prime})$，$X_2' = (X_2^{*\prime}, X_2^{o\prime})$，其中 * 表示第二个企业的前 T 个共同观测值，o 表示第二个企业多出的 N 个观测值。此时干扰项的方差—协方差矩阵为

$$
\Omega = \begin{bmatrix} \sigma_{11} I_T & \sigma_{12} I_T & 0 \\ \sigma_{12} I_T & \sigma_{22} I_T & 0 \\ 0 & 0 & \sigma_{22} I_N \end{bmatrix}。 \tag{10.25}
$$

对式（10.2）应用 GLS 可得

$$
\hat{\beta}_{GLS} = \begin{bmatrix} \sigma^{11} X_1' X_1 & \sigma^{12} X_1' X_2^* \\ \sigma^{12} X_2^{*\prime} X_1 & \sigma^{22} X_2^{*\prime} X_2^* + (X_2^{o\prime} X_2^o)/\sigma_{22} \end{bmatrix}^{-1}
$$
$$
\begin{bmatrix} \sigma^{11} X_1' y_1 + \sigma^{12} X_1' y_2^* \\ \sigma^{12} X_2^{*\prime} y_1 + \sigma^{22} X_2^{*\prime} y_2^* + (X_2^{o\prime} y_2^o)/\sigma_{22} \end{bmatrix}, \tag{10.26}
$$

其中 $\Sigma^{-1} = [\sigma^{ij}]$，$i, j = 1, 2$。如果我们对每个方程应用 OLS（第一个方程样本容量为 T，第二个方程为 $T+N$），并且用 e_1 和 e_2 分别表示两个方程的残差，我们就可以将后一个残差写成 $e_2' = (e_2^{*\prime}, e_2^{o\prime})$，为了估计 Ω，Schmidt（1977）考虑了如下方法：

（1）忽略额外的 N 个观测值估计 Ω，此时，

$$
\hat{\sigma}_{11} = s_{11} = e_1' e_1 / T; \ \hat{\sigma}_{12} = s_{12} = e_1' e_2^* / T; \ \hat{\sigma}_{22} = s_{22}^* = e_2^{*\prime} e_2^* / T。 \tag{10.27}
$$

（2）使用 $T+N$ 个观测值估计 σ_{22}，换句话说，使用 s_{11} 和 s_{12}，$\hat{\sigma}_{22} = s_{22} = e_2' e_2 / (T+N)$，这一方法由 Wilks（1932）提出，它的缺点在于这样得到的 Ω 的估计并不是正定矩阵。

（3）使用 s_{11} 和 s_{22}，但是修正 σ_{12} 的估计以使得 $\hat{\Omega}$ 是正定矩阵。Srivastava and Zaatar（1973）建议 $\hat{\sigma}_{12} = s_{12}(s_{22}/s_{22}^*)^{1/2}$。

（4）使用所有 $(T+N)$ 个观测值估计 Ω，Hocking and Smith（1968）建议使用 $\hat{\sigma}_{11} = s_{11} - (N/N+T)(s_{12}/s_{22}^*)^2 (s_{22}^* - s_{22}^o)$，其中 $s_{22}^o = e_2^{o\prime} e_2^o / N$；$\hat{\sigma}_{12} = s_{12}(s_{22}/s_{22}^*)$ 且 $\hat{\sigma}_{22} = s_{22}$。

（5）使用极大似然方法。

所有这些 Ω 的估计量都是一致的，基于这些估计量得到的 $\hat{\beta}_{GLS}$ 都具有渐近有效性。Schmidt 通过蒙特卡罗实验研究了这些估计量的小样本特征。利用 Kmenta and Gilbert（1968）的设定，在 $T=10, 20, 50$；$N=5, 10, 20$，X 和干扰项存在各种跨方程相关的情况下，他发现了如下令人沮丧的结果："很明显的一点，估计 Σ 时忽略额外的观测值（方法 1）与使用这些观测值（方法 4 或 MLE）相比并没有什么损失。也就是说，除非干扰项的跨方程相关性很高，否则我们完全可以在估计 Σ 时忽略多出来的这些观测

值。这一点直观来看并不合理。"

Hwang（1990）用 Σ^{-1} 而不是 Σ 将这些估计量重新进行了参数化。毕竟，出现在 β 的 GLS 估计量中的是 Σ^{-1} 而不是 Σ，这种再参数化表明，从额外观测值的使用来看，Σ^{-1} 的估计量不再具有 Schmidt（1977）给出的顺序。但是，不管采用什么样的参数化方法，需要指出的重要一点是，估计 β 时使用了所有的观测数据，在第一阶段求最小二乘残差时是这样，最后计算 GLS 估计量时也是这样。Baltagi et al.（1989）的蒙特卡罗实验表明，从均方误（MSE）来看，Σ 或 Σ^{-1} 的估计越好并不意味着由此得到的 β 的 GLS 估计就越好。

■ 10.5　实证案例

例 1：Baltagi and Griffin（1983）考虑如下汽油需求方程：

$$\log \frac{Gas}{Car} = \alpha + \beta_1 \log \frac{Y}{N} + \beta_2 \log \frac{P_{MG}}{P_{GDP}} + \beta_3 \log \frac{Car}{N} + u,$$

其中 Gas/Car 是每辆汽车的汽油消耗量，Y/N 是实际人均收入，P_{MG}/P_{GDP} 是实际汽油价格，Car/N 表示人均汽车保有量。所使用的数据是 18 个 OECD 国家 1960—1978 年的年度观测值。这些数据可从 Springer 网站上下载 GASOLINE. DAT 文件得到。我们仅考虑前两个国家：奥地利和比利时。对这些数据做 OLS 估计可得：

$$\text{奥地利}: \log \frac{Gas}{Car} = 3.727 + 0.761 \log \frac{Y}{N} - 0.793 \log \frac{P_{MG}}{P_{GDP}} - 0.520 \log \frac{Car}{N},$$
$$(0.373)(0.211) \qquad (0.150) \qquad\qquad (0.113)$$

$$\text{比利时}: \log \frac{Gas}{Car} = 3.042 + 0.845 \log \frac{Y}{N} - 0.042 \log \frac{P_{MG}}{P_{GDP}} - 0.673 \log \frac{Car}{N},$$
$$(0.453) \quad (0.170) \qquad (0.158) \qquad\qquad (0.093)$$

括号中的数字是标准差。基于这些 OLS 残差可得 Σ 的估计为

$$\widehat{\Sigma} = \begin{bmatrix} 0.001\,212\,8 & 0.000\,236\,25 \\ & 0.000\,923\,67 \end{bmatrix}。$$

基于此 $\widehat{\Sigma}$ 的 SUR 估计结果为（仅一次迭代）

$$\text{奥地利}: \log \frac{Gas}{Car} = 3.713 + 0.721 \log \frac{Y}{N} - 0.754 \log \frac{P_{MG}}{P_{GDP}} - 0.496 \log \frac{Car}{N},$$
$$(0.372)(0.209) \qquad (0.146) \qquad\qquad (0.111)$$

$$\text{比利时}: \log \frac{Gas}{Car} = 2.843 + 0.835 \log \frac{Y}{N} - 0.131 \log \frac{P_{MG}}{P_{GDP}} - 0.686 \log \frac{Car}{N}。$$
$$(0.445) \quad (0.170) \qquad (0.154) \qquad\qquad (0.093)$$

检验 Σ 对角性的 Breusch-Pagan（1980）LM 统计量为 $Tr_{21}^2 = 0.947$，在原假设下它服从 χ_1^2 分布。式（10.23）给出的检验 Σ 对角性的 LR 统计量的值为 1.778，它在原假设下也服从

χ_1^2 分布。这两个检验都没有拒绝原假设 H_0，这里的 SUR 结果用 SHAZAM 运行，还可以再进行迭代。注意，与 OLS 估计相比，回归系数的 SUR 估计的标准差并没有明显减小。

假如我们只有奥地利的前 15 个观测值（1960—1974 年），而比利时有全部 19 个观测值（1960—1978 年）。现在我们应用 Schmidt（1977）描述的四种可行的 GLS 方法进行估计。方法 1 估计 Σ 时忽略多出的 4 个观测值，根据式（10.27）计算结果为 $s_{11} = 0.000\,867\,91$，$s_{12} = 0.000\,263\,57$，$s_{22}^* = 0.001\,099\,47$，由此得到的 SUR 估计结果为

$$\text{奥地利} : \log\frac{Gas}{Car} = 4.484 + 0.817\log\frac{Y}{N} - 0.580\log\frac{P_{MG}}{P_{GDP}} - 0.487\log\frac{Car}{N},$$
$$\qquad\qquad\quad (0.438)\,(0.168)\qquad\ (0.176)\qquad\qquad (0.098)$$

$$\text{比利时} : \log\frac{Gas}{Car} = 2.936 + 0.848\log\frac{Y}{N} - 0.095\log\frac{P_{MG}}{P_{GDP}} - 0.686\log\frac{Car}{N}。$$
$$\qquad\qquad\quad (0.436)\ \ (0.164)\qquad\ (0.151)\qquad\qquad (0.090)$$

方法 2 是 Wilks（1932）提出的，仍然使用方法 1 中的 s_{11} 和 s_{12}，但是使用 $\hat\sigma_{22} = s_{22} = e_2'e_2/19 = 0.000\,923\,67$，由此得到的 SUR 估计结果为

$$\text{奥地利} : \log\frac{Gas}{Car} = 4.521 + 0.806\log\frac{Y}{N} - 0.554\log\frac{P_{MG}}{P_{GDP}} - 0.476\log\frac{Car}{N},$$
$$\qquad\qquad\quad (0.437)\,(0.167)\qquad\ (0.174)\qquad\qquad (0.098)$$

$$\text{比利时} : \log\frac{Gas}{Car} = 2.937 + 0.848\log\frac{Y}{N} - 0.094\log\frac{P_{MG}}{P_{GDP}} - 0.685\log\frac{Car}{N}。$$
$$\qquad\qquad\quad (0.399)\ \ (0.150)\qquad\ (0.138)\qquad\qquad (0.082)$$

方法 3 基于 Srivastava and Zaatar（1973），使用方法 2 中的 s_{11} 和 s_{12}，但是修正 $\hat\sigma_{12} = s_{12}(s_{22}/s_{22}^*)^{1/2} = 0.000\,241\,58$，由此得到的 SUR 估计结果为

$$\text{奥地利} : \log\frac{Gas}{Car} = 4.503 + 0.812\log\frac{Y}{N} - 0.567\log\frac{P_{MG}}{P_{GDP}} - 0.481\log\frac{Car}{N},$$
$$\qquad\qquad\quad (0.438)\,(0.168)\qquad\ (0.176)\qquad\qquad (0.098)$$

$$\text{比利时} : \log\frac{Gas}{Car} = 2.946 + 0.847\log\frac{Y}{N} - 0.090\log\frac{P_{MG}}{P_{GDP}} - 0.684\log\frac{Car}{N}。$$
$$\qquad\qquad\quad (0.400)\,(0.151)\qquad\ (0.139)\qquad\qquad (0.082)$$

方法 4 得益于 Hocking and Smith（1968），求得 $\hat\sigma_{11} = 0.000\,857\,80$，$\hat\sigma_{12} = 0.002\,214\,3$，$\hat\sigma_{22} = s_{22} = 0.000\,923\,67$，由此得到的 SUR 估计结果为

$$\text{奥地利} : \log\frac{Gas}{Car} = 4.485 + 0.817\log\frac{Y}{N} - 0.579\log\frac{P_{MG}}{P_{GDP}} - 0.487\log\frac{Car}{N},$$
$$\qquad\qquad\quad (0.437)\,(0.168)\qquad\ (0.176)\qquad\qquad (0.098)$$

$$\text{比利时} : \log\frac{Gas}{Car} = 2.952 + 0.847\log\frac{Y}{N} - 0.086\log\frac{P_{MG}}{P_{GDP}} - 0.684\log\frac{Car}{N}。$$
$$\qquad\qquad\quad (0.400)\,(0.151)\qquad\ (0.139)\qquad\qquad (0.082)$$

本例中，四种估计结果并没有太大的差别。

例 2：经济增长和贫富差距。Lundberg and Squire（2003）利用 SUR 估计了一个关

于经济增长和贫富差距的两方程模型。第一个方程描述的是经济增长（dly）和教育（学校教育年限：yrt）、政府消费占 GDP 的份额（gov）、M2/GDP（m2y）、通货膨胀（inf）、开放度的 Sachs-Warner 测量（swo）、贸易变化量（dtot）、初始收入（f_pcy）、代表 20 世纪 80 年代的虚拟变量（d80）以及代表 20 世纪 90 年代的虚拟变量（d90）等变量的关系。第二个方程描述了基尼系数（gih）和教育、M2/GDP、公民自由度指数（civ）、地区平均基尼系数（mlg）以及地区平均基尼系数和代表发展中国家的虚拟变量的交叉乘积（mlgldc）等变量的关系。他们使用了 1965—1990 年期间 38 个国家的 119 个观测值，这些数据可以从以下网址下载 http://www.res.org.uk/economic/datasets/datasetlist.asp。

表 10—1 给出了 Lundberg and Squire（2003，p. 334）表 1 中的 SUR 估计结果，这是用 Stata 软件 *sureg* 命令得到的。这些结果表明，开放确实促进了经济增长；教育缩小了贫富差距。这两个方程的残差之间的相关性很弱（0.087 2），检验两个干扰项的方

表 10—1　　　　　　　　　　　　　经济增长和贫富差距：SUR 估计

. sureg（Growth：dly＝yrt gov m2y inf swo dtot f_pcy d80 d90）
（Inequality：gih＝yrt m2y civ mlg mlgldc），corr
Seemingly unrelated regression

Equation	Obs	Parms	RMSE	"R-sq"	chi2	P
Growth	119	9	2.313764	0.4047	80.36	0.0000
Inequality	119	5	6.878804	0.4612	102.58	0.0000

	Coef.	Std. Err.	z	$P>\|z\|$	[95% Conf. Interval]	
Growth						
yrt	−0.0497042	0.1546178	−0.32	0.748	−0.3527496	0.2533412
gov	−0.0345058	0.0354801	−0.97	0.331	−0.1040455	0.0350338
m2y	0.0084999	0.0163819	0.52	0.604	−0.023608	0.0406078
inf	−0.0020648	0.0013269	−1.56	0.120	−0.0046655	0.000536
swo	3.263209	0.60405	5.40	0.000	2.079292	4.447125
dtot	17.74543	21.9798	0.81	0.419	−25.33419	60.82505
f_pcy	−1.038173	0.4884378	−2.13	0.034	−1.995494	−0.0808529
d80	−1.615472	0.5090782	−3.17	0.002	−2.613247	−0.6176976
d90	−3.339514	0.6063639	−5.51	0.000	−4.527965	−2.151063
_cons	10.60415	3.471089	3.05	0.002	3.800944	17.40736
Inequality						
yrt	−1.000843	0.3696902	−2.71	0.007	−1.725422	−0.2762635
m2y	−0.0570365	0.0471514	−1.21	0.226	−0.1494516	0.0353785
civ	0.0348434	0.5533733	0.06	0.950	−1.049748	1.119435
mlg	0.1684692	0.0625023	2.70	0.007	0.0459669	0.2909715
mlgldc	0.0344093	0.0421904	0.82	0.415	−0.0482823	0.117101
_cons	33.96115	4.471626	7.59	0.000	25.19693	42.72538

Correlation matrix of residuals：

	Growth	Inequality
Growth	1.0000	
Inequality	0.0872	1.0000

Breusch-Pagan test of independence：chi2(1)＝0.905，Pr＝0.3415.

差—协方差阵是否为对角阵的 Breusch-Pagan 检验统计上并不显著，因此并不能拒绝两个方程不相关的假设。

■ 问　题

1. 什么情况下 OLS 与 Zellner 的 SUR 同样有效？

（a）证明：对式（10.2）给出的 Zellner 两方程 SUR 系统应用 OLS 等价于对每个方程分别用 OLS。系数的方差—协方差阵呢？它们也相同吗？

（b）在一般线性模型中，我们发现 OLS 等价于 GLS 的充分必要条件为，对所有 y，$X'\Omega^{-1}\bar{P}_X=0$，其中 $\bar{P}_X=I-P_X$。证明，Zellner 的 GLS 等价于 OLS 的充分必要条件为式（10.10），即对所有 $i\neq j$，$\sigma^{ij}X'_i\bar{P}_{X_j}=0$，本题基于 Baltagi（1988）。

（c）证明：Zellner 给出的 SUR 等价于 OLS 的两个充分条件都满足（b）给出的充分必要条件。

（d）证明：如果 $X_i=X_jC'$，其中 C 是任一非奇异矩阵，则（b）给出的充分必要条件成立。

2. 如果一个方程中的所有解释变量是第二个方程中解释变量的子集，那么 Zellner 的 SUR 估计量会有什么特征？考虑式（10.2）给出的两方程 SUR 系统，令 $X_1=(X_2, X_e)$，即 X_2 是 X_1 的一个子集，证明：

（a）$\hat{\beta}_{2,SUR}=\hat{\beta}_{2,OLS}$。

（b）$\hat{\beta}_{1,SUR}=\hat{\beta}_{1,OLS}-Ae_{2,OLS}$，其中 $A=\hat{s}_{12}(X'_1X_1)^{-1}X'_1/\hat{s}_{22}$，$e_{2,OLS}$ 是第二个方程的 OLS 残差，$\hat{s}_{ij}$ 由式（10.14）定义。

3. 如果一个方程中的解释变量与第二个方程中的解释变量正交，则 Zellner 的 SUR 估计量会有什么特征？考虑式（10.2）给出的两方程 SUR 系统，令 X_1 和 X_2 正交，即 $X'_1X_2=0$，证明：在真实 Σ 已知时可得：

（a）$\hat{\beta}_{1,GLS}=\hat{\beta}_{1,OLS}+(\sigma^{12}/\sigma^{11})(X'_1X_1)^{-1}X'_1y_2$ 且 $\hat{\beta}_{2,GLS}=\hat{\beta}_{2,OLS}+(\sigma^{21}/\sigma^{22})(X'_2X_2)^{-1}X'_2y_1$。

（b）这些估计量的方差是什么？

（c）如果 X_1 和 X_2 都是单一解释变量，则对于 $i=1$，2，$\hat{\beta}_{i,OLS}$ 和 $\hat{\beta}_{i,GLS}$ 的相对有效性是多少？

4. σ_{ij} 的一个无偏估计。证明式（10.13）给出的 $\tilde{s}_{ij}$ 是 σ_{ij} 的无偏估计。注意，在计算时有 $\text{tr}(B)=\text{tr}(P_{X_i}P_{X_j})$。

5. 一元回归中 OLS 估计的相对有效性。本题基于 Kmenta（1986，pp. 641～643）。对于式（10.15）给出的两方程系统，证明：

（a）$\text{var}(\hat{\beta}_{12,OLS})=\sigma_{11}/m_{x_1x_1}$ 且 $\text{var}(\hat{\beta}_{22,OLS})=\sigma_{22}/m_{x_2x_2}$，其中

$$m_{x_ix_j}=\sum_{t=1}^{T}(X_{it}-\bar{X}_i)(X_{jt}-\bar{X}_j), i,j=1,2。$$

（b）$\text{var}\begin{pmatrix}\hat{\beta}_{12,GLS}\\\hat{\beta}_{22,GLS}\end{pmatrix}=(\sigma_{11}\sigma_{22}-\sigma_{12}^2)\begin{bmatrix}\sigma_{22}m_{x_1x_1} & -\sigma_{12}m_{x_1x_2}\\-\sigma_{12}m_{x_1x_2} & \sigma_{11}m_{x_2x_2}\end{bmatrix}^{-1}$，推导出 $\text{var}(\hat{\beta}_{12,GLS})=$

$(\sigma_{11}\sigma_{22}-\sigma_{12}^2)\ \sigma_{11}m_{x_2x_2}/\left[\sigma_{11}\sigma_{22}m_{x_2x_2}m_{x_1x_1}-\sigma_{12}^2m_{x_1x_2}^2\right]$ 且 $\mathrm{var}(\hat{\beta}_{22,GLS})=(\sigma_{11}\sigma_{22}-\sigma_{12}^2)\ \sigma_{22}$
$m_{x_1x_1}/\left[\sigma_{11}\sigma_{22}m_{x_1x_1}m_{x_2x_2}-\sigma_{12}^2m_{x_1x_2}^2\right]$。

(c) 利用 $\rho=\sigma_{12}/(\sigma_{11}\sigma_{22})^{1/2}$，$r=m_{x_1x_2}/(m_{x_1x_1}m_{x_2x_2})^{1/2}$ 以及（a）和（b）中的结果，证明式（10.16）成立，即 $\mathrm{var}(\hat{\beta}_{12,GLS})/\mathrm{var}(\hat{\beta}_{12,OLS})=(1-\rho^2)/[1-\rho^2r^2]$。

(d) 将式（10.16）对 $\theta=\rho^2$ 求导，证明式（10.16）是 θ 的非增函数。同理，将式（10.16）对 $\lambda=r^2$ 求导，证明式（10.16）是 λ 的非减函数。最后，以 0.1 为间隔选择 [0，1] 之间 ρ^2 和 r^2 的不同取值，并计算式（10.16）给出的有效性之比，见 Kmenta（1986）第 642 页的表 12—1。

6. 多元回归中 OLS 的相对有效性。本题基于 Binkley and Nelson（1988）。利用分块求逆公式证明式（10.17）下方给出的 $\mathrm{var}(\hat{\beta}_{1,GLS})=A_{11}$，推导式（10.18）和式（10.19）。

7. 考虑解释变量跨方程正交时的多元回归模型，即 $X_1'X_2=0$，证明 $R_q^2=R_q^{*2}$，其中 R_q^2 和 R_q^{*2} 分别在式（10.20）和式（10.21）下的说明中给出定义。

8. (a) 观测值数量不等的 SUR 模型。本题基于 Schmidt（1977）。根据式（10.26）给出的观测值数量不等的 SUR 模型，推导其 GLS 估计量。

(b) 证明：如果 $\sigma_{12}=0$，则观测值不等的 SUR 模型等价于对每个方程分别应用 OLS。

9. Grunfeld（1958）考虑了如下投资方程：

$$I_{it}=\alpha+\beta_1F_{it}+\beta_2C_{it}+u_{it},$$

其中 I_{it} 表示企业 i 在时期 t 的实际总投资，F_{it} 表示企业 i 的实际价值（未偿付的股票），C_{it} 是资本存量的实际价值。这一数据集由 Boot and de Witt（1960）给出，其中包含了美国 10 家大型制造企业 20 年（1935—1954 年）的观测值。读者可从 Springer 网站下载 GRUNFELD. DAT 使用。考虑前三家企业：通用汽车（G. M.）、美国钢铁和通用电器。

(a) 3 家企业分别用 I 对常数项、F 和 C 做 OLS 回归。画出残差的时间序列图。给出估计量的方差—协方差阵。

(b) 检验每个回归方程的序列相关。

(c) 对前两个企业运行似无关回归（SUR），将结果和 OLS 作比较。

(d) 对这三个企业运行 SUR，将结果和（c）中的结果作比较。

(e) 检验这三个方程的 Σ 是否为对角阵。

(f) 检验三个企业的所有回归系数是否相等。

10. （接问题 9）仅考虑前两个企业和变量 F 的回归系数。参考 Binkley and Nelson（1988）在 *The American Statistician* 中的文章，计算 R_q^2，R_q^{*2}，$\sum e_{tq}^2$ 以及 $\sum x_{tq}^2$。

(a) 对于这里使用的数据，式（10.20）和式（10.21）的结果是什么？

(b) 将 σ_{11} 和 θ^2 用其估计值替代，证明由此得到的结果和问题 9（a）、（c）中的相同。

(c) 比较（a）中式（10.20）和式（10.21）两个方程的结果，你可以得到什么结论？

11. （接问题 9）还是考虑前两个企业。现在假定第一个企业只有前 15 个观测值，第二企业的观测值有 20 个。计算 Schmidt (1977) 提出的可行的 GLS 估计量，并比较这些估计结果。

12. 考虑 10.5 节 Baltagi and Griffin (1983) 使用的汽油数据，模型形式为

$$\log \frac{Gas}{Car} = \alpha + \beta_1 \log \frac{Y}{N} + \beta_2 \log \frac{P_{MG}}{P_{GDP}} + \beta_3 \log \frac{Car}{N} + u,$$

其中 Gas/Car 是每辆汽车的汽油消耗量，Y/N 是实际人均收入，P_{MG}/P_{GDP} 是实际汽油价格，Car/N 表示人均汽车保有量。

(a) 对前两个国家运行似无关回归（SUR），并将结果与 OLS 结果作比较。

(b) 对前三个国家运行 SUR，评价估计结果并将其和（a）的结果作比较。（有效性有所提高吗？）

(c) 使用 Breusch and Pagan (1980) LM 统计量和 LR 统计量检验三方程系统的 Σ 是否为对角阵。

(d) 检验 3 个回归方程的所有系数是否相等。

(e) 仅考虑前两个国家，假定第一个国家的数据只有 15 个，而第二个国家的数据有 19 个。计算 Schmidt (1977) 提出的可行的 GLS 估计量，并比较估计结果。

13. 含跨方程约束的奇异系统的迹最小化。本题基于 Baltagi (1993)。Berndt and Savin (1975) 表明，当对一组奇异 SUR 方程施加某种跨方程约束时，去掉的方程不同，有约束的最小二乘估计结果也不同。考虑下面三个含有相同解释变量的方程：

$$y_i = \alpha_i \iota_T + \beta_i X + \varepsilon_i, \, i = 1, 2, 3,$$

其中 $y_i = (y_{i1}, \ y_{i2}, \ \cdots, \ y_{iT})'$，$X = (x_1, \ x_2, \ \cdots, \ x_T)'$，$\varepsilon_i$（$i = 1$，2，3）是 $T \times 1$ 维向量，ι_T 是由 1 组成的 T 维向量，α_i 和 β_i 是标量。三个方程满足约束条件：对所有 $t = 1$，2，$\cdots$，T，$\sum_{i=1}^{3} y_{it} = 1$，另外还有一个跨方程约束：$\beta_1 = \beta_2$。

(a) 将 β_i 的无约束 OLS 估计量记为 b_i，$b_i = \sum_{t=1}^{T} (x_t - \overline{x}) y_{it} \Big/ \sum_{t=1}^{T} (x_t - \overline{x})^2$，$i = 1$，2，3，其中 $\overline{x} = \sum_{t=1}^{T} x_t / T$，证明这些 b_i 自动满足真实参数的约束条件：$\beta_1 + \beta_2 + \beta_3 = 0$。

(b) 证明：如果我们去掉第 1 个方程，即 $i = 1$，然后在 $\beta_1 = \beta_2$ 的约束下用迹最小化方法估计剩余的方程系统，则可得到 $\hat{\beta}_1 = 0.4 b_1 + 0.6 b_2$。

(c) 现在我们去掉第 2 个方程，$i = 2$，证明：在 $\beta_1 = \beta_2$ 的约束下用迹最小化方法估计剩余的方程系统，可得到 $\hat{\beta}_1 = 0.6 b_1 + 0.4 b_2$。

(d) 最后去掉第 3 个方程，$i = 3$，证明：在 $\beta_1 = \beta_2$ 的约束下用迹最小化方法估计剩余的方程系统，可得到 $\hat{\beta}_1 = 0.5 b_1 + 0.5 b_2$。

注意，这也意味着 $\hat{\beta}_1$ 的方差随着删除的方程不同而变化。另外，如果在估计干扰项的方差—协方差阵时用的是有约束的最小二乘残差而不是无约束的最小二乘残差，那么这种非不变性也会影响到 Zellner 的 SUR 估计。提示：见 Im (1994) 给出的解答。

14. 对于第 4 章问题 16 考虑的天然气数据，模型形式为

$$logCons_{it} = \beta_0 + \beta_1 logPg_{it} + \beta_2 logPo_{it} + \beta_3 logPe_{it} + \beta_4 logHDD_{it} + \beta_5 logPI_{it} + u_{it},$$

其中 $i=1$，2，…，6 个州，$t=1$，2，…，23 年。

（a）对前两个州运行似无关回归（SUR），并将结果与 OLS 结果作比较。

（b）对所有 6 个州运行 SUR，评价估计结果并将其和（a）的结果作比较。（有效性有所提高吗?）

（c）使用 Breusch and Pagan（1980）LM 统计量和 LR 统计量检验六方程系统的 Σ 是否为对角阵。

（d）检验 6 个回归方程的所有系数是否相等。

15. LR 检验和 Hausman 检验的等价性。本题基于 Qian（1998）。假定我们有如下两个方程：

$$y_{gt} = \alpha_g + u_{gt}, \quad g=1,2, \ t=1,2,\cdots,T,$$

其中（u_{1t}，u_{2t}）服从正态分布，其均值为零，方差为 $\Omega = \Sigma \otimes I_T$，$\Sigma = [\sigma_{gs}]$，$g$，$s=1$，2，这是含有相同解释变量的方程系统中一个最简单的例子。

（a）证明：α_g 的 OLS 估计量和 GLS 估计量相同，两者都是 $\bar{y}_g = \sum_{t=1}^{T} y_{gt} \bigg/ T$，$g=$ 1，2。

（b）推导出 α_g 和 σ_{gs}（g，$s=1$，2）的极大似然估计量。计算对数似然函数在这些无约束估计值处的取值。

（c）计算在原假设 $H_0: \sigma_{11} = \sigma_{22}$ 条件下 α_g 和 σ_{gs}（g，$s=1$，2）的极大似然估计量。

（d）利用（b）和（c）的结果计算检验原假设 $H_0: \sigma_{11} = \sigma_{22}$ 的 LR 统计量。

（e）证明：（d）中推导的 LR 检验渐近等价于根据（b）和（c）的差得到的 Hausman 检验。本书第 12 章对 Hausman 检验进行了研究。

16. 用 OLS 估计一个三角 SUR 系统。本题基于 Sentana（1997）。考虑一个三方程的 SUR 系统，其中第一个方程的解释变量是第二个方程的解释变量的子集，而第二个方程的解释变量又是第三个方程的解释变量的子集。

（a）证明：将 SUR 应用于前两个方程，结果与 SUR 应用于所有三个方程时（前两个方程的结果）相同。提示：参考 Schmidt（1978）。

（b）利用（a）证明第一个方程的 SUR 估计等价于 OLS 估计。

（c）利用（a）和（b）证明，第二个方程的 SUR 估计等价于在第二个方程中加入第一个方程的残差作为解释变量后的 OLS 估计。提示：使用 Telser（1964）的结果。

（d）利用（a）、（b）和（c）证明，第三个方程的 SUR 估计等价于在第三个方程中加入（b）和（c）的回归残差作为解释变量后的 OLS 估计。

17. 经济增长和贫富差距。Lundberg and Squire（2003）。见 10.5 节例 2，数据包含了 1965—1990 年间 38 个国家的 119 个观测值，可以从以下网址下载 http://www. res. org. uk/economic/datasets/datasetlist. asp。

（a）用 SUR 估计这些方程，见表 10—1，并且证实 Lundberg and Squire（2003，p. 334）中表 1 给出的结果。这些结果表明开放促进了经济增长，而教育缩小了贫富差距。

（b）给出检验两个方程干扰项的方差—协方差矩阵是否为对角阵的 Breusch-Pagan 检验结果。比较（a）中给出的 SUR 估计结果和每个方程的 OLS 估计结果。

参考文献

本章内容基于 Zellner（1962），Kmenta（1986），Baltagi（1988），Binkley and Nelson（1988），Schmidt（1977）以及 Judge et al.（1982）。引用的文献有：

Baltagi，B. H.（1988），"The Efficiency of OLS in a Seemingly Unrelated Regressions Model," *Econometric Theory*，Problem 88. 3. 4，4：536-537.

Baltagi，B. H.（1993），"Trace Minimization of Singular Systems With Cross-Equation Restrictions," *Econometric Theory*，Problem 93. 2. 4，9：314-315.

Baltagi，B.，S. Garvin and S. Kerman（1989），"Further Monte Carlo Evidence on Seemingly Unrelated Regressions with Unequal Number of Observations," *Annales D'Economie et de Statistique*，14：103-115.

Baltagi，B. H. and J. M. Griffin（1983），"Gasoline Demand in the OECD：An Application of Pooling and Testing Procedures," *European Economic Review*，22：117-137.

Berndt，E. R.（1991），*The Practice of Econometrics：Classic and Contemporary*（Addison-Wesley：Reading，MA）.

Berndt，E. R. and N. E. Savin（1975），"Estimation and Hypothesis Testing in Singular Equation Systems With Autoregressive Disturbances," *Econometrica*，43：937-957.

Binkley，J. K. and C. H. Nelson（1988），"A Note on the Efficiency of Seemingly Unrelated Regression," *The American Statistician*，42：137-139.

Boot，J. and G. de Witt（1960），"Investment Demand：An Empirical Contribution to the Aggregation Problem," *International Economic Review*，1：3-30.

Breusch，T. S. and A. R. Pagan（1980），"The Lagrange Multiplier Test and Its Applications to Model Specification in Econometrics," *Review of Economic Studies*，47：239-253.

Conniffe，D.（1982），"A Note on Seemingly Unrelated Regressions," *Econometrica*，50：229-233.

Dwivedi，T. D. and V. K. Srivastava（1978），"Optimality of Least Squares in the Seemingly Unrelated Regression Equations Model," *Journal of Econometrics*，7：391-395.

Fiebig，D. G.（2001），"Seemingly Unrelated Regression," Chapter 5 in Baltagi，B. H.（ed.），*A Companion to Theoretical Econometrics*（Blackwell：Massachusetts）.

Grunfeld，Y.（1958），"The Determinants of Corporate Investment," unpublished Ph. D. dissertation（University of Chicago：Chicago，IL）.

Hocking，R. R. and W. B. Smith（1968），"Estimation of Parameters in the Multivariate Normal Distribution with Missing Observations," *Journal of the American Statistical Association*，63：154-173.

Hwang, H. S. (1990), "Estimation of Linear SUR Model With Unequal Numbers of Observations," *Review of Economics and Statistics*, 72: 510−515.

Im, Eric Iksoon (1994), "Trace Minimization of Singular Systems With Cross-Equation Restrictions," *Econometric Theory*, Solution 93.2.4, 10: 450.

Kmenta, J. and R. Gilbert (1968), "Small Sample Properties of Alternative Estimators of Seemingly Unrelated Regressions," *Journal of the American Statistical Association*, 63: 1180−1200.

Lundberg, M. and L. Squire (2003), "The Simultaneous Evolution of Growth and Inequality," *The Economic Journal*, 113: 326−344.

Milliken, G. A. and M. Albohali (1984), "On Necessary and Sufficient Conditions for Ordinary Least Squares Estimators to be Best Linear Unbiased Estimators," *The American Statistician*, 38: 298−299.

Oberhofer, W. and J. Kmenta (1974), "A General Procedure for Obtaining Maximum Likelihood Estimates in Generalized Regression Models," *Econometrica*, 42: 579−590.

Qian, H. (1998), "Equivalence of LR Test and Hausman Test," *Econometric Theory*, Problem 98.1.3, 14: 151.

Revankar, N. S. (1974), "Some Finite Sample Results in the Context of Two Seemingly Unrelated Regression Equations," *Journal of the American Statistical Association*, 71: 183−188.

Rossi, P. E. (1989), "The ET Interview: Professor Arnold Zellner," *Econometric Theory*, 5: 287−317.

Schmidt, P. (1977), "Estimation of Seemingly Unrelated Regressions With Unequal Numbers of Observations," *Journal of Econometrics*, 5: 365−377.

Schmidt, P. (1978), "A Note on the Estimation of Seemingly Unrelated Regression Systems," *Journal of Econometrics*, 7: 259−261.

Sentana, E. (1997), "Estimation of a Triangular, Seemingly Unrelated, Regression System by OLS," *Econometric Theory*, Problem 97.2.2, 13: 463.

Srivastava, V. K. and T. D. Dwivedi (1979), "Estimation of Seemingly Unrelated Regression Equations: A Brief Survey," *Journal of Econometrics*, 10: 15−32.

Srivastava, V. K. and D. E. A. Giles (1987), *Seemingly Unrelated Regression Equations Models: Estimation and Inference* (Marcel Dekker: New York).

Srivastava, J. N. and M. K. Zaatar (1973), "Monte Carlo Comparison of Four Estimators of Dispersion Matrix of a Bivariate Normal Population, Using Incomplete Data," *Journal of the American Statistical Association*, 59: 845−862.

Wilks, S. S. (1932), "Moments and Distributions of Estimates of Population Parameters From Fragmentary Samples," *Annals of Mathematical Statistics*, 3: 167−195.

Zellner, A. (1962), "An Efficient Method of Estimating Seemingly Unrelated Regressions and Tests for Aggregation Bias," *Journal of the American Statistical Association*, 57: 348−368.

第 11 章

联立方程模型

11.1 引　言

经济学家们建立消费、生产、投资、货币需求和供给、劳动需求和供给模型以试图解释经济体的运行情况。这些行为方程通过单方程或者作为一个方程系统来估计，就是众所周知的联立方程模型（simultaneous equations models）。当代计量经济学中的许多内容，其发展和形成都受到了考利斯委员会（Cowles Commission）中的经济学家和计量经济学家的影响，该委员会成员自 20 世纪 40 年代后期开始在芝加哥大学一起工作，见第 1 章。联立方程模型起源于那个时期的经济学。Haavelmo（1944）的工作强调了概率方法在计量经济学建模中的应用。在两部颇具影响力的考利斯委员会的专著中，Koopmans and Marschak（1950）以及 Koopmans and Hood（1953）提出了适合解决联立方程模型问题的统计程序。在本章中，我们首先给出一个简单的联立方程模型例子并说明为什么最小二乘估计量不再适合。接下来，我们讨论了识别的重要问题并给出了一个简单的必要但非充分的条件以便考察一个具体的模型是否可识别。11.2 节和 11.3 节给出了利用工具变量法得到的单一方程和方程系统的估计。11.4 节介绍了过度识别限制的检验，而 11.5 节给出了 Hausman 设定检验。11.6 节以一个实证案例结尾。附录再次探讨了识别问题，并给出了一个识别的充要条件。

☐ 11.1.1　联立偏倚

例 1：考虑一个简单的没有政府部门的凯恩斯模型：

$$C_t = \alpha + \beta Y_t + u_t, \quad t = 1, 2, \cdots, T, \tag{11.1}$$

$$Y_t = C_t + I_t,\qquad\qquad\qquad (11.2)$$

其中，C_t表示消费，Y_t表示可支配收入，I_t表示自主投资。这是一个两个联立方程的系统，称为结构方程（structural equations），其中第二个方程是恒等式。第一个方程可以通过 OLS 估计得到

$$\hat{\beta}_{OLS} = \sum_{t=1}^{T} y_t c_t / \sum_{t=1}^{T} y_t^2 \qquad 和 \qquad \hat{\alpha}_{OLS} = \bar{C} - \hat{\beta}_{OLS}\bar{y},\qquad (11.3)$$

其中 y_t 和 c_t 代表 Y_t 和 C_t 的离差形式，即 $y_t = Y_t - \bar{Y}$，$\bar{Y} = \sum_{t=1}^{T} Y_t / T$。由于 I_t 是自主的，它是一个由系统外决定的外生（exogenous）变量，而 C_t 和 Y_t 是内生（endogenous）变量。我们利用常数和 I_t 解出 Y_t 和 C_t。得到的两个方程称为简化式（reduced form）方程

$$C_t = \alpha/(1-\beta) + \beta I_t(1-\beta) + u_t/(1-\beta),\qquad (11.4)$$
$$Y_t = \alpha/(1-\beta) + I_t/(1-\beta) + u_t/(1-\beta)。\qquad (11.5)$$

这些方程将内生变量表示成外生变量和误差项的形式。注意，Y_t 和 C_t 是 u_t 的一个函数，因此两者都与 u_t 相关。事实上，$Y_t - E(Y_t) = u_t/(1-\beta)$，且如果 $0 \leqslant \beta \leqslant 1$，

$$\mathrm{cov}(Y_t, u_t) = E[(Y_t - E(Y_t))u_t] = \sigma_u^2/(1-\beta) \geqslant 0。\qquad (11.6)$$

该式成立是因为 $u_t \sim (0, \sigma_u^2)$ 且 I_t 是外生的且独立于误差项。式（11.6）显示式（11.1）右侧的回归元和误差项相关，这将导致 OLS 估计有偏且不一致。事实上，对于式（11.1），

$$c_t = C_t - \bar{C} = \beta y_t + (u_t - \bar{u}),$$

将上式代入式（11.3），我们得到

$$\hat{\beta}_{OLS} = \beta + \sum_{t=1}^{T} y_t u_t / \sum_{t=1}^{T} y_t^2。\qquad (11.7)$$

根据式（11.7），很显然 $E(\hat{\beta}_{OLS}) \neq \beta$，因为第二项的期望值不一定为 0。另外，利用式（11.5）可得

$$y_t = Y_t - \bar{Y} = [i_t + (u_t - \bar{u})]/(1-\beta),$$

其中 $i_t = I_t - \bar{I}$，$\bar{I} = \sum_{t=1}^{T} I_t / T$。定义 $m_{yy} = \sum_{t=1}^{T} y_t^2 / T$，可得

$$m_{yy} = (m_{ii} + 2m_{iu} + m_{uu})/(1-\beta)^2,\qquad (11.8)$$

其中，$m_{ii} = \sum_{t=1}^{T} i_t^2 / T$，$m_{iu} = \sum_{t=1}^{T} i_t(u_t - \bar{u})/T$，$m_{uu} = \sum_{t=1}^{T} (u_t - \bar{u})^2 / T$。另外，

$$m_{yu} = (m_{iu} + m_{uu})/(1-\beta)。\qquad (11.9)$$

利用 $\mathrm{plim}\, m_{iu} = 0$ 和 $\mathrm{plim}\, m_{uu} = \sigma_u^2$，我们可得

$$\mathrm{plim}\, \hat{\beta}_{OLS} = \beta + \mathrm{plim}(m_{yu}/m_{yy}) = \beta + [\sigma_u^2(1-\beta)/(\mathrm{plim}\, m_{ii} + \sigma_u^2)],$$

这表明当 $0 \leqslant \beta \leqslant 1$ 时，$\hat{\beta}_{OLS}$ 高估了 β。

例2：考虑一个简单的供求模型

$$Q_t^d = \alpha + \beta P_t + u_{1t},\tag{11.10}$$

$$Q_t^s = \gamma + \delta P_t + u_{2t},\tag{11.11}$$

$$Q_t^d = Q_t^s = Q_t, t = 1, 2, \cdots, T_o\tag{11.12}$$

将均衡条件式（11.12）代入式（11.10）和式（11.11），我们可得

$$Q_t = \alpha + \beta P_t + u_{1t},\tag{11.13}$$

$$Q_t = \gamma + \delta P_t + u_{2t}, t = 1, 2, \cdots, T_o\tag{11.14}$$

对于需求方程（11.13），β 的符号预期为负，而对于供给方程（11.14），δ 的符号预期为正。但是，我们只能得到一组均衡数据 (Q_t, P_t) 且并没标明是需求还是供给数量和价格。当我们将 Q_t 对 P_t 进行 OLS 回归时，我们不知道估计的是什么，需求方程还是供给方程？实际上，任何式（11.13）和式（11.14）的线性组合看起来恰恰是式（11.13）或式（11.14）。它包括一个常数、价格和一个扰动项。由于从这个"组合"中不能区分供给和需求，我们遇到的问题称为识别问题（identification problem）。如果需求方程（或供给方程）看起来不同于这个组合，那么这个特别的方程将是可识别的。稍后再具体分析。现在我们来考察需求方程 OLS 估计的性质。众所周知，

$$\hat{\beta}_{OLS} = \sum_{t=1}^{T} q_t p_t / \sum_{t=1}^{T} p_t^2 = \beta + \sum_{t=1}^{T} p_t (u_{1t} - \bar{u}_1) / \sum_{t=1}^{T} p_t^2,\tag{11.15}$$

其中 q_t 和 p_t 表示 Q_t 和 P_t 的离差形式，即 $q_t = Q_t - \bar{Q}$。该估计量是否无偏取决于式（11.15）中最后一项的期望是否为 0。为了得到这个期望，我们解式（11.13）和式（11.14）中的结构方程，得到 Q_t 和 P_t，

$$Q_t = (\alpha\delta - \gamma\beta)/(\delta - \beta) + (\delta u_{1t} - \beta u_{2t})/(\delta - \beta),\tag{11.16}$$

$$P_t = (\alpha - \gamma)/(\delta - \beta) + (u_{1t} - u_{2t})/(\delta - \beta),\tag{11.17}$$

式（11.16）和式（11.17）称为简化式方程。注意，Q_t 和 P_t 均为两个误差项 u_1 和 u_2 的函数。因此，P_t 和 u_{1t} 相关。事实上，

$$p_t = (u_{1t} - \bar{u}_1)/(\delta - \beta) - (u_{2t} - \bar{u}_2)/(\delta - \beta),\tag{11.18}$$

且

$$\text{plim} \sum_{t=1}^{T} p_t (u_{1t} - \bar{u}_1)/T = (\sigma_{11} - \sigma_{12})/(\delta - \beta),\tag{11.19}$$

$$\text{plim} \sum_{t=1}^{T} p_t^2 / T = (\sigma_{11} + \sigma_{22} - 2\sigma_{12})/(\delta - \beta)^2,\tag{11.20}$$

其中 $\sigma_{ij} = \text{cov}(u_{it}, u_{jt})$，$i, j = 1, 2$；$t = 1, 2, \cdots, T$。因此，由式（11.15）

$$\text{plim} \hat{\beta}_{OLS} = \beta + (\sigma_{11} - \sigma_{12})(\delta - \beta)/(\sigma_{11} + \sigma_{22} - 2\sigma_{12}),\tag{11.21}$$

最后一项不一定为 0，意味着 $\hat{\beta}_{OLS}$ 对于 β 是不一致的。类似地，还可以证明 δ 的 OLS 估计量也是不一致的，见问题 1。由于右侧变量（价格）和误差项 u_1 之间的相关性，联立偏倚（simultaneous bias）还会出现。根据式（11.17），这种相关可能是由于 P_t 是 u_{2t} 的函数，u_{2t} 和 u_{1t} 相关，使得 P_t 和 u_{1t} 相关。或者，根据式（11.13）或式（11.14），P_t 是

Q_t 的函数，而从式（11.13）可知 Q_t 是 u_{1t} 的函数，从而 P_t 是 u_{1t} 的函数。直观上，如果对需求的冲击（即 u_{1t} 的一个变化）改变了需求曲线，需求曲线和供给曲线新的交点决定了一个新的均衡价格和数量。因此，新的价格会受到 u_{1t} 变化的影响，从而与其相关。

一般来说，只要右侧的变量与误差项相关，那么 OLS 估计就是有偏且不一致的。我们称这种情况为内生性问题（endogeneity problem）。回忆，第 3 章的图 3—3 $\text{cov}(P_t, u_{1t}) > 0$。这表明高于 P_t 均值的 P_t 总是与高于它们均值的 u_{1t} 相关（即 $u_{1t} > 0$）。这意味着与这个特别的 P_t 相关的数量 Q_t 也平均位于真实直线（$\alpha + \beta P_t$）的上方。对于所有大于 $E(P_t)$ 的观测值都是这样。类似地，对于小于 $E(P_t)$ 的任意 P_t 与一个低于其均值的 u_{1t}（即 $u_{1t} < 0$）相关。这意味着与低于其均值 $E(P_t)$ 的价格相关的数量也平均地位于真实直线的下方。根据这些观测值，利用 OLS 估计出的直线总是有偏的。这种情况下，截距估计是向下偏的，而斜率估计是向上偏的。这种偏倚不会随着数据的增加而消失，如果 $P_t > E(P_t)$，任何新观测都将平均地位于真实直线的上方，如果 $P_t < E(P_t)$，任何新观测都将平均地位于真实直线的下方。因此，OLS 估计是不一致的。

Deaton（1992，p.95）很好地讨论了发展经济学中的内生性问题。一个重要的例子是关于农场规模和农场生产率的。利用 OLS 的实证研究发现由 log(Output/Acre) 测度的生产率和由 Acreage 测度的农场规模之间是反向关系。这看起来与直觉正相反，因为它认为小型农场要比大型农场的生产率更高。关于这种现象的经济学解释得出的结论是雇佣劳动（大型农场通常会雇佣他人来生产）的效率低于家庭劳动（小型农场通常是家庭劳动力）的效率。后者不太需要监管并通过牲畜和机器来劳作。另一种解释是这种现象是小型农场主对不确定性的最佳反应。当农场主在他们自己农场上过度工作而导致他们的边际生产率低于市场工资时，这也可能是一个低效率的信号。可能存在内生性问题吗？毕竟，土地总量是不受农场主控制的，情况确实如此，但是这并不意味着面积（Acreage）与扰动项无关。毕竟，规模不可能独立于土地质量。"用于低密度动物放牧的沙漠农场通常要比种植农场大，后者土地肥沃且 Output/Acre 高"。这种情况下，土地质量和土地规模是负相关的。在西得克萨斯喂养一头奶牛需要的土地面积要多于其他不太干旱的地区。解释变量土地面积和土地质量之间的负相关会产生内生性，这里土地质量是包含在误差项中的漏掉的变量。反过来，这会造成土地面积对生产率的 OLS 估计向下偏倚。

内生性问题也可以由样本选择引起。Gronau（1973）发现有小孩子的妇女比没孩子的妇女工资更高。一个经济学的解释是有小孩子的妇女的保留工资更高，并且结果是她们中参加工作的人更少。在这些工作的人中，她们的保留工资高于没孩子的女性。内生性通过工作女性的工资（这个工作可以使她们参加工作）中不可观测的成分起作用。这与她拥有的孩子个数是正相关的，因此会导致孩子个数对工资影响的 OLS 估计向上偏倚。

□ 11.1.2　识别问题

一般而言，我们可以考虑任何结构方程，首先是在左侧有一个内生变量 y_1，在右侧有 g_1 个内生变量和 k_1 个外生变量。右侧的内生变量与误差项相关，导致对该方程的 OLS 估计有偏且不一致。正规地，对于每一个内生变量，模型中都有一个对应的结构方程对其行为进行解释。如果内生变量的个数与方程的个数相等，我们说一个联立方程系统是完整的。为了修正联立偏倚，我们需要找一些变量代替右侧的内生变量，要找的变量应该与其要替代的变量高度相关且与误差项不相关。利用下面讨论的工具变量估计方法，我们将会看到，这些变量被证明是将右侧每一个内生变量对该系统中所有的外生变量进行回归得到的预测。我们假定在联立模型系统中有 K 个外生变量。为得到该结构方程的一致估计，我们要用到多少外生变量呢？满足一致性所需的最小外生变量个数的确定要用到识别的阶条件（order condition）。

识别的阶条件：一个结构方程可识别的必要条件是该方程所排除的外生变量的个数大于等于右侧所包含的内生变量的个数。令 K 表示系统中外生变量的数目，那么这个条件要求 $k_2 \geqslant g_1$，其中 $k_2 = K - k_1$。

我们来考虑式（11.13）和式（11.14）给出的供求方程，但假定供给方程中有一个表示天气条件的 W_t。这种情况下需求方程右侧有一个内生变量 P_t，也就是说 $g_1 = 1$，还有一个被其排除的外生变量 W_t，使得 $k_2 = 1$。由于 $k_2 \geqslant g_1$，满足阶条件。换句话说，仅根据阶条件我们不能得到需求方程不可识别的结论。但是，对于供给方程，$g_1 = 1$，$k_2 = 0$，该方程不可识别，因为它不满足识别的阶条件。注意，该条件只是识别的必要条件而非充分条件。也就是说，只有当它不满足的时候才有用，这时待识别的方程是不可识别的。注意，新供给方程和需求方程的任意线性组合将是一个常数、价格和天气的组合，该组合与供给方程一样，但与需求方程不同。这就是供给方程不能识别的原因。为了彻底弄清楚需求方程是否可识别，我们需要识别的秩条件（rank condition），这个条件将在本章附录中详细讨论。向供给方程中增加第三个变量（例如施肥总量 F_t）不会对供给方程有任何帮助，因为需求和供给的线性组合仍和供给方程一样。但是，这有助于需求方程的识别。记 $l = k_2 - g_1$，表示过度识别度（the degree of over-identification）。式（11.13）和式（11.14）两个方程都不能识别（或不可识别），此时 $l = -1$。当 W_t 加入供给方程时，对于需求方程 $l = 0$，为恰好识别。当 W_t 和 F_t 都包括在供给方程时，$l = 1$，需求方程过度识别。

不用矩阵，我们可以描述两阶段最小二乘法，该方法可以得到需求方程的一致估计。首先，我们将右侧的内生变量 P_t 对常数项和 W_t 回归得到 $\hat{P}_t$，然后用 $\hat{P}_t$ 代替需求方程中的 P_t 并进行第二阶段的回归。也就是说，第一步回归是

$$P_t = \pi_{11} + \pi_{12} W_t + v_t, \tag{11.22}$$

其中 $\hat{v}_t = P_t - \hat{P}_t$ 满足 OLS 正规方程 $\sum_{t=1}^{T} \hat{v}_t = \sum_{t=1}^{T} \hat{v}_t W_t = 0$。第二阶段的回归是

$$Q_t = \alpha + \beta \hat{P}_t + \varepsilon_t, \tag{11.23}$$

其中 $\sum_{t=1}^{T} \hat{\varepsilon}_t = \sum_{t=1}^{T} \hat{\varepsilon}_t \hat{P}_t = 0$。利用式（11.13）和式（11.23），我们可以写出

$$\varepsilon_t = \beta(P_t - \hat{P}_t) + u_{1t} = \beta \hat{v}_t + u_{1t}, \tag{11.24}$$

因此利用 $\sum_{t=1}^{T} \hat{v}_t = \sum_{t=1}^{T} \hat{v}_t \hat{P}_t = 0$ 可得 $\sum_{t=1}^{T} \varepsilon_t = \sum_{t=1}^{T} u_{1t}$ 和 $\sum_{t=1}^{T} \varepsilon_t \hat{P}_t = \sum_{t=1}^{T} u_{1t} \hat{P}_t$。故新的误差 ε_t 与初始干扰 u_{1t} 的行为类似。但是，我们右侧变量现在是 $\hat{P}_t$，由于只是外生变

量的线性组合，因此 $\hat{P}_t$ 独立于 u_{1t}。我们实质上将 P_t 分解成两部分，第一部分是 $\hat{P}_t$，它是外生变量的线性组合，因此独立于 u_{1t}；第二部分是 $\hat{v}_t$，它与 u_{1t} 相关。实际上，这就是联立偏倚的来源。这两部分 $\hat{P}_t$ 和 $\hat{v}_t$ 从构建上看是彼此正交的。因此，当 $\hat{v}_t$ 变为新误差 ε_t 时，它们与新回归元 $\hat{P}_t$ 是正交的。另外，$\hat{P}_t$ 也独立于 u_{1t}。

如果模型由式（11.13）和式（11.14）给定，为什么这种方法对估计式（11.13）不起作用呢？答案是因为在式（11.22）中我们只有一个常数项而没有 W_t。当我们转向（11.23）中第二阶段的回归时会失败，因为常数项和 $\hat{P}_t$ 之间存在完全共线性。只要阶条件不满足和方程不可识别，就会如此，见 Kelejian and Oates（1989）。因此，为了能够成功实施第二阶段的回归，我们需要使需求方程至少排除供给方程中所包含的一个外生变量，即像 W_t 或 F_t 这样的变量。因此，只要是由于右侧回归元之间的多重共线性造成了完全共线性，从而无法完成第二阶段的回归，就意味着识别的阶条件是不满足的。

一般而言，如果我们给出如下一个方程：

$$y_1 = \alpha_{12} y_2 + \beta_{11} X_1 + \beta_{12} X_2 + u_1, \tag{11.25}$$

阶条件要求至少存在一个式（11.25）排除的外生变量，比如说 X_3。像 X_3 这样的额外的外生变量通常出现在联立方程模型的其他方程中。在第一阶段回归中，我们运行

$$y_2 = \pi_{21} X_1 + \pi_{22} X_2 + \pi_{23} X_3 + v_2, \tag{11.26}$$

其中 OLS 残差 $\hat{v}_2$ 满足

$$\sum_{t=1}^{T} \hat{v}_{2t} X_{1t} = 0; \sum_{t=1}^{T} \hat{v}_{2t} X_{2t} = 0; \sum_{t=1}^{T} \hat{v}_{2t} X_{3t} = 0, \tag{11.27}$$

在第二阶段中，我们进行的回归是

$$y_1 = \alpha_{12} \hat{y}_2 + \beta_{11} X_1 + \beta_{12} X_2 + \varepsilon_1, \tag{11.28}$$

其中 $\varepsilon_1 = \alpha_{12}(y_2 - \hat{y}_2) + u_1 = \alpha_{12} \hat{v}_2 + u_1$。该回归得到一致估计，因为

$$\sum_{t=1}^{T} \hat{y}_{2t} \varepsilon_{1t} = \sum_{t=1}^{T} \hat{y}_{2t} u_{1t}, \sum_{t=1}^{T} X_{1t} \varepsilon_{1t} = \sum_{t=1}^{T} X_{1t} u_{1t},$$
$$\sum_{t=1}^{T} X_{2t} \varepsilon_{1t} = \sum_{t=1}^{T} X_{2t} u_{1t}, \tag{11.29}$$

u_{1t} 独立于外生变量。为了解出 3 个结构参数 α_{12}、β_{11} 和 β_{12}，需要三个线性独立的 OLS 正规方程。$\sum_{t=1}^{T} \hat{y}_{2t} \hat{\varepsilon}_{1t} = 0$ 包含了新的信息，即除了 X_1 和 X_2 外 y_2 至少还对一个其他变量作了回归。否则，在三个结构参数中只有两个线性独立的正规方程 $\sum_{t=1}^{T} X_{1t} \hat{\varepsilon}_{1t} = \sum_{t=1}^{T} X_{2t} \hat{\varepsilon}_{1t} = 0$。

如果右侧还有一个内生变量，比如 y_3，会发生什么呢？这种情况下式（11.25）变为：

$$y_1 = \alpha_{12} y_2 + \alpha_{13} y_3 + \beta_{11} X_1 + \beta_{12} X_2 + u_1。 \tag{11.30}$$

要满足阶条件，现在至少需要两个被式（11.30）排除的变量，这样才能进行第二阶段的回归。否则，线性独立的方程个数少于待估计结构参数的个数，从而无法进行第二阶

段的回归。另外，y_2 和 y_3 应该对同一组外生变量进行回归。进一步，第二阶段的回归变量应该一直包括式（11.30）右侧的外生变量。这两个条件将保证估计的一致性。令 X_3 和 X_4 为被式（11.30）排除的外生变量。我们第一阶段回归是将 y_2 和 y_3 对 X_1、X_2、X_3 和 X_4 回归，分别得到 $\hat{y}_2$ 和 $\hat{y}_3$。第二阶段回归是将 y_1 对 $\hat{y}_2$、$\hat{y}_3$、X_1 和 X_2 回归。从第一阶段回归中我们有

$$y_2 = \hat{y}_2 + \hat{v}_2 \quad \text{和} \quad y_3 = \hat{y}_3 + \hat{v}_3, \tag{11.31}$$

其中 $\hat{y}_2$ 和 $\hat{y}_3$ 是 X 的线性组合，$\hat{v}_2$ 和 $\hat{v}_3$ 是残差。第二阶段回归的正规方程如下：

$$\sum_{t=1}^{T} \hat{y}_{2t}\hat{\varepsilon}_{1t} = \sum_{t=1}^{T} \hat{y}_{3t}\hat{\varepsilon}_{1t} = \sum_{t=1}^{T} X_{1t}\hat{\varepsilon}_{1t} = \sum_{t=1}^{T} X_{2t}\hat{\varepsilon}_{1t} = 0, \tag{11.32}$$

其中 $\hat{\varepsilon}_1$ 表示第二阶段回归的残差。事实上，

$$\varepsilon_1 = \alpha_{12}\hat{v}_2 + \alpha_{13}\hat{v}_3 + u_1。 \tag{11.33}$$

现在有 $\sum_{t=1}^{T} \varepsilon_{1t}\hat{y}_{2t} = \sum_{t=1}^{T} u_{1t}\hat{y}_{2t}$，因为 $\sum_{t=1}^{T} \hat{v}_{2t}\hat{y}_{2t} = \sum_{t=1}^{T} \hat{v}_{3t}\hat{y}_{2t} = 0$。后者成立是由于预测项 $\hat{y}_2$ 与残差 $\hat{v}_2$ 是正交的。另外，如果 y_2 对一组 X 回归，而这一组 X 是 y_3 的第一阶段回归中包含的回归元，那么 $\hat{y}_2$ 和 $\hat{v}_3$ 是正交的。类似的，如果 y_3 对一组在 y_2 第一阶段回归中所包含的 X 回归，那么 $\sum_{t=1}^{T} \varepsilon_{1t}\hat{y}_{3t} = \sum_{t=1}^{T} u_{1t}\hat{y}_{3t}$。综合这两个条件得到如下事实：$y_2$ 和 y_3 必须对同一组外生变量回归，以便得到的综合误差项与初始误差项具有相同的行为。另外，这些外生变量应该包括被包括在待估计方程右侧的 X，即 X_1 和 X_2，否则 $\sum_{t=1}^{T} \varepsilon_{1t}X_{1t}$ 不一定等于 $\sum_{t=1}^{T} u_{1t}X_{1t}$，因为 $\sum_{t=1}^{T} \hat{v}_{2t}X_{1t}$ 和 $\sum_{t=1}^{T} \hat{v}_{3t}X_{1t}$ 不一定为 0。关于这一方面的进一步分析，见问题 2。

11.2 单方程估计：两阶段最小二乘

我们可以以矩阵形式写出第一个结构方程如下：

$$y_1 = Y_1\alpha_1 + X_1\beta_1 + u_1 = Z_1\delta_1 + u_1, \tag{11.34}$$

其中 y_1 和 u_1 是 $T \times 1$ 的，Y_1 表示右侧的内生变量，为 $T \times g_1$ 的，X_1 表示右侧的外生变量，为 $T \times k_1$ 的，α_1 是 g_1 维的，β_1 是 k_1 维的。$Z_1 = [Y_1, X_1]$ 和 $\delta_1' = [\alpha_1', \beta_1']$。我们将式（11.34）所排除的变量称为 X_2，X_2 应足以识别方程。这些被排除的变量出现在其他联立方程模型中。令所有的外生变量为 $X = [X_1, X_2]$，X 是 $T \times k$ 的。如果要使方程（11.34）满足阶条件，必须有 $(k-k_1) \geqslant g_1$。如果系统中所有外生变量都包含在第一阶段回归中，也就是说，Y_1 对 X 回归得到 $\hat{Y}_1$，这样第二阶段最小二乘估计量可以通过 y_1 对 $\hat{Y}_1$ 和 X_1 回归得到，这称为两阶段最小二乘（2SLS）。该方法由 Basmann（1957）和 Theil（1953）共同提出。矩阵形式 $\hat{Y}_1 = P_X Y_1$ 是右侧内生变量的预测项，其中 P_X 是映射矩阵 $X(X'X)^{-1}X'$。在式（11.14）中用 $\hat{Y}_1$ 代替 Y_1，得到

$$y_1 = \hat{Y}_1\alpha_1 + X_1\beta_1 + w_1 = \hat{Z}_1\delta_1 + w_1, \tag{11.35}$$

其中 $\hat{Z}_1=[\hat{Y}_1,\ X_1]$ 和 $w_1=v_1+(Y_1-\hat{Y}_1)\alpha_1$。对式 (11.35) 进行 OLS 回归得

$$\hat{\delta}_{1,2SLS}=(\hat{Z}_1'\ \hat{Z}_1)^{-1}\hat{Z}_1'y_1=(Z_1'P_XZ_1)^{-1}Z_1'P_Xy_1, \tag{11.36}$$

其中第二个等式成立是因为 $\hat{Z}_1=P_XZ_1$ 和 P_X 是幂等的。前一个等式成立是因为 $P_XX=X$，因此 $P_XX_1=X_1$，$P_XY_1=\hat{Y}_1$。如果右侧只有一个内生变量，进行第一阶段回归即 y_2 对 X_1 和 X_2 回归，并检验 X_2 的所有系数是全为零还是至少有一个系数不为零，该检验是检验秩识别的。对于右侧有多个内生变量的情形，情况更复杂一些，见 Cragg and Donald (1996)，但是我们仍可以对右侧每一个内生变量进行第一阶段的回归以保证 X_2 中至少有一个变量是显著不为零的。[①]这并不足以保证秩条件成立，但这是判定秩条件是否失败的一个不错的诊断。如果不能满足这个条件，我们应该对 2SLS 估计量提出质疑。

两阶段最小二乘也可以看作是一个简单的工具变量估计量，工具变量 $W=\hat{Z}_1=[\hat{Y}_1,\ X_1]$。回顾，$Y_1$ 与 u_1 相关，致使 OLS 不一致。简单工具变量的思想是找到一组工具，比如说 W 作为 Z_1 的工具变量有如下性质：(1) plim $W'u_1/T=0$，工具必须是外生的，即与误差项不相关，否则达不到作为工具的目的并产生不一致的估计。(2) plim $W'W/T=Q_w\neq0$，其中 Q_w 是有限的且为正的确定的，W 之间不能是完全共线性的。(3) W 应该与 Z_1 高度相关，即工具应该是高度相关而不是弱相关的工具，稍后我们会进行简单解释。实际上，plim $W'Z_1/T$ 应该是有限并满秩的，秩为 k_1+g_1。用 W' 左乘式 (11.34)，我们得到

$$W'y_1=W'Z_1\delta_1+W'u_1. \tag{11.37}$$

这时，$W=\hat{Z}_1$ 与 Z_1 的维数相同，由于 plim $W'Z_1/T$ 是二次且满秩的，秩为 k_1+g_1，δ_1 的简单工具变量 (IV) 估计量变为

$$\hat{\delta}_{1,IV}=(W'Z_1)^{-1}W'y_1=\delta_1+(W'Z_1)^{-1}W'u_1, \tag{11.38}$$

其中 plim $\hat{\delta}_{1,IV}=\delta_1$，这由式 (11.37) 得到，且 plim $W'u_1/T=0$。

题外话：在一般的线性模型中，$y=X\beta+u$，X 是 X 的一组工具变量，用 X' 左乘得到 $X'y=X'X\beta+X'u$，利用 plim $X'u/T=0$，得到

$$\hat{\beta}_{IV}=(X'X)^{-1}X'y=\hat{\beta}_{OLS}.$$

只要 X 和 u 是不相关的，该估计量就是一致的。在第一个结构方程为式 (11.34) 的联立方程模型中，右侧的回归元 Z_1 包括与 u_1 相关的内生变量 Y_1。因此对式 (11.34) 的 OLS 回归将得到不一致的估计量，因为工具矩阵 $W=Z_1$，Z_1 与 u_1 相关。事实上，

$$\hat{\delta}_{1,OLS}=(Z_1'Z_1)^{-1}Z_1'y_1=\delta_1+(Z_1'Z_1)^{-1}Z_1'u_1,$$

其中，plim $\hat{\delta}_{1,OLS}\neq\delta_1$，因为 plim $Z_1'u_1/T\neq0$。

记 $e_{1,OLS}=y_1-Z_1\hat{\delta}_{1,OLS}$ 为第一个结构方程的 OLS 残差，那么，由于最后一项为正，

$$\text{plim}\ s_1^2=\frac{e_{1,OLS}'e_{1,OLS}}{T-(g_1+k_1)}=\text{plim}\ \frac{u_1'\bar{P}_{Z_1}u_1}{T-(g_1+k_1)}$$

$$=\sigma_{11}-\text{plim}\frac{u_1'Z_1(Z_1'Z_1)^{-1}Z_1'u_1}{T-(g_1+k_1)}\leqslant\sigma_{11}。$$

只要 $\text{plim}\,Z_1'u_1/T$ 为 0，$\text{plim}\,s_1^2=\sigma_{11}$，否则会更小。OLS 拟合得非常好，它使得 $(y_1-Z_1\delta_1)'(y_1-Z_1\delta_1)$ 最小。因为 Z_1 和 u_1 相关，OLS 错误地将 y_1 的变动部分归因于回归元 Z_1。

简单 IV 和 OLS 估计量都可以解释成矩估计量，这些已经在第 2 章讨论过。对于 OLS，给定总体矩条件 $E(X'u)=0$，相应的样本矩条件为 $X'(y-X\hat{\beta})/T=0$。解 $\hat{\beta}$ 得到 $\hat{\beta}_{OLS}$。类似地，式（11.37）中的简单 IV 估计量的总体矩条件为 $E(W'u_1)=0$，相应的样本矩条件为 $W'(y_1-Z_1\hat{\delta}_1)/T=0$。解 $\hat{\delta}_1$ 得到式（11.38）给出的 $\hat{\delta}_{1,IV}$。

如果 $W=[\hat{Y}_1,X_1]$，那么式（11.38）的结果为

$$\hat{\delta}_{1,IV}=\begin{bmatrix}\hat{Y}_1'Y_1 & \hat{Y}_1'X_1\\ X_1'Y_1 & X_1'X_1\end{bmatrix}^{-1}\begin{bmatrix}\hat{Y}_1'y_1\\ X_1'y_1\end{bmatrix}, \tag{11.39}$$

给定 $\hat{Y}_1'\hat{Y}_1=\hat{Y}_1'Y_1$ 和 $X_1'Y_1=X_1'\hat{Y}_1$，这与式（11.36）相同，

$$\hat{\delta}_{1,2SLS}=\begin{bmatrix}\hat{Y}_1'\hat{Y}_1 & \hat{Y}_1'X_1\\ X_1'\hat{Y}_1 & X_1'X_1\end{bmatrix}^{-1}\begin{bmatrix}\hat{Y}_1'y_1\\ X_1'y_1\end{bmatrix}。 \tag{11.40}$$

后一个条件成立是因为 $\hat{Y}_1=P_XY_1$ 和 $P_XX_1=X_1$。

一般来说，令 X^* 为第一阶段回归元。一个带有 $\hat{Y}_1^*=P_{X^*}Y_1$ 的 IV 估计量，即右侧的每一个 y 都是对同一组回归元 X^* 回归，要满足

$$\hat{Y}_1^{*'}\hat{Y}_1^*=\hat{Y}_1^{*'}P_{X^*}Y_1=\hat{Y}_1^{*'}Y_1。$$

另外，$X_1'\hat{Y}_1^*$ 要等于 $X_1'Y_1$，X_1 必须是 X^* 中变量的一个子集。因此，X^* 应该包括 X_1 并至少要与 X_2 中的 X 识别时所要求的一样多（至少 X_2 中 g_1 个 X）。在这种情况下，利用 $W^*=[\hat{Y}_1^*,X_1]$ 的 IV 估计量得到的结果与如下的两阶段回归是一样的，即第一阶段将 Y_1 对 X^* 回归得到 $\hat{Y}_1^*$，第二阶段将 y_1 对 W^* 回归。注意，IV 估计量的一致性要求同样的条件。还要注意，如果这个方程是恰好识别的，那么正好有 g_1 个 X 被该方程排除。换句话说，X_2 是 $T\times g_1$ 维的，$X^*=X$ 是 $T\times(g_1+k_1)$ 维的。问题 3 显示这种情况下的 2SLS 简化为 $W=X$ 情况下的 IV 估计量，即

$$\hat{\delta}_{1,2SLS}=\hat{\delta}_{1,IV}=(X'Z_1)^{-1}X'y_1。 \tag{11.41}$$

注意，如果第一个方程是过度识别的，那么 $X'Z_1$ 不是平方且式（11.41）无法计算。

如果工具变量矩阵 W 正好和式（11.38）中表达式所要求的 Z_1 具有相同的维数，可以根据维数为 $T\times l(l\geqslant g_1+k_1)$ 的通用矩阵 W 定义一个广义工具变量（generalized instrumental variable）。后一个条件是识别的阶条件。这种情况下，$\hat{\delta}_{1,IV}$ 由对式（11.37）的 GLS 得到。利用如下情况：

$$\text{plim}\,W'u_1u_1'W/T=\sigma_{11}\,\text{plim}\,W'W/T,$$

可以得到

$$\hat{\delta}_{1,IV} = (Z_1' P_W Z_1)^{-1} Z_1' P_W y_1 = \delta_1 + (Z_1' P_W Z_1)^{-1} Z_1' P_W u_1,$$

其中 $\text{plim}\ \hat{\delta}_{1,IV} = \delta_1$，并且极限协方差矩阵为 $\sigma_{11} \text{plim}(Z_1' P_W Z_1 / T)^{-1}$。因此 2SLS 可以根据 $W = X$ 时的广义工具变量估计量得到。这也意味着 δ_1 的 2SLS 可以通过对式（11.34）左乘 X' 后进行 GLS 得到，见问题 4。注意，对式（11.37）的 GLS 通过最小化 $(y_1 - Z_1 \delta_1)' P_W (y_1 - Z_1 \delta_1)$ 得到一阶条件：

$$Z_1' P_W (y_1 - Z_1 \hat{\delta}_{1,IV}) = 0,$$

解为 $\hat{\delta}_{1,IV} = (Z_1' P_W Z_1)^{-1} Z_1' P_W y_1$。还可以证明 2SLS 和广义工具变量估计量都是 Hansen（1982）所考虑的广义矩（GMM）估计量的特殊情况。见 Davidson and MacKinnon（1993）和 Hall（1993）对 GMM 的介绍。

矩阵 $Z_1' P_W Z_1$ 满秩并可逆的一个必要条件是 W 的秩必须是 $l \geqslant g_1 + k_1$。这实际上是识别的阶条件，如果 $l = g_1 + k_1$，那么方程是恰好识别的。而且，$W' Z_1$ 是二次且非奇异的。问题 10 要求读者证明广义工具变量估计量简化为式（11.38）所示的简单工具变量估计量。另外，在恰好识别的情形下，准则函数的最小值为零。

IV 估计的最大问题之一是工具变量 W 的选择。我们已经给出了用以得到结构参数一致估计量的工具变量所需具备的一些条件。但是，当样本有限时，不同研究者的不同选择可能会得到不同的估计结果。利用更多的工具会得到更有效的 IV 估计。令 W_1 和 W_2 作为两组工具变量，W_1 由 W_2 的空间张成。这里 $P_{W_2} W_1 = W_1$，因而 $P_{W_2} P_{W_1} = P_{W_1}$。相应的 IV 估计量为

$$\hat{\delta}_{1,w_i} = (Z_1' P_{W_i} Z_1)^{-1} Z_1' P_{W_i} y_1, i = 1, 2,$$

只要 $\text{plim}\ W_i' u_1 / T = 0$，两者就都是 δ_1 的一致估计量，其渐近协方差矩阵为

$$\sigma_{11} \text{plim}(Z_1' P_{W_i} Z_1 / T)^{-1}.$$

注意，如果它们的渐近协方差矩阵之差是半正定的，即如果

$$\sigma_{11} \left[\text{plim}\ \frac{Z_1' P_{W_1} Z_1}{T} \right]^{-1} - \sigma_{11} \left[\text{plim}\ \frac{Z_1' P_{W_2} Z_1}{T} \right]^{-1}$$

是 p.s.d，$\hat{\delta}_{1,w_2}$ 至少和 $\hat{\delta}_{1,w_1}$ 一样有效。如果 $Z_1' P_{W_2} Z_1 - Z_1' P_{W_1} Z_1$ 是 p.s.d，说法是成立的。由于 $P_{W_2} - P_{W_1}$ 是幂等的，最后一个条件成立。问题 11 要求读者证明这一结果，因为 W_2 对 Z_1 的解释至少和 W_1 一样，故 $\hat{\delta}_{1,w_2}$ 比 $\hat{\delta}_{1,w_1}$ 更有效。这似乎是建议应该应用尽可能多的工具。如果 T 很大，采取这样的策略是不错。但是，如果 T 有限，就要在渐近有效性和 IV 估计量中存在的有限样本偏差之间进行取舍。

事实上，我们用的工具越多，$\hat{Y}_1$ 就越类似于 Y_1，第二阶段回归引入的偏差就越大。极端情形 Y_1 完全由 $\hat{Y}_1$ 预测，OLS 估计正如我们所知道的那样是有偏的。另一方面，如果我们选取的工具在预测 Y_1 方面的能力较弱，那么得到的工具变量估计量将是无效的且它的渐近分布将不再像它的有限样本分布，见 Nelso and Startz（1990）。如果工具变量的个数是固定的，在第一阶段回归中工具变量的系数以 $1/\sqrt{T}$ 的速率收敛于 0，意味着弱

相关，Staiger and Stock（1997）发现，随着 T 的增加，IV 估计量不是一致的，并且有一个非标准的渐近分布。Bound et al.（1995）建议给出第一阶段回归的 R^2 或 F 统计量，让其作为评价 IV 估计质量的有用指标。

当怀疑存在内生性时，工具变量对于获得一致估计非常重要。但是，无效的工具将导致无意义的结果。怎样才能知道我们的工具是否有效？Stock and Watson（2003）在一个相关工具和一个大样本之间做了推断。工具相关性越强，即右侧内生变量的变动被该工具解释的越多，得到的估计量越准确。这类似于观测值，样本容量越大，估计量越准确。他们认为，如果正态分布能够很好地近似 2SLS 的样本分布，那么工具不应该仅仅是相关而应该是高度相关。弱工具变量对那些被代表的内生变量的变动解释能力不强，这使得正态分布不再能很好地近似 2SLS 样本分布，即使样本容量很大。Stock and Watson（2003）建议用简单的经验法则来检验弱工具。如果右侧有一个内生变量，第一阶段的回归可以利用一个 F 统计量来检验被排除的外生变量（或工具）的显著性。第一阶段 F 统计量应该大于 10。[②] Stock and Watson（2003）认为第一阶段小于 10 的 F 统计量意味着弱工具，以此为基础的 2SLS 的有效性也不足以置信，因为根据弱工具，即使在大样本下 2SLS 也是有偏的，相应的 t 统计量和置信区间是不可信的。找出弱工具，可以搜寻另外的更强的工具，或者利用不同于 2SLS 的、对弱工具不太敏感的其他方法，例如 LIML。Deaton（1997，p.112）认为寻找工具的困难在于外生变量同时要与其所代表的内生变量高度相关。他们指出得到不同于 OLS 的 2SLS 估计是容易的，但难在保证这些 2SLS 估计一定要优于 OLS。"对结构方程的可靠的识别和估计几乎总是要求实际的创造，但创造不能简化成公式。" Stock and Watson（2003，p.371）指出，对于右侧单个内生变量且不含外生变量，以及一个弱工具变量的情形，2SLS 估计量的分布是非正态的，即便是大样本，2SLS 估计量的样本分布的均值渐近等于真正参数加上 OLS 估计量的渐近偏差除以 $(E(F)-1)$，其中 F 是第一阶段的 F 统计量。如果 $E(F)=10$，那么 2SLS 的大样本偏差为 OLS 大样本偏差的 1/9。他们认为对于大多数实证应用来说，这个经验法则的数值是可接受的。

2SLS 是单方程估计量，关注的是一个特定的方程。$[y_1, Y_1, X_1]$ 是指定的，因此进行 2SLS 所需要的是系统中所有外生变量构成的矩阵 X。如果研究者感兴趣的是特殊的行为经济关系，而这可能是构成一个大模型的几个方程中的一部分，则不需要详细说明整个模型来对那个模型进行 2SLS，所需要的是系统中所有外生变量构成的矩阵。涉及一个结构方程的实证研究，说明右侧哪些变量是内生的，并通过 IV 程序估计这个方程，通常这个程序包括研究者能利用的所有的可行的外生变量。如果这一组外生变量不包括系统中所有的 X，这个估计方法就不是 2SLS，但这是一个一致的 IV 方法，我们称之为可行的 2SLS。

将式（11.34）代入式（11.36），得到

$$\hat{\delta}_{1,2SLS} = \delta_1 + (Z_1' P_X Z_1)^{-1} Z_1' P_X u_1, \qquad (11.42)$$

其中 plim $\hat{\delta}_{1,2SLS} = \delta_1$，渐近方差—协方差矩阵为 $\sigma_{11} \text{plim}(Z_1' P_X Z_1/T)^{-1}$，$\sigma_{11}$ 可根据 2SLS 的残差 $\hat{u}_1 = y_1 - Z_1 \hat{\delta}_{1,2SLS}$ 估计得到，即计算 $s_{11} = \hat{u}_1' \hat{u}_1/(T-g_1-k_1)$。需要重点强调的是，$s_{11}$ 是根据初始方程（11.34）而不是式（11.35）的 2SLS 残差得到的。换句话说，

s_{11}不是式（11.35）给出的第二阶段回归的均方误差（即 s^2）。后一个回归里有 $\hat{Y}'_1$ 而不是 Y_1。因此，2SLS 的渐近方差—协方差矩阵可由 $s_{11}(Z'_1 P_X Z_1)^{-1} = s_{11}(\hat{Z}'_1 \hat{Z}_1)^{-1}$ 估计。2SLS 软件包给出的 t 统计量是以这个矩阵对角元素的平方根得到的标准误差为基础的。这些标准误差和 t 统计量对异方差是稳健的，可通过 $(\hat{Z}'_1 \hat{Z}_1)^{-1}(\hat{Z}'_1 \mathrm{diag}[\,\hat{u}_i^2\,]\hat{Z}_1)(\hat{Z}'_1 \hat{Z}_1)^{-1}$ 计算，其中 $\hat{u}_i$ 表示第 i 个 2SLS 残差。根据 δ_1 的 2SLS 估计，用来检验 $H_0: R\delta_1 = r$ 的 Wald 型统计量可以由式（7.41）得到，其中用 $\hat{\delta}_{1,2SLS}$ 代替 $\hat{\beta}_{OLS}$，用 $\mathrm{var}(\hat{\delta}_{1,2SLS}) = s_{11}(\hat{Z}'_1 \hat{Z}_1)^{-1}$ 代替 $\mathrm{var}(\hat{\beta}_{OLS}) = s_{11}(X'X)^{-1}$。利用上述 $\hat{\delta}_{1,2SLS}$ 稳健的方差—协方差矩阵，可以得到这个对异方差稳健的方差—协方差矩阵。得到的 Wald 统计量的渐近分布在原假设下服从 χ_q^2 分布，q 为 $R\delta_1 = r$ 施加的约束的个数。

类似 δ_1 中部分参数为 0 的这种排除某些变量的约束，对其进行的 LM 型的检验，可以通过无约束的第二阶段回归元 $\hat{Z}_1$ 的矩阵计算有约束的 2SLS 残差来实现。该检验统计量为 TR_u^2，其中 R_u^2 表示非中心化 R^2，在原假设下渐近服从 χ_q^2，其中 q 是 δ_1 中限定为 0 的系数个数。注意，这种排除约束无论施加在 β_1 上还是 α_1 上是没有关系的，也就是说，待检验的被排除变量可以是内生的也可以是外生的。针对这些排除约束的 F 检验可以根据第二阶段回归的有约束的和无约束的残差平方和构造得到。但是，这个 F 统计量的分母是根据无限制的 2SLS 残差平方和得到的，这和 2SLS 程序给出的一样。当然，还必须用合适的自由度来调整分子和分母。在原假设下，该检验渐近服从 $F(q, T-(g_1 + k_1))$。详见 Wooldridge（1990）。另外，见 11.5 节的过度识别检验。

2SLS 的有限样本性质是具体模型，见 Mariano（2001）的综述。一个重要的结论是，2SLS 估计量的正阶数的绝对矩最大阶数不超过过度识别的阶数。因此，为得到 2SLS 估计量的均值和方差，我们需要过度识别度至少为 2。这还意味着对于恰好识别的模型，2SLS 不存在矩。对于 2SLS，绝对偏差是过度识别度的增函数。对于右侧包含一个内生变量如方程（11.25）的情形，OLS 相对于 2SLS 的偏差变大，过度识别度越低，样本容量越大，扰动和内生回归元 y_2 之间相关的绝对值越高，集中参数（concentration parameter）μ^2 越大。集中参数定义为 $\mu^2 = E(y_2)'(P_X - P_{X_1})E(y_2)/\omega^2$，$\omega^2 = \mathrm{var}(y_{2t})$。按照 MSE，$\mu^2$ 的值越大，大样本容量情形下 2SLS 越优于 OLS。

另一种重要的单方程估计量是有限信息极大似然（LIML）估计量，顾名思义，建议最大化似然函数，该函数是关于只出现在待估计方程中的内生变量的。在最大化这个似然函数的过程中，不考虑被该方程排除的外生变量以及系统中其他方程的可识别约束。详细内容可见 Anderson and Rubin（1950）。LIML 对被解释变量的正态化选择是不变的，而 2SLS 则不是。LIML 的不变性体现了联立方程模型的性质，即不受正态化的影响。恰好识别时的 2SLS 和 LIML 是等价的。LIML 也被称作最小方差比（LVR）方法，因为 LIML 估计可以通过最小化两个方差之比得到或等价于两个残差平方和之比。利用方程（11.34）可以写出

$$y_1^* = y_1 - Y_1\alpha = X_1\beta_1 + u_1。$$

选择一个 α 可以计算出 y_1^* 并将其对 X_1 回归得到残差平方和 RSS_1。现在将 y_1^* 对 X_1 和 X_2 回归并计算残差平方和 RSS_2。方程（11.34）表示 X_2 没有进入那个方程。事实上，

这就是我们识别约束条件的来源，被排除的外生变量被用作工具变量。如果这些识别约束条件成立，将 X_2 加入 y_1^* 和 X_1 的回归中应该会使 RSS_1 的最小值减小。因此，LVR 法可以得到使比率（RSS_1/RSS_2）最小的 α。估计出 α 后，β_1 可以通过 y_1^* 对 X_1 回归得到。相比之下，这也表示出 2SLS 使 $RSS_1 - RSS_2$ 最小。详见 Johnston (1984) 或 Mariano (2001)。对于 LIML，一个问题的估计偏差要小于 2SLS。实际上，当工具变量个数随着样本容量增加时，这个比率保持不变，Bekker (1994) 表明 2SLS 变得不一致时 LIML 仍保持一致。两个估计量是下面估计量的特例：

$$\hat{\delta}_1 = (Z_1'P_XZ_1 - \hat{\theta}Z_1'Z_1)^{-1}(Z_1'P_Xy_1 - \hat{\theta}Z_1'y_1),$$

其中 $\hat{\theta} = 0$ 时得到 2SLS，$\hat{\theta} = \{(D_1'D_1)^{-1}D_1'P_XD_1\}$ 的最小特征值时得到 LIML，这里 $D_1 = [y_1, Z_1]$。

例 3：对于表 5—3 所示的来自《总统经济报告》的数据，考虑简单的不含政府部门的凯恩斯模型：

$$C_t = \alpha + \beta Y_t + u_t, t = 1, 2, \cdots, T,$$

其中 $Y_t = C_t + I_t$。

消费方程的 OLS 估计为：

$$C_t = -1\ 343.31 + 0.979Y_t + 残差。$$
$$\quad\ (219.56)\quad (0.011)$$

假定 I_t 为外生变量且为唯一可用的工具变量，2SLS 估计为：

$$C_t = 4\ 081.65 + 0.686Y_t + 残差。$$
$$\quad (3\ 194.8)\quad (0.172)$$

表 11—1 给出了 2SLS 的 EViews 输出结果。注意，截距项的 OLS 估计被低估，而斜率系数被高估，这意味着式（11.6）中所示的 Y_t 和 u_t 之间是正相关的。2SLS 的标准误差大于 OLS 的标准误差，正如下面对例 4 中一个简单回归的分析所示，工具变量估计量总会出现这种情况。

表 11—1 两阶段最小二乘

Dependent Variable：CONSUMP Method：Two-Stage Least Squares Sample：1959 2007 Included observations：49 Instrument specification：INV Constant added to instrument list			
Variable	Coefficient	Std. Error	t-Statistic	Prob.
C	4081.653	3 194.839	1.277577	0.2077
Y	0.685609	0.172415	3.976513	0.0002
R-squared	0.904339	Mean dependent var		16749.10
Adjusted R-squared	0.902304	S. D. dependent var		5447.060

续前表

S. E. of regression	1702. 552	Sum squared resid	1.36E+08
F-statistic	15. 81265	Durbin-Watson stat	0. 014554
Prob（F-statistic）	0. 000240	Second-Stage SSR	1. 38E+09
J-statistic	0. 000000	Instrument rank	2

简化式方程的 OLS 估计结果为

$$C_t = 12\ 982.72 + 2.18 I_t + 残差，\qquad Y_t = 12\ 982.72 + 3.18 I_t + 残差。$$
$$（3\ 110.4）\quad（1.74）\qquad\qquad（3\ 110.4）\quad（1.74）$$

从附录中的例A. 5，我们看到如式（A. 24）所示，$\hat{\beta} = \hat{\pi}_{12} / \hat{\pi}_{22} = 2.18/3.18 = 0.686$。另外，如式（A. 25）所示，$\hat{\beta} = (\hat{\pi}_{22} - 1)/\hat{\pi}_{22} = (3.18 - 1)/3.18 = 2.18/3.18 = 0.686$。类似地，如式（A. 22）所示，$\hat{\alpha} = \hat{\pi}_{11}/\hat{\pi}_{22} = \hat{\pi}_{21}/\hat{\pi}_{22} = 12\ 982.72/3.18 = 4\ 081.65$。

这证实了，在恰好识别的情形下，结构系数的 2SLS 估计和间接最小二乘（ILS）估计是一致的。后一种估计是在恰好识别的情况下估计出简化式方程，然后解出唯一的结构参数估计值。注意，这种情况下，消费方程的 2SLS 估计和 ILS 估计与用 I_t 作为 Y_t 工具的简单 IV 估计量是一样的，即式（A. 24）所示的 $\hat{\beta}_{IV} = m_{ci}/m_{yi}$。

□ 11. 2. 1　空间滞后被解释变量

9.9 节中讨论的空间滞后被解释变量的另一种常用模型如下：

$$y = \rho Wy + X\beta + \varepsilon,$$

其中 $\varepsilon \sim \text{IIN}(0, \sigma^2)$，见 Anselin (1998)。这里 y_i 可以表示地区 i 的产出，该产出通过空间系数 ρ 和权数矩阵 W 受到其相邻地区产出的影响，回顾 9.9 节，W 称为权数矩阵，其主对角线元素为 0。它也可以是一个邻接矩阵，相邻地区时矩阵元素取 1，其他元素取 0。通常要进行标准化以使每行的和为 1。另外，W 还可以根据相邻的距离进行标准化以使各行和为 1。显然 Wy 出现在回归元中会产生内生性。假设 $(I_n - \rho W)$ 是非奇异的，可以解得简化式模型如下：

$$y = (I_n - \rho W)^{-1} X\beta + \varepsilon^*,$$

其中 $\varepsilon^* = (I_n - \rho W)^{-1}\varepsilon$ 的均值为 0，方差—协方差矩阵与式（9.38）的形式相同，即

$$\Sigma = E(\varepsilon^* \varepsilon^{*\prime}) = \sigma^2 \Omega = \sigma^2 (I_n - \rho W)^{-1}(I_n - \rho W')^{-1}。$$

对于 $|\rho| < 1$，得到

$$(I_n - \rho W)^{-1} = I_n + \rho W + \rho^2 W^2 + \rho^3 W^3 + \cdots。$$

因此

$$E(y/X) = (I_n - \rho W)^{-1} X\beta = X\beta + \rho WX\beta + \rho^2 W^2 X\beta + \rho^3 W^3 X\beta + \cdots。$$

这还意味着

$$E(Wy/X) = W(I_n - \rho W)^{-1} X\beta = WX\beta + \rho W^2 X\beta + \rho^2 W^3 X\beta + \rho^3 W^4 X\beta + \cdots。$$

计量经济学方法与应用（第五版）

根据最后一个表达式，Kelejian and Robinson（1993）与 Kelejian and Prucha（1998）建议利用下面一组工具变量：

$$\{X, WX, W^2X, W^3X, W^4X, \cdots\}。$$

Lee（2003）建议利用最优工具矩阵：

$$\{X, W(I_n - \hat{\rho}W)^{-1}X\hat{\beta}\},$$

其中 $\hat{\rho}$ 和 $\hat{\beta}$ 可由第一阶段 IV 估计量得到，工具变量为 $\{X, WX\}$，也有人建议可用 W^2X。注意，Lee（2003）的工具变量涉及一个 n 维矩阵求逆，Kelejian et al.（2004）建议用下式近似：

$$\{X, \sum_{s=0}^{r} \hat{\rho}^s W^{s+1}X\hat{\beta}\},$$

其中 r 是这个近似的最高阶数，取决于样本容量，即 $r = o(n^{1/2})$。在蒙特卡罗实验中，他们设定 $r = n^c$，$c = 0.25$、0.35 和 0.45。这里是在利用 2SLS 来解决空间滞后被解释变量问题。

11.3 系统估计：三阶段最小二乘

如果要估计整个联立方程模型，那么需要考虑系统估计量而不是单方程估计量。系统估计量将每一个方程的零约束以及整个系统的扰动项的方差—协方差矩阵都考虑在内。根据三阶段最小二乘（3SLS）得到的就是这样的一个系统估计量，该方法将结构方程彼此叠放在一起，就像一组 SUR 方程，

$$y = Z\delta + u, \tag{11.43}$$

其中

$$y = \begin{bmatrix} y_1 \\ y_2 \\ \vdots \\ y_G \end{bmatrix}, Z = \begin{bmatrix} Z_1 & 0 & \cdots & 0 \\ 0 & Z_2 & \cdots & 0 \\ \vdots & \vdots & \cdots & \vdots \\ 0 & \cdots & \cdots & Z_G \end{bmatrix}, \delta = \begin{bmatrix} \delta_1 \\ \delta_2 \\ \vdots \\ \delta_G \end{bmatrix}, u = \begin{bmatrix} u_1 \\ u_2 \\ \vdots \\ u_G \end{bmatrix},$$

u 的均值为 0，方程—协方差矩阵为 $\Sigma \otimes I_t$，这意味着不同的结构方程之间的扰动项可能相关。$\Sigma = [\sigma_{ij}]$，其中对于 i 和 $j = 1, 2, \cdots, G, E(u_i u_j') = \sigma_{ij} I_T$。符号 $\otimes$ 在第 9 章用过，定义见第 7 章附录。问题 4 表明对第 i 个结构方程左乘 X' 并对变换后的模型进行 GLS 估计得到 2SLS。对于式（11.43）所示的系统，类似地左乘 $(I_G \otimes X')$ 可以得到，即用 X' 乘以每一个方程并对整个系统进行 GLS 估计。转换后的误差 $(I_G \otimes X')u$ 的均值为 0，方差—协方差矩阵为 $\Sigma \otimes (X'X)$。因此，对整个系统进行 GLS 估计可得

$$\hat{\delta}_{GLS} = \{Z'(I_G \otimes X)[\Sigma^{-1} \otimes (X'X)^{-1}](I_G \otimes X')Z\}^{-1}$$
$$\{Z'(I_G \otimes X)[\Sigma^{-1} \otimes (X'X)^{-1}](I_G \otimes X')y\} \tag{11.44}$$

可简化为

$$\hat{\delta}_{GLS} = \{Z'[\Sigma^{-1} \otimes P_X]Z\}^{-1}\{Z'[\Sigma^{-1} \otimes P_X]y\}, \tag{11.45}$$

需要估计 Σ 以便能得到这个估计量。Zellner and Theil（1962）建议求出第 i 个的 2SLS 残差，即 $\hat{u}_i = y_i - Z_i\hat{\delta}_{i,2SLS}$ 并通过 $\hat{\Sigma} = [\hat{\sigma}_{ij}]$ 来估计 Σ，其中，

$$\hat{\sigma}_{ij} = [\hat{u}_i' \hat{u}_j / (T - g_i - k_i)^{1/2}(T - g_j - k_j)^{1/2}], i, j = 1, 2, \cdots, G_\circ$$

如果用 $\hat{\Sigma}$ 替换式（11.45）中的 Σ，得到的估计量叫作 3SLS：

$$\hat{\delta}_{3,SLS} = \{Z'[\hat{\Sigma}^{-1} \otimes P_X]Z\}^{-1}\{Z'[\hat{\Sigma}^{-1} \otimes P_X]y\}_\circ \tag{11.46}$$

$\hat{\delta}_{3SLS}$ 的渐近方差—协方差矩阵可以由 $\{Z'[\hat{\Sigma}^{-1} \otimes P_X]Z\}^{-1}$ 来估计。如果式（11.43）所示的系统设定正确，3SLS 比 2SLS 更有效。但是，如果说第二个方程设定不正确，而第一个方程设定正确，那么像 3SLS 这样的系统估计量会因这个误设而效率下降，而第一个方程的类似 2SLS 的单方程估计量则不会受到影响。因此，如果对第一个方程感兴趣，这种情况下就不要用系统估计量。

要使 2SLS 和 3SLS 等价，存在如下两个充分条件：（1）Σ 是对角的；（2）所有方程都是恰好识别的。问题 5 会引导你一步步得到这些结果。在问题 5 中也容易证明，3SLS 等价于对每一个方程进行 2SLS 的充分必要条件是

$$\sigma_{ij}\hat{Z}_i'P\hat{z}_j = 0, i, j = 1, 2, \cdots, G,$$

其中 $\hat{Z}_i = P_X Z_i$，见 Baltagi（1989）。除了涉及 2SLS 第二阶段的回归元外，这类似于似无关回归情况下推导出的条件。容易看出除了上述两个充分条件，$\hat{Z}_i'P\hat{z}_j = 0$ 表示第 i 个方程的第二阶段的回归元必须是第 j 个方程第二阶段回归元的完全线性组合。Kapteyn and Fiebig（1981）也推导了类似的条件。如果系统中有一些方程是过度识别而另一些是恰好识别的，那么过度识别方程的 3SLS 估计可以通过忽略恰好识别的方程而进行 3SLS 得到。每一个恰好识别方程的 3SLS 估计与 2SLS 估计之差是过度识别方程的 3SLS 残差的线性函数，见 Theil（1971）和问题 17。

■ 11.4 过度识别约束的检验

我们强调了工具相关性，现在我们考虑工具外生性。在恰好识别的情形下，无法对工具的外生性进行统计检验。外生工具的选择要求根据所了解的实证应用做出专门的判断。但是，如果第一个结构方程是过度识别的，即工具变量的个数 l 大于右侧变量的个数（$g_1 + k_1$），则可以检验这些过度识别约束。对于该过度识别条件的似然比检验是以极大似然程序为基础的，由 Anderson and Rubin（1950）提出。该检验要求计算 LIML。这一点后来被 Basmann（1960）修正，使其可以根据 2SLS 程序得到。这里我们介绍了另一种简单方法，它以 Davidson and MacKinnon（1993）与 Hausman（1983）的研究为基础。本质上，我们检验的是

$$H_0: y_1 = Z_1\delta_1 + u_1 \quad 对 \quad H_1: y_1 = Z_1\delta_1 + W^*\gamma + u_1, \tag{11.47}$$

其中 $u_1 \sim \text{IID}(0, \sigma_{11} I_T)$。令 W 表示满秩且秩为 l 的工具矩阵。另外，令 W^* 为维数是 $(l-k_1-g_1)$ 的一组工具，它们和 $\hat{Z}_1 = P_W Z_1$ 是线性无关的。这种情况下，矩阵 $[\hat{Z}_1, W^*]$ 满秩且秩为 l，因此与 W 的空间跨度一样。检验过度识别的检验是检验 $\gamma=0$。换句话说，W^* 对 y_1 的变动没有任何解释能力，利用工具矩阵 W，Z_1 也不解释 y_1 的变动。

如果 W^* 和 u_1 相关或结构方程（11.34）设定错误，即 Z_1 不包括 W^* 中的变量，那么 $\gamma \neq 0$。因此，检验 $\gamma=0$ 应该解释为对工具矩阵 W 的有效性和式（11.34）正确设定的联合检验，见 Davidson and MacKinnon（1993）。检验 $H_0: \gamma=0$ 可以作为一个渐近 F 检验得到，具体如下：

$$\frac{(RRSS^* - URSS^*)/(l-(g_1+k_1))}{URSS/(T-l)} \text{。} \tag{11.48}$$

在 H_0 下渐近服从 $F(l-(g_1+k_1), T-l)$。利用工具 W，我们将 Z_1 对 W 回归得到 $\hat{Z}_1$，然后通过 y_1 对 $\hat{Z}_1$ 回归得到有约束的 2SLS 估计 $\tilde{\delta}_{1,2SLS}$。来自第二阶段回归的有约束的残差平方和是 $RRSS^* = (y_1 - \hat{Z}_1 \tilde{\delta}_{1,2SLS})'(y_1 - \hat{Z}_1 \tilde{\delta}_{1,2SLS})$。接下来，我们将 y_1 对 $\hat{Z}_1$ 和 W^* 回归得到无约束的 2SLS 估计 $\hat{\delta}_{1,2SLS}$ 和 $\hat{\gamma}_{2SLS}$。来自第二阶段回归的无约束的残差平方和是 $URSS^* = (y_1 - \hat{Z}_1 \hat{\delta}_{1,2SLS} - W^* \hat{\gamma}_{2SLS})'(y_1 - \hat{Z}_1 \hat{\delta}_{1,2SLS} - W^* \hat{\gamma}_{2SLS})$。式（11.48）中的 $URSS$ 是无约束模型的 2SLS 残差平方和，得到的结果为 $(y_1 - Z_1 \hat{\delta}_{1,2SLS} - W^* \hat{\gamma}_{2SLS})'(y_1 - Z_1 \hat{\delta}_{1,2SLS} - W^* \hat{\gamma}_{2SLS})$。$URSS$ 与 $URSS^*$ 不同之处在于获得残差时用的是 Z_1 而不是 $\hat{Z}_1$。注意，这不同于 Chow 检验，Chow 检验的分母不是基于 $URSS^*$ 的，见 Wooldridge（1990）。

进行该检验不要求构造 W^*，因为在 H_1 下模型是恰好识别的，即回归元和工具一样多，这意味着

$$URSS^* = y_1' \bar{P}_W y_1 = y_1' y_1 - y_1' P_W y_1,$$

见问题 10。还容易得出，见问题 12：

$$RRSS^* = y_1' \bar{P}_{\hat{Z}_1} y_1 = y_1' y_1 - y_1' P_{\hat{Z}_1} y_1,$$

其中 $\hat{Z}_1 = P_W Z_1$，因此，

$$RRSS^* - URSS^* = y_1' P_W y_1 - y_1' P_{\hat{Z}_1} y \text{。} \tag{11.49}$$

因此过度识别检验可以根据 $RRSS^* - URSS^*$ 除以 σ_{11} 的一致估计量得到，σ_{11} 的一致估计量为

$$\tilde{\sigma}_{11} = (y_1 - Z_1 \tilde{\delta}_{1,2SLS})'(y_1 - Z_1 \tilde{\delta}_{1,2SLS})/T \text{。} \tag{11.50}$$

问题 12 表明得到的统计量正是 Hausman（1983）提出的统计量。简而言之，Hausman 过度识别检验将 2SLS 残差 $y_1 - Z_1 \tilde{\delta}_{1,2SLS}$ 对模型中所有前定变量矩阵 W 回归。检验统计量为 T 乘以这个回归的非中心化 R^2。非中心化 R^2 的定义见第 3 章附录。该检验统计量渐近服从自由度为 $l-(g_1+k_1)$ 的 χ^2 分布。统计量的值越大，越可能拒绝原假设。

对式（11.47）中无约束模型进行高斯-牛顿回归（GNR）也可以得到这个检验统计量。为理解这一点，回顾 8.4 节中对一般非线性模型 $y_t = x_t(\beta) + u_t$ 应用 GNR。利用这组工具 W，GNR 变为

$$y - x(\tilde{\beta}) = P_W X(\tilde{\beta}) b + \text{残差},$$

其中 $\tilde{\beta}$ 表示原假设下 β 的受约束工具变量估计，$X(\beta)$ 为典型元素的导数矩阵 $X_{ij}(\beta) = \partial x_i(\beta)/\partial\beta_j$，$j = 1, \cdots, k$。因此，这里的 GNR 和第 8 章 GNR 的区别在于，回归变量乘以了 P_W，见 Davidson and MacKinnon（1993，p.226）。由于 $P_W[Z_1, W^*] = [\hat{Z}_1, W^*]$，$\tilde{\delta}_{1,2SLS}$ 是 $H_0: \gamma = 0$ 下受约束的估计量，因此对式（11.47）应用 GNR 得到

$$y_1 - Z_1 \tilde{\delta}_{1,2SLS} = \hat{Z}_1 b_1 + W^* b_2 + \text{残差}。 \tag{11.51}$$

但是，$[\hat{Z}_1, W^*]$ 的空间跨度和 W 一样，见问题 12。因此，式（11.51）中的 GNR 等价于将 2SLS 残差对 W 回归并计算上述的 T 乘以非中心化 R^2。再次证明，不需要构建 W^*。

关于过度识别约束检验的这个检验背后的基本思想是，如果所有工具都是相关的和外生的，就可以计算几个合适的 IV 估计量。例如，假设有两个工具且右侧有一个内生变量。那么可以分别利用两个工具变量计算两个 IV 估计量。如果这两个 IV 估计量的结果差别很大，那么可能其中的一个工具或两个工具不是外生的。我们刚刚描述的过度识别检验无须实际计算所有可能的 IV 估计也可以进行这种比较。外生工具必须和扰动项无关，这指的是 2SLS 残差必须和工具无关。这是 TR_u^2 检验统计量的基础。如果所有的工具都是外生的，回归系数的估计应该全部显著为零且 R_u^2 应该较低。

11.5 Hausman 的设定检验[③]

线性回归模型 $y = X\beta + u$ 的一个关键假设是回归元 X 与误差项 u 不相关。否则，会产生联立偏倚且 OLS 是不一致的。Hausman（1978）提出了一个一般的设定检验，原假设为 $H_0: E(u/X) = 0$，备择假设为 $H_1: E(u/X) \neq 0$。完成这个检验需要两个估计量。第一个估计量必须是在 H_0 下是 β 的一致有效估计量，而在 H_1 下该估计量不再是一致的。我们将 H_0 下的这个有效估计量记作 $\hat{\beta}_0$。第二个估计量记为 $\hat{\beta}_1$，这个估计量必须在 H_0 下和 H_1 下都是 β 的一致估计量，但是在 H_0 下非有效。Hausman 检验是基于这两个估计量之差 $\hat{q} = \hat{\beta}_1 - \hat{\beta}_0$ 构建的。在 H_0 下 plim $\hat{q}$ 为 0，而在 H_1 下 plim $\hat{q} \neq 0$。Hausman（1978）证明 $\text{var}(\hat{q}) = \text{var}(\hat{\beta}_1) - \text{var}(\hat{\beta}_0)$，且 Hausman 检验变为

$$m = \hat{q}'[\text{var}(\hat{q})]^{-1}\hat{q}, \tag{11.52}$$

在 H_0 下渐近服从 χ_k^2，其中 k 是 β 的维数。

为证明 $\text{var}(\hat{q})$ 等于两方差之差，对于只有一个回归元的情况，可以不用矩阵代

数，见 Maddala（1992，p.507）。首先，证明 $\text{cov}(\hat{\beta}_0, \hat{q})=0$。为证明这一点，考虑一个新的 β 估计量 $\hat{\tilde{\beta}}=\hat{\beta}_0+\lambda\hat{q}$，其中 λ 为任意常数。在 H_0 下，对于每一个 λ 有 $\text{plim}\ \hat{\tilde{\beta}}=\beta$，且有

$$\text{var}(\hat{\tilde{\beta}})=\text{var}(\hat{\beta}_0)+\lambda^2\text{var}(\hat{q})+2\lambda\text{cov}(\hat{\beta}_0, \hat{q})。$$

由于 $\hat{\beta}_0$ 是有效的，$\text{var}(\hat{\tilde{\beta}})\geqslant\text{var}(\hat{\beta}_0)$，这意味着对于每一个 λ，$\lambda^2\text{var}(\hat{q})+2\lambda\text{cov}(\hat{\beta}_0, \hat{q})\geqslant0$。如果 $\text{cov}(\hat{\beta}_0, \hat{q})>0$，那么对于 $\lambda=-\text{cov}(\hat{\beta}_0, \hat{q})/\text{var}(\hat{q})$，上述不等式是不成立的。类似的，如果 $\text{cov}(\hat{\beta}_0, \hat{q})<0$，那么对于 $\lambda=-\text{cov}(\hat{\beta}_0, \hat{q})/\text{var}(\hat{q})$，上述不等式也是不成立的。因此，在 H_0 下，对于每一个 λ，上述不等式成立，必须是 $\text{cov}(\hat{\beta}_0, \hat{q})=0$ 这种情况。

现在 $\hat{q}=\hat{\beta}_1-\hat{\beta}_0$ 可以写为 $\hat{\beta}_1=\hat{q}+\hat{\beta}_0$ 且 $\text{var}(\hat{\beta}_1)=\text{var}(\hat{q})+\text{var}(\hat{\beta}_0)+2\text{cov}(\hat{q}, \hat{\beta}_0)$。利用最后一项为零的事实，我们得到要求的结果 $\text{var}(\hat{q})=\text{var}(\hat{\beta}_1)-\text{var}(\hat{\beta}_0)$。

例 4：考虑不带常数项的简单回归：

$$y_t=\beta x_t+u_t, t=1,2,\cdots,T,\ \text{其中}\ u_t\sim\text{IIN}(0,\sigma^2),$$

这里 β 是一个标量。在 H_0 下 $E(u_t/x_t)=0$，并且 OLS 是有效的和一致的。在 H_1 下 OLS 不是一致的。将 w_t 作为工具变量，w_t 与 u_t 无关并和 x_t 高度相关，得到 β 的 IV 估计量如下：

$$\hat{\beta}_{IV}=\sum_{t=1}^{T}y_tw_t/\sum_{t=1}^{T}x_tw_t=\beta+\sum_{t=1}^{T}w_tu_t/\sum_{t=1}^{T}x_tw_t,$$

其中，在 H_0 和 H_1 下 $\text{plim}\ \hat{\beta}_{IV}=\beta$，且

$$\text{var}(\hat{\beta}_{IV})=\sigma^2\sum_{t=1}^{T}w_t^2/\left(\sum_{t=1}^{T}x_tw_t\right)^2=\frac{\sigma^2}{\sum_{t=1}^{T}x_t^2}\left[\frac{1}{r_{xw}^2}\right]。$$

这里 $r_{xw}^2=\left(\sum_{t=1}^{T}x_tw_t\right)^2/\sum_{t=1}^{T}w_t^2\sum_{t=1}^{T}x_t^2$。另外，

$$\hat{\beta}_{OLS}=\sum_{t=1}^{T}x_ty_t/\sum_{t=1}^{T}x_t^2=\beta+\sum_{t=1}^{T}x_tu_t/\sum_{t=1}^{T}x_t^2,$$

其中，在 H_0 下 $\text{plim}\ \hat{\beta}_{OLS}=\beta$，但在 H_1 下 $\text{plim}\ \hat{\beta}_{OLS}\neq\beta$，且 $\text{var}(\hat{\beta}_{OLS})=\sigma^2/\sum_{t=1}^{T}x_t^2$。由于 $0\leqslant r_{xw}^2\leqslant1$，我们可知 $\text{var}(\hat{\beta}_{OLS})\leqslant\text{var}(\hat{\beta}_{IV})$。事实上，对于一个弱工具，$r_{xw}^2$ 小且接近于 0，$\text{var}(\hat{\beta}_{IV})$ 急剧增大。对于强工具，r_{xw}^2 接近于 1，$\text{var}(\hat{\beta}_{IV})$ 接近于 $\text{var}(\hat{\beta}_{OLS})$ 这种情况下 $\hat{q}=\hat{\beta}_{IV}-\hat{\beta}_{OLS}$，在 H_1 下 $\text{plim}\ \hat{q}\neq0$，而在 H_0 下 $\text{plim}\ \hat{q}=0$，并且

$$\begin{aligned}\text{var}(\hat{q})&=\text{var}(\hat{\beta}_{IV})-\text{var}(\hat{\beta}_{OLS})\\&=\frac{\sigma^2}{\sum_{t=1}^{T}x_t^2}\left[\frac{1}{r_{xw}^2}-1\right]=\text{var}(\hat{\beta}_{OLS})\left[\frac{1-r_{xw}^2}{r_{xw}^2}\right]。\end{aligned}$$

因此 Hausman 检验统计量为

$$m=\hat{q}^2r_{xw}^2/\text{var}(\hat{\beta}_{OLS})(1-r_{xw}^2),$$

在 H_0 下，它渐近服从 χ_1^2。注意，计算 $\mathrm{var}(\hat{\beta}_{IV})$ 和 $\mathrm{var}(\hat{\beta}_{OLS})$ 所用的 σ^2 的估计量是一样的。这个 σ^2 的估计量是在 H_0 下得到的。

Hausman 检验也可以从下面的增广回归得到

$$y_t = \beta x_t + \gamma \hat{x}_t + \varepsilon_t,$$

其中 $\hat{x}_t$ 是 x_t 的预测值，是根据 x_t 对工具变量 w_t 回归得到的。问题 13 要求读者证明 Hausman 检验统计量可以通过检验 $\gamma = 0$ 得到。

IV 估计量假设 w_t 和 u_t 不相关。如果实际中违背了这个假定，那么 IV 估计量将是不一致的，并且如果是弱工具的话，IV 估计量还是渐近有偏的。为了明白这一点，$\mathrm{plim}\,\hat{\beta}_{IV} = \beta + \mathrm{plim}(\sum_{t=1}^{T} w_t u_t / \sum_{t=1}^{T} x_t w_t) = \beta + \dfrac{\mathrm{cov}(w_t, u_t)}{\mathrm{cov}(x_t, w_t)} = \beta + \dfrac{\mathrm{corr}(w_t, u_t)}{\mathrm{corr}(x_t, w_t)} \dfrac{\sigma_x}{\sigma_u}$，其中 $\mathrm{cov}(w_t, u_t)$ 和 $\mathrm{corr}(w_t, u_t)$ 分别表示总体协方差和相关。σ_x 和 σ_u 表示总体标准差。若 $\mathrm{corr}(w_t, u_t)$ 不为 0，$\hat{\beta}_{IV}$ 是渐近有偏的。若 $\mathrm{corr}(w_t, u_t)$ 很小且这个工具很强（即 $\mathrm{corr}(x_t, w_t)$ 很大），则这个偏差会较小。但是，在弱工具（$\mathrm{corr}(x_t, w_t)$ 很小）的情况下，即使 $\mathrm{corr}(w_t, u_t)$ 很小，这个偏差也会很大。这给那些认定使用工具变量比使用与 u_t 有点相关的 x_t 更好的研究者们提出了警示。若这个工具尤其弱，得到的 IV 估计量的偏差由于 $\mathrm{corr}(x_t, w_t)$ 更小而变大。总之，实际中弱工具可能导致大的渐近偏差，即使它们与误差项轻微相关。

在矩阵形式中，第一个结构方程的 Durbin-Wu-Hausman 检验是根据 OLS 估计量和式（11.34）的利用工具矩阵 W 得到的 IV 估计量之差构造的。特别地，这个差向量为

$$\hat{q} = \hat{\delta}_{1, IV} - \hat{\delta}_{1, OLS} = (Z_1' P_W Z_1)^{-1} [Z_1' P_W y_1 - (Z_1' P_W Z_1)(Z_1' Z_1)^{-1} Z_1' y_1]$$
$$= (Z_1' P_W Z_1)^{-1} [Z_1' P_W \bar{P}_{Z_1} y_1]。 \tag{11.53}$$

在原假设下，$\hat{q} = (Z_1' P_W Z_1)^{-1} Z_1' P_W \bar{P}_{Z_1} u_1$。检验 $\hat{q} = 0$ 可以基于检验 $Z_1' P_W \bar{P}_{Z_1} u_1$ 的均值渐近为零来实现。最后一个向量是 $g_1 + k_1$ 维的。但是，并非这个矩阵中的所有元素都必须是随机变量，因为 $\bar{P}_{Z_1}$ 可能会消除第二阶段回归元 $\hat{Z}_1 = P_W Z_1$ 中的一些列。事实上，所有被 W 包含并作为其一部分的 X（比如说 X_1）都会被 $\bar{P}_{Z_1}$ 消掉。只有 g_1 个线性独立的变量 $\hat{Y}_1 = P_W Y_1$ 没有被 $\bar{P}_{Z_1}$ 消掉。

我们的检验关注向量 $\hat{Y}_1' \bar{P}_{Z_1} u_1$ 是否具有渐近零均值。现在考虑如下回归：

$$y_1 = Z_1 \delta_1 + \hat{Y}_1 \gamma_1 + 残差。 \tag{11.54}$$

由于 $[Z_1, \hat{Y}_1]$、$[Z_1, \hat{Z}_1]$、$[Z_1, Z_1 - \hat{Z}_1]$ 和 $[Z_1, Y_1 - \hat{Y}_1]$ 张成的列空间相同，这些回归和下式具有相同的残差平方和：

$$y_1 = Z_1 \delta_1 + (Y_1 - \hat{Y}_1) \eta + 残差。 \tag{11.55}$$

可以基于这些回归中的任意一个来进行 DWH 检验。它等价于利用 F 检验来检验式（11.54）中的 $\gamma = 0$ 或式（11.55）中的 $\eta = 0$，渐近服从 $F(g_1, T - 2g_1 - k_1)$。Davidson and MacKinnon（1993，p.239）提示可将这个检验解释为 Y_1（Z_1 中的变量但不在 W 张成的空间里）的一个外生性检验。他们认为要检验的是 δ_1 的 OLS 估计的一致性而不是 Z_1 的每一列都与 u_1 独立。

事实上，可以确定 W_2 是一组 IV 变量，但是不确定在 Z_1 中加入其他 r 个变量作为工

具是否合理。这种情况下 DWH 检验会基于 δ_1 的两个 IV 估计量之差来进行。第一个是基于 W_2 的 $\hat{\delta}_{2,IV}$，第二个是基于 W_1 的 $\hat{\delta}_{1,IV}$。后一组包括 W_2 且 Z_1 中有额外 r 个变量：

$$\hat{\delta}_{2,IV} - \hat{\delta}_{1,IV} = (Z_1' P_{W_2} Z_1)^{-1} [Z_1' P_{W_2} y_1 - (Z_1' P_{W_2} Z_1)(Z_1' P_{W_1} Z_1)^{-1} Z_1' P_{W_1} y_1]$$

$$= (Z_1' P_{W_2} Z_1)^{-1} Z_1' P_{W_2} (\overline{P}_{P_{W_1} Z_1}) y_1, \tag{11.56}$$

因为 $P_{W_2} P_{W_1} = P_{W_2}$。基于上述之差的 DWH 检验的均值渐近为零。最后一个向量的维数还是 $g_1 + k_1$，而且并非其所有元素必须是随机变量，因为 $\overline{P}_{P_{W_1} Z_1}$ 消掉 $P_{W_2} Z_1$ 中的一些列。该检验可基于下面构造的回归得到：

$$y_1 = Z_1 \delta_1 + P_{W_2} Z_1^* \gamma + 残差, \tag{11.57}$$

其中 $P_{W_2} Z_1^*$ 由没有被 $\overline{P}_{W_1}$ 消掉的 $P_{W_2} Z_1$ 的 r 列构成。回归式 (11.57) 由工具变量 W_1 实现并利用 F 检验来检验 $\gamma = 0$。

11.6 实证案例

例 1：北卡罗来纳州的犯罪状况。 Cornwell and Trumbull（1994）利用 1981—1987 年北卡罗来纳州 90 个乡村的数据估计了一个犯罪经济模型。数据可以从 Springer 网站的 CRIME. DAT 文件中得到。这里，我们考虑 1987 年的截面数据并会在第 12 章中重新考虑全面板数据。表 11—2 给出了相关犯罪率（是一个 FBI 指数，根据犯罪数量除以乡村人口得到）对一组解释变量做的 OLS 估计。这里借助 Stata 软件完成。除了地区虚拟变量，其他变量都是取对数的形式。解释变量包括被捕的概率（由被捕与犯罪之比计算得到），被捕后确认有罪的概率（由确认有罪与被捕之比计算得到），定罪后入狱的概率（由总确认有罪最终判决入狱的比例计算得到）；平均判决入狱天数表示判决严重程度。人均警力数反映了侦查能力，人口密度由总人口除以乡村面积得到，虚拟变量表示是否为 SMSA 中人口超过 50 000 人的乡村。少数种族百分比是乡村人口中非白人的比例。年轻成年男子百分比是总人口中年龄在 15～24 岁之间的男性比例。地区虚拟变量表示西部和中心乡村。合法部门获得的机会由乡村不同行业的周平均工资来反映。这些行业包括：建筑业、运输业、公共事业和通讯业、批发零售业、金融业、保险和房地产业、服务业、制造业以及联邦、州和当地政府。

表 11—2　　　　　　　　　　最小二乘估计：北卡罗来纳州犯罪模型

Source	SS	df	MS			
				Number of obs	=	90
				F (20, 69)	=	19.71
Model	22.8072483	20	1.14036241	Prob>F	=	0.0000
Residual	3.99245334	69	0.057861643	R-squared	=	0.8510
				Adj R-squared	=	0.8078
Total	26.7997016	89	0.301120243	Root MSE	=	0.24054
lcrmrte	Coef.	Std. Err	t	$P>\vert t\vert$	[95% Conf. Interval]	
lprbarr	−0.4522907	0.0816261	−5.54	0.000	−0.6151303	−0.2894511

续前表

lcrmrte	Coef.	Std. Err	t	$P>|t|$	[95% Conf. Interval]	
lprbconv	−0.3003044	0.0600259	−5.00	0.000	−0.4200527	−0.180556
lprbpris	−0.0340435	0.1251096	−0.27	0.786	−0.2836303	−0.2155433
lavgsen	−0.2134467	0.1167513	−1.83	0.072	−0.4463592	0.0194659
lpolpc	0.3610463	0.0909534	3.97	0.000	0.1795993	0.5424934
ldensity	0.3149706	0.0698265	4.51	0.000	0.1756705	0.4542707
lwcon	0.2727634	0.2198714	1.24	0.219	−0.165868	0.7113949
lwtuc	0.1603777	0.166 601 4	0.96	0.339	−0.171983	0.4927385
lwtrd	0.1325719	0.3005086	0.44	0.660	−0.4669263	0.7320702
lwfir	−0.3205858	0.251185	−1.28	0.206	−0.8216861	0.1805146
lwser	−0.2694193	0.1039842	−2.59	0.012	−0.4768622	−0.0619765
lwmfg	0.1029571	0.1524804	0.68	0.502	−0.2012331	0.4071472
lwfed	0.3856593	0.3215442	1.2	0.234	−0.2558039	1.027123
lwsta	−0.078239	0.2701264	−0.29	0.773	−0.6171264	0.4606485
lwloc	−0.1774064	0.4251793	−0.42	0.678	−1.025616	0.670803
lpctymle	0.0326912	0.1580377	0.21	0.837	−0.2825855	0.3479678
lpctmin	0.2245975	0.0519005	4.33	0.000	0.1210589	0.3281361
west	−0.087998	0.1243235	−0.71	0.481	−0.3360167	0.1600207
central	−0.1771378	0.0739535	−2.40	0.019	−0.3246709	−0.0296046
urban	−0.0896129	0.1375084	−0.65	0.517	−0.3639347	0.184709
_cons	−3.395919	3.020674	−1.12	0.265	−9.421998	2.630159

结果显示，被捕的概率和被捕后被定罪的概率对犯罪率的影响显著为负，估计的弹性系数分别为−0.45和−0.30。定罪后被判入狱的概率和宣判严重程度对犯罪率有负向影响，但并不显著。人均警员数越多，所报告的人均犯罪率越高，估计出的弹性为0.36并且显著。这可以解释为警务队伍越强大，报告的犯罪率越高。另一种解释是，可能存在内生性问题，即犯罪越多导致雇佣的警务人员越多。人口密度越大，犯罪率越高，估计的弹性为0.31并且显著。除了服务行业的工资外其他合法活动的收益均不显著，服务行业的工资对犯罪率的影响显著为负，估计出的弹性为−0.27。年轻成年男性比例也没有显著性，但少数种族百分比的影响为正且显著，估计出的弹性为0.22。中心虚拟变量显著为负而西部虚拟变量不显著。另外，城市虚拟变量不显著。Cornwell and Trumbull（1994）担心人均警力和被捕概率之间的内生性问题。他们用另外两个变量作为工具变量，犯罪混合指数（offense mix）表示面对面实施犯罪（例如抢劫、袭击和绑架）与非面对面的比率，用这个变量的合理性在于通过对犯罪者的正面识别更利于抓捕；第二个工具变量是人均税收，其合理性在于倾向于法制的乡村为了增强警力乐意支付更高的税额。

表11—3给出了2SLS估计。被捕的概率现在的估计弹性为−0.44，但p值为0.057。被捕之后被确认有罪的概率的估计弹性为−0.27并且仍然显著。确认有罪后入狱的概率仍不显著，但判决严重程度现在为负且显著，估计弹性为−0.28。人均警力现在的弹性更大为0.51且仍然显著。其他估计略有影响。事实上，基于OLS和2SLS之差的Hausman检验如表11—4所示，该结果通过Stata软件得到，且与20个斜率系数

进行比较。Hausman 检验统计量为 0.87 且渐近服从 χ^2_{20}。结果不显著，这表示在给定这个模型设定并选择特别的工具后，2SLS 和 OLS 估计并无显著不同。注意，这是个恰好识别的模型，不能检验过度识别。

表 11—3　　　　　　　　工具变量（2SLS）回归：北卡罗来纳州犯罪模型

Source	SS	df	MS	Number of obs	=	90
				F（20，69）	=	17.35
Model	22.6350465	20	1.13175232	Prob>F	=	0.0000
Residual	4.16465515	69	0.060357321	R-squared	=	0.8446
				Adj R-squared	=	0.7996
Total	26.7997016	89	0.301120243	Root MSE	=	0.24568

lcrmrte	Coef.	Std. Err	t	$P>\|t\|$	[95% Conf. Interval]	
lprbarr	−0.4393081	0.2267579	−1.94	0.057	−0.8916777	0.0130615
lpolpc	0.5136133	0.1976888	2.60	0.011	0.1192349	0.9079918
lprbconv	−0.2713278	0.0847024	−3.20	0.002	−0.4403044	−0.1023512
lprbpris	−0.0278416	0.1283276	−0.22	0.829	−0.2838482	0.2281651
lavgsen	−0.280122	0.1387228	−2.02	0.047	−0.5568663	−0.0033776
ldensity	0.3273521	0.0893292	3.66	0.000	0.1491452	0.505559
lwcon	0.3456183	0.2419206	1.43	0.158	−0.137	0.8282366
lwtuc	0.1773533	0.1718849	1.03	0.306	−0.1655477	0.5202542
lwtrd	0.212578	0.3239984	0.66	0.514	−0.433781	0.8589371
lwfir	−0.3540903	0.2612516	−1.36	0.180	−0.8752731	0.1670925
lwser	−0.2911556	0.1122454	−2.59	0.012	−0.5150789	−0.0672322
lwmfg	0.0642196	0.1644108	0.39	0.697	−0.263771	0.3922102
lwfed	0.2974661	0.3425026	0.87	0.388	−0.3858079	0.9807402
lwsta	0.0037846	0.3102383	0.01	0.990	−0.615124	0.6226931
lwloc	−0.4336541	0.5166733	−0.84	0.404	−1.464389	0.597081
lpctymle	0.0095115	0.1869867	0.05	0.960	−0.3635166	0.3825397
lpctmin	0.2285766	0.0543079	4.21	0.000	0.1202354	0.3369179
west	−0.0952899	0.1301449	−0.73	0.467	−0.3549219	0.1643422
central	−0.1792662	0.0762815	−2.35	0.022	−0.3314437	−0.0270888
urban	−0.1139416	0.143354	−0.79	0.429	−0.3999251	0.1720419
_cons	−1.159015	3.898202	−0.30	0.767	−8.935716	6.617686

Instrumented：lprbarr lpolpc
Instruments：lprbconv lprbpris lavgsen ldensity lwcon lwtuc lwtrd lwfir lwser lwmfg lwfed lwsta lwloc lpctymle lpctmin west central ltaxpc lmix

表 11—4　　　　　　　　　　　**Hausman 检验：北卡罗来纳州犯罪模型 ***

	Coefficients		(b−B) Difference	sqrt (diag(V_b−V_B)) S. E.
	(b) b2sls	(B) bols		
lprbarr	−0.4393081	−0.4522907	0.0129826	0.2115569
lpolpc	0.5136133	0.3610463	0.152567	0.1755231
lprbconv	−0.2713278	−0.3003044	0.0289765	0.0597611
lprbpris	−0.0278416	−0.0340435	0.0062019	0.0285582
lavgsen	−0.280122	−0.2134467	−0.0666753	0.0749208
ldensity	0.3273521	0.3149706	0.0123815	0.0557132
lwcon	0.3456183	0.2727634	0.0728548	0.1009065
lwtuc	0.1773533	0.1603777	0.0169755	0.0422893
lwtrd	0.212578	0.1325719	0.0800061	0.1211178
lwfir	−0.3540903	−0.3205858	−0.0335045	0.0718228
lwser	−0.2911556	−0.2694193	−0.0217362	0.0422646
lwmfg	0.0642196	0.1029571	−0.0387375	0.0614869
lwfed	0.2974661	0.3856593	−0.0881932	0.1179718
lwsta	0.0037846	−0.078239	0.0820236	0.1525764
lwloc	−0.4336541	−0.1774064	−0.2562477	0.293554
lpctymle	0.0095115	0.0326912	−0.0231796	0.0999404
lpctmin	0.2285766	0.2245975	0.0039792	0.0159902
west	−0.0952899	−0.087998	−0.0072919	0.0384885
central	−0.1792662	−0.1771378	−0.0021284	0.0187016
urban	−0.1139416	−0.0896129	−0.0243287	0.0405192

b=consistent under Ho and Ha; obtained from ivreg
B=inconsistent under Ha, efficient under Ho; obtained from regress
Test：Ho：difference in coefficients not systematic

　　chi2(20)=(b−B)′[(V_b−V_B)^(−1)](b−B)
　　　　　　=0.87

　　Prob>chi2=1.0000

　　注意，2SLS 估计和 Hausman 检验对于异方差是不稳健的。表 11—5 给出了在选择稳健方差—协方差矩阵（robust variance-covariance matrix）选项下，通过运行 Stata 中的 ivregress 得到的 2SLS 估计。

　　注意，这里的估计结果和表 11—3 一样，但现在右侧内生变量 Y_1 的标准误差变大

---

　　* b=根据工具变量回归（ivreg）得到，在 H_0 和 H_a 下是一致的。

　　B=根据回归得到，在 H_a 下不一致，在 H_0 下有效。

　　检验：H_0：系数之差是非系统的。——译者注

了。选项（estat endogenous）得到的检验 2SLS 是否不同于 OLS 的 Hausman 检验现在是基于稳健的方差—协方差估计。得到的 $F(2, 67)$ 统计量为 0.455，相应的 p 值为 0.636，不显著。这个 F 统计量也可以通过构造如下的回归得到：得到第一阶段回归的残差，见表 11—6 和表 11—7，并记这些残差为 v1hat 和 v2hat；将它们当作额外的变量加入初始模型中并进行稳健最小二乘。稳健的 Hausman 检验等价于检验这两个残差的系数是否同时为零。Stata 命令（这里不再给出该回归的结果）与得到的统计量如下所示：

.quietly regress lcrmrte lprbarr lprbconv lprbpris lavgsen lpolpc ldensity lwcon lwtuc lwtrd lwfir lwser lwmfg lwfed lwsta lwloc lpctymle lpctmin west central urban v1hat v2hat if year == 87,vce(robust)

.test v1hat v2hat

(1)v1hat = 0
(2)v2hat = 0
       F(2,67) = 0.46
       Prob>F = 0.6361

这与上面 estat endogenous 得到的统计量相同。

表 11—5　　　稳健的方差—协方差（2SLS）回归：北卡罗来纳州犯罪模型

Instrumental variables（2SLS）regression				Number of obs	=	90
				Wald chi2（20）	=	1094.07
				Prob>chi2	=	0.0000
				R-squared	=	0.8446
				Root MSE	=	0.21511

lcrmrte	Coef.	Robust Std. Err.	z	$P>\|z\|$	[95% Conf. Interval]	
lprbarr	−0.4393081	0.311466	−1.41	0.158	−1.04977	0.1711541
lpolpc	0.5136133	0.2483426	−2.07	0.039	0.0268707	1.000356
lprbconv	−0.2713278	0.1138502	−2.38	0.017	−0.4944701	−0.0481855
lprbpris	−0.0278416	0.1339361	−0.21	0.835	−0.2903516	0.2346685
lavgsen	−0.280122	0.1204801	−2.33	0.020	−0.5162587	−0.0439852
ldensity	0.3273521	0.0983388	3.33	0.001	0.1346116	0.5200926
lwcon	0.3456183	0.1961291	1.76	0.078	−0.0387877	0.7300243
lwtuc	0.1773533	0.1942597	0.91	0.361	−0.2033887	0.5580952
lwtrd	0.212578	0.2297782	0.93	0.355	−0.2377789	0.6629349
lwfir	−0.3540903	0.2299624	−1.54	0.124	−0.8048082	0.0966276
lwser	−0.2911556	0.0865243	−3.37	0.001	−0.4607401	−0.121571
lwmfg	0.0642196	0.1459929	0.44	0.660	−0.2219213	0.3503605
lwfed	0.2974661	0.3089013	0.96	0.336	−0.3079692	0.9029015

lcrmrte	Coef.	Robust Std. Err.	z	$P>|z|$	[95% Conf. Interval]	
lwsta	0.0037846	0.2861629	0.01	0.989	−0.5570843	0.5646535
lwloc	−0.4336541	0.4840087	−0.90	0.370	−1.382294	0.5149856
lpctymle	0.0095115	0.2232672	0.04	0.966	−0.4280842	0.4471073
lpctmin	0.2285766	0.0531983	4.30	0.000	0.1243099	0.3328434
west	−0.0952899	0.1293715	−0.74	0.461	−0.3488534	0.1582736
central	−0.1792662	0.0651109	−2.75	0.006	−0.3068813	−0.0516512
urban	−0.1139416	0.1065919	−1.07	0.285	−0.3228579	0.0949747
_cons	−1.159015	3.791608	−0.31	0.760	−8.59043	6.2724

Instrumented:	lprbarr lpolpc
Instruments:	lprbconv lprbpris lavgsen ldensity lwcon lwtuc lwtrd lwfir lwser lwmfg lwfed lwsta lwloc lpctymle lpctmin west central urban ltaxpc lmix

表 11—6 和表 11—7 给出了被捕概率和人均警力的第一阶段回归。这两个回归的 R^2 分别为 0.47 和 0.56。检验所有斜率系数显著性的 F 统计量分别为 3.31 和 4.42。另外的工具变量（犯罪混合指数和人均税收）在两个回归中都是联合显著的，相应的 F 统计量分别为 5.78 和 10.56，对应的 p 值分别为 0.004 8 和 0.000 1。尽管犯罪方程右侧有两个内生回归变量而非一个，但 Stock 和 Watson 的"经验法则"认为这些工具可能很弱。在 Stata 中完成（ivregress 2sls）回归后，可以通过命令（estat firststage）得到诊断弱工具的一些统计量，具体结果见表 11—8。通过选项 forcenonrobust 可以对一个稳健回归进行诊断，这里不需要应用导数背后的计量理论。

表 11—6　　　　　　　　　　　**第一阶段回归：被捕概率**

Source	SS	df	MS			
				Number of obs	=	90
				F (20, 69)	=	3.11
Model	6.84874028	20	0.342437014	Prob>F	=	0.0002
Residual	7.59345096	69	0.110050014	R-squared	=	0.4742
				Adj R-squared	=	0.3218
Total	14.4421912	89	0.162271812	Root MSE	=	0.33174

lprbarr	Coef.	Std. Err.	t	$P>|t|$	[95% Conf. Interval]	
lprbconv	−0.1946392	0.0877581	−2.22	0.030	−0.3697119	−0.0195665
lprbpris	−0.0240173	0.1732583	−0.14	0.890	−0.3696581	0.3216236
lavgsen	0.1565061	0.1527134	1.02	0.309	−0.1481488	0.4611611
ldensity	0.2211654	0.0941026	−2.35	0.022	−0.408895	−0.0334357
lwcon	−0.2024569	0.3020226	−0.67	0.505	−0.8049755	0.4000616
lwtuc	−0.0461931	0.230479	−0.20	0.842	−0.5059861	0.4135999
lwtrd	0.0494793	0.4105612	0.12	0.904	−0.769568	0.8685266
lwfir	0.050559	0.3507405	0.14	0.886	−0.6491492	0.7502671

计量经济学方法与应用（第五版）

续前表

lprbarr	Coef.	Std. Err.	t	P>|t|	[95% Conf. Interval]	
lwser	.0551851	0.1500094	0.37	0.714	−0.2440754	0.3544456
lwmfg	0.0550689	0.2138375	0.26	0.798	−0.3715252	0.481663
lwfed	.2622408	0.4454479	0.59	0.558	−0.6264034	1.150885
lwsta	−0.4843599	0.3749414	−1.29	0.201	−1.232347	0.2636277
lwloc	0.7739819	0.5511607	1.40	0.165	−0.3255536	1.873517
lpctymle	−0.3373594	0.2203286	−1.53	−0.130	0.776903	0.1021842
lpctmin	−0.0096724	0.0729716	−0.13	−0.895	0.1552467	0.1359019
west	0.0701236	0.1756211	0.40	0.691	−0.280231	0.4204782
central	0.0112086	0.1034557	0.11	0.914	−0.1951798	0.217597
urban	−0.0150372	0.2026425	−0.07	0.941	−0.4192979	0.3892234
ltaxpc	−0.1938134	0.1755345	−1.10	0.273	−0.5439952	0.1563684
lmix	0.2682143	0.0864373	3.10	0.003	0.0957766	0.4406519
_cons	−4.319234	3.797113	−1.14	0.259	−11.89427	3.255798

表 11—7 第一阶段回归：人均警力

Source	SS	df	MS			
				Number of obs	=	90
				F (20, 69)	=	4.42
Model	6.99830344	20	0.349915172	Prob>F	=	0.0000
Residual	5.46683312	69	0.079229465	R-squared	=	0.5614
				Adj R-squared	=	0.4343
Total	14.4421912	89	0.162271812	Root MSE	=	0.28148

lpolpc	Coef.	Std. Err.	t	P>|t|	[95% Conf. Interval]	
lprbconv	0.0037744	0.0744622	0.05	0.960	−0.1447736	0.1523223
lprbpris	−0.0487064	0.1470085	−0.33	0.741	−0.3419802	0.2445675
lavgsen	0.3958972	0.1295763	3.06	0.003	0.1373996	0.6543948
ldensity	0.0201292	0.0798454	0.25	0.802	−0.1391581	0.1794165
lwcon	−0.5368469	0.2562641	−2.09	0.040	−1.04808	−0.025614
lwtuc	−0.0216638	0.1955598	−0.11	0.912	−0.411795	0.3684674
lwtrd	−0.4207274	0.3483584	−1.21	0.231	−1.115683	0.2742286
lwfir	0.0001257	0.2976009	0.00	1.000	−0.5935718	0.5938232
lwser	0.0973089	0.1272819	0.76	0.447	−0.1566116	0.3512293
lwmfg	0.1710295	0.1814396	0.94	0.349	−0.1909327	0.5329916
lwfed	0.8555422	0.3779595	2.26	0.027	0.1015338	1.609551
lwsta	−0.1118764	0.3181352	−0.35	0.726	−0.7465387	0.5227859
lwloc	1.375102	0.4676561	2.94	0.004	0.4421535	2.30805
lpctymle	0.4186939	0.1869473	2.24	0.028	0.0457442	0.7916436

lpolpc	Coef.	Std. Err.	t	$P>\mid t\mid$	[95% Conf. Interval]	
lpctmin	−.0517966	0.0619159	−0.84	0.406	−0.1753154	0.0717222
west	0.1458865	0.1490133	0.98	0.331	−0.151387	0.4431599
central	0.0477227	0.0877814	0.54	0.588	−0.1273964	0.2228419
urban	−0.1192027	0.1719407	−0.69	0.490	−0.4622151	0.2238097
ltaxpc	0.5601989	0.1489398	3.76	0.000	0.2630721	0.8573258
lmix	0.2177256	0.0733414	2.97	0.004	0.0714135	0.3640378
_cons	−16.33148	3.221824	−5.07	0.000	−22.75884	−9.904113

这是一个恰好识别的例子，因此我们不能进行过度识别检验。我们已经看到第一阶段回归的 R^2（0.47 和 0.56），这些值还不足以低到得出可能弱工具的结论。但是这些 R^2 测度的大部分可归因于右侧包含了外生变量 X_1。我们想知道工具 $X_2=$ (ltaxpc lmix) 在 X_1 上额外的贡献。偏 R^2 就提供了这一度量，且得到的值较小。对于 lprbarr，该值为 0.32，这是 lprbarr 和工具 $X_2=$ (ltaxpc lmix) 在包含右侧外生变量 X_1 后两者之间的相关系数。$F(2，69)$ 统计量检验的是在第一阶段回归中被排除的工具 X_2 的联合显著性，得到的 6.58 和 6.68 两个 F 统计量都小于 10。这就是右侧一个内生变量情形的 Stock 和 Watson 提出的经验法则。注意，我们在计算上述统计量时没有选择稳健方差—协方差矩阵。lprbarr 的 Shea 偏 R^2 为 0.135，是根据残差对残差的回归得到的。第一组残差来自 lprbarr 对右侧包含的外生变量 X_1 回归得到，第二组残差来自右侧包含的外生变量 X_1 对工具变量 $X_2=$ (ltaxpc lmix) 回归得到。

因为我们右侧不止一个内生变量，Stock and Yogo（2005）建议用一个类似于 Cragg and Donald（1993）最初建议的 F 统计量的矩阵的最小特征值来检验识别性。低的最小特征值统计量意味着弱工具。如果右侧只有一个内生变量，就又回到了根据 Stock 和 Watson 提出的 ad hoc 法则，将 F 统计量与 10 进行比较。最小特征值统计量的临界值取决于相对偏差的大小，这个偏差是在弱工具情况下相对于 OLS 我们愿意忍受的偏差。该检验只有当过度识别度大于等于 2 时才能用。这就是为什么 Stata 在恰好识别的例子里没有给出这个统计量的原因。但是，Stata 给出了第二个检验，即使对于恰好识别的情形也可以应用，该检验以 5% 的显著性水平下 Wald 检验的水平扭曲为基础，这里的 Wald 检验是对右侧内生变量 Y_1 的联合检验。得到的最小特征值统计量为 5.31，介于临界值 4.58 和 7.03 之间，这表示 2SLS 相对偏差大于 10% 且小于 15%，而它原本应该为 5%。

表 11—8　　　　　　　　　　　**弱 IV 诊断：犯罪例子**

```
. estat firststage, forcenonrobust all
First-stage regression summary statistics
```

Variable	R-sq.	Adjusted R-sq.	Partial R-sq.	Robust F (2.69)	Prob$>F$
lprbarr	0.4742	0.3218	0.1435	6.57801	0.0024
lpolpc	0.5614	0.4343	0.2344	6.68168	0.0022

续前表

Shea's partial R-squared		
Variable	Shea's Partial R-sq.	Shea's Adj. Partial R-sq
lprbarr	0.1352	−0.0996
lpolpc	0.2208	0.0093

Minimum eigenvalue statistic＝5.31166				
Critical Values	# of endogenous regressors：			2
H₀：Instruments are weak	# of excluded instruments：			2
	5％	10％	20％	30％
2SLS relative bias	(not available)			
	10％	15％	20％	25％
2SLS Size of nominal 5％ Wald test	7.03	4.58	3.95	3.63
LIML Size of nominal 5％ Wald test	7.03	4.58	3.95	3.63

例 2：再议增长和不平等。 Lundberg and Squire（2003）利用 3SLS 估计了增长和不平等模型中的两个方程，见 10.5 节中介绍的 SUR 设定，所有的解释变量都假定是外生的。第一个方程描述的是经济增长（dly）和教育（学校教育年限：yrt）、政府消费占 GDP 的份额（gov）、M2/GDP（m2y）、通货膨胀（inf）、开放度的 Sachs-Warner 测量（swo）、贸易变化量（dtot）、初始收入（f_pcy）、代表 20 世纪 80 年代的虚拟变量（d80）以及代表 20 世纪 90 年代的虚拟变量（d90）等变量的关系。第二个方程描述了基尼系数（gih）和教育、M2/GDP、公民自由度指数（civ）、地区平均基尼系数（mlg）以及地区平均基尼系数和代表发展中国家的虚拟变量的交叉乘积（mlgldc）等变量的关系。他们使用了 1965—1990 年间 38 个国家的 119 个观测值，这些数据可以从以下网址下载：

http://www.res.org.uk/economic/datasets/datasetlist.asp.

教育、政府消费、M2/GDP、通货膨胀、开放度的 Sachs-Warner 测量、公民自由度指数、地区平均基尼系数、地区平均基尼系数和代表发展中国家的虚拟变量的交叉乘积都假定为内生的。工具变量包括所有变量（除了地区平均基尼系数和收入）的初始值，即人口、城市人口比例、预期寿命、生育率、最初女性的识字水平和民主情况、耕地面积、表示是否为石油出口国的虚拟变量和法律渊源。表 11—9 给出了利用 Stata 中 reg3 命令得到的这两个方程的 3SLS 估计。这些结果与 Lundberg and Squire（2003，p.334）表 1 所示结果相同。考虑内生性的情况下，这些结果仍然表明开放性促进了增长，教育减弱了不平等。

表 11—9 增长与不平等：3SLS 估计

```
reg3 (Growth：dly＝yrt gov m2y inf swo dtot f_pcy d80 d90) (Inequality：gih＝yrt m2y civ mlg ml-
gldc)，exog (commod f_civ f_dem f_dtot f_flit f_gov f_inf f_fm2y f_swo f_yrt pop urb lex
lfr marea oil legor_fr legor_ge legor_mx legor_sc legor_uk) endog (yrt gov m2y inf swo civ mlg
mlgldc)

Three-stage least-squares regression
```

续前表

Equation	Obs	Parms	RMSE	"R-sq"	Chi2	P
Growth	119	9	2.34138	0.3905	65.55	0.0000
Inequality	119	5	7.032975	0.4368	94.28	0.0000

	Coef	Std. Err.	z	$P>\|z\|$	[95% Conf. Interval]	
Growth						
yrt	−0.0280625	0.1827206	−0.15	0.878	−0.3861882	0.3300632
gov	−0.0533221	0.0447711	−1.19	0.234	−0.1410718	0.0344276
m2y	0.0085368	0.0199759	0.43	0.669	−0.0306152	0.0476889
inf	0.0008174	0.0025729	−0.32	0.751	−0.0058602	0.0042254
swo	4.162776	0.9499015	4.38	0.000	2.301003	6.024548
dtot	26.03736	23.95123	1.13	0.259	−19.14221	71.21694
f_pcy	−1.38017	0.5488437	−2.51	0.012	−2.455884	−0.3044564
d80	−1.560392	0.545112	−2.86	0.004	−2.628792	−0.4919922
d90	−3.413661	0.6539689	−5.22	0.000	−4.695417	−2.131906
_cons	13.00837	3.968276	3.28	0.001	5.230693	20.78605
Inequality						
yrt	−1.244464	0.4153602	−3.00	0.003	−2.058555	−0.4303731
m2y	−0.120124	0.0581515	−2.07	0.039	−0.2340989	−0.0061492
civ	0.2531189	0.7277433	0.35	0.728	−1.173232	1.67947
mlg	0.292672	0.0873336	3.35	0.001	0.1215012	0.4638428
mlgldc	−0.0547843	0.0576727	−0.95	0.342	−0.1678207	0.0582522
_cons	33.13231	5.517136	6.01	0.000	22.31893	43.9457

Endogenous variables: dly gih yrt gov m2y inf swo civ mlg mlgldc

Exogenous variables: dtot f_pcy d80 d90 commod f_civ f_dem f_dtot f_flit f_gov f_inf f_m2y f_swo f_yrt pop urb lex lfr marea oil legor_fr legor_ge legor_mx legor_sc legor_uk

注 释

①如果 y_2 具有离散特征，特别推荐异方差稳健估计量。

②为什么是 10? 见 Stock and Watson (2003) 附录 10.4 的证明。

③该检验也称作 Durbin-Wu-Hausman 检验，见 Durbin (1954)、Wu (1973) 和 Hausman (1978) 的研究。

问　题

1. 证明式（11.14）中 δ 的 OLS 估计量，即

$$\hat{\delta}_{OLS} = \sum_{t=1}^{T} p_t q_t \bigg/ \sum_{t=1}^{T} p_t^2$$

对 δ 是不一致的。提示：将上式写为 $\hat{\delta}_{OLS} = \delta + \sum_{t=1}^{T} p_t(u_{2t} - \bar{u}_2) / \sum_{t=1}^{T} p_t^2$ 并利用式（11.18）来证明：

$$\text{plim }\hat{\delta}_{OLS} = \delta + (\sigma_{12} - \sigma_{22})(\delta - \beta) / [\sigma_{11} + \sigma_{22} - 2\sigma_{12}]_\circ$$

2. 什么时候 IV 估计量是一致的？考虑方程（11.30）并令 X_3 和 X_4 为该系统中仅有的两个其他的外生变量。

（a）y_2 对 X_1、X_2 和 X_3 回归得到 $y_2 = \hat{y}_2 + \hat{v}_2$，$y_3$ 对 X_1、X_2 和 X_4 回归得到 $y_3 = \hat{y}_3 + \hat{v}_3$，然后 y_1 对 $\hat{y}_2$、$\hat{y}_3$、X_1 和 X_2 回归得到两阶段估计量，证明这个估计量不一定是一致估计量。提示：证明组合误差是 $\varepsilon_1 = (u_1 + \alpha_{12}\hat{v}_2 + \alpha_{13}\hat{v}_3)$ 且 $\sum_{t=1}^{T}\hat{\varepsilon}_{1t}\hat{y}_{2t} \neq 0$，因为 $\sum_{t=1}^{T}\hat{y}_{2t}\hat{v}_{3t} \neq 0$。后者不成立是因为 $\sum_{t=1}^{T}X_{2t}\hat{v}_{3t} \neq 0$（这表示如果两个 y 不是对相同的一组 X 回归，得到的两阶段回归估计是不一致的）。

（b）y_2 和 y_3 对 X_2、X_3 和 X_4 回归得到 $y_2 = \hat{y}_2 + \hat{v}_2$ 和 $y_3 = \hat{y}_3 + \hat{v}_3$，然后 y_1 对 $\hat{y}_2$、$\hat{y}_3$、X_1 和 X_2 回归得到两阶段估计量，证明这个估计量不一定是一致估计量。提示：证明组合误差是 $\varepsilon_1 = (u_1 + \alpha_{12}\hat{v}_2 + \alpha_{13}\hat{v}_3)$ 不满足 $\sum_{t=1}^{T}\hat{\varepsilon}_{1t}X_{1t} = 0$，因为 $\sum_{t=1}^{T}\hat{v}_{2t}X_{1t} \neq 0$ 和 $\sum_{t=1}^{T}\hat{v}_{3t}X_{1t} \neq 0$（这表示如果方程中所包含的 X 有一个没有出现在第一阶段回归中，那么得到的两阶段回归估计是不一致的）。

3. 恰好识别。如果方程（11.34）是恰好识别的，那么 X_2 的维数和 Y_1 相同，即都是 $T \times g_1$。因此 $X'Z_1$ 是维数为 $T \times (g_1 + k_1)$ 的二次非奇异矩阵。所以 $(X'Z_1)^{-1}$ 存在。利用这一结论，证明式（11.36）所示的 $\hat{\delta}_{1,2SLS}$ 可以简化为 $(X'Z_1)^{-1}X'y_1$，这正是 $W = X$ 时的 IV 估计量。注意，只有 $X'Z_1$ 是二次的且非奇异时才有该结论。

4. 2SLS 可看作由 GLS 得到。用 X' 左乘方程（11.34）并证明变换后的扰动 $X'u_1 \sim (0, \sigma_{11}(X'X))$。对转换后的模型进行 GLS 并证明 $\hat{\delta}_{1,GLS}$ 就是式（11.36）所示的 $\hat{\delta}_{1,2SLS}$。

5. 3SLS 和 2SLS 等价。

（a）证明：当（i）Σ 为对角阵，或（ii）系统中每个方程均为恰好识别的时，式（11.46）所示的 $\hat{\delta}_{3SLS}$ 可简化为 $\hat{\delta}_{2SLS}$。提示：对于（i）证明 $\hat{\Sigma}^{-1} \otimes P_X$ 是块对称阵，第 i 块由 $P_X / \hat{\sigma}_{ii}$ 构成。另外，Z 是块对称阵，因此 $\{Z'[\hat{\Sigma}^{-1} \otimes P_X]Z\}^{-1}$ 是块对称阵，第 i 块由 $\hat{\sigma}_{ii}(Z_i'P_XZ_i)^{-1}$ 构成。类似地，计算 $Z'[\hat{\Sigma}^{-1} \otimes P_X]y$，可以证明 $\hat{\delta}_{3SLS}$ 的第 i 个元素是 $(Z_i'P_XZ_i)^{-1}Z_i'P_Xy_i = \hat{\delta}_{i,2SLS}$；对于（ii），证明 $Z_i'X$ 在恰好识别的情形下是二次的且

非奇异，那么根据问题 3，$\hat{\delta}_{i,2SLS}=(X'Z_i)^{-1}X'y_i$。另外，根据式（11.44），我们得到

$$\hat{\delta}_{3SLS}=\{\operatorname{diag}[Z_i'X](\hat{\Sigma}^{-1}\otimes(X'X)^{-1})\operatorname{diag}[X'Z_i]\}^{-1}$$
$$\{\operatorname{diag}[Z_i'X](\hat{\Sigma}^{-1}\otimes(X'X)^{-1})(I_G\otimes X')y\}。$$

利用 $Z_i'X$ 是二次的，可以证明 $\hat{\delta}_{i,3SLS}=(X'Z_i)^{-1}X'y_i$。

（b）用 $(I_G\otimes P_X)$ 左乘式（11.43）系统中的方程，并令 $y^*=(I_G\otimes P_X)y$，$Z^*=(I_G\otimes P_X)Z$ 和 $u^*=(I_G\otimes P_X)u$，那么 $y^*=Z^*\delta+u^*$。证明对转化后的模型进行 OLS 得到式（11.43）中各方程的 2SLS。证明对这个方程进行 GLS 得到式（11.45）所示的 3SLS（已知真实的 Σ）。注意，$\operatorname{var}(u^*)=\Sigma\otimes P_X$ 及其广义逆 $\Sigma^{-1}\otimes P_X$。利用第 9 章的式（9.7）给出的 OLS 和 GLS 等价的 Milliken 和 Albohali 条件推导，如果 $Z^{*\prime}(\Sigma^{-1}\otimes P_X)\bar{P}_{Z^*}=0$，那么 3SLS 等价于 2SLS。证明：这简化为如下的充分必要条件：$\sigma^{ij}\hat{Z}_i'\bar{P}_{\hat{Z}_i}=0$（$i\neq j$），见 Baltagi（1989）。提示：利用下列事实：

$$Z^*=\operatorname{diag}[P_XZ_i]=\operatorname{diag}(\hat{Z}_i)\qquad 和 \qquad \bar{P}_{Z^*}=\operatorname{diag}[\bar{P}_{\hat{Z}_i}]。$$

证实（a）中给出的两个充分条件满足这个充分必要条件。

6. 考虑如下供求方程：

$$Q=a-bP+u_1,$$
$$Q=c+dP+eW+fL+u_2,$$

其中 W 表示影响供给的天气情况，L 表示收获季节劳动力的供给。

（a）写出附录方程（A.1）所示的以矩阵形式表示的系统。

（b）关于这两个方程的阶条件是什么？

（c）用非奇异矩阵 $F=[f_{ij}]$（其中 $i,j=1,2$）左乘该系统。如果转换后的模型要满足与初始模型相同的约束，矩阵 F 应该满足什么约束条件？证明 F 的第一行实际上是一个单位阵的第一行，但是 F 的第二行不同于单位阵的第二行，你的结论是什么？

7. 根据下列模型回答与问题 6 相同的问题：

$$Q=a-bP+cY+dA+u_1,$$
$$Q=e+fP+gW+hL+u_2,$$

其中 Y 表示实际收入，A 表示不动产。

8. 考虑附录中的例 A.1，回顾方程组（A.3）和（A.4）是恰好识别的。

（a）对需求方程（A.3）构造 ϕ 并证明 $A\phi=(0,-f)'$，只要 $f\neq 0$，该矩阵的秩就为 1。类似地，对供给方程（A.4）构造 ϕ 并证明 $A\phi=(-c,0)'$，只要 $c\neq 0$，该矩阵的秩就为 1。

（b）利用方程（A.17）证明，可以根据简化式参数解出结构式参数。推导这个系统的简化式方程并证实上述简化式参数和结构式参数之间的关系。

9. 写出问题 6 所示模型的简化式方程，并证明第二个方程的结构式参数不能从简化式参数推导得到。另外，证明用简化式参数表示第一个方程中的结构式参数不止一种形式。

10. 恰好识别模型。考虑恰好识别方程

$$y_1 = Z_1\delta_1 + u_1,$$

W 为 $T\times l$ 维的矩阵，其中 $l=g_1+k_1$ 为 Z_1 的维数，W 为这个方程的工具矩阵。这种情况下，$W'Z_1$ 是二次的且非奇异。

(a) 证明式（11.41）下面给出的广义工具变量估计量可简化为式（11.38）所示的简单工具变量估计量。

(b) 证明这个恰好识别的模型的准则函数的最小值为 0，即证明

$$(y_1 - \hat{Z}_1\,\hat{\delta}_{1,IV})' P_W (y_1 - \hat{Z}_1\,\hat{\delta}_{1,IV}) = 0.$$

(c) 这个恰好识别模型的第二阶段回归的残差平方和与 y_1 对工具矩阵 W 回归得到的残差平方和一样，即证明 $(y_1 - \hat{Z}_1\,\hat{\delta}_{1,IV})'(y_1 - \hat{Z}_1\,\hat{\delta}_{1,IV}) = y_1'\bar{P}_W y_1$，其中 $\hat{Z}_1 = P_W Z_1$。提示：证明在恰好识别下 $P_{\hat{Z}_1} = P_{P_W Z_1} = P_W$。

11. 工具越有效越好。令 W_1 和 W_2 为式（11.34）所示的第一个结构方程的两组工具变量。假设 W_1 可以由 W_2 的空间张成。证明：基于 W_2 得到的 δ_1 的 IV 估计量，至少和基于 W_1 的一样有效。提示：证明 $P_{W_2}W_1 = W_1$ 且 $P_{W_2} - P_{W_1}$ 是幂等的。得到两个工具估计量相应的渐近协方差之差是半正定的。（这表明增加合适的工具变量的个数会提高一个 IV 估计量的渐近有效性。）

12. 检验过度识别。在 11.4 节的方程（11.47）中检验 $H_0: \gamma = 0$ 对 $H_1: \gamma \neq 0$ 时：

(a) 证明：关于无约束模型 $y_1 = Z_1\delta_1 + W^*\gamma + u_1$，利用工具矩阵 W 进行的 2SLS 的第二阶段回归得到的残差平方和为

$$URSS^* = y_1'\bar{P}_W y_1 = y_1'y_1 - y_1'P_W y_1.$$

提示：利用问题 10 关于恰好识别情形的结果。

(b) 证明：关于受约束模型 $y_1 = Z_1\delta_1 + u_1$，利用工具矩阵 W 进行的 2SLS 的第二阶段回归得到的残差平方和为

$$RRSS^* = y_1'\bar{P}_{\hat{Z}_1} y_1 = y_1'y_1 - y_1'P_{\hat{Z}_1} y_1,$$

其中 $\hat{Z}_1 = P_W Z_1$ 和 $P_{\hat{Z}_1} = P_W Z_1 (Z_1'P_W Z_1)^{-1} Z_1'P_W$。$RRSS^* - URSS^*$ 得到式（11.49）。

(c) 考虑检验统计量 $(RRSS^* - URSS^*)/\tilde{\sigma}_{11}$，其中 $\tilde{\sigma}_{11}$ 由式（11.50）给出，由 H_0 下一般的 2SLS 残差平方和除以 T 得到。证明该统计量可以写为 Hausman（1983）的检验统计量，即 TR_u^2，其中 R_u^2 为 2SLS 回归残差 $(y_1 - Z_1\tilde{\delta}_{1,2SLS})$ 对所有前定变量 W 构成的矩阵回归后的无约束的 R^2。提示：证明回归平方和 $(y_1 - Z_1\tilde{\delta}_{1,2SLS})' P_W (y_1 - Z_1\tilde{\delta}_{1,2SLS}) = (RRSS^* - URSS^*)$，后者如式（11.49）所示。

(d) 证明：对于（a）中给出的模型，基于 GNR 的对 H_0 的检验得到的 TR_u^2 检验统计量与（c）中的相同。

13. Hausman 设定检验。OLS 对 2SLS。本问题根据 Maddala（1992，p.511）提出。对于简单回归：

$$y_t = \beta x_t + u_t, t = 1, 2, \cdots, T,$$

其中 β 是标量，$u_t \sim \text{IIN}(0, \sigma^2)$。令 w_t 为 x_t 的工具变量，将 x_t 对 w_t 回归，得到 $x_t = \hat{\pi}w_t + \hat{v}_t$ 或 $x_t = \hat{x}_t + \hat{v}_t$，其中 $\hat{x}_t = \hat{\pi}w_t$。

(a) 对于辅助回归 $y_t = \beta x_t + \gamma \, \hat{x}_t + \varepsilon_t$，基于 OLS 估计检验 $\gamma = 0$，得到 Hausman 检验统计量。提示：证明 $\hat{\gamma}_{OLS} = \hat{q}/(1 - r_{xw}^2)$，其中

$$r_{xw}^2 = \left(\sum\nolimits_{t=1}^{T} x_t w_t \right)^2 / \sum\nolimits_{t=1}^{T} w_t^2 \sum\nolimits_{t=1}^{T} x_t^2 \,。$$

接下来，证明 $\mathrm{var}(\hat{\gamma}_{OLS}) = \mathrm{var}(\hat{\beta}_{OLS})/r_{xw}^2(1 - r_{xw}^2)$。得到

$$\hat{\gamma}_{OLS}^2 / \mathrm{var}(\hat{\gamma}_{OLS}) = \hat{q}^2 r_{xw}^2 / \left[\mathrm{var}(\hat{\beta}_{OLS})/(1 - r_{xw}^2) \right]$$

即为 11.5 节所示的 Hausman (1978) 检验统计量 m。

(b) 证明：根据辅助回归 $y_t = \beta x_t + \gamma \, \hat{v}_t + \eta_t$ 也可以得到与（a）中相同的结果，其中 $\hat{v}_t$ 为 x_t 对 w_t 回归的残差。

14. 考虑如下的结构方程：$y_1 = \alpha_{12} y_2 + \alpha_{13} y_3 + \beta_{11} X_1 + \beta_{12} X_2 + u_1$，其中 y_2 和 y_3 为内生变量，X_1 和 X_2 为外生变量。另外，假设该方程不包含的外生变量为 X_3 和 X_4。

(a) 证明 Hausman 检验统计量可根据下面的辅助回归得到：

$$y_1 = \alpha_{12} y_2 + \alpha_{13} y_3 + \beta_{11} X_1 + \beta_{12} X_2 + \gamma_2 \, \hat{y}_2 + \gamma_3 \, \hat{y}_3 + \varepsilon_1,$$

其中 $\hat{y}_2$ 和 $\hat{y}_3$ 是 y_2 和 y_3 对 $X = [X_1, X_2, X_3, X_4]$ 回归得到的预测值。Hausman 检验等价于检验 $H_0: \gamma_2 = \gamma_3 = 0$。见式 (11.54)。

(b) 证明：如果我们应用下面的辅助回归：

$$y_1 = \alpha_{12} y_2 + \alpha_{13} y_3 + \beta_{11} X_1 + \beta_{12} X_2 + \gamma_2 \, \hat{v}_2 + \gamma_3 \, \hat{v}_3 + \eta_1,$$

其中 $\hat{v}_2$ 和 $\hat{v}_3$ 是 y_2 和 y_3 对 $X = [X_1, X_2, X_3, X_4]$ 回归得到的预测值。见式 (11.55)。提示：证明（a）和（b）中的回归具有相同的残差平方和。

15. 对于式 (11.55) 构造的回归：

(a) 证明对这个模型进行 OLS 估计得到 $\hat{\delta}_{1,OLS} = \hat{\delta}_{1,IV} = (Z_1' P_w Z_1)^{-1} Z_1' P_w y_1$。提示：$Y_{1-} \hat{Y}_1 = \bar{P}_w Y_1$。对式 (11.55) 中其他变量之外的残差利用 FWL 定理，并利用 $\bar{P}_w Z_1 = [\bar{P}_w Y_1, 0]$。

(b) 证明 $\mathrm{var}(\hat{\delta}_{1,OLS}) = \tilde{s}_{11}(Z_1' P_w Z_1)^{-1}$，其中 $\tilde{s}_{11}$ 是式 (11.55) 中 OLS 回归的均方误差。注意，当式 (11.55) 中的 $\eta \neq 0$ 时，必须应用 IV 估计量，并且 $\tilde{s}_{11}$ 低估了 σ_{11}，需要用 $(y_1 - Z_1 \hat{\delta}_{1,IV})'(y_1 - Z_1 \hat{\delta}_{1,IV})/T$ 来代替。

16. 递归系统。一个递归系统有两个主要特征：B 是一个三角阵和 Σ 是一个对角阵。对于联立方程模型的这种特殊情形，OLS 仍然是有效的，并且在扰动项服从正态分布的前提下，OLS 估计仍然是极大似然估计。我们来考虑一个具体的例子：

$$y_{1t} + \gamma_{11} x_{1t} + \gamma_{12} x_{2t} = u_{1t},$$
$$\beta_{21} y_{1t} + y_{2t} + \gamma_{23} x_{3t} = u_{2t}.$$

这种情形下，$B = \begin{bmatrix} 1 & 0 \\ \beta_{21} & 1 \end{bmatrix}$ 是三角阵，$\Sigma = \begin{bmatrix} \sigma_{11} & 0 \\ 0 & \sigma_{22} \end{bmatrix}$ 是假定的对角阵。

(a) 考察这个递归系统的可识别性。

(b) 解出简化式并证明 y_{1t} 只是 x_t 和 u_{1t} 的函数，而 y_{2t} 是 x_t 以及 u_{1t} 与 u_{2t} 线性组合的函数。

(c) 证明对第一个方程进行 OLS 得到一致估计。提示：第一个方程的右侧没有内生变量，证明：尽管 y_1 出现在第二个方程中，但 y_2 对 y_1 和 x_3 的 OLS 估计得到的仍然是一致估计。注意，y_1 只是 u_1 的函数并且 u_1 和 u_2 是不相关的。

(d) 在扰动项正态性的假定下，以 x 为条件的极大似然函数由下式给出：

$$L(B, \Gamma, \Sigma) = (2\pi)^{-T/2} \mid B \mid^T \mid \Sigma \mid^{-T/2} \exp(-\frac{1}{2} \sum_{t=1}^{T} u_t' \Sigma^{-1} u_t),$$

在两个方程的情况下，$u_t' = (u_{1t}, u_{2t})$。由于 B 是三角阵，故 $|B| = 1$。证明在 B 和 Γ 下最大化 L 等价于最小化 $Q = \sum_{t=1}^{T} u_t' \Sigma^{-1} u_t$。结论是，当 Σ 为对角阵时，Σ^{-1} 也是对角阵，且 $Q = \sum_{t=1}^{T} u_{1t}^2 / \sigma_{11} + \sum_{t=1}^{T} u_{2t}^2 / \sigma_{22}$，因此，在 B 和 Γ 下最大化 L 等价于对每个方程单独进行 OLS 估计。

17. Hausman 设定检验：2SLS 对 3SLS。本题基于 Holly（1988）得到。考虑两方程模型，

$$y_1 = \alpha y_2 + \beta_1 x_1 + \beta_2 x_2 + u_1,$$
$$y_2 = \gamma y_1 + \beta_3 x_3 + u_2,$$

其中 y_1 和 y_2 是内生的；x_1，x_2 和 x_3 是外生的（y 和 x 都是 $n \times 1$ 的向量）。向量 u_1 和 u_2 满足标准假定。用通常的符号表示，该模型可写为：

$$y_1 = Z_1 \delta_1 + u_1,$$
$$y_2 = Z_2 \delta_2 + u_2。$$

利用下面的符号：$\tilde{\delta} = 2SLS$，$\tilde{\tilde{\delta}} = 3SLS$，相应的残差分别为 $\tilde{u}$ 和 $\tilde{\tilde{u}}$。

(a) 假设 $\alpha\gamma \neq 1$，证明 3SLS 估计方程可简化为

$$\tilde{\sigma}^{11} X' \tilde{\tilde{u}}_1 + \tilde{\sigma}^{12} X' \tilde{\tilde{u}}_2 = 0,$$
$$\tilde{\sigma}^{12} Z_2' P_X \tilde{\tilde{u}}_1 + \tilde{\sigma}^{22} Z_2' P_X \tilde{\tilde{u}}_2 = 0,$$

其中 $X = (x_1, x_2, x_3)$，$\Sigma = [\sigma_{ij}]$ 是结构式的方差—协方差矩阵，$\Sigma^{-1} = [\sigma^{ij}]$，$i$，$j = 1$ 和 2。

(b) 推导 $\tilde{\tilde{\delta}}_2 = \tilde{\delta}_2$ 和 $\tilde{\tilde{\delta}}_1 = \tilde{\delta}_1 - (\tilde{\sigma}_{12}/\tilde{\sigma}_{22})(Z_1' P_X Z_1)^{-1} Z_1' P_X \tilde{u}_2$。这证明了过度识别的第二个方程的 3SLS 估计量等于其相应的 2SLS 估计量。另外，恰好识别的第一个方程的 3SLS 估计量不同于其相应的 2SLS（或间接最小二乘）估计量，而是过度识别方程的 2SLS（或 3SLS）残差的一个线性组合，见 Theil（1971）。

(c) 如何解释对 $\tilde{\delta}$ 和 $\tilde{\tilde{\delta}}$ 做比较的 Hausman 类型检验？证明该检验统计量为 nR^2，其中 R^2 为 $\tilde{u}_2$ 对 $\hat{Z}_1$ 和 $\hat{Z}_2$ 的第二阶段回归的 R^2。提示：参见 Baltagi（1989）的解。

18. 对于两方程联立模型：

$$y_{1t} = \beta_{12} y_{2t} + \gamma_{11} x_{1t} + u_{1t},$$
$$y_{2t} = \beta_{21} y_{1t} + \gamma_{22} x_{2t} + \gamma_{23} x_{3t} + u_{2t},$$

其中

$$X'X = \begin{bmatrix} 20 & 0 & 0 \\ 0 & 20 & 0 \\ 0 & 0 & 10 \end{bmatrix}, \quad X'Y = \begin{bmatrix} 5 & 10 \\ 40 & 20 \\ 20 & 30 \end{bmatrix}, \quad Y'Y = \begin{bmatrix} 3 & 4 \\ 4 & 8 \end{bmatrix}.$$

(a) 借助识别的阶条件和秩条件确定每个方程的可识别性。

(b) 写出两个方程的 OLS 正规方程，解出 OLS 估计。

(c) 写出两个方程的 2SLS 正规方程，解出 2SLS 估计。

(d) 利用间接最小二乘法能估计这些方程吗？请解释。

19. Laffer（1970）考虑了如下关于贸易货币的供给与需求方程：

$$\log(TM/P) = \alpha_0 + \alpha_1 \log(RM/P) + \alpha_2 \log i + u_1,$$
$$\log(TM/P) = \beta_0 + \beta_1 \log(Y/P) + \beta_2 \log i + \beta_3 \log(S1) + \beta_4 \log(S2) + u_2,$$

其中

TM＝名义总贸易货币

RM＝名义有效货币贮备

Y＝以当前价格表示的 GNP

$S2$＝市场利用程度

i＝短期利率

$S1$＝典型经济单位的平均实际规模（1939＝100）

P＝GNP 价格缩减指数（1958＝100）

基本思想是，贸易信贷是一系列贷款，未使用的部分代表购买力，购买力可作为商品和劳务的交易媒介使用。因此，Laffer（1970）建议将贸易信贷解释为货币供给的一部分。除了实际收入和短期利率外，对实际贸易货币的需求包括 $\log(S1)$ 和 $\log(S2)$。包含 $S1$ 是为了反映经济规模。其他变量保持不变，随着 $S1$ 的增加，规模经济的出现意味着对贸易货币的需求将减少。另外，$S2$ 越大，市场利用程度越大，为了满足交易目标需要更多货币。

Springer 网站的 LAFFER. ASC 文件提供了数据。该数据涵盖了 1946—1966 年间 21 年的数据。这可从 Lott and Ray（1992）的研究中获得。假设（TM/P）和 i 是内生的，模型中其余变量都是外生的。

(a) 利用识别的阶条件，判定需求和供给方程是否可识别。如果利用识别的秩条件会发生什么？

(b) 利用 OLS 估计该模型。

(c) 利用 2SLS 估计该模型。

(d) 利用 3SLS 估计该模型。比较（b）、（c）和（d）中得到的估计及其标准误差。

(e) 检验各方程的过度识别约束。

(f) 基于 OLS 和 2SLS 对各方程进行 Hausman 设定检验。

(g) 基于 2SLS 和 3SLS 对各方程进行 Hausman 设定检验。

20. 某种特定商品市场可由下列方程表示：

$$D_t = \alpha_0 - \alpha_1 P_t + \alpha_2 X_t + u_{1t} \quad (\alpha_1, \alpha_2 > 0),$$
$$S_t = \beta_0 + \beta_1 P_t + u_{2t} \quad (\beta_1 > 0),$$

$$D_t = S_t = Q_t,$$

其中 D_t 是需求量，S_t 是供给量，X_t 是外生需求移动变量。(u_{1t}, u_{2t}) 是 IID 随机向量，均值为 0，协方差 $\Sigma = [\sigma_{ij}]$，i、$j = 1$ 和 2。

（a）在上述给定的假设下，利用识别的阶条件和秩条件检验模型的可识别性。

（b）假定外生变量矩的矩阵收敛于一个有限的非零矩阵，推导 β_1 的 OLS 估计量的联立方程偏倚。

（c）如果 $\sigma_{12} = 0$，你预计这个偏倚为正还是为负？请解释。

21. 考虑如下三方程联立模型：

$$y_1 = \alpha_1 + \beta_2 y_2 + \gamma_1 X_1 + u_1, \tag{1}$$
$$y_2 = \alpha_2 + \beta_1 y_1 + \beta_3 y_3 + \gamma_2 X_2 + u_2, \tag{2}$$
$$y_3 = \alpha_3 + \gamma_3 X_3 + \gamma_4 X_4 + \gamma_5 X_5 + u_3, \tag{3}$$

其中 X 是外生的，y 是内生的。

（a）利用阶条件和秩条件判定该系统的可识别性。

（b）如何利用 2SLS 估计方程（2）？描述估计步骤。

（c）假设根据 y_2 对一个常数、X_2 和 X_3 回归，然后得到预测的 $\hat{y}_2$ 代入（1）中，并对得到的方程进行 OLS 估计，得到方程（1）的估计。这个估计程序能否得到 α_1、β_2 和 γ_1 的一致估计？请解释你的答案。

（d）如何对方程（1）进行过度识别约束检验？

22. 工具变量估计量的等价变换。该问题根据 Sapra（1997）的研究提出。对于式（11.34）所示的结构方程，令工具矩阵 W 为 $T \times l$ 维的，其中 $l \geqslant g_1 + k_1$，后者如式（11.41）下方所示。那么式（11.41）下方所示的 δ_1 的相应的工具变量估计量为 $\hat{\delta}_{1,IV}(y_1) = (Z_1' P_W Z_1)^{-1} Z_1' P_W y_1$。

（a）证明 IV 工具变量是 δ_1 的一个等价变换估计量。即对于任意线性变换 $y_1^* = a y_1 + Z_1 b$，其中 a 是一个正的标量，b 是一个 $l \times 1$ 实数向量，下面的关系成立：

$$\hat{\delta}_{1,IV}(y_1^*) = a \hat{\delta}_{1,IV}(y_1) + b.$$

（b）证明方差估计量

$$\hat{\sigma}^2(y_1) = (y_1 - Z_1 \hat{\delta}_{1,IV}(y_1))'(y_1 - Z_1 \hat{\delta}_{1,IV}(y_1))/T$$

是 σ^2 的等价变换，即 $\hat{\sigma}^2(y_1^*) = a^2 \hat{\sigma}^2(y_1)$。

23. 简单两方程模型的识别与估计。本问题根据 Holly（1987）的研究提出。考虑如下两方程模型：

$$y_{t1} = \alpha + \beta y_{t2} + u_{t1},$$
$$y_{t2} = \gamma + y_{t1} + u_{t2},$$

其中 y 是内生变量，u 是序列之间相互独立的扰动项且都服从均值为零、非奇异方差—协方差矩阵为 $\Sigma = [\sigma_{ij}]$ 的分布，其中 $E(u_{ti} u_{tj}) = \sigma_{ij}$，$i$、$j = 1$ 和 2，$t = 1, 2, \cdots, T$。简化式方程如下：

$$y_{t1} = \pi_{11} + v_{t1} \qquad \text{和} \qquad y_{t2} = \pi_{21} + v_{t2},$$

其中 $\Omega = [w_{ij}]$，$E(v_{ti} v_{tj}) = w_{ij}$，$i$、$j = 1$ 和 2，$t = 1, 2, \cdots, T$。

（a）在无其他更多信息可利用的情况下，考察这个两方程构成的系统的可识别性。

（b）当 $\sigma_{12} = 0$ 时，重复（a）。

（c）假设 $\sigma_{12} = 0$，证明第一个方程中系数 β 的 OLS 估计量 $\hat{\beta}_{OLS}$ 是不一致的。

（d）假设 $\sigma_{12} = 0$，证明 β 的另一个一致估计量是一个 IV 估计量，该估计量利用 $z_t = [(y_{t2} - \bar{y}_2) - (y_{t1} - \bar{y}_1)]$ 作为 y_{t2} 的工具。

（e）证明（d）中得到的 β 的 IV 估计量还是 β 的间接最小二乘估计量。提示：见 Singh and Bhat（1988）的解法。

24. 测量误差和 Wald（1940）估计量。本问题基于 Farebrother（1985）的研究提出。令 y_i^* 表示持久消费，X_i^* 表示持久收入，两者都存在测量误差：

$$y_i^* = \beta x_i^*, \qquad \text{其中 } y_i = y_i^* + \varepsilon_i \qquad \text{和} \qquad x_i = x_i^* + u_i, i = 1, 2, \cdots, n。$$

令 x_i^*、ε_i 和 u_i 是独立的正态随机变量，均值为 0，方差分别为 σ_*^2、σ_ε^2 和 σ_u^2。Wald（1940）提出了下面的 β 估计量：按照 x_i 对样本进行排序并将样本分为两部分。令 $(\bar{y}_1, \bar{x}_1)$ 为前半部分样本的样本均值，$(\bar{y}_2, \bar{x}_2)$ 为后半部分的样本均值。β 的 Wald 估计量为 $\hat{\beta}_W = (\bar{y}_2 - \bar{y}_1) / (\bar{x}_2 - \bar{x}_1)$，即为两个样本均值点连线的斜率。

（a）证明 $\hat{\beta}_W$ 可以解释为一个简单的 IV 估计量，其中工具为

$$z_i = \begin{cases} 1, & \text{当 } x_i \geqslant \text{median}(x) \\ -1, & \text{当 } x_i < \text{median}(x) \end{cases},$$

其中 $\text{median}(x)$ 表示 $x_1, x_2, \cdots, x_n$ 的样本中位数。

（b）定义 $w_i = \rho^2 x_i^* - \tau^2 u_i$，其中 $\rho^2 = \sigma_u^2 / (\sigma_u^2 + \sigma_*^2)$ 和 $\tau^2 = \sigma_*^2 / (\sigma_u^2 + \sigma_*^2)$。证明 $E(x_i w_i) = 0$ 和 $w_i \sim N(0, \sigma_*^2 \sigma_u^2 / (\sigma_u^2 + \sigma_*^2))$。

（c）证明 $x_i^* = \tau^2 x_i + w_i$，并利用该式来证明

$$E(\hat{\beta}_W / x_1, \cdots, x_n) = E(\hat{\beta}_{OLS} / x_1, \cdots, x_n) = \beta \tau^2。$$

结论是 $\hat{\beta}_{OLS}$ 和 $\hat{\beta}_W$ 的精确小样本偏差是相同的。

25. t 比率的比较。本问题根据 Holly（1990）的研究提出。考虑两方程模型：

$$y_1 = \alpha y_2 + X\beta + u_1 \qquad \text{和} \qquad y_2 = \gamma y_1 + X\beta + u_2,$$

其中 α 和 γ 是标量，y_1 和 y_2 是 $T \times 1$ 的向量，X 是 $T \times (K-1)$ 的外生变量矩阵。假定 $u_i \sim N(0, \sigma_i^2 I_T)$，$i = 1$ 和 2。证明，对于 $H_0^a: \alpha = 0$ 和 $H_0^b: \gamma = 0$ 的两个原假设，利用 $\hat{\alpha}_{OLS}$ 和 $\hat{\gamma}_{OLS}$ 得到的 t 比率是相同的。对这一结果进行评论。提示：参见 Farebrother（1991）的解法。

26. 在有限信息联立方程模型中可行的 GLS 退化为 2SLS。本问题基于 Gao and Lahiri（2000）的研究提出。考虑一个简单的有限信息联立方程模型：

$$y_1 = \gamma y_2 + u, \tag{1}$$
$$y_2 = X\beta + v, \tag{2}$$

其中 y_1 和 y_2 是由两个内生变量的观测值构成的 $N \times 1$ 的向量。X 是该系统前定变量构成的 $N \times K$ 矩阵，且 $K \geqslant 1$ 使得方程 (1) 可识别。(u, v) 的每一行假定都是 i. i. d. (0, Σ)，且 Σ 是 p. d. 。这种情况下 $\hat{\gamma}_{2SLS} = (y_2' P_X y_2)^{-1} y_2' P_X y_1$，其中 $P_X = X(X'X)^{-1} X'$。残差 $\hat{u} = y_1 - \hat{\gamma}_{2SLS} y_2$，$\hat{v} = M y_2$，其中利用 $M = I_N - P_X$ 得到 Σ 的一致估计量：

$$\hat{\Sigma} = \frac{1}{N} \begin{bmatrix} \hat{u}'\hat{u} & \hat{u}'\hat{v} \\ \hat{v}'\hat{u} & \hat{v}'\hat{v} \end{bmatrix}。$$

证明利用 $\hat{\Sigma}$ 得到的 γ 的可行的 GLS 估计退化为 $\hat{\gamma}_{2SLS}$。

27. 两个 IV 估计量相等。本问题基于 Qian (1999) 的研究提出。考虑如下的线性回归模型：

$$y_i = x_i'\beta + \varepsilon = x_{1i}'\beta_1 + x_{2i}'\beta_2 + \varepsilon_i, \ i = 1, 2, \cdots, N, \tag{1}$$

其中 x_i'，x_{1i}' 和 x_{2i}' 的维数分别为 $1 \times K$，$1 \times K_1$ 和 $1 \times K_2$，且有 $K_1 + K_2 = K$。x_i 可能与 ε_i 相关，但我们有工具 z_i 使得 $E(\varepsilon_i | z_i') = 0$ 和 $E(\varepsilon_i^2 | z_i') = \sigma^2$。将这些工具分为两组：$z_i' = (z_{1i}', z_{2i}')$，其中 z_i、z_{1i} 和 z_{2i} 的维数分别为 L、L_1 和 L_2。假定 $E(z_i x_i')$ 是列满秩的（因此 $L_1 \geqslant K$）；这保证了可以只利用一组工具 z_{1i} 或利用整组工具 $z_i' = (z_{1i}', z_{2i}')$ 均可得到 β 的一致估计量。另外，我们还假定 (y_i, x_i', z_i') 是协方差平稳的。

对于任意的列满秩矩阵 A，定义 $P_A = A(A'A)^{-1} A'$ 和 $M_A = I - P_A$。令 $X = (x_1, \cdots, x_N)'$，并对 X_1、X_2、y、Z_1、Z_2 和 Z 有类似定义。定义 $\hat{X} = P_{[Z_1]} X$ 和 $\hat{\beta} = (\hat{X}'\hat{X})^{-1} \hat{X}'y$，因此 $\hat{\beta}$ 是用 Z_1 作为工具得到的 (1) 的工具变量 (IV) 估计量。类似地，定义 $\tilde{X} = P_Z X$ 和 $\tilde{\beta} = (\tilde{X}'\tilde{X})^{-1} \tilde{X}'y$，因此 $\tilde{\beta}$ 是用 Z 作为工具变量得到的 (1) 的 IV 估计量。证明，如果 $Z_2' M_{[Z_1]} [X_1 - X_2 (X_2' P_1 X_2)^{-1} X_2' P_1 X_1] = 0$ 有 $\hat{\beta}_1 = \tilde{\beta}_1$。

28. 对于 11.6 节给出的北卡罗来纳州犯罪状况的例子，利用 1987 年的数据重复表 11—2 至表 11—6 中的结果。利用 1981 年中的数据进行同样的操作。比较 1981 年和 1987 年的结果，是否有明显的不同？

29. 等权重下的空间滞后检验。本问题根据 Baltagi and Liu (2009) 的研究提出。考虑 11.2.1 节中讨论的空间滞后被解释变量模型，$N \times N$ 空间权重矩阵 W 的主对角线元素为 0，非主对角线的元素相等，为 $1/(N-1)$。零空间滞后的 LM 检验，即 $H_0: \rho = 0$ 对 $H_1: \rho \neq 0$，如 Anselin (1988) 所示。LM 统计量的形式为

$$LM = \frac{[\hat{u}'Wy/(\hat{u}'\hat{u}/N)]^2}{(WX\hat{\beta})'\bar{P}_X WX\hat{\beta}/\hat{\sigma}^2 + \text{tr}(W^2 + W'W)},$$

其中 $\bar{P}_X = I - X(X'X)^{-1} X'$，$\hat{\beta}$ 是受约束的极大似然估计，这种情形下也是 β 的最小二乘估计量。类似地，$\hat{\sigma}^2$ 也是相应的 σ^2 的极大似然估计，这种情形下也是最小二乘残差平方和除以 N，即 $(\hat{u}'\hat{u}/N)$，其中 $\hat{u}$ 表示最小二乘残差。证明：对于等权重空间矩阵，无论 ρ 是什么，这个 LM 检验统计量总等于 $N/2(N-1)$。

30. 再议增长和不平等。对于 11.6 节讨论的 Lundberg and Squire (2003) 的增长与不平等的案例。

(a) 利用 3SLS 估计这些方程并证实 Lundberg and Squire (2003, p. 334) 表 1 所示

的结果。这些结果表明开放促进了增长，教育减弱了不平等，见表 11—9。如何将这些 3SLS 结果与 2SLS 比较？根据这些数据是否拒绝了过度识别约束？

（b）Lundberg and Squire（2003）允许增长进入不平等方程、不平等进入增长方程。利用 3SLS 估计这些重新设定的方程并证实 Lundberg and Squire（2003，p. 334）表 2 所示的结果。如何将这些 3SLS 结果与 2SLS 比较？根据这些数据是否拒绝了过度识别约束？

31．已婚妇女的劳动供给。Mroz（1987）对一个简单的已婚妇女劳动供给模型中妻子工资率的外生性假定提出了质疑。利用 1975 年的 PSID，他的样本包括 1975 年 753 个年龄在 30～60 岁之间的白人已婚妇女的数据，其中 428 个在这一年工作了一段时间。已婚妇女的年工作小时数（小时）对下列变量作回归：工资率的对数（lwage）；非已婚收入（nwifeinc）；已婚妇女的年龄（age）、她的受教育年限（educ）、家中小于 6 岁儿童的数量（kidslt6）和年龄介于 5～19 岁之间的孩子数量（kidsge6）。这些数据可以从 Wooldridge（2009）的网站上获得。

（a）重复 Mroz（1987，p. 769）中表 III，该表给出了这些数据的描述性统计量。

（b）重复 Mroz（1987，p. 770）中表 IV，该表给出了 OLS 估计和利用 lwage 的不同工具变量的 2SLS 估计结果。关于这些工具变量的说明见 Mroz（1987，p. 771）的表 V。

（c）对（b）中的各 2SLS 回归进行过度识别检验，并对第一阶段回归进行诊断。

参考文献

本章内容涉及的主要文献包括 Johnston（1984），Kelejian and Oates（1989），Maddala（1992），Davidson and MacKinnon（1993），Mariano（2001）以及 Stock and Watson（2003）。其他参考文献包括第 3 章引用的计量经济学教材和下列文献：

Anderson，T. W. and H. Rubin（1950），"The Asymptotic Properties of Estimates of the Parameters of a Single Equation in a Complete System of Stochastic Equations," *Annals of Mathematical Statistics*，21：570-582.

Baltagi，B. H.（1989），"A Hausman Specification Test in a Simultaneous Equations Model," *Econometric Theory*，Solution 88. 3. 5，5：453-467.

Baltagi，B. H. and L. Liu（2009），"Spatial Lag Test with Equal Weights." *Economics Letters*，104：81-82.

Basmann，R. L.（1957），"A Generalized Classical Method of Linear Estimation of Coefficients in a Structural Equation," *Econometrica*，25：77-83.

Basmann，R. L.（1960），"On Finite Sample Distributions of Generalized Classical Linear Identifiability Tests Statistics," *Journal of the American Statistical Association*，55：650-659.

Bekker，P. A.（1994），"Alternative Approximations to the Distribution of Instrumental Variable Estimators," *Econometrica*，62：657-681.

Bekker, P. A. and T. J. Wansbeek (2001), "Identification in Parametric Models," Chapter 7 in Baltagi, B. H. (ed.) *A Companion to Theoretical Econometrics* (Blackwell: Massachusetts).

Bound, J., D. A. Jaeger and R. M. Baker (1995), "Problems with Instrumental Variables Estimation When the Correlation Between the Instruments and the Exogenous Explanatory Variable is Weak," *Journal of American Statistical Association* 90: 443-450.

Cornwell, C. and W. N. Trumbull (1994), "Estimating the Economic Model of Crime Using Panel Data," *Review of Economics and Statistics*, 76: 360-366.

Cragg, J. G. and S. G. Donald (1996), "Inferring the Rank of Matrix," *Journal of Econometrics*, 76: 223-250.

Deaton, A. (1997), *The Analysis of Household Surveys: A Microeconometric Approach to Development Policy* (Johns Hopkins University Press: Baltimore).

Durbin, J. (1954), "Errors in Variables," *Review of the International Statistical Institute*, 22: 23-32.

Farebrother, R. W. (1985), "The Exact Bias of Wald's Estimator," *Econometric Theory*, Problem 85.3.1, 1: 419.

Farebrother, R. W. (1991), "Comparison of t-Ratios," *Econometric Theory*, Solution 90.1.4, 7: 145-146.

Fisher, F. M. (1966), *The Identification Problem in Econometrics* (McGraw-Hill: New York).

Gao, C. and K. Lahiri (2000), "Degeneration of Feasible GLS to 2SLS in a Limited Information Simultaneous Equations Model," *Econometric Theory*, Problem 00.2.1, 16: 287.

Gronau, R. (1973), "The Effects of Children on the Housewife's Value of Time," *Journal of Political Economy*, 81: S168-199.

Haavelmo, T. (1944), "The Probability Approach in Econometrics," *Supplement to Econometrica*, 12.

Hall, A. (1993), "Some Aspects of Generalized Method of Moments Estimation," Chapter 15 in *Handbook of Statistics*, Vol. 11 (North Holland: Amsterdam).

Hansen, L. (1982), "Large Sample Properties of Generalized Method of Moments Estimators," *Econometrica*, 50: 646-660.

Hausman, J. A. (1978), "Specification Tests in Econometrics," *Econometrica*, 46: 1251-1272.

Hausman, J. A. (1983), "Specification and Estimation of Simultaneous Equation Models," Chapter 7 in Griliches, Z. and Intriligator, M. D. (eds.) *Handbook of Econometrics*, Vol. I (North Holland: Amsterdam).

Holly, A. (1987), "Identification and Estimation of a Simple Two-Equation Model," *Econometric Theory*, Problem 87.3.3, 3: 463-466.

Holly, A. (1988), "A Hausman Specification Test in a Simultaneous Equations Model," *Econometric Theory*, Problem 88.3.5, 4: 537-538.

Holly, A. (1990), "Comparison of *t*-ratios," *Econometric Theory*, Problem 90.1.4, 6: 114.

Kapteyn, A. and D. G. Fiebig (1981), "When are Two-Stage and Three-Stage Least Squares Estimators Identical?," *Economics Letters*, 8: 53-57.

Koopmans, T. C. and J. Marschak (1950), *Statistical Inference in Dynamic Economic Models* (John Wiley and Sons: New York).

Koopmans, T. C. and W. C. Hood (1953), *Studies in Econometric Method* (John Wiley and Sons: New York).

Laffer, A. B., (1970), "Trade Credit and the Money Market," *Journal of Political Economy*, 78: 239-267.

Lott, W. F. and S. C. Ray (1992), *Applied Econometrics: Problems with Data Sets* (The Dryden Press: New York).

Lundberg, M. and L. Squire (2003), "The Simultaneous Evolution of Growth and Inequality," *The Economic Journal*, 113: 326-344.

Manski, C. F. (1995), *Identification Problems in the Social Sciences* (Harvard University Press: Cambridge).

Mariano, R. S. (2001), "Simultaneous Equation Model Estimators: Statistical Properties and Practical Implications," Chapter 6 in Baltagi, B. H. (ed.) *A Companion to Theoretical Econometrics* (Blackwell: Massachusetts).

Mroz, T. A. (1987), "The Sensitivity of an Empirical Model of Married Women's Hours of Work to Economic and Statistical Assumptions," *Econometrica*, 55: 765-799.

Nelson, C. R. and R. Startz (1990), "The Distribution of the Instrumental Variables Estimator and its *t*-Ratio when the Instrument is a Poor One," *Journal of Business*, 63: S125-140.

Sapra, S. K. (1997), "Equivariance of an Instrumental Variable (IV) Estimator in the Linear Regression Model," *Econometric Theory*, Problem 97: 2.5, 13: 464.

Singh, N. and A N. Bhat (1988), "Identification and Estimation of a Simple Two-Equation Model," *Econometric Theory*, Solution 87.3.3, 4: 542-545.

Staiger, D. and J. Stock (1997), "Instrumental Variables Regression With Weak Instruments," *Econometrica*, 65: 557-586.

Stock, J. H. and M. W. Watson (2003), *Introduction to Econometrics* (Addison Wesley: Boston).

Theil, H. (1953), "Repeated Least Squares Applied to Complete Equation Systems," *The Hague*, *Central Planning Bureau* (Mimeo).

Theil, H. (1971), *Principles of Econometrics* (Wiley: New York).

Wald, A. (1940), "Fitting of Straight Lines if Both Variables are Subject to Error," *Annals of Mathematical Statistics*, 11: 284-300.

Wooldridge, J. M. (1990), "A Note on the Lagrange Multiplier and *F* Statistics for Two Stage Least Squares Regression," *Economics Letters*, 34: 151–155.

Wooldridge, J. M. (2009), *Introductory Econometrics: A Modern Approach* (South-Western: Ohio).

Wu, D. M. (1973), "Alternative Tests of Independence Between Stochastic Regressors and Disturbances," *Econometrica*, 41: 733–740.

Zellner, A. and Theil, H. (1962), "Three-Stage Least Squares: Simultaneous Estimation of Simultaneous Equations," *Econometrica*, 30: 54–78.

附录：再议识别问题：识别的秩条件

在 11.1.2 节中，我们提出了一个识别的必要非充分条件。这里我们强调模型识别的重要性，因为只有可识别我们才能得到有意义的参数估计量。对于不可识别的模型，统计上存在不同的参数值。正如 Bekker and Wansbeek（2001，p.144）指出的，得到哪一组参数值是任意的。因此，"基于这种随意性得到的科学结论在最好的情形下是无效的，在最坏的情形下是危险的。" Manski（1995，p.6）也提出警告："否定的识别结果意味着统计推断是无效的，试图利用有限容量的样本来推断那些无法得知的东西是没有意义的，即使有可利用的容量无限大的样本。"

考虑联立方程模型

$$By_t + \Gamma x_t = u_t, t = 1, \cdots, T。 \tag{A.1}$$

该模型显示了在 t 时刻的所有方程。B 是 $G \times G$ 的，Γ 是 $G \times K$ 的，u_t 是 $G \times 1$ 的。B 是二次和非奇异的，这意味着系统是完整的，即方程的个数与内生变量的个数相等。用 B^{-1} 左乘式（A.1）并解出 y_t，将 y_t 用外生变量和误差向量来表示，我们得到

$$y_t = \Pi x_t + v_t, t = 1, 2, \cdots, T, \tag{A.2}$$

其中 $\Pi = -B^{-1}\Gamma$ 是 $G \times K$ 的，$v_t = B^{-1}u_t$。注意，如果用任意的 $G \times G$ 的非奇异矩阵 F 左乘式（A.1）中的结构模型，那么新的结构模型具有与式（A.2）中所示的相同的简化式模型。这种情形下，每一个新的结构方程都是初始结构方程的一个线性组合，但是简化式方程是一样的。Fisher（1966）提出了一个关于识别的思想，是要注意式（A.1）完全由 B、Γ 和扰动项的概率密度函数 $p(u_t)$ 定义。结构模型的设定来自经济理论，这对 B 和 Γ 施加了一些零约束。另外，还可能有交叉方程或方程内约束。例如，生产函数的规模报酬不变，或需求函数的同质性，或对称条件。还有，扰动项的概率密度函数可能本身包含一些协方差为零的约束。如果这些约束足以将该模型与其他模型区分开来，那么式（A.1）中的结构模型可识别。提供一个唯一的非奇异矩阵 F 可以实现这一点，这个矩阵 F 可以产生一个新的结构方程，而该结构方程满足与初始方程同样的约束，F 矩阵为恒等矩阵。如果在施加约束后，F 中只有一些特定行类似于恒等矩阵中的相应行，加起来得到一个标准化的标量，那么，系统中相应的方程是可识别的，其余的方程是不可识别的。这与取需求和供给方程的线性组合，看这个线性组合是否不同于需求或

供给方程是一个概念。如果线性组合既不同于需求方程也不同于供给方程，那么两个方程都可识别；如果看起来像需求方程而不是供给方程，那么供给方程可识别，需求方程不可识别。我们来看一个例子。

例 A.1：考虑如下的供给和需求方程：

$$Q_t = a - bP_t + cY_t + u_{1t}, \tag{A.3}$$

$$Q_t = d + eP_t + fW_t + u_{2t}, \tag{A.4}$$

这里 Y 是收入，W 是天气。将式（A.3）和式（A.4）写成式（A.1）的矩阵形式，我们得到

$$B = \begin{bmatrix} 1 & b \\ 1 & -e \end{bmatrix}, \quad \Gamma = \begin{bmatrix} -a & -c & 0 \\ -d & 0 & -f \end{bmatrix}, \quad y_t = \begin{pmatrix} Q_t \\ P_t \end{pmatrix}, \tag{A.5}$$

$$x_t' = [1, Y_t, W_t], \quad u_t' = (u_{1t}, u_{2t})。$$

关于 Γ 有两个零约束。第一个是收入不出现在供给方程里，第二个是天气不出现在需求方程里。因此，两个方程都满足识别的阶条件。事实上，对每一个方程，只有一个被排除的外生变量，且右侧只有一个内生变量。因此，两个方程都是恰好识别的。令 $F = [f_{ij}]$，i、$j = 1$ 和 2，是一个非奇异矩阵。用 F 左乘这个系统，新的矩阵 B 现在是 FB，新的矩阵 Γ 现在是 $F\Gamma$。为了使变换后的系统满足与初始模型同样的约束条件，FB 必须满足如下的标准化限制：

$$f_{11} + f_{12} = 1, \quad f_{21} + f_{22} = 1。 \tag{A.6}$$

另外，$F\Gamma$ 也应该满足如下零约束：

$$-f_{21}c + f_{12}0 = 0, \quad f_{11}0 - f_{12}f = 0。 \tag{A.7}$$

由于 $c \neq 0$，$f \neq 0$，那么式（A.7）意味着 $f_{21} = f_{12} = 0$。利用式（A.6），我们得到 $f_{11} = f_{22} = 1$，因此，给定 $c \neq 0$ 和 $f \neq 0$，只有满足与初始模型同样约束的非奇异矩阵 F 是恒等矩阵。因此，两个模型是可识别的。

例 A.2：如果收入不出现在需求方程（A.3）中，即 $c = 0$，那么模型变为

$$Q_t = a - bP_t + u_{1t}, \tag{A.8}$$

$$Q_t = d + eP_t + fW_t + u_{2t}。 \tag{A.9}$$

这时，式（A.7）中只有第二个约束成立。因此，$f \neq 0$ 意味着 $f_{12} = 0$，但是没有其他约束 f_{21} 不一定为零。利用式（A.6），我们得到 $f_{11} = 1$ 和 $f_{21} + f_{22} = 1$。这意味着只有 F 的第一行和恒等矩阵的第一行相似，只有需求方程是可识别的。事实上，由于供给方程右侧有一个内生变量，而该方程又没有被其排除的外生变量，因此供给方程不满足识别的阶条件。关于该识别方法的更多例子见问题 6 和问题 7。

例 A.3：假定 $u \sim (0, \Omega)$，其中 $\Omega = \Sigma \otimes I_T$，$\Sigma = [\sigma_{ij}]$，$i$、$j = 1$ 和 2。这个例子说明了一个方差—协方差约束如何帮助识别一个方程。我们定义的模型如式（A.8）和式（A.9）所示，并增加约束条件 $\sigma_{12} = \sigma_{21} = 0$。这时，转换后的模型扰动项为 $Fu \sim (0, \Omega^*)$，其中 $\Omega^* = \Sigma^* \otimes I_T$，$\Sigma^* = F\Sigma F'$。事实上，由于 Σ 是对角阵，$F\Sigma F'$ 也应该是对角阵。这就对 F 中的元素施加了如下的约束：

$$f_{11}\sigma_{11}f_{21}+f_{12}\sigma_{22}f_{22}=0。 \tag{A.10}$$

但是，根据零约束得到的 $f_{11}=1$ 和 $f_{12}=0$ 施加在需求方程上，见例 4。因此，式 (A.10) 简化为 $\sigma_{11}f_{21}=0$。因为 $\sigma_{11}\neq0$，这意味着 $f_{21}=0$，式 (A.6) 中所示的标准化约束意味着 $f_{22}=1$。因此，第二个方程也是可识别的。

例 A.4：在这个例子中，我们来展示交叉方程约束如何帮助识别一个方程。考虑如下联立方程模型：

$$y_1=a+by_2+cx_1+u_1, \tag{A.11}$$
$$y_2=d+ey_1+fx_1+gx_2+u_2, \tag{A.12}$$

并添加约束 $c=f$。容易看出 $f_{11}=1$ 和 $f_{12}=0$ 的情况下，第一个方程可识别。第二个方程没有零约束，但交叉方程约束 $c=f$ 意味着：

$$-cf_{11}-ff_{12}=-cf_{21}-ff_{22}。$$

利用 $c=f$，我们得到

$$f_{11}+f_{12}=f_{21}+f_{22}。 \tag{A.13}$$

但是，由于 $f_{11}=1$ 和 $f_{12}=0$ 时第一个方程可识别，因此，式 (A.13) 简化为 $f_{21}+f_{22}=0$，加上标准化条件 $-f_{21}b+f_{22}=1$，得到 $f_{21}(b+1)=0$。如果 $b\neq-1$，那么 $f_{21}=0$，$f_{22}=1$。给定 $b\neq-1$，第二个方程也是可识别的。

换种角度，我们可以将识别问题看作能否从简化式参数中得到 B 和 Γ 中的结构参数。在接下来的讨论中我们会明白，如果这个联立方程模型没有任何约束，就不可能解决这个问题。这种情况下，模型是完全没办法识别的。但是，通常情况下 B 和 Γ 有许多参数为零，我们可以从 Π 中得到其余的那些非零参数。更严格地说，$\Pi=-B^{-1}\Gamma$，这意味着

$$B\Pi+\Gamma=0, \tag{A.14}$$

或者

$$AW=0, \quad 其中 \quad A=[B,\Gamma] \quad 和 \quad W'=[\Pi',I_K]。 \tag{A.15}$$

对于第一个方程，这意味着

$$\alpha_1'W=0, \quad 其中 \alpha_1' 是矩阵 A 的第一行。 \tag{A.16}$$

W 已知（或可被估计出来），其秩为 K。如果第一个方程的结构参数没有任何约束，那么 α_1' 包含 $G+K$ 个未知参数。这些参数满足式 (A.16) 所示的 K 个齐次方程。没有其他约束，我们不能根据 K 个方程解出 $G+K$ 个参数。令 ϕ 表示对第一个方程的 R 个零约束构成的矩阵，即 $\alpha_1'\phi=0$，这与式 (A.16) 一起意味着

$$\alpha_1'[W,\phi]=0, \tag{A.17}$$

且给定

$$\text{rank}[W,\phi]=G+K-1, \tag{A.18}$$

我们能解出 α_1' 的唯一解（为一个标准化的标量）。经济学家设定结构方程左侧的内生变量系数为1，这种标准化识别了 α_1' 中的一个系数，因此我们还需要 $(G+K-1)$ 个约束来唯一识别出 α_1 中的其他参数。$[W, \phi]$ 是 $(G+K)\times(K+R)$ 的矩阵，其秩小于行和列中的任何一个，即如果 $(K+R)\geq(G+K-1)$，得到 $R\geq(G-1)$ 或识别的阶条件。注意，式（A.18）成立是必要条件而非充分条件。它说明第一个方程上的约束个数必须大于内生变量的个数减1。如果所有 R 约束是零约束，那么这意味着被排除的外生变量的个数加上被排除的内生变量的个数应该大于 $(G-1)$。但是，G 个内生变量由左侧1个内生变量 y_1、右侧包含在 Y_1 中的 g_1 个内生变量以及 $(G-g_1-1)$ 个被排除的内生变量构成。因此，$R\geq(G-1)$ 可以写为 $k_2+(G-g_1-1)\geq(G-1)$，简记为我们本章先前所讨论的 $k_2\geq g_1$。

现在识别的充分必要条件可以根据下述方法得到：利用式（A.1），可以写出

$$Az_t=u_t, \text{其中} z_t'=(y_t', x_t'), \tag{A.19}$$

根据识别的第一个定义，我们进行转换 $FAz_t=Fu_t$，其中 F 是 $G\times G$ 的非奇异矩阵。第一个方程满足约束 $\alpha_1'\phi=0$，也可写为 $\iota'A\phi=0$，其中 ι' 是恒等矩阵 I_G 的第一行。F 必须满足约束（FA 的第一行）$\phi=0$。但是 FA 的第一行是 F 的第一行（即 f_1'）乘以 A。这意味着 $f_1'(A\phi)=0$。为了识别第一个方程，转换后的第一个方程满足的条件等价于 $\iota'A\phi=0$，是一个标量常数。当且仅当 f_1' 是 ι' 的一个标量倍数时，上述说法才成立，当且仅当 $\mathrm{rank}(A\phi)=G-1$ 时，后一个条件才成立。后者称为识别的秩条件。

例 A.5： 考虑例1所示的简单凯恩斯模型。第二个方程是恒等的，第一个方程满足识别的阶条件，因为 I_t 是被该方程排除的外生变量，而右侧仅有一个内生变量 Y_t。事实上，第一个方程是恰好识别的。注意，

$$A=[B, \Gamma]=\begin{bmatrix} \beta_{11} & \beta_{12} & \gamma_{11} & \gamma_{12} \\ \beta_{21} & \beta_{22} & \gamma_{21} & \gamma_{22} \end{bmatrix}=\begin{bmatrix} 1 & -\beta & -\alpha & 0 \\ -1 & 1 & 0 & -1 \end{bmatrix}, \tag{A.20}$$

对于第一个方程 ϕ 构成了唯一的限制，也就是说 I_t 不在该方程中，即 $\gamma_{12}=0$。由于 $\alpha_1'\phi=0$ 给出 $\gamma_{12}=0$，使得 $\phi'=(0, 0, 0, 1)$。根据式（A.20），$A\phi=(\gamma_{12}, \gamma_{22})'=(0, -1)'$，$\mathrm{rank}(A\phi)=1=G-1$。因此，关于第一个方程的秩条件成立，该方程是可识别的。问题8重新考虑例（A.1），根据识别的阶条件，该题中两个方程都是恰好识别的，该题还要求读者证明只要 $c\neq0$ 和 $f\neq0$，两个方程都满足识别的秩条件。

简单凯恩斯模型的简化式方程如式（11.4）和式（11.5）所示。实际上，

$$\Pi=\begin{bmatrix} \pi_{11} & \pi_{12} \\ \pi_{21} & \pi_{22} \end{bmatrix}=\begin{bmatrix} \alpha & \beta \\ \alpha & 1 \end{bmatrix}/(1-\beta)。 \tag{A.21}$$

注意，

$$\pi_{11}/\pi_{22}=\alpha, \quad \pi_{21}/\pi_{22}=\alpha,$$
$$\pi_{12}/\pi_{22}=\beta, \quad (\pi_{22}-1)/\pi_{22}=\beta。 \tag{A.22}$$

因此，消费方程的结构式参数可以由简化式参数解出。但是，如果我们用 Π 的 OLS 估计 $\hat{\Pi}_{OLS}$ 代替会发生什么？式（A.22）中的解会得到 (α, β) 的两个估计吗？或者说会得

到唯一的估计吗？这种情况下，消费方程是恰好识别的，式（A.22）中的解是唯一的。为了证明这一点，回顾

$$\hat{\pi}_{12}=m_{ci}/m_{ii}; \qquad \hat{\pi}_{22}=m_{yi}/m_{ii}。 \qquad (A.23)$$

根据式（A.22）解出 $\hat{\beta}$，可得

$$\hat{\beta}=\hat{\pi}_{12}/\hat{\pi}_{22}=m_{ci}/m_{yi}, \qquad (A.24)$$

和

$$\hat{\beta}=(\hat{\pi}_{22}-1)/\hat{\pi}_{22}=(m_{ci}-m_{yi})/m_{yi}。 \qquad (A.25)$$

因为方程（11.2）给出

$$m_{yi}=m_{ci}+m_{ii}, \qquad (A.26)$$

因此根据式（A.24）和式（A.25）得到唯一解。一般而言，对于不可识别的方程，我们无法根据简化式参数解出结构式参数。但是，当这个方程可识别时，只有对于恰好识别的方程，用简化式参数的 OLS 估计来代替简化式参数才得到一个唯一的结构式参数的估计；过度识别的方程的估计个数多于一个，具体则取决于过度识别度。问题 8 给出了另一个恰好识别的例子；而问题 9 考虑了一个模型，该模型中一个方程不可识别，另一个方程过度识别。

例 A.6： 式（11.13）和式（11.14）给出的是一个不可识别的需求供给模型，有

$$B=\begin{bmatrix}1 & -\beta \\ 1 & -\delta\end{bmatrix} \quad 和 \quad \Gamma=\begin{bmatrix}-\alpha \\ -\gamma\end{bmatrix}。 \qquad (A.27)$$

由式（11.16）和式（11.17）给出的简化式方程得到

$$\Pi=-B^{-1}\Gamma=\begin{bmatrix}\pi_{11} \\ \pi_{21}\end{bmatrix}=\begin{bmatrix}\alpha\delta-\gamma\beta \\ \alpha-\gamma\end{bmatrix}/(\delta-\beta)。 \qquad (A.28)$$

在没有其他约束的情况下，根据 (π_{11}, π_{21}) 既不能解出 (α, β)，也不能解出 (γ, δ)。

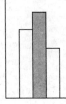

第 12 章

合并截面时间序列数据[*]

12.1 引　言

　　本章我们考虑多个时间序列的合并数据。这可以是多个家庭、企业、国家或者多个州的时间序列构成的面板数据。美国有两个著名的面板数据例子：收入动态的面板研究（PSID）以及全国跟踪调查（NLS）。PSID 始于 1968 年，当时抽取了 4 802 户家庭，包括贫困家庭样本。每年对这些家庭样本进行一次调查，记录每个家庭及其成员的社会和经济特征，所涉及的个体有大约 31 000 人，搜集的变量超过 5 000 个。NLS 将全国劳动人口分成 5 个不同的部分并进行了跟踪调查。最初的样本包括 5 020 名中老年男性^{**}，5 225 名青年男性，5 083 名中年女性，5 159 名青年女性以及 12 686 名青少年。抽取的样本个体包括黑人、西班牙裔、贫穷白人以及军人，所搜集的变量达数千之多。有关使用面板数据所做的全国性研究请参见：http://www. isr. umich. edu/src/psid/panelstudies. html。合并这些数据可以增加数据波动来源，进而使得参数估计更为有效。不仅如此，使用更多含有大量信息的数据，我们可以得到更为可靠的估计，还可以在更一般的假设下检验更为复杂的行为模型。面板数据集的另一个优势在于，使用这些数据可以控制个体异质性。如果不控制这些不可观测的个体效应，估计结果会产生偏倚。另

　　* 面板数据（panel data）是二维数据，它可以通过合并多个时间序列数据得到，也可以通过合并不同时期的截面数据得到，前者多指宏观面板数据，后者多指微观面板数据，本章应该是指后者——译者注。

　　** 分组依据是在设定年份被调查者的年龄，如：中老年男性是指 1966 年时年龄在 45～59 岁之间的男性；中年女性是 1967 年时年龄在 30～44 岁之间的女性；青少年是指 1979 年时年龄在 14～22 岁之间的年轻男性和女性——译者注。

计量经济学方法与应用（第五版）

外，面板数据集还能够更好地识别和估计单纯截面数据或时间序列数据无法估计的效应。特别是在研究复杂的动态行为问题上，面板数据具有更大的优势。比如，使用截面数据我们可以估计出某个特定时间的失业率，而多个时期的截面数据则可以表明失业率如何随时间变化。只有使用面板数据才能估计出某一时期处于失业状态的人中有多大比例在下一个时期仍然处于失业状态。其他使用面板数据的一些好处和局限性可以参见 Hsiao（2003）以及 Baltagi（2008）。12.2 节研究误差分量模型，主要内容为固定效应、随机效应和极大似然估计；12.3 节考虑随机效应模型中的预测问题；12.4 节使用实证案例说明估计方法；12.5 节考虑假设检验问题，包括可合并性检验、随机个体效应的存在性检验以及基于 Hausman 检验的随机效应估计量的一致性检验；12.6 节研究动态面板数据模型，并且使用实证案例进行说明；12.7 节作为结尾，简单说明了项目评价以及 DD（difference-in-differences）估计量。

12.2　误差分量模型

回归模型和以前相似，只是现在变量具有双下标

$$y_{it} = \alpha + X'_{it}\beta + u_{it}, \tag{12.1}$$

其中 i 表示截面个体，$i = 1, 2, \cdots, N$，t 表示时期，$t = 1, 2, \cdots, T$。α 是标量，β 是 $K \times 1$ 维向量，X_{it} 是 K 个解释变量的第 it 个观测值。观测值通常会被堆积成向量形式，堆积时一般让下标 i 的变化慢于下标 t，即首先是第一个个体的 T 个观测值，接下来是第二个个体的 T 个观测值，一直这样下去，直到第 N 个个体。按照误差分量模型设定，干扰项可写成

$$u_{it} = \mu_i + \nu_{it}, \tag{12.2}$$

其中 μ_i 是截面个体成分，ν_{it} 是剩余效应。比如，在收入方程中 μ_i 可以表示个人能力，在生产函数中可以表示管理技能，或者仅表示特定国家的效应。这些效应在时间维度都保持不变。

将式（12.1）写成向量形式

$$y = \alpha \iota_{NT} + X\beta + u = Z\delta + u, \tag{12.3}$$

其中，y 是 $NT \times 1$ 维向量，X 是 $NT \times K$ 维矩阵，$Z = [\iota_{NT}, X]$，$\delta' = (\alpha', \beta')$，$\iota_{NT}$ 是由 1 构成的 NT 维向量。同样，式（12.2）可以写成

$$u = Z_\mu \mu + \nu, \tag{12.4}$$

其中 $u' = (u_{11}, \cdots, u_{1T}, u_{21}, \cdots, u_{2T}, \cdots, u_{N1}, \cdots, u_{NT})$，$Z_\mu = I_N \otimes \iota_T$。$I_N$ 是 N 维单位阵，ι_T 是由 1 组成的 T 维向量，$\otimes$ 表示克罗内克积，其定义见第 7 章附录。Z_μ 是由 1 和 0 组成的矩阵，可称为选择矩阵（selector matrix）或者称为个体虚拟变量矩阵。当假定所有 μ_i 是固定参数时，加入 Z_μ 可以估计出 μ_i。$\mu' = (\mu_1, \cdots, \mu_N)$，$\nu' = (\nu_{11}, \cdots, \nu_{1T}, \cdots, \nu_{N1}, \cdots, \nu_{NT})$。注意，$Z_\mu Z'_\mu = I_N \otimes J_T$，其中 J_T 是由 1 组成的 T 维方阵。Z_μ 的

投影阵 $P=Z_{\mu}(Z'_{\mu}Z_{\mu})^{-1}Z'_{\mu}$ 可简化为 $P=I_N\otimes\bar{J}_T$，其中 $\bar{J}_T=J_T/T$。它实际上是求个体观测数据在时间上的平均值的运算矩阵，$Q=I_{NT}-P$ 则是个体离差的运算矩阵。比如，Pu 是每个个体 i 的均值 $\bar{u}_{i.}=\sum_{t=1}^{T}u_{it}/T$ 重复 T 次而形成的 NT 维列向量，而 Qu 的典型元素则是 $(u_{it}-\bar{u}_{i.})$。矩阵 P 和 Q 具有下列特征：（ⅰ）它们是对称幂等矩阵，即 $P'=P$ 且 $P^2=P$。这就意味着矩阵 P 的秩和迹都为 N，$\mathrm{rank}(P)=\mathrm{tr}(P)=N$，$Q$ 的秩和迹都为 $N(T-1)$，$\mathrm{rank}(Q)=\mathrm{tr}(Q)=N(T-1)$。这一结论来源于：幂等矩阵的秩等于它的迹，参见 Graybill（1961，Theorem 1.63）以及本书第 7 章的附录。（ⅱ）P 和 Q 是正交的，即 $PQ=0$。（ⅲ）它们的和为单位阵，即 $P+Q=I_{NT}$。实际上，上述三个特征中的任意两个成立，则第三个必定成立，见 Graybill（1961，Theorem 1.68）。

□ 12.2.1　固定效应模型

如果将所有 μ_i 看作是"固定"的待估参数，则方程（12.1）可写成

$$y_{it}=\alpha+X'_{it}\beta+\sum_{i=1}^{N}\mu_i D_i+\nu_{it},\tag{12.5}$$

其中 D_i 是代表第 i 个个体的虚拟变量。为了避免虚拟变量陷阱，不能将所有虚拟变量都加入模型中，通常情况下要舍弃一个，这也等价于我们对所有 μ_i 施加约束条件 $\sum_{i=1}^{N}\mu_i=0$。ν_{it} 是均值为 0，方差为 σ_{ν}^2 且符合经典 IID 假定的随机变量。方程（12.5）的 OLS 估计量具有 BLUE 性质。但是这里有两个问题：一是自由度的损失，因为这种情况下需要估计的参数有 $N+K$ 个。二是许多虚拟变量可能会导致多重共线性并且涉及求高维矩阵 $X'X$ 的逆。例如，个体为 50 个州，时期为 10 年，模型中有两个解释变量，此时观测值个数为 500，而我们要估计的参数有 52 个。我们还可以从方差分析的角度考虑这个问题，将变量 y 的观测值重新排列成 $(N\times T)$ 矩阵，其中行表示企业，列表示时期。

		1	2	$\cdots$	T	
	1	y_{11}	y_{12}	$\cdots$	y_{1T}	$y_{1.}$
	2	y_{21}	y_{22}	$\cdots$	y_{2T}	$y_{2.}$
i	$\vdots$	$\vdots$	$\vdots$	$\cdots$	$\vdots$	$\vdots$
	N	y_{N1}	y_{N2}	$\cdots$	y_{NT}	$y_{N.}$

（表头上方为 t，列标为 1, 2, $\cdots$, T）

其中 $y_{i.}=\sum_{t=1}^{T}y_{it}$，$\bar{y}_{i.}=y_{i.}/T$。考虑简单的一元回归，模型（12.1）变为

$$y_{it}=\alpha+\beta x_{it}+\mu_i+\nu_{it},\tag{12.6}$$

对时间求平均可得

$$\bar{y}_{i.}=\alpha+\beta\bar{x}_{i.}+\mu_i+\bar{\nu}_{i.},\tag{12.7}$$

再对所有观测值求平均可得

$$\bar{y}_{..} = \alpha + \beta\bar{x}_{..} + \bar{\nu}_{..}, \tag{12.8}$$

其中 $\bar{y}_{..} = \sum_{i=1}^{N}\sum_{t=1}^{T} y_{it}/NT$。方程（12.8）中没有 μ_i 是因为我们假定所有 μ_i 的和为零。定义 $\tilde{y}_{it} = (y_{it} - \bar{y}_{i.})$，同理定义 $\tilde{x}_{it}$ 和 $\tilde{\nu}_{it}$，可得

$$y_{it} - \bar{y}_{i.} = \beta(x_{it} - \bar{x}_{i.}) + (\nu_{it} - \bar{\nu}_{i.}),$$

即

$$\tilde{y}_{it} = \beta\tilde{x}_{it} + \tilde{\nu}_{it}。 \tag{12.9}$$

对方程（12.9）应用 OLS 得到的 β 的估计量与方程（12.5）中的相同，称为最小二乘虚拟变量估计（LSDV），本书将其记为 $\tilde{\beta}$。它也被称为组内估计量（within estimator），因为在方差分析中 $\sum_{i=1}^{N}\sum_{t=1}^{T}\tilde{x}_{it}^2$ 称为组内平方和。进一步利用方程（12.8）就可以得到 α 的估计 $\tilde{\alpha} = \bar{y}_{..} - \tilde{\beta}\bar{x}_{..}$。同理，如果我们对 μ_i 感兴趣，可以利用方程（12.7）和方程（12.8）求得其估计值：

$$\tilde{\mu}_i = (\bar{y}_{i.} - \bar{y}_{..}) - \tilde{\beta}(\bar{x}_{i.} - \bar{x}_{..})。 \tag{12.10}$$

用矩阵形式表述的话，我们可以将式（12.4）给出的随机误差项代入式（12.3），得

$$y = \alpha\iota_{NT} + X\beta + Z_\mu\mu + \nu = Z\delta + Z_\mu\mu + \nu, \tag{12.11}$$

然后对式（12.11）应用 OLS 即可得到 α，β 和 μ 的估计值。注意，Z 是 $NT\times(K+1)$ 维，个体虚拟变量矩阵 Z_μ 是 $NT\times N$ 维。如果 N 很大，式（12.11）将包括很多虚拟变量，OLS 运算中需要求逆的矩阵也很大，其维数为 $(N+K)$。实际上，既然 α 和 β 是我们关注的参数，我们就可以利用投影残差将式（12.11）中的 Z_μ 消掉，即用 Z_μ 的正交投影阵 Q 左乘模型两边：

$$Qy = QX\beta + Q\nu, \tag{12.12}$$

然后再利用 OLS 求得模型的 LSDV 估计量。这里利用了 $QZ_\mu = Q\iota_{NT} = 0$，因为 $PZ_\mu = Z_\mu$。换句话说，矩阵 Q 剔除了个体效应。回忆一下第 7 章提到的 FWL 定理。这是 $\tilde{y} = Qy$（典型元素为 $y_{it} - \bar{y}_{i.}$）对 $\tilde{X} = QX$（典型元素为 $X_{it,k} - \bar{X}_{i,k}$）的回归，其中的元素都是离差形式。此时我们仅需要求 $K\times K$ 矩阵的逆，而不是式（12.11）中 $(N+K)\times(N+K)$ 矩阵。模型（12.12）的 OLS 估计量为

$$\tilde{\beta} = (X'QX)^{-1}X'Qy, \tag{12.13}$$

其方差为 $\text{var}(\tilde{\beta}) = \sigma_\nu^2(X'QX)^{-1} = \sigma_\nu^2(\tilde{X}'\tilde{X})^{-1}$。

　　注意，固定效应（FE）估计量不能估计性别、种族、宗教、学校教育、参加组织等非时变效应。这些非时变变量在 Q 转换（即离差转换）时被剔除掉了。另外，我们可以看出，这些变量都在式（12.5）的虚拟变量所张成的空间内，所以所有回归软件包在估计式（12.5）时都会报错，提示存在完全多重共线性。如果式（12.5）是真实模型，只要 ν_{it} 是均值为零且方差—协方差矩阵为 $\sigma_\nu^2 I_{NT}$ 的标准传统随机误差项，LSDV 估计量就具有 BLUE 性质。注意，当 $T \to \infty$ 时，FE 估计量是一致的。但是如果像短期劳动力面板数据那样，T 固定不变，$N \to \infty$，那么只有 β 的 FE 估计量是一致的，个

体效应（$\alpha+\mu_i$）的 FE 估计量是非一致的，因为此时这些参数的数量随着 N 的增大而增加。

固定效应检验：我们可以使用 F 统计量检验这些虚拟变量的联合显著性，即 H_0：$\mu_1=\mu_2=\cdots=\mu_{N-1}=0$。这实际上和式（4.17）给出的邹检验（Chow test）一致，这里有约束的残差平方和（$RRSS$）为混合 OLS 回归得到的残差平方和，无约束的残差平方和（$URSS$）为 LSDV 回归得到的残差平方和。如果 N 很大，我们可以先进行组内转换，然后用由此得到的残差平方和作为 $URSS$。此时，检验统计量为

$$F_0=\frac{(RRSS-URSS)/(N-1)}{URSS/(NT-N-K)}\overset{H_0}{\sim}F_{N-1,N(T-1)-K}。 \tag{12.14}$$

计算警告：对于使用式（12.12）进行组内回归的人来说，计算时要特别注意，从典型回归软件包中得到的 s^2 是由残差平方和除以 $NT-K$ 得到的，因为此时截距项和虚拟变量都没包括在模型中。但是模型（12.5）中的 LSDV 回归的正确 s^2，记为 s^{*2}，应当为同一残差平方和除以 $N(T-1)-K$。因此，我们必须对式（12.12）的组内回归方差进行调整：用（s^{*2}/s^2）或者 $[NT-K]/[N(T-1)-K]$ 式乘以方差—协方差矩阵即可。

□ 12.2.2　随机效应模型

固定效应模型中参数太多，但如果我们将 μ_i 看作随机变量就可以避免自由度的损失。一般假定 $\mu_i\sim\mathrm{IID}(0,\sigma_\mu^2)$，$\nu_{it}\sim\mathrm{IID}(0,\sigma_\nu^2)$，且所有 μ_i 和 ν_{it} 相互独立。另外，对所有 i 和 t，X_{it} 和 μ_i 以及 ν_{it} 也相互独立。如果 N 个个体是从一个更大的总体中随机抽取的，那么随机效应模型就是合适的设定方式。

此设定意味着随机误差项具有同方差，即对所有 i 和 t，$\mathrm{var}(u_{it})=\sigma_\mu^2+\sigma_\nu^2$，而且其协方差阵是具有同相关结构的块对角矩阵，即只有同一个体的随机误差项在时间上有序列相关。实际上，

$$\mathrm{cov}(u_{it},u_{js})=\begin{cases}\sigma_\mu^2+\sigma_\nu^2,i=j,t=s\\\sigma_\mu^2,\qquad i=j,t\neq s\end{cases}, \tag{12.15}$$

其他情况为零。这也意味着 u_{it} 和 u_{js} 的相关系数为

$$\rho=\begin{cases}\mathrm{correl}(u_{it},u_{js})=1,i=j,t=s\\\sigma_\mu^2/(\sigma_\mu^2+\sigma_\nu^2),\qquad i=j,t\neq s\end{cases}, \tag{12.16}$$

其他情况为零。根据式（12.4），我们可以计算出方差—协方差阵：

$$\Omega=E(uu')=Z_\mu E(\mu\mu')Z_\mu'+E(\nu\nu')=\sigma_\mu^2(I_N\otimes J_T)+\sigma_\nu^2(I_N\otimes I_T)。 \tag{12.17}$$

要想得到回归参数的 GLS 估计，需要计算 Ω^{-1}。对于大多数面板模型来说，这是一个相当大的矩阵，其维数为 $NT\times NT$。不过，即使应用中 N 和 T 不大，也不要直接去求逆矩阵。比如我们观测到 20 个企业 5 年的数据，$N=20$，$T=5$，Ω 将会达 100×100。我们将采用 Wansbeek and Kapteyn（1982）提出的简单技巧：利用 Ω^{-1} 和 $\Omega^{-1/2}$ 的离差形式。用 $T\bar{J}_T$ 替换 J_T，用 $E_T+\bar{J}_T$ 替换 I_T，其中 E_T 定义为（$I_T-\bar{J}_T$）。

此时，

$$\Omega = T\sigma_\mu^2(I_N \otimes \bar{J}_T) + \sigma_\nu^2(I_N \otimes E_T) + \sigma_\nu^2(I_N \otimes \bar{J}_T),$$

合并相同矩阵可得

$$\Omega = (T\sigma_\mu^2 + \sigma_\nu^2)(I_N \otimes \bar{J}_T) + \sigma_\nu^2(I_N \otimes E_T) = \sigma_1^2 P + \sigma_\nu^2 Q, \tag{12.18}$$

其中 $\sigma_1^2 = T\sigma_\mu^2 + \sigma_\nu^2$。式（12.18）是 Ω 的谱分解，σ_1^2 是 Ω 的第一个相异特征根重复 N 次，σ_ν^2 是 Ω 的第二个相异特征根重复 $N(T-1)$ 次。由 P 和 Q 的性质可知

$$\Omega^{-1} = \frac{1}{\sigma_1^2}P + \frac{1}{\sigma_\nu^2}Q, \tag{12.19}$$

并且

$$\Omega^{-1/2} = \frac{1}{\sigma_1}P + \frac{1}{\sigma_\nu}Q。 \tag{12.20}$$

实际上，$\Omega^r = (\sigma_1^2)^r P + (\sigma_\nu^2)^r Q$，其中 r 可以是任意标量。现在我们可以用加权最小二乘法得到 GLS 估计量。Fuller and Battese（1974）建议用 $\sigma_\nu\Omega^{-1/2} = Q + (\sigma_\nu/\sigma_1)P$ 左乘回归方程（12.13），然后对转换后的方程应用 OLS。这时，$y^* = \sigma_\nu\Omega^{-1/2}y$，其典型元素为 $y_{it} - \theta\bar{y}_{i.}$，$\theta = 1 - (\sigma_\nu/\sigma_1)$。转换后的回归中仅需求 $K+1$ 维矩阵的逆，使用任一回归软件包都很容易计算。

根据 Ω 的谱分解很自然得到方差分量的最优二次型无偏估计量（best quadratic unbiased estimator，BQUE）。事实上，$Pu \sim (0, \sigma_1^2 P)$，$Qu \sim (0, \sigma_\nu^2 Q)$，并且

$$\hat{\sigma}_1^2 = \frac{u'Pu}{\text{tr}(P)} = T\sum\nolimits_{i=1}^N \bar{u}_{i.}^2/N, \tag{12.21}$$

$$\hat{\sigma}_\nu^2 = \frac{u'Qu}{\text{tr}(Q)} = T\sum\nolimits_{i=1}^N\sum\nolimits_{t=1}^T (u_{it} - \bar{u}_{i.})^2/N(T-1), \tag{12.22}$$

分别为 σ_1^2 和 σ_ν^2 的 BQU 估计量，参见 Balestra（1973）。

这些方差分量的估计量属于方差分析的类型，随机误差项服从正态分布时，它们都是 MVU 估计量，见 Graybill（1961）。由于真实的随机误差项是未知的，所以式（12.21）和式（12.22）是不可行的。Wallace and Hussain（1969）建议用 OLS 残差 $\hat{u}_{OLS}$ 代替式中真实误差项 u。尽管 OLS 估计仍具有无偏性和一致性，但不再具有有效性。Amemiya（1971）证明了这些方差分量估计量的渐近分布与真实误差项已知时并不相同。他建议使用 LSDV 残差，而不是 OLS 残差。此时，$\tilde{u} = y - \tilde{\alpha}\iota_{NT} - X\tilde{\beta}$，其中 $\tilde{\alpha} = \bar{y}_{..} - \bar{X}'_{..}\tilde{\beta}$，$\bar{X}'_{..}$ 是所有解释变量的均值构成的 $1 \times K$ 向量。用这些 $\tilde{u}$ 替代式（12.21）和式（12.22）中的 u，即可得到方差分量的 Amemiya 估计量。这些估计量的渐近分布与真实方差已知时相同。

Swamy and Arora（1972）建议运行两次回归，然后利用相应的均方误差即可得到方差分量的估计。第一个回归是式（12.12）给出的组内回归，由此可得到下式给出的一个 s^2：

$$\hat{\hat{\sigma}}_\nu^2 = [y'Qy - y'QX(X'QX)^{-1}X'Qy]/[N(T-1) - K]。 \tag{12.23}$$

第二个回归是组间回归，即用时间均值建立回归方程：

$$\bar{y}_{i.} = \alpha + \bar{X}'_{i.}\beta + \bar{u}_{i.}, \quad i = 1, \cdots, N_{\circ} \tag{12.24}$$

这等价于用 P 左乘式（12.11），然后运行 OLS。唯一需要注意的是，后一个回归将个体均值重复了 T 次，因而有 NT 个观测值；而截面回归式（12.24）仅用了 N 个观测值。要修正这一偏差，我们可以利用下述截面回归：

$$y_{i.}/\sqrt{T} = \alpha\sqrt{T} + (X'_{i.}/\sqrt{T})\beta + u_{i.}/\sqrt{T}, \tag{12.25}$$

可以证明，上式中 $\mathrm{var}(u_{i.}/\sqrt{T}) = \sigma_1^2$。由此回归可以得到一个 s^2：

$$\hat{\sigma}_1^2 = (y'Py - y'PZ(Z'PZ)^{-1}Z'Py)/(N-K-1)_{\circ} \tag{12.26}$$

将刚才两个回归方程堆积起来可得

$$\begin{pmatrix} Qy \\ Py \end{pmatrix} = \begin{pmatrix} QZ \\ PZ \end{pmatrix}\delta + \begin{pmatrix} Qu \\ Pu \end{pmatrix}, \tag{12.27}$$

变换后的误差项的均值为 0，方差—协方差矩阵为

$$\begin{bmatrix} \sigma_\nu^2 Q & 0 \\ 0 & \sigma_1^2 P \end{bmatrix}_{\circ}$$

问题 6 要求读者证明，对此 $2NT$ 个观测值的系统进行 OLS 回归，其结果与混合模型（12.3）的 OLS 结果相同。而且此系统的 GLS 与式（12.3）的 GLS 结果也相同。另外，我们可以通过下面的回归方式去掉常数项 α：

$$\begin{pmatrix} Qy \\ (P-\bar{J}_{NT})y \end{pmatrix} = \begin{pmatrix} QX \\ (P-\bar{J}_{NT})X \end{pmatrix}\beta + \begin{pmatrix} Qu \\ (P-\bar{J}_{NT})u \end{pmatrix}_{\circ} \tag{12.28}$$

这是因为 $Q\iota_{NT} = 0$，$(P-\bar{J}_{NT})\iota_{NT} = 0$。这样变换后的误差项的均值为 0，方差—协方差矩阵为

$$\begin{bmatrix} \sigma_\nu^2 Q & 0 \\ 0 & \sigma_1^2(P-\bar{J}_{NT}) \end{bmatrix}_{\circ} \tag{12.29}$$

对此方程系统应用 OLS 即可得到与模型（12.3）的 OLS 相同的结果。同理，对（12.28）应用 GLS 即可得到与式（12.3）的 GLS 相同的结果。实际上，

$$\begin{aligned}
\hat{\beta}_{GLS} &= [(X'QX/\sigma_\nu^2) + X'(P-\bar{J}_{NT})X/\sigma_1^2]^{-1}[(X'Qy/\sigma_\nu^2) + (X'(P-\bar{J}_{NT})y/\sigma_1^2)] \\
&= [W_{XX} + \phi^2 B_{XX}]^{-1}[W_{Xy} + \phi^2 B_{Xy}], \tag{12.30}
\end{aligned}$$

方差 $\mathrm{var}(\hat{\beta}_{GLS}) = \sigma_\nu^2[W_{XX} + \phi^2 B_{XX}]^{-1}$。注意，$W_{XX} = X'QX$，$B_{XX} = X'(P-\bar{J}_{NT})X$，$\phi^2 = \sigma_\nu^2/\sigma_1^2$。另外，$\beta$ 的组内估计量为 $\tilde{\beta}_{Within} = W_{XX}^{-1}W_{Xy}$，组间估计量为 $\hat{\beta}_{Between} = B_{XX}^{-1}B_{Xy}$。从这里可以看出，$\hat{\beta}_{GLS}$ 是组内估计量 $\tilde{\beta}_{Within}$ 和组间估计量 $\hat{\beta}_{Between}$ 的矩阵加权平均，权重分别为各估计量的方差的倒数，即

$$\hat{\beta}_{GLS} = W_1\tilde{\beta}_{Within} + W_2\hat{\beta}_{Between}, \tag{12.31}$$

计量经济学方法与应用（第五版）

其中 $W_1 = [W_{XX} + \phi^2 B_{XX}]^{-1} W_{XX}$，$W_2 = [W_{XX} + \phi^2 B_{XX}]^{-1} (\phi^2 B_{XX}) = I - W_1$。这些由 Maddala（1971）给出。注意，（ⅰ）如果 $\sigma_\mu^2 = 0$，那么 $\phi^2 = 1$，此时 $\hat{\beta}_{GLS}$ 退化为 $\hat{\beta}_{OLS}$。（ⅱ）如果 $T \to \infty$，则 $\phi^2 \to 0$，此时 $\hat{\beta}_{GLS}$ 退化为 $\tilde{\beta}_{Within}$。（ⅲ）如果 $\phi^2 \to \infty$，则 $\hat{\beta}_{GLS}$ 退化为 $\hat{\beta}_{Between}$。换句话说，组内估计量忽略了组间变动，组间估计量忽略了组内变动，而 OLS 估计量则给予组内和组间变动同等的权重。从式（12.30）可以明显看出，由于 ϕ^2 是正值，所以 $\mathrm{var}(\tilde{\beta}_{Within}) - \mathrm{var}(\hat{\beta}_{GLS})$ 是半正定矩阵。但是，当 N 固定，$T \to \infty$ 时，$\phi^2 \to 0$，并且 $\hat{\beta}_{GLS}$ 和 $\tilde{\beta}_{Within}$ 具有相同的渐近方差。

Nerlove（1997）也提出了一个方差分量的估计量。他的建议是 $\hat{\sigma}_\mu^2 = \sum_{i=1}^{N} (\hat{\mu}_i - \overline{\hat{\mu}})^2 / (N-1)$，其中 $\hat{\mu}_i$ 是 LSDV 回归中虚拟变量系数的估计值。$\hat{\sigma}_\nu^2$ 用组内残差平方和除以 NT 来估计，不用做自由度修正。

注意，如果不用 Nerlove（1997）的方法，需要用 $(\hat{\sigma}_1^2 - \hat{\sigma}_\nu^2)/T$ 求出 $\hat{\sigma}_\mu^2$，此时就不能保证 $\hat{\sigma}_\mu^2$ 的估计值非负。Searle（1971）在生物计量学研究中详细讨论了负的方差分量估计值的问题。一种解决办法是用零替换这些负的估计值，这实际上是 Maddala and Mount（1973）根据蒙特卡罗研究结果给出的建议。他们研究发现负方差估计值仅在真实 σ_μ^2 很小或者接近零的时候才会出现。在这种情况下，OLS 仍然是可行的估计量。因此，用零替换负的 $\hat{\sigma}_\mu^2$ 并不是严重错误，这些问题都可以忽略不计。

在随机效应模型中，基于真实方差分量的 GLS 估计量具有 BLUE 特性。当 N 或 T 其中之一趋于无穷时，所有可行的 GLS 估计量也都是渐近有效的。Maddala and Mount（1973）在他们的蒙特卡罗模拟中比较了 OLS、组内、组间、可行的 GLS、真实 GLS 以及 MLE 等估计量。他们发现，在小样本情况下很难区分各种可行的 GLS 估计量的优劣，因此他们建议选择容易计算的方法即可。

Taylor（1980）推导出了单误差分量模型的精确有限样本结果。他比较了组内估计量和 Swamy-Arora 可行的 GLS 估计量。他发现了以下重要结果：（1）除非自由度极小，否则可行的 GLS 要比 FE 更有效；（2）可行的 GLS 的方差不会超过 Cramér-Rao 下界的 17%。（3）增加方差分量估计的有效性并不一定能得到更有效的可行的 GLS 估计量。Maddala and Mount（1973）以及 Baltagi（1981）的蒙特卡罗模拟也证实了这些有限样本结果。

□ 12.2.3　极大似然估计

假定干扰项服从正态分布，则模型的对数似然函数为

$$L(\alpha, \beta, \phi^2, \sigma_\nu^2) = 常数 - \frac{NT}{2} \log \sigma_\nu^2 + \frac{N}{2} \log \phi^2 - \frac{1}{2\sigma_\nu^2} u' \Sigma^{-1} u，\qquad (12.32)$$

由式（12.18）可知其中 $\Omega = \sigma_\nu^2 \Sigma$，$\phi^2 = \sigma_\nu^2 / \sigma_1^2$，$\Sigma = Q + \phi^{-2} P$。这里使用了一个事实：$|\Omega| = $ 其特征根的乘积 $= (\sigma_\nu^2)^{N(T-1)} (\sigma_1^2)^N = (\sigma_\nu^2)^{NT} (\phi^2)^{-N}$。注意，$\phi^2$ 和 σ_μ^2 存在一一对应关系。实际上将 $0 \leqslant \sigma_\mu^2 < \infty$ 变换到 $0 < \phi^2 \leqslant 1$。直接最大化式（12.32）会得到非线性一阶条件，见 Amemiya（1971）。而 Breusch（1987）则利用 $\hat{\alpha}_{MLE} = \bar{y}.. - \bar{X}'.. \hat{\beta}_{MLE}$，$\hat{\sigma}_{\nu,MLE}^2 = \hat{u}' \hat{\Sigma}^{-1} \hat{u} / NT$ 将似然函数先对 α 和 σ_ν^2 进行集中，其中 $\hat{u}$ 和 $\hat{\Sigma}$ 基于 β，ϕ^2 和 α 的 MLE 计

算得到。令 $d=y-X\hat{\beta}_{MLE}$，则 $\hat{\alpha}_{MLE}=\iota'_{NT}d/NT$，$\hat{u}=d-\iota_{NT}\hat{\alpha}=d-\bar{J}_{NT}d$。这意味着 $\hat{\sigma}^2_{\nu,MLE}$ 可写成

$$\hat{\sigma}^2_{\nu,MLE}=d'[Q+\phi^2(P-\bar{J}_{NT})]d/NT, \tag{12.33}$$

集中对数似然函数为

$$L_c(\beta,\phi^2)=常数-\frac{NT}{2}\log\{d'[Q+\phi^2(P-\bar{J}_{NT})]d\}+\frac{N}{2}\log\phi^2。 \tag{12.34}$$

给定 β，最大化式（12.34）可得

$$\hat{\phi}^2=\frac{d'Qd}{(T-1)d'(P-\bar{J}_{NT})d}=\frac{\sum_{i=1}^N\sum_{t=1}^T(d_{it}-\bar{d}_{i.})^2}{T(T-1)\sum_{i=1}^N(\bar{d}_{i.}-\bar{d}_{..})^2}。 \tag{12.35}$$

给定 ϕ^2，最大化式（12.34）可得

$$\hat{\beta}_{MLE}=\{X'[Q+\phi^2(P-\bar{J}_{NT})]X\}^{-1}X'[Q+\phi^2(P-\bar{J}_{NT})]y。 \tag{12.36}$$

一直在 β 和 ϕ^2 之间这样迭代，直到收敛。Breusch（1987）证明，给定 $T>1$，不论第 i 次迭代得到的 β_i 为何值，第 $i+1$ 次迭代得到的 ϕ^2_{i+1} 必定满足 $0<\phi^2_{i+1}<\infty$。更重要的一点是，Breusch（1987）证明，这些 ϕ^2_i 有一个显著特征：它们构成了单调序列。事实上，如果从 β 的组内估计量开始，此时 $\phi^2=0$，下一个 ϕ^2 为一有限正值，接下来的 ϕ^2 构成一个单调递增序列。同样，如果从 β 的组间估计量开始，此时 $\phi^2\to\infty$，下一个 ϕ^2 也为一有限正值，接下来的 ϕ^2 则构成一个单调递减序列。因此，为了防止得到局部极大值，Breusch（1987）建议分别从 $\tilde{\beta}_{Within}$ 和 $\hat{\beta}_{Between}$ 开始迭代，如果这两个序列收敛于同一极值点，那么这就是全局极大值。如果从 $\hat{\beta}_{OLS}$ 开始迭代，此时 $\phi^2=1$，下一次迭代 ϕ^2 会增大，这样我们会得到以 $\phi^2=1$ 为边界的局部极大值。Maddala（1971）发现，似然函数 $L(\phi^2)$ 在 $0<\phi^2\leqslant1$ 内最多有两个极大值。因此，我们必须防止得到的是一个局部极大值。

■ 12.3 预　测

假定我们要预测第 i 个个体 S 期之后的取值。随机效应模型中，BLU 估计量就是 GLS 估计量。由第 9 章关于 GLS 估计的结论可知，$y_{i,T+s}$ 的 Goldberger（1962）最佳线性无偏预测（BLUP）是

$$\hat{y}_{i,T+s}=Z'_{i,T+s}\hat{\delta}_{GLS}+w'\Omega^{-1}\hat{u}_{GLS}, \quad S\geqslant1, \tag{12.37}$$

其中 $\hat{u}_{GLS}=y-Z\hat{\delta}_{GLS}$，$w=E(u_{i,T+s}u)$。注意，

$$u_{i,T+s}=\mu_i+\nu_{i,T+s}, \tag{12.38}$$

$w=\sigma^2_\mu(\ell_i\otimes\iota_T)$，其中 ℓ_i 是 I_N 的第 i 列，即 ℓ_i 是第 i 个位置为 1 且其他位置为 0 的列向量。这时，

$$w'\Omega^{-1}=\sigma_{\mu}^{2}(\ell_{i}'\otimes\iota_{T}')\left[\frac{1}{\sigma_{1}^{2}}P+\frac{1}{\sigma_{\nu}^{2}}Q\right]=\frac{\sigma_{\mu}^{2}}{\sigma_{1}^{2}}(\ell_{i}'\otimes\iota_{T}'),\qquad(12.39)$$

这是因为 $(\ell_{i}'\otimes\iota_{T}')P=(\ell_{i}'\otimes\iota_{T}')$，而且 $(\ell_{i}'\otimes\iota_{T}')Q=0$。$w'\Omega^{-1}\hat{u}_{GLS}$ 的典型元素为 $(T\sigma_{\mu}^{2}/\sigma_{1}^{2})\hat{u}_{i\cdot,GLS}$，其中 $\hat{u}_{i\cdot,GLS}=\sum_{t=1}^{T}\hat{u}_{it,GLS}/T$。因此，在式（12.37）中，$y_{i,T+s}$ 的 BLUP 以 GLS 预测为基础，使用其残差均值的一部分对其进行修正。Wansbeek and Kapteyn (1978) 以及 Taub (1979) 都对此预测进行了研究。

■ 12.4 实证案例

Baltagi and Griffin (1983) 考虑了下面的汽油需求方程：

$$\log\frac{Gas}{Car}=\alpha+\beta_{1}\log\frac{Y}{N}+\beta_{2}\log\frac{P_{MG}}{P_{GDP}}+\beta_{3}\log\frac{Car}{N}+u,\qquad(12.40)$$

其中，Gas/Car 是每辆汽车的汽油消耗量，Y/N 是实际人均收入，P_{MG}/P_{GDP} 是实际汽油价格，Car/N 是人均汽车拥有量。这个面板数据是由 18 个 OECD 国家 1960—1978 年的年度观测值构成的。本案例中的数据可以从 Springer 网站下载，文件名为 GASOLINE. DAT。表 12—1 给出了在 Stata 软件中使用 xtreg, fe 得到的组内估计的结果。这一结果实际是根据回归模型式（12.5）并按式（12.9）计算得到的。组内估计得到的汽油需求价格弹性很低，仅为 -0.322。式（12.14）描述的检验国家效应显著性的 F 统计量为 83.96。在原假设成立时，它服从 $F(17,321)$ 分布，因此在统计上是显著的。Stata 是在固定效应输出结果下面给出了这个 F 统计量的值，而在 EViews 中则需要在运行固定效应回归之后，选择冗余效应检验才能得到。

表 12—1 固定效应估计量——汽油需求数据

	Coef.	Std. Err.	T	$P>\mid t\mid$	[95% Conf. Interval]	
$\log(Y/N)$	0.6622498	0.073386	9.02	0.000	0.5178715	0.8066282
$\log(P_{MG}/P_{GDP})$	-0.3217025	0.0440992	-7.29	0.000	-0.4084626	-0.2349425
$\log(Car/N)$	-0.6404829	0.0296788	-21.58	0.000	-0.6988725	-0.5820933
Constant	2.40267	0.2253094	10.66	0.000	1.959401	2.84594
sigma_u	0.34841289					
sigma_e	0.09233034					
Rho	0.93438173	(fraction of variance due to u_i)				

表 12—2 给出了在 Stata 软件中使用 xtreg, be 得到的组间估计的结果。这是基于回归模型（12.24）计算得到的。组间估计得到的汽油需求价格弹性高，为 -0.964。使用 TSP 软件也证实了这些结果。

表 12—2   组间估计量——汽油需求数据

	Coef.	Std. Err.	T	$P>\mid t\mid$	[95% Conf. Interval]	
$\log(Y/N)$	0.9675763	0.1556662	6.22	0.000	0.6337055	1.301447
$\log(P_{MG}/P_{GDP})$	−0.9635503	0.1329214	−7.25	0.000	−1.248638	−0.6784622
$\log(Car/N)$	−0.795299	0.0824742	−9.64	0.000	−0.9721887	−0.6184094
Constant	2.54163	0.5267845	4.82	0.000	1.411789	3.67147

表 12—3 给出了在 Stata 软件中使用 xtreg，re 得到的随机效应估计的结果。这就是 Swamy and Arora（1972）估计量，其估计的价格弹性为 −0.420。与组内和组间估计量相比，这一结果更接近组内估计量。

表 12—3   随机效应估计量——汽油需求数据

	Coef.	Std. Err.	T	$P>\mid t\mid$	[95% Conf. Interval]	
$\log(Y/N)$	0.5549858	0.0591282	9.39	0.000	0.4390967	0.6708749
$\log(P_{MG}/P_{GDP})$	−0.4203893	0.0399781	−10.52	0.000	−0.498745	−0.3420336
$\log(Car/N)$	−0.6068402	0.025515	−23.78	0.000	−0.6568487	−0.5568316
Constant	1.996699	0.184326	10.83	0.000	1.635427	2.357971
sigma_u	0.19554468					
sigma_e	0.09233034					
Rho	0.81769	(fraction of variance due to u_i)				

表 12—4 给出了斜率系数的 OLS 估计、三个可行的 GLS 估计、各估计量的标准差以及式（12.16）定义的 ρ 的估计值。这里的结果由 EViews 软件计算，个体效应设定为随机效应，从选项菜单中选择相应的估计方法。表中的 Breusch（1987）迭代极大似然估计量（IMLE）由 Stata（xtreg，mle)和 TSP 计算得到。

表 12—4   汽油需求数据——单误差分量结果

	β_1	β_2	β_3	ρ
OLS	0.890	−0.892	−0.763	0
	(0.036)*	(0.030)*	(0.019)*	
WALHUS	0.545	−0.447	−0.605	0.75
	(0.066)	(0.046)	(0.029)	
AMEMIYA	0.602	−0.366	−0.621	0.93
	(0.066)	(0.042)	(0.029)	
SWAR	0.555	−0.402	−0.607	0.82
	(0.059)	(0.042)	(0.026)	
IMLE	0.588	−0.378	−0.616	0.91
	(0.066)	(0.046)	(0.029)	

* 如果真实模型的干扰项含有误差分量，那么这些标准差是有偏的（见 Moulton，1986）。
资料来源：Baltagi and Griffin（1983），并得到 Elsevier Science Publishers B. V.（North-Holland）授权。

计量经济学方法与应用（第五版）

表 12—5 给出了 Wallace and Hussain（1969）随机效应估计量的 EViews 输出结果，而表 12—6 给出的是 Amemiya（1971）随机效应估计量的 EViews 输出结果。注意，EViews 称 Amemiya 估计量为 Wansbeek and Kapteyn（1989）估计量，因为后者将这一方法推广至含有缺失观测值的非平衡面板中，详细内容请参考 Baltagi（2008）。表 12—7 给出了 Stata 极大似然估计的输出结果。

表 12—5　　　　　　　　汽油需求数据——Wallace and Hussain（1969）估计量

Dependent Variable：GAS
Method：Panel EGLS（Cross-section random effects）
Sample：1960 1978
Periods included：19
Cross-sections included：18
Total panel（balanced）observations：342
Wallace and Hussain estimator of component variances

	Coefficient	Std. Error	t-Statistic	Prob.
C	1.938318	0.201817	9.604333	0.0000
$\log(Y/N)$	0.545202	0.065555	8.316682	0.0000
$\log(P_{MG}/P_{GDP})$	−0.447490	0.045763	−9.778438	0.0000
$\log(Car/N)$	−0.605086	0.028838	−20.98191	0.0000

Effects Specification				
			S. D.	Rho
Cross-section random			0.196715	0.7508
Idiosyncratic random			0.113320	0.2492

表 12—6　　　　　　　　汽油需求数据——Wansbeek and Kapteyn（1989）估计量

Dependent Variable：GAS
Method：Panel EGLS（Cross-section random effects）
Sample：1960 1978
Periods included：19
Cross-sections included：18
Total panel（balanced）observations：342
Wallace and Hussain estimator of component variances

	Coefficient	Std. Error	t-Statistic	Prob.
C	2.188322	0.216372	10.11372	0.0000
$\log(Y/N)$	0.601969	0.065876	9.137941	0.0000
$\log(P_{MG}/P_{GDP})$	−0.365500	0.041620	−8.781832	0.0000
$\log(Car/N)$	−0.620725	0.027356	−22.69053	0.0000

Effects Specification				
			S. D.	Rho
Cross-section random			0.343826	0.9327
Idiosyncratic random			0.092330	0.0673

表 12—7　　　　　汽油需求数据——随机效应极大似然估计量

. xtreg c y p car, mle						
Random-effects ML regression				Number of obs	=	342
Group variable（i）：coun				Number of groups	=	18
Random effects u＿i ～ Gaussian				Obs per group：min	=	19
				avg	=	19.0
				max	=	19
				LR chi2（3）	=	609.75
Log likelihood＝282.47697				Prob＞chi2	=	0.0000

c	Coef.	Std. Err.	z	$P>\lvert z\rvert$	[95% Conf. Interval]	
$\log(Y/N)$	0.5881334	0.0659581	8.92	0.000	0.4588578	0.717409
$\log(P_{MG}/P_{GDP})$	−0.3780466	0.0440663	−8.58	0.000	−0.464415	−0.2916782
$\log(Car/N)$	−0.6163722	0.0272054	−22.66	0.000	−0.6696938	−0.5630506
＿cons	2.136168	0.2156039	9.91	0.000	1.713593	2.558744
sigma＿u	0.2922939	0.0545496			0.2027512	0.4213821
sigma＿e	0.0922537	0.0036482			0.0853734	0.0996885
rho	0.9094086	0.0317608			0.8303747	0.9571561

Likelihood-ratio test of sigma＿u＝0：chibar2（01）＝463.97 Prob＞＝chibar2＝0.000						

12.5　混合模型中的检验

□ 12.5.1　Chow 检验

在合并数据之前我们需要确定数据是否可合并，这一问题实际上等价于回归方程在不同企业间、不同时间上是否稳定的问题。用公式来表示，可以写成无约束的模型形式，即一个企业对应一个回归方程：

$$y_i = Z_i\delta_i + u_i, \ i=1,2,\cdots,N, \tag{12.41}$$

其中 $y_i' = (y_{i1}, \cdots, y_{iT})$，$Z_i = [\iota_T, X_i]$，$X_i$ 为 $T \times K$ 观测矩阵，δ_i' 为 $1 \times (K+1)$ 系数向量，u_i 为 $T \times 1$ 误差向量。需要注意的重要一点是每个方程的系数向量 δ 是不同的。我们想要检验的原假设 H_0 为：对所有的 i，$\delta_i = \delta$；备择假设 H_1 为：存在某些 i 使得$\delta_i \neq \delta$。在原假设 H_0 下，我们可以将式（12.41）的约束模型写成

$$y = Z\delta + u, \tag{12.42}$$

其中 $Z' = (Z_1', Z_2', \cdots, Z_N')$，$u' = (u_1', u_2', \cdots, u_N')$。无约束的模型也可以写成

$$y = \begin{bmatrix} Z_1 & 0 & \cdots & 0 \\ 0 & Z_2 & \cdots & 0 \\ \vdots & \vdots & \ddots & \vdots \\ 0 & 0 & \cdots & Z_N \end{bmatrix} \begin{bmatrix} \delta_1 \\ \delta_2 \\ \vdots \\ \delta_N \end{bmatrix} + u = Z^*\delta^* + u, \tag{12.43}$$

其中 $\delta^{*\,\prime}=(\delta_1',\ \delta_2',\ \cdots,\ \delta_N')$，$Z=Z^*I^*$，$I^*=(\iota_N\otimes I_{K'})$ 是 $NK'\times K'$ 矩阵，$K'=K+1$。显然，Z 中的变量都是 Z^* 中变量的线性组合。在假定 $u\sim N(0,\ \sigma^2 I_{NT})$ 时，方程（12.42）中 δ 的 MVU 估计量为

$$\hat{\delta}_{OLS}=\hat{\delta}_{MLE}=(Z'Z)^{-1}Z'y,\tag{12.44}$$

因此，

$$y=Z\hat{\delta}_{OLS}+e,\tag{12.45}$$

这就意味着 $e=(I_{NT}-Z(Z'Z)^{-1}Z')y=My=M(Z\delta+u)=Mu$，其中 $MZ=0$。同理，在备择假设下，δ_i 的 MVU 估计量为

$$\hat{\delta}_{i,OLS}=\hat{\delta}_{i,MLE}=(Z_i'Z_i)^{-1}Z_i'y_i,\tag{12.46}$$

因此，

$$y_i=Z_i\hat{\delta}_{i,OLS}+e_i,\tag{12.47}$$

意味着 $e_i=(I_T-Z_i(Z_i'Z_i)^{-1}Z_i')y_i=M_iy_i=M_i(Z_i\delta_i+u_i)=M_iu_i$，其中 $M_iZ_i=0$，并且上述结果对所有的 i 都成立。另外，令

$$M^*=I_{NT}-Z^*(Z^{*\prime}Z^*)^{-1}Z^{*\prime}=\begin{pmatrix} M_1 & 0 & \cdots & 0 \\ 0 & M_2 & \cdots & 0 \\ \vdots & \vdots & \ddots & \vdots \\ 0 & 0 & \cdots & M_N \end{pmatrix}。$$

可以很容易推出 $y=Z^*\hat{\delta}^*+e^*$，其中 $e^*=M^*y=M^*u$，$\hat{\delta}^*=(Z^{*\prime}Z^*)^{-1}Z^{*\prime}y$。注意，$M$ 和 M^* 都是对称幂等矩阵，且 $MM^*=M^*$。这一点从下式可以很容易看出：

$$Z(Z'Z)^{-1}Z'Z^*(Z^{*\prime}Z^*)^{-1}Z^{*\prime}=Z(Z'Z)^{-1}I^{*\prime}Z^{*\prime}Z^*(Z^{*\prime}Z^*)^{-1}Z^{*\prime}$$
$$=Z(Z'Z)^{-1}Z'。$$

上式中利用了等式 $Z=Z^*I^*$。现在，因为 $(M-M^*)M^*=0$，所以 $e'e-e^{*\prime}e^*=u'(M-M^*)u$ 和 $e^{*\prime}e^*=u'M^*u$ 相互独立。而且，因为 $(M-M^*)$ 和 M^* 都是幂等矩阵，所以这两个二次型除以 σ^2 之后都服从 χ^2 分布，见 Judge et al.（1985）。将两个二次型除以各自的自由度，然后求比值就可得到下述检验统计量：

$$F_{obs}=\frac{(e'e-e^{*\prime}e^*)/(\text{tr}(M)-\text{tr}(M^*))}{e^{*\prime}e^*/\text{tr}(M^*)}$$
$$=\frac{(e'e-e_1'e_1-e_2'e_2-\cdots-e_N'e_N)/(N-1)K'}{(e_1'e_1+e_2'e_2+\cdots+e_N'e_N)/N(T-K')}。\tag{12.48}$$

在 H_0 下，F_{obs} 服从 $F((N-1)K',\ N(T-K'))$ 分布，见 Fisher（1970）引理 2.2。这实际上是将 Chow（1960）提出的检验推广至 N 个线性回归方程的情形。

这时候，无约束残差平方和（URSS）是对式（12.41）中每个方程应用 OLS 得到的 N 个残差平方和的加总；而有约束残差平方和（RRSS）是对式（12.42）的混合回归模型应用 OLS 得到的 RSS。此时，总共有 $(N-1)K'$ 个约束，URSS 的自由度为 $N(T$

$-K'$)。同理,我们也可以检验回归方程在时间上的稳定性,这时自由度分别为 $(T-1)$ K' 和 $N(T-K')$。这两个检验针对的是所有回归系数,包括常数项。如果觉得正确的设定应该是 LSDV 模型,就应该允许截距项变动,但斜率必须是相同的。如果只检验斜率的稳定性,也是使用 Chow 检验,不过其中的 RRSS 应该是只含个体(或时间)虚拟变量的 LSDV 回归的残差平方和。当检验个体间斜率稳定性时,约束条件个数为 $(N-1)$ K,检验时间上的稳定性时为 $(T-1)K$。

不过 Chow 检验只在球形干扰项时才有效。如果球形干扰假设不成立,依据检验结果所作出的推断将是错误的。Baltagi (1981) 证明,如果干扰项的正确设定为误差分量结构,那么 Chow 检验倾向于在数据可合并时拒绝它。但是,Zellner (1962) 给出了 Chow 检验的一种推广形式,它允许方差—协方差矩阵为一般结构。这实际上是在 Ω 为误差分量模型的方差—协方差矩阵情况下检验原假设 $H_0: R\beta=r$,见第 9 章。Baltagi (1981) 表明,该检验在蒙特卡罗模拟中的表现很好。在这种情况下,我们要做的只是变换模型(原假设以及备择假设下的模型),使得变换后干扰项的方差为 $\sigma^2 I_{NT}$,然后对变换后的模型应用 Chow 检验即可。由于变换后的干扰项具有同方差性,因此上述最后一步应用通常的 Chow 检验就是合适的。给定 $\Omega=\sigma^2 \Sigma$,我们用 $\Sigma^{-1/2}$ 左乘约束模型 (12.42)。令 $\Sigma^{-1/2}y=\dot{y}$,$\Sigma^{-1/2}Z=\dot{Z}$,$\Sigma^{-1/2}u=\dot{u}$,则

$$\dot{y}=\dot{Z}\delta+\dot{u}, \qquad\qquad (12.49)$$

且 $E(\dot{u}\dot{u}')=\Sigma^{-1/2}E(uu')\Sigma^{-1/2}{}'=\sigma^2 I_{NT}$。同样,我们用 $\Sigma^{-1/2}$ 左乘无约束模型 (12.43),并将 $\Sigma^{-1/2}Z^*$ 记为 $\dot{Z}^*$,因此,

$$\dot{y}=\dot{Z}^*\delta^*+\dot{u}, \qquad\qquad (12.50)$$

且 $E(\dot{u}\dot{u}')=\delta^2 I_{NT}$。

到这一步,我们要检验 $H_0: \delta_i=\delta$,$i=1, 2, \cdots, N$,只要利用变换后的模型式 (12.49) 和式 (12.50) 计算 Chow 统计量即可,因为它们满足 $\dot{u}\sim N(0, \sigma^2 I_{NT})$。注意,在等式 $Z=Z^* I^*$ 两边左乘 $\Sigma^{-1/2}$ 可得 $\dot{Z}=\dot{Z}^* I^*$。定义 $\dot{M}=I_{NT}-\dot{Z}(\dot{Z}'\dot{Z})^{-1}\dot{Z}'$,$\dot{M}^*=I_{NT}-\dot{Z}^*(\dot{Z}^{*'}\dot{Z}^*)^{-1}\dot{Z}^{*'}$,可以很容易证明 $\dot{M}$ 和 $\dot{M}^*$ 都是对称幂等矩阵,而且满足 $\dot{M}\dot{M}^*=\dot{M}^*$。显然,这又满足了 Fisher (1970) 中引理 2.2 的条件,检验统计量

$$\dot{F}_{obs}=\frac{(\dot{e}'\dot{e}-\dot{e}^{*'}\dot{e}^*)/(\mathrm{tr}(\dot{M})-\mathrm{tr}(\dot{M}^*))}{\dot{e}^{*'}\dot{e}^*/\mathrm{tr}(\dot{M}^*)}\sim F((N-1)K', N(T-K')), \quad (12.51)$$

其中 $\dot{e}=\dot{y}-\dot{Z}\hat{\delta}_{OLS}$,$\hat{\delta}_{OLS}=(\dot{Z}'\dot{Z})^{-1}\dot{Z}'\dot{y}$ 意味着 $\dot{e}=\dot{M}\dot{y}=\dot{M}\dot{u}$。同理,$\dot{e}^*=\dot{y}-\dot{Z}^*\hat{\delta}^*_{OLS}$,$\hat{\delta}^*_{OLS}=(\dot{Z}^{*'}\dot{Z}^*)^{-1}\dot{Z}^{*'}\dot{y}$ 意味着 $\dot{e}^*=\dot{M}^*\dot{y}=\dot{M}^*\dot{u}$。这是将模型左乘 $\Sigma^{-1/2}$ 或对模型应用 Fuller 和 Battese 变换后的 Chow 检验。详情请见 Baltagi (2008)。

对于 Baltagi and Griffin (1983) 中的汽油数据,不同国家间数据是否可合并的 Chow 检验统计量为 129.38,在原假设 $H_0: \delta_i=\delta$,$i=1, \cdots, N$ 下,它服从 $F(68, 270)$ 分布。这里实际检验的是四个时间序列回归系数在 18 个国家间是否稳定的问题,其中无约束的 SSE 基于 18 个时间序列回归得到,即每个国家一个回归方程。只检验斜率系数的稳定性时,即 $H_0: \beta_i=\beta$,计算的 F 值为 27.33,在原假设下它服从 $F(51, 270)$ 分布。时间上是否可合并的 Chow 检验的 F 值为 0.276,在原假设 $H_0: \delta_t=\delta$,$t=$

1，…，T 下它服从 $F(72, 266)$ 分布。这实际上是检验 19 个时期间 4 个截面回归系数是否稳定，其中无约束的 SSE 基于 19 个 OLS 截面回归得到，即每年一个回归方程。显然该检验没能拒绝时期间可合并的假设。在单误差分量模型中，检验数据在国家间是否可合并的 F 值为 21.64，在原假设 H_0: $\delta_i = \delta$，$i = 1$，…，N 下它服从 $F(68, 270)$ 分布。时间上是否可合并的 Chow 检验的 F 值为 1.66，在原假设 H_0: $\delta_t = \delta$，$t = 1$，…，T 下它服从 $F(72, 266)$ 分布。该检验在 5% 的水平上拒绝了原假设 H_0。

□ 12.5.2　Breusch-Pagan（BP）检验

接下来我们看 Breusch and Pagan（1980）提出的拉格朗日乘子（LM）检验。检验的原假设为 H_0: $\sigma_\mu^2 = 0$，检验统计量为

$$LM = (NT/2(T-1)) \left[\left(\sum_{i=1}^{N} e_{i\cdot}^2 \Big/ \sum_{i=1}^{N} \sum_{t=1}^{T} e_{it}^2 \right) - 1 \right]^2, \qquad (12.52)$$

其中 e_{it} 表示混合模型的 OLS 残差，$e_{i\cdot}$ 表示每个个体残差的时期加总。在原假设 H_0 下，此 LM 统计量服从 χ_1^2 分布。对于 Baltagi and Griffin（1983）中的汽油数据，Breusch 和 Pagan 提出的 LM 检验统计量为 1 465.6。这是在 Stata 软件中估计随机效应模型后，使用命令 xtest0 计算得到的。此结果是显著的，因此可以拒绝原假设。Stata 在随机效应模型的极大似然估计结果中也给出了正态误差假设下的似然比（LR）统计量。本例中 LR 统计量的值为 463.97，在原假设下它渐近服从 χ_1^2 分布，结果也是显著的。

BP 检验存在一个问题，它的备择假设是双侧的，而我们知道 $\sigma_\mu^2 > 0$。Honda（1985）给出了适用于单侧检验的统计量：

$$HO = \sqrt{\frac{NT}{2(T-1)}} \left[\frac{e'(I_N \otimes J_T)e}{e'e} - 1 \right] \xrightarrow{H_0} N(0, 1), \qquad (12.53)$$

其中 e 表示 OLS 残差向量。注意，此 $N(0, 1)$ 统计量的平方就是 Breusch and Pagan（1980）中的 LM 检验统计量。Honda（1985）发现该检验统计量是一致最优的（uniformly most powerful），而且在非正态假定下也具有稳健性。但是 Moulton and Randolph（1989）表明，即使在大样本情况下，单侧 LM 统计量的渐近 $N(0, 1)$ 分布的近似效果也很差。为此，他们又提出了一个标准化的拉格朗日乘子（SLM）检验，它的渐近临界值要比 LM 检验更接近精确临界值。SLM 检验统计量实际上是将单侧 LM 统计量进行了中心化和标准化处理，以便使其均值为 0，方差为 1。

$$SLM = \frac{HO - E(HO)}{\sqrt{\text{var}(HO)}} = \frac{d - E(d)}{\sqrt{\text{var}(d)}}, \qquad (12.54)$$

其中 $d = e'De/e'e$，$D = (I_N \otimes J_T)$。使用回归残差二次型的一些结论——见 Evans and King（1985）等——可得

$$E(d) = \text{tr}(D\bar{P}_Z)/p,$$

以及

$$\text{var}(d) = 2\{p\,\text{tr}(D\bar{P}_Z)^2 - [\text{tr}(D\bar{P}_Z)]^2\}/p^2(p+2), \qquad (12.55)$$

其中 $p=n-(K+1)$，$\bar{P}_Z=I_n-Z(Z'Z)^{-1}Z'$。在原假设下，SLM 服从渐近 $N(0,1)$ 分布。

□ 12.5.3　Hausman 检验

在误差分量模型中，一个关键假设是 $E(u_{it}|X_{it})=0$。这一点非常重要，尤其是干扰项中含有不可观测的、可能与 X_{it} 相关的个体效应（即 μ_i）时。比如，在收入方程中，这些 μ_i 可能代表不可观测的个人能力，而这很可能与方程右侧中受教育变量相关。在这种情况下，$E(u_{it}|X_{it})\neq0$，β 的 GLS 估计量 $\hat{\beta}_{GLS}$ 是有偏且不一致的。但是，组内变换剔除了这些 μ_i，从而使得组内估计量 $\tilde{\beta}_{Within}$ 成为 β 的无偏一致估计。Hausman（1978）建议将 $\hat{\beta}_{GLS}$ 和 $\tilde{\beta}_{Within}$ 做比较，因为在原假设 $H_0：E(u_{it}|X_{it})=0$ 成立时，两个都是一致估计量；而如果 H_0 不正确，两个估计量具有不同的概率极限。实际上，不管原假设 H_0 成立与否，$\tilde{\beta}_{Within}$ 都是一致估计量，而 $\hat{\beta}_{GLS}$ 仅在原假设下才是 BLUE、一致且渐近有效的，如果原假设错误，它就是不一致的。显然，基于两者之差 $\hat{q}=\hat{\beta}_{GLS}-\tilde{\beta}_{Within}$ 可以构造检验统计量。在原假设 H_0 下，plim $\hat{q}=0$，$\text{cov}(\hat{q},\hat{\beta}_{GLS})=0$。

根据 $\hat{\beta}_{GLS}-\beta=(X'\Omega^{-1}X)^{-1}X'\Omega^{-1}u$ 以及 $\tilde{\beta}_{Within}-\beta=(X'QX)^{-1}X'Qu$，可以得到 $E(\hat{q})=0$，且

$$\begin{aligned}\text{cov}(\hat{\beta}_{GLS},\hat{q})&=\text{var}(\hat{\beta}_{GLS})-\text{cov}(\hat{\beta}_{GLS},\tilde{\beta}_{Within})\\&=(X'\Omega^{-1}X)^{-1}-(X'\Omega^{-1}X)^{-1}X'\Omega^{-1}E(uu')QX(X'QX)^{-1}=0。\end{aligned}$$

由 $\tilde{\beta}_{Within}=\hat{\beta}_{GLS}-\hat{q}$，$\text{cov}(\hat{\beta}_{GLS},\hat{q})=0$ 可得

$$\text{var}(\tilde{\beta}_{Within})=\text{var}(\hat{\beta}_{GLS})+\text{var}(\hat{q})。$$

因此，

$$\text{var}(\hat{q})=\text{var}(\tilde{\beta}_{Within})-\text{var}(\hat{\beta}_{GLS})=\sigma_\nu^2(X'QX)^{-1}-(X'\Omega^{-1}X)^{-1}。\tag{12.56}$$

所以，Hausman 检验统计量为

$$m=\hat{q}'[\text{var}(\hat{q})]^{-1}\hat{q},\tag{12.57}$$

在原假设下，m 统计量渐近服从 χ_K^2 分布，其中 K 表示斜率向量 β 的维度。为了使此检验可行，其中 Ω 需要用其一致估计量 $\hat{\Omega}$ 替换，GLS 用其对应的 FGLS 替换。另外一个渐近等价的检验可以由下述增广回归得到：

$$y^*=X^*\beta+\tilde{X}\gamma+w,\tag{12.58}$$

其中 $y^*=\sigma_\nu\Omega^{-1/2}y$，$X^*=\sigma_\nu\Omega^{-1/2}X$ 且 $\tilde{X}=QX$。现在 Hausman 检验等价于检验是否 $\gamma=0$。这就是检验式（12.58）是否可省略解释变量 $\tilde{X}$ 的标准 Wald 检验。

Arellano（1993）将此检验进行了推广，使其对异方差以及任意形式自相关都具有稳健性。实际上，无论出现异方差还是自相关，组内和 GLS 估计量的方差都是无效的，相应的 Hausman 检验也不再合适。对于 Baltagi and Griffin（1983）中的汽油数据，基于组内估计量和 Swamy and Arora（1972）提出的 GLS 估计量的差得到的 Hausman 检

验统计量为 $m=306.1$，它渐近服从 χ_3^2 分布，显然可以拒绝原假设。在 Stata 中 Hausman 检验可由命令 hausman 实现。

12.6 动态面板数据模型

动态误差分量回归的特征是滞后被解释变量做解释变量，即

$$y_{it}=\delta y_{i,t-1}+x'_{it}\beta+\mu_i+\nu_{it}, \quad i=1,\cdots,N, \quad t=1,\cdots,T, \tag{12.59}$$

其中 δ 是标量，x'_{it} 是 $1\times K$ 维的，β 是 $K\times 1$ 维的。Anderson and Hsiao（1982）对此模型进行了详细研究。因为 y_{it} 是 μ_i 的函数，$y_{i,t-1}$ 也是 μ_i 的函数，所以式（12.59）右侧的解释变量 $y_{i,t-1}$ 就和误差项相关。这使得 OLS 估计量有偏且不一致，即使 ν_{it} 无序列相关也是如此。对于固定效应（FE）估计量，尽管组内转换剔除了 μ_i，但 $\tilde{y}_{i,t-1}$ 仍然和 $\bar{\nu}_i$ 相关，即使 ν_{it} 无序列相关也是如此。实际上，组内估计量的偏倚与 $1/T$ 同阶，即 $O(1/T)$，因此其一致性要求 T 非常大，见 Nickell（1981）。另外一种既能消除个体效应，又不会导致上述问题的变换为一阶差分（FD）变换。事实上，Anderson and Hsiao（1982）就建议将模型做一阶差分来消除 μ_i，然后用 $\Delta y_{i,t-2}=(y_{i,t-2}-y_{i,t-3})$ 或者直接用 $y_{i,t-2}$ 作 $\Delta y_{i,t-1}=(y_{i,t-1}-y_{i,t-2})$ 的工具变量。只要 ν_{it} 无序列相关，这些工具变量就和 $\Delta \nu_{it}=\nu_{i,t}-\nu_{i,t-1}$ 无关。应用这种工具变量（IV）估计方法就可以得到模型参数的一致估计，但不一定是有效估计，原因在于这里没有利用所有可用的矩条件，见 Ahn and Schmidt（1995），而且它没有考虑到残差项是差分形式（$\Delta\nu_{it}$）。Arellano（1989）发现，在简单动态误差分量模型中，若使用 $\Delta y_{i,t-2}$ 而不是 $y_{i,t-2}$ 作工具变量，所得到的估计量会有一个奇异点，而且在大多参数取值范围内其方差都非常大。反过来，如果使用水平值作工具变量，比如 $y_{i,t-2}$，所得到的估计量就没有奇异点，而且方差更小，因此他推荐使用这样的工具变量。在动态面板数据模型中，如果我们利用 y_{it} 的滞后项和 ν_{it} 之间的正交条件，就可以得到更多的工具变量。

我们用不带其他解释变量的简单自回归模型来说明这一点：

$$y_{it}=\delta y_{i,t-1}+u_{it}, \quad i=1,\cdots,N, \quad t=1,\cdots,T, \tag{12.60}$$

其中 $u_{it}=\mu_i+\nu_{it}$，$\mu_i\sim\text{IID}(0,\ \sigma_\mu^2)$，$\nu_{it}\sim\text{IID}(0,\ \sigma_\nu^2)$，且 μ_i 和 ν_{it} 之间以及自身之间都相互独立。为了得到 T 固定，$N\to\infty$ 时 δ 的一致估计，我们先对式（12.60）进行差分以消除个体效应：

$$y_{it}-y_{i,t-1}=\delta(y_{i,t-1}-y_{i,t-2})+(\nu_{it}-\nu_{i,t-1}), \tag{12.61}$$

注意，$(\nu_{it}-\nu_{i,t-1})$ 是含有单位根的 MA(1) 过程。在 $t=3$ 时，即我们能观测到的关系式（12.61）的第一期，有

$$y_{i3}-y_{i2}=\delta(y_{i2}-y_{i1})+(\nu_{i3}-\nu_{i2})。$$

此时，y_{i1} 是有效的工具变量，因为它与 $(y_{i2}-y_{i1})$ 高度相关，而只要 ν_{it} 无序列相关，它就与 $(\nu_{i3}-\nu_{i2})$ 无关。但要注意 $t=4$ 时的情形，即我们能观测到的式（12.61）的第二期：

$$y_{i4} - y_{i3} = \delta(y_{i3} - y_{i2}) + (\nu_{i4} - \nu_{i3})。$$

此时，y_{i2} 和 y_{i1} 都是 $(y_{i3} - y_{i2})$ 的有效工具变量，因为它们两个都与 $(\nu_{i4} - \nu_{i3})$ 无关。继续这样往下推，每推一期就会增加一个有效工具变量，这样到时期 T，有效的工具变量集为 $(y_{i1}, \ y_{i2}, \ \cdots, \ y_{i,T-2})$。

这种寻找工具变量的过程仍没有考虑式（12.61）中的差分误差项问题。事实上，

$$E(\Delta\nu_i\Delta\nu_i') = \sigma_\nu^2 G， \tag{12.62}$$

其中 $\Delta\nu_i' = (\nu_{i3} - \nu_{i2}, \ \cdots, \ \nu_{iT} - \nu_{i,T-1})$，

$$G = \begin{bmatrix} 2 & -1 & 0 & \cdots & 0 & 0 & 0 \\ -1 & 2 & -1 & \cdots & 0 & 0 & 0 \\ \vdots & \vdots & \vdots & \ddots & \vdots & \vdots & \vdots \\ 0 & 0 & 0 & \cdots & -1 & 2 & -1 \\ 0 & 0 & 0 & \cdots & 0 & -1 & 2 \end{bmatrix},$$

它是 $(T-2) \times (T-2)$ 维矩阵，因为 $\Delta\nu_i$ 是含有单位根的 MA(1) 过程。定义

$$W_i = \begin{bmatrix} [y_{i1}] & & & 0 \\ & [y_{i1}, y_{i2}] & & \\ & & \ddots & \\ 0 & & & [y_{i1}, \cdots, y_{i,T-2}] \end{bmatrix}, \tag{12.63}$$

则工具变量矩阵为 $W = [W_1', \ \cdots, \ W_N']$，上面所描述的矩方程可写成 $E(W_i'\Delta\nu_i) = 0$。用 W' 左乘差分方程（12.61）的向量形式，可得

$$W'\Delta y = W'(\Delta y_{-1})\delta + W'\Delta\nu。 \tag{12.64}$$

对式（12.64）应用 GLS 即可得到 Arellano and Bond（1991）提出的一步一致估计量：

$$\hat{\delta}_1 = [(\Delta y_{-1})'W(W'(I_N \otimes G)W)^{-1}W'(\Delta y_{-1})]^{-1}$$
$$\times [(\Delta y_{-1})'W(W'(I_N \otimes G)W)^{-1}W'(\Delta y)]。 \tag{12.65}$$

仅使用上述矩条件，Hansen（1982）也给出了 T 固定，$N \to \infty$ 时 δ 的最优广义矩（GMM）估计。它和式（12.65）除了

$$W'(I_N \otimes G)W = \sum_{i=1}^{N} W_i'GW_i$$

被

$$V_N = \sum_{i=1}^{N} W_i'(\Delta\nu_i)(\Delta\nu_i)'W_i$$

代替之外，其余完全相同。此 GMM 估计量不要求初始条件的信息以及 ν_i 和 μ_i 的分布。为计算这一估计量，$\Delta\nu$ 要用一步一致估计量 $\hat{\delta}_1$ 中的差分残差来代替，这样就得到了 Arellano and Bond（1991）中的两步 GMM 估计量：

$$\hat{\delta}_2 = [(\Delta y_{-1})'W \hat{V}_N^{-1} W'(\Delta y_{-1})]^{-1}[(\Delta y_{-1})'W \hat{V}_N^{-1} W'(\Delta y)]。 \tag{12.66}$$

$\text{var}(\hat{\delta}_2)$ 的渐近一致估计由式（12.66）中的第一项给出：

$$\hat{\text{var}}(\hat{\delta}_2) = [(\Delta y_{-1})'W \hat{V}_N^{-1} W'(\Delta y_{-1})]^{-1}。 \tag{12.67}$$

注意，如果 $\nu_{it} \sim \text{IID}(0, \sigma_\nu^2)$，则 $\hat{\delta}_1$ 和 $\hat{\delta}_2$ 是渐近等价的。

如果像式（12.59）那样，模型中含有严格外生的回归解释变量，即对于所有的 t，$s = 1, 2, \cdots, T$ 有 $E(x_{it}\nu_{is}) = 0$，且所有的 x_{it} 和 μ_i 相关，那么所有的 x_{it} 都是一阶差分模型（12.59）的有效工具变量。因此，$[x_{i1}', x_{i2}', \cdots, x_{iT}']$ 应当加到式（12.63）中 W_i 的主对角线元素上。这样，式（12.64）就成为

$$W'\Delta y = W'(\Delta y_{-1})\delta + W'(\Delta X)\beta + W'\Delta\nu,$$

其中，ΔX 是 Δx_{it} 的观测值堆积起来的 $N(T-2) \times K$ 维矩阵。(δ, β') 的一步和两步估计量可像式（12.65）和式（12.66）那样由下式给出：

$$\begin{bmatrix} \hat{\delta} \\ \hat{\beta} \end{bmatrix} = ([\Delta y_{-1}, \Delta X]'W \hat{V}_N^{-1} W'[\Delta y_{-1}, \Delta X])^{-1}([\Delta y_{-1}, \Delta X]'W \hat{V}_N^{-1} W'\Delta y)。$$

$$\tag{12.68}$$

Arellano and Bond（1991）建议用 Sargan（1958）提出的方法来检验过度识别约束，检验统计量为

$$m = (\Delta\hat{\nu})'W \Big[\sum_{i=1}^N W_i'(\Delta\hat{\nu}_i)(\Delta\hat{\nu}_i)'W_i \Big]^{-1} W'(\Delta\hat{\nu}) \sim \chi_{p-K-1}^2,$$

其中 p 为 W 的列数，$\Delta\hat{\nu}$ 是式（12.68）的两步估计得到的残差。

综上，带个体效应的动态面板数据模型（12.59）在估计时会存在 Nickell（1981）偏倚，只有当 T 趋于无穷时此偏倚才会消失。这时，推荐采用 Arellano and Bond（1991）提出的 GMM 估计，它通过差分剔除了模型中的个体效应以及其他所有非时变因素，同时也消除了由于个体效应和解释变量相关所导致的内生性问题。矩条件由差分误差项和滞后被解释变量之间的正交条件得到。这里假定原始干扰项不存在序列相关。事实上，使用 Arellano 和 Bond 的 GMM 方法还可以计算两个诊断统计量，以检验误差项是否存在一阶或二阶序列相关。我们应当拒绝无一阶序列相关的原假设，同时不应当拒绝无二阶序列相关的假设。动态面板数据 GMM 估计的一个主要特征是矩条件的个数随着 T 的增大而增加。因此，需要使用 Sargan 检验来确定是否存在过度识别约束。有充分证据表明，矩条件过多尽管可以增加有效性，却导致了偏倚问题。因此，建议大家使用部分矩条件，这样就可以充分利用减小偏倚和损失效率之间的取舍关系，详见 Baltagi（2008）。

Arellano and Bond（1991）基于 140 家英国公司 1979—1984 年的数据建立就业模型，并采用他们的 GMM 估计和检验方法进行了分析。这是 Stata 中的基准数据集，基于这些数据使用命令（xtabond, twostep）就可以得到式（12.65）和式（12.66）中的一步和两步估计量以及 Sargan 过度识别检验统计量。问题 22 要求读者重现这些结果。

□ 12.6.1 实证案例

Baltagi, Griffin and Xiong（2000）利用美国 46 个州 30 多年（1963—1992 年）的

数据估计了香烟的动态需求模型。所估计的方程为

$$\ln C_{it} = \alpha + \beta_1 \ln C_{i,t-1} + \beta_2 \ln P_{i,t} + \beta_3 \ln Y_{it} + \beta_4 \ln Pn_{it} + u_{it}, \tag{12.69}$$

其中下标 i 表示第 i 个州（$i=1,\cdots,46$），下标 t 表示第 t 年（$t=1,\cdots,30$）。C_{it} 是达到抽烟年龄（14 岁及以上）的实际人均香烟销售量，用每人购买的香烟包数来衡量。P_{it} 是当年每包香烟的实际平均零售价。Y_{it} 是实际人均可支配收入。Pn_{it} 表示临近州中最低的实际香烟价格。最后这个变量实际上是跨州贩私烟效应的代理变量，它就相当于替代价格，诱使高税州（如马萨诸塞州）的顾客到低税州（如新罕布什尔州）购买香烟。干扰项设定为双误差分量形式：

$$u_{it} = \mu_i + \lambda_t + \nu_{it}, \quad i=1,\cdots,46, \quad t=1,\cdots,30, \tag{12.70}$$

其中 μ_i 表示每个州的个体效应，λ_t 表示每年的时期效应。这里假定时期效应（λ_t）为待估的固定参数，它们是模型中时间虚拟变量的系数。加入时期效应主要是因为存在大量的政策干预、健康警告以及卫生报告等。比如：

（1）联邦商务委员会强制贴警示标签的政策于 1965 年 1 月生效。

（2）1967 年 6 月将《公平原则法》（Fairness Doctrine Act）应用于烟草广告中，这就资助了 1968—1970 年的禁烟公告。

（3）禁止烟草在广播中做广告的国会禁令于 1971 年 1 月生效。

μ_i 是每个州的个体效应，它可以代表各州所独有的特征，比如：

（1）具有印第安人保留地的州，如蒙大拿州、新墨西哥州、亚利桑那州等，这些州税收流失最为严重，因为非印第安人到印第安人保留地购买免税香烟。

（2）佛罗里达、得克萨斯、华盛顿以及佐治亚州也是税收流失最为严重的地区，因为很多人在这些州的免税军事基地购买香烟。

（3）犹他州是摩门教（禁止吸烟的一种宗教）教徒比例最高的州，1988 年人均香烟销售量仅为 55 包，还不到全国平均水平 113 包的一半。

（4）内华达州，一个以旅游为主的州，1988 年时人均香烟销售量为 142 包，高于全国平均水平 29 包。

这些个体效应可以看作是固定效应，这时我们需要在方程（12.69）中加入代表各州的虚拟变量，这样得到的估计量就是组内估计量，结果见表 12—8。将这些结果与不含个体和时间虚拟变量的 OLS 结果进行比较，可以发现滞后消费量的系数从 0.97 降到 0.83，价格弹性的绝对数值由 0.09 上升到 0.30。收入弹性从负值变为正值，从 −0.03 到 0.10。

因为 OLS 和组内估计量没有考虑滞后被解释变量的内生性问题，所以我们给出了 2SLS 以及组内 2SLS 估计结果，所使用的工具变量为价格、临近州的价格以及收入的一阶滞后变量。这些估计得到的滞后消费量的系数值更小，但自身价格弹性的绝对值更大。Arellano and Bond（1991）两步估计得到的滞后消费量的系数为 0.70，价格弹性为 −0.40，两者都是显著的。检验过度识别的 Sargan 统计量的值为 32.3，它渐近服从 χ^2_{27} 分布，统计上并不显著。这些结果由 Stata 命令（xtabond2，twostep）得到，同时，为了减少矩条件的个数使用了 collapse 选项。

表 12—8　　　　　　　　香烟的动态需求模型：1963—1992 年 *

	$\ln C_{i,t-1}$	$\ln P_{it}$	$\ln Y_{it}$	$\ln Pn_{it}$
OLS	0.97	−0.090	−0.03	0.024
	(157.7)	(6.2)	(5.1)	(1.8)
组内	0.83	−0.299	0.10	0.034
	(66.3)	(12.7)	(4.2)	(1.2)
2SLS	0.85	−0.205	−0.02	0.052
	(25.3)	(5.8)	(2.2)	(3.1)
组内 2SLS	0.60	−0.496	0.19	−0.016
	(17.0)	(13.0)	(6.4)	(0.5)
Arellano 和 Bond（two-step）	0.70	−0.396	0.13	−0.003
	(10.2)	(6.0)	(3.5)	(0.1)

* 括号中的数字是 t 统计量。

资料来源：本表中的一些结果来自 Baltagi，Griffin and Xiong（2000）。

12.7　项目评价与差分差异估计量

　　假定我们想研究职业培训项目对工资的影响。理想的实验方式是将个体随机分为（如通过掷硬币）接受培训和不接受培训两个组，然后在保持其他因素不变的情况下比较两组的工资差异。这是任何一种药物在被许可之前必须要进行的实验。病人被随机分成两组，一组服药，另一组服安慰剂，根据这两组结果的差异决定药物能否被批准。在这种实验中，食品及药物管理局（FDA）关心的是药品的安全和效果。但我们在实验设定时就会遇到问题：如何保持其他因素不变？在经济研究中即使使用双胞胎也无法保证他们完全相同，也有可能他们具有不同的生活经历。

　　个体以往的工作经历会影响他在培训后找到工作的机会。但如果个体是随机分组的，那么工作经历在培训组和控制组中的分布就是相同的，也就是说，是否参与职业培训是独立于往期工作经历的。这时，在分析培训项目对将来就业的影响时，忽略以往工作经历就不会导致估计量存在缺失变量偏倚。Stock and Watson（2003）讨论了这类实验的内部和外部有效性所面临的威胁因素。前者包括：（ⅰ）没有随机化；（ⅱ）没有遵守培训计划。这些都会导致对培训效果的估计存在偏倚。第一个是指没有按照随机的方式把个体分为培训组和非培训组。第二种情况可以是培训组中的某些人没有参加各阶段的培训，或者是不应该出现在培训组中的人参加了某些阶段的培训等。任何一组中如果有人中途退出都会导致偏倚，特别是减员的原因与他们能否得到培训相关时更是如此。另外，实验比较昂贵时一般样本量较小，但小样本会影响到估计的精度。实验中也会有实验效应，比如参加培训的人可能仅仅因为受到关注或是因为培训员为项目成功下了赌注而更加努力，这就会导致实验效应。Stock and Watson（2003，p.380）说到："外部

第 12 章

合并截面时间序列数据

317

有效性所面临的威胁损害了将实验结果推广至其他总体和情形的能力。这样的威胁可以是实验样本并不能代表所研究的总体，或者是所采用的培训方式并不能代表被广泛使用的培训。"

□ 12.7.1 差分差异估计量

使用面板数据，我们可以得到同一个体在培训前和培训后的观测数据，用这些数据就可以估计出培训项目对工资的影响。假定参与培训的人是随机选择的，我们可以使用最简单的回归形式，即用培训前和培训后工资的变化量对一个虚拟变量做回归。虚拟变量的定义为：如果个体参与了培训，取值为1，否则为0。这一回归实际上计算的是培训组在培训前后工资的平均变化量与控制组工资平均变化量的差（所以称为差分差异估计量）。我们在回归中还可以加入代表个体培训前的特征的一些解释变量，如性别、种族、受教育程度以及年龄等。

Card（1990）使用准实验研究了移民是否降低了工资的问题。他的研究利用了"玛丽尔偷渡"事件，在这次事件中，大量的古巴移民进入迈阿密。Card（1990）使用的就是差分差异估计量，即比较迈阿密低技术工人工资的变化量与其他可比地区同时期相似工人工资的变化量的差异。Card得到的结论是，古巴移民的流入对低技术工人工资的影响微乎其微。

问　题

1. 固定效应与组内转换。

（a）用 Q 左乘式（12.11），证明变换后的方程简化后为式（12.12）。证明新的随机误差项 Qv 的均值为0，方差—协方差阵为 $\sigma_v^2 Q$。提示：$QZ_\mu = 0$。

（b）证明转换后的方程的 GLS 估计量与 OLS 估计量相同。提示：利用第 9 章给出的 GLS 等价于 OLS 的充要条件。

（c）利用第 7 章给出的 FWL 定理证明（b）中导出的估计量就是组内估计量，其形式为 $\tilde{\beta} = (X'QX)^{-1}X'Qy$。

2. 随机效应的方差—协方差矩阵。

（a）证明式（12.17）给出的 Ω 可以写成式（12.18）。

（b）证明 P 和 Q 是对称、幂等、正交矩阵，且它们的和为单位阵。

（c）对于式（12.19）给出的 Ω^{-1}，证明 $\Omega\Omega^{-1} = \Omega^{-1}\Omega = I_{NT}$。

（d）对于式（12.20）给出的 $\Omega^{-1/2}$，证明 $\Omega^{-1/2}\Omega^{-1/2} = \Omega^{-1}$。

3. Fuller and Battese（1974）转换。用 $\sigma_v\Omega^{-1/2}$ 左乘 y，其中 $\Omega^{-1/2}$ 由式（12.20）定义，证明得到的 y^* 具有典型元素 $y_{it}^* = y_{it} - \theta\bar{y}_{i.}$，其中 $\theta = 1 - \sigma_v/\sigma_1$，$\sigma_1^2 = T\sigma_\mu^2 + \sigma_v^2$。

4. 方差分量的无偏估计。利用式（12.21）和式（12.22）证明 $E(\hat{\sigma}_1^2) = \sigma_1^2$，$E(\hat{\sigma}_v^2) = \sigma_v^2$。提示：$E(u'Qu) = E\{\mathrm{tr}(u'Qu)\} = E\{\mathrm{tr}(uu'Q)\} = \mathrm{tr}\{E(uu')Q\} = \mathrm{tr}(\Omega Q)$。

5. 方差分量的 Swamy and Arora（1972）估计。

（a）证明式（12.23）给出的 $\hat{\hat{\sigma}}_v^2$ 是 σ_v^2 的无偏估计。

（b）证明式（12.26）给出的 $\hat{\hat{\sigma}}_1^2$ 是 σ_1^2 的无偏估计。

6. 系统估计。

（a）对式（12.27）给出的方程系统应用 OLS，证明得到的估计量为 $\hat{\delta}_{OLS}=(Z'Z)^{-1}Z'y$。

（b）对此方程系统应用 GLS，证明得到的估计量为 $\hat{\sigma}_{GLS}=(Z'\Omega^{-1}Z)^{-1}Z'\Omega^{-1}y$，其中 Ω^{-1} 由式（12.19）给出。

7. 随机效应比固定效应更有效。利用式（12.30）下方给出的 $\mathrm{var}(\hat{\beta}_{GLS})$ 的表达式以及 $\mathrm{var}(\tilde{\beta}_{Within})=\sigma_\nu^2 W_{XX}^{-1}$，证明

$$(\mathrm{var}(\hat{\beta}_{GLS}))^{-1}-(\mathrm{var}(\tilde{\beta}_{Within}))^{-1}=\phi^2 B_{XX}/\sigma_\nu^2,$$

且它是半正定矩阵。证明 $\mathrm{var}(\tilde{\beta}_{Within})-\mathrm{var}(\hat{\beta}_{GLS})$ 也是半正定矩阵。

8. 随机效应模型的极大似然估计。

（a）利用式（12.34）给出的集中似然函数。求解 $\partial L_c/\partial \phi^2=0$，证明式（12.35）。

（b）求解 $\partial L_c/\partial \beta=0$，证明式（12.36）。

9. 随机效应模型的预测。

（a）对于式（12.37）给出的预测量 $y_{i,T+s}$，计算 $t=1$, 2, $\cdots$, T 时的 $E(u_{i,T+s}u_{it})$，证明 $w=E(u_{i,T+s}u)=\sigma_\mu^2(\ell_i\otimes\iota_T)$，其中 ℓ_i 是 I_N 的第 i 列。

（b）证明 $(\ell_i'\otimes\iota_T')P=(\ell_i'\otimes\iota_T')$，并以此证明式（12.39）。

10. 利用 Baltagi and Griffin（1983）中的汽油需求数据（在 Springer 网站的 GASOLINE.DAT 文件中），重现表 12—1 至表 12—7。

11. 随机效应模型中 s^2 的界限。对于式（12.1）和式（12.2）给出的随机单误差分量模型，考虑 $\mathrm{var}(u_{it})=\sigma^2$ 的 OLS 估计量，即 $s^2=e'e/(n-K')$，其中 e 表示 OLS 残差向量，$n=NT$，$K'=K+1$。

（a）证明 $E(s^2)=\sigma^2+\sigma_\mu^2[K'-\mathrm{tr}(I_N\otimes J_T)P_X]/(n-K')$。

（b）考虑 Kiviet and Krämer（1992）给出的不等式，即 $0\leqslant\Omega$ 的 $n-K'$ 个最小特征根的均值 $\leqslant E(s^2)\leqslant\Omega$ 的 $n-K'$ 个最大特征根的均值 $\leqslant\mathrm{tr}(\Omega)/(n-K')$，其中 $\Omega=E(uu')$。证明，在单误差分量模型中，这些边界为

$$0\leqslant\sigma_\nu^2+(n-TK')\sigma_\mu^2/(n-K')\leqslant E(s^2)\leqslant\sigma_\nu^2+n\sigma_\mu^2/(n-K')\leqslant n\sigma^2/(n-K').$$

当 $n\to\infty$ 时，两个边界都趋于 σ^2，因此，s^2 是渐近无偏的，而且这一性质与 X 的特定演化过程无关，见 Baltagi and Krämer（1994）对这一结果的证明。

12. 证明 M 和 M^* 的关系，即式（12.47）下方给出的 $MM^*=M^*$。提示：利用 $Z=Z^*I^*$ 这一事实，其中 $I^*=(\iota_N\otimes I_{K'})$。

13. 证明式（12.50）下方定义的 $\dot{M}$ 和 $\dot{M}^*$ 都是对称、幂等矩阵，且满足 $\dot{M}\dot{M}^*=\dot{M}^*$。

14. 对于问题 10 中的汽油数据，证明方程（12.51）下方给出的 Chow 检验结果。

15. 对于汽油数据，计算检验 H_0: $\sigma_\mu^2=0$ 的 Breusch-Pagan、Honda 以及标准化的 LM 统计量。

16. 如果 $\tilde{\beta}$ 表示 LSDV 估计量，$\hat{\beta}_{GLS}$ 表示 GLS 估计量，则

（a）证明 $\hat{q}=\hat{\beta}_{GLS}-\tilde{\beta}$ 满足 $\mathrm{cov}(\hat{q},\hat{\beta}_{GLS})=0$。

(b) 证明方程（12.56）。

17. 利用问题 10 中的汽油数据，重现方程（12.58）下方给出的 Hausman 检验结果。

18. 利用 Springer 网站上 CIGAR. TXT 文件中的香烟数据重现表 12—8 中的结果。也可参见 Baltagi，Griffin and Xiong（2000）。

19. 带异方差的固定效应模型。该问题基于 Baltagi（1996）提出。考虑如下固定效应模型：

$$y_{it} = \alpha_i + u_{it}, \ i = 1, 2, \cdots, N, \ t = 1, 2, \cdots, T_i,$$

其中 y_{it} 表示第 i 个行业在时期 t 的产出，α_i 表示行业固定效应。假定干扰项 u_{it} 相互独立，仅个体间具有相异方差 σ_i^2。注意，这里的数据是不平衡的，即不同行业具有不同数量的观测值。

(a) 证明 α_i 的 OLS 和 GLS 估计是相同的。

(b) 令 σ^2 为平均干扰方差，即 $\sigma^2 = \sum_{i=1}^{N} T_i \sigma_i^2 / n$，其中 $n = \sum_{i=1}^{N} T_i$。证明 σ^2 的 GLS 估计是无偏的，而 σ^2 的 OLS 估计是有偏的。另外，证明如果数据是平衡的，或者个体方差相同，那么偏倚就会消失。

(c) 定义 $\lambda_i^2 = \sigma_i^2 / \sigma^2$，$i = 1, 2, \cdots, N$。证明对于 $\alpha' = (\alpha_1, \alpha_2, \cdots, \alpha_N)$，有

$$E[\text{估计的 } \mathrm{var}(\hat{\alpha}_{OLS}) - \text{真实的 } \mathrm{var}(\hat{\alpha}_{OLS})]$$
$$= \sigma^2 [(n - \sum_{i=1}^{N} \lambda_i^2)/(n - N)] \mathrm{diag}(1/T_i) - \sigma^2 \mathrm{diag}(\lambda_i^2/T_i).$$

此练习表明，如果非平衡面板数据模型中不包含解释变量，则含有异方差干扰项的固定效应可以由 OLS 估计，但是必须修正其标准差。

20. 组间估计量和组内估计量的相对有效性。本题基于 Baltagi（1999）。考虑简单面板数据回归模型：

$$y_{it} = \alpha + \beta x_{it} + u_{it}, \ i = 1, 2, \cdots, N, \ t = 1, 2, \cdots, T, \tag{1}$$

其中 α 和 β 都是标量。减去均值方程以去除常数项，可得

$$y_{it} - \bar{y}_{..} = \beta(x_{it} - \bar{x}_{..}) + u_{it} - \bar{u}_{..}, \tag{2}$$

其中 $\bar{x}_{..} = \sum_{i=1}^{N} \sum_{t=1}^{T} x_{it}/NT$，$\bar{y}_{..}$ 和 $\bar{u}_{..}$ 的定义与此类似。在解释变量括号里同时加减 $\bar{x}_{i.}$，整理后可得

$$y_{it} - \bar{y}_{..} = \beta(x_{it} - \bar{x}_{i.}) + \beta(\bar{x}_{i.} - \bar{x}_{..}) + u_{it} - \bar{u}_{..}, \tag{3}$$

其中 $\bar{x}_{i.} = \sum_{t=1}^{T} x_{it}/T$。现在，运行无约束的最小二乘回归：

$$y_{it} - \bar{y}_{..} = \beta_w(x_{it} - \bar{x}_{i.}) + \beta_b(\bar{x}_{i.} - \bar{x}_{..}) + u_{it} - \bar{u}_{..}, \tag{4}$$

其中 β_w 不一定等于 β_b。

(a) 证明式（4）中 β_w 的最小二乘估计量是组内估计量，而 β_b 的估计量是组间估计量。

(b) 证明：如果 $u_{it}=\mu_i+\nu_{it}$，其中 $\mu_i\sim \text{IID}(0,\ \sigma_\mu^2)$，$\nu_{it}\sim \text{IID}(0,\ \sigma_\nu^2)$，且它们相互之间以及自身之间相互独立，那么式（4）的 OLS 估计等价于 GLS 估计。

(c) 证明：对于模型（1），组间估计量相对于组内估计量的有效性为 (B_{XX}/W_{XX}) $[(1-\rho)/(T\rho+(1-\rho))]$，其中 $W_{XX}=\sum_{i=1}^{N}\sum_{t=1}^{T}(x_{it}-\bar{x}_{i.})^2$ 表示组内差异，$B_{XX}=T\sum_{i=1}^{N}(\bar{x}_{i.}-\bar{x}_{..})^2$ 表示组间差异。另外，$\rho=\sigma_\mu^2/(\sigma_\mu^2+\sigma_\nu^2)$ 表示等相关系数。

(d) 证明：对于方程（4），将检验 H_0：$\beta_w=\beta_b$ 的 t 统计量取平方就可得到 Hausman（1978）提出的设定检验。

21. 对于第 11 章研究的 Cornwell and Trumbull（1994）中关于犯罪的例子，利用 Springer 网站 CRIME. DAT 文件中的面板数据，重现 Cornwell and Trumbull（1994）中表 1 给出的组间和组内估计结果。用犯罪组合以及人均税收作为被逮捕概率和人均警察数的工具变量，计算 2SLS 和组内 2SLS（即带有地区虚拟变量的 2SLS）估计量。对估计结果进行评论。

22. 考虑 Arellano and Bond（1991）使用 140 个英国公司 1979—1984 年间的数据建立起来的动态就业方程，重现 Arellano and Bond（1991，p. 290）表 4 中的所有估计结果。

参考文献

本章内容基于 Baltagi（2008）。

Ahn, S. C. and P. Schmidt (1995), "Efficient Estimation of Models for Dynamic Panel Data," *Journal of Econometrics*, 68：5-27.

Amemiya, T. (1971), "The Estimation of the Variances in a Variance-Components Models," *International Economic Review*, 12：1-13.

Anderson, T. W. and C. Hsiao (1982), "Formulation and Estimation of Dynamic Models Using Panel Data," *Journal of Econometrics*, 18：47-82.

Arellano, M. (1989), "A Note on the Anderson-Hsiao Estimator for Panel Data," *Economics Letters*, 31：337-341.

Arellano, M. (1993), "On the Testing of Correlated Effects With Panel Data," *Journal of Econometrics*, 59：87-97.

Arellano, M. and S. Bond (1991), "Some Tests of Specification for Panel Data：Monte Carlo Evidence and An Application to Employment Equations," *Review of Economic Studies*, 58：277-297.

Balestra, P. (1973), "Best Quadratic Unbiased Estimators of the Variance-Covariance Matrix in Normal Regression," *Journal of Econometrics*, 2：17-28.

Baltagi, B. H. (1981), "Pooling：An Experimental Study of Alternative Testing and Estimation Procedures in a Two-Way Errors Components Model," *Journal of Econometrics*, 17：21-49.

Baltagi, B. H. (1996), "Heteroskedastic Fixed Effects Models," Problem 96.5.1, *Econometric Theory*, 12: 867.

Baltagi, B. H. (1999), "The Relative Efficiency of the Between Estimator with Respect to the Within Estimator," Problem 99.4.3, *Econometric Theory*, 15: 630– 631.

Baltagi, B. H. (2008), *Econometric Analysis of Panel Data* (Wiley: Chichester).

Baltagi, B. H. and J. M. Griffin (1983), "Gasoline Demand in the OECD: An Application of Pooling and Testing Procedures," *European Economic Review*, 22: 117– 137.

Baltagi, B. H., J. M. Griffin and W. Xiong (2000), "To Pool or Not to Pool: Homogeneous Versus Heterogeneous Estimators Applied to Cigarette Demand," *Review of Economics and Statistics*, 82: 117–126.

Baltagi, B. H. and W. Krämer (1994), "Consistency, Asymptotic Unbiasedness and Bounds on the Bias of s^2 in the Linear Regression Model with Error Components Disturbances," *Statistical Papers*, 35: 323–328.

Breusch, T. S. (1987), "Maximum Likelihood Estimation of Random Effects Models," *Journal of Econometrics*, 36: 383–389.

Breusch, T. S. and A. R. Pagan (1980), "The Lagrange Multiplier Test and its Applications to Model Specification in Econometrics," *Review of Economic Studies*, 47: 239–253.

Card (1990), "The Impact of the Mariel Boat Lift on the Miami Labor Market," *Industrial and Labor Relations Review*, 43: 245–253.

Chow, G. C. (1960), "Tests of Equality Between Sets of Coefficients in Two Linear Regressions," *Econometrica*, 28: 591–605.

Cornwell, C. and W. N. Trumbull (1994), "Estimating the Economic Model of Crime with Panel Data," *Review of Economics and Statistics*, 76: 360–366.

Evans, M. A. and M. L. King (1985), "Critical Value Approximations for Tests of Linear Regression Disturbances," *Australian Journal of Statistics*, 27: 68–83.

Fisher, F. M. (1970), "Tests of Equality between Sets of Coefficients in Two Linear Regressions: An Expository Note," *Econometrica*, 38: 361–366.

Fuller, W. A. and G. E. Battese (1974), "Estimation of Linear Models with Cross-Error Structure," *Journal of Econometrics*, 2: 67–78.

Goldberger, A. S. (1962), "Best Linear Unbiased Prediction in the Generalized Linear Regression Model," *Journal of the American Statistical Association*, 57: 369– 375.

Graybill, F. A. (1961), *An Introduction to Linear Statistical Models* (McGraw-Hill: New York).

Hansen, L. P. (1982), "Large Sample Properties of Generalized Method of Moments Estimators," *Econometrica*, 50: 1029-1054.

Hausman, J. A. (1978), "Specification Tests in Econometrics," *Econometrica*, 46: 1251-1271.

Honda, Y. (1985), "Testing the Error Components Model with Non-Normal Disturbances," *Review of Economic Studies*, 52: 681-690.

Hsiao, C. (2003), *Analysis of Panel Data* (Cambridge University Press: Cambridge).

Judge, G. G. , W. E. Griffiths, R. C. Hill, H. Lutkepohl and T. C. Lee (1985), *The Theory and Practice of Econometrics* (Wiley: New York).

Kiviet, J. F. and W. Krämer (1992), "Bias of s^2 in the Linear Regression Model with Correlated Errors," *Empirical Economics*, 16: 375-377.

Maddala, G. S. (1971), "The Use of Variance Components Models in Pooling Cross Section and Time Series Data," *Econometrica*, 39: 341-358.

Maddala, G. S. and T. Mount (1973), "A Comparative Study of Alternative Estimators for Variance Components Models Used in Econometric Applications," *Journal of the American Statistical Association*, 68: 324-328.

Moulton, B. R. and W. C. Randolph (1989), "Alternative Tests of the Error Components Model," *Econometrica*, 57: 685-693.

Nerlove, M. (1971), "A Note on Error Components Models," *Econometrica*, 39: 383-396.

Nickell, S. (1981), "Biases in Dynamic Models with Fixed Effects," *Econometrica*, 49: 1417-1426.

Searle, S. R. (1971), *Linear Models* (Wiley: New York).

Sargan, J. (1958), "The Estimation of Economic Relationships Using Instrumental Variables," *Econometrica*, 26: 393-415.

Swamy, P. A. V. B. and S. S. Arora (1972), "The Exact Finite Sample Properties of the Estimators of Coefficients in the Error Components Regression Models," *Econometrica*, 40: 261-275.

Taub, A. J. (1979), "Prediction in the Context of the Variance-Components Model," *Journal of Econometrics*, 10: 103-108.

Taylor, W. E. (1980), "Small Sample Considerations in Estimation from Panel Data," *Journal of Econometrics*, 13: 203-223.

Wallace, T. and A. Hussain (1969), "The Use of Error Components Models in Combining Cross-Section and Time-Series Data," *Econometrica*, 37: 55-72.

Wansbeek, T. J. and A. Kapteyn (1978), "The Separation of Individual Variation and Systematic Change in the Analysis of Panel Data," *Annales de l'INSEE*, 30-31: 659-680.

Wansbeek, T. J. and A. Kapteyn (1982), "A Simple Way to Obtain the Spectral Decomposition of Variance Components Models for Balanced Data," *Communications in*

Statistics All，2105－2112.

Wansbeek，T. J. and A. Kapteyn（1989），"Estimation of the Error Components Model with Incomplete Panels," *Journal of Econometrics*，41：341－361.

Zellner，A.（1962），"An Efficient Method of Estimating Seemingly Unrelated Regression and Tests for Aggregation Bias," *Journal of the American Statistical Association*，57：348－368.

第 13 章

受限因变量

13.1 引　言

在劳动经济学中，面临的问题是要解释关于工人是否参加工作的决策、是否加入工会或是否从一个地区迁移到另一个地区的决策。在财政学中，要面临客户拖欠贷款或信用卡账单、购买股票或固定资产（比如房子）之类的问题。在这些例子中，因变量通常是虚拟变量，如果工人参加工作（或客户拖欠贷款）取值为 1，如果他（或她）不参加工作（或偿还贷款）取值为 0。我们曾处理过虚拟变量作为解释变量出现在回归方程右侧的情形，但是当虚拟变量出现在方程左侧时会有什么新问题出现呢？就像我们在前些章所做的那样，我们首先研究它对普通最小二乘估计量的影响，然后考虑另一个更适合于这种性质的模型的估计量。

13.2 线性概率模型

对这个模型进行 OLS 会发生什么错误？毕竟，这是个可行的程序。对于是否参加工作的例子来说，我们将一个反映参加工作的虚拟变量对年龄、性别、种族、婚姻状况、孩子个数、经验和教育情况等进行回归。根据这个 OLS 回归进行的预测可以解释为参加工作的可能性。有关这个解释的问题如下：

（i）我们要预测每一个人参加工作的概率，而观测到的实际值是 0 和 1。

（ii）但是无法保证 y_i 的预测值 $\hat{y}_i$ 也在 0～1 之间。事实上，你可能总会发现一些解释变量的值，根据它们得到的相应的预测值在（0，1）这个范围之外。

（ⅲ）即使想假定真实的模型是由下式给出的线性回归：

$$y_i = x'_i\beta + u_i, \ i = 1, 2, \cdots, n, \tag{13.1}$$

扰动的性质必须满足哪些条件？显然只有当 $u_i = 1 - x'_i\beta$ 时 $y_i = 1$，我们说相应的概率为 π_i，其中 π_i 是待定的。那么只有当 $u_i = -x'_i\beta$ 时 $y_i = 0$，相应的概率为（$1 - \pi_i$）。由于扰动具有零均值：

$$E(u_i) = \pi_i(1 - x'_i\beta) + (1 - \pi_i)(-x'_i\beta) = 0。\tag{13.2}$$

解 π_i，得到 $\pi_i = x'_i\beta$。这还意味着

$$\text{var}(u_i) = \pi_i(1 - \pi_i) = x'_i\beta(1 - x'_i\beta) \tag{13.3}$$

是异方差的。Goldberger（1964）建议首先通过运行 OLS 来估计 β 以修正异方差并通过 $\hat{\sigma}_i^2 = x'\hat{\beta}_{OLS}(1 - x'_i\hat{\beta}_{OLS}) = \hat{y}_i(1 - \hat{y}_i)$ 估计 $\hat{\sigma}_i^2 = \text{var}(v_i)$，下一步对式（13.1）进行加权最小二乘（WLS）法，将初始观测除以 $\hat{\sigma}_i$。如果 OLS 预测到 $\hat{y}_i$ 大于 1 或小于 0，将无法计算 $\hat{\sigma}_i$，该文献中的建议还包括如果 $\hat{y}_i < 0$，用 0.005 代替，如果 $\hat{y}_i > 1$ 用 0.995 代替。但是，这些方法完成的情况并不好，WLS 预测本身并不能保证落在（0，1）之间。因此，当估计线性概率模型时，应该用稳健的 White 异方差的方差—协方差矩阵选项，否则，标准误是有偏的，推断会误导。

OLS 带给我们的根本问题是它的函数形式，我们试着用线性回归方程预测：

$$y_i = F(x'_i\beta) + u_i, \tag{13.4}$$

见图 13—1，其中关于这个概率更合理的函数形式是一个 S 型累计分布函数形式。在生物计量学文献中是这样调整的：昆虫对杀虫剂的容忍度是 I_i^*，这是一个不可观测的随机变量，累积分布函数（c.d.f）为 F。如果喷洒的杀虫剂剂量引起的刺激 I_i 超过了 I_i^*，这个昆虫就会被杀死，也就是说，$y_i = 1$。因此，

$$\Pr(y_i = 1) = \Pr(I_i^* \leqslant I_i) = F(I_i)。\tag{13.5}$$

为了将其引入经济学，I_i^* 可以看作是观测不到的工人的保留工资，如果我们提供的工资高于这个保留工资，工人就会参加工作。通常，I_i 可以表示为个体特征的函数，也就是 x_i 的函数。$F(x'_i\beta)$ 定义为对于 x_i 的所有值都在 0 到 1 之间。另外，线性概率模型产生的结果是，对于每一个 i 均有 $\partial\pi_i/\partial x_k = \beta_k$。这意味着，保留工资 x_k 增加 1 单位，参加的概率（π_i）总是以同样的速度变化。但是，这个概率模型给出：

$$\partial\pi_i/\partial x_k = [\partial F(z_i)/\partial z_i] \cdot [\partial z_i/\partial x_k] = f(x'_i\beta) \cdot \beta_k, \tag{13.6}$$

其中 $z_i = x'_i\beta$，f 是概率密度函数（p.d.f）。式（13.6）更有道理，因为如果 x_k 表示保留工资，参加概率 π_i 从 0.96 变为 0.97 要比从 0.23 变为 0.24 所要求的 x_k 的变化更大。

如果 $F(x'_i\beta)$ 是真实的概率函数，假定其线性形式为设定错误，并且如图 13—1 所示，对于 $x_i < x_\ell$，所有的由线性概率近似的 u_i 都为正；类似地，对于 $x_i > x_\ell$，所有的由线性概率近似的 u_i 都为负。

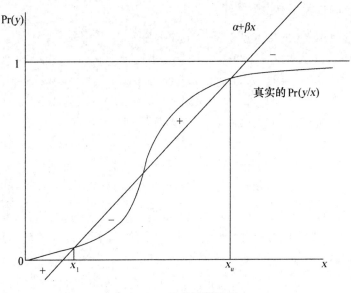

图 13—1 线性概率模型

13.3 函数形式：logit 和 probit

我们已经指出了函数形式 F 为线性时存在的问题，现在来看 F 的两个特殊的函数形式：logit 和 probit。这两个累积分布函数只是在尾部不同，logit 类似于自由度为 7 的 t 分布的累积分布函数，而 probit 是正态累积分布函数，或者说是一个自由度为∞的 t 分布。因此，这两种形式给出的预测是相似的，除了尾部上的极端观测。

我们利用传统的符号 $\Phi(z) = \int_{-\infty}^{z} \phi(u)du$，其中对于 probit，$-\infty<z<+\infty$ 时有 $\phi(z) = e^{-z^2/2}/\sqrt{2\pi}$；对于 logit，$-\infty<z<+\infty$ 时有 $\Lambda(z) = e^z/(1+e^z) = 1/(1+e^{-z})$。下面的结果在我们的推导中会频繁用到：$d\Phi/dz = \phi$ 和 $d\Lambda/dz = \Lambda(1-\Lambda)$。logistic 分布的概率密度函数是其累积分布函数与 1 减去该累积分布函数的乘积。因此，对于一个一般的 F，上面考虑的边际效应分别为

$$\partial\Phi(x_i'\beta)/\partial x_k = \phi_i\beta_k, \tag{13.7}$$

和

$$\partial\Lambda(x_i'\beta)/\partial x_k = \Lambda_i(1-\Lambda_i)\beta_k, \tag{13.8}$$

其中 $\phi_i = \phi(x_i'\beta)$，$\Lambda_i = \Lambda(x_i'\beta)$。

当解释变量中有虚拟变量时，我们在计算偏导数时要注意。对于这样的模型，应该对虚拟变量的两个值分别计算连续变量 x_k 变化 1 单位时的边际效应。

案例分析：利用 probit 模型，假设加入工会的概率估计如下：$\hat{\pi}_i = \Phi(2.5 - 0.06WKS_i + 0.95OCC_i)$，其中 WKS 是工作周数，如果工人是蓝领职业 $OCC=1$，否则为 0。这个样本中的工作周数在 20～50 之间。根据式（13.7），额外增加 1 个工作周对

加入工会的概率的边际影响由下式给出：

对于蓝领工人：$-0.06\phi[2.5-0.06WKS+0.95]$

$$=\begin{cases} -0.06\phi[2.25]=-0.002, & \text{当 } WKS=20 \text{ 时} \\ -0.06\phi[1.35]=-0.010, & \text{当 } WKS=35 \text{ 时}, \\ -0.06\phi[0.45]=-0.022, & \text{当 } WKS=50 \text{ 时} \end{cases}$$

对于非蓝领工人：$-0.06\phi[2.5-0.06WKS]$

$$=\begin{cases} -0.06\phi[1.3]=-0.010, & \text{当 } WKS=20 \text{ 时} \\ -0.06\phi[0.4]=-0.022, & \text{当 } WKS=35 \text{ 时}。 \\ -0.06\phi[-0.5]=-0.021, & \text{当 } WKS=50 \text{ 时} \end{cases}$$

注意，即使给定同样的工作周数，对于蓝领和非蓝领，这些边际影响也不尽相同。当工作周数从 20 增加到 21 时，会使蓝领工人加入工会的概率降低 0.002，同样情况下非蓝领工人是其 5 倍。

13.4 分组数据

在生物计量学文献中，分组数据很可能来自实验室实验，见 Cox（1970）。在杀虫剂的例子中，将每种剂量水平 x_i 分配给样本容量为 n_i 的昆虫，记录死去昆虫的比例（p_i）。对 $i=1$，2，$\cdots$，M 的剂量水平进行记录：

$$P[y_i=1]=\pi_i=P[I_i^*\leqslant I_i]=\Phi(\alpha+\beta x_i),$$

其中 I_i^* 为忍受度且 $I_i=\alpha+\beta x_i$ 是刺激。在经济学中，观测值可以根据收入水平或年龄进行分组，我们观测每一种收入水平或年龄层次参加工作的比率。对于这种类型的分组数据，我们用 p_i（即样本比例）估计参加工作的概率 π_i。这要求每组都要有大量的观测，即大的 n_i，$i=1$，2，$\cdots$，M。这种情况下，对于每个 p_i，近似为

$$z_i=\Phi^{-1}(p_i)\cong\alpha+\beta x_i, \tag{13.9}$$

我们计算标准化的正态变量 z_i，并且得到 $\alpha+\beta x_i$ 的一个估计。注意，标准正态分布的假定在某种意义上并不是必需的，如果 I_i^* 是 $N(\mu,\sigma^2)$ 而不是 $N(0,1)$，那么可以通过减去 μ 除以 σ 来对 $P[I_i^*\leqslant I_i]$ 进行标准化，这时新的 I_i^* 是 $N(0,1)$，并且新的 α 是 $(\alpha-\mu)/\sigma$，而新的 β 是 β/σ。这还意味着 μ 和 σ 不能分别估计。z_i 对 x_i 的图形会给出 α 和 β 的估计。对于生物计量学的例子，可以计算 $LD50$，这是杀死 50% 总体昆虫所对应的剂量水平。这相当于 $z_i=0$，解出 $x_i=-\hat{\alpha}/\hat{\beta}$。类似地，$LD95$ 对应的 $z_i=1.645$，解出 $x_i=(1.645-\hat{\alpha})/\hat{\beta}$。另外，对于经济例子，$LD50$ 是为了达到 50% 的劳动参与率所必需的最低保留工资。

可以通过在式（13.9）右侧增加更多的 x 来改善这种方法。这种情形下，就不能再画出 z_i 对 x 变量的图形了。但是，可以将 z 对这些 x 进行 OLS。一个遗留问题是，OLS 忽略了误差项中的异方差。为了明白这一点：

$$p_i = \pi_i + \varepsilon_i = F(x'_i\beta) + \varepsilon_i, \tag{13.10}$$

其中 F 是一般的累积分布函数，$\pi_i = F(x'_i\beta)$。利用二项分布的性质，$E(p_i) = \pi_i$ 和 $\mathrm{var}(p_i) = \pi_i(1-\pi_i)/n_i$。定义 $z_i = F^{-1}(p_i)$，我们从式（13.10）得到

$$z_i = F^{-1}(p_i) = F^{-1}(\pi_i + \varepsilon_i) \cong F^{-1}(\pi_i) + [dF^{-1}(\pi_i)/d\pi_i]\varepsilon_i, \tag{13.11}$$

其中近似 $\cong$ 是在 $\varepsilon_i \to 0$ 时 π_i 附近的泰勒序列展开式。由于 F 是单调的，$\pi_i = F(F^{-1}(\pi_i))$。令 $w_i = F^{-1}(\pi_i) = x'_i\beta$，对 π 微分得到

$$1 = [dF(w_i)/dw_i]dw_i/d\pi_i。 \tag{13.12}$$

另外，这还可以写为

$$dF^{-1}(\pi_i)/d\pi_i = dw_i/d\pi_i = 1/\{dF(w_i)/dw_i\} = 1/f(w_i) = 1/f(x'_i\beta), \tag{13.13}$$

其中 f 是与 F 相对应的概率密度函数。利用式（13.13），式（13.11）可写为

$$z_i = F^{-1}(p_i) \cong F^{-1}(\pi_i) + \varepsilon_i/f(x'_i\beta) \tag{13.14}$$
$$= F^{-1}(F(x'_i\beta)) + \varepsilon_i/f(x'_i\beta) = x'_i\beta + \varepsilon_i/f(x'_i\beta)。$$

从式（13.14）可以看出，z_i 对 x_i 回归的扰动由 $u_i \cong \varepsilon_i/f(x'_i\beta)$ 给出，其中 $E(u_i) = 0$，$\sigma_i^2 = \mathrm{var}(u_i) = \mathrm{var}(\varepsilon_i)/f^2(x'_i\beta) = \pi_i(1-\pi_i)/(n_if_i^2) = F_i(1-F_i)/(n_if_i^2)$，由于 $\pi_i = F_i$，其中 f 和 F 的下标 i 表示关于函数 $x'_i\beta$ 的函数，因此扰动中存在异方差，对式（13.14）的 OLS 是一致但非有效的。对于 probit，$\sigma_i^2 = \Phi_i(1-\Phi_i)/(n_i\phi_i^2)$；对于 logit，由于 $f_i = \Lambda_i(1-\Lambda_i)$，$\sigma_i^2 = 1/[n_i\Lambda_i(1-\Lambda_i)]$。利用 $1/\sigma_i$ 作为权重，可以对式（13.14）应用 WLS 程序。注意，对于 logit，$F^{-1}(p)$ 是简单的 $\log[p/(1-p)]$。至于为什么 logistic 函数形式如此受欢迎还有更多原因。这里利用 WLS 将 $\log[p/(1-p)]$ 对 x 回归修正了异方差。该方法也称为最小 logit 卡方法，由 Berkson（1953）提出。

为了得到 σ_i 的可行估计，可以利用式（13.14）中 β 的 OLS 估计来估计权重。Greene（1993）认为 i 不应该用比率 p_i 作为 π_i 的估计，因为这等同于在异方差回归中应用 y_i^2 而不是 σ_i^2，这将产生非有效估计。对式（13.14）的 OLS 估计应该用稳健的 White 异方差的方差—协方差选项，否则标准差是有偏的，据此进行的推断会导致误判。

例 1：啤酒税和机动车事故死亡率。 Ruhm（1996）用分组 logit 分析研究了啤酒税和一种限制饮酒政策对机动车事故死亡率的影响，他采用的是固定时间和州效应的方式。Ruhm 收集了 48 个州（阿拉斯加州、夏威夷和哥伦比亚特区除外）1982—1988 年的面板数据。因变量是比率 p，表示第 i 个州在时间 t 的总的人均机动车事故死亡率。对其进行逆 logit 转换，$\log[p/(1-p)]$，已知 p 不等于 0 或 1，并进行第 12 章描述的一般固定效应回归。记这个因变量为（LFVR），解释变量包括 24 听（12 盎司）啤酒的啤酒税率（BEERTAX）、最小法定饮酒年龄（MLDA）、居住在干旱乡村的人口比例（DRY）、16 岁以上人均驾驶公里数（VMILES）和青年司机（15~24 岁之间）的比率（YNGDRV）。另外，可以设置一些虚拟变量以表示是否制定控制饮酒的政策。这些变量包括检测呼出酒精含量的虚拟变量 BREATH，如果一个州立法规定警察可以在拘捕之前进行呼出酒精测试以便为酒驾（DUI）提供合理的证据，那么该变量取值为 1。如果一个州通过了这样的立法，即对于第一次酒驾定罪的人施行监禁或社区服务性劳役，

那么虚拟变量 JAILD 取 1 或 COMSERD 取 1。其他变量还包括失业率、实际人均收入以及州与时间虚拟变量。这些变量的具体情况见 Ruhm（1996）中的表 1。这些数据集中的一些变量可以从 Stock and Watson（2003）的网站上下载，网址为 www.aw.com/stock_watson。表 13—1 尽可能复制了 Ruhm（1996）第 444 页表 2 的（d）列中分组 logit 回归的结果。该回归没有包括其他那些没有出现在数据集中的饮酒管制变量。

表 13—1 分组 logit，啤酒税和机动车事故死亡率

Dependent Variable：LVFR
Method：Panel Least Squares
Sample：1982 1988
Cross-sections included：48
Total panel (unbalanced) observations：335
White cross-section standard errors & covariance (d. f. corrected)

Variable	Coeffcient	Std. Error	t-Statistic	Prob.
C	−9.361589	0.132383	−70.71570	0.0000
BEERTAX	−0.183533	0.077658	−2.363344	0.0188
MLDA	−0.004465	0.007814	−0.571427	0.5682
DRY	0.008677	0.002611	3.323523	0.0010
YNGDRV	0.493472	0.450802	1.094651	0.2746
VMILES	6.91E−06	4.23E−06	1.632849	0.1037
BREATH	−0.015930	0.027952	−0.569893	0.5692
JAILD	−0.012623	0.038973	−0.323888	0.7463
COMSERD	0.020238	0.024505	0.825867	0.4096
PERINC	0.060305	0.010275	5.868945	0.0000

Effects Specification

Cross-section fixed (dummy variables)

Period fixed (dummy variables)

R-squared	0.931852	Mean dependent var		−8.534768
Adjusted R-squared	0.916318	S. D. dependent var		0.276471
S. E. of regression	0.079977	Akaike info criterion		−2.046359
Sum squared resid	1.739808	Schwarz criterion		−1.329075
Log likelihood	405.7652	F-statistic		59.98854
Durbin-Watson stat	1.433777	Prob (F-statistic)		0.000000

表 13—1 显示，啤酒税为负且显著，而最小法定饮酒年龄不显著。呼出酒精检测法令 JAILD 或 COMSERD 变量也均不显著，这两个变量都与州饮酒安全立法相关。人均收入和居住在干旱乡村的人口比例对机动车事故死亡率均有正的显著影响。州虚拟变量是联合显著的，观测到的 F 值是 34.9，服从 $F(47, 272)$ 分布。年度虚拟变量也是联合显著的，观测到的 F 值为 2.97，服从 $F(6, 272)$ 分布。问题 12 要求读者重复表 13—1。

这些结果意味着提高最小法定饮酒年龄或实行更严格的惩罚（比如监禁或社区服务性劳役）并非有效降低交通事故死亡率的有效政策。但是，提高对啤酒的实际征税额则是一项降低交通事故死亡率的有效政策。

对于分组数据，每组的样本容量 n_i 必须是充分大的。另外，p_i 不能为 0 或 1。有文献建议，在计算比值比的对数时，通过向 p_i 中加入（$1/2n_i$）进行修正，见 Cox（1970）。

例 2：分数响应。 Papke and Wooldridge（1996）认为，对于大量观测而言，在许多经济分析中 p_i 可以设置为 0 或 1。例如，在研究养老金计划的参与率或高校毕业率时。他们建议分数 logit 回归，基于拟极大似然方法（QMLE）处理分数响应变量。分数响应变量是约束变量。不失一般性，它们可能被限制在 0 和 1 之间。例子包括慈善捐款占收入的比例、工作时间占每周时间的比例。Papke and Wooldridge（1996）建议将 $E(y_i/x_i)$ 看做一个 logistic 函数 $\Lambda(x'_i\beta)$ 来建模。这保证了 y_i 的预测值都在 0 或 1 之间。而且即使 y_i 以正概率取 0 和 1，概率也为正。重要的是，注意这里 y_i 是来自一个样本容量为 n_i 的分组数据的比率，拟极大似然方法忽略了关于 n_i 的信息。利用伯努利对数似然函数，可得到

$$L_i(\beta) = y_i \log[\Lambda(x'_i\beta)] + (1-y_i)\log[1-\Lambda(x'_i\beta)],$$

其中 $i=1, 2, \cdots, n$，$0 < \Lambda(x'_i\beta) < 1$。

最大化关于 β 的 $\sum_{i=1}^{n} L_i(\beta)$ 得到拟 MLE，它是一致的，且是 $\sqrt{n}$ 渐近正态的，无论 y_i 基于 x_i 的条件分布如何，见 Gourieroux, Monfort and Trognon（1984）以及 McCullagh and Nelder（1989）。后者建议在统计上对这个问题应用广义线性模型（GLM）法。Stata 中可以利用 GLM 命令进行 logit QMLE，其中 Binary 族函数表示伯努利，Link 函数表示 logistic 分布。

Papke and Wooldridge（1996）推导了 β 的 QMLE 的稳健的渐近方差，并提出了一些基于 Wooldridge（1991）的设定检验。他们将他们的方法应用到 401(K) 养老金计划参与率的分析中。数据来自美国国税局（IRS）1987 年 100 多人的 5 500 份养老金计划报告。这个数据集包括 4 734 个观测，可以从 *Journal of Applied Econometrics* 数据档案中下载。我们来关注这组数据中的配合率小于等于 1 的 3 874 份养老金的观测数据。配合率大于 1 可能意味着养老金计划末年雇主为了避免被 IRS 取消资格而多交的。这个样本中的参与率（PRATE）非常高，平均为 84.8%。有多于 40% 的计划参与率为 1。由于需要对 40% 以上的观测值进行调整，这使得对数比值比方法比较尴尬。计划配合率（MRATE）平均约为 41 美分。其他解释变量包括总企业就业（EMP）、该计划的年限（AGE）、虚拟变量（SOLE），当 401(K) 计划只是一个雇主支付的养老金计划时取 1。401(K) 计划平均为 12 年，样本中有 37% 是 SOLE 计划，平均就业是 4 622。问题 14 要求读者重复 Papke and Wooldridge（1996, p.627）的表 I 中所给出的描述统计量。表 13—2 给出了 logit QMLE 的 Stata 输出结果，该结果利用了 GLM 命令、伯努利方差函数和 logit link 函数。这些结果显示，配合率和参与率之间的关系是正向的、显著的。除了 SOLE 外的其他变量也都是显著的。问题 14 要求读者重复这个结果并与 OLS 进行比较。后者证明有一个较低的 R^2 并且无法通过 RESET 检验，见第 8 章。

表 13—2　　　　　　401(K) 计划参与率的 logit QMLE

glm prate mrate log＿emp log＿emp2 age age2 sole if one＝＝1, f (bin) 1 (logit) robust

note：prate has non-integer values

Iteration 0：	log pseudo-likelihood＝−1200.8698
Iteration 1：	log pseudo-likelihood＝−1179.3843
Iteration 2：	log pseudo-likelihood＝−1179.2785
Iteration 3：	log pseudo-likelihood＝−1179.2785

Generalized linear models		Number of obs ＝	3784
Optimization	：ML：Newton-Raphson	Residual df ＝	3777
		Scale parameter ＝	1
Deviance	＝1273.60684	(1/df) Deviance ＝	0.3372006
Pearson	＝724.4199889	(1/df) Pearson ＝	0.1917977

Variance function	：V(u)＝u* (1−u)	[Bernoulli]
Link function	：g(u)＝ln(u/(1−u))	[Logit]
Standard errors	：Sandwich	

Log pseudo-likelihood	＝−1179.278516		
BIC	＝−29843.34715	AIC ＝	0.6269971

prate	Coef.	Robust Std. Err.	z	P>∣z∣	[95% Conf. Interval]	
mrate	1.39008	0.1077064	12.91	0.000	1.17898	1.601181
log＿emp	−1.001874	0.1104365	−9.07	0.000	−1.218326	−0.7854229
log＿emp2	0.0521864	0.0071278	7.32	0.000	0.0382161	0.0661568
age	0.0501126	0.0088451	5.67	0.000	0.0327766	0.0674486
age2	−0.0005154	0.0002117	−2.43	0.015	−0.0009303	−0.0001004
sole	0.0079469	0.0502025	0.16	0.874	−0.0904482	0.1063421
＿cons	5.057997	0.4208646	12.02	0.000	4.233117	5.882876

13.5　个体数据：probit 和 logit

当每组中观测个数 n_i 较小时，不能根据 p_i 得到 π_i 的可靠估计。这种情况下，就不应该将这些观测分组，而应当将这些观测看作独立的个体观测并应用极大似然法来估计这个模型，得到从成功概率为 $\pi_i = F(x_i'\beta) = P[y_i = 1]$ 的伯努利分布独立随机抽取的可能性。因此，

$$\ell = \prod_{i=1}^{n} [F(x_i'\beta)]^{y_i} [1 - F(x_i'\beta)]^{1-y_i}, \tag{13.15}$$

对数似然函数为

$$\log\ell = \sum_{i=1}^{n} \{y_i \log F(x_i'\beta) + (1 - y_i) \log[1 - F(x_i'\beta)]\}. \tag{13.16}$$

最大化的一阶条件要求得分 $S(\beta) = \partial \log\ell / \partial$ 等于 0：

$$S(\beta) = \partial \log\ell / \partial\beta = \sum_{i=1}^{n} \{[f_i y_i / F_i] - (1 - y_i)[f_i/(1 - F_i)]\} x_i$$
$$= \sum_{i=1}^{n} (y_i - F_i) f_i x_i / [F_i(1 - F_i)] = 0, \tag{13.17}$$

其中 f 或 F 的下标 i 表示 $x_i'\beta$ 的函数。logit 模型（13.17）简化为

$$S(\beta) = \sum_{i=1}^{n} (y_i - \Lambda_i) x_i \qquad 因为 \qquad f_i = \Lambda_i(1 - \Lambda_i)。 \tag{13.18}$$

如果模型中有常数项，对于 $x_i = 1$，式（13.18）的解意味着 $\sum_{i=1}^{n} y_i = \sum_{i=1}^{n} \hat{\Lambda}_i$。这表示样本中参加的人数即相应的 $y_i = 1$，将总是等于根据这个 logit 模型得到的参与人数的预测值。类似地，如果 x_i 是虚拟变量，当个体为男性时取 1，为女性时取 0。那么式（13.18）描述的是对于男性和女性，预测的频率等于实际的频率。注意，如果我们将 $(y_i - \hat{\Lambda}_i)$ 解释为残差，那么式（13.18）类似于 OLS 的正规方程。probit 模型（13.17）简化为

$$S(\beta) = \sum_{i=1}^{n} (y_i - \Phi_i) \phi_i x_i / [\Phi_i(1 - \Phi_i)]$$
$$= \sum_{y_i=0} \lambda_{0i} x_i + \sum_{y_i=1} \lambda_{1i} x_i = 0, \tag{13.19}$$

其中对于 $y_i = 0$，$\lambda_{0i} = -\phi_i/[1 - \Phi_i]$；对于 $y_i = 1$，$\lambda_{1i} = \phi_i/\Phi_i$。另外，$\sum_{y_i=0}$ 表示所有取值为 0 的 y_i 的和。这些 λ_i 被认为是广义残差，与 x_i 是正交的。注意，probit 不像 logit，它预测的参与人数不必精确等于样本中 1 的个数。

方程（13.17）是高度非线性的，可以利用得分模型求解，即从初始值 β_0 开始，我们对估计做出如下修正：

$$\beta_1 = \beta_0 + [I^{-1}(\beta_0)] S(\beta_0), \tag{13.20}$$

其中 $S(\beta) = \partial \log\ell / \partial\beta$ 和 $I(\beta) = E[-\partial^2 \log\ell / \partial\beta\partial\beta']$。重复这个过程直至收敛。对于 logit 和 probit 模型，$\log F(x_i'\beta)$ 和 $\log[1 - F(x_i'\beta)]$ 是凹的。因此式（13.16）所示的对数似然函数是全域最凹的，见 Pratt（1981）。因此，对于 logit 和 probit 而言，对于 β 的所有值，$[\partial^2 \log\ell / \partial\beta\partial\beta']$ 是负定的，迭代程序会收敛于唯一的极大似然估计 $\hat{\beta}_{MLE}$，无论我们用的初始值是什么。这种情况下，$\hat{\beta}_{MLE}$ 的渐近协方差矩阵可以由最后一次迭代得到的 $I^{-1}(\hat{\beta}_{MLE})$ 来估计。

Amemiya（1981，$p.1495$）通过对式（13.17）求导，并用一个负号相乘，然后取期望值，推导出了 $I(\beta)$，结果如下：

$$I(\beta) = -E[\partial^2 \log\ell / \partial\beta\partial\beta'] = \sum_{i=1}^{n} f_i^2 x_i x_i' / F_i (1 - F_i) \text{。} \tag{13.21}$$

对于 logit，式（13.21）简化为：

$$I(\beta) = \sum_{i=1}^{n} \Lambda_i (1 - \Lambda_i) x_i x_i' \text{。} \tag{13.22}$$

对于 probit，式（13.21）简化为：

$$I(\beta) = \sum_{i=1}^{n} \phi_i^2 x_i x_i' / \Phi_i (1 - \Phi_i) \text{。} \tag{13.23}$$

另一种最大化可以利用 Newton-Raphson 迭代程序，该程序用 Hessian 自身而不是式（13.20）中的期望值，也就是说 $I(\beta)$ 由 $H(\beta) = [-\partial^2 \log\ell / \partial\beta\partial\beta']$ 来代替。对于 logit 模型，$H(\beta) = I(\beta)$，如式（13.22）所示。对于 probit 模型，$H(\beta) = \sum_{i=1}^{n} [\lambda_i^2 + \lambda_i x_i'\beta] x_i x_i'$ 不同于式（13.23）。注意，如果 $y_i = 0$，则 $\lambda_i = \lambda_{0i}$；如果 $y_i = 1$，则 $\lambda_i = \lambda_{1i}$；这些定义在式（13.19）下方。

Berndt，Hall and Hausman（1974）提出的第三种方法，利用一阶导数的外积代替 $I(\beta)$，即 $G(\beta) = S(\beta)S'(\beta)$。对于 logit 模型，$G(\beta) = \sum_{i=1}^{n} (y_i - \Lambda_i)^2 x_i x_i'$。对于 probit 模型，$G(\beta) = \sum_{i=1}^{n} \lambda_i^2 x_i x_i'$。在得分模型中，可以从一个初值估计 β_0 开始迭代，渐近方差—协方差矩阵可以通过最后一次迭代中的 $G(\hat{\beta})$、$H(\hat{\beta})$ 或 $I(\hat{\beta})$ 的逆来估计。

可以利用 t 统计量根据渐近标准误差来实施假设检验。对于 $R\beta = r$ 类型的检验，通常的 Wald 检验 $W = (R\hat{\beta} - r)' [RV(\hat{\beta})R']^{-1} (R\hat{\beta} - r)$ 中的 $V(\hat{\beta})$ 可以从上述最后一次迭代中得到。似然比和拉格朗日乘子统计量也可以计算。$LR = -2[\log\ell_{\text{restricted}} - \log\ell_{\text{unrestricted}}]$，而拉格朗日乘子统计量是 $LM = S'(\beta)V(\beta)S(\beta)$，其中 $S(\beta)$ 是受约束估计量的评价得分。Davidson and MacKinnon（1984）认为基于 $I(\hat{\beta})$ 的 $V(\hat{\beta})$ 应用在三个估计量中最好。事实上，蒙特卡罗实验表明基于一阶导数外积的 $V(\hat{\beta})$ 的估计表现最差，不推荐在实际中应用。所有这三个统计量都是渐近等价的，且渐近服从自由度为 q 的 χ_q^2 分布，其中 q 是约束的个数。下节中将利用一个辅助回归讨论假设检验。

13.6　二元响应模型回归[①]

Davidson and MacKinnon（1984）对第 8 章讨论的 Gauss-Newton 回归（GNR）进行了修正，该方法对于式（13.5）所述的二元响应模型是有用的。[②]实际上，我们已经表明可以将这个模型写为非线性回归：

$$y_i = F(x_i'\beta) + u_i, \tag{13.24}$$

其中 u_i 的均值为 0，$\text{var}(u_i) = F_i (1 - F_i)$。不考虑异方差的 GNR 得到

$$(y_i - F_i) = f_i x_i' b + 残差,$$

当 $y_i - F_i$ 对 $f_i x_i'$ 回归时，b 是回归估计。

将每个观测除以其标准差来修正异方差，我们得到二元响应模型回归（BRMR）：

$$\frac{(y_i-F_i)}{\sqrt{F_i(1-F_i)}}=\frac{f_i}{\sqrt{F_i(1-F_i)}}x_i'b+残差。 \tag{13.25}$$

对于 $f_i=\Lambda_i(1-\Lambda_i)$ 的 logit 模型，进一步简化为

$$\frac{y_i-\Lambda_i}{\sqrt{f_i}}=\sqrt{f_i}x_i'b+残差。 \tag{13.26}$$

对于 probit 模型，BRMR 由下式给出：

$$\frac{y_i-\Phi_i}{\sqrt{\Phi_i(1-\Phi_i)}}=\frac{\phi_i}{\sqrt{\Phi_i(1-\Phi_i)}}x_i'b+残差。 \tag{13.27}$$

正如第 8 章考虑的 GNR，式（13.25）给出的 BRMR 可用来获得参数和协方差矩阵的估计，以及假设检验。事实上，Davidson 和 MacKinnon 指出，式（13.25）中因变量的转置乘以式（13.25）中回归元的矩阵得到的矩阵其**典型元素**正好是式（13.17）所示的 $S(\beta)$ 中的典型元素。另外，式（13.25）中回归元的矩阵的转置乘以其自身，得到的矩阵的典型元素就是式（13.21）中 $I(\beta)$ 的典型元素。

我们来考虑如何将 BRMR 用于假设检验。假定 $\beta'=(\beta_1',\beta_2')$，其中 β_1 是 $k-r$ 维的，β_2 是 r 维的。我们要检验 H_0：$\beta_2=0$。令 $\tilde{\beta}'=(\tilde{\beta}_1,0)$ 为 H_0 成立时 β 的有约束的 MLE。为了检验 H_0，我们运行 BRMR：

$$\frac{y_i-\widetilde{F}_i}{\sqrt{\widetilde{F}_i(1-\widetilde{F}_i)}}=\frac{\widetilde{f}_i}{\sqrt{\widetilde{F}_i(1-\widetilde{F}_i)}}x_{i1}'b_1+\frac{\widetilde{f}_i}{\sqrt{\widetilde{F}_i(1-\widetilde{F}_i)}}x_{i2}'b_2+残差， \tag{13.28}$$

其中 $x_i'=(x_{i1}',x_{i2}')$ 是分块矩阵，与 β 的块相一致。另外，$\widetilde{F}_i=F(x_i'\tilde{\beta})$，$\widetilde{f}_i=f(x_i'\tilde{\beta})$。对于 H_0，建议检验统计量采用回归式（13.28）的解释平方和。在 H_0 下该统计量渐近服从 χ_r^2。[③] 这个 BRMR 的一种特殊情形是检验所有斜率系数都为 0 的原假设。这时，$x_{i1}=1$ 且 β_1 为常数 α。问题 2 证明了这种情形下的有约束的 MLE 是 $\widetilde{F}(\alpha)=\bar{y}$ 或 $\tilde{\alpha}=F^{-1}(\bar{y})$，其中 $\bar{y}$ 是 $y_i=1$ 的样本比例。因此，式（13.25）中的 BRMR 简化为

$$\frac{y_i-\bar{y}}{\sqrt{\bar{y}(1-\bar{y})}}=\frac{f_i(\tilde{\alpha})}{\sqrt{\bar{y}(1-\bar{y})}}b_1+\frac{f_i(\tilde{\alpha})}{\sqrt{\bar{y}(1-\bar{y})}}x_{i2}'b_2+残差。 \tag{13.29}$$

注意，对于所有的观测，$\bar{y}(1-\bar{y})$ 是不变的。关于 $b_2=0$ 的检验既不会受到被解释变量或回归元除以该常数的影响，也不会受到被解释变量减去一个常数的影响。因此，可以通过 y_i 对常数项和 x_{i2} 回归并借助通常的最小二乘 F 统计量来检验 x_{i2} 的斜率系数是否为 0，来实现对 $b_2=0$ 的检验。这是一种比上一节提出的似然比检验更为简单的一种方法，后者在 13.9 节的实证分析中有描述。对于 BRMR 的其他用途，见 Davidson and MacKinnon (1993)。

13.7 预测的渐近方差和边际影响

估计出模型后，两个感兴趣的结果是：预测 $F(x'\hat{\beta})$ 和边际影响 $\partial F/\partial x=f(x'\hat{\beta})\hat{\beta}$。

例如，给定一个个体 x 的特征，我们能预测出他或她购买汽车的概率。另外，给定 x 的变化，比如说收入，可以估计出对购买汽车概率的边际影响。后一种影响对于线性概率模型而言是不变的，由收入的回归系数给出，而对于 probit 和 logit 模型，这种边际影响是随着 x 的变化而变化的，见式（13.7）和式（13.8）。这些边际影响可以采用 Stata 中的 dprobit 命令实现。默认的是在样本均值 $\bar{x}$ 处计算。计算这些预测的方差和边际影响时还存在另一个问题。$F(x'\hat{\beta})$ 和 $f(x'\hat{\beta})\hat{\beta}$ 都是 $\hat{\beta}$ 的非线性函数。为了计算标准误差，我们可以利用如下的线性近似，即每当 $\hat{\theta}=F(\hat{\beta})$ 时，asy. var$(\hat{\theta})=(\partial F/\partial\hat{\beta})'V(\hat{\beta})(\partial F/\partial\hat{\beta})$。对于预测，令 $z=x'\hat{\beta}$ 并记 $\hat{F}=F(x'\hat{\beta})$，$\hat{f}=f(x'\hat{\beta})$，那么

$$\partial\hat{F}/\partial\hat{\beta}=(\partial\hat{F}/\partial z)(\partial z/\partial\hat{\beta})=\hat{f}x \quad 和 \quad \text{asy. var}(\hat{F})=\hat{f}^2 x'V(\hat{\beta})x。$$

对于边际影响，令 $\hat{\gamma}=\hat{f}\hat{\beta}$，那么

$$\text{asy. var}(\hat{\gamma})=(\partial\hat{\gamma}/\partial\hat{\beta}')V(\hat{\beta})(\partial\hat{\gamma}/\partial\hat{\beta}')', \tag{13.30}$$

其中 $\partial\hat{\gamma}/\partial\hat{\beta}'=\hat{f}I_k+\hat{\beta}(\partial\hat{f}/\partial z)(\partial z/\partial\hat{\beta}')=\hat{f}I_k+(\partial\hat{f}/\partial z)(\hat{\beta}x')$。

对于 probit 模型，$\partial\hat{f}/\partial z=\partial\hat{\phi}/\partial z=-z\hat{\phi}$。因此，$\partial\hat{\gamma}/\partial\hat{\beta}'=\hat{\phi}[I_k-z\hat{\beta}x']$ 并且

$$\text{asy. var}(\hat{\gamma})=\hat{\phi}^2[I_k-x'\hat{\beta}\hat{\beta}x']V(\hat{\beta})[I_k-x'\hat{\beta}\hat{\beta}x']'。 \tag{13.31}$$

对于 logit 模型，$\hat{f}=\hat{\Lambda}(1-\hat{\Lambda})$，因此，

$$\partial\hat{f}/\partial z=(1-2\hat{\Lambda})(\partial\hat{\Lambda}/\partial z)=(1-2\hat{\Lambda})(\hat{f})=(1-2\hat{\Lambda})\hat{\Lambda}(1-\hat{\Lambda}),$$
$$\partial\hat{\gamma}/\partial\hat{\beta}'=\hat{\Lambda}(1-\hat{\Lambda})[I_k+(1-2\hat{\Lambda})\hat{\beta}x'],$$

且式（13.30）变为

$$\text{asy. var}(\hat{\gamma})=[\hat{\Lambda}(1-\hat{\Lambda})]^2[I_k+(1-2\hat{\Lambda})\hat{\beta}x']V(\hat{\beta})[I_k+(1-2\hat{\Lambda})\hat{\beta}x']'。 \tag{13.32}$$

13.8 拟合优度的测量

当被解释变量 y 为二值变量时，传统的 R^2 类型的测量方法就会存在一些问题，见 Maddala（1983，p.37~41）。预测值 $\hat{y}$ 是概率，实际的 y 值是 0 或 1，因此通常的 R^2 可能非常低。另外，如果模型中有常数项，线性概率模型和 logit 模型满足 $\sum_{i=1}^{n}y_i=\sum_{i=1}^{n}\hat{y}_i$。但是，probit 模型不一定满足这种严格的关系，尽管它是渐近有效的。

在上述文献中也提出了几种 R^2 类型的测量方法，其中一些如下：

（i）y 和 $\hat{y}$ 之间的相关系数的平方：$R_1^2=r_{y,\hat{y}}^2$。

（ii）基于残差平方和的测量：Effron（1978）建议使用

$$R_2^2=1-[\sum_{i=1}^{n}(y_i-\hat{y}_i)^2/\sum_{i=1}^{n}(y_i-\bar{y})^2]$$
$$=1-[n\sum_{i=1}^{n}(y_i-\hat{y}_i)^2/n_1n_2],$$

计量经济学方法与应用（第五版）

因为 $\sum_{i=1}^{n}(y_i-\bar{y})^2=\sum_{i=1}^{n}y_i^2-n\bar{y}^2=n_1-n(n_1/n)^2=n_1n_2/n$，其中 $n_1=\sum_{i=1}^{n}y_i$，$n_2=n-n_1$。

Amemiya（1981，p.1504）建议使用 $\left[\sum_{i=1}^{n}(y_i-\hat{y}_i)^2/\hat{y}_i(1-\hat{y}_i)\right]$ 作为残差平方和。每个残差平方的权重由其方差的倒数给出。

（ⅲ）基于似然比测量：$R_3^2=1-(\ell_r/\ell_u)^{2/n}$，其中 ℓ_r 是有约束的似然值，ℓ_u 是无约束的似然值。该统计量检验的是在标准的线性回归模型中所有的斜率系数都为 0。但是对于受限因变量模型，似然函数的最大值为 1。这意味着 $\ell_r\leqslant\ell_u\leqslant1$ 或 $\ell_r\leqslant(\ell_r/\ell_u)\leqslant1$ 或 $\ell_r^{2/n}\leqslant1-R_3^2\leqslant1$ 或 $0\leqslant R_3^2\leqslant1-\ell_r^{2/n}$。因此，Cragg and Uhler（1970）提出一个位于 0 和 1 之间的伪 R^2，由 $R_4^2=(\ell_u^{2/n}-\ell_r^{2/n})/[(1-\ell_r^{2/n})/\ell_u^{2/n}]$ 给出。McFadden（1974）建议另一种测量是 $R_5^2=1-(\log\ell_u/\log\ell_r)$。

（ⅳ）正确预测的比例：在计算出 $\hat{y}_i$ 后，我们将第 i 个观测分类，如果 $\hat{y}_i>0.5$，则为成功，如果 $\hat{y}_i<0.5$，则为失败。这种测量比较有用但区分力度不够。

13.9　实证案例

例 1：加入工会情况

为了描述 logit 和 probit 模型，我们考虑第 4 章中应用的 1982 年的 PSID 数据。在这个例子中，我们感兴趣的是对加入工会的情况进行建模。1982 年观察到的 595 个人中，有 218 人的工资是通过工会签订的，377 人的工资没有通过工会签订。所用的解释变量有：受教育年限（ED）、工作周数（WKS）、专职工作经验年限（EXP）、职业（如果是蓝领职业，OCC=1）、居住地（如果居住在南部，或者标准都市统计区，SOUTH=1，SMSA=1）、行业（如果这个人从属制造业，IND=1）、婚姻状况（如果已婚，MS=1）、性别和种族（如果是女性或黑人，FEM=1，BLK=1）。有关这些数据的全面描述见 Gornwell and Rupert（1988）。线性概率、probit 和 logit 模型的结果见表 13—3 所示。这些都是利用 EViews 计算得到的。事实上表 13—4 给出了 probit 的输出结果，我们已经提到 probit 模型将 σ 标准化为 1。但是，logit 模型的方差为 $\pi^2/3$。因此，logit 估计要比 probit 估计大最多 $\pi/\sqrt{3}$ 倍。为了使 logit 结果可以与 probit 结果相比较，Amemiya（1981）建议将 logit 的系数估计量乘以 0.625。

表 13—3　　　　　　　　　线性概率、**logit** 和 **probit** 模型的比较：加入工会情况*

变量	OLS	logit	probit
EXP	−0.005（1.14）	−0.007（1.15）	−0.007（1.21）
WKS	−0.045（5.21）	−0.068（5.05）	−0.061（5.16）
OCC	0.795（6.85）	1.036（6.27）	0.955（6.28）
IND	0.075（0.79）	0.114（0.89）	0.093（0.76）
SOUTH	−0.425（4.27）	−0.653（4.33）	−0.593（4.26）

续前表

变量	OLS	logit	probit
SMSA	0.211 (2.20)	0.280 (2.05)	0.261 (2.03)
MS	0.247 (1.55)	0.378 (1.66)	0.351 (1.62)
FEM	−0.272 (1.37)	−0.483 (1.58)	−0.407 (1.47)
ED	−0.040 (1.88)	−0.057 (1.85)	−0.057 (1.99)
BLK	0.125 (0.71)	0.222 (0.90)	0.226 (0.99)
Const	1.740 (5.27)	2.738 (3.27)	2.517 (3.30)
Log-likelihood		−312.337	−313.380
McFadden's R^2		0.201	0.198
χ^2_{10}		157.2	155.1

* 括号中的数字是 t 统计量。

表 13—4　　　　　　　　　　**probit 估计：加入工会情况**

Dependent Variable：	UNION			
Method：	ML-Binary Probit			
Sample：	1 595			
Included observations：	595			
Convergence achieved after 5 iterations				
Covariance matrix computed using second derivatives				
Variable	Coefficient	Std. Error	z-Statistic	Prob.
EX	−0.006932	0.005745	−1.206491	0.2276
WKS	−0.060829	0.011785	−5.161666	0.0000
OCC	0.955490	0.152137	6.280476	0.0000
IND	0.092827	0.122774	0.756085	0.4496
SOUTH	−0.592739	0.139102	−4.261183	0.0000
SMSA	0.260700	0.128630	2.026741	0.0427
MS	0.350520	0.216284	1.620648	0.1051
FEM	−0.407026	0.277038	−1.469203	0.1418
ED	−0.057382	0.028842	−1.989515	0.0466
BLK	0.226482	0.228845	0.989675	0.3223
C	2.516784	0.762612	3.300217	0.0010
Mean dependent var	0.366387	S. D. dependent var		0.482222
S. E. of regression	0.420828	Akaike info criterion		1.090351

续前表

Sum squared resid	103.4242	Schwarz criterion	1.171484
Log likelihood	−313.3795	Hannan-Quinn criter.	1.121947
Restr. log likelihood	−390.9177	Avg. log likelihood	−0.526688
LR statistic（10 df）	155.0763	McFadden R-squared	0.198349
Probability（LR stat）	0.000000		
Obs with Dep＝0	377	Total obs	595
Obs with Dep＝1	218		

同样，为了使线性概率估计能与 probit 模型的估计相比较，需要将这些系数乘以 2.5，然后再从常数项中减去 1.25。对于这个例子，logit 和 probit 程序都在 4 次迭代内迅速收敛。对数似然函数值和 McFadden（1974）R^2 可以从记录的最后一次迭代中获得。

注意，logit 和 probit 估计在大小、符号和显著性方面的结果是相似的。只有在尾端的几个观测上，logit 和 probit 的结果是不同的。下列变量在 5％的显著性水平上是不显著的：EXP、IND、MS、FEM 和 BLK。结果表明，如果是生活在南部，这个人加入工会的可能性较小。如果他（她）工作的周数越多、受教育的年限越长，那么加入工会的可能性也越小。蓝领职业比非蓝领职业的人更乐于加入工会。线性概率模型给出的结果不同于 logit 和 probit 的结果。OLS 预测有 2 个观测 $\hat{y}_i > 1$，有 29 个观测 $\hat{y}_i < 0$。表 13—5 给出了线性概率、logit 和 probit 加入工会情况的实际值和预测值。线性概率模型和 probit 模型预测正确的比率为 75％，logit 模型预测正确的比率是 76％。

表 13—5　　　　　　　　　　　　　实际值和预测值：加入工会情况

		预测值				合计
		Union＝0		Union＝1		
实际值	Union＝0	OLS ＝	312	OLS ＝	65	377
		LOGIT ＝	316	LOGIT ＝	61	
		Probit ＝	314	Probit ＝	63	
	Union＝1	OLS ＝	83	OLS ＝	135	218
		LOGIT ＝	82	LOGIT ＝	136	
		Probit ＝	86	Probit ＝	132	
合计		OLS ＝	395	OLS ＝	200	595
		LOGIT ＝	398	LOGIT ＝	197	
		Probit ＝	400	Probit ＝	195	

可以通过计算 LR 统计量来检验所有斜率系数的显著性，LR 统计量可根据表 13—3 中所报告的 $\log\ell_u$ 的无约束的对数似然函数值以及只包含常数项的对数似然函数值来计算。后者对于 logit 模型和 probit 模型是一样的，均为

$$\log\ell_r = n[\bar{y}\log\bar{y} + (1-\bar{y})\log(1-\bar{y})], \tag{13.33}$$

其中 $\bar{y}$ 是 $y_i = 1$ 的样本的比例，见问题 2。在这个例子中，$\bar{y} = 218/595 = 0.366$ 且 $n = 595$，$\log\ell_r = -390.918$。因此，对于 probit 模型，

$$LR = -2[\log\ell_r - \log\ell_u] = -2[-390.918 + 313.380] = 155.1,$$

在斜率全为零的原假设下服从 χ^2_{10} 分布。这里是非常显著的，故拒绝了原假设。同样，对于 logit 模型，这个 LR 统计量为 157.2。对于线性概率模型，同样的斜率系数全为零的原假设可以利用 Chow F 统计量来检验，结果为 17.8 并且在原假设下服从 $F(10, 584)$ 分布。显然，也拒绝了原假设。这个 F 统计量实际上是 13.6 节中考虑的 BRMR 检验。正如 13.8 节所述，McFadden 的 R^2 由 $R^2_5 = 1 - [\log\ell_u/\log\ell_r]$ 给出，对于 probit 模型，结果为

$$R^2_5 = 1 - (313.380/390.918) = 0.198。$$

对于 logit 模型，McFadden 的 R^2_5 为 0.201。

例 2：就业与酗酒

Mullahy and Sindelar（1996）估计了一个关于就业与酗酒对策的线性概率模型。该分析以 1988 年美国国家健康访问调查的酒精含量为基础。鉴于作者认为相对于男性，女性酗酒的可能性较小，更容易抵制这种消费，饮酒量低于平均水平，于是将男性和女性分别进行回归。他们还报告说女性对酒精的新陈代谢要比男性快，而且对于同样的酒精摄入水平，肝损伤更严重。如果在过去的两周内一个人被雇佣，则因变量取 1，否则取 0。解释变量包括：样本中酒精消费的第 90 个百分位数（男性为 18 盎司，女性为 10.8 盎司）记为 hvdrnk90、1988 年的州失业率（UE88）、年龄（Age）和 Age²、学校教育状况、婚姻状况、家庭规模和白人。健康状况虚拟变量指的是个人健康状况是很好、好、一般，居住地表示这个人是居住在东北部、中西部还是南部，他或她是居住在中心城区还是其他城市统计区（非中心城区），对于进行调查所居住的区还有其他三个虚拟变量。对于这些变量的详细定义见 Mullahy and Sindelar（1996）的表 1。表 13—6 给出了基于 $n = 9\,822$ 个男性所得的 probit 结果。这些结果表明在酒精变量的第 90 个百分位数与被雇佣概率之间存在负相关，但是这个 p 值为 0.075。Mullahy 和 Sindelar 发现对于男性和女性，酗酒都会降低被雇佣的可能性而增加失业的可能性。表 13—7 给出了利用 Stata 软件在 probit 估计后选择 mfx 选项计算的边际影响。这个边际影响是在变量的样本均值处计算的，对于虚拟变量则是对从 0 到 1 的离散变化进行计算。例如，样本中酒精消费第 90 个百分位数以上的重度酗酒者的边际影响（给定所有其他变量在其均值处计算，虚拟变量从 0 变到 1），是被雇佣的可能性下降 1.6%。还可以用 Stata 中的 at 选项计算解释变量在特定值处的边际影响。事实上，表 13—8 给出了所有男性的平均边际影响。这可以利用 Stata 中的 margeff 命令来计算。这种情况下，重度酗酒者的平均边际影响（−0.016 5）相对于在样本均值处计算的边际影响（−0.016 2）并没有大的

变化，标准误差也没什么大的变化（0.009 6 对比 0.009 3）。表 13—9 给出了这个 probit 分类预测的概率，测度了拟合优度，该表由 Stata 中的 estat classification 选项得到。正确预测的比率为 90.79%。问题 13 要求读者证明这些结果以及 Mullahy and Sindelar (1996) 原文中的结果。

表 13—6　　　　　　　　　　**probit 估计：就业与酗酒**

```
. probit emp hvdrnk90 ue88 age agesq educ married famsize white hlstatl hlstat2 hlstat3 hlstat4
region1 region2 region3 msa1 msa2 q1 q2 q3，robust
```

Probit regression			Number of obs	=	9822
			Wald chi2（20）	=	928.33
			Prob>chi2	=	0.0000
Log pseudolikelihood=−2698.1797			Pseudo R2	=	0.1651

emp	Coef.	Robust Std. Err.	z	$P>\lvert z \rvert$	[95% Conf. Interval]	
hvdrnk90	−0.1049465	0.0589881	−1.78	0.075	−0.2205612	0.0106681
ue88	−0.0532774	0.0142025	−3.75	0.000	−0.0811137	−0.0254411
age	0.0996338	0.0171185	5.82	0.000	0.0660821	0.1331855
agesq	−0.0013043	0.0002051	−6.36	0.000	−0.0017062	−0.0009023
educ	0.0471834	0.0066739	7.07	0.000	0.0341029	0.0602639
married	0.2952921	0.0540858	5.46	0.000	0.189286	0.4012982
famsize	0.0188906	0.0140463	1.34	0.179	−0.0086398	0.0464209
white	0.3945226	0.0483381	8.16	0.000	0.2997818	0.4892634
hlstat1	1.816306	0.0983447	18.47	0.000	1.623554	2.009058
hlstat2	1.778434	0.0991531	17.94	0.000	1.584098	1.972771
hlstat3	1.547836	0.0982637	15.75	0.000	1.355243	1.74043
hlstat4	1.043363	0.1077279	9.69	0.000	0.8322205	1.254506
region1	0.0343123	0.0620021	0.55	0.580	−0.0872096	0.1558341
region2	0.0604907	0.0537885	1.12	0.261	−0.0449327	0.1659142
region3	0.1821206	0.0542346	3.36	0.001	0.0758227	0.2884185
msa1	−0.0730529	0.0518719	−1.41	0.159	−0.1747199	0.0286141
msa2	0.0759533	0.0513092	1.48	0.139	−0.0246109	0.1765175
q1	−0.1054844	0.0527728	−2.00	0.046	−0.2089171	−0.0020516
q2	−0.0513229	0.0528185	−0.97	0.331	−0.1548453	0.0521995
q3	−0.0293419	0.0543751	−0.54	0.589	−0.1359152	0.0772313
_cons	−3.017454	0.3592321	−8.40	0.000	−3.721536	−2.313372

表 13—7　　　　　　　　　　　　　　　　边际影响：就业与酗酒

```
. mfx compute
```

Marginal effects after probit

y= Pr (emp) (predict)

= 0.92244871

variable	dy/dx	Std. Err.	z	$P>\mid z\mid$	[95% Conf. Interval]		X
hvdrnk90*	−0.0161704	0.00962	−1.68	0.093	−0.035034	0.002693	0.099165
ue88	−0.0077362	0.00205	−3.78	0.000	−0.011747	−0.003725	5.56921
age	0.0144674	0.00248	5.83	0.000	0.009607	0.019327	39.1757
agesq	−0.0001894	0.00003	−6.37	0.000	−0.000248	−0.000131	1627.61
educ	0.0068513	0.00096	7.12	0.000	0.004966	0.008737	13.3096
married*	0.0488911	0.01009	4.85	0.000	0.029119	0.068663	0.816432
famsize	0.002743	0.00204	1.35	0.179	−0.001253	0.006739	2.7415
white*	0.069445	0.01007	6.90	0.000	0.049709	0.089181	0.853085
hlstat1*	0.2460794	0.01484	16.58	0.000	0.216991	0.275167	0.415903
hlstat2*	0.1842432	0.00992	18.57	0.000	0.164799	0.203687	0.301873
hlstat3*	0.130786	0.00661	19.80	0.000	0.11784	0.143732	0.205254
hlstat4*	0.0779836	0.00415	18.77	0.000	0.069841	0.086126	0.053451
region1*	0.0049107	0.00875	0.56	0.575	−0.012233	0.022054	0.203014
region2*	0.0086088	0.0075	1.15	0.251	−0.006092	0.023309	0.265628
region3*	0.0252543	0.00715	3.53	0.000	0.011247	0.039262	0.318265
msa1*	−0.0107946	0.00779	−1.39	0.166	−0.026061	0.004471	0.333232
msa2*	0.0109542	0.00735	1.49	0.136	−0.003456	0.025365	0.434942
q1*	−0.0158927	0.00825	−1.93	0.054	−0.032053	0.000268	0.254632
q2*	−0.0075883	0.00795	−0.95	0.340	−0.023167	0.007991	0.252698
q3*	−0.0043066	0.00807	−0.53	0.594	−0.020121	0.011508	0.242822

* dy/dx 表示虚拟变量由 0 到 1 时的离散变化。

表 13—8　　　　　　　　　　　　　　平均边际影响：就业与酗酒

```
. margeff
```

Average partial effects after probit

y= Pr(emp)

variable	Coef.	Std. Err.	z	$P>\mid z\mid$	[95% Conf. Interval]	
hvdrnk90	−0.0164971	0.009264	−1.78	0.075	−0.0346543	0.00166
ue88	−0.0078854	0.0019748	−3.99	0.000	−0.011756	−0.0040149
age	0.0147633	0.0024012	6.15	0.000	0.010057	0.0194697
agesq	−0.000193	0.0000287	−6.73	0.000	−0.0002493	−0.0001368
educ	0.0069852	0.0009316	7.50	0.000	0.0051593	0.0088112
married	0.048454	0.0070149	6.91	0.000	0.0347051	0.0622028

计量经济学方法与应用（第五版）

variable	Coef.	Std. Err.	z	P>|z|	[95% Conf. Interval]	
famsize	0.002796	0.0019603	1.43	0.154	−0.0010461	0.0066382
white	0.0685255	0.0062822	10.91	0.000	0.0562127	0.0808383
hlstat1	0.2849987	0.0059359	48.01	0.000	0.2733645	0.2966328
hlstat2	0.2318828	0.0049776	46.59	0.000	0.2221269	0.2416386
hlstat3	0.1725703	0.0049899	34.58	0.000	0.1627903	0.1823502
hlstat4	0.0914458	0.0048387	18.90	0.000	0.0819621	0.1009295
region1	0.0050178	0.0083778	0.60	0.549	−0.0114025	0.021438
region2	0.0088116	0.0071262	1.24	0.216	−0.0051556	0.0227787
region3	0.0259534	0.0064999	3.99	0.000	0.0132139	0.0386929
msa1	−0.0109515	0.007632	−1.43	0.151	−0.02591	0.0040071
msa2	0.0111628	0.0067952	1.64	0.100	−0.0021556	0.0244811
q1	−0.0160925	0.0080458	−2.00	0.045	−0.0318619	−0.0003231
q2	−0.0077086	0.0076973	−1.00	0.317	−0.0227951	0.0073779
q3	−0.0043814	0.0077835	−0.56	0.573	−0.0196368	0.010874

表 13—9　　　　　　　　　　**实际值与预测值：就业与酗酒**

. estat class Probit model for emp		True		
Classified	D		~D	Total
+	8743		826	9569
−	79		174	253
Total	8822		1000	9822
Classified+if predicted Pr (D) >=.5				
True D defined as emp! =0				
Sensitivity			Pr(+ | D)	99.10%
Specificity			Pr(− | ~D)	17.40%
Positive predictive value			Pr(D | +)	91.37%
Negative predictive value			Pr(~D | −)	68.77%
False+rate for true~D			Pr(+ | ~D)	82.60%
False−rate for true D			Pr(− | D)	0.90%
False+rate for classified			Pr(~D | +)	8.63%
False−rate for classified			Pr(D | −)	31.23%
Correctly classified				90.79%

例3：生育率与家庭中前几个孩子性别的相同程度

　　Carrasco（2001）利用1986—1989年期间的 PSID 数据估计了生育率的 probit 模型。该样本由1 442个1986年年龄在18~55岁之间的已婚或同居妇女构成。因变量生育率（f）是一个虚拟变量，如果下一年最小的孩子的年龄为1，则该变量取值为1。解释变量包括：虚拟变量（ags261），如果这个妇女有一个 2～6 岁的孩子，该变量取 1；教育水平，该变量有三种水平（educ_1、educ_2 和 educ_3）；妇女的年龄、种族和丈夫的收入。表示前几个孩子性别相同程度的指标（dsex）及其分量：女孩是（dsexf）、男孩是（dsexm）。这个变量揭示了大量有关发达国家中父母对兄弟姊妹性别构成的偏好的信息。因此，表示下一个孩子性别的虚拟变量搭配前几个孩子的性别就对是否再生一个孩子提供了一个可行的预测。这个数据集可以从 *Journal of Business & Economic Statistics* 网站的文档数据中获得。问题 15 要求读者重复 Carrasco（2001）原文中得到的一些结果。估计结果显示已有孩子性别的相同程度对再生一个孩子的概率具有显著的正向影响。孩子性别相同的边际影响使生育率提高了 3%，见表 13—10。表中结果借助于 Stata 中的 dprobit 命令实现。

表 13—10　　　　　　　　　边际影响：生育率与家庭中前几个孩子性别的相同程度

. dprobit f dsex ags261 educ_2 educ_3 age drace inc							
Probit regression，reporting marginal effects				Number of obs	=	5768	
				LR chi2（7）	=	964.31	
				Prob>chi2	=	0.0000	
Log likelihood=1561.1312				Pseudo R2	=	0.2360	
f	dF/dx	Std. Err.	z	P>|z|	x-bar	[95% Conf. Interval]	
dsex*	0.0302835	0.0069532	5.40	0.000	0.256415	0.016655	0.043912
ags261*	−0.1618148	0.0066629	−13.22	0.000	0.377601	−0.174874	−0.148756
educ_2*	0.0022157	0.0090239	0.24	0.808	0.717753	−0.015471	0.019902
educ_3*	0.0288636	0.0140083	2.45	0.014	0.223994	0.001408	0.056319
age	−0.0065031	0.0007644	−16.65	0.000	32.8024	−0.008001	−0.005005
drace*	−0.0077119	0.0055649	−1.45	0.146	0.773232	−0.018619	0.003195
inc	0.0002542	0.000241	1.06	0.289	12.8582	−0.000218	0.000727
obs. P	0.1137309						
pred. P	0.0367557	(at xbar)					

＊ dF/dx 表示虚拟变量由 0 到 1 时的离散变化。
z 和 $P>|z|$ 对应的是潜在系数为 0 的检验。

13.10　多元选择模型

在很多经济问题中，选择可能有 m 种，这里 $m>2$。这些选择可能是没有顺序的，比如交通工具的选择，公交车、汽车或火车；也可能是有顺序的，比如债券评级，还有对民意调查的响应，可以从非常支持到坚决反对。有序响应多元模型利用了被解释变量中隐含的顺序性质的额外信息。因此，这些模型与无序多元响应模型的可能性是不同的，应该分别对待。

□ 13.10.1　有序响应模型

假定有三种债券评级 A、AA 和 AAA。我们抽取 n 个债券，且第 i 个债券评级为 A（这时我们记 $y_i=0$），如果该债券的业绩指数 $I_i^* < 0$，这里 0 不再是一种约束。$I_i^* = x_i'\beta + u_i$，因此得到评级 A 的概率或 $\Pr[y_i=0]$ 为

$$\pi_{1i} = \Pr[y_i=0] = P[I_i^* < 0] = P[u_i < -x_i'\beta] = F(-x_i'\beta)。 \tag{13.34}$$

如果第 i 个债券的业绩指数 I_i^* 在 0 和 c 之间，其中 c 是一个正数，那么该债券评级为 AA（这时我们记 $y_i=1$），概率为

$$\begin{aligned} \pi_{2i} &= \Pr[y_i=1] = P[0 \leqslant I_i^* < c] \\ &= P[0 \leqslant x_i'\beta + u_i < c] = F(c-x_i'\beta) - F(-x_i'\beta)。 \end{aligned} \tag{13.35}$$

如果第 i 个债券的业绩指数 $I_i^* \geqslant c$，那么该债券评级为 AAA（这时我们记 $y_i=2$），概率为

$$\pi_{3i} = \Pr[y_i=2] = P[I_i^* \geqslant c] = P[x_i'\beta + u_i \geqslant c] = 1 - F(c-x_i'\beta)。 \tag{13.36}$$

F 可以是 logit 和 probit 函数。有序 probit 的对数似然函数为

$$\begin{aligned} \log\ell(\beta,c) &= \sum_{y_i=0} \log(\Phi(-x_i'\beta)) + \sum_{y_i=1} \log[\Phi(c-x_i'\beta) - \Phi(-x_i'\beta)] \\ &\quad + \sum_{y_i=2} \log[1 - \Phi(c-x_i'\beta)]。 \end{aligned} \tag{13.37}$$

对于式（13.34）、式（13.35）和式（13.36）所示的概率，回归变量变化一单位的边际影响为

$$\partial\pi_{1i}/\partial x_i = -f(-x_i'\beta)\beta, \tag{13.38}$$

$$\partial\pi_{2i}/\partial x_i = [f(-x_i'\beta) - f(c-x_i'\beta)]\beta, \tag{13.39}$$

$$\partial\pi_{3i}/\partial x_i = f(c-x_i'\beta)\beta。 \tag{13.40}$$

可以直接将这个模型扩展到 m 种债券评级的情形，m 种顺序的 probit 模型的得分和 Hessian 见 Maddala（1983，pp. 47～49）。

例证：公司债券评级。 数据集来自 Baum（2006），在 Stata 中运行如下命令：

```
. use http://www.stata-press.com/data/imeus/panel84extract, clear
```

这个数据集包括 98 份公司债券的评级，评级代码为 2 到 5（rating83c）。评级 2 对应的是最低的评级 BA_B_C，评级 5 对应的是最高评级 AAA，见表 13—11。

表 13—11　　　　　　　　　　　　公司债券评级

```
. tab rating83c
```

Bond rating, 1982	Freq.	Percent	Cum.
BA_B_C	26	26.53	26.53
BAA	28	28.57	55.10
AA_A	15	15.31	70.41
AAA	29	29.59	100.00
Total	98	100.00	

这个模型是有序 logit 模型，有两个解释变量：收入与资产比率 ia83 以及该比率从 1982 年到 1983 年的变化（dia）。表 13—12 给出了所有的统计量。

表 13—12 有序 logit

Variable	Obs	Mean	Std. Dev.	Min	Max
rating83c	98	3.479592	1.17736	2	5
ia83	98	10.11473	7.441946	−13.08016	30.74564
dia	98	0.7075242	4.711211	−10.79014	20.05367

. ologit rating83c ia83 dia

Ordered logistic regression			Number of obs	=	98
			LR chi2 (2)	=	11.54
			Prob>chi2	=	0.0021
Log likelihood=−127.27146			Pseudo R2	=	0.0434

rating83c	Coef.	Std. Err.	z	$P>\lvert z\rvert$	[95% Conf. Interval]	
ia83	0.0939166	0.0296196	3.17	0.002	0.0358633	0.1519699
dia	−0.0866925	0.0449789	−1.93	0.054	−0.1748496	0.0014646
/cut1	−0.1853053	0.3571432			−0.8852932	0.5146826
/cut2	1.185726	0.3882099			0.4248488	1.946604
/cut3	1.908412	0.4164896			1.092108	2.724717

收入/资产对评级有正向影响，而这个比率的变化的影响为负！两者都是显著的。

/cut1 到/cut3 给出了利用 logit 设定估计出的评级分类的阈值。第一个是不显著的，而其他两个显著。注意，这些阈值的 95％的置信区间是重叠的。

我们可以利用 predict 命令预测得到某种我们想要得到的评级的概率，见表 13—13。对于每一种评级，这些预测值的平均值非常接近于实际频率。

表 13—13 预测的债券评级

. predict pbabc pbaa paa paaa, pr

. sum pbabc pbaa paa paaa, separator (0)

Variable	Obs	Mean	Std. Dev.	Min	Max
pbabc	98	0.2729981	0.1224448	0.0388714	0.7158453
pbaa	98	0.2950074	0.0456984	0.0985567	0.3299373
paa	98	0.1496219	0.0274841	0.0449056	0.1787291
paaa	98	0.2823726	0.1304381	0.0466343	0.7528986

□ 13.10.2 无序响应模型

对于个体 i，有 m 种选择，对应的概率分别为 π_{i1}，π_{i2}，…，π_{im}。如果个体 i 选择了第 j 种选择，则 $y_{ij}=1$，否则为 0。这意味着 $\sum_{j=1}^{m} y_{ij}=1$，$\sum_{j=1}^{m} \pi_{ij}=1$。$n$ 个个体的似

然函数是一个多项式，由下式给出

$$\ell = \prod_{i=1}^{n} (\pi_{i1})^{y_{i1}} (\pi_{i2})^{y_{i2}} \cdots (\pi_{im})^{y_{im}} \,. \tag{13.41}$$

这个模型可以通过一个效用最大化的思想来解释，其中个人 i 比如说选择第 j 种职业得到的效用记为 U_{ij}，U_{ij} 是第 i 个人工作属性 x_{ij} 的函数，即像潜在收入的现值以及对个人 i 而言的选择这一工作的培训成本/净价值，见 Boskin（1974）。

$$U_{ij} = x'_{ij}\beta + \varepsilon_{ij}, \tag{13.42}$$

其中 β 是这些职业特征的隐含价格。因此，选择第一份职业的概率为

$$\pi_{i1} = \Pr[U_{i1} > U_{i2}, U_{i1} > U_{i3}, \cdots, U_{i1} > U_{im}] \tag{13.43}$$
$$= \Pr[\varepsilon_{i2} - \varepsilon_{i1} < (x'_{i1} - x'_{i2})\beta, \varepsilon_{i3} - \varepsilon_{i1} < (x'_{i1} - x'_{i3})\beta, \cdots, \varepsilon_{im} - \varepsilon_{i1} < (x'_{i1} - x'_{im})\beta]\,.$$

正态性假设涉及许多积分，但优点是不必假定 ε 必须独立。在计算上更常用的假定是多元 logit 模型。并且当且仅当 ε 独立并都服从 Weibull 密度函数分布时才会这样，见 McFadden（1974）。后者为 $F(z) = \exp(-\exp(-z))$。服从 Weibull 分布的两个随机变量之差是一个 logistic 分布 $\Lambda(z) = e^z/(1 + e^z)$，给出条件 logit 模型：

$$\pi_{ij} = \Pr[y_i = j] = \exp[(x_{ij} - x_{im})'\beta]/\{1 + \sum_{j=1}^{m-1}\exp[(x_{ij} - x_{im})'\beta]\}$$
$$= \exp[x'_{ij}\beta]/\sum_{j=1}^{m}\exp[x'_{ij}\beta], \quad j = 1, 2, \cdots, m-1, \tag{13.44}$$

并且 $\pi_{im} = \Pr[y_i = m] = 1/\{1 + \sum_{j=1}^{m-1}\exp[(x_{ij} - x_{im})'\beta]\} = \exp[x'_{im}\beta]/\sum_{j=1}^{m}\exp[x'_{ij}\beta]$。这个条件 logit 设定有两个结果。首先，任何两种可选职业比如 1 和 2 的比率为

$$\pi_{i1}/\pi_{i2} = \exp[(x_{i1} - x_{i2})'\beta],$$

当选择的数字从 m 变到 m^* 时，这个是不变的，因为分母被约去了。因此，选择一种职业的可能性不受另一种选择的影响。这一性质称为无关选择的独立性，反映了条件 logit 模型中的一个严重的缺点。例如，假设孩子们在小马和自行车之间选择，三分之二的孩子们选择小马。假如还有另一种选择，增加一辆自行车但是颜色不同，然后仍然期望三分之二的孩子选择小马，剩下的三分之一根据他们对颜色的偏好在自行车之间选择。但是在条件 logit 模型中，如果自行车和小马二选一时偏向于小马，那么选择小马的比例肯定会下降到二分之一。这说明了当有两个或更多的 m 种很相近可替代的选择时，条件 logit 模型可能得不到合理的结果。这就是假定误差 ε_{ij} 独立的结果。Hausman and McFadden（1984）提出了一个检验这些误差独立性的 Hausman 类型的检验。他们指出，如果一组选择是真正无关的，那么在建模时一起被忽略掉的话，系统上不会影响参数的估计。如果保留这组无关的选择，估计仍然是一致的，但不再是有效的。检验统计量为

$$q = (\hat{\beta}_s - \hat{\beta}_f)'[\hat{V}_s - \hat{V}_f]^{-1}(\hat{\beta}_s - \hat{\beta}_f), \tag{13.45}$$

其中 s 表示基于有约束子集得到的估计量，f 表示基于所有选择得到的估计量。该统计量渐近服从 χ_k^2，其中 k 是 β 的维数。

其次，在这个设定中，由于相应的 β 无法识别，因而对于不同的选择，所有的 x_{ij} 都

不是不变的。这意味着我们不能包括那些对所有选择都不变的个体特定变量，如种族、性别、年龄、工作经验、收入等。后一种数据类型在经济学中更常见，见 Schmidt and Strauss（1975）。这种情况下，可以修正这一设定，以便允许解释变量对选择一种而不是另一种的几率有不同影响：

$$\pi_{ij} = \Pr[y_i = j] = \exp(x'_{ij}\beta_j) / \sum_{j=1}^{m} \exp(x'_{ij}\beta_j), \quad j = 1, \cdots, m, \qquad (13.46)$$

现在其中的参数向量 β 加入了编号 j。如果对于每一个 j，x_{ij} 是一样的，那么

$$\pi_{ij} = \Pr[y_i = j] = \exp(x'_i\beta_j) / \sum_{j=1}^{m} \exp(x'_i\beta_j), \quad j = 1, \cdots, m。 \qquad (13.47)$$

这是 Schmidt and Strauss（1975）所用的模型。正态化需要 $\beta_m = 0$，那样的话，我们得到多元 logit 模型：

$$\pi_{im} = 1 / \sum_{j=1}^{m} \exp(x'_i\beta_j), \qquad (13.48)$$

和

$$\pi_{ij} = \exp(x'_i\beta_j) / [1 + \sum_{j=1}^{m-1} \exp(x'_i\beta_j)], \quad j = 1, 2, \cdots, m-1。 \qquad (13.49)$$

似然函数、得分方程、Hessian 和信息矩阵见 Maddala（1983，pp. 36～37）。

多元 logit 模型。Terza（2002）重新分析了 13.9 节中描述的 Mullahy and Sindelar（1996）的酗酒数据。但是，Terza 将因变量做了如下的重新分类：如果一个人不工作，$y = 1$；如果这个人失业，$y = 2$；如果这个人有工作，$y = 3$。表 13—14 给出了多元 logit 模型的结果，该结果利用 Stata 重复了 Terza（2002，p. 399）中关于男性的一些结果。尽管健康变量仍然显著，但酗酒变量不再显著。问题 16 要求读者重复这些关于女性的结果。

表 13—14   **多元 logt 模型：酗酒问题**

. mlogit Y alc90th ue88 age agesq schooling married famsize white excellent verygood good fair northeast midwest south centercity othermsa q1 q2 q3，baseoutcome（1）						
Multinomial logistic regression			Number of obs		=	9822
			Wald chi2（20）		=	1276.47
			Prob>chi2		=	0.0000
Log likelihood=−3217.481			Pseudo R2		=	0.1655
y	Coef.	Std. Err.	z	$P > \mid z \mid$	[95% Conf. Interval]	
2						
alc90th	0.1270931	0.21395	0.59	0.552	−0.2922412	0.5464274
ue88	0.0458099	0.051355	0.89	0.372	−0.0548441	0.1464639
age	0.1617634	0.0663205	2.44	0.015	0.0317776	0.2917492
agesq	−0.0024377	0.0007991	−3.05	0.002	−0.004004	−0.0008714
schooling	−0.0092135	0.0245172	−0.38	0.707	−0.0572664	0.0388393
married	0.4004928	0.1927458	2.08	0.038	0.022718	0.7782677

y	Coef.	Std. Err.	z	$P>\|z\|$	[95% Conf. Interval]	
famsize	0.0622453	0.0503686	1.24	0.217	−0.0364753	0.1609659
white	0.0391309	0.1705625	0.23	0.819	−0.2951653	0.3734272
excellent	2.91833	0.4486757	6.50	0.000	2.038942	3.797719
verygood	2.978336	0.4505932	6.61	0.000	2.09519	3.861483
good	2.493939	0.4446815	5.61	0.000	1.622379	3.365499
fair	1.460263	0.4817231	3.03	0.002	0.5161027	2.404422
northeast	0.0849125	0.2374365	0.36	0.721	−0.3804545	0.5502796
midwest	0.0158816	0.2037486	0.08	0.938	−0.3834583	0.4152215
south	0.1750244	0.2027444	0.86	0.388	−0.2223474	0.5723962
centercity	−0.2717445	0.1911074	−1.42	0.155	−0.6463081	0.1028192
othermsa	−0.0921566	0.1929076	−0.48	0.633	−0.4702486	0.2859354
q1	0.422405	0.1978767	2.13	0.033	0.0345738	0.8102362
q2	−0.0219499	0.2056751	−0.11	0.915	−0.4250657	0.3811659
q3	−0.0365295	0.2109049	−0.17	0.862	−0.4498954	0.3768364
_cons	−6.113244	1.427325	−4.28	0.000	−8.910749	−3.315739
3						
alc90th	−0.1534987	0.1395003	−1.10	0.271	−0.4269144	0.1199169
ue88	−0.0954848	0.033631	−2.84	0.005	−0.1614004	−0.0295693
age	0.227164	0.0409884	5.54	0.000	0.1468282	0.3074999
agesq	−0.0030796	0.0004813	−6.40	0.000	−0.0040228	−0.0021363
schooling	0.0890537	0.0152314	5.85	0.000	0.0592008	0.1189067
married	0.7085708	0.1219565	5.81	0.000	0.4695405	0.9476012
famsize	0.0622447	0.0332365	1.87	0.061	−0.0028975	0.127387
white	0.7380044	0.1083131	6.81	0.000	0.5257147	0.9502941
excellent	3.702792	0.1852415	19.99	0.000	3.339725	4.065858
verygood	3.653313	0.1894137	19.29	0.000	3.282069	4.024557
good	2.99946	0.1786747	16.79	0.000	2.649264	3.349656
fair	1.876172	0.1885159	9.95	0.000	1.506688	2.245657
northeast	0.088966	0.1491191	0.60	0.551	−0.203302	0.3812341
midwest	0.1230169	0.1294376	0.95	0.342	−0.130676	0.3767099
south	0.4393047	0.1298054	3.38	0.001	0.1848908	0.6937185
centercity	−0.2689532	0.1231083	−2.18	0.029	−0.510241	−0.0276654
othermsa	0.0978701	0.1257623	0.78	0.436	−0.1486195	0.3443598
q1	−0.0274086	0.1286695	−0.21	0.831	−0.2795961	0.224779
q2	−0.110751	0.126176	−0.88	0.380	−0.3580514	0.1365494
q3	−0.0530835	0.1296053	−0.41	0.682	−0.3071052	0.2009382
_cons	−6.237275	0.8886698	−7.02	0.000	−7.979036	−4.495515

(y==1 is the base outcome)

13. 11　删失回归模型

假如我们感兴趣的是一个人在耐用品（例如汽车）上的消费。这种情况下，只有当已经买了汽车之后才能观测到这个消费，因此，

$$y_i^* = x_i'\beta + u_i, \quad \text{如果} \quad y_i^* > 0, \tag{13.50}$$

其中 x_i 表示家庭特征向量，例如收入、子女个数或教育情况。y_i^* 是潜在变量，这里是一个人愿意花费在汽车上的支出。我们知道仅当 $y_i^* > 0$ 时 $y_i = y_i^*$，并且如果 $y_i^* \leqslant 0$，我们设定 $y_i = 0$。这种在 0 处截断当然是任意的，u_i 假定是 $\text{IIN}(0, \sigma^2)$。该模型在 Tobin (1958) 之后被称为 Tobit 模型。这种情况下，我们得到的是删失的观测，因为对于负的 y_i^* 我们观测不到。我们所观测到的全部是这个家庭没有购买汽车以及这个家庭相应的特征向量 x_i。不失一般性，我们假定前 n_1 个观测有正的 y_i^*，余下的 $n_0 = n - n_1$ 个观测有非正的 y_i^*。这时，对前 n_1 个观测的 OLS，即只利用得到的正的 y_i^* 的 OLS 是有偏的，因为 u_i 的均值不为零。事实上，由于漏掉了样本中 $y_i^* \leqslant 0$ 的观测值，因此只能考虑式 (13.50) 中 $u_i > -x_i'\beta$ 的扰动。这些 u_i 的分布是一个删失正态密度，如图 13—2 所示。这个密度的均值是非零的，并且依赖于 β、σ^2 和 x_i。更为正式地，回归函数可以写为：

$$E(y_i^*/x_i, y_i^* > 0) = x_i'\beta + E[u_i/y_i^* > 0] = x_i'\beta + E[u_i/u_i > -x_i'\beta] \tag{13.51}$$
$$= x_i'\beta + \sigma\gamma_i, \quad i = 1, 2, \cdots, n_1,$$

其中 $\gamma_i = \phi(-z_i)/[1 - \Phi(-z_i)]$ 和 $z_i = x_i'\beta/\sigma$，删失正态密度的矩见 Greene (1993, p.685) 或本章附录。对于正的 y_i^* 的 OLS 回归漏掉了式 (13.51) 中的第二项，因而是有偏和不一致的。

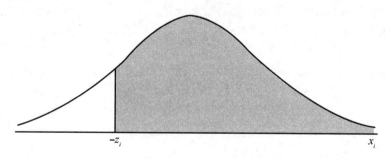

图 13—2　删失正态分布

一个简单的两步法可用于估计式 (13.51)。首先，我们定义一个虚拟变量 d_i，当 y_i^* 可观测时该变量取 1，否则取 0。这允许我们对整个样本进行 probit 估计，并给我们提供了一个 β/σ 的一致估计。另外，$P[d_i = 1] = P[y_i^* > 0] = P[u_i > -x_i'\beta]$ 和 $P[d_i = 0] = P[y_i^* \leqslant 0] = P[u_i \leqslant -x_i'\beta]$。因此，似然函数为

$$\ell = \prod_{i=1}^{n} [P(u_i \leqslant -x_i'\beta)]^{1-d_i} [P(u_i > -x_i'\beta)]^{d_i} \tag{13.52}$$
$$= \prod_{i=1}^{n} \Phi(z_i)^{d_i} [1 - \Phi(z_i)]^{1-d_i}, \quad \text{其中} \quad z_i = x_i'\beta/\sigma,$$

且一旦 β/σ 被估计，我们就用这些估计替代式（13.51）下方给出的 z_i 和 γ_i 以得到 $\hat{\gamma}_i$。第二步只利用正的 y_i^* 来估计式（13.51），其中 γ_i 由 $\hat{\gamma}_i$ 代替。得到的 β 的估计是一致且渐近正态的，见 Heckman（1976，1979）。

另外，还可以利用极大似然法估计 Tobit 模型。注意，我们有两组观测：（i）对于 $y_i = y_i^*$ 的正的 y_i^*，我们可以将密度函数写为 $N(x_i'\beta, \sigma^2)$；（ii）非正的 y_i^*，我们假定 $y_i = 0$，概率为

$$\begin{aligned}\Pr[y_i = 0] = \Pr[y_i^* < 0] &= \Pr[u_i < -x_i'\beta]\\ &= \Phi(-x_i'/\sigma) = 1 - \Phi(x_i'\beta/\sigma)。\end{aligned} \tag{13.53}$$

整个被删失区域上的概率分配给了删失点。这样我们就可以写出如下的对数似然函数：

$$\begin{aligned}\log\ell = &-(1/2)\sum_{i=1}^{n_1}\log(2\pi\sigma^2) - (1/2\sigma^2)\sum_{i=1}^{n_1}(y_i - x_i'\beta)^2\\ &+ \sum_{i=n_1+1}^{n}\log[1 - \Phi(x_i'\beta/\sigma)]。\end{aligned} \tag{13.54}$$

对 β 和 σ^2 求导，见 Maddala（1983，p.153），得到

$$\partial\log\ell/\partial\beta = \sum_{i=1}^{n_1}(y_i - x_i'\beta)x_i/\sigma^2 - \sum_{i=n_1+1}^{n}\phi_i x_i/\sigma[1 - \Phi_i], \tag{13.55}$$

$$\begin{aligned}\partial\log\ell/\partial\sigma^2 = &\sum_{i=1}^{n_1}(y_i - x_i'\beta)^2/2\sigma^4 - (n_1/2\sigma^2)\\ &+ \sum_{i=n_1+1}^{n}\phi_i x_i'\beta/[2\sigma^3(1 - \Phi_i)],\end{aligned} \tag{13.56}$$

这里 Φ_i 和 ϕ_i 在 $z_i = x_i'\beta/\sigma$ 处计算。

用 $\beta'/2\sigma^2$ 左乘并将结果代入式（13.56），得到

$$\hat{\sigma}_{MLE}^2 = \sum_{i=1}^{n_1}(y_i - x_i'\beta)y_i/n_1 = Y_1'(Y_1 - X_1\beta)/n_1, \tag{13.57}$$

其中 Y_1 表示 y_i 的非零观测构成的 $n_1 \times 1$ 向量，X_1 是 $n_1 \times k$ 矩阵，由非零 y_i 对应的 x_i 的值构成。另外，用 σ 乘以整个式子，式（13.55）可以写为

$$-X_0'\gamma_0 + X_1'(Y_1 - X_1\beta)/\sigma = 0, \tag{13.58}$$

其中 X_0 表示 $n_0 \times k$ 的对应 y_i 为零的 x_i 构成的矩阵，γ_0 是 $\gamma_i = \phi_i/[1 - \Phi_i]$ 构成的 $n_0 \times 1$ 的矩阵，后者根据 $y_i = 0$ 对应观测的 $z_i = x_i'\beta/\sigma$ 计算得到。解式（13.58）得到

$$\hat{\beta}_{MLE} = (X_1'X_1)^{-1}X_1'Y_1 - \sigma(X_1'X_1)^{-1}X_0'\gamma_0。 \tag{13.59}$$

注意，式（13.59）中的第一项是根据前 n_1 个即 y_i^* 为正的观测值得到的 OLS 估计量。

对于对数似然函数的二阶导数，可以利用 Newton-Raphson 程序或得分法，见 Maddala（1983，pp.154～156）。利用 Stata 中的 tobit 命令很容易计算出来。注意，对于 tobit 设定，β 和 σ^2 都是可识别的。与此相比，对于 logit 和 probit 设定，只能识别 (β/σ^2)。Wooldridge（2009，Chapter 17）提出可以从 probit 中得到 β/σ^2 的估计，并将其与 Tobit 估计得到的 $\hat{\beta}/\hat{\sigma}^2$ 进行比较。如果这些估计是不同的或者符号不同，那么 Tobit 估计可能不合适。问题 17 利用 Mroz（1987）的数据对已婚妇女劳动供给的例子进行了估计。

Maddala 提醒，对于具有零观测的情况而言，Tobit 设定未必是正确的设定。只有

当潜在变量原则上可以取负值，并且观测到的零值是删失的且非可观测的结果时，Tobit 是适用的。事实上，不可能有人在汽车上的消费为负、工作时间为负或工资为负。但是，当一个人观测到的工资大于他的保留工资时，他可以接受工作。令 y^* 表示观测到的工资和保留工资之差。只有当 y^* 为正时，才能观测到工资。最后提示：Tobit 设定严重依赖于正态性和同方差性的假定。不满足这些假定将导致错误的推断。

13.12 截尾回归模型

截尾回归模型排除或删去了样本中的一些观测值。例如，在研究贫困时我们删除了富裕的样本，也就是说样本中收入高于某个上限 y^u 的样本。因此这个样本不是随机的，对截尾样本应用最小二乘会导致有偏和不一致的结果，见图 13—3。这不同于删失，在后一种情形中，没有数据被删掉。实际上，我们观测到了所有家庭的特征，甚至那些没有真正购买汽车的家庭。截尾模型由下式给出：

$$y_i^* = x_i'\beta + u_i, \ i = 1, 2, \cdots, n, \ \text{其中} \ \ u_i \sim \text{IIN}(0, \sigma^2), \tag{13.60}$$

其中 y_i^* 在例子中是第 i 个家庭的收入，x_i 包括像教育、工作经验等影响收入的因素。这个样本包括所有 $y_i^* \leqslant y^u$ 的个体。观测到的 y_i^* 的概率是

$$
\begin{aligned}
\Pr[y_i^* \leqslant y^u] &= \Pr[x_i'\beta + u_i \leqslant y^u] = \Pr[u_i < y^u - x_i'\beta] \\
&= \Phi\left(\frac{1}{\sigma}(y^u - x_i'\beta)\right).
\end{aligned}
\tag{13.61}
$$

另外，利用截尾正态密度的结果，见 Greene（1993，p. 685）：

$$E(u_i / y_i^* \leqslant y^u) = \frac{-\sigma \phi((y^u - x_i'\beta)/\sigma)}{\Phi((y^u - x_i'\beta)/\sigma)} \tag{13.62}$$

不一定为零。从式（13.60）可以看出，$E(y_i^* / y_i^* \leqslant y^u) = x_i'\beta + E(u_i / y_i^* < y^u)$。因此，关于式（13.60）利用观测的 y_i^* 的 OLS 是有偏且不一致的，因为它略掉了式（13.62）中的项。

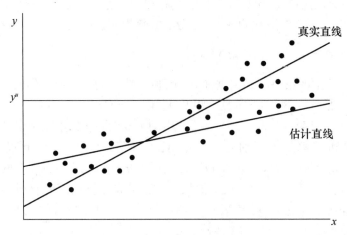

图 13—3 截尾回归模型

y_i^* 的密度是正态的但它的局部密度由式（13.61）给出。一个适当的密度函数的面积必须为 1。因此，y_i^* 以 $y_i^* < y^u$ 为条件的密度简单地表示为 y_i^* 在 $y_i^* < y^u$ 的值上的条件概率除以 $\Pr[y_i^* \leqslant y^u]$，见本章附录：

$$f(y_i^*) = \begin{cases} \dfrac{\phi((y_i^* - x_i'\beta)/\sigma)}{\sigma\Phi((y^u - x_i'\beta)/\sigma)}, & \text{如果 } y_i^* \leqslant y^u \\ 0, & \text{其他} \end{cases}。 \tag{13.62}$$

因此对数似然函数为

$$\log \ell = -\frac{n}{2}\log 2\pi - \frac{n}{2}\log \sigma^2 - \frac{1}{2\sigma^2}\sum_{i=1}^{n}(y_i^* - x_i'\beta)^2$$
$$- \sum_{i=1}^{n}\log \Phi(\frac{y^u - x_i'\beta}{\sigma})。 \tag{13.64}$$

基于观测到的样本的 MLE 不同于 OLS 之处在于最后一项。Hausman and Wise（1977）将截尾模型应用到了新泽西的负收入税实验中，其中收入高于 1967 年贫困线 1.5 倍的家庭被排除在样本之外。

13.13 样本选择

在劳动经济学中，工人只有参加工作我们才能观测到工人的市场工资。这只有当工人的市场工资超过他或她的保留工资时才会出现。在对收入的研究中，我们不能观测到保留工资，并且对于没有找到工作的，我们记市场工资为零。这样的样本是被删失的，因为我们观测了这些没有工作的人的特征。如果我们将注意力限制在参加工作的个体上，那么这个样本就被截尾。尤其要关注这个例子是因为删失并不直接基于因变量，正如 13.11 节中那样，而是基于市场工资和保留工资的差异。决定样本选择的潜在变量与因变量是相关的。因此，对这个模型的最小二乘会导致选择性偏误，见 Heckman（1976，1979）。由这个自选择类型得到的样本不会代表真正的总体分布，无论样本容量有多大。但是，如果能够理解基本的抽样生成过程并能利用相关的识别条件，是可以修正这种自选择偏误的，见 Lee（2001）的精彩综述和这里引用的文献。为了示范这一点，令收入方程为

$$w_i^* = x_{1i}'\beta + u_i, \ i = 1, 2, \cdots, n, \tag{13.65}$$

劳动参与（选择）方程为

$$y_i^* = x_{2i}'\gamma + v_i, \ i = 1, 2, \cdots, n, \tag{13.66}$$

其中 u_i 和 v_i 是双变量正态分布，均值为零，方差—协方差为

$$\mathrm{var}\binom{u_i}{v_i} = \begin{bmatrix} \sigma^2 & \rho\sigma \\ \rho\sigma & 1 \end{bmatrix}。 \tag{13.67}$$

将 v_i 的方差标准化为 1 是不受限制的，因为只有 y_i^* 的符号可观测。事实上，我们只观测

到 w_i 和 y_i，其中

$$w_i = \begin{cases} w_i^*, & \text{如果 } y_i^* > 0, \\ 0, & \text{其他} \end{cases}$$

和

$$y_i = \begin{cases} 1, & \text{如果 } y_i^* > 0 \\ 0, & \text{其他} \end{cases}$$

我们只能观测到（$y_i = 0$，$w_i = 0$）和（$y_i = 1$，$w_i = w_i^*$）。这个模型的对数似然函数是

$$\sum_{y_i=0} \log \Pr[y_i = 0] + \sum_{y_i=1} \log \Pr[y_i = 1] f(w_i^* / y_i = 1), \tag{13.69}$$

其中 $f(w_i^* / y_i = 1)$ 是给定 $y_i = 1$ 时 w_i^* 的条件密度。第二项还可以写为

$$\sum_{y_i=1} \log \Pr[y_i = 1/w_i^*] f(w_i^*),$$

这是联合密度函数分解的另一种方法。$f(w_i^*)$ 实际上是条件均值为 $x'_{1i}\beta$ 且方差为 σ^2 的正态密度。利用双变量正态密度的性质，我们可以写出

$$y_i^* = x'_{2i}\gamma + \rho(\frac{1}{\sigma}(w_i^* - x'_{1i}\beta)) + \varepsilon_i, \tag{13.70}$$

其中 $\varepsilon_i \sim \mathrm{IIN}(0, \sigma^2(1-\rho^2))$。因此，

$$\Pr[y_i = 1] = \Pr[y_i^* > 0] = \Phi\left(\frac{x'_{2i}\gamma + \rho((w_i - x'_{1i}\beta)/\sigma)}{\sqrt{1-\rho^2}}\right), \tag{13.71}$$

这里由于 $y_i = 1$，用 w_i 代替 w_i^*。式（13.69）中的似然函数变为

$$\sum_{y_i=0} \log(\Phi(-x'_{2i}\gamma)) + \sum_{y_i=1} \log\left(\frac{1}{\sigma}\phi(w_i - x'_{1i}\beta)\right)$$
$$+ \sum_{y_i=1} \log \Phi\left(\frac{x'_{2i}\gamma + \rho((w_i - x'_{1i}\beta)/\sigma)}{\sqrt{1-\rho^2}}\right) \tag{13.72}$$

MLE 计算起来可能很繁杂。Heckman（1976）提出了一个两步法，该方法需要将式（13.65）改写为

$$w_i^* = \beta x'_{1i} + \rho\sigma v_i + \eta_i, \tag{13.73}$$

并用 w_i 代替 w_i^*，v_i 由其条件均值 $E(v_i/y_i = 1)$ 代替。利用截尾密度的结果，这个条件均值由 $\phi(x'_{2i}\gamma)/\Phi(x'_{2i}\gamma)$ 给出，该式称为逆 Mills 比率。因此，式（13.73）变为

$$w_i = x'_{1i}\beta + \rho\sigma \frac{\phi(x'_{2i}\gamma)}{\Phi(-x'_{2i}\gamma)} + \text{残差}。 \tag{13.74}$$

Heckman（1976）的两步法估计量包含：（ⅰ）第一步对式（13.66）进行 probit 回归得到 γ 的一个一致估计量；（ⅱ）代替式（13.74）中估计出的逆 Mills 比率并进行 OLS。由于 σ 为正，第二步回归提供了一种样本选择的检验，即对于 $\rho = 0$，通过 t 统计量检查估计的逆 Mills 比率是否显著来进行检验。该统计量渐近服从 $N(0, 1)$。拒绝 H_0 意味着

计量经济学方法与应用（第五版）

存在选择性问题，我们不应该信赖对式（13.65）的 OLS，它忽略了式（13.74）中的选择性偏误项。Davidson and MacKinnon（1993）建议利用式（13.72）进行 MLE 而不是依赖于式（13.74）中两步法的结果，如果前者计算不是很繁杂的话。注意，对于式（13.50）所示的汽车购买的 Tobit 模型，可以考虑作为式（13.65）和式（13.66）所示的样本选择模型的一个特例。实际上，Tobit 模型假定选择方程（购买汽车的决定）和汽车消费方程（以决定购买为条件）是相同的。因此，如果认为选择方程的设定不同于消费方程的设定，那么就不应该使用 Tobit 模型。相反，应该本着本节所讨论的两方程样本选择模型继续进行。需要重点说明的是，对于删失、截尾和样本选择模型，正态性和同方差都是关键的假定。关于这些假定的检验由 Bera、Jarque and Lee（1984），Lee and Maddala（1985）以及 Pagan and Vella（1989）给出。对于违背正态性和异方差情况更为稳健的可选择的估计方法包括 Tobit 模型的对称修正最小二乘和删失回归模型的最小绝对偏差估计。这些都是由 Powell（1984，1986）提出的。

■ 注　释

①这是基于 Davidson and MacKinnon（1993，pp. 523～526）。

②二元响应模型试图解释一个 0—1（或二元）因变量。

③不应该用 nR^2 作为检验统计量，因为这种情况下总平方和不是 n。

■ 问　题

1. 线性概率模型。

（a）对于式（13.1）所述的线性概率模型，证明要使 $E(u_i)=0$，我们必须有 $Pr[y_i=1]=x_i'\beta$。

（b）证明 u_i 是异方差的，$var(u_i)=x_i'\beta(1-x_i'\beta)$。

2. 考虑式（13.16）所示的一般的对数似然函数，假定除了常数项 α 外所有的回归斜率都为零。

（a）证明：最大化关于常数 α 的 $\log\ell$ 得到 $\hat{F}(\alpha)=\bar{y}$，其中 $\bar{y}$ 是 $y_i=1$ 的样本所占的比例。

（b）推导结论：最大化似然函数值为 $\log\ell_r=n[\bar{y}\log\bar{y}+(1-\bar{y})\log(1-\bar{y})]$。

（c）证明：13.9 节加入工会的例子中 $\log\ell_r=-390.918$。

3. 对于 13.9 中加入工会的例子：

（a）重复表 13—3 和表 13—5。

（b）利用 13.8 节中拟合优度的测量方法，计算 logit 和 probit 的 R_1^2，R_2^2，…，R_5^2。

（c）利用 OLS、logit 和 probit 模型计算第 10 个观测的预测值以及相应的标准误差。

（d）在所有的模型中行业变量（IND）是不显著的。去除这个变量重新进行 OLS、logit 和 probit，结果又有什么变化？与表 13—3 和表 13—5 进行比较。

(e) 利用 (d) 中的模型结果，对于 logit、probit 和线性概率模型，检验斜率系数全为零的假设。

(f) 利用 LR 检验、Wald 检验以及关于 OLS、logit 和 probit 模型的 BRMR 检验，对表 13—3 中 IND、FEM 和 BLK 的系数的联合显著性进行检验。

4. 对于 13.9 节加入工会的例子所用的数据：

(a) 将 OCC 作为因变量（如果个体为蓝领职业，该变量取 1，否则取零）进行 OLS、logit 和 probit 回归。将 ED、WKS、EXP、SOUTH、SMSA、IND、MS、FEM 和 BLK 作为解释变量。比较这些模型的系数估计，哪些变量是显著的？

(b) 利用 13.8 节中拟合优度的测量方法，计算 logit 和 probit 的 R_1^2，R_2^2，…，R_5^2。

(c) 像表 13—5 中工会那样，列表给出根据这三个模型得到的 OCC 的预测值。OLS、logit 和 probit 给出正确决策的比例是多少？

(d) 对于 logit、probit 和线性概率模型，对斜率系数全为零的假设进行检验。

5. 截尾均匀密度。令 x 为均匀分布随机变量，密度为

$$f(x)=1/2, \quad -1<x<1。$$

(a) $f(x/x>-1/2)$ 的密度函数是什么？提示：利用条件密度的定义：

$$f(x/x>-1/2)=f(x)/\Pr[x>-1/2], \quad -1/2<x<1。$$

(b) 条件均值 $E(x/x>-1/2)$ 是什么？与 x 的无条件均值相比，有什么结论？注意，由于我们从下方截尾了密度，新的均值应该向右移动。

(c) 条件方差 $\mathrm{var}(x/x>-1/2)$ 是什么？与 x 的无条件方差相比，有什么结论？（截尾使方差变小。）

6. 截尾正态密度。令 x 为 $N(1,1)$。利用附录中的结果，证明：

(a) 对于 $x>1$，条件密度 $f(x/x>1)=2\phi(x-1)$；对于 $x<1$，$f(x/x<1)=2\phi(x-1)$。

(b) 条件均值 $E(x/x>1)=1+2\phi(0)$ 和 $E(x/x<1)=1-2\phi(0)$。与 x 的无条件均值进行比较。

(c) 条件方差 $\mathrm{var}(x/x>1)=\mathrm{var}(x/x<1)=1-4\phi^2(0)$。与 x 的无条件方差进行比较。

7. 删失正态分布。以 Greene (1993，pp.692～693) 的研究为基础。令 y^* 是 $N(\mu, \sigma^2)$ 且如果 $y^*>c$，定义 $y=y^*$，如果 $y^*<c$，则 $y=c$，c 为任意常数。

(a) 证明 $E(y)$ 的表达式如式 (A.7) 所示。

(b) 推导式 (A.8) 中所示的 $\mathrm{var}(y)$ 的表达式。提示：利用如下事实：

$$\mathrm{var}(y)=E(\text{条件方差})+\mathrm{var}(\text{条件均值}),$$

以及附录中给出的关于删失正态随机变量的条件和无条件均值公式。

(c) 对于 $c=0$ 的特殊情形，证明式 (A.7) 可简化为 $E(y)=\Phi(\mu/\sigma)\left[\mu+\dfrac{\sigma\phi(\mu/\sigma)}{\Phi(\mu/\sigma)}\right]$ 且式 (A.8) 简化为

$$\mathrm{var}(y)=\sigma^2\Phi\left(\frac{\mu}{\sigma}\right)\left[1-\delta\left(\frac{-\mu}{\sigma}\right)+\left(-\frac{\mu}{\sigma}-\frac{\phi(\mu/\sigma)}{\Phi(\mu/\sigma)}\right)^2\Phi\left(-\frac{\mu}{\sigma}\right)\right],$$

其中 $\delta\left(\dfrac{-\mu}{\sigma}\right)=\dfrac{\phi(\mu/\sigma)}{\Phi(\mu/\sigma)}\left[\dfrac{\phi(\mu/\sigma)}{\Phi(\mu/\sigma)}+\dfrac{\mu}{\sigma}\right]$。对于删失了分布上面部分而不是下面部分的情形也可推导出类似的表达式。

8. 固定利率和可调整利率抵押贷款。Dhillon, Shilling and Sirmans（1987）研究了固定利率抵押贷款和可调整利率抵押贷款之间的选择问题。数据由 78 个从美国路易斯安那州抵押银行贷款的家庭构成。其中 46 个家庭选择固定利率抵押贷款，32 个家庭选择可调整利率抵押贷款。这些数据可以从 Springer 网站上下载，文件名为 DHILLON. ASC。从 Lott and Ray（1992）得到。这些变量包括：

Y	=0，如果是可调整利率；1，如果是固定利率。
BA	=借款人年龄。
BS	=借款人受教育年限。
NW	=借款人的净价值。
FI	=固定利率。
PTS	=可调整利率点数与固定利率之比。
MAT	=可调整利率抵押贷款期限与固定利率抵押贷款期限之比。
MOB	=在现居住地的年限。
MC	=1，如果借款人已婚；0，如果借款人未婚。
FTB	=1，如果借款人是第一次买房；0，如果是其他。
SE	=1，如果借款人是个体经营者；0，如果是其他。
YLD	=10 年期国债与 1 年期国债利率之差。
MARG	=可调整利率贷款的保证金。
CB	=1，如果借款人是共同借款人；0，如果是其他。
STL	=短期债务。
LA	=流动资产。

选择利率可变抵押贷款的概率是借款人的个人特征和贷款特征的函数。有效市场假说认为只有成本变量而非借款人个人特征会影响借款人在固定利率和可调整利率贷款之间的选择。成本变量包括 FI、MARG、YLD、PTS 和 MAT。其他变量是个人特征变量。委托代理理论认为放款人和借款人的信息是对称的。因此，这个理论银行的意思是借款人的个人特征在贷款选择问题上将是显著的。

（a）Y 对数据集中所有的变量进行 OLS 回归。对于线性概率模型，所有斜率系数显著性检验的 F 统计量是什么？R^2 是什么？小于 0 或大于 1 的预测值有多少？

（b）在受约束回归中只有成本变量，检验个人特征联合不显著的原假设。提示：利用 Chow F 统计量。结论支持有效市场假说吗？

（c）对上述模型利用 logit 设定。检验市场有效性假说。（b）中的结论有变化吗？提示：利用似然比检验或 BRMR。

（d）利用 probit 设定重复（c）中的问题。

9. logit 模型下 OLS 的抽样分布。该问题以 Baltagi（2000）的研究为基础。
考虑一个简单的 logit 回归模型：

$$y_t = \Lambda(\beta x_t) + u_t,$$

$t=1, 2$，其中 $\Lambda(z)=e^z/(1+e^z)$，$-\infty<z<\infty$。令 $\beta=1$，$x_1=1$，$x_2=2$ 并假定 u_t 是独立的，均值为零。

(a) 推导 β 的最小二乘估计量的抽样分布，即当真实模型为 logit 模型时假定为线性概率模型。

(b) 推导这个最小二乘残差的抽样分布并证明估计的 $\hat{\beta}_{OLS}$ 的方差是有偏的。

10. 样本选择和无响应。该问题以 Manski（1995）的研究为基础，见本章附录。假定我们更感兴趣的是估计概率而不是一个在给定日期没有住房的人六个月后有一所房子。如果这个人六个月后有了住房，$y=1$；如果仍然没有住房，$y=0$。令 x 表示这个人的性别；并且如果这个人被找到并接受再次调查，$z=1$，否则为 0。第一次调查了 100 名男性和 31 名女性。六个月后，只找到并调查了其中的 64 名男性和 14 名女性。64 名男性中，21 名有了住房；14 名女性中只有 3 名有了住房。

(a) 计算 $\Pr[y=1/男性, z=1]$，$\Pr[z=1/男性]$ 和关于 $\Pr[y=1/男性]$ 的边界。

(b) 计算 $\Pr[y=1/女性, z=1]$，$\Pr[z=1/女性]$ 和关于 $\Pr[y=1/女性]$ 的边界。

(c) 证明边界的宽度等于无响应损失的概率。哪个边界更窄？为什么？

11. 这种连接重要吗？该问题以 Santos Silva（1999）的研究为基础。考虑二元随机变量 Y_i，使得

$$P(Y_i=1|x)=F(\beta_0+\beta_1 x_i), \quad i=1,2,\cdots,n,$$

其中连接 $F(\cdot)$ 是连续分布函数。

(a) 写出对数似然函数及其关于 β_0 和 β_1 的最大化一阶条件。

(b) 考虑 x_i 只能取两个不同值的情况，不失一般性，令其为 0 和 1。证明 $\hat{F}(1)=\sum_{x_i=1}y_i/n_1$，其中 n_1 是 $x_i=1$ 的观测个数。另外，证明 $\hat{F}(0)=\sum_{x_i=0}y_i/(n-n_1)$。

(c) β_0 和 β_1 的极大似然估计是什么？

(d) 证明在 β_0 和 β_1 的极大似然估计处得到的对数似然函数值是一样的，与连接函数的形式无关。

12. 啤酒税与机动车事故死亡率。Ruhm（1996）考虑了啤酒税和控制饮酒政策对机动车事故死亡率的影响，见 13.4 节。Ruhm 收集了 48 个州（阿拉斯加州、夏威夷和哥伦比亚特区除外）1982—1988 年的数据。该数据可以从 Stock and Watson（2003）的网站 www.aw.com/stock_watson 上下载。利用这组数据重复表 13—1 中的结果。

13. 酗酒与就业。Mullahy and Sindelar（1996）考虑了酗酒对就业的影响。该数据以 1988 年美国国家健康访问调查的酒精含量为基础，可以从 *Journal of Applied Econometrics* 网站上下载，网址为 http://qed.econ.queensu.ca/jae/2002-v17.4/terza/。

(a) 重复表 13—6 并进行 logit 和稳健的 White 标准误差的 OLS 回归。OLS 结果应该与 Mullahy and Sindelar（1996）中表 5 的结果相匹配。

(b) 计算表 13—7 中所报告的边际影响和表 13—8 中所报告的平均边际影响。计算表 13—9 中所报告的真实值和预测值的分类数据。应用 OLS 和 logit 重复这些运算。

(c) Mullahy and Sindelar（1996）对女性做了类似的回归，如果这个人失业，因变量取值为 1，否则取值为 0。重复 Mullahy and Sindelar（1996）中表 5 和表 6 的 OLS 结果并完成相应的 logit 和 probit 回归。对女性数集重复（b）。关于酗酒和就业之间的关

系，你的结论是什么？

14. 分数响应。Papke and Wooldridge（1996）研究了配合率对 401（K）养老金计划参与率的影响。数据来自 1987 年美国国税局 100 多人的 5 000 份养老金报告。数据集可以从 *Journal of Applied Econometrics* 网站上下载，网址为 http://qed.econ.queen-su.ca/jae/1996-V11.6/papke。

（a）重复 Papke and Wooldridge（1996）中的表Ⅰ和表Ⅱ。

（b）进行 Papke and Wooldridge（1996）中所述的设定检验（RESET）。

（c）用 R^2、设定检验和 MRATE 的各类值的预测值（如 Papke and Wooldridge（1996）的图 1 所示）比较 OLS 和 logit QMLE。

15. 生育率与女性劳动供给。Carrasco（2001）利用 1986—1989 年收入动态的面板研究（PSID）数据估计了生育率的 probit 模型，见表 13—10。该样本包括 1 442 个 1996 年年龄在 18～55 岁之间的已婚或同居妇女。该数据可以从 *Journal of Business & Economic Statistics* 文档数据网站获取。

（a）重复 Carrasco（2001，p. 391）表 4 中的第 1 列和第 2 列。证明前几个孩子具有同样性别对再增加一个孩子的概率有正向的显著影响。

（b）根据这些回归计算预测的概率和正确预测的百分比。并计算边际影响。

（c）重复 Carrasco（2001，p. 392）表 5 中的第 1 列和第 4 列，这是对利用 OLS 和 probit 做的一个女性劳动参与率方程的回归。另外，计算边际影响。

（d）重复 Carrasco（2001，p. 392）表 4 中的第 5 列，这是对女性劳动参与率进行的 2sls 回归，工具为同性别变量及其与 ags261 的交互项。对这个 2sls 进行过度识别检验。

（e）重复 Carrasco（2001，p. 393）表 7 中的第 4 列，这是对女性劳动参与率进行的稳健标准误差的固定效应回归。利用同性别变量及其与 ags261 的交互项作为工具运行固定效应 2sls 回归。

16. 多元 logit。Terza（2002）针对问题 13 中描述的酗酒问题对 Mullahy and Sindelar（1996）建立了一个多元 logit 模型，即将因变量分为详细的几个类别。特别地，如果这个人不找工作，$y=1$；如果这个人处于失业状态，$y=2$；如果这个人处于就业状态，$y=3$。

（a）重复 Terza（2002，p. 399）表Ⅱ中第 3、4、9 和 10 列中报告的关于男性的多元 logit 估计结果。

（b）利用女性的数据进行多元 logit 估计。关于酗酒和就业/失业之间关系的结论与问题 13 相比，有什么变化？

17. 已婚妇女劳动供给的 Tobit 估计。Wooldridge（2009，p. 593）对问题 13 中所考虑的 Mroz（1987）的数据估计了一个 Tobit 方程。利用 1975 年 PSID 的数据，Mroz 的样本包括 753 名 1975 年年龄在 30～60 岁之间的已婚白人妇女，其中 428 名在这一年的某段时间是在工作的。已婚妇女的年工作小时数（hours）对未婚收入（nwifeinc）、已婚妇女的年龄（age）、受教育年数（educ）、家中 6 岁以下孩子的个数（kidslt6）和 5～19 岁孩子的个数（kidsge6）。数据可以从 Wooldridge（2009）的数据网站获取。

（a）给出工作小时数的详细概述，确定偏度和峰度。

（b）如上所述进行 OLS 和 Tobit 估计并重复 Wooldridge（2009，p. 593）中的

表 17.2。

（c）利用劳动力中的变量（inlf），对上述相同的解释变量进行 OLS、logit 和 probit 并重复 Wooldridge（2009，p.585）中的表 17.1。给出预测出的分类以及均值处的边际影响，还有这三种设定的平均边际影响。

（d）关于（β/σ^2）的估计，对（c）中根据 probit 得到的估计结果与（b）中 Tobit 估计结果进行比较。

18. 已婚妇女收入的 Heckit 估计。Wooldridge（2009，p.611）利用问题 7 中 Mroz（1987）的数据估计了对数工资方程。已婚妇女的对数工资（lwage）对她的受教育年限（educ）、工作经验（exper）及其平方（expersq）回归。为了修正样本选择偏差，probit 方程包括这些回归变量，还有家中 6 岁以下孩子的个数（kidslt6）、5～19 岁孩子的个数（kidsge6）、未婚收入（nwifeinc）和已婚妇女的年龄（age）。

（a）如上所述进行 OLS 和 Heckit 估计并重复 Wooldridge（2009，p.611）中的表 17.5。

（b）检验逆 Mills 比率是不显著的。你的结论是什么？

（c）对这个 Heckman（1976）样本选择模型运行 MLE。

参考文献

本章内容以 Hanushek and Jackson（1977），Maddala（1983），Davidson and MacKinnon（1993）和 Greene（1993）的文献为基础。其他参考文献包括：

Amemiya, T. (1981), "Qualitative Response Models: A Survey," *Journal of Economic Literature*, 19: 1481-1536.

Amemiya, T. (1984), "Tobit Models: A Survey," *Journal of Econometrics*, 24: 3-61.

Baltagi, B. H. (2000), "Sampling Distribution of OLS Under a Logit Model," Problem 00.3.1, *Econometric Theory*, 16: 451.

Bera, A. K., C. Jarque and L. F. Lee (1984), "Testing the Normality Assumption in Limited Dependent Variable Models," *International Economic Review*, 25: 563-578.

Berkson, J. (1953), "A Statistically Precise and Relatively Simple Method of Estimating the Bio-Assay with Quantal Response, Based on the Logistic Function," *Journal of the American Statistical Association*, 48: 565-599.

Berndt, E., B. Hall, R. Hall and J. Hausman (1974), "Estimation and Inference in Nonlinear Structural Models," *Annals of Economic and Social Measurement*, 3/4: 653-665.

Boskin, M. (1974), "A Conditional Logit Model of Occupational Choice," *Journal of Political Economy*, 82: 389-398.

Carrasco, R. (2001), "Binary Choice with Binary Endogenous Regressors in Panel Data: Estimating the Effect Fertility on Female Labor Participation," *Journal of Busi-

ness & Economic Statistics, 19: 385-394.

Cornwell, C. and P. Rupert (1988), "Efficient Estimation with Panel Data: An Empirical Comparison of Instrumental Variables Estimators," *Journal of Applied Econometrics*, 3: 149-155.

Cox, D. R. (1970), *The Analysis of Binary Data* (Chapman and Hall: London).

Cragg, J. and R. Uhler (1970), "The Demand for Automobiles," *Canadian Journal of Economics*, 3: 386-406.

Davidson, R. and J. MacKinnon (1984), "Convenient Specification Tests for Logit and Probit Models," *Journal of Econometrics*, 25: 241-262.

Dhillon, U. S., J. D. Shilling and C. F. Sirmans (1987), "Choosing Between Fixed and Adjustable Rate Mortgages," *Journal of Money, Credit and Banking*, 19: 260-267.

Effron, B. (1978), "Regression and ANOVA with Zero-One Data: Measures of Residual Variation," *Journal of the American Statistical Association*, 73: 113-121.

Goldberger, A. (1964), *Econometric Theory* (Wiley: New York).

Gourieroux, C., A. Monfort and A. Trognon (1984), "Pseudo-Maximum Likelihood Methods: Theory," *Econometrica*, 52: 681-700.

Hanushek, E. A. and J. E. Jackson (1977), *Statistical Methods for Social Scientists* (Academic Press: New York).

Hausman, J. and D. McFadden (1984), "A Specification Test for Multinomial Logit Model," *Econometrica*, 52: 1219-1240.

Hausman, J. A. and D. A. Wise (1977), "Social Experimentation, Truncated Distributions, and Efficient Estimation," *Econometrica*, 45: 919-938.

Heckman, J. (1976), "The Common Structure of Statistical Models of Truncation, Sample Selection, and Limited Dependent Variables and a Simple Estimator for Such Models," *Annals of Economic and Social Measurement*, 5: 475-492.

Heckman, J. (1979), "Sample Selection Bias as a Specification Error," *Econometrica*, 47: 153-161.

Lee, L. F. (2001), "Self-Selection," Chapter 18 in B. H. Baltagi (ed.) *A Companion to Theoretical Econometrics* (Blackwell: Massachusetts).

Lee, L. F. and G. S. Maddala (1985), "The Common Structure of Tests for Selectivity Bias, Serial Correlation, Heteroskedasticity and Non-Normality in the Tobit Model," *International Economic Review*, 26: 1-20.

Lott, W. F. and S. C. Ray (1992), *Applied Econometrics: Problems with Data Sets* (The Dryden Press: New York).

Maddala, G. (1983), *Limited Dependent and Qualitative Variables in Econometrics* (Cambridge University Press: Cambridge).

Manski, C. F. (1995), *Identification Problems in the Social Sciences* (Harvard University Press: Cambridge).

McFadden, D. (1974), "The Measurement of Urban Travel Demand," *Journal* of *Public Economics*，3：303−328.

McCullagh，P. and J. A. Nelder（1989），*Generalized Linear Models*（Chapman and Hall：New York）.

Mroz，T. A.（1987），"The Sensitivity of an Empirical Model of Married Women's Hours of Work to Economic and Statistical Assumptions," *Econometrica*，55：765−799.

Mullahy，J. and J. Sindelar（1996），"Employment，Unemployment，and Problem Drinking," *Journal of Health Economics*，15：409−434.

Pagan，A. R. and F. Vella（1980），"Diagnostic Tests for Models Based on Individual Data：A Survey," *Journal of Applied Econometrics*，4：S29−S59.

Papke，L. E. and J. M. Wooldridge（1996），"Econometric Methods for Fractional Response Variables with An Application to 401（K）Plan Participation Rates," *Journal of Applied Econometrics*，11：619−632.

Powell，J.（1984），"Least Absolute Deviations Estimation of the Censored Regression Model," *Journal of Econometrics*，25：303−325.

Powell，J.（1986），"Symmetrically Trimmed Least Squares Estimation for Tobit Models," *Econometrica*，54：1435−1460.

Pratt，J. W.（1981），"Concavity of the Log-Likelihood," *Journal of the American Statistical Association*，76：103−109.

Ruhm，C. J.（1996），"Alcohol Policies and Highway Vehicle Fatalities," *Journal of Health Economics*，15：435−454.

Schmidt，P. and R. Strauss（1975），"Estimation of Models With Jointly Dependent Qualitative Variables：A Simultaneous Logit Approach," *Econometrica*，43：745−755.

Terza，J.（2002），"Alcohol Abuse and Employment：A Second Look," *Journal of Applied Econometrics*，17：393−404.

Wooldridge，J. M.（1991），"Specification Testing and Quasi-Maximum Likelihood Estimation," *Journal of Econometrics*，48：29−55.

附　录

1. 截尾正态分布

令 x 为 $N(\mu, \sigma^2)$，那么对于常数 c，截尾密度由下式给出：

$$f(x/x>c)=\frac{f(x)}{\Pr[x>c]}=\frac{\frac{1}{\sigma}\phi([x-\mu]/\sigma)}{1-\Phi\left(\frac{c-\mu}{\sigma}\right)}, \quad c<x<\infty, \tag{A.1}$$

其中 $\phi(z)$ 表示 p. d. f，Φ 表示一个 $N(0, 1)$ 随机变量的 c. d. f.。如果将大于 c 的部分截去

$$f(x/x<c)=\frac{f(x)}{\Pr[x<c]}=\frac{\frac{1}{\sigma}\phi([x-\mu]/\sigma)}{\Phi\left(\frac{c-\mu}{\sigma}\right)},\ -\infty<x<c。 \tag{A.2}$$

条件均值为

$$E(x/x>c)=\mu+\sigma\frac{\phi(c^*)}{1-\Phi(c^*)}。 \tag{A.3}$$

其中 $c^*=\frac{c-\mu}{\sigma}$，并且

$$E(x/x<c)=\mu-\sigma\frac{\phi(c^*)}{\Phi(c^*)}。 \tag{A.4}$$

换句话说，如果是从下方（上方）截断的，截尾均值向右（左）移动。

条件方差为 $\sigma^2(1-\delta(c^*))$，其中对于所有的 c^*，$0<\delta(c^*)<1$。

$$\delta(c^*)=\begin{cases}\dfrac{\phi(c^*)}{1-\Phi(c^*)}\left[\dfrac{\phi(c^*)}{1-\Phi(c^*)}-c^*\right], & \text{对于 } x>c \tag{A.5}\\[3mm]\dfrac{-\phi(c^*)}{\Phi(c^*)}\left[\dfrac{-\phi(c^*)}{\Phi(c^*)}-c^*\right], & \text{对于 } x<c \tag{A.6}\end{cases}$$

换言之，截尾方差总是小于无条件或无截尾的方差。详细内容见 Maddala（1983，p.365）或 Greene（1993，p.685）。

2. 删失正态分布

令 y^* 为 $N(\mu,\sigma^2)$，对于常数 c，作如下定义：如果 $y^*>c$，$y=y^*$；如果 $y^*<c$，$y=c$。与截尾正态分布不同，删失正态密度将被删失区域的整个概率分配到删失点，即 $y=c$。因此，$\Pr[y=c]=\Pr[y^*<c]=\Phi((c-\mu)/\sigma)=\Phi(c^*)$，其中 $c^*=(c-\mu)/\sigma$。对于未删失的区域，概率 y^* 保持相同，并可以从正态密度得到。

容易证明，见 Greene（1993，p.692）：

$$\begin{aligned}E(y)&=\Pr[y=c]E(y/y=c)+\Pr[y>c]E(y/y>c)\\&=c\Phi(c^*)+(1-\Phi(c^*))E(y^*/y^*>c)\\&=c\Phi(c^*)+(1-\Phi(c^*))\left[\mu+\sigma\frac{\phi(c^*)}{1-\Phi(c^*)}\right],\end{aligned} \tag{A.7}$$

其中 $E(y^*/y^*>c)$ 可以从截尾正态密度的均值中获得，见式（A.3）。

类似地，可以证明，见问题 7 或 Greene（1993，p.693）：

$$\mathrm{var}(y)=\sigma^2[1-\Phi(c^*)]\left[1-\delta(c^*)+\left(c^*-\frac{\phi(c^*)}{1-\Phi(c^*)}\right)^2\Phi(c^*)\right], \tag{A.8}$$

其中 $\delta(c^*)$ 由式（A.5）定义。

3. 样本选择和无响应

无响应是获取调查数据时的大麻烦。有些人拒绝回答，还有一些不回答所有的问题，尤其是与经济变量如收入相关的问题。假设我们随机采访了 150 个刚刚中学毕业的人，在这些人中，有 50 名女性和 100 名男性。一年后我们试图再次采访这些人以确认他

们是否有工作。这些人中一年后能再次采访到的男性只有 70 名，女性有 40 名。在再次采访中，有 60 名男性和 20 名女性找到了工作。如果这个人找到工作，$y=1$，否则 $y=0$。令 x 表示这个人的性别。如果这个人在一年后再次被采访，$z=1$，否则 $z=0$。

以响应者的性别为条件，可以计算出中学毕业一年后找到工作的概率为

$$\Pr[y=1/x]=\Pr[y=1/x,z=1]\Pr[z=1/x]+\Pr[y=1/x,z=0]\Pr[z=0/x]。$$

这种情况下，$\Pr[y=1/$男性$, z=1]=60/70$，$\Pr[z=1/$男性$]=70/100$ 以及 $\Pr[z=0/$男性$]=30/100$。但是对于无响应者或被删失的观测值，即 $\Pr[y=1/$男性$, z=0]$，抽样过程是不规范的。因此，在没有其他信息的情况下

$$\Pr[y=1/男性]=(0.6)+(0.3)\Pr[y=1/男性,z=0]。$$

Manski（1995）认为可以估计出这个概率的边界。事实上，用其边界代替 $0\leqslant\Pr[y=1/$男性$, z=0]\leqslant1$，得到

$$0.6\leqslant\Pr[y=1/男性]\leqslant0.9，$$

其中边界宽度等于以男性为条件的无响应的概率，即 $\Pr[z=0/$男性$]=0.3$。类似地，$0.4\leqslant\Pr[y=1/$女性$]\leqslant0.6$，边界宽度等于以女性为条件的无响应的概率，即 $\Pr[z=0/$女性$]=10/50=0.2$。Manski（1995）认为这些边界提供了信息，应该作为实证分析的起点。研究者假定无响应为可忽略的或外生的是施加了如下约束：

$$\Pr[y=1/男性,z=1]=\Pr[y=1/男性,z=0]=\Pr[y=1/男性]=60/70，$$
$$\Pr[y=1/女性,z=1]=\Pr[y=1/女性,z=0]=\Pr[y=1/女性]=20/40。$$

就这方面而言，这些不同的概率让人对这个可忽略的无响应的假定产生了怀疑。

第 14 章

时间序列分析

14.1 引 言

　　时间序列计量经济学领域已经存在大量的研究，而且许多高校的经济学院将时间序列计量经济学作为研究生的必修课。显然，本章不可能涉猎到时间序列专题的全部内容，因此，只重点讲述一些基础概念。14.2 节将定义什么是平稳时间序列，14.3 节和 14.4 节简单介绍用于时间序列分析的 Box-Jenkins 方法和向量自回归（VAR）方法。14.5 节讲述随机游走模型和各种单位根检验方法。14.6 节研究虚假回归问题，以及趋势平稳和差分平稳模型。14.7 节简要阐述协整的概念并给出一个经济学方面的例子。最后，14.8 节考察了自回归条件异方差（ARCH）时间序列。

14.2 平稳性

　　图 14—1 给出了第 5 章中使用的消费和个人可支配收入数据的趋势图。该图使用 EViews 绘制，数据为 1959—2007 年实际的年度数据。两个序列都显示出随时间上升的趋势。这意味着序列可能是非平稳的。对于这种具有随时间呈上升趋势的时间序列 x_t，本书中我们一直依赖的所有标准渐近理论可能是无效的。事实上，当 $T \to \infty$ 时，$\sum_{t=1}^{T} x_t^2/T$ 将不会趋向于一个有限的极限，而且使用诸如 x_t 这样的解释变量意味着 $X'X/T$ 不会依概率趋近于一个有限正定矩阵，见问题 6。我们只能应用非标准渐近理论来处理这些问题，而这超出了本书的范围，见问题 8。

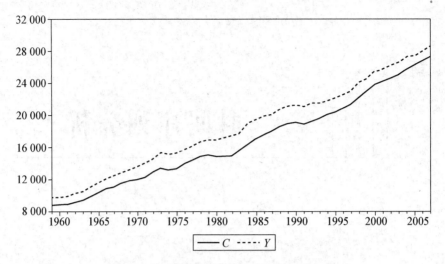

图 14—1 美国消费和收入，1959—2007 年

定义：如果一个时间序列过程 x_t 满足以下性质：均值和方差都是常数且独立于时间，协方差 $\text{cov}(x_t, x_{t-s}) = \gamma_s$ 只与两个时期的间隔有关而与时期自身无关，这时称 x_t 是协方差平稳过程（或弱平稳过程）。

为了检验时间序列的弱平稳性，可以计算其自相关函数：$\rho_s = \text{correlation}(x_t, x_{t-s}) = \gamma_s / \gamma_0$。这些相关系数的取值在 $-1 \sim +1$ 之间。

相应地，样本方差和协方差分别为：

$$\hat{\gamma}_0 = \sum\nolimits_{t=1}^{T} (x_t - \bar{x})^2 / T ,$$

$$\hat{\gamma}_s = \sum\nolimits_{t=1}^{T-s} (x_t - \bar{x})(x_{t+s} - \bar{x}) / T ,$$

样本自相关函数 $\hat{\rho}_s = \hat{\gamma}_s / \hat{\gamma}_0$。图 14—2 给出了消费序列随 s 变化的样本自相关函数值 $\hat{\rho}_s$。这就是样本相关图。对于一个平稳过程，ρ_s 随着滞后期 s 的增加而急剧下降。而对于一个非平稳序列来说未必如此。下一节我们将会简要回顾一个时间序列分析的常用方法，即 Box-Jenkins（1970）方法，该方法使用样本自相关函数来确定一个序列是否平稳。

14.3 Box-Jenkins 方法

这种方法用来拟合单整的自回归移动平均（ARIMA）模型。我们已经在第 5、6 章研究过简单的 AR 和 MA 模型。Box-Jenkins 方法对序列进行差分，通过研究差分序列的样本相关图来确定是否已达到平稳。比如，如果我们需要差分一次、两次或者三次来使序列达到平稳，那么这些序列分别为一阶单整、二阶单整、三阶单整。然后，Box-Jenkins 方法通过考察差分平稳序列的自相关函数和偏自相关函数（即偏相关系数）来识别 AR 和 MA 过程的阶数。y_t 和 y_{t-s} 之间的偏相关系数是排除中间滞后变量的影响之后的相关系数，详见 Box and Jenkins（1970）。图 14—3 绘制的是一个 AR(1) 过程，样本容量 $T = 250$，由 $y_t = 0.7 y_{t-1} + \varepsilon_t$，$\varepsilon_t \sim \text{IIN}(0, 4)$ 生成。图 14—4 中显示 AR(1) 过程的相关图随着 s 增加呈几何递减。类似地，图 14—5 绘制的是一个 MA(1) 过程，样本容量 $T=250$，由 $y_t=\varepsilon_t+0.4\varepsilon_{t-1}$，$\varepsilon_t \sim \mathrm{IIN}(0, 4)$ 生成。

Sample：1959 2007						
Included observations：49						
Autocorrelation	Partial Correlation		AC	PAC	Q-Stat	Prob
. |*******	. |*******	1	0.935	0.935	45.500	0.000
. |******	. | .	2	0.868	−0.050	85.527	0.000
. |******	. | .	3	0.800	−0.042	120.26	0.000
. |*****	. | .	4	0.733	−0.029	150.08	0.000
. |*****	. | .	5	0.668	−0.024	175.39	0.000
. |****	. | .	6	0.604	−0.030	196.57	0.000
. |****	. | .	7	0.541	−0.029	214.00	0.000
. |***	. | .	8	0.480	−0.033	228.02	0.000
. |***	. | .	9	0.421	−0.015	239.12	0.000
. |***	. | .	10	0.369	0.004	247.83	0.000
. |**	. | .	11	0.320	−0.009	254.57	0.000
. |**	. | .	12	0.272	−0.033	259.57	0.000
. |**	. | .	13	0.226	−0.027	263.10	0.000
. |**	. | .	14	0.181	−0.021	265.45	0.000
. |*.	. | .	15	0.140	−0.013	266.88	0.000
. |*.	. | .	16	0.097	−0.052	267.60	0.000
. | .	. | .	17	0.055	−0.036	267.83	0.000
. | .	. | .	18	0.011	−0.052	267.84	0.000
.*| .	. | .	19	−0.032	−0.034	267.93	0.000
		20	−0.073	−0.026	268.39	0.000

图 14—2　消费的相关图

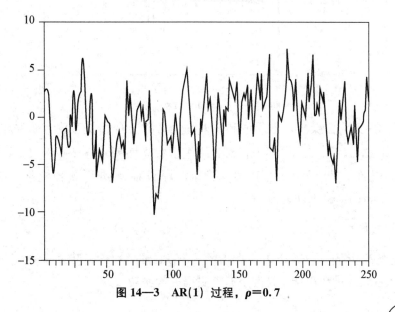

图 14—3　AR(1) 过程，$\rho=0.7$

图 14—6 显示 $MA(1)$ 过程的相关图在第一个滞后期之后均为 0，本章的问题 1 和问题 2 有进一步的研究。我们并不能准确识别出一个恰当的 $ARIMA$ 模型，通常会得出几个可行模型。我们使用最大似然法估计这些模型，然后对这些模型进行诊断性检验。一种常用的检验方法是看残差序列是否为白噪声。不能通过该检验的模型应该被排除。

Sample：1 250						
Included observations：250						
Autocorrelation	Partial Correlation		AC	PAC	Q-Stat	Prob
· |******	· |******	1	0.725	0.725	132.99	0.000
· |****	·|·	2	0.503	−0.048	197.27	0.000
· |***	·|·	3	0.330	−0.037	225.05	0.000
· |**	·|·	4	0.206	−0.016	235.92	0.000
· |*	·|·	5	0.115	−0.022	239.33	0.000
·|·	·|·	6	0.036	−0.050	239.67	0.000
·|·	·|·	7	−0.007	0.004	239.68	0.000
·|·	·|·	8	−0.003	0.050	239.68	0.000
·|·	·|·	9	−0.017	−0.041	239.75	0.000
*|·	*|·	10	−0.060	−0.083	240.71	0.000
*|·	*|·	11	−0.110	−0.063	243.91	0.000
·|·	·|*	12	−0.040	0.191	244.32	0.000

图 14—4 AR(1) 的相关图

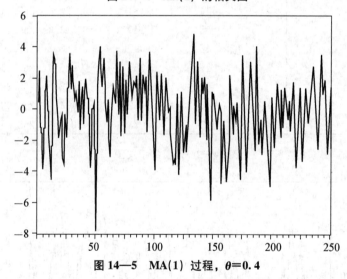

图 14—5 MA(1) 过程，$\theta = 0.4$

如果时间序列为白噪声，即均值和方差均为常数、自相关系数为 0 的纯随机过程，那么对于任何 $s > 0$，$\rho_s = 0$。实际上，对于一个白噪声序列，当 $T \to \infty$ 时，$\sqrt{T} \hat{\rho}_s$ 渐近服从 $N(0, 1)$ 分布。Box-Pierce（1970）统计量用来对 ρ_s 进行联合检验，H_0：$\rho_s = 0$，$s = 1, 2, \cdots, m$，检验统计量为

$$Q = T \sum_{s=1}^{m} \hat{\rho}_s^2 \text{。} \tag{14.1}$$

它在原假设下渐近服从 χ_m^2 分布。修正的 Box-Pierce Q 统计量表现更好一些，比如 Ljung-Box Q_{LB} 统计量在小样本情况下有着更高的检验功效：

$$Q_{LB} = T(T+2)\sum_{j=1}^{m} \hat{\rho}_j^2/(T-j). \tag{14.2}$$

这个统计量在原假设下也渐近服从 χ_m^2 分布。Maddala（1992，p.540）认为 Q 和 Q_{LB} 统计量对于自回归模型来说是不正确的，如同在自回归模型中不能使用 Durbin-Watson 统计量一样。Maddala（1992）建议使用由 Godfrey（1979）提出的一类 LM 统计量来检验所提出的 ARMA 模型是否恰当。

Sample：1 250						
Included observations：250						
Autocorrelation	Partial Correlation		AC	PAC	Q-Stat	Prob
· |***	· |***	1	0.399	0.399	40.240	0.000
· |·	*|·	2	0.033	−0.150	40.520	0.000
· |·	· |*	3	0.010	0.066	40.545	0.000
· |·	· |·	4	−0.002	−0.033	40.547	0.000
· |*	· |*	5	0.090	0.127	42.624	0.000
· |·	· |·	6	0.055	−0.045	43.417	0.000
· |·	· |·	7	0.028	0.042	43.625	0.000
· |·	*|·	8	−0.031	−0.075	43.881	0.000
· |·	· |·	9	−0.034	0.023	44.190	0.000
· |·	· |·	10	−0.027	−0.045	44.374	0.000
· |·	· |·	11	−0.013	0.020	44.421	0.000
· |*	· |*	12	0.082	0.086	46.190	0.000

图 14—6　MA(1) 的相关图

对于这个消费序列，$T=49$，$\hat{\rho}_s$ 的 95% 的置信区间为 $0\pm1.96(1/\sqrt{49})$，即 ±0.28。图 14—2 中绘出了以零轴为中心的两条实线，代表 95% 的置信区间。可以清楚地看出，当滞后期 s 上升时样本相关图缓慢递减。此外，滞后期为 1，2 直至 13 的 Q_{LB} 统计量均是统计显著的。以上结果使用 EViews 做出。根据样本相关图和 Ljung-Box 统计量，消费序列不是纯随机性的白噪声序列。图 14—7 为 $\Delta C_t = C_t - C_{t-1}$ 的样本相关图，可以看到这个样本相关图在一阶滞后期之后迅速趋于零，而且，Q_{LB} 统计量在一阶滞后期之后也不具有统计显著性。这预示着消费序列的一阶差分序列是平稳的。问题 3 要求读者绘制个人可支配收入的样本相关图和其一阶差分的样本相关图，以及通过计算滞后 13 期的 Ljung-Box Q_{LB} 统计量来检验其是否为白噪声序列。

对经济行为建模时确定 ARIMA 模型或动态回归模型的滞后期是一个难题。Granger et al.（1995）指出，使用基于数据的假设检验来帮助模型的设定存在缺陷。他们推荐使用模型选择准则来做出决策。

Box-Jenkins 方法主要受预测人员的欢迎，他们声称这种方法优于以经济理论为基础的联立方程方法。Box-Jenkins 模型能够允许非平稳性，而且可以处理季节性。但是，由于其缺乏经济学理论支撑而备受指责，例如它们不能检验经济学假设，或者提供主要弹性参数的估计。所以，这种方法不能用来模拟一项税收政策或者联储政策变化的影响。经济学家们从 Box-Jenkins 方法中学到，应该仔细研究所用变量的时间序列特性以及恰当地设定动态经济模型。另外一种在经济学中广泛使用的预测方法是 Sims（1980）向量自回归方法（VAR）。下面将会简单讨论这种方法。

Sample：1959 2007
Included observations：48

Autocorrelation	Partial Correlation		AC	PAC	Q-Stat	Prob
· |****	· |****	1	0.465	0.465	11.059	0.001
· |·	**|·	2	0.065	−0.194	11.277	0.004
·*|·	·*|·	3	−0.129	−0.099	12.160	0.007
· |·	· |*·	4	−0.048	0.101	12.288	0.015
· |·	· |·	5	−0.012	−0.053	12.296	0.031
· |·	· |·	6	0.015	0.015	12.309	0.055
· |·	· |·	7	−0.016	−0.027	12.324	0.090
·*|·	·*|·	8	−0.115	−0.133	13.123	0.108
·*|·	· |·	9	−0.081	0.056	13.528	0.140
· |*·	· |*·	10	0.124	0.194	14.501	0.151
· |*·	· |·	11	0.194	0.001	16.944	0.110
· |*·	·*|·	12	0.098	−0.027	17.589	0.129
· |·	· |*·	13	0.063	0.120	17.861	0.163
· |·	· |·	14	0.034	−0.017	17.941	0.209
· |·	· |·	15	0.027	0.016	17.994	0.263
· |·	· |·	16	0.028	0.034	18.051	0.321
· |·	· |·	17	0.026	−0.026	18.105	0.382
·*|·	**|·	18	−0.152	−0.193	19.959	0.335
· |·	· |**	19	−0.029	0.279	20.027	0.393
· |*·	· |·	20	0.101	0.016	20.902	0.403

图 14—7　消费的一阶差分的相关图

14.4　向量自回归

Sims（1980）批评联立方程方法，原因是在系统识别以及对外生变量和内生变量进行特殊（ad hoc）分类时都需要一些特殊（ad hoc）条件，见第 11 章。Sims（1980）建议使用向量自回归（VAR）模型来预测宏观时间序列。VAR 假设所有变量都是内生的。例如，考虑以下三个宏观序列：货币供给，利率和产出。VAR 对这三个内生变量组成的向量进行建模，（在模型的每一个方程中）内生变量对模型的全部内生变量滞后值进行回归。

VAR 模型可以包含诸如趋势和季节性虚拟变量的外生变量，但重点是它并不需要将变量划分为内生变量和外生变量。如果我们对每个内生变量允许最大滞后期为 5，那么在包含常数项的情况下，每个方程将会有 16 个待估参数。例如，货币供给方程中将会包含货币的 5 个滞后项，利率的 5 阶滞后期以及产出的 5 个滞后项。因为每个方程的参数不同，所以这个无约束的 VAR 共有 $3 \times 16 = 48$ 个参数。随着滞后期数 m 和方程数 g 的增加，这种自由度的问题将会越来越严重。事实上，待估参数的个数为 $g + mg^2$。在小样本情况下，单个参数可能估计得不精确。所以在小样本时只能考虑简单的 VAR 模型。由于这个方程系统中的每个方程都包含相同的变量集合，对系统进行 SUR 估计与对每个方程进行 OLS 估计是等价的，见第 10 章。在扰动项服从正态分布的情况下，可以进行 MLE 估计和似然比检验。在 VAR 中 LR 检验的一项重要应用为选择滞后期。这种情况下，我们可以得到滞后期为 m 的受约束模型的对数似然函数以及滞后期 $q>m$ 的无约束模型的对数似然函数。LR 检验统计量渐近服从 $\chi^2_{(q-m)g^2}$ 分布。另外，样本容量 T 必须足够大，能够估计无约束模型中的大量参数 (qg^2+g)。

我们当然可以施加约束条件来减少待估参数的个数，但这无疑将再次引入 VAR 首先要解决的特殊约束 (ad hoc restrictions) 问题。贝叶斯 VAR 程序在预测中是成功的，见 Litterman (1986)，但是这些模型也由于缺乏经济理论依据而饱受指责。

VAR 模型还可以用来检验一些变量与另一些变量是否存在格兰杰因果关系。[①]对于一个两方程的 VAR，只要这个 VAR 设定正确且没有遗漏变量，就可以进行该检验，如检验 y_1 不是 y_2 的格兰杰原因。如果 y_1 的所有 m 个滞后期的值在 y_2 的方程中均不显著，则无法拒绝原假设。这是一个简单的 F 检验，用来检验 y_2 方程中 y_1 的滞后系数的联合显著性，检验统计量渐近服从 $F_{m,T-(2m+1)}$ 分布。格兰杰非因果性检验的问题是其可能对于滞后期个数 m 很敏感，见 Gujarati (1995)。对于非平稳的 VAR 模型的扩展研究以及对于 VAR 模型中协整关系的检验和估计，见 Hamilton (1994) 和 Lütkepohl (2001)。

14.5 单位根

如果 $x_t=x_{t-1}+u_t$，$u_t\sim\text{IID}(0,\sigma^2)$，那么 x_t 为随机游走。一些股票分析员认为股票价格遵循一个随机游走过程，即今天的股票价格等于其昨天的价格加一个随机冲击。这是一个非平稳的时间序列。任何对于股票价格的冲击都具有永久持续性且不会像 AR(1)过程那样衰减。事实上，如果股票的初始价格为 $x_0=\mu$，那么

$$x_1=\mu+u_1, x_2=\mu+u_1+u_2,\cdots,\quad x_t=\mu+\sum_{j=1}^t u_j,$$

因为 $u_t\sim\text{IID}(0,\sigma^2)$，有 $E(x_t)=\mu$ 和 $\text{var}(x_t)=t\sigma^2$。因此，$x_t$ 的方差与 t 相关，所以 x_t 不是协方差平稳的。事实上，当 $t\to\infty$ 时，$\text{var}(x_t)$ 也趋向于无穷。然而，对 x_t 进行一阶差分，我们得到平稳序列 u_t。图 14—8 绘制的是一个随机游走过程，样本容量为 $T=$ 250，由 $x_t=x_{t-1}+\varepsilon_t$，$\varepsilon_t\sim\text{IID}(0,4)$ 生成。从图 14—9 中可以看出，当 s 增加时，这个随机游走过程的自相关函数基本不变。注意，随机游走过程是 $\rho=1$ 的 AR(1) 模型 $x_t=\rho x_{t-1}+u_t$。因此，非平稳性检验就等同于对 $\rho=1$ 的检验或单位根检验。

使用滞后算子 L，我们可以将随机游走写成 $(1-L)x_t=u_t$，而且一般来说，任何 x_t 的自回归模型均可写为 $A(L)x_t=u_t$，其中 $A(L)$ 是 L 的一个多项式。如果 $A(L)$ 的其中一个根为 $(1-L)$，则 x_t 就有一个单位根。

从 AR(1) 模型两边提出 x_{t-1}，我们得到

$$\Delta x_t=(\rho-1)x_{t-1}+u_t=\delta x_{t-1}+u_t, \tag{14.3}$$

其中 $\delta=\rho-1$，$\Delta x_t=x_t-x_{t-1}$ 为 x_t 的一阶差分。对于 H_0：$\rho=1$ 的检验，我们也可以通过做 Δx_t 对 x_{t-1} 的回归，然后检验 H_0：$\delta=0$。因为 u_t 平稳，如果 $\delta=0$，那么 $\Delta x_t=u_t$，x_t 为差分平稳过程，也就是说差分一次后，序列变成平稳的。这种情况下，把未差分的

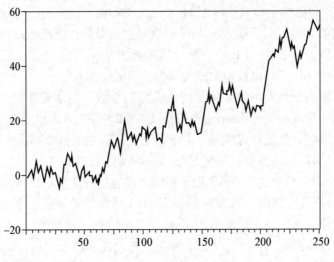

图 14—8　随机游走过程

计量经济学方法与应用（第五版）

	Sample：1 250					
	Included observations：250					
Autocorrelation	Partial Correlation		AC	PAC	Q-Stat	Prob
·|*******	·|*******	1	0.980	0.980	242.76	0.000
·|*******	·|·	2	0.959	−0.003	476.56	0.000
·|*******	·|·	3	0.940	0.004	701.83	0.000
·|*******	·|·	4	0.920	−0.013	918.61	0.000
·|*******	·|·	5	0.899	−0.044	1 126.4	0.000
·|*******	·|·	6	0.876	−0.053	1 324.6	0.000
·|*******	·|·	7	0.855	0.028	1 514.2	0.000
·|******	·|*	8	0.837	0.067	1 696.7	0.000
·|******	·|·	9	0.821	0.032	1 872.8	0.000
·|******	·|·	10	0.804	−0.006	2 042.6	0.000
·|******	·|·	11	0.788	−0.007	2 206.3	0.000
·|******	·|·	12	0.774	0.030	2 364.8	0.000

图 14—9　随机游走过程的相关图

原始序列 x_t 称为一阶单整或 $I(1)$。如果 x_t 需要差分两次才达到平稳，那么 x_t 为 $I(2)$。一个平稳过程定义为 $I(0)$。Dickey and Fuller（1979）证明了式（14.3）中原假设为 H_0：$\delta=0$ 的 t 统计量在原假设下并不服从 t 分布。事实上，这个 t 统计量服从非标准分布，见 Bierens（2001）给出的这个结果的简单证明。Dickey 和 Fuller 使用蒙特卡罗模拟给出了 $t=(\hat{\rho}-1)/s.e.(\hat{\rho})=\hat{\delta}/s.e.(\hat{\delta})$ 统计量的临界值表，后来 MacKinnon（1991）扩展了这些表格。如果 $|t|$ 超出了临界值，我们拒绝 H_0：$\rho=1$，也就意味着我们不能拒绝时间序列为平稳的假设。不拒绝 H_0：$\rho=1$ 意味着我们不能拒绝单位根的存在，因此时间序列是非平稳的。注意，不拒绝 H_0 也可能是不拒绝 $\rho=0.99$。更正式地说，单位根检验的缺点是它区分一个单位根过程和一个临界平稳过程的功效很低。在实践中，Dickey-Fuller 检验应用时有以下三种形式：

$$\Delta x_t=\delta x_{t-1}+u_t, \tag{14.4}$$

$$\Delta x_t = \alpha + \delta x_{t-1} + u_t, \tag{14.5}$$

$$\Delta x_t = \alpha + \beta t + \delta x_{t-1} + u_t, \tag{14.6}$$

其中 t 为时间趋势。式（14.4）、式（14.5）和式（14.6）存在单位根的原假设相同，均为 $H_0: \delta = 0$，但是每个式中的 t 统计量对应的临界值都不相同。标准的时间序列软件如 EViews 软件都给出了 Dickey-Fuller 统计量的临界值。其他的单位根检验，可以参见 Phillips and Perron（1988）以及 Bierens and Guo（1993）。在实践中，如果序列有趋势项和漂移项应使用式（14.6），如果只有趋势项而没有漂移项应使用式（14.5）。式（14.4）既不包含常数项也不含时间趋势项，这种情况在经济类数据中是不太可能的。Box-Jenkins 方法将序列进行差分，然后考察差分序列的样本相关图。Dickey-Fuller 检验是一种用来检验序列是否存在单位根的更加正式的方法。Maddala（1992，p.585）提醒读者在确定某时间序列过程是否为非平稳过程之前，检查相关图和单位根检验都要进行。

如果扰动项 u_t 服从一个平稳的 AR(1) 过程，那么增广的 Dickey-Fuller 检验方法对式（14.6）进行了修正，即加入一个额外的解释变量 Δx_{t-1}：

$$\Delta x_t = \alpha + \beta t + \delta x_{t-1} + \lambda \Delta x_{t-1} + \varepsilon_t. \tag{14.7}$$

在这种情况下，$\delta = 0$ 的 t 统计量是一个允许存在一阶序列自相关的单位根检验。式（14.7）中增广的 Dickey-Fuller 检验与式（14.6）中对应的 Dickey-Fuller 检验有相同的渐近分布，而且可以使用相同的临界值。同样的，如果 u_t 服从平稳的 AR(p) 过程，就意味着在式（14.6）中添加 p 个额外的解释变量：Δx_{t-1}，Δx_{t-2}，$\cdots$，Δx_{t-p}，然后检验 x_{t-1} 的系数为 0。在实践中，我们并不知道 u_t 的数据生成过程中的序列相关性，所以一般将 Δx_t 足够多的滞后期包含在内，以获取式（14.7）中一个非自相关的 ε_t 序列。如果扰动项中含有移动平均成分，那么需要加入更多的滞后期，因为 MA 成分可以看作一个无限的自回归过程，见 Ng and Perron（1995）关于截断滞后项选择上的一个扩展的蒙特卡罗结果。做单位根检验时遇到的另外两个重要问题是：（1）时间序列中的结构突变，如 1973 年的石油禁运，容易使标准单位根检验在拒绝有单位根的原假设时出现偏差，见 Perron（1989）。（2）使用季节调整的数据时，也容易使标准单位根检验在拒绝有单位根的原假设时出现偏差，见 Ghysels and Perron（1992）。因此，Davidson and MacKinnon（1993，p.714）建议尽可能使用非季节调整数据。

对于有趋势项和漂移项的消费序列，使用以下回归：

$$\Delta C_t = 665.60 + 30.57t - 0.072C_{t-1} + 0.449\Delta C_{t-1} + 残差,$$
$$\quad\quad (1.80) \quad (1.60) \quad (-1.42) \quad\quad (3.17) \tag{14.8}$$

其中，括号里面的数字是 t 值。原假设是回归中 C_{t-1} 的系数为 0。表 14—1 中给出了 Dickey-Fuller t 统计量值（-1.42）以及由 MacKinnon（1996）制成的表中对应的 5% 的临界值（-3.508）。此结果使用 EViews 计算得出。注意，@TREND（1959）为 1959 年开始的时间趋势。Schwarz 准则发现最佳的滞后期数为 1，即模型中包括 ΔC_{t-1}。由于 p 值为 0.84，因此我们不能拒绝存在单位根的原假设，所以我们认为 C_t 非平稳。图 14—2 给出的 C_t 的样本相关图印证了该结论。

表 14—1   Dickey-Fuller 检验

		t-Statistic	Prob. *

Null Hypothesis: CONSUMP has a unit root

Exogenous: Constant, Linear Trend

Lag Length: 1 (Automatic based on SIC, MAXLAG=10)

		t-Statistic	Prob. *
Augmented Dickey-Fuller test statistic		−1.418937	0.8424
Test critical values:	1%level	−4.165756	
	5%level	−3.508508	
	10%level	−3.184230	

* MacKinnon (1996) one-sided p-values.

Augmented Dickey-Fuller Test Equation

Dependent Variable: D (CONSUMP)

Method: Least Squares

Sample (adjusted):   1961 2007

Included observations: 47 after adjustments

	Coefficient	Std. Error	t-Statistic	Prob.
CONSUMP (−1)	−0.072427	0.051043	−1.418937	0.1631
D(CONSUMP (−1))	0.448898	0.141516	3.172064	0.0028
C	665.6031	370.5970	1.796030	0.0795
@TREND (1959)	30.56963	19.13925	1.597221	0.1175
R-squared	0.291770	Mean dependent var		393.2340
Adjusted R-squared	0.242359	S. D. dependent var		254.9362
S. E. of regression	221.9031	Akaike info criterion		13.72362
Sum squared resid	2117363.	Schwarz criterion		13.88108
Log likelihood	−318.5052	Hannah-Quinn criter.		13.78288
F-statistic	5.904911	Durbin-Watson stat		1.841198
Prob (F-statistic)	0.001816			

我们也可以将单位根检验用于一阶差分模型来检验一阶差分序列是否平稳。设 $\widetilde{C}_t = \Delta C_t$，做以下回归：

$$\Delta \widetilde{C}_t = 213.77 - 0.533 \widetilde{C}_{t-1} + 残差,$$
$$(3.59) \quad (-4.13) \tag{14.9}$$

$\widetilde{C}_{t-1}$ 系数的 t 值为 −4.13，小于 5% 的临界值 −2.925。也就是说，我们拒绝一阶差分序列 ΔC_t 含有单位根的原假设。如果除了常数项还包括线性趋势，我们也能得到相同的结论，所以认为 C_t 为 $I(1)$。

到目前为止，所有介绍的关于单位根的检验都将非平稳假设作为原假设而将序列平稳假设作为备择假设。另外，Kwaitowski et al.(1992) 和 Leybourne and McCabe

（1994）给出了两种将平稳作为原假设而将非平稳作为备择假设的单位根检验方法。前者称为 KPSS，参照 Phillips-Perron 检验设计，而 Leybourne-McCabe 检验参照增广的 Dickey-Fuller 检验设计。颠倒原假设可能会确认不同方法得出的平稳或非平稳的结果，但也可能产生相互矛盾的结论。

14.6 趋势平稳与差分平稳

许多宏观经济时间序列都有向上的趋势，可以由以下两种方式刻画：

$$趋势平稳：x_t = \alpha + \beta t + u_t \tag{14.10}$$

$$差分平稳：x_t = \gamma + x_{t-1} + u_t \tag{14.11}$$

其中 u_t 是平稳的。第一个模型（14.10）说明宏观序列去掉确定的趋势后是平稳的。$E(x_t) = \alpha + \beta t$ 随 t 的变化而变化。相反，第二个模型（14.11）说明宏观序列为一个带有漂移项的随机游走。式（14.11）中的漂移项 γ 与式（14.10）中参数 β 的作用相同，都使得 x_t 随时间而上升。模型（14.10）在回归中引入时间趋势项，符合经济学家的思维。这与在回归中将每个变量退势而使其达到平稳具有相同的效果，见第 7 章 Frisch-Waugh-Lovell 定理。只有模型（14.10）对回归中的每个序列都是真实的情况下时，退势才是有效的。模型（14.11）则需要使用差分的办法来获得一个平稳序列。退势和差分是两种完全不同的处理方法。对于一个模型有效的方法并不一定适用于其他模型。选择式（14.10）或式（14.11）要基于含有单位根的检验。关于这两个模型的深入研究见 Nelson and Plosser（1982）及 Stock and Watson（1988）。Nelson 和 Plosser 使用 Dickey-Fuller 检验对美国多个历史宏观经济时间序列数据进行了检验，发现除了失业率以外其他所有序列均为差分平稳。Plosser and Schwert（1978）提出对于大部分宏观经济时间序列数据，最好使用差分序列而非原始水平序列。因为如果这些序列是差分平稳的，我们却对水平序列进行回归，那么估计量的一般特性及相关检验统计量的分布都是无效的。而如果真实的模型是对趋势平稳序列的回归，使用差分模型会得到一个移动平均的误差项，而且不幸的是，忽略它也会导致有效性的丧失。需要着重强调的是，对于非平稳变量，标准的渐近理论不能使用，见问题 6 和问题 7，而且在回归中使用这样的变量得到的 t 和 F 统计量可能不服从标准的分布，见 Durlauf and Phillips（1988）。

Granger and Newbold（1974）指出使用非平稳序列相互回归时将会出现一些问题。实际中，他们指出，如果 x_t 和 y_t 是独立的随机游走过程，那么当进行 y_t 对 x_t 的回归时，我们应该得出两者之间没有相关关系。也就是说，在回归 $y_t = \alpha + \beta x_t + u_t$ 中 β 的估计值应该接近于 0 且相对应的 t 统计量应不显著。事实上，对于上述回归，当样本容量为 50，模拟次数为 100 时，Granger 和 Newbold 得到 $|t| \leqslant 2$ 的结果只有 23 次，$2 < |t| \leqslant 4$ 的结果有 24 次，而 $|t| > 4$ 的结果有 53 次。由于对两个实际上不存在任何相关关系的时间序列做回归，结果表明它们之间有着显著的相关关系，所以 Granger 和 Newbold 称这种现象为虚假回归。因此，当对包含单位根过程的时间序列做回归时，我们要特别小心。OLS 估计中高的 R^2 和显著的 t 统计量可能将原本毫无意义的事实掩盖。Phillips

(1986) 研究了虚假回归模型的最小二乘法的渐近特性，证实了上述模拟的结论。实际上，Phillips 指出，当 $T \to \infty$ 时，原假设 H_0：$\beta = 0$ 下的 t 统计量依概率趋向于 ∞。意味着当 $T \to \infty$ 时，t 统计量拒绝原假设 H_0：$\beta = 0$ 的概率为 1。如果 x_t 和 y_t 均为由式（14.10）生成的独立的趋势平稳序列，那么当 $T \to \infty$ 时，y_t 对 x_t 做回归得出的 R^2 将会趋于 1，见 Davidson and MacKinnon（1993，p. 671）。其他的一系列扩展结论，参见 Granger（2001）。

14.7 协整

我们继续来看消费—收入的例子。在第 5 章中，我们用 C_t 对 Y_t 做回归得到

$$C_t = -1\,343.31 + 0.979Y_t + 残差, \tag{14.12}$$
$$(219.56) \quad (0.011)$$

且 $R^2 = 0.994$，D. W. $= 0.18$。我们已经得出 C_t 和 Y_t 为非平稳序列且均为 $I(1)$ 的结论，见问题 3。由于我们用一个非平稳序列对另一个非平稳序列做回归，式（14.12）中的回归可能是虚假回归。这使得式（14.12）中回归的 t 和 F 统计量无效。因为 C_t 和 Y_t 为同阶单整，且图 14—1 表明二者有共同上扬的趋势，这两个随机游走可能是协同变化的。这就是协整蕴含的思想。如果存在一种线性组合使得 C_t 和 Y_t 能够生成一个平稳序列，那么 C_t 和 Y_t 是协整的。更正式的，如果 C_t 和 Y_t 均为 $I(1)$，但存在线性组合 $C_t - \alpha - \beta Y_t = u_t$ 使得 u_t 为 $I(0)$，那么 C_t 和 Y_t 为协整的，且 β 为协整参数。此概念可以扩展到包含多个时间序列的向量中。如果一个向量的组成部分包含单位根且存在一个线性组合使得这个向量生成一个平稳序列，那么这个向量为协整的。这样的一种协整关系可以解释为在这个时间序列向量的不同组成部分之间有一种长期稳定的关系。这种长期关系的经济学例子包含货币数量论、购买力平价以及消费的持久收入理论。这里需要强调的是，对这些非平稳序列进行差分会丢失这些经济变量之间长期关系的宝贵信息。协整理论试图使用这些非平稳序列自身来估计这种长期关系，而不是用它们的一阶差分序列。为了对此作出解释，我们介绍（不加证明）一个 Granger 定理，即任何一组协整变量都可以建立一个误差修正模型（ECM）。下面给出一个例子。

协整的例子

此例基于 Engle and Granger（1987）。假设 C_t 和 Y_t，$t = 1, 2, \cdots, T$ 均为 $I(1)$ 过程，生成过程如下：

$$C_t - \beta Y_t = u_t, \text{ 其中 } \quad u_t = \rho u_{t-1} + \varepsilon_t, |\rho| < 1, \tag{14.13}$$
$$C_t - \alpha Y_t = v_t, \text{ 其中 } \quad v_t = v_{t-1} + \eta_t, \alpha \neq \beta。 \tag{14.14}$$

也就是说，u_t 是一个平稳的 AR(1) 过程，而 v_t 是随机游走过程。假设 $\begin{pmatrix} \varepsilon_t \\ \eta_t \end{pmatrix}$ 为独立的二元正态随机变量，均值为零，方差为 $\Sigma = [\sigma_{ij}]$，$i, j = 1, 2$。首先，我们得到 Y_t 和 C_t 对于 u_t 和 v_t 的简化型表达式：

$$C_t = \frac{\alpha}{(\alpha - \beta)} u_t - \frac{\beta}{(\alpha - \beta)} v_t, \tag{14.15}$$

计量经济学方法与应用（第五版）

$$Y_t = \frac{1}{(\alpha-\beta)}u_t - \frac{1}{(\alpha-\beta)}v_t。 \tag{14.16}$$

由于 u_t 为 $I(0)$，v_t 为 $I(1)$，我们可以由式（14.15）和式（14.16）确定 C_t 和 Y_t 实际上为 $I(1)$ 序列。依据第 11 章中关于模型识别的阶条件，由于任一方程中没有可排除的约束条件，联立方程组式（14.13）和式（14.14）是不可识别的。但是，如果我们将式（14.13）和式（14.14）中的两个结构方程进行线性组合，线性组合的扰动项既不是平稳的 AR(1) 过程，也不是随机游走。因此，式（14.13）和式（14.14）均可识别。注意，如果 $\rho=1$，那么 u_t 为随机游走，而且 u_t 和 v_t 的线性组合也是一个随机游走。这种情况下，式（14.13）和式（14.14）均不可识别。

在 Engle-Granger 理论中，$C_t-\beta Y_t$ 为协整关系，$(1,-\beta)$ 为协整向量。协整关系是唯一的。可以使用反证法来证明。假设有另一个协整关系 $C_t-\gamma Y_t$ 使其线性组合为 $I(0)$ 序列，那么两个协整关系之差为 $(\gamma-\beta)Y_t$。也应该是一个 $I(0)$ 序列。对于 Y_t 这个 $I(1)$ 序列来说，只有当 $\beta=\gamma$ 时才可能满足这个结论。

对式（14.13）和式（14.14）中的方程都进行差分，且将差分后的方程写为 $(\Delta C_t, \Delta Y_t)'$ 的两方程联立方程组，可得：

$$\begin{bmatrix} 1 & -\beta \\ 1 & -\alpha \end{bmatrix}\begin{bmatrix} \Delta C_t \\ \Delta Y_t \end{bmatrix} = \begin{bmatrix} \Delta u_t \\ \Delta v_t \end{bmatrix} = \begin{bmatrix} \varepsilon_t + (\rho-1)C_{t-1} - \beta(\rho-1)Y_{t-1} \\ \eta_t \end{bmatrix}, \tag{14.17}$$

其中第二个等号是将 Δv_t 用 η_t 代替，Δu_t 用 $(\rho-1)u_{t-1}+\varepsilon_t$ 代替，然后将 u_{t-1} 替换为其值 $(C_{t-1}-\beta Y_{t-1})$ 得到的。用第一个矩阵的逆矩阵右乘式（14.17），见问题 9，得到的结果为以下 VAR 模型：

$$\begin{bmatrix} \Delta C_t \\ \Delta Y_t \end{bmatrix} = \frac{1}{(\beta-\alpha)}\begin{bmatrix} -\alpha(\rho-1) & \alpha\beta(\rho-1) \\ -(\rho-1) & \beta(\rho-1) \end{bmatrix}\begin{bmatrix} C_{t-1} \\ Y_{t-1} \end{bmatrix} + \begin{bmatrix} h_t \\ g_t \end{bmatrix}, \tag{14.18}$$

其中 h_t 和 g_t 为 ε_t 和 η_t 的线性组合。注意，如果 $\rho=1$，那么水平变量 C_{t-1} 和 Y_{t-1} 将会从 VAR 方程中消去。设 $Z_t = C_t-\beta Y_t$ 且定义 $\delta=(\rho-1)/(\beta-\alpha)$，式（14.18）中的 VAR 表示可以写成如下形式：

$$\Delta C_t = -\alpha\delta Z_{t-1} + h_t, \tag{14.19}$$
$$\Delta Y_t = -\delta Z_{t-1} + g_t。 \tag{14.20}$$

这就是原模型的误差修正模型（ECM）表达式。Z_{t-1} 为误差修正项。其描绘出偏离长期均衡的非均衡项，见 6.4 节。注意，如果 $\rho=1$，则 $\delta=0$ 且 Z_{t-1} 从所有 ECM 方程消失。如 Banerjee et al.（1993，p. 139）解释的，ECM 表示是值得关注的"…其贡献在于能够解决或协调时间序列分析和其他计量经济学方法之间的争论。"前者只考虑差分时间序列（可以被合理地假定为平稳的），而后者关注于水平变量之间的均衡关系。前者通过一阶差分忽视了重要的长期关系，而后者忽视了虚假回归问题。相比之下，ECM 允许使用协整关系中的一阶差分和水平序列。更多细节见 Banerjee et al.（1993）。Engle and Granger（1987）给出了估计协整关系的简单两步法。第一步，通过做 C_t 对 Y_t 的回归得到 β 的 OLS 估计。可以证明这是超一致估计（superconsistent），即当 $T\to\infty$ 时，$\mathrm{plim}\, T(\hat{\beta}_{OLS}-\beta)\to 0$。由 $\hat{\beta}_{OLS}$ 我们可以得到 $\hat{Z}_t = C_t - \hat{\beta}_{OLS}Y_t$。第二步，使用 $\hat{Z}_{t-1}$ 替换

Z_{t-1}，对式（14.19）和式（14.20）的 ECM 方程进行 OLS 估计。Banerjee et al. (1993) 进行了扩展的蒙特卡罗模拟以考察小样本中 β 的偏差。问题 9 中有更深入的研究。另一种估计方法是 Johansen（1988）提出的极大似然方法。而这超出了本书的范围。对于协整的清晰的总结，见 Dolado et al. (2001)。

Engle and Granger（1987）给出了协整的正式检验方法，它们建议先做式（14.12）的回归，然后检验残差项是否有单位根。换言之，对于式（14.12）的残差项做 Dickey-Fuller 检验或是增广的 Dickey-Fuller 检验。事实上，如果 C_t 和 Y_t 不是协整的，那么它们的任何线性组合，包括式（14.12）中的残差都将是不平稳的。由于这些检验基于残差项，它们的渐近分布与对应的普通单位根检验的分布是不同的。Davidson and MacKinnon（1993，p.722）为这些检验提供了渐近的临界值。对于我们的消费回归，根据残差可得到以下 Dickey-Fuller 检验：

$$\Delta \hat{u}_t = -1.111 - 0.094\ \hat{u}_t + 残差,$$
$$\quad\quad\quad (0.04) \quad (1.50) \quad\quad\quad\quad\quad\quad\quad\quad\quad (14.21)$$

这个 t 统计量的 Davidson and MacKinnon（1993）5% 的渐近临界值为 -2.92，它的 p 值为 0.52，因此我们不能拒绝 $\hat{u}_t$ 非平稳的假设。我们也在其中包含了一个趋势项和一阶差分残差序列的一阶滞后项。所有的这些增广的 Dickey-Fuller 检验都没有拒绝存在单位根的假设。因此，C_t 和 Y_t 不是协整的。这也说明式（14.12）中估计出的关系是虚假的。用一个 $I(1)$ 序列对另一个 $I(1)$ 序列做回归将得到虚假结果，除非它们是协整的。当然，其他 $I(1)$ 序列可能会从式（14.12）中被错误地剔除，而当包含了这些序列时，可能会使得产生的变量之间存在协整关系。也就是说，C_t 和 Y_t 可能由于变量缺失问题而不存在协整关系。表 14—2 给出了利用 EViews 得到的 Johanson（1995）的协整检验结果，这些内容已经超出了本书的范围。该检验的原假设是不存在协整关系或最多存在一个协整关系。根据迹（trace）检验和最大特征值（maximum eigenvalue）检验，都得到拒绝原假设的结论。

表 14—2   **Johansen 协整检验**

Sample（adjusted）：1961 2007

Included observations：47 after adjustments

Trend assumption：Linear deterministic trend

Series：CONSUMP Y

Lags interval（in first differences）：1 to 1

Unrestricted Cointegration Rank Test（Trace）

Hypothesized No. of CE(s)	Eigenvalue	Trace Statistic	0.05 Critical Value	Prob. **
None	0.120482	6.322057	15.49471	0.6575
At most 1	0.006112	0.288141	3.841466	0.5914
Trace test indicates no cointegration at the 0.05 level				

* denotes rejection of the hypothesis at the 0.05 level				
** MacKinnon-Haug-Michelis (1999) p-values				
Unrestricted Cointegration Rank Test (Maximum Eigenvalue)				
Hypothesized No. of CE(s)	Eigenvalue	Max-Eigen Statistic	0.05 Critical Value	Prob. **
None	0.120482	6.033916	14.26460	0.6089
At most 1	0.006112	0.288141	3.841466	0.5914
Max-eigenvalue test indicates no cointegration at the 0.05 level				
* denotes rejection of the hypothesis at the 0.05 level				
** MacKinnon-Haug-Michelis (1999) p-values				

14.8 自回归条件异方差

金融时间序列（如汇率、通货膨胀率和股票价格）可能会呈现出随着时间而变化的波动。通货膨胀率和汇率的情况可能归结于联储政策的变动。而股票价格的情况可能归结于公司合并或是收购的流言。这些情况表明这些时间序列的方差可能是不相同的。Engle（1982）对这种异方差进行了建模，其方法是通过将 t 时刻的扰动项的条件方差和现在的扰动项的平方联系起来，得到模型。简单的自回归条件异方差（Autoregressive Conditionally Heteroskedastic）（ARCH）模型为：

$$\sigma_t^2 = E(u_t^2/\zeta_t) = \gamma_0 + \gamma_1 u_{t-1}^2 + \cdots + \gamma_p u_{t-p}^2, \tag{14.22}$$

其中 ζ_t 为 u_t 的方差以之为条件的信息集。一般包含 t 期之前的所有可得信息。在式（14.22）中，以时期 t 之前的信息为条件的 u_t 的方差为 u_t 的 p 阶滞后值的平方的自回归函数。这叫做 ARCH(p) 过程。由于式（14.22）为方差，这就意味着所有的 γ_i, $i=0$, 1, $\cdots$, p 必须非负。Engle（1982）给出了一个简单的同方差检验，即 H_0: $\gamma_1 = \gamma_2 = \cdots = \gamma_p = 0$，基于普通的 F 检验，使用 OLS 估计的残差序列的平方（e_t^2）对它的滞后项（e_{t-1}^2, $\cdots$, e_{t-p}^2）和常数项回归。F 检验为解释变量的联合显著性检验，大部分回归软件都会报告 F 检验结果。另外，也可以用 T 乘以回归的中心 R^2，在原假设 H_0 下服从 χ_p^2 分布。这个检验类似于第 5 章中的同方差检验，只是这里用 OLS 残差的平方对它们的滞后值做回归，而不是对一些解释变量做回归。

简单的 ARCH(1) 过程

$$\sigma_t^2 = \gamma_0 + \gamma_1 u_{t-1}^2 \tag{14.23}$$

能够由以下方式生成：$u_t = [\gamma_0 + \gamma_1 u_{t-1}^2]^{1/2} \varepsilon_t$，其中 $\varepsilon_t \sim \text{IID}(0, 1)$。注意，通过调整参数 γ_0 和 γ_1 的大小可以将 ε_t 的方差简化为 1。这样，u_t 的条件均值为

$$E(u_t/\zeta_t) = [\gamma_0 + \gamma_1 u_{t-1}^2]^{1/2} E(\varepsilon_t/\zeta_t) = 0,$$

u_{t-1}^2 在 t 时刻已知。同样的，条件方差也可以通过如下简单计算得到：

$$E(u_t^2/\zeta_t)=[\gamma_0+\gamma_1 u_{t-1}^2]E(\varepsilon_t^2/\zeta_t)=\gamma_0+\gamma_1 u_{t-1}^2,$$

$E(\varepsilon_t^2)=1$。而且容易证明条件协方差为零，因为

$$E(u_t u_{t-s}/\zeta_t)=u_{t-s}E(u_t/\zeta_t)=0,\ s=1,2,\cdots,t。$$

通过将条件期望重复迭代直到初始期，可以得到非条件均值，见第 2 章附录。例如，对 $E(u_t/\zeta_t)$ 求基于 $t-1$ 期信息的条件期望，可得

$$E[E(u_t/\zeta_t)/\zeta_{t-1}]=E(0/\zeta_{t-1})=0。$$

显然，所有以前期为条件的 0 的期望都为 0，所以 $E(u_t)=0$。同样，对 $E(u_t^2/\zeta_t)$ 求基于 $t-1$ 期的条件期望，可得

$$\begin{aligned}E[E(u_t^2/\zeta_t)/\zeta_{t-1}]&=\gamma_0+\gamma_1 E[u_{t-1}^2/\zeta_{t-1}]=\gamma_0+\gamma_1(\gamma_0+\gamma_1 u_{t-2}^2)\\&=\gamma_0(1+\gamma_1)+\gamma_1^2 u_{t-2}^2。\end{aligned}$$

通过每次一期重复求条件期望，我们最终得到

$$E(u_t^2)=\gamma_0(1+\gamma_1+\gamma_1^2+\cdots+\gamma_1^{t-1})+\gamma_1^t u_0^2。\tag{14.24}$$

当 $t\to\infty$ 时，u_t 的无条件方差为 $\sigma^2=\mathrm{var}(u_t)=\gamma_0/(1-\gamma_1)$，$|\gamma_1|<1$ 且 $\gamma_0>0$。因此，ARCH(1) 过程是同方差的。

ARCH 模型可以采用可行的 GLS 方法或极大似然法来估计。此外，可以使用 Davidson and MacKinnon（1993）提出的双长度回归方法来得到：(1) 来自于 OLS 估计的一步有效估计量，或 (2) 极大似然估计量。这里我们主要关注 Engle（1982）提出的可行的 GLS 方法。对于回归模型：

$$y=X\beta+u,\tag{14.25}$$

其中 y 为 $T\times 1$ 的向量，X 为 $T\times k$ 的矩阵。第一步，得到 OLS 估计的 $\hat{\beta}_{OLS}$ 和残差序列 e。第二步，进行如下回归：$e_t^2=a_0+a_1 e_{t-1}^2+$ 残差。如同进行同方差检验。第三步，计算 $\hat{\sigma}_t^2=a_0+a_1 e_{t-1}^2$ 和做 $[(e_t^2/\hat{\sigma}_t)-1]$ 对 $(1/\hat{\sigma}_t)$ 和 $(e_{t-1}^2/\hat{\sigma}_t)$ 的回归。记回归的估计参数为 d_a。通过计算 $\hat{a}=a+d_a$，更新 $a'=(a_0,a_1)$。第四步，使用第三步中更新过的 $\hat{a}$ 重新计算 $\hat{\sigma}_t^2$，且形成解释变量组 $x_{tj}r_t$，$j=1,\cdots,k$，其中，

$$r_t=\left[\frac{1}{\hat{\sigma}_t}+2\left(\frac{\hat{a}_1 e_t}{\hat{\sigma}_{t+1}}\right)^2\right]^{1/2}。\tag{14.26}$$

最终，做 $(e_t s_t/r_t)$ 对 $x_{tj}r_t$ 的回归，$j=1,\cdots,k$，其中，

$$s_t=\frac{1}{\hat{\sigma}_t}-\frac{\hat{a}_1}{\hat{\sigma}_{t+1}}\left(\frac{e_{t+1}^2}{\hat{\sigma}_{t+1}}-1\right),$$

得到最小二乘估计 d_β。通过计算 $\hat{\beta}=\hat{\beta}_{OLS}+d_\beta$，更新 β 的估计值。如果 $\hat{\sigma}_t^2$ 不全为正，此方法将会出现问题，详见 Judge et al.（1985）和 Engle（1982）。

Bollerslev（1986）将 ARCH 模型一般化。广义 ARCH(GARCH(p,q)) 为

$$\sigma_t^2 = \gamma_0 + \sum_{i=1}^{p} \gamma_i u_{t-i}^2 + \sum_{j=1}^{q} \delta_j \sigma_{t-j}^2 \text{。} \tag{14.27}$$

这样，u_t 的条件方差不仅依赖于其自身的 q 阶滞后值，也依赖 u_t 的 p 阶滞后值的平方。最简单的 GARCH(1，1) 模型为

$$\sigma_t^2 = \gamma_0 + \gamma_1 u_{t-1}^2 + \delta_1 \sigma_{t-1}^2 \text{。} \tag{14.28}$$

对 GARCH(p，q) 做 LM 检验与检验 ARCH($p+q$) 是等价的。只要用 OLS 残差的平方对其 ($p+q$) 阶滞后项的平方做回归即可。检验统计量为 T 乘以非中心化的 R^2，在同方差的原假设下渐近服从 χ_{p+q}^2 分布。例子如表 14—3 所示。

总之，本章简单介绍了很多基本概念，仅仅触及皮毛，希望能激发读者的积极性，在时间序列计量经济学上进行更深入的学习。

表 14—3   **GARCH(1，1) 模型**

Dependent Variable：CONSUMP				
Method：ML-ARCH (Marquardt) -Normal distribution				
Sample：1959 2007				
Included observations：49				
Convergence achieved after 19 iterations				
Presample variance：backcast (parameter＝0.7)				
GARCH＝C(3)＋C(4) * RESID(−1)^2＋C(5) * GARCH(−1)				
	Coefficient	Std. Error	z-Statistic	Prob.
C	−1435.888	226.3933	−6.342449	0.0000
Y	0.986813	0.011923	82.76452	0.0000
Variance Equation				
C	118728.2	87402.35	1.358410	0.1743
RESID(−1)^2	1.068561	0.326091	3.276885	0.0010
GARCH(−1)	−0.380949	0.187656	−2.030036	0.0424
R-squared	0.993542	Mean dependent var		16749.10
Adjusted R-squared	0.992955	S. D. dependent var		5447.060
S. E. of regression	457.1938	Akaike info criterion		14.86890
Sum squared resid	9197153.	Schwarz criterion		15.06194
Log likelihood	−359.2880	Hannah-Quinn criter.		14.94214
F-statistic	1692.353	Durbin-Watson stat		0.178409
Prob (F-statistic)	0.000000			

■ 注 释

①格兰杰原因（Granger causality）由 Granger（1969）提出。因果关系的另一种定

义，见 Sims（1972）。关于这两种定义何时等价的讨论，见 Chamberlain（1982）。

问　题

1. 对于 AR(1) 模型：

$$y_t = \rho y_{t-1} + \varepsilon_t, \ t = 1, 2, \cdots, T; \quad |\rho| < 1 \quad 且 \quad \varepsilon_t \sim \mathrm{IIN}(0, \sigma_\varepsilon^2)。$$

（a）证明：如果 $y_0 \sim N(0, \ \sigma_\varepsilon^2/(1-\rho^2))$，那么对于所有 t 有 $E(y_t) = 0$ 且 $\mathrm{var}(y_t) = \sigma_\varepsilon^2/(1-\rho^2)$，所以均值和方差独立于 t。注意，如果 $\rho = 1$，那么 $\mathrm{var}(y_t)$ 为 ∞。如果 $|\rho| > 1$，那么 $\mathrm{var}(y_t)$ 为负。

（b）证明：$\mathrm{cov}(y_t, y_{t-s}) = \rho^s \sigma^2$ 且其值只取决于两期的间隔 s。从（a）、（b）中可得出此 AR(1) 模型弱平稳。

（c）生成上述 AR(1) 序列，$T = 250$，$\sigma_\varepsilon^2 = 0.25$，$\rho$ 分别取 $\rho = \pm 0.9$，± 0.8，± 0.5，± 0.3 和 ± 0.1。画出 AR(1) 序列和其 s 阶的自相关函数 ρ_s。

2. 对于 MA(1) 模型：

$$y_t = \varepsilon_t + \theta \varepsilon_{t-1}, \ t = 1, 2, \cdots, T; \quad \varepsilon_t \sim \mathrm{IIN}(0, \sigma_\varepsilon^2)。$$

（a）证明：$E(y_t) = 0$ 且 $\mathrm{var}(y_t) = \sigma_\varepsilon^2(1 + \theta^2)$，所以均值和方差均与 t 无关。

（b）证明：$\mathrm{cov}(y_t, y_{t-1}) = \theta \sigma_\varepsilon^2$ 且对于 $s > 1$，$\mathrm{cov}(y_t, y_{t-s}) = 0$，其值只取决于两期之间的间隔 s。从（a）、（b）中可得出此 MA(1) 模型弱平稳。

（c）生成上述 MA(1) 序列，$T = 250$，$\sigma_\varepsilon^2 = 0.25$，$\theta$ 分别取 $\theta = 0.9$，0.8，0.5，0.3 和 0.1。画出 MA(1) 序列和其 s 阶的自相关函数。

3. 运用本章中使用的美国消费和个人可支配收入的数据：

（a）计算个人可支配收入（Y_t）的样本自相关函数。画出样本自相关图。对一阶差分序列（ΔY_t）重复上述过程。使用 Ljung-Box Q_{LB} 统计量，检验 $H_0: \rho_s = 0$，$s = 1, \cdots, 20$。

（b）做增广的 Dickey-Fuller 检验，判定个人可支配收入（Y_t）中是否存在单位根。

（c）定义 $\tilde{Y}_t = \Delta Y_t$，做 $\Delta \tilde{Y}_t$ 对 $\tilde{Y}_{t-1}$、常数项及趋势项的回归。检验个人可支配收入的一阶差分序列的平稳性。你可以得到什么结论？Y_t 为 $I(1)$ 过程吗？

（d）仿照式（14.21）做回归并做 Engle-Granger（1987）检验来检验协整性。

（e）重复表 14—3 所示的 GARCH（1，1）模型。

（f）对 $\log C$ 和 $\log Y$ 重复过程（a）～（e）。上述结果是否有改变？

4.（a）分别生成 x_t，y_t，$T = 25$，作为独立的随机游走，扰动项为 $\mathrm{IIN}(0, 1)$。做回归 $y_t = \alpha + \beta x_t + u_t$，然后使用普通 t 统计量在 1%、5% 和 10% 的显著性水平下对原假设 $H_0: \beta = 0$ 进行检验。将这个实验重复做 1 000 次，记下每个显著性水平下拒绝的频率。你能得到什么结论？

（b）当 $T = 100$ 和 $T = 500$ 时，重复（a）。

（c）将 x_t，y_t 变为带有漂移项的随机游走，如式（14.11）所刻画的，扰动项服从 $\mathrm{IIN}(0, 1)$。设两个序列都满足 $\gamma = 0.2$。重复（a）、（b）。

(d) 将 x_t，y_t 变为独立的趋势平稳的序列，如式（14.10）所刻画的，扰动项服从 IIN(0, 1)。设两个序列都满足 $\alpha=1$ 及 $\beta=0.04$。重复（a）、（b）。

(e) 做出（a）～（d）中每种样本大小和每种生成序列的方式产生的 R^2 统计量的频率分布。你能得到什么结论？提示：见 Granger and Newbold·(1974)，Davidson and MacKinnon（1993）以及 Banerjee，Dolado，Galbraith and Hendry（1993）中的蒙特卡罗实验。

5. 对从 Springer 网站中得到的 MACRO. ASC 数据文件中的货币供给、GNP 和利率时间序列数据建立 VAR 三方程模型：

(a) 使用每个变量的两个滞后项。

(b) 使用每个变量的三个滞后项。

(c) 做（a）对（b）的似然比检验。

(d) 考虑货币供给和利率的两方程 VAR 模型，使用每个变量的三个滞后项，用这个模型检验利率不是货币供给的格兰杰原因。

(e) 如果我们只将每个变量的两个滞后项纳入模型，（d）中检验会产生多大变化？

6. 对于简单的确定性时间趋势模型（simple deterministic time trend model）：

$$y_t = \alpha + \beta t + u_t, \quad t=1,\cdots,T,$$

其中 $u_t \sim \text{IIN}(0, \sigma^2)$。

(a) 证明：

$$\begin{bmatrix} \hat{\alpha}_{OLS}-\alpha \\ \hat{\beta}_{OLS}-\beta \end{bmatrix} = (X'X)X'u = \begin{bmatrix} T & \sum_{t=1}^{T}t \\ \sum_{t=1}^{T}t & \sum_{t=1}^{T}t^2 \end{bmatrix}^{-1} \begin{bmatrix} \sum_{t=1}^{T}u_t \\ \sum_{t=1}^{T}tu_t \end{bmatrix},$$

其中解释变量矩阵 X 的第 t 个观测值为 $[1, t]$。

(b) 运用结论 $\sum_{t=1}^{T}t = T(T+1)/2$ 及 $\sum_{t=1}^{T}t^2 = T(T+1)(2T+1)/6$ 来证明当 $T \to \infty$ 时，$\text{plim}(X'X/T)$ 不是一个正定矩阵。

(c) 运用结论

$$\begin{bmatrix} \sqrt{T}(\hat{\alpha}_{OLS}-\alpha) \\ T\sqrt{T}(\hat{\beta}_{OLS}-\beta) \end{bmatrix} = A(X'X)^{-1}AA^{-1}(X'u) = (A^{-1}(X'X)A^{-1})^{-1}A^{-1}(X'u),$$

其中 $A = \begin{bmatrix} \sqrt{T} & 0 \\ 0 & T\sqrt{T} \end{bmatrix}$ 为 2×2 的非奇异矩阵，证明 $\text{plim}(A^{-1}(X'X)A^{-1})$ 为有限正定矩阵

$$Q = \begin{bmatrix} 1 & \dfrac{1}{2} \\ \dfrac{1}{2} & \dfrac{1}{3} \end{bmatrix}, \quad A^{-1}(X'u) = \begin{bmatrix} \sum_{t=1}^{T}u_t/\sqrt{T} \\ \sum_{t=1}^{T}tu_t/T\sqrt{T} \end{bmatrix}。$$

(d) 证明 $z_1 = \sum_{t=1}^{T}u_t/\sqrt{T}$ 服从 $N(0, \sigma^2)$ 以及 $z_2 = \sum_{t=1}^{T}tu_t/T\sqrt{T}$ 服从 $N(0, \sigma^2(T+1)(2T+1)/6T^2)$ 且有 $\text{cov}(z_1,z_2)=(T+1)\sigma^2/2T$，所以

$$
\begin{bmatrix} z_1 \\ z_2 \end{bmatrix} \sim N \left(0, \sigma^2 \begin{bmatrix} 1 & \dfrac{T+1}{2T} \\ \dfrac{T+1}{2T} & \dfrac{(T+1)(2T+1)}{6T^2} \end{bmatrix} \right) .
$$

说明当 $T \to \infty$ 时，$\begin{bmatrix} z_1 \\ z_2 \end{bmatrix}$ 渐近服从 $N(0, \sigma^2 Q)$。

（e）使用（c）、（d）中的结论，说明 $\begin{bmatrix} \sqrt{T}(\hat{\alpha}_{OLS} - \alpha) \\ T\sqrt{T}(\hat{\beta}_{OLS} - \beta) \end{bmatrix}$ 的渐近分布为 $N(0, \sigma^2 Q^{-1})$。

由于 $\hat{\beta}_{OLS}$ 包含因子 $T\sqrt{T}$ 而不是一般的 $\sqrt{T}$，所以被称为超一致性。这意味着不仅 $(\hat{\beta}_{OLS} - \beta)$ 依概率收敛于 0，$T(\hat{\beta}_{OLS} - \beta)$ 也依概率收敛于 0。注意，这个结论不需要正态假设。使用中心极限定理，仅需要 u_t 为一个四阶矩有限的白噪声。见 Sims, Stock and Watson (1990) 或 Hamilton (1994)。

7. 原假设为确定性时间趋势模型的检验（test of hypothesis with a deterministic time trend model）。理论依据为 Hamilton (1994)。在问题 6 中，我们已经证明 $\hat{\alpha}_{OLS}$ 和 $\hat{\beta}_{OLS}$ 以不同的速率收敛，分别为 $\sqrt{T}$ 和 $T\sqrt{T}$。尽管如此，普通最小二乘的 t 和 F 统计量即使在 u_t 不服从正态分布时也渐近有效。

（a）证明 $s^2 = \sum_{t=1}^{T} (y_t - \hat{\alpha}_{OLS} - \hat{\beta}_{OLS} t)^2 / (T-2)$ 且 $\mathrm{plim}\, s^2 = \sigma^2$。

（b）为了检验 $H_0: \alpha = \alpha_0$，普通最小二乘软件包计算

$$
t_\alpha = (\hat{\alpha}_{OLS} - \alpha_0) / [s^2 (1,0)(X'X)^{-1}(1,0)']^{1/2},
$$

其中 $(X'X)$ 在问题 6 中已经给出。分子和分母同乘 $\sqrt{T}$ 并使用问题 6(c) 中的结论来证明此 t 统计量和 $t_\alpha^* = \sqrt{T}(\hat{\alpha}_{OLS} - \alpha_0)/\sigma\sqrt{q^{11}}$ 有相同的渐近分布，其中 q^{11} 为问题 6 中定义的 Q^{-1} 的第 $(1,1)$ 项。用问题 6(e) 中的结论可得出 t_α^* 渐近服从 $N(0,1)$。

（c）同样，为了检验 $H_0: \beta = \beta_0$，普通的最小二乘软件包计算

$$
t_\beta = (\hat{\beta}_{OLS} - \beta) / [s^2 (0,1)(X'X)^{-1}(0,1)']^{1/2}.
$$

分子和分母同乘 $\sqrt{T}$ 并使用问题 6(c) 中的结论来证明此 t 统计量和 $t_\beta^* = T\sqrt{T}(\hat{\beta}_{OLS} - \beta)/\sigma\sqrt{q^{22}}$ 有相同的渐近分布，其中 q^{22} 为问题 6 中定义的 Q^{-1} 的第 $(2,2)$ 项。用问题 6(e) 中的结论可得出 t_β^* 渐近服从 $N(0,1)$。

8. 随机游走模型。此题基于 Fuller (1976) 和 Hamilton (1994)。考虑以下随机游走模型：

$$
y_t = y_{t-1} + u_t, \ t = 0, 1, \cdots, T, \ \text{其中} \ u_t \sim \mathrm{IIN}(0, \sigma^2), \quad y_0 = 0。
$$

（a）证明：y_t 能表示为 $y_t = u_1 + u_2 + \cdots + u_t$，有 $E(y_t) = 0$，$\mathrm{var}(y_t) = t\sigma^2$，所以 $y_t \sim N(0, t\sigma^2)$。

（b）将随机游走方程平方，$y_t^2 = (y_{t-1} + u_t)^2$，然后解出 $y_{t-1} u_t$。将其对 $t = 1, 2, \cdots, T$ 求和，然后证明

计量经济学方法与应用（第五版）

$$\sum_{t=1}^{T} y_{t-1} u_t = (y_T^2/2) - \sum_{t=1}^{T} u_t^2/2。$$

除以 $T\sigma^2$ 并证明 $\sum_{t=1}^{T} y_{t-1}u_t/T\sigma^2$ 渐近服从 $(\chi_1^2-1)/2$。提示：使用结论 $y_T \sim N(0,$ $T\sigma^2)$。

（c）使用结论 $y_{t-1} \sim N(0, (t-1)\sigma^2)$，证明 $E(\sum_{t=1}^{T} y_{t-1}^2) = \sigma^2 T(T-1)/2$。提示：使用问题 6 中 $\sum_{t=1}^{T} t$ 的表达式。

（d）假设我们估计的是一个 AR(1) 模型而不是随机游走，即 $y_t = \rho y_{t-1} + u_t$，其中 ρ 的真值为 1。OLS 估计量为

$$\hat{\rho} = \sum_{t=1}^{T} y_{t-1} y_t / \sum_{t=1}^{T} y_{t-1}^2 = \rho + \sum_{t=1}^{T} y_{t-1} u_t / \sum_{t=1}^{T} y_{t-1}^2。$$

证明

$$\mathrm{plim}\, T(\hat{\rho} - \rho) = \mathrm{plim}\, \frac{\sum_{t=1}^{T} y_{t-1} u_t / T\sigma^2}{\sum_{t=1}^{T} y_{t-1}^2 / T^2\sigma^2} = 0。$$

注意，此式的分子在（b）中考虑过，而分母在（c）中考虑过。可以看出当 $\rho=1$ 时 $\hat{\rho}$ 的渐近分布为随机变量 $(\chi_1^2-1)/2$ 与分母中的非标准分布的比率，此非标准分布超出了本书的范围，详见 Hamilton（1994）或 Fuller（1976）。此题的目的是为了说明如果 $\rho=1$，$\sqrt{T}(\hat{\rho}-\rho)$ 不再像在 $|\rho|<1$ 的标准平稳最小二乘回归中那样服从正态分布。也是为了说明对于一个非平稳（随机游走）模型，$\hat{\rho}$ 以比平稳情况下（$\sqrt{T}$）更快的速率（T）收敛。从（c）可以清楚看出，应使用 $\hat{\rho}$ 的分母除以 T^2 而不是 T 来得到一个收敛分布。

9. 考虑式（14.13）和式（14.14）中协整的例子。

（a）证明式（14.15）～式（14.20）。

（b）证明由 C_t 对 Y_t 的回归得到的 β 的 OLS 估计量是超一致的，即证明当 $T \to \infty$ 时，$\mathrm{plim}\, T(\hat{\beta}_{OLS} - \beta) \to 0$。

▌ 参考文献

本章主要采用了 Davidson and MacKinnon（1993），Maddala（1992），Hamilton（1994），Banerjee et al.（1993）和 Gujarati（1995）中的资料。高级读本包括 Fuller（1976）和 Hamilton（1994）。更为简单的读本包括 Mills（1990）和 Enders（1995）。本章中其他的参考文献包括：

Banerjee，A.，J. J. Dolado，J. W. Galbraith and D. F. Hendry（1993），*Co-Integration*，*Error-Correction*，*and The Econometric Analysis of Non-stationary Data*（Oxford University Press：Oxford）.

Bierens，H. J.（2001），"Unit Roots," Chapter 29 in B. H. Baltagi（ed.）*A Companion to Theoretical Econometrics*（Blackwell：Massachusetts）.

Bierens，H. J. and S. Guo（1993），"Testing for Stationarity and Trend Stationarity

Against the Unit Root Hypothesis," *Econometric Reviews*, 12: 1–32.

Bollerslev, T. (1986), "Generalized Autoregressive Heteroskedasticity," *Journal of Econometrics*, 31: 307–327.

Box, G. E. P. and G. M. Jenkins (1970), *Time Series Analysis, Forecasting and Control* (Holden Day: San Francisco).

Box, G. E. P. and D. A. Pierce (1970), "The Distribution of Residual Autocorrelations in Auto-regressive-Integrated Moving Average Time Series Models," *Journal of American Statistical Association*, 65: 1509–1526.

Chamberlain, G. (1982), "The General Equivalence of Granger and Sims Causality," *Econometrica*, 50: 569–582.

Davidson, R. and J. G. MacKinnon (1993), *Estimation and Inference in Econometrics* (Oxford University Press: Oxford).

Dickey, D. A. and W. A. Fuller (1979), "Distribution of the Estimators for Autoregressive Time Series with A Unit Root," *Journal of the American Statistical Association*, 74: 427–431.

Dolado, J. J., J. Gonzalo and F. Marmol (2001), "Cointegration," Chapter 30 in B. H. Baltagi (ed.) *A Companion to Theoretical Econometrics* (Blackwell: Massachusetts).

Durlauf, S. N. and P. C. B. Phillips (1988), "Trends versus Random Walks in Time Series Analysis," *Econometrica*, 56: 1333–1354.

Enders, W. (1995), *Applied Econometric Time Series* (Wiley: New York).

Engle, R. F. (1982), "Autogressive Conditional Heteroskedasticity with Estimates of the Variance of United Kingdom Inflation," *Econometrica*, 50: 987–1007.

Engle, R. F. and C. W. J. Granger (1987), "Co-Integration and Error Correction: Representation, Estimation and Testing," *Econometrica*, 55: 251–276.

Fuller, W. A. (1976), *Introduction to Statistical Time Series* (John Wiley and Sons: New York).

Geweke, J., R. Meese and W. Dent (1983), "Comparing Alternative Tests of Causality in Temporal Systems: Analytic Results and Experimental Evidence," *Journal of Econometrics*, 21: 161–194.

Ghysels, E. and P. Perron (1993), "The Effect of Seasonal Adjustment Filters on Tests for a Unit Root," *Journal of Econometrics*, 55: 57–98.

Godfrey, L. G. (1979), "Testing the Adequacy of a Time Series Model," *Biometrika*, 66: 67–72.

Granger, C. W. J. (1969), "Investigating Causal Relations by Econometric Models and Cross-Spectral Methods," *Econometrica*, 37: 424–438.

Granger, C. W. J. (2001), "Spurious Regressions in Econometrics," Chapter 26 in B. H. Baltagi (ed.) *A Companion to Theoretical Econometrics* (Blackwell: Massachusetts).

Granger, C. W. J. , M. L. King and H. White (1995), "Comments on Testing Economic Theories and the Use of Model Selection Criteria," *Journal of Econometrics*, 67: 173−187.

Granger, C. W. J. and P. Newbold (1974), "Spurious Regressions in Econometrics," *Journal of Econometrics*, 2: 111−120.

Gujarati, D. N. (1995), *Basic Econometrics* (McGraw Hill: New York).

Hamilton, J. D. (1994), *Time Series Analysis* (Princeton University Press: Princeton, New Jersey).

Johansen, S. (1988), "Statistical Analysis of Cointegrating Vectors," *Journal of Economic Dynamics and Control*, 12: 231−254.

Judge, G. G. , R. C. Hill, W. E. Griffiths, H. Lütkepohl and T. C. Lee (1985), *The Theory and Practice of Econometrics* (John Wiley and Sons: New York).

Kwaitowski, D. , P. C. B. Phillips, P. Schmidt and Y. Shin (1992), "Testing the Null Hypothesis of Stationarity Against the Alternative of a Unit Root," *Journal of Econometrics*, 54: 159−178.

Leybourne, S. J. and B. P. M. McCabe (1994), "A Consistent Test for a Unit Root," *Journal of Business and Economic Statistics*, 12: 157−166.

Litterman, R. B. (1986), "Forecasting with Bayesian Vector Autoregressions-Five Years of Experience," *Journal of Business and Economic Statistics*, 4: 25−38.

Ljung, G. M. and G. E. P. Box (1978), "On a Measure of Lack of Fit in Time-Series Models," *Biometrika*, 65: 297−303.

Lütkepohl, H. (2001), "Vector Autoregressions," Chapter 32 in B. H. Baltagi (ed.) *A Companion to Theoretical Econometrics* (Blackwell: Massachusetts).

MacKinnon, J. G. (1991), "Critical Values for Cointegration Tests," Ch. 13 in *Long-Run Economic Relationships: Readings in Cointegration*, eds. R. F. Engle and C. W. J. Granger (Oxford University Press: Oxford).

Maddala, G. S. (1992), *Introduction to Econometrics* (Macmillan: New York).

Mills, T. C. (1990), *Time Series Techniques for Economists* (Cambridge University Press: Cambridge).

Nelson, C. R. and C. I. Plosser (1982), "Trends and Random Walks in Macroeconomic Time Series: Some Evidence and Implications," *Journal of Monetary Economics*, 10: 139−162.

Ng, S. and P. Perron (1995), "Unit Root Tests in ARMA Models With Data-Dependent Methods for the Selection of the Truncation Lag," *Journal of the American Statistical Association*, 90: 268−281.

Perron, P. (1989), "The Great Cash, The Oil Price Shock, and the Unit Root Hypothesis," *Econometrica*, 57: 1361−1401.

Phillips, P. C. B. (1986), "Understanding Spurious Regressions in Econometrics," *Journal of Econometrics*, 33: 311−340.

Phillips, P. C. B. and P. Perron (1988), "Testing for A Unit Root in Time Series Regression," *Biometrika*, 75: 335—346.

Plosser, C. I. and G. W. Shwert (1978), "Money, Income and Sunspots: Measuring Economic Relationships and the Effects of Differencing," *Journal of Monetary Economics*, 4: 637—660.

Sims, C. A. (1972), "Money, Income and Causality," *American Economic Review*, 62: 540—552.

Sims, C. A. (1980), "Macroeconomics and Reality," *Econometrica*, 48: 1—48.

Sims, C. A., J. H. Stock and M. W. Watson (1990), "Inference in Linear Time Series Models with Some Unit Roots," *Econometrica*, 58: 113—144.

Stock, J. H. and M. W. Watson (1988), "Variable Trends in Economic Time Series," *Journal of Economic Perspectives*, 2: 147—174.

计量经济学方法与应用（第五版）

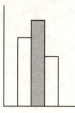

附　录

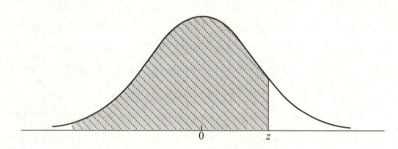

$$\Phi(1.65)＝\Pr[z\leqslant1.65]＝0.9505$$

表 A   标准正态分布下的面积

z	0.00	0.01	0.02	0.03	0.04	0.05	0.06	0.07	0.08	0.09
0.0	0.500 0	0.504 0	0.508 0	0.512 0	0.516 0	0.519 9	0.523 9	0.527 9	0.531 9	0.535 9
0.1	0.539 8	0.543 8	0.547 8	0.551 7	0.555 7	0.559 6	0.563 6	0.567 5	0.571 4	0.575 3
0.2	0.579 3	0.583 2	0.587 1	0.591 0	0.594 8	0.598 7	0.602 6	0.606 4	0.610 3	0.614 1
0.3	0.617 9	0.621 7	0.625 5	0.629 3	0.633 1	0.636 8	0.640 6	0.644 3	0.648 0	0.651 7
0.4	0.655 4	0.659 1	0.662 8	0.666 4	0.670 0	0.673 6	0.677 2	0.680 8	0.684 4	0.687 9
0.5	0.691 5	0.695 0	0.698 5	0.701 9	0.705 4	0.708 8	0.712 3	0.715 7	0.719 0	0.722 4
0.6	0.725 7	0.729 1	0.732 4	0.735 7	0.738 9	0.742 2	0.745 4	0.748 6	0.751 7	0.754 9
0.7	0.758 0	0.761 1	0.764 2	0.767 3	0.770 4	0.773 4	0.776 4	0.779 4	0.782 3	0.785 2
0.8	0.788 1	0.791 0	0.793 9	0.796 7	0.799 5	0.802 3	0.805 1	0.807 8	0.810 6	0.813 3
0.9	0.815 9	0.818 6	0.821 2	0.823 8	0.826 4	0.828 9	0.831 5	0.834 0	0.836 5	0.838 9
1.0	0.841 3	0.843 8	0.846 1	0.848 5	0.850 8	0.853 1	0.855 4	0.857 7	0.859 9	0.862 1

续前表

z	0.00	0.01	0.02	0.03	0.04	0.05	0.06	0.07	0.08	0.09
1.1	0.864 3	0.866 5	0.868 6	0.870 8	0.872 9	0.874 9	0.877 0	0.879 0	0.881 0	0.883 0
1.2	0.884 9	0.886 9	0.888 8	0.890 7	0.892 5	0.894 4	0.896 2	0.898 0	0.899 7	0.901 5
1.3	0.903 2	0.904 9	0.906 6	0.908 2	0.909 9	0.911 5	0.913 1	0.914 7	0.916 2	0.917 7
1.4	0.919 2	0.920 7	0.922 2	0.923 6	0.925 1	0.926 5	0.927 9	0.929 2	0.930 6	0.931 9
1.5	0.933 2	0.934 5	0.935 7	0.937 0	0.938 2	0.939 4	0.940 6	0.941 8	0.942 9	0.944 1
1.6	0.945 2	0.946 3	0.947 4	0.948 4	0.949 5	0.950 5	0.951 5	0.952 5	0.953 5	0.954 5
1.7	0.955 4	0.956 4	0.957 3	0.958 2	0.959 1	0.959 9	0.960 8	0.961 6	0.962 5	0.963 3
1.8	0.964 1	0.964 9	0.965 6	0.966 4	0.967 1	0.967 8	0.968 6	0.969 3	0.969 9	0.970 6
1.9	0.971 3	0.971 9	0.972 6	0.973 2	0.973 8	0.974 4	0.975 0	0.975 6	0.976 1	0.976 7
2.0	0.977 2	0.977 8	0.978 3	0.978 8	0.979 3	0.979 8	0.980 3	0.980 8	0.981 2	0.981 7
2.1	0.982 1	0.982 6	0.983 0	0.983 4	0.983 8	0.984 2	0.984 6	0.985 0	0.985 4	0.985 7
2.2	0.986 1	0.986 4	0.986 8	0.987 1	0.987 5	0.987 8	0.988 1	0.988 4	0.988 7	0.989 0
2.3	0.989 3	0.989 6	0.989 8	0.990 1	0.990 4	0.990 6	0.990 9	0.991 1	0.991 3	0.991 6
2.4	0.991 8	0.992 0	0.992 2	0.992 5	0.992 7	0.992 9	0.993 1	0.993 2	0.993 4	0.993 6
2.5	0.993 8	0.994 0	0.994 1	0.994 3	0.994 5	0.994 6	0.994 8	0.994 9	0.995 1	0.995 2
2.6	0.995 3	0.995 5	0.995 6	0.995 7	0.995 9	0.996 0	0.996 1	0.996 2	0.996 3	0.996 4
2.7	0.996 5	0.996 6	0.996 7	0.996 8	0.996 9	0.997 0	0.997 1	0.997 2	0.997 3	0.997 4
2.8	0.997 4	0.997 5	0.997 6	0.997 7	0.997 7	0.997 8	0.997 9	0.997 9	0.998 0	0.998 1
2.9	0.998 1	0.998 2	0.998 2	0.998 3	0.998 4	0.998 4	0.998 5	0.998 5	0.998 6	0.998 6
3.0	0.998 7	0.998 7	0.998 7	0.998 8	0.998 8	0.998 9	0.998 9	0.998 9	0.999 0	0.999 0

资料来源：应用 SAS ® 的函数 PROBNORM 得到该表。

$$\Pr[t_8 > t_\alpha = 2.306] = 0.025$$

表 B t 分布右尾临界值

DF	$\alpha=0.1$	$\alpha=0.05$	$\alpha=0.025$	$\alpha=0.01$	$\alpha=0.005$
1	3.077 7	6.313 8	12.706 2	31.820 5	63.656 7
2	1.885 6	2.920 0	4.302 7	6.964 6	9.924 8
3	1.637 7	2.353 4	3.182 4	4.540 7	5.840 9
4	1.533 2	2.131 8	2.776 4	3.746 9	4.604 1
5	1.475 9	2.015 0	2.570 6	3.364 9	4.032 1
6	1.439 8	1.943 2	2.446 9	3.142 7	3.707 4
7	1.414 9	1.894 6	2.364 6	2.998 0	3.499 5
8	1.396 8	1.859 5	2.306 0	2.896 5	3.355 4
9	1.383 0	1.833 1	2.262 2	2.821 4	3.249 8
10	1.372 2	1.812 5	2.228 1	2.763 8	3.169 3
11	1.363 4	1.795 9	2.201 0	2.718 1	3.105 8
12	1.356 2	1.782 3	2.178 8	2.681 0	3.054 5
13	1.350 2	1.770 9	2.160 4	2.650 3	3.012 3
14	1.345 0	1.761 3	2.144 8	2.624 5	2.976 8
15	1.340 6	1.753 1	2.131 4	2.602 5	2.946 7
16	1.336 8	1.745 9	2.119 9	2.583 5	2.920 8
17	1.333 4	1.739 6	2.109 8	2.566 9	2.898 2
18	1.330 4	1.734 1	2.100 9	2.552 4	2.878 4
19	1.327 7	1.729 1	2.093 0	2.539 5	2.860 9
20	1.325 3	1.724 7	2.086 0	2.528 0	2.845 3
21	1.323 2	1.720 7	2.079 6	2.517 6	2.831 4
22	1.321 2	1.717 1	2.073 9	2.508 3	2.818 8
23	1.319 5	1.713 9	2.068 7	2.499 9	2.807 3
24	1.317 8	1.710 9	2.063 9	2.492 2	2.796 9
25	1.316 3	1.708 1	2.059 5	2.485 1	2.787 4
26	1.315 0	1.705 6	2.055 5	2.478 6	2.778 7
27	1.313 7	1.703 3	2.051 8	2.472 7	2.770 7
28	1.312 5	1.701 1	2.048 4	2.467 1	2.763 3
29	1.311 4	1.699 1	2.045 2	2.462 0	2.756 4
30	1.310 4	1.697 3	2.042 3	2.457 3	2.750 0
31	1.309 5	1.695 5	2.039 5	2.452 8	2.744 0
32	1.308 6	1.693 9	2.036 9	2.448 7	2.738 5
33	1.307 7	1.692 4	2.034 5	2.444 8	2.733 3
34	1.307 0	1.690 9	2.032 2	2.441 1	2.728 4
35	1.306 2	1.689 6	2.030 1	2.437 7	2.723 8
36	1.305 5	1.688 3	2.028 1	2.434 5	2.719 5
37	1.304 9	1.687 1	2.026 2	2.431 4	2.715 4
38	1.304 2	1.686 0	2.024 4	2.428 6	2.711 6
39	1.303 6	1.684 9	2.022 7	2.425 8	2.707 9
40	1.303 1	1.683 9	2.021 1	2.423 3	2.704 5

资料来源：应用 SAS® 函数 TINV 得到该表。

附录

391

计量经济学方法与应用（第五版）

表 C

F 分布右尾临界值：显著性水平为 5%

v_2/v_1	1	2	3	4	5	6	7	8	9	10	12	15	20	25	30	40
1	161.448	199.500	215.707	224.583	230.162	233.986	236.768	238.883	240.543	241.882	243.906	245.950	248.013	249.260	250.095	251.143
2	18.513	19.000	19.164	19.247	19.296	19.330	19.353	19.371	19.385	19.396	19.413	19.429	19.446	19.456	19.462	19.471
3	10.128	9.552	9.277	9.117	9.013	8.941	8.887	8.845	8.812	8.786	8.745	8.703	8.660	8.634	8.617	8.594
4	7.709	6.944	6.591	6.388	6.256	6.163	6.094	6.041	5.999	5.964	5.912	5.858	5.803	5.769	5.746	5.717
5	6.608	5.786	5.409	5.192	5.050	4.950	4.876	4.818	4.772	4.735	4.678	4.619	4.558	4.521	4.496	4.464
6	5.987	5.143	4.757	4.534	4.387	4.284	4.207	4.147	4.099	4.060	4.000	3.938	3.874	3.835	3.808	3.774
7	5.591	4.737	4.347	4.120	3.972	3.866	3.787	3.726	3.677	3.637	3.575	3.511	3.445	3.404	3.376	3.340
8	5.318	4.459	4.066	3.838	3.687	3.581	3.500	3.438	3.388	3.347	3.284	3.218	3.150	3.108	3.079	3.043
9	5.117	4.256	3.863	3.633	3.482	3.374	3.293	3.230	3.179	3.137	3.073	3.006	2.936	2.893	2.864	2.826
10	4.965	4.103	3.708	3.478	3.326	3.217	3.135	3.072	3.020	2.978	2.913	2.845	2.774	2.730	2.700	2.661
11	4.844	3.982	3.587	3.357	3.204	3.095	3.012	2.948	2.896	2.854	2.788	2.719	2.646	2.601	2.570	2.531
12	4.747	3.885	3.490	3.259	3.106	2.996	2.913	2.849	2.796	2.753	2.687	2.617	2.544	2.498	2.466	2.426
13	4.667	3.806	3.411	3.179	3.025	2.915	2.832	2.767	2.714	2.671	2.604	2.533	2.459	2.412	2.380	2.339
14	4.600	3.739	3.344	3.112	2.958	2.848	2.764	2.699	2.646	2.602	2.534	2.463	2.388	2.341	2.308	2.266
15	4.543	3.682	3.287	3.056	2.901	2.790	2.707	2.641	2.588	2.544	2.475	2.403	2.328	2.280	2.247	2.204
16	4.494	3.634	3.239	3.007	2.852	2.741	2.657	2.591	2.538	2.494	2.425	2.352	2.276	2.227	2.194	2.151
17	4.451	3.592	3.197	2.965	2.810	2.699	2.614	2.548	2.494	2.450	2.381	2.308	2.230	2.181	2.148	2.104
18	4.414	3.555	3.160	2.928	2.773	2.661	2.577	2.510	2.456	2.412	2.342	2.269	2.191	2.141	2.107	2.063
19	4.381	3.522	3.127	2.895	2.740	2.628	2.544	2.477	2.423	2.378	2.308	2.234	2.155	2.106	2.071	2.026
20	4.351	3.493	3.098	2.866	2.711	2.599	2.514	2.447	2.393	2.348	2.278	2.203	2.124	2.074	2.039	1.994
21	4.325	3.467	3.072	2.840	2.685	2.573	2.488	2.420	2.366	2.321	2.250	2.176	2.096	2.045	2.010	1.965

续前表

v_2/v_1	1	2	3	4	5	6	7	8	9	10	12	15	20	25	30	40
22	4.301	3.443	3.049	2.817	2.661	2.549	2.464	2.397	2.342	2.297	2.226	2.151	2.071	2.020	1.984	1.938
23	4.279	3.422	3.028	2.796	2.640	2.528	2.442	2.375	2.320	2.275	2.204	2.128	2.048	1.996	1.961	1.914
24	4.260	3.403	3.009	2.776	2.621	2.508	2.423	2.355	2.300	2.255	2.183	2.108	2.027	1.975	1.939	1.892
25	4.242	3.385	2.991	2.759	2.603	2.490	2.405	2.337	2.282	2.236	2.165	2.089	2.007	1.955	1.919	1.872
26	4.225	3.369	2.975	2.743	2.587	2.474	2.388	2.321	2.265	2.220	2.148	2.072	1.990	1.938	1.901	1.853
27	4.210	3.354	2.960	2.728	2.572	2.459	2.373	2.305	2.250	2.204	2.132	2.056	1.974	1.921	1.884	1.836
28	4.196	3.340	2.947	2.714	2.558	2.445	2.359	2.291	2.236	2.190	2.118	2.041	1.959	1.906	1.869	1.820
29	4.183	3.328	2.934	2.701	2.545	2.432	2.346	2.278	2.223	2.177	2.104	2.027	1.945	1.891	1.854	1.806
30	4.171	3.316	2.922	2.690	2.534	2.421	2.334	2.266	2.211	2.165	2.092	2.015	1.932	1.878	1.841	1.792
31	4.160	3.305	2.911	2.679	2.523	2.409	2.323	2.255	2.199	2.153	2.080	2.003	1.920	1.866	1.828	1.779
32	4.149	3.295	2.901	2.668	2.512	2.399	2.313	2.244	2.189	2.142	2.070	1.992	1.908	1.854	1.817	1.767
33	4.139	3.285	2.892	2.659	2.503	2.389	2.303	2.235	2.179	2.133	2.060	1.982	1.898	1.844	1.806	1.756
34	4.130	3.276	2.883	2.650	2.494	2.380	2.294	2.225	2.170	2.123	2.050	1.972	1.888	1.833	1.795	1.745
35	4.121	3.267	2.874	2.641	2.485	2.372	2.285	2.217	2.161	2.114	2.041	1.963	1.878	1.824	1.786	1.735
36	4.113	3.259	2.866	2.634	2.477	2.364	2.277	2.209	2.153	2.106	2.033	1.954	1.870	1.815	1.776	1.726
37	4.105	3.252	2.859	2.626	2.470	2.356	2.270	2.201	2.145	2.098	2.025	1.946	1.861	1.806	1.768	1.717
38	4.098	3.245	2.852	2.619	2.463	2.349	2.262	2.194	2.138	2.091	2.017	1.939	1.853	1.798	1.760	1.708
39	4.091	3.238	2.845	2.612	2.456	2.342	2.255	2.187	2.131	2.084	2.010	1.931	1.846	1.791	1.752	1.700
40	4.085	3.232	2.839	2.606	2.449	2.336	2.249	2.180	2.124	2.077	2.003	1.924	1.839	1.783	1.744	1.693

资料来源：应用 SAS® 函数 FINV 得到该表。v_1=分子自由度，v_2=分母自由度。

附 录

表 D

F 分布右尾临界值：显著性水平为 1%

v_2/v_1	1	2	3	4	5	6	7	8	9	10	12	15	20	25	30	40
1	4 052.181	4 999.500	5 403.352	5 624.583	5 763.650	5 858.986	5 928.356	5 981.070	6 022.473	6 055.847	6 106.321	6 157.285	6 208.730	6 239.825	6 260.649	6 286.782
2	98.503	99.000	99.166	99.249	99.299	99.333	99.356	99.374	99.388	99.399	99.416	99.433	99.449	99.459	99.466	99.474
3	34.116	30.817	29.457	28.710	28.237	27.911	27.672	27.489	27.345	27.229	27.052	26.872	26.690	26.579	26.505	26.411
4	21.198	18.000	16.694	15.977	15.522	15.207	14.976	14.799	14.659	14.546	14.374	14.198	14.020	13.911	13.838	13.745
5	16.258	13.274	12.060	11.392	10.967	10.672	10.456	10.289	10.158	10.051	9.888	9.722	9.553	9.449	9.379	9.291
6	13.745	10.925	9.780	9.148	8.746	8.466	8.260	8.102	7.976	7.874	7.718	7.559	7.396	7.296	7.229	7.143
7	12.246	9.547	8.451	7.847	7.460	7.191	6.993	6.840	6.719	6.620	6.469	6.314	6.155	6.058	5.992	5.908
8	11.259	8.649	7.591	7.006	6.632	6.371	6.178	6.029	5.911	5.814	5.667	5.515	5.359	5.263	5.198	5.116
9	10.561	8.022	6.992	6.422	6.057	5.802	5.613	5.467	5.351	5.257	5.111	4.962	4.808	4.713	4.649	4.567
10	10.044	7.559	6.552	5.994	5.636	5.386	5.200	5.057	4.942	4.849	4.706	4.558	4.405	4.311	4.247	4.165
11	9.646	7.206	6.217	5.668	5.316	5.069	4.886	4.744	4.632	4.539	4.397	4.251	4.099	4.005	3.941	3.860
12	9.330	6.927	5.953	5.412	5.064	4.821	4.640	4.499	4.388	4.296	4.155	4.010	3.858	3.765	3.701	3.619
13	9.074	6.701	5.739	5.205	4.862	4.620	4.441	4.302	4.191	4.100	3.960	3.815	3.665	3.571	3.507	3.425
14	8.862	6.515	5.564	5.035	4.695	4.456	4.278	4.140	4.030	3.939	3.800	3.656	3.505	3.412	3.348	3.266
15	8.683	6.359	5.417	4.893	4.556	4.318	4.142	4.004	3.895	3.805	3.666	3.522	3.372	3.278	3.214	3.132
16	8.531	6.226	5.292	4.773	4.437	4.202	4.026	3.890	3.780	3.691	3.553	3.409	3.259	3.165	3.101	3.018
17	8.400	6.112	5.185	4.669	4.336	4.102	3.927	3.791	3.682	3.593	3.455	3.312	3.162	3.068	3.003	2.920
18	8.285	6.013	5.092	4.579	4.248	4.015	3.841	3.705	3.597	3.508	3.371	3.227	3.077	2.983	2.919	2.835
19	8.185	5.926	5.010	4.500	4.171	3.939	3.765	3.631	3.523	3.434	3.297	3.153	3.003	2.909	2.844	2.761
20	8.096	5.849	4.938	4.431	4.103	3.871	3.699	3.564	3.457	3.368	3.231	3.088	2.938	2.843	2.778	2.695
21	8.017	5.780	4.874	4.369	4.042	3.812	3.640	3.506	3.398	3.310	3.173	3.030	2.880	2.785	2.720	2.636

续前表

v_2/v_1	1	2	3	4	5	6	7	8	9	10	12	15	20	25	30	40
22	7.945	5.719	4.817	4.313	3.988	3.758	3.587	3.453	3.346	3.258	3.121	2.978	2.827	2.733	2.667	2.583
23	7.881	5.664	4.765	4.264	3.939	3.710	3.539	3.406	3.299	3.211	3.074	2.931	2.781	2.686	2.620	2.535
24	7.823	5.614	4.718	4.218	3.895	3.667	3.496	3.363	3.256	3.168	3.032	2.889	2.738	2.643	2.577	2.492
25	7.770	5.568	4.675	4.177	3.855	3.627	3.457	3.324	3.217	3.129	2.993	2.850	2.699	2.604	2.538	2.453
26	7.721	5.526	4.637	4.140	3.818	3.591	3.421	3.288	3.182	3.094	2.958	2.815	2.664	2.569	2.503	2.417
27	7.677	5.488	4.601	4.106	3.785	3.558	3.388	3.256	3.149	3.062	2.926	2.783	2.632	2.536	2.470	2.384
28	7.636	5.453	4.568	4.074	3.754	3.528	3.358	3.226	3.120	3.032	2.896	2.753	2.602	2.506	2.440	2.354
29	7.598	5.420	4.538	4.045	3.725	3.499	3.330	3.198	3.092	3.005	2.868	2.726	2.574	2.478	2.412	2.325
30	7.562	5.390	4.510	4.018	3.699	3.473	3.304	3.173	3.067	2.979	2.843	2.700	2.549	2.453	2.386	2.299
31	7.530	5.362	4.484	3.993	3.675	3.449	3.281	3.149	3.043	2.955	2.820	2.677	2.525	2.429	2.362	2.275
32	7.499	5.336	4.459	3.969	3.652	3.427	3.258	3.127	3.021	2.934	2.798	2.655	2.503	2.406	2.340	2.252
33	7.471	5.312	4.437	3.948	3.630	3.406	3.238	3.106	3.000	2.913	2.777	2.634	2.482	2.386	2.319	2.231
34	7.444	5.289	4.416	3.927	3.611	3.386	3.218	3.087	2.981	2.894	2.758	2.615	2.463	2.366	2.299	2.211
35	7.419	5.268	4.396	3.908	3.592	3.368	3.200	3.069	2.963	2.876	2.740	2.597	2.445	2.348	2.281	2.193
36	7.396	5.248	4.377	3.890	3.574	3.351	3.183	3.052	2.946	2.859	2.723	2.580	2.428	2.331	2.263	2.175
37	7.373	5.229	4.360	3.873	3.558	3.334	3.167	3.036	2.930	2.843	2.707	2.564	2.412	2.315	2.247	2.159
38	7.353	5.211	4.343	3.858	3.542	3.319	3.152	3.021	2.915	2.828	2.692	2.549	2.397	2.299	2.232	2.143
39	7.333	5.194	4.327	3.843	3.528	3.305	3.137	3.006	2.901	2.814	2.678	2.535	2.382	2.285	2.217	2.128
40	7.314	5.179	4.313	3.828	3.514	3.291	3.124	2.993	2.888	2.801	2.665	2.522	2.369	2.271	2.203	2.114

资料来源：应用 SAS® 函数 FINV 得到该表。v_1=分子自由度，v_2=分母自由度。

附　录

表E

χ^2 分布右尾临界值

$$Pr[\chi^2_5 > 11.070\ 5] = 0.05$$

v	.995	.990	.975	.950	.90	.50	.10	.05	.025	.01	.005
1	0.000 04	0.000 16	0.000 98	0.003 93	0.015 79	0.454 94	2.705 54	3.841 46	5.023 89	6.634 90	7.879 44
2	0.010 03	0.020 10	0.050 64	0.102 59	0.210 72	1.386 29	4.605 17	5.991 46	7.377 76	9.210 34	10.596 6
3	0.071 72	0.114 83	0.215 80	0.351 85	0.584 37	2.365 69	6.251 39	7.814 73	9.348 40	11.344 9	12.838 2
4	0.206 99	0.297 11	0.484 42	0.710 72	1.063 62	3.356 69	7.779 44	9.487 73	11.143 3	13.276 7	14.860 3
5	0.411 74	0.554 30	0.831 21	1.145 48	1.610 31	4.351 46	9.236 36	11.070 5	12.832 5	15.086 3	16.749 6
6	0.675 73	0.872 09	1.237 34	1.635 38	2.204 13	5.348 12	10.644 6	12.591 6	14.449 4	16.811 9	18.547 6
7	0.989 26	1.239 04	1.689 87	2.167 35	2.833 11	6.345 81	12.017 0	14.067 1	16.012 8	18.475 3	20.277 7
8	1.344 41	1.646 50	2.179 73	2.732 64	3.489 54	7.344 12	13.361 6	15.507 3	17.534 5	20.090 2	21.955 0
9	1.734 93	2.087 90	2.700 39	3.325 11	4.168 16	8.342 83	14.683 7	16.919 0	19.022 8	21.666 0	23.589 4
10	2.155 86	2.558 21	3.246 97	3.940 30	4.865 18	9.341 82	15.987 2	18.307 0	20.483 2	23.209 3	25.188 2
11	2.603 22	3.053 48	3.815 75	4.574 81	5.577 78	10.341 0	17.275 0	19.675 1	21.920 0	24.725 0	26.756 8
12	3.073 82	3.570 57	4.403 79	5.226 03	6.303 80	11.340 3	18.549 3	21.026 1	23.336 7	26.217 0	28.299 5
13	3.565 03	4.106 92	5.008 75	5.891 86	7.041 50	12.339 8	19.811 9	22.362 0	24.735 6	27.688 2	29.819 5
14	4.074 67	4.660 43	5.628 73	6.570 63	7.789 53	13.339 3	21.064 1	23.684 8	26.118 9	29.141 2	31.319 3
15	4.600 92	5.229 35	6.262 14	7.260 94	8.546 76	14.338 9	22.307 1	24.995 8	27.488 4	30.577 9	32.801 3
16	5.142 21	5.812 21	6.907 66	7.961 65	9.312 24	15.338 5	23.541 8	26.296 2	28.845 4	31.999 9	34.267 2
17	5.697 22	6.407 76	7.564 19	8.671 76	10.085 2	16.338 2	24.769 0	27.587 1	30.191 0	33.408 7	35.718 5
18	6.264 80	7.014 91	8.230 75	9.390 46	10.864 9	17.337 9	25.989 4	28.869 3	31.526 4	34.805 3	37.156 5
19	6.843 97	7.632 73	8.906 52	10.117 0	11.650 9	18.337 7	27.203 6	30.143 5	32.852 3	36.190 9	38.582 3
20	7.433 84	8.260 40	9.590 78	10.850 8	12.442 6	19.337 4	28.412 0	31.410 4	34.169 6	37.566 2	39.996 8
21	8.033 65	8.897 20	10.282 9	11.591 3	13.239 6	20.337 2	29.615 1	32.670 6	35.478 9	38.932 2	41.401 1

续前表

ν	.995	.990	.975	.950	.90	.50	.10	.05	.025	.01	.005
22	8.642 72	9.542 49	10.982 3	12.338 0	14.041 5	21.337 0	30.813 3	33.924 4	36.780 7	40.289 4	42.795 7
23	9.260 42	10.195 7	11.688 6	13.090 5	14.848 0	22.336 9	32.006 9	35.172 5	38.075 6	41.638 4	44.181 3
24	9.886 23	10.856 4	12.401 2	13.848 4	15.658 7	23.336 7	33.196 2	36.415 0	39.364 1	42.979 8	45.558 5
25	10.519 7	11.524 0	13.119 7	14.611 4	16.473 4	24.336 6	34.381 6	37.652 5	40.646 5	44.314 1	46.927 9
26	11.160 2	12.198 1	13.843 9	15.379 2	17.291 9	25.336 5	35.563 2	38.885 1	41.923 2	45.641 7	48.289 9
27	11.807 6	12.878 5	14.573 4	16.151 4	18.113 9	26.336 3	36.741 2	40.113 3	43.194 5	46.962 9	49.644 9
28	12.461 3	13.564 7	15.307 9	16.927 9	18.939 2	27.336 2	37.915 9	41.337 1	44.460 8	48.278 2	50.993 4
29	13.121 1	14.256 5	16.047 1	17.708 4	19.767 7	28.336 1	39.087 5	42.557 0	45.722 3	49.587 9	52.335 6
30	13.786 7	14.953 5	16.790 8	18.492 7	20.599 2	29.336 0	40.256 0	43.773 0	46.979 2	50.892 2	53.672 0
31	14.457 8	15.655 5	17.538 7	19.280 6	21.433 6	30.335 9	41.421 7	44.985 3	48.231 9	52.191 4	55.002 7
32	15.134 0	16.362 2	18.290 8	20.071 9	22.270 6	31.335 9	42.584 7	46.194 3	49.480 4	53.485 8	56.328 1
33	15.815 3	17.073 5	19.046 7	20.866 5	23.110 2	32.335 8	43.745 2	47.399 9	50.725 1	54.775 5	57.648 4
34	16.501 3	17.789 1	19.806 3	21.664 3	23.952 3	33.335 7	44.903 2	48.602 4	51.966 0	56.060 9	58.963 9
35	17.191 8	18.508 9	20.569 4	22.465 0	24.796 7	34.335 6	46.058 8	49.801 8	53.203 3	57.342 1	60.274 8
36	17.886 7	19.232 7	21.335 9	23.268 6	25.643 3	35.335 6	47.212 2	50.998 5	54.437 3	58.619 2	61.581 2
37	18.585 8	19.960 2	22.105 6	24.074 9	26.492 1	36.335 5	48.363 4	52.192 3	55.668 0	59.892 5	62.883 3
38	19.288 9	20.691 4	22.878 5	24.883 9	27.343 0	37.335 5	49.512 6	53.383 5	56.895 5	61.162 1	64.181 4
39	19.995 9	21.426 2	23.654 3	25.695 4	28.195 8	38.335 4	50.659 8	54.572 2	58.120 1	62.428 1	65.475 6
40	20.706 5	22.164 3	24.433 0	26.509 3	29.050 5	39.335 3	51.805 1	55.758 5	59.341 7	63.690 7	66.766 0

资料来源：应用 SAS ® 函数 CINV 得到该表。ν=自由度。

附录

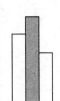

图形索引

图形索引

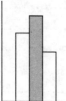

表格索引

计量经济学方法与应用（第五版）

表格索引

计量经济学方法与应用（第五版）

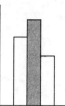

术 语 表

Aggregation　加总

Almon lag　阿尔蒙滞后

AR(1) process　AR(1) 过程

ARCH　自回归异方差

ARIMA　单整的自回归移动平均

Asymptotically unbiased　渐近无偏

Autocorrelation　自相关

Autoregressive Distributed Lag　自回归分布滞后

Bartlett's test　Bartlett 检验

Bernoulli distribution　伯努利分布

Best Linear Unbiased Estimator（BLUE）　最优线性无偏估计量

Best Linear Unbiased Predictor（BLUP）　最优线性无偏预测

Best Quadratic Unbiased（BQU）　最优二次型无偏估计量

Beta distribution　贝塔分布

Between estimator　组间估计量

Binary Response Model Regression　二元响应模型回归

Binomial distribution　二项分布

Box-Cox model　Box-Cox 模型

Box-Jenkins　Box-Jenkins 方法

Breusch-Godfrey　Breusch-Godfrey 方法

Breusch-Pagan　Breusch-Pagan 方法

Censored Normal Distribution　删失正态分布

Censored regression model　删失回归模型

Central Limit Theorem　中心极限定理

Change of variable　变量的变化

Characteristic roots　特征根

Characteristic vectors　特征向量

Chebyshev's inequality　切比雪夫不等式

Chow　Chow（邹）检验

Classical assumptions　经典假设

Cointegration　协整

Concentrated log-likelihood　集中对数似然

Confidence intervals　置信区间

Consistency　一致性

Constant returns to scale　规模报酬不变

Cook's statistic　Cook 统计量

Cramér-Rao lower bound　Cramér-Rao 下界

CUSUM　累积和

CUSUMSQ　累积平方和

Descriptive statistics　描述统计量

Deterministic Time Trend model　确定时间趋势模型

Diagnostics　诊断

Dickey-Fuller　Dickey-Fuller 检验

　　Augmented　增广的

Differencing test　差分检验

Distributed lags　分布滞后

　　arithmetic lag　算术滞后

　　polynomial lags *see* Almon lag　多项式滞后，见阿尔蒙滞后

Distribution Function method　分布函数方法

Double Length Regression（DLR）　双长度回归

Dummy variables　虚拟变量

Durbin's *h*-test　Durbin *h*-检验

Durbin's Method　Durbin 方法

Durbin-Watson test　Durbin-Watson 检验

Dynamic models　动态模型

Econometrics　计量经济学

　　critiques　评论

　　history　历史

Efficiency　有效性

Elasticity　弹性

Endogeneity　内生性

Equicorrelated case　等相关情形

Error components models　误差分量模型

Error-Correction Model（ECM）　误差修正模型

Errors in measurement　测量误差

Exponential distribution　指数分布

Forecasting　预测

　standard errors　标准误差

Frisch-Waugh-Lovell Theorem　Frisch-Waugh-Lovell 定理

Gamma distribution　伽马分布

Gauss-Markov Theorem　高斯–马尔可夫定理

Gauss-Newton Regression　高斯–牛顿回归

Generalized inverse　广义逆

Generalized Least Squares（GLS）　广义最小二乘

Geometric distribution　几何分布

Goodness of fit measures　拟合优度

Granger causality　格兰杰因果

Granger Representation Theorem　格兰杰表示定理

Group heteroskedasticity　分组异方差

Grouped data　分组数据

Hausman test　Hausman 检验

Hessian　Hessian 矩阵

Heterogeneity　异质性

Heteroskedasticity　异方差

Heteroskedasticity test　异方差检验

　Breusch-Pagan test　Breusch-Pagan 检验

　Glejser's test　Glejser 检验

　Goldfeld-Quandt test　Goldfeld-Quandt 检验

　Harvey's test　Harvey 检验

　Spearman's Rank Correlation test　Spearman 秩相关检验

　White's test　White 检验

Homoskedasticity *see* heteroskedasticity　同方差，见异方差

Identification problem　识别问题

order condition　阶条件

Indirect Least Squares　间接最小二乘法

Infinite distributed lag　无限分布滞后

Influential observations　有影响的变量

Information matrix　信息矩阵

Instrumental variable estimator　工具变量估计量

Inverse matrix　逆矩阵

　　partitioned　分块

Inverse Mills ratio　逆 Mills 比率

JA test　JA 检验

Jacobian　雅克比行列式

Jarque-Bera test　Jarque-Bera 检验

Just-identified　恰好识别

Koyck lag　Koyck 滞后

Lagged dependent variable model　滞后被解释变量模型

Lagrange-Multiplier test　拉格朗日乘子检验

　　standardized　标准化的

Law of iterated expectations　迭代期望法则

Least squares　最小二乘

　　numerical properties　数值性质

Likelihood function　似然函数

Likelihood Ratio test　似然比检验

Limited dependent variables　受限因变量

Linear probability model　线性概率模型

Linear restrictions　线性约束

Ljung-Box statistic　Ljung-Box 统计量

Logit models　Logit 模型

Matrix algebra　矩阵代数

Matrix properties　矩阵性质

Maximum likelihood estimation　极大似然估计

Mean Square Error　均方误差

Measurement error　测量误差

Method of moments　矩方法

Methods of estimation　估计方法

Moment Generating Function　矩量母函数

Moving Average　移动平均

　MA(1)　一阶移动平均

Multicollinearity　多重共线性

Multinomial choice models　多元选择模型

Multiple regression model　多元回归模型

Multiplicative heteroskedasticity　乘法异方差

Newton-Raphson interactive procedure　Newton-Raphson 迭代法

Neyman-Pearson lemma　Neyman-Pearson 引理

Nonlinear restrictions　非线性约束

Nonstochastic regressors　非随机解释变量

Normal equations　正规方程

Order condition　阶条件

Over-identification　过度识别

Panel data　面板数据

　National Longitudinal Survey（NLS）　全国跟踪调查

　Panel Study of Income Dynamics（PSID）　收入动态的面板研究

Partial autocorrelation　偏自相关

Partial correlation　偏相关

Partitioned regression　分块回归

Perfect collinearity　完全共线性

Poisson distribution　泊松分布

Prais-Winsten　Prais-Winsten 检验

Prediction　预测

Probability limit　概率极限

Probit models　Probit 模型

Projection matrix　投影矩阵

Quadratic form　二次型

Random effects model　随机效应模型

Random number generator　随机数生成器

Random sample　随机样本

Random walk　随机游走

Rank condition　秩条件

Rational expectations　理性预期

Recursive residuals　递归残差

Recursive systems　递归系统

Reduced form　简化式

Regression stability　回归稳定性

Repeated observations　重复观测

Residual analysis　残差分析

Residual interpretation　残差解释

Restricted least squares　受约束最小二乘

Restricted maximum likelihood　受约束极大似然

Sample autocorrelation function　样本自相关函数

Sample correlogram　样本相关图

Sample selectivity　样本选择

Score test　得分检验

Seasonal adjustment　季节调整

Seemingly Unrelated Regressions（SUR）　似无关回归

　　unequal observations　不同观测值个数

Simultaneous bias　联立偏倚

Simultaneous equations model　联立方程模型

Single equation estimation　单方程估计

Spatial correlation　空间相关

Spearman's Rank Correlation test　Spearman 秩相关检验

Specification analysis　设定分析

　　overspecification　过度设定

　　underspecification　设定不足

Specification error　设定误差

　　Differencing test　差分检验

Specification error tests　设定误差检验

Spectral decomposition　谱分解

Spurious regression　虚假回归

Stationarity　平稳性

　　covariance stationary　协方差平稳

　　difference stationary　差分平稳

　　trend stationary　趋势平稳

Stationary process　平稳过程

Stochastic explanatory variables　随机解释变量

Studentized residuals　学生氏化残差

Sufficient statistic　充分统计量

Superconsistent　超一致的

Tobit model Tobit 模型
Truncated regression model 截尾回归模型
Truncated uniform density 截尾均匀分布
Two-stage least squares 两段最小二乘

Uniform distribution 均匀分布
Unit root 单位根
Unordered response models 无序响应模型

Vector Autoregression（VAR） 向量自回归

Wald test Wald 检验
Weighted Least Squares 加权最小二乘
White noise 白噪声
White test White 检验
Within estimator 组内估计量

Zero mean assumption 零均值假定

译后记

2013 年中国人民大学出版社来我校举办书展，我结识了高晓斐编辑，高编辑回去后不久就给我发了这本书，问是否可以翻译。首先吸引我的是作者巴蒂·H·巴尔塔基，巴尔塔基教授在计量经济学界可以说是举足轻重的，他出版的很多著作都非常具有影响力。在仔细阅读该书之后，我发现这本教材与其他计量经济学教材相比，有三个明显的特征。首先，该教材在内容上没有那么多的理论推导和证明，正如作者自己所说的，"尽力在毫无理论证明的纯经验方法和严密理论证明方法之间达到一种平衡"，"本书的优点在于能够以简单而又不失严密的方式说明一些复杂的问题"。虽然正文中没有复杂的理论推导，但在章后附录中也介绍了必要的理论，同时在章后练习中还提供了不少习题供有能力并感兴趣的读者加深理解。其次，该书内容的信息量巨大，除了对基础方法和理论的阐述外，相关研究的介绍相当全面，甚至可以说是针对不同内容的文献综述。再次，作者作为 *The Journal of Applied Econometrics* 的编辑，在实证分析方面，提供的经验案例不仅内容充实，而且还用 Stata 和 EViews 软件给出了相应的分析结果，并在习题中给读者提供了重复验证的要求和机会，对于学生而言，要很好地掌握计量方法并应用于实际，这么做是非常重要也是非常有效的方法。

总之，这部教材具有深入浅出、系统全面和循循善诱的特点，就内容而言该书更适合作为研究生的计量经济学教材，当然也适合有志于学习计量经济学方法并应用于实际的研究人员。相信系统学习过本书之后，在做实证研究时，足以为应用者提供坚实的理论基础和得当的分析方法。

在本书的翻译过程中，具体章节的翻译工作安排如下：前言、第 1、10 和 12 章由魏学辉翻译；第 2、3、4、5、6、7、11 和 13 章由聂巧平翻译，另外第 2 章和第 3 章的初译由冀思轩完成，王元博参与了第 7 章的初译工作；第 8、9、14 章由攸频翻译，常龙飞、卢希萌、李奕、杨冬嫒参与初译。相方、冀思轩、叶光、刘东红、黄河、刘峻岭、李宾、王海花参与了文字和公式的校对工作。全书最终由聂巧平统稿、整理并最终定稿。此外还要特别感谢高晓斐编辑的理解和支持，以及汪小雯、张坤和程晶蓉的帮助。

十分荣幸有机会将本书翻译成中文，但因译者水平有限，书中难免有疏漏、错误或不当之处，敬请广大读者批评指正。

聂巧平

天津商业大学

译后记

经济科学译丛

序号	书名	作者	Author	单价	出版年份	ISBN
1	计量经济学方法与应用(第五版)	巴蒂·H·巴尔塔基	Badi H·Baltagi	58.00	2015	978-7-300-20584-7
2	战略经济学(第五版)	戴维·贝赞可等	David Besanko	78.00	2015	978-7-300-20679-0
3	博弈论导论	史蒂文·泰迪里斯	Steven Tadelis	58.00	2015	978-7-300-19993-1
4	社会问题经济学(第二十版)	安塞尔·M·夏普等	Ansel M. Sharp	49.00	2015	978-7-300-20279-2
5	博弈论:矛盾冲突分析	罗杰·B·迈尔森	Roger B. Myerson	58.00	2015	978-7-300-20212-9
6	时间序列分析	詹姆斯·D·汉密尔顿	James D. Hamilton	118.00	2015	978-7-300-20213-6
7	经济问题与政策(第五版)	杰奎琳·默里·布鲁克斯	Jacqueline Murray Brux	58.00	2014	978-7-300-17799-1
8	微观经济理论	安德鲁·马斯-克莱尔等	Andreu Mas-Collel	148.00	2014	978-7-300-19986-3
9	产业组织:理论与实践(第四版)	唐·E·瓦尔德曼等	Don E. Waldman	75.00	2014	978-7-300-19722-7
10	公司金融理论	让·梯若尔	Jean Tirole	128.00	2014	978-7-300-20178-8
11	经济学精要(第三版)	R·格伦·哈伯德等	R. Glenn Hubbard	85.00	2014	978-7-300-19362-5
12	公共部门经济学	理查德·W·特里西	Richard W. Tresch	49.00	2014	978-7-300-18442-5
13	计量经济学原理(第六版)	彼得·肯尼迪	Peter Kennedy	69.80	2014	978-7-300-19342-7
14	统计学:在经济中的应用	玛格丽特·刘易斯	Margaret Lewis	45.00	2014	978-7-300-19082-2
15	产业组织:现代理论与实践(第四版)	林恩·佩波尔等	Lynne Pepall	88.00	2014	978-7-300-19166-9
16	计量经济学导论(第三版)	詹姆斯·H·斯托克等	James H. Stock	69.00	2014	978-7-300-18467-8
17	发展经济学导论(第四版)	秋山裕	秋山裕	39.80	2014	978-7-300-19127-0
18	中级微观经济学(第六版)	杰弗里·M·佩罗夫	Jeffrey M. Perloff	89.00	2014	978-7-300-18441-8
19	平狄克《微观经济学》(第八版)学习指导	乔纳森·汉密尔顿等	Jonathan Hamilton	32.00	2014	978-7-300-18970-3
20	微观银行经济学(第二版)	哈维尔·弗雷克斯等	Xavier Freixas	48.00	2014	978-7-300-18940-6
21	施米托夫论出口贸易——国际贸易法律与实务(第11版)	克利夫·M·施米托夫等	Clive M. Schmitthoff	168.00	2014	978-7-300-18425-8
22	曼昆版《宏观经济学》习题集	南希·A·加纳科波罗斯等	Nancy A. Jianakoplos	32.00	2013	978-7-300-18245-2
23	微观经济学思维	玛莎·L·奥尔尼	Martha L. Olney	29.80	2013	978-7-300-17280-4
24	宏观经济学思维	玛莎·L·奥尔尼	Martha L. Olney	39.80	2013	978-7-300-17279-8
25	计量经济学原理与实践	达摩达尔·N·古扎拉蒂	Damodar N. Gujarati	49.80	2013	978-7-300-18169-1
26	现代战略分析案例集	罗伯特·M·格兰特	Robert M. Grant	48.00	2013	978-7-300-16038-2
27	高级国际贸易:理论与实证	罗伯特·C·芬斯特拉	Robert C. Feenstra	59.00	2013	978-7-300-17157-9
28	经济学简史——处理沉闷科学的巧妙方法(第二版)	E·雷·坎特伯里	E. Ray Canterbery	58.00	2013	978-7-300-17571-3
29	微观经济学(第八版)	罗伯特·S·平狄克等	Robert S. Pindyck	79.00	2013	978-7-300-17133-3
30	克鲁格曼《微观经济学(第二版)》学习手册	伊丽莎白·索耶·凯利	Elizabeth Sawyer Kelly	58.00	2013	978-7-300-17002-2
31	克鲁格曼《宏观经济学(第二版)》学习手册	伊丽莎白·索耶·凯利	Elizabeth Sawyer Kelly	36.00	2013	978-7-300-17024-4
32	管理经济学(第四版)	方博亮等	Ivan Png	80.00	2013	978-7-300-17000-8
33	微观经济学原理(第五版)	巴德、帕金	Bade,Parkin	65.00	2013	978-7-300-16930-9
34	宏观经济学原理(第五版)	巴德、帕金	Bade,Parkin	63.00	2013	978-7-300-16929-3
35	环境经济学	彼得·伯克等	Peter Berck	55.00	2013	978-7-300-16538-7
36	高级微观经济理论	杰弗里·杰里	Geoffrey A. Jehle	69.00	2012	978-7-300-16613-1
37	多恩布什《宏观经济学(第十版)》学习指导	鲁迪格·多恩布什等	Rudiger Dornbusch	29.00	2012	978-7-300-16030-6
38	高级宏观经济学导论:增长与经济周期(第二版)	彼得·伯奇·索伦森等	Peter Birch Sørensen	95.00	2012	978-7-300-15871-6
39	宏观经济学:政策与实践	弗雷德里克·S·米什金	Frederic S. Mishkin	69.00	2012	978-7-300-16443-4
40	宏观经济学(第二版)	保罗·克鲁格曼	Paul Krugman	45.00	2012	978-7-300-15029-1

经济科学译丛

序号	书名	作者	Author	单价	出版年份	ISBN
41	微观经济学(第二版)	保罗·克鲁格曼	Paul Krugman	69.80	2012	978-7-300-14835-9
42	微观经济学(第十一版)	埃德温·曼斯费尔德	Edwin Mansfield	88.00	2012	978-7-300-15050-5
43	《计量经济学基础》(第五版)学生习题解答手册	达摩达尔·N·古扎拉蒂等	Damodar N. Gujarati	23.00	2012	978-7-300-15091-8
44	国际宏观经济学	罗伯特·C·芬斯特拉等	Feenstra, Taylor	64.00	2011	978-7-300-14795-6
45	卫生经济学(第六版)	舍曼·富兰德等	Sherman Folland	79.00	2011	978-7-300-14645-4
46	宏观经济学(第七版)	安德鲁·B·亚伯等	Andrew B. Abel	78.00	2011	978-7-300-14223-4
47	现代劳动经济学:理论与公共政策(第十版)	罗纳德·G·伊兰伯格等	Ronald G. Ehrenberg	69.00	2011	978-7-300-14482-5
48	宏观经济学(第七版)	N·格里高利·曼昆	N. Gregory Mankiw	65.00	2011	978-7-300-14018-6
49	环境与自然资源经济学(第八版)	汤姆·蒂坦伯格等	Tom Tietenberg	69.00	2011	978-7-300-14810-0
50	宏观经济学:理论与政策(第九版)	理查德·T·弗罗恩	Richard T. Froyen	55.00	2011	978-7-300-14108-4
51	经济学原理(第四版)	威廉·博伊斯等	William Boyes	59.00	2011	978-7-300-13518-2
52	计量经济学基础(第五版)(上下册)	达摩达尔·N·古扎拉蒂	Damodar N. Gujarati	99.00	2011	978-7-300-13693-6
53	计量经济分析(第六版)(上下册)	威廉·H·格林	William H. Greene	128.00	2011	978-7-300-12779-8
54	国际经济学:理论与政策(第八版)(上册 国际贸易部分)	保罗·R·克鲁格曼等	Paul R. Krugman	36.00	2011	978-7-300-13102-3
55	国际经济学:理论与政策(第八版)(下册 国际金融部分)	保罗·R·克鲁格曼等	Paul R. Krugman	49.00	2011	978-7-300-13101-6
56	国际贸易	罗伯特·C·芬斯特拉等	Robert C. Feenstra	49.00	2011	978-7-300-13704-9
57	经济增长(第二版)	戴维·N·韦尔	David N. Weil	63.00	2011	978-7-300-12778-1
58	投资科学	戴维·G·卢恩伯格	David G. Luenberger	58.00	2011	978-7-300-14747-5
59	宏观经济学(第十版)	鲁迪格·多恩布什等	Rudiger Dornbusch	60.00	2010	978-7-300-11528-3
60	宏观经济学(第三版)	斯蒂芬·D·威廉森	Stephen D. Williamson	65.00	2010	978-7-300-11133-9
61	计量经济学导论(第四版)	杰弗里·M·伍德里奇	Jeffrey M. Wooldridge	95.00	2010	978-7-300-12319-6
62	货币金融学(第九版)	弗雷德里克·S·米什金等	Frederic S. Mishkin	79.00	2010	978-7-300-12926-6
63	金融学(第二版)	兹维·博迪等	Zvi Bodie	59.00	2010	978-7-300-11134-6
64	国际经济学(第三版)	W·查尔斯·索耶等	W. Charles Sawyer	58.00	2010	978-7-300-12150-5
65	博弈论	朱·弗登博格等	Drew Fudenberg	68.00	2010	978-7-300-11785-0
66	投资学精要(第七版)(上下册)	兹维·博迪等	Zvi Bodie	99.00	2010	978-7-300-12417-9
67	财政学(第八版)	哈维·S·罗森等	Harvey S. Rosen	63.00	2009	978-7-300-11092-9

经济科学译库

序号	书名	作者	Author	单价	出版年份	ISBN
1	克鲁格曼经济学原理(第二版)	保罗·克鲁格曼等	Paul Krugman	65.00	2013	978-7-300-17409-9
2	国际经济学(第13版)	罗比特·J·凯伯等	Robert J. Carbaugh	68.00	2013	978-7-300-16931-6
3	货币政策:目标、机构、策略和工具	彼得·博芬格	Peter Bofinger	55.00	2013	978-7-300-17166-1
4	MBA微观经济学(第二版)	理查德·B·麦肯齐等	Richard B. McKenzie	55.00	2013	978-7-300-17003-9
5	激励理论:动机与信息经济学	唐纳德·E·坎贝尔	Donald E. Campbell	69.80	2013	978-7-300-17025-1
6	微观经济学:价格理论观点(第八版)	斯蒂文·E·兰德斯博格	Steven E. Landsburg	78.00	2013	978-7-300-15885-3
7	经济数学与金融数学	迈克尔·哈里森等	Michael Harrison	65.00	2012	978-7-300-16689-6
8	策略博弈(第三版)	阿维纳什·迪克西特等	Avinash Dixit	72.00	2012	978-7-300-16033-7
9	高级宏观经济学基础	本·J·海德拉等	Ben J. Heijdra	78.00	2012	978-7-300-14836-6
10	行为经济学	尼克·威尔金森	Nick Wilkinson	58.00	2012	978-7-300-16150-1

经济科学译库

序号	书名	作者	Author	单价	出版年份	ISBN
11	金融风险管理师考试手册(第六版)	菲利普·乔瑞	Philippe Jorion	168.00	2012	978-7-300-14837-3
12	服务经济学	简·欧文·詹森	Jan Owen Jansson	42.00	2012	978-7-300-15886-0
13	统计学:在经济和管理中的应用(第八版)	杰拉德·凯勒	Gerald Keller	98.00	2012	978-7-300-16609-4
14	面板数据分析(第二版)	萧政	Cheng Hsiao	45.00	2012	978-7-300-16708-4
15	中级微观经济学:理论与应用(第10版)	沃尔特·尼科尔森等	Walter Nicholson	85.00	2012	978-7-300-16400-7
16	经济学中的数学	卡尔·P·西蒙等	Carl P. Simon	65.00	2012	978-7-300-16449-6
17	社会网络分析:方法与应用	斯坦利·沃瑟曼等	Stanley Wasserman	78.00	2012	978-7-300-15030-7
18	用Stata学计量经济学	克里斯托弗·F·鲍姆	Christopher F. Baum	65.00	2012	978-7-300-16293-5
19	美国经济史(第10版)	加里·沃尔顿等	Gary M. Walton	78.00	2011	978-7-300-14529-7
20	增长经济学	菲利普·阿格因	Philippe Aghion	58.00	2011	978-7-300-14208-1
21	经济地理学:区域和国家一体化	皮埃尔-菲利普·库姆斯等	Pierre-Philippe Combes	42.00	2011	978-7-300-13702-5
22	社会与经济网络	马修·O·杰克逊	Matthew O. Jackson	58.00	2011	978-7-300-13707-0
23	环境经济学	查尔斯·D·科尔斯塔德	Charles D. Kolstad	53.00	2011	978-7-300-13173-3
24	空间经济学——城市、区域与国际贸易	保罗·克鲁格曼等	Paul Krugman	42.00	2011	978-7-300-13037-8
25	国际贸易理论:对偶和一般均衡方法	阿维纳什·迪克西特等	Avinash Dixit	45.00	2011	978-7-300-13098-9
26	契约经济学:理论和应用	埃克·布鲁索等	Eric Brousseau	68.00	2011	978-7-300-13223-5
27	反垄断与管制经济学(第四版)	W·基普·维斯库斯等	W. Kip Viscusi	89.00	2010	978-7-300-12615-9
28	拍卖理论	维佳·克里斯纳等	Vijay Krishna	42.00	2010	978-7-300-12664-7
29	计量经济学指南(第五版)	皮特·肯尼迪	Peter Kennedy	65.00	2010	978-7-300-12333-2
30	管理者宏观经济学	迈克尔·K·伊万斯等	Michael K. Evans	68.00	2010	978-7-300-12262-5
31	利息与价格——货币政策理论基础	迈克尔·伍德福德	Michael Woodford	68.00	2010	978-7-300-11661-7
32	理解资本主义:竞争、统制与变革(第三版)	塞缪尔·鲍尔斯等	Samuel Bowles	66.00	2010	978-7-300-11596-2
33	递归宏观经济理论(第二版)	萨金特等	Thomas J. Sargent	79.00	2010	978-7-300-11595-5
34	剑桥美国经济史(第一卷):殖民地时期	斯坦利·L·恩格尔曼等	Stanley L. Engerman	48.00	2008	978-7-300-08254-7
35	剑桥美国经济史(第二卷):漫长的19世纪	斯坦利·L·恩格尔曼等	Stanley L. Engerman	88.00	2008	978-7-300-09394-9
36	剑桥美国经济史(第三卷):20世纪	斯坦利·L·恩格尔曼等	Stanley L. Engerman	98.00	2008	978-7-300-09395-6
37	横截面与面板数据的经济计量分析	J.M.伍德里奇	Jeffrey M. Wooldridge	68.00	2007	978-7-300-08090-1

金融学译丛

序号	书名	作者	Author	单价	出版年份	ISBN
1	企业价值评估	罗伯特·A·G·蒙克斯等	Robert A. G. Monks	58.00	2015	978-7-300-20582-3
2	基于Excel的金融学原理(第二版)	西蒙·本尼卡	Simon Benninga	79.00	2014	978-7-300-18899-7
3	金融工程学原理(第二版)	萨利赫·N·内夫特奇	Salih N. Neftci	88.00	2014	978-7-300-19348-9
4	投资学导论(第十版)	赫伯特·B·梅奥	Herbert B. Mayo	69.00	2014	978-7-300-18971-0
5	国际金融市场导论(第六版)	斯蒂芬·瓦尔德斯	Stephen Valdez	59.80	2014	978-7-300-18896-6
6	金融数学:金融工程引论(第二版)	马雷克·凯宾斯基等	Marek Capinski	42.00	2014	978-7-300-17650-5
7	财务管理(第二版)	雷蒙德·布鲁克斯	Raymond Brooks	69.00	2014	978-7-300-19085-3
8	期货与期权市场导论(第七版)	约翰·C·赫尔	John C. Hull	69.00	2014	978-7-300-18994-2
9	固定收益证券手册(第七版)	弗兰克·J·法博齐	Frank J. Fabozzi	188.00	2014	978-7-300-17001-5
10	国际金融:理论与实务	皮特·塞尔居	Piet Sercu	88.00	2014	978-7-300-18413-5
11	金融市场与金融机构(第7版)	弗雷德里克·S·米什金 斯坦利·G·埃金斯	Frederic S. Mishkin Stanley G. Eakins	79.00	2013	978-7-300-18129-5
12	货币、银行和金融体系	R·格伦·哈伯德等	R. Glenn Hubbard	75.00	2013	978-7-300-17856-1

金融学译丛						
序号	书名	作者	Author	单价	出版年份	ISBN
13	并购创造价值(第二版)	萨德·苏达斯纳	Sudi Sudarsanam	89.00	2013	978 - 7 - 300 - 17473 - 0
14	个人理财——理财技能培养方法(第三版)	杰克·R·卡普尔等	Jack R. Kapoor	66.00	2013	978 - 7 - 300 - 16687 - 2
15	国际财务管理	吉尔特·贝克特	Geert Bekaert	95.00	2012	978 - 7 - 300 - 16031 - 3
16	金融理论与公司政策(第四版)	托马斯·科普兰等	Thomas Copeland	69.00	2012	978 - 7 - 300 - 15822 - 8
17	应用公司财务(第三版)	阿斯沃思·达摩达兰	Aswath Damodaran	88.00	2012	978 - 7 - 300 - 16034 - 4
18	资本市场:机构与工具(第四版)	弗兰克·J·法博齐	Frank J. Fabozzi	85.00	2011	978 - 7 - 300 - 13828 - 2
19	衍生品市场(第二版)	罗伯特·L·麦克唐纳	Robert L. McDonald	98.00	2011	978 - 7 - 300 - 13130 - 6
20	债券市场:分析与策略(第七版)	弗兰克·J·法博齐	Frank J. Fabozzi	89.00	2011	978 - 7 - 300 - 13081 - 1
21	跨国金融原理(第三版)	迈克尔·H·莫菲特等	Michael H. Moffett	78.00	2011	978 - 7 - 300 - 12781 - 1
22	风险管理与保险原理(第十版)	乔治·E·瑞达	George E. Rejda	95.00	2010	978 - 7 - 300 - 12739 - 2
23	兼并、收购和公司重组(第四版)	帕特里克·A·高根	Patrick A. Gaughan	69.00	2010	978 - 7 - 300 - 12465 - 0
24	个人理财(第四版)	阿瑟·J·基翁	Athur J. Keown	79.00	2010	978 - 7 - 300 - 11787 - 4
25	统计与金融	戴维·鲁珀特	David Ruppert	48.00	2010	978 - 7 - 300 - 11547 - 4
26	国际投资(第六版)	布鲁诺·索尔尼克等	Bruno Solnik	62.00	2010	978 - 7 - 300 - 11289 - 3
27	财务报表分析(第三版)	马丁·弗里德森	Martin Fridson	35.00	2010	978 - 7 - 300 - 11290 - 9

图书在版编目（CIP）数据

计量经济学方法与应用：第 5 版/（美）巴尔塔基著. 聂巧平等译. —北京：中国人民大学出版社，2015.1
（经济科学译丛）
ISBN 978-7-300-20584-7

Ⅰ.①计… Ⅱ.①巴…②聂… Ⅲ.①计量经济学-方法-研究 Ⅳ.①F224.0

中国版本图书馆 CIP 数据核字（2015）第 003100 号

"十一五"国家重点图书出版规划项目
经济科学译丛
计量经济学方法与应用（第五版）
巴蒂·H·巴尔塔基　著
聂巧平　攸频　魏学辉　译
Jiliang Jingjixue Fangfa yu Yingyong

出版发行	中国人民大学出版社		
社　　址	北京中关村大街 31 号	邮政编码	100080
电　　话	010 - 62511242（总编室）	010 - 62511398（质管部）	
	010 - 82501766（邮购部）	010 - 62514148（门市部）	
	010 - 62515195（发行公司）	010 - 62515275（盗版举报）	
网　　址	http://www.crup.com.cn		
	http://www.ttrnet.com（人大教研网）		
经　　销	新华书店		
印　　刷	涿州市星河印刷有限公司		
规　　格	185 mm×260 mm　16 开本	版　　次	2015 年 3 月第 1 版
印　　张	27 插页 2	印　　次	2015 年 3 月第 1 次印刷
字　　数	622 000	定　　价	58.00 元